Wolfgang Menzel, Konrad Menzel

Wolfgang Menzels Denkwürdigkeiten

Wolfgang Menzel, Konrad Menzel

Wolfgang Menzels Denkwürdigkeiten

ISBN/EAN: 9783743310094

Hergestellt in Europa, USA, Kanada, Australien, Japan

Cover: Foto ©Thomas Meinert / pixelio.de

Manufactured and distributed by brebook publishing software
(www.brebook.com)

Wolfgang Menzel, Konrad Menzel

Wolfgang Menzels Denkwürdigkeiten

Wolfgang Menzel's

Denkwürdigkeiten.

Herausgegeben

von dem Sohne

Konrad Menzel.

Drei Bücher in einem Bande.
Mit dem Portrait des Verfassers.

Bielefeld und Leipzig,
Verlag von Velhagen & Klasing.
1877.

Vorwort.

Die Denkwürdigkeiten Wolfgang Menzel's, von ihm selbst verfaßt, werden bei Denjenigen, die seinen Lebens- und Schriftstellergang verfolgt haben, kaum einer Empfehlung bedürfen. Für was er sein langes Leben hindurch mit eiserner Konsequenz gestritten, das zieht noch einmal in lebendigen Bildern an uns vorüber: die Wahrheit gegenüber der Unnatur, der sittliche Ernst gegenüber der Demoralisation, die Offenbarung gegenüber der Verstandesreligion und Naturvergötterung, vor Allem aber und Alles durchwehend der germanische Geist gegenüber allen seinen Feinden.

So sei denn auch dieses Werk des Verfassers dem deutschen Volke, für das sein Herz so warm schlug, in die Hand gelegt, das Vermächtniß eines Mannes, dem es vergönnt war, die

Ideale seiner Jugend und seines ganzen Lebens noch im hohen Alter wenigstens theilweise herrlich erfüllt zu sehen. Gott segne das geliebte Vaterland und Alle, die an seinem Wohle arbeiten!

Schönenberg, am Wolfgangstage 1876.

Der Herausgeber.

Inhalt.

Erstes Buch.

In jungen Tagen.

Zweites Buch.

Im Mannesalter.

Drittes Buch.

In alten Tagen.

Erstes Buch.

Erstes Buch.

In jungen Tagen.

I. In der Vaterstadt.

Meine kleine Vaterstadt Waldenburg, in einem Thale des schlesischen Riesengebirges gelegen, lehnt sich an das rauhe Gebirge an, dessen Gipfel von allen Seiten in die Straßen hinabsehen. Gegen Süden sind die Berge schroffer und schwarz von Tannen, denn auf dieser Seite steigen sie höher und höher empor bis zur Schneekoppe, die nach Böhmen hineinsieht. Zwischen Waldenburg und der großen schlesischen Ebene liegt jedoch noch eine ziemlich hohe Vorstufe. Wenn man bis zur s. g. Vogelkuppe, deren steiniger Gipfel im Sommer mit der wild wachsenden schönen Berglilie (Martagon) geschmückt ist, emporsteigt, blickt man in die unermeßliche Ebene hinab. Von diesen Bergen, vor denen die Stadt Freiburg und wenige Stunden weiter ab die ehemals berühmte Festung Schweidnitz liegt, soll Friedrich der Große nach der Schlacht bei Hohenfriedeberg die Arme mit Entzücken nach dem schönen und reichen Lande ausgestreckt haben. Der Contrast von schroffem Gebirge und spiegelglatter, unübersehbarer Ebene überrascht hier, wie an der Südgrenze der Alpen. Nirgends fühlt man so tief, was die goldne Ferne zu bedeuten hat. Als Knabe sah ich beständig wie durch das Fenster eines Bergschlosses, das mich gefangen hielt, in das sonnenbeglänzte Land voll Wunder und seliger Zukunft.

1*

Indeß, wenn ich auch lange nicht aus meinem Thale in die fremde Welt hinauskam, so kam sie doch zu uns herein. In der Umgegend meiner Vaterstadt herrschte beständig reges Leben. Die nahen Bäder Altwasser und Charlottenbrunn, wozu erst später noch Salzbrunn gekommen ist, wimmelten im Sommer von Fremden, die mit den reichen Kaufleuten, Edelleuten und Bergbeamten der Umgegend vereinigt alle Straßen mit glänzenden Equipagen und Reitern erfüllten, wie in der Nähe einer Residenz. Dazwischen sah man beständig ganze Züge von Frachtwagen, die auf der großen Landstraße aus Böhmen kamen oder dahin gingen, und noch größere Züge von Landfuhrwerken, die von der Ebene her Tagereisen weit herkamen, um Steinkohlen aus den Bergwerken zu holen. Ueberdies hörte man überall Wasser rauschen, Räder knarren, Hämmer pochen, denn wo das Gebirge Raum ließ, sah man Fabriken, Bleichen, Bergwerke, Glas- und Schmelzhütten.

Alle Berge um meine Vaterstadt enthalten Steinkohlen. Alle sind aufgewühlt. Mehr als hundert Schachte brechen zu Tage, von großen Kohlen- und Schutthaufen umlagert. Besonders von vielen hellgrauen Schieferplatten, auf denen urweltliche Farrn und Fische schwarz abgedruckt sind. Nur eine Viertelstunde von Waldenburg liegt das berühmte Bergwerk von Weißstein. Hier geht ein Wasserkanal wagrecht eine Stunde weit unter den Berg, und man fährt auf Kähnen in die schauervolle Nacht der Erde hinein. Nasse Felsen wölben sich eng über dem Haupt zusammen, die Grubenlichter werfen ein röthliches Dämmerlicht, die Schiffer rufen sich an, man hört dumpfes Geräusch im Berge, Ketten rasseln, Erde schütten. Hier war ich oft und wurde bald so heimisch unter der Erde als droben. Alles war hier seltsam und wunderbar. Sagen von Berggeistern gehen im Schwange, man darf nicht pfeifen im Berge. Oft stürzen alte Gruben ein und die Erde scheint sich zu öffnen. Unterirdisches Feuer brennt seit langen Jahren in fest vermauerten Schachten. Als eine örtliche Sonderbarkeit muß ich noch bemerken, daß die häufig verunglückenden Bergleute jederzeit vom ganzen Bergpersonal bei Nacht unt unter dem Glanz von mehr als tausend Grubenlichtern begraben wurden.

Als ich hier geboren wurde — es war in der kürzesten Nacht des Jahres 1798*) — stand Schlesien unter der Verwaltung des Minister Grafen Hoym, hatte seit Beendigung des siebenjährigen Krieges fünfunddreißig Jahre lang Frieden genossen und befand sich in blühendem Wohlstande. Die Bauern, die bei meinem sel. Groß-vater, einem berufenen Weinhändler, häufig einsprachen, trugen schwere Silberthaler als Rockknöpfe, und ihre prahlerische Sprache verrieth, wie hoch sie ihre Feldfrüchte zu verwerthen wußten. Einen verhältnißmäßig noch viel größern Gewinn aber warf im engen Um-kreis meiner Vaterstadt der Leinwand- und Steinkohlenhandel ab.

Der berühmte schlesische Leinwandhandel war eigentlich erst, seit Friedrich der Große Schlesien inne hatte, in rechten Aufschwung gekommen. Zwar schon durch Kaiser Karl IV., den Luxemburger, der Weber aus Brabant kommen ließ, gegründet, aber durch die unsinnigen Ausfuhrzölle der habsburgischen Kaiser wieder gehemmt, gerieth der Leinwandhandel erst wieder unter Friedrich II. Dieser Fürst elektrisirte alles und zauberte überall neuen Erwerb hervor. Die damaligen eifrigsten, unternehmendsten und reichsten Leinwand-händler in Waldenburg waren mein sel. Urgroßvater Pischel und dessen Schwager Friesen. Pischel ist ein Tiroler Name und stammt ohne Zweifel von den Tirolern her, die mit der h. Hedwig als Coloniften in das schlesische Gebirge kamen. Noch heute liegt in der Mundart, die in der Umgegend von Waldenburg gesprochen wird,

---

*) Ich habe in meinem Alter die Erfahrung gemacht, daß sehr viele Männer, welche gleich mir im Jahr 1798 geboren waren, lange lebten und rüstig blieben. Oft drängte sich den Gesellschaften, unter denen ich verweilte, diese Bemerkung auf. Die 98er herrschten in der Regel an Zahl über die vor, die in den zunächst frühern oder spätern Jahrgängen geboren waren, und nicht nur an Zahl, sondern auch an Körper- und Geistesfrische. Nun sagt Schultes in seiner Reise durch Salzburg IV. S. 25, in den Jahren 1796 und 1797 sei die große Sterblichkeit der Kinder auffallend gewesen. Das war vielleicht die Ursache, warum im folgenden Jahre die Kinder besser geriethen. Bemerkt man doch beim Obst das Nämliche. In mehreren Jahren geräth es weniger, dann folgt wieder ein großes Obstjahr.

viel Tirolisches, namentlich die Endungen in a. Pischel und Friesen machten weite Handelsreisen und brachten große Quantitäten der im Gebirge gewobenen Leinwand in die pommerschen und preußischen Seeplätze, von wo viel nach England und Amerika, wie auch nach Rußland exportirt wurde. Aber die wackern Männer wurden Opfer ihrer dem Vaterland nützlichen Bestrebungen. Mein Urgroßvater verschwand plötzlich, nachdem er in Breslau eine bedeutende Summe Geldes eingenommen hatte. Erst viele Jahre später fand man an der Straße zwischen Breslau und Schweidnitz eine unter einem Baum vergrabene Leiche und glaubte noch an der Farbe und den Knöpfen des Rocks den alten Pischel wiederzuerkennen. Friesen wurde in der preußischen Stadt Elbing, als er eben auch viel Geld einkassirt hatte, über Nacht von Juden ermordet.

Indessen wurde dadurch der Gang des Leinwandhandels nicht gestört und zur Zeit meiner Geburt stand derselbe auf seiner Höhe. Unser kleines Städtchen zählte unter den Kaufleuten, zu denen an jedem Sonnabend tausende von Webern aus der Umgegend die fertigen Schock Leinwand überbrachten, Männer, die für Millionaire galten, darunter auch s. g. Amerikaner, weil sie die größten Geschäfte in der neuen Welt machten. Ebenso ergiebig waren die Steinkohlen= gruben, deren Reichthum auch jetzt noch lange nicht erschöpft ist.

Also herrschten damals Glück und Ueberfluß im Lande, aber die Sitten waren verdorben. Das schlaffe Regierungssystem des Grafen Hoym entsprach der Maitressenherrschaft der Lichtenau und glich so ziemlich dem eines Kotzebueschen Theaterpapas. König Friedrich Wilhelm III., der kaum erst den Thron bestiegen hatte, und seine schöne Gemahlin Louise besaßen, ihrer eigenen häuslichen Tugenden ungeachtet, doch nicht Energie genug, um der Lüderlichkeit unter dem Adel und in der Beamten= und reichen Kaufmannswelt zu steuern. Der Graf von Hochberg, einer der reichsten Majoratsherrn im Gebirge, machte damals so viele Schulden, daß seine Herrschaft lange Jahre unter Sequester liegen mußte. Ich sah als kleiner Knabe öfter junge stutzerhafte Excellenze in ihren glänzenden Equi-

pagen einen alten Bauer herumfahren und denselben liebkosen. Das
war ein Weber, der jede Gelegenheit benutzt hatte, um mit einem
seltenen Talente Geld zu erwerben, das er dem Adel zu hohen Pro-
centen lieh. Von der damaligen Sittenpolizei vermag man sich heute
keinen Begriff mehr zu machen. Auf allen Jahrmärkten waren
schmutzige und obscöne Bilder in großer Menge und Auswahl öffentlich zum Verkauf für Bürger und Bauern ausgestellt und laut lachende
Gruppen ergötzten sich an ihrem Anblick. Aehnliches kam in den
Puppenkomödien und in den damals sehr beliebten ombres chinoises
vor. Im nahen Bade Altwasser gab es Scenen, welche heutzutage
in keinem Bade Europas mehr vorkommen könnten, ohne daß die
muthwilligen Beleidiger jeder Scham gesteinigt werden würden. Zu
dem allen stimmte die damalige Mode. Man las die schlüpfrigen
Lafontaineschen Romane und schwärmte für Kotzebue. Die Damen
gingen sehr frei gekleidet. Die halbnackte s. g. griechische Tracht der
französischen Revolution behauptete sich mit nur geringen Modificationen bis zum Sturze Napoleons.

Nur die Familie meiner Mutter gehörte dem Gebirge an.
Mein Vater, Johann Gottlieb Menzel oder Menzel, wie Vater
und Großvater abwechselnd geschrieben haben, war der einzige hinterlassene Sohn eines höhern städtischen Beamten in Breslau und folgte
nach dessen Tode seiner Mutter von Breslau nach Waldenburg, als
dieselbe in zweiter Ehe den Kaufmann Treutler heirathete. Dieser
musterhafte Stiefvater, den ich noch als den liebenswürdigsten Greis
kannte, sorgte aufs zärtlichste für meinen Vater, welcher Medicin
studirte und ein beliebter Arzt in Waldenburg und zugleich Brunnenarzt in Altwasser wurde. Der alte Pischel hatte nur eine einzige
reiche Tochter hinterlassen, mit der sich Johann Wolfgang Roell aus
dem Vogtlande verheirathete und mit deren Mitteln er eine große
Weinhandlung gründete. In dieser Ehe wurden fünfundzwanzig
Kinder geboren, von denen aber nur drei Töchter am Leben blieben,
Caroline, Dorothee und Friederike. Die erstere heirathete nun mein
Vater und zog in das Haus der Schwiegereltern, in die große Wein-

handlung. Hier wurde ich als das zweite Kind meiner Eltern geboren. Vor mir hatte schon eine Schwester das Licht der Welt erblickt und mir folgten noch zwei Brüder und eine Schwester nach.

Obgleich ich in der günstigsten Jahreszeit zur Welt kam, in der kürzesten Nacht, in der zwei Auroren sich und mich küßten, war doch ein böser, neidischer Dämon um den Weg. Man hatte mir zu tief in den Nabel geschnitten und ich war im Begriff mich zu verbluten, ohne daß man es merkte, als meine theure Mutter trotz ihrer Mattigkeit nach mir umblickte und mich unmittelbar, nachdem sie mir das Leben gegeben hatte, wieder vom Tode rettete, wie sie mir oft mit Freude erzählt hat. Da ich nun doch durch den Blutverlust sehr geschwächt war und man glaubte, ich werde nicht davon kommen, erlaubte mein Vater, daß ich Wolfgang getauft und daß mir kein zweiter Name beigelegt wurde. Er hatte seinen ersten Sohn nämlich anders taufen lassen wollen, weil ihm der Name Wolfgang nicht gefiel, der dem Großvater zu Ehren gewählt werden sollte. Ich muß beinahe fürchten, daß ich den Namen nur erhielt, weil er bald mit mir begraben werden sollte. Meine Geschwister wurden alle auf schönere und jedes auf zwei Namen getauft.

Die beiden Familien, welche durch die Heirath meiner Eltern mit einander verbunden wurden, waren einander wenig ähnlich, ja man kann sagen, sie standen um ein Jahrhundert aus einander. Denn in meiner Mutter Haus und Familie waltete noch bürgerliche Einfachheit, große Strenge und altlutherische Zucht und Gläubigkeit. In die Familie meines Vaters dagegen war der Geist moderner Bildung eingedrungen. Er hinterließ uns eine Bibliothek von zwei- bis dreitausend Bänden, welche zum Theil noch von seinem Vater und Großvater herstammte und gute historische und Reisewerke enthielt, zum Theil erst von ihm selbst gesammelt war und eine Auswahl belletristischer und philosophischer Modewerke darbot. Mein Vater war intimer Freund des geistreichen, auch durch seine Schriften bekannten Professor Fülleborn in Breslau. Sie wollten gemeinschaftlich ein Taschenbuch für die Brunnengäste von Altwasser herausgeben. Es konnte jedoch erst 1806 erscheinen, nachdem beide schon gestorben waren. Es kam in den Buchhandel unter dem Titel „Taschenbuch für Brunnengäste, besonders zu Altwasser in Schlesien. Mit Kupfern und einer Tabelle. Freyberg bei Graz und Gerlach 1806." In dem-selben steht ein rührendes Gedicht, welches Fülleborn, selber dem Tode nahe, noch seinem schon verstorbenen Freunde gewidmet hat. Mein Vater war überall hoch geachtet. Seine Ernennung zum Medicinalrath kam an, als er schon im Sarge lag. Jedermann hatte ihn gern gehabt und oft habe ich rühmen hören, wie fein und galant er gewesen sei.

Diese Feinheit besaß auch seine Mutter, welche wir die „Mama" zu nennen pflegten. Sie war die Tochter eines Predigers aus Caro-lath an der Oder, eine geborene Heun. Im siebenjährigen Kriege hatte sie sich auf eine Oderinsel ins Schilf verstecken müssen, wurde aber von feindlichen Soldaten ergriffen, die ihr schon um eines goldnen Ringleins willen den Finger abschneiden wollten, an dem der Ring zu fest saß. In der Verzweiflung gelang es ihr jedoch, sich den Ring selbst abzureißen. Sie besaß viele Bildung und Belesenheit, und ersetzte uns einigermaßen den Vater nach dessen frühem Tode, indem sie uns viel erzählte und auch viel zu lesen gab. Mitten unter den Kaufleuten und Industriellen unserer kleinen Stadt vertrat sie allein das gelehrte Fach, wenigstens den Sinn für höhere geistige Interessen, und da auch ich hierfür empfänglich war, hatte ich mich von Kindheit auf ihrer besonderen Gunst zu erfreuen.

Mein Vater war der einzige Sohn seines Vaters. Außer einigen alten Familienbildern und einem alten Richtschwert, welches unsere Vorfahren als jüngste Räthe der freien Stadt Breslau hatten tragen müssen, hat sich nach so langer Zeit nichts aus dem Familienbesitz erhalten, als ein Briefwechsel zwischen meines Vaters Vater und dessen Vater aus den Jahren 1754 bis 56. Der Sohn Benjamin Gottlieb studirte in Halle und mußte seinem Vater Johann Gottfried, damals Protonotar in Breslau, immer ausführlich über seine Studien und auch über politische Gerüchte und Vorfallenheiten Nachricht geben.

Es war kurz vor dem Ausbruch des siebenjährigen Krieges, und man war in Breslau nicht wenig in Sorge um das, was kommen würde, da alle Männer von Stellung und Einsicht wohl wußten, die Kaiserin Maria Theresia wolle um jeden Preis Schlesien wieder erobern. Die Briefe, aus denen ich nur einige kleine Auszüge mittheile, verrathen nach damaliger Mode ein feines Haus. Der Vater schreibt mit gnädiger Herablassung, der Sohn antwortet in tiefster Unterwürfigkeit. Der Sohn hofft vom Vater „Dieselben werden sich in hohem Wohlsehn befinden" und verbleibt „Dero treu gehorsamster Sohn", ja er nennt sogar seinen Bruder Rudolf, „den Herrn Bruder". Auch adressirt er immer französisch. Doch geht ein Zug von Trauer durch den Briefwechsel. In den wenigen Jahren, in welchen derselbe geführt wurde, starb die Mutter, starb ein Bruder und Bruders Kind, ist immer von Krankheit der Familienglieder die Rede und schreibt der Sohn einmal dem Vater, sein Haus sei ein wahres „Trauer- und Tragödienhaus". Man athmet aus den Briefen den Todeshauch einer reichstädtischen Patrizierfamilie, die im Aussterben begriffen ist, aber im vollen Bewußtsein ihrer vornehmern Natur Abschied nimmt. Die ganze Familie ist in der That bald darauf ausgestorben. Ich habe nie von Verwandten des Großvaters gehört, die etwa in Breslau übrig geblieben wären.

In diesem Briefwechsel des Protonotar Menzel in Breslau mit seinem von 1754 bis 56 in Halle studirenden Sohne wird auf die Symptome des nahen (siebenjährigen) Krieges hingewiesen. In Halle verbreitete sich das Gerücht, der Fürstbischof von Breslau, Graf von Schaafgotsche, und sein ganzes Domcapitel, habe Verrätherei am preußischen Landesherrn verübt und nach Böhmen flüchten müssen. Das Gerücht ging aber der That lange voran. Der Protonotar schreibt seinem Sohne, es sei nichts davon wahr als daß der Fürstbischof seiner Gesinnung wegen beim König sehr in Ungnade stehe und daß große Reformen am bischöflichen Hofe, Abschaffung der Capelle 2c. großes Aufsehen erregen. Nicht minder großes Aufsehen machte der Pomp, mit welchem die Kaiserin Maria Theresia in Wien das Fest der h. Herwig, der Schutzpatronin von Schlesien beging. Das wies deutlich auf ihre Absicht hin, Schlesien wieder zu erobern. Der Protonotar schreibt seinem Sohne, Friedrich der Große habe zwei Stunden von Breslau eine Revue über ungewöhnlich zahlreiche Regimenter abgehalten und kein Mensch vom Civil habe das Lager betreten dürfen. Das sei, fügt er hinzu, auf Sachsen gemünzt, welches damals eine preußenfeindliche Bewegung machte.

An diese freilich nicht sehr erheblichen, doch immerhin interessanten politischen Mittheilungen, schließen sich andere an, welche das damalige Leben und Treiben auf der Universität Halle betreffen. Unter dem 27. Juli 1754 schreibt der Student seinem Vater über einen lüderlichen Landsmann auf der Universität, welcher Schulden gemacht habe. Bisher habe man in solchen Fällen streng eingeschritten. „Vielleicht aber, fährt der Correspondent fort, hilft ihm der neue Prorector, der Geheimde Rath Carrach, welcher ein sehr großer Purschen Freund, und überdieses Chr. Schmieds zukünftiger Haus-Wirth ist, noch so, wie allen Purschen sie mögen begangen haben was sie wollen, hindurch. Den 12. dieses übernahm er von Sr. Magnific: dem Hr. D. Alberti das Prorectorat; der alte Prorector hatte die Purschen auf alle Weise geschoren, gestraft und ihnen ihre Freyheit, auch die unschuldigste genommen. Unter diesem neueren aber fieng alles von neuem unter den Purschen an zu leben. Man brachte ihm eine Abendmusik. Auf dem Markte waren bis 1200 Purschen versamlet, die insgesamt unter Trompeten und Paukenschall hernach des Nachts um 11 die Straßen auf und niederliefen vivat und pereat ruften wem sie wollten, das Lichtweg Schreien und darauf erfolgende Fenster Einwerffen blieb auch nicht außen; Hierzu durfte kein Häscher nicht ein Wort sagen au contrair sie mußten sich von den Purschen lassen anklatschen. Und so geschiehet es auch noch täglich nur, daß die Haufen der Purschen nicht so groß sind, als an jenem solennen Tage. Ich und meine Stuben-Gesellschaft hatten an diesem Lermen, der sich schon im Tage anfieng, kein Vergnügen; weil doch aber ein Solenner Tag war so dungen wir uns ein cabriol und fuhren zu

mittags hinüber nach Merseburg, woselbst wir uns das Schloß be=
sahen, wie auch die ganze Stadt. Etwas schlimmes aber fänget sich unter diesem neuen Prorector
an nehmlich, das Wegnehmen der großen Pursche unter die Sol-
daten, und zwar ohne, daß sie etwas pecciret haben. Sie haben
vorgestern einen Magdeburger nahmens Polucapus Bräger einen
Menschen von 18 Jahren, der aber 10 Zoll an der Größe hielt auf
eine königliche Cabinets ordre nach Berlin geführet. Ein gleiches
Schicksal ist auch gestern noch 2 anderen wiederfahren. Man macht
hierüber große Augen, und es wollen alle Freunde sich von hier Weg-
begeben. Heut hat man general concilium gehalten, worinnen sich
die Universität entschlossen, dem Könige deßfalls Vorstellung zu thun.
Der Himmel gebe Ihr glücklichen Success. Es wäre sonst fürwahr
für viel sehr gefährlich."

Also tolerirte Friedrich der Große die lustige Studentenwirth-
schaft zu militairischen Zwecken. Dagegen nahm er die Professoren,
die wahrscheinlich ein wenig raisonnirt hatten, in die strengste Zucht.
Unter dem 20. Januar 1755 schreibt der Sohn aus Halle: „Seine
königliche Majestät haben allergnädigst geruhet ein neues Rescript an
hiesige Accademie auszufertigen, in welchem Sie eine große Reformation vorzunehmen verordnen. Nehmlich es sollen und müssen
künftig 1' alle Collegia die sonst nur in einem Jahre sind durch-
gelesen werden binnen einem halben Jahre vollendet werden bey
20 thl. Straffe bey dem ersten gegenstehenden Falle. Welches denn
zum größten Leid-Wesen unsere Pandecten auch betrifft. Wie dieses
aber wird möglich seyn, siehet noch kein Mensch ein. 2' Soll kein
Sohn von schlechter Abkunft mehr angenommen werden, der nicht
dociren kann, daß er 6000 thl. im Vermögen habe oder haben werde,
woferne er nicht eine besondere königl. Concession aufweisen kann.
Viel weniger sollen die enrollirten aufgenommen werden. Ja selbst
diejenigen, welche auch mit königl. Erlaubniß studiren können, dürfen
nicht ohne examen rigorosum ausgestanden und wohlbestanden zu
haben, angenommen werden. 3) Wer den Freytisch oder ein Stipen-

dium genüßet so sich auf 10 thlr. beläuft soll im ersten Falle 1 mahl disputiren, im andern opponiren. 4) Sollen nur 13 Professores ordinarii seyn, die auch im General Concilio nur Sitz und Stimme haben sollen. Und zwar sollen stets 4 Professores juris seyn. Woraus folget, daß, da deren itz nur 3 sind, noch einer von seiner Königl. Majest. muß gesetzt werden. Da aber in allen Fakultäten zusammen 19 Prof. ordinarii sind, so müssen die über 13 sind aus dem Senate Accademico gestoßen, und keiner mehr gesetzet werden, biß sie bis unter 13 abgestorben sind."

Unter dem 29. Juli 1755 schreibt der Sohn indeß schon wieder von einer blutigen Schlägerei in Halle.

„Die Nacht auf den Prorectors-Wahltag haben die Häscher von etliche 70 Purschen aus den Raths Keller-Fenstern müssen einen Stein-Regen aushalten, da sie dieselben mit stürmender Hand in Gefängliche Verhafft nehmen gewolt, welches sie aber nicht haben bewerkstelligen können, bis eine Anzahl aus ihnen zu den Panzern und Harnischen ihre Zuflucht genommen. Worinnen sie denn von neuem einen Sturm gewaget, der ihnen gelungen, daß 37 von denen belagerten Purschen, doch nicht ohne entsetzliche Löcher und Beulen davon getragen zu haben, so daß sich die Häscher heute noch nicht erhohlen können, von Ihnen unter sang und Klang auf das Carcer geführet worden, die übrigen aber sind entkommen."

Wie schüchtern, aber auch wie liebenswürdig damals der Pietismus in Halle auftrat, zeigt ein rührender Brief des jungen Menzel an seine Mutter, vom ersten October 1754 datirt. Er war schwer erkrankt und kein Arzt konnte ihm helfen, bis er unerwartet von fremder Hand eine Arznei erhielt, die ihn bald heilte. Darüber schreibt er nun der Mutter: „Die tröstliche Nachricht von meinem Wohlbefinden wird die Last Dero Kummers Ihnen erleichtern. So hat sich die aus fremden Händen erhaltene Arznei gehalten! Es ist mir der Wohlthäter hiervon bißher noch unbekannt gewesen, nach dem ich aber Nachricht davon eingezogen: kann ich nicht umhin mit Dero gütigen Erlaubnis Ihnen alles umständlich zu erzählen. Sie wissen nehmlich

11

daß ich Ihnen des Hr. Müllers Schwester als eine alte, heßliche, einfältige, Herrnhutische, oder pietistische Jungfer beschrieben habe. Diese hat mir den so heilsamen Thee überbracht. Aber woher? von Herr Professor Callenbergen. Wie ist aber Herr Prof. Callenberg auf mich gekommen? Folgender Gestalt: Er hält nehmlich täglich eine gewisse Bet- und Erbauungs-Stunde, in welche gedachte Jgfr. Müllerin auch aus einfältigem Herzen zu gehen pfleget. Hier unter- redet man sich nun von vielen Geistlichen Dingen. Unterandern aber kommt die Rede auch einmahl auf den Chapitre von gutten Werken und deren Belohnung. Jedwedes entdecket seine Gedanken, Und jedes setzet sich vor künftig immer womit gutte Werke auszuüben. Es mochte hiervielleicht auch nicht die Noth der Kranken seyn vergessen worden, welches der Jgfr. Müllerin mich in den Sinn gebracht. Was thut sie? Sie selbst weis sich keinen Rath, daher träget sie diese Einfall und meine Umstände der ganzen Versammlung vor, u. man beschließet alles mögliche zu thun mir zu helfen. Hr. Prof. Callen- bergen fällt unter andern bewärten Mitteln, auch der Thee ein, dessen ich mich jetzt bediene. Diesen übergiebt er ihr ihn mir zu überbringen mit dem Befehl mir zu vermelden, daß, wenn er mir nicht helffen sollte ich es ihm mit Ueberbringerin nur sollte melden lassen, so wollte er für Beförderung meiner Gesundheit schon anders bedachtseyn. Voller Freuden und Hoffnung des Himmels kam diese einfältige Seele auf meine Stube gesprungen u. brachte u. verkün- digte mir alles, was ihr der Herr Prof. mitgegeben hatte mit vielen Deprecationen und flehentlichen Bitten nur aber nichts ihrem Bruder und Schwägerin davon zu sagen. Anfänglich wollte ich zwar mich nicht recht trauen, denn ich dachte Wunder was darhinter verborgen wäre. Ich überwand mich aber doch es zu versuchen. Und siehe da! Es hat mir bisher recht gutte Dienste gethan. Ich habe es ihr auch zu Ge- fallen gethan u. bey Müllern niemanden etwas davon gesaget. Dieses war das große Geheimniß, mit dem sie gar nicht heraus wolte, bis ich es endlich durch eine verfängliche Frage heraus bekam."

Benjamin Gottlieb Menzel starb 1770, ehe noch sein einziger

Sohn, mein Vater, geboren war. Seine Wittwe heirathete später,
wie schon gesagt, den Kaufmann Treutler in Waldenburg.

Die erste Erinnerung aus meinen frühesten Kinderjahren knüpft
sich an einen großen weißblühenden Kastanienzweig. Meine Mutter
nahm mich im Wagen mit über die Berge nach Langenbielau, dem
berühmten Fabrikort, wo eine hübsche und muntere Verwandte von
uns an den Pastor Berger, einen großen und schönen Mann, ver-
heirathet war. Später bin ich noch öfters auf demselben Wege zu
ihnen gereist. Von jener ersten Reise aber ist mir tief im Gedächtniß
geblieben, daß ich als ein kleines Kind auf der Mutter Schooß saß
und weinte, während der Wagen an einem roth angestrichenen Hause
hielt, vor welchem ein großer Kastanienbaum in Blüte stand, und
daß ein jüngeres weißgekleidetes Frauenzimmer, welches mit uns
fuhr, ausstieg, einen blühenden Zweig abbrach und mir in den
Wagen reichte, wodurch ich augenblicklich beruhigt und hoch erfreut
wurde. Lag darin wohl eine Vorbedeutung, daß ich die längste Zeit
meines Lebens in einer Stadt zubringen würde, welche fast ringsum
von den schönsten Alleen dunkelschattender und weißblühender Ka-
stanien umgeben ist?

Da mein Vater Brunnenarzt im nahen Altwasser war, brachten
auch wir Kinder oft im Sommer dort zu, und als kaum zweijähriger
Knabe fiel ich einmal in den rund ummauerten Brunnen hinab, aus
dem dort der beste Säuerling sprudelt. Man warf mir sogleich den
Eimer nach, dessen eisernen Reif ich so krampfhaft umfaßte, daß ich
ihn, wie man mir erzählt hat, noch immer festhielt und nicht lassen
wollte, als ich schon wieder oben war.

Deutlich erinnere ich mich noch des großen Neujahrslärmens im
Beginn des neuen Jahrhunderts. Vor dem Hause meines Großvaters, als dem größten in der Stadt, mit seinen breiten Arkaden
und Steintreppen, dem Rathhaus gegenüber, waren die Pauker und
Trompeter aufgestellt. Alles war erleuchtet und das Volk in Masse
versammelt. Ein endloser sinnverwirrender Lärm.

Da mein seliger Vater viel beschäftigt und den Tag über nur

selten zu Hause war, habe ich kein bestimmtes Bild von ihm in der
Erinnerung behalten. Nur zürnend sehe ich ihn noch vor mir, wie
er mich einmal schlug, weil ich meiner zwei Jahre ältern Schwester
ihre Puppe zerbrochen hatte. Ich war nämlich von Jugend auf ein
Todfeind aller Kinderpuppen, sowie auch aller Wachsfiguren und
gemalten Statuen. Trotz jeder vernünftigen Ueberlegung empfand
und empfinde ich noch bei deren Anblick etwas wie von der Nähe
eines feindseligen Dämonismus, weshalb auch Töchter und Enkel-
töchter stets ihre Puppen vor mir haben verstecken müssen.*)

Als mein Vater noch lebte, veranstaltete er mit seiner und
mehreren befreundeten Familien an einem schönen Sommertage eine
Partie nach dem benachbarten Fürstenstein und man trank im sog.
Riesengraben Kaffee, das ist ein malerischer Felsen, dessen weit vor-
stehende Nase hoch den tiefen Abgrund überragt, durch dessen grünen
Wald ein Bach sich schlängelt. Erst zwei Jahre alt lief ich, ohne daß
die Gesellschaft es merkte, der Felsennase entlang und blieb auf
ihrer äußersten Spitze stehen, ohne zu ahnen, welcher Gefahr ich
mich aussetze. Denn ich war damals schon, wie später mein ganzes
Leben hindurch, von Schwindel frei. Plötzlich hörte ich hinter mir
ein entsetzliches Geschrei.' Man hatte mich stehen sehen, man rief
mir, aber niemand wagte sich zu mir heran, bis ich von selbst, der
Stimme der Mutter folgend, zu ihr zurücklief. Diese Schwindel-
losigkeit hat mein zweiter Sohn Ludwig von mir geerbt, der als
kleiner Knabe schon auf dem höchsten Querbalken des großen Ge-
rüstes auf dem Stuttgarter Turnplatz zum Schrecken der Zuschauer
umherlief.

Kurz vor meines Vaters Tode träumte meiner Mutter, die
Stadt sei bei Nacht ungewöhnlich erhellt, sie öffne das Fenster und

---

*) Obige Bemerkung ist sehr charakteristisch für den Verfasser. Wie in seiner
kritischen und politischen Thätigkeit, so war ihm auch im gewöhnlichen Leben alles
Unnatürliche ein Greuel. So durften wir Jungens nie auf Stelzen gehen. Ebenso
hat er sich nie um den Wechsel der Mode in der Kleidung bekümmert und auch im Kreis
der Familie keine Aenderungen geduldet, zumal da die guten Deutschen sich immer von
Paris dictiren ließen, wie sie sich kleiden sollen.   Anm. d. Herausg.

sehe einen langen Leichenzug mit Fackeln langsam vorbeiziehen. Neugierig rufe sie einem Bekannten unten zu: Wer denn begraben werde? und erhalte zur Antwort: Der Doctor Menzel! — Mein Vater starb als Opfer seines ärztlichen Berufes, indem er im harten Winter zu einer kranken Dame reisen mußte und sich tödtlich erkältete. Im Bette liegend nahm er noch am Weihnachtsabende 1802 an unserer Freude theil, als wir Kinder um den hellerleuchteten Christbaum hüpften, und zwei Tage nachher starb er.

Ich muß noch erwähnen, daß sich unter seinen Reliquien eine Schürze von blauer Seide befand. Er war nämlich Meister vom Stuhl in der Loge meiner kleinen Vaterstadt. Meine Mutter aber bat mir später oft gesagt, er habe noch auf dem Sterbelager ihr anempfohlen, uns Söhnen zu sagen, wir sollten keine Freimaurer werden, weil es nur eine theure Spielerei sei.

Hätte mein Vater länger gelebt, so würde er wahrscheinlich, weil er als Arzt einen großen Ruf genoß, später nach Breslau, in die Heimath seiner Väter, zurückgekehrt sein, oder wenigstens das Haus seiner Schwiegermutter mit uns Kindern verlassen haben, da ihr Hausregiment und das seinige sich wohl nicht lange mehr vertragen hätten. Wie ganz anders hätte sich vielleicht mein Leben gestaltet, wenn ich den Vater behalten hätte.

Mit ihm endete eigentlich das ältere Breslauer Geschlecht, und mit uns, seinen drei nachgelassenen Söhnen, schien ein neues, kräftigeres und dauerhaftes Geschlecht zu beginnen. Der alte Stamm verjüngte sich durch die gesunde und starke Mutter und schlug in zahlreiche neue Aeste aus. Wir waren unser fünf Geschwister: Emilie, Wolfgang, Rudolf, Oswald und Caroline. Die letztere wurde erst nach des Vaters Tode geboren.

Bald nach meinem Vater starb auch sein guter Stiefvater Treutler. Meiner Mutter Vater Röll wurde vor Alter kindisch. Dieser immer freundliche Greis hatte noch einen ungeheuer langen Zopf à la Friedrich der Große, den er in die Rocktasche zu stecken pflegte und mit dem er uns zuweilen zum Scherze schlug. In unserer ganzen nähern Verwandtschaft gab es nur noch zwei männliche Wesen, meines Vaters Stiefbrüder. Der eine, Fritz Treutler, wurde verrückt, weil er in der Trunkenheit Moschus trank. Der andere, Ernst Treutler, wurde unser Vormund, bekümmerte sich aber wenig um uns. Er war ein genußsüchtiger, aber dabei feiner und gewählter Hagestolz, der keine Geschäfte und am allerwenigsten Kinderforgen leiden konnte. Er ließ uns gewähren, war selten zu sehen und erschien immer als ein Fremder im Hause.

Ich bekam es also gänzlich mit Weibern zu thun. Die Mutter und zwei Großmütter theilten sich in unsere Erziehung, wobei auch einige andere Frauenzimmer gelegentlich Einfluß übten, durchaus aber kein Mann.

Dabei lebten wir Kinder beinahe in zwei Häusern, dem väterlichen und mütterlichen zugleich. Beide Häuser, das der Vatermutter Treutler und das der Muttermutter Röll standen sich am Marktplatz an zwei Ecken gerade in der Diagonale gegenüber und contrastirten in jeder Hinsicht.

Wir wohnten in dem Röll'schen Hause, dem schönsten in der Stadt mit dorischen Säulen an der vorderen Front, und es gehörten noch zwei Häuser dazu. Ich war aber fast den ganzen Tag lieber in dem Treutler'schen Hause, das bequem eingerichtet war und eine schöne Aussicht auf die Berge hatte. Die Hauptsache aber war, weil ich die väterliche Großmutter viel lieber hatte als die mütterliche.

Meine Mutter stand noch immer als Tochter unter dem Befehl ihrer despotischen Mutter. Diese in vieler Hinsicht merkwürdige Frau Anna Dorothea regierte ihre drei Häuser mit einer Art der feinsten Despotie. Seit mein Vater gestorben war, duldete sie keinen Mann mehr im Hause und versah ihre große Weinhandlung ganz allein mit Frauenzimmern. Rüstig und durchgreifend, wie sie war, stand sie der Handlung allein vor, ließ die Correspondenzen durch ihre Töchter besorgen und war noch in ihrem siebenzigsten Jahre an der Spitze aller Geschäfte.

Bei dieser äußern Rüstigkeit war ihr Charakter finster und bigott. In ihrer Jugend hatte sie bittere Schicksale durchmachen müßen. Ihr Vater war, wie schon erzählt ist, ermordet worden. Sie selbst war im siebenjährigen Kriege von den Oesterreichern mißhandelt worden und ihr erster Liebhaber hatte sich aus Verzweiflung in einen Brunnen gestürzt. Sie hatte nie ihr elterliches Haus verlassen und hier heirathete sie den Weinhändler Röll, der die neuen Häuser baute. Derselbe gründete auch drei große Weinkeller, zwei auf der preußischen und einen auf der österreichischen Seite der Grenze. Der größte dieser Keller befand sich unter den drei Häusern in Waldenburg, ein langer Corridor von großen und kleinen Fäßern, welche den Nektar Hegyallas und der französischen und rheinischen Rebenberge in sich schloß. Es ist mir nicht unbekannt geblieben, daß viel Wein von Frankreich und dem Rhein her hinüber nach Böhmen und hinwiederum viel Ungarwein herüber nach Schlesien gebracht wurde, nächtlicher Weile und unverzollt, woran aber der dicke Grenzinspector, unser täglicher Gast, keinen Anstoß nahm, denn gewöhnlich lag er schon vom Wein in süßen Schlummer eingewiegt, wenn die schweren Weinfuhren langsam und geräuschlos das Hofthor passirten.

Nicht weit von meinem Vaterhause stand ganz isolirt ein kleines Alterthum, eine Capelle nämlich über einem hellen Brunnen, von dem das Städtchen einst den Namen soll erhalten haben, der ursprünglich Wallenburg lautete. Er soll in der Vorzeit für heilig gegolten haben, und häufig sah man damals noch katholische Böhmen zu ihm wallfahrten. Ueber diesem Brunnen aber erhob sich auf einem Hügel, zu dem eine breite Steintreppe hinaufführte, ziemlich majestätisch die neue lutherische Kirche, die unter den Auspicien Friedrichs des Großen gebaut war. Bevor nämlich dieser König sich Schlesiens bemächtigte, war nur ein Theil der kleinen Fürstenthümer, in welche Schlesien zerfiel, durch besonders günstige Umstände in den Besitz voller und im westphälischen Frieden verbürgter Religionsfreiheit gekommen. So namentlich auch die Stadt Breslau. In andern dagegen waren die Lutheraner rechtlos geblieben und hatten zum Theil unter hartem

2 *

Truck gelebt. Meine Großmutter erzählte uns oft, wie sie als junges Mädchen mit ihrem Vater Pischel drei Meilen weit zur Kirche habe fahren müssen, nämlich nach Schweidnitz, weil sonst im Gebirge keine lutherische Kirche geduldet war. Die Lutheraner in Waldenburg und den umliegenden Dörfern ließen häufig ihre Kinder von herumziehenden Prädicanten an einem alten Stein im Walde taufen, wo auch heimlich gepredigt wurde. Die Verwendung des Schwedenkönigs Karls XII. verschaffte den Protestanten doch nur wenige sog. Gnadenkirchen. Erst Friedrich der Große, nachdem er Schlesien erobert hatte, machte den Protestanten Luft, und nun wuchsen überall neue Kirchen wie aus der Erde hervor. Auch meine Vaterstadt erhielt eine solche, und obgedachter alter Stein aus dem Walde ist in den Altar der neuen Kirche eingesetzt worden. Jemehr die Einwohner unserer Stadt durch ihren Handel bereichert worden waren, um so schöner wollten sie auch ihre neue Kirche haben. Im gläubigen Volke hart an der böhmischen Grenze und unter den Verfolgungen hatte sich im schlesischen Gebirge eine Art Mischung von hussitischem und lutherischem Wesen gebildet. Das erstere war schon länger einheimisch, das andere erst von Sachsen herübergekommen. Als es sich nun um den Bau der neuen Kirche handelte, bestand der altgläubige Theil der Gemeinde auf dem alten Symbolum der Hussiten, und über der neuen Kirche mußte ein kolossaler vergoldeter Kelch prangen. Der gebildete Theil der Gemeinde und die neuen preußischen Behörden glaubten dem alten Vorurtheil zwar in Bezug auf den Kelch nachgeben zu müssen, holten sich im übrigen aber ihren Geschmack aus Berlin, Potsdam und Sanssouci und bauten die neue lutherische Kirche auf dem majestätischen Hügel in der Form moderner Theater als eine in die Länge gezogene Rotunde von schneeweißen Säulen getragen. Darüber wurde nun ein gemeines rothes Ziegeldach, ein häßlicher Thurm und auf diesen der riesenhafte goldne Kelch gesetzt.*) Man kann sich etwas Unnatürlicheres und Geschmackloseres kaum vorstellen. Ich muß bekennen, daß, wenn ich bei den Hausandachten

---

*) Er wurde erst viel später entfernt.

meiner alten Großmutter auch oft wahrhaft erbaut war, mir doch diese moderne Kirche die Andacht immer nur genommen hat. In meiner Großmutter Hause fand man von Büchern nichts als die Bibel, Luthers Katechismus, das alte Breslauer Gesangbuch und zwei Erbauungsbücher, eins von Arnd und eins von Schmolke. Auch lebte in diesem Hause die Erinnerung an den früheren Religions-druck, ein tiefer religiöser Ernst, eine noch ganz ursprüngliche, unver-fälschte, volksthümliche, man möchte beinahe sagen bäurische Gottes-furcht. Darin lag etwas, was unmittelbar in die Seele greift und was ich sehr frühzeitig von der faden rationalistischen Predigt moderner Geistlicher unterschied.

Da sich in einem großen Zimmer unserer Weinhandlung die Spitzen der Behörden und der Kaufmannschaft täglich einfanden, um bei altem Tokayer oder Burgunder die Tagesneuigkeiten zu besprechen, und die meisten dieser Herrn dem Zeitgeist huldigten, konnte es in einem so frommen Hause an kleinen Reibungen und Spöttereien nicht fehlen. Zwar in Gegenwart der Großmutter hätte weder der Bergrath, noch der Bürgermeister, noch der Millionair über die Religion zu spotten gewagt; wenn sie aber nicht da war, geschah das oft. Da wehrte ihnen aber die Muhme Friesen, Tochter des in Elbing erschlagenen Schwagers von Pischel, eine weiße, recht nonnen-hafte Person, mit schwarzem schlicht gescheiteltem Haar. Sie war noch frömmer als meine Großmutter, aber in einer mehr pietistischen Richtung und höchst liebevoll und sanft. Da sie eigenes Vermögen besaß und nur aus gutem Willen im Hause half, auch einen sehr festen Charakter und viel Verstand hatte, so stand sie im ganzen Hause, selbst bei der Großmutter in hoher Achtung und jeder nahm gern die Zuflucht zu ihr. Oft wurde sie von den muthwilligen Wein-gästen wegen ihrer Frömmigkeit aufgezogen, aber ihre sanften und treffenden Antworten waren in der Regel beschämend und siegreich.

Man hielt uns Kindern einen besondern Hofmeister, der im Hause der „Mama", unserer Großmutter väterlicherseits, wohnte. Er hieß Nagel und war ein heiterer und gescheidter junger Mann, wenn auch zuweilen launisch und bequem. Ich lernte sehr leicht und gern, machte schon sehr frühzeitig allerlei Stylübungen und wurde namentlich im Französischen so gut unterrichtet, daß ich schon als achtjähriger Knabe, als die Franzosen im Jahr 1806 erobernd ins Land einfielen, den Dolmetscher machen und den erschrockenen Dienstboten und Nachbarn bei der Verständigung mit dem fremden Volke aushelfen kennte. Im Uebrigen nahm ich lebhaft an den Knabenspielen theil, welche diesem Alter natürlich sind, und übte mich aus angebornem Triebe und ohne Anleitung in den Turnkünsten, die noch keine Stärke der Brust und Arme, aber Gewandtheit und Schnelligkeit erfordern, also hauptsächlich im Springen und Klettern. Waghalsiges Klettern war mein höchstes kindliches Vergnügen. Wie oft habe ich mich auf den äußersten Aesten einer Eiche gewiegt, die sich über einem hohen Steinbruch nahe bei meiner Vaterstadt herüberbog. Ich trieb mich viel auf den nahen Bergen und im Wald umher. Einer meiner liebsten Jugendgespielen, Rausch, der einzige Sohn reicher Eltern, wurde eines Sonntags, als er mich auf dem Berge auf einer bestimmten Stelle erwartete, um einer goldnen Uhr willen von einem Bösewicht beraubt und in einen alten Schacht hinabgeworfen. Als ich an die Stelle kam, fand ich niemand. Erst nach einigen Tagen wurde das unglückliche Kind mit noch schwachen Spuren des Lebens, aber gräßlich entstellt gefunden und schlug die Augen nicht mehr auf.

Ich war noch sehr jung, als ich zum erstenmal meine Mutter auf einer Fahrt in die Ebene hinaus begleiten durfte. Wir dinirten in dem Schlosse Rohstock, bei, ich weiß nicht mehr welchem schlesischen Grundherrn. Die Bilder im Schloß, der herrliche Garten und der schöne sonnenhelle Tag machten einen unauslöschlichen Eindruck auf mich. Aber ich muß wohl in der Freude übermüthig geworden sein, denn ich that einen Fall und lag bewußtlos in meinem Blute. Als ich wieder zur Besinnung kam, war alles dunkel und ein schreckliches Gewitter ausgebrochen. Ich sehe die Mutter noch, wie sie sich liebreich zu mir hinabbeugte.

Ein andermal begleitete ich meine Mutter zu dem Pastor Her-
mann in Hohenfriedeberg, einem der vertrautesten Freunde meines
seligen Vaters. Dieser Geistliche war damals noch jung, aber voll
Würde und einer der schönsten Männer. Ich fühlte mich zu ihm hin-
gezogen wie zu einem Vater, und er liebkoste mich als den Sohn
seines besten Freundes. Er war Hofmeister im gräflichen Hause
Sandretzli gewesen, und die Tochter des Hauses hatte sich in ihn verliebt. An eine Heirath war nicht zu denken, da die Eltern sehr stolz
waren. Aber beide Liebende gelobten einander ewige Treue und erst
dreißig Jahre später, als die Eltern der Gräfin gestorben waren,
heirathete sie den Pastor. Ich war damals schon in Stuttgart ver-
heirathet. Sie besuchten mich, verfehlten mich aber zu meinem großen
Leidwesen.

Einmal fuhr ich wieder mit meiner Mutter nach Langenbielau.
Das am Fuß des Eulengebirges lang hingestreckte Dorf war damals
schon zahlreich bevölkert und ein berühmter Fabrikort. Ich hatte
vorher schon genug Elend gesehen bei den armen Webern, die jeden
Sonnabend schaarenweise in unsere Stadt kamen, aber diese Leute
waren demüthig und Gott ergeben. In Bielau dagegen sah ich zum
erstenmal die Menschheit von ihrer häßlichsten Seite. Besonders
fielen mir die vertierten Weiber und Kinder auf, die keinen Fremden
vorbeigehen ließen, ohne ihn mit den schmutzigsten Schimpfwörtern
und rohem Gelächter zu verhöhnen.

Es schien mir, auf den Bergen wohnen bessere Menschen. Ich
sah zum erstenmal von einem unserer näheren Berge die Schneekoppe,
den Gipfel des Riesengebirges, und bekam eine Lust, den aufsteigenden
Linien des Gebirges zu folgen. Ich dachte mir eigentlich nichts dabei,
aber es zog mich fort. An einem schönen Sonnabend in der Frühe
sollte ich einen gewöhnlichen Ausgang machen; wie aber die Sonne
so schön die Waldberge vergoldet hatte, lief ich zur Stadt hinaus der
Schneekoppe zu. Ich hatte wirklich im Sinn, gar nicht mehr wiederzukommen, obgleich mir daheim niemand etwas zu leide gethan hatte.
Ich fühlte mich über alle Maßen froh gestimmt und sang und jauchzte

unterwegs. Als ich die Waldhöhe erreicht hatte, welche die Thäler von Waldenburg und Gottesberg trennt, nahm ich noch ganz lustig Abschied von der erstern Stadt und stieg zur andern hinab. Als ich aber durch diese hindurch gehen wollte, rief mich aus dem Fenster eines hübschen weißen Hauses eine bekannte Stimme an. Es war ein Kaufmann Namens Schmiedel, der wöchentlich in unser Haus kam. Als ich ihm nun freimüthig meine Absicht kund that, behielt er mich einstweilen bei einem guten Frühstück, ließ anspannen und brachte mich zu meiner Mutter zurück, ehe sie mich noch vermißt hatte. — Später ist mir mein ältester Sohn Rudolf einmal in ganz ähnlicher Weise ohne alle Ursache und in der heitersten Stimmung fortgelaufen. Es muß doch also wohl in der Seele der Kinder ein Zug zur Ferne liegen, der nach keiner Ueberlegung frägt.

Seit ich denken kann, habe ich immer von Zeit zu Zeit auf eine Person meine besondere Liebe geworfen. Immer war mir irgend ein Knabe unter meinen Gefährten der liebste, welches jedoch wechselte, wenn ich einen edlern Zug bei einem andern wahrnahm.

Es war noch vor dem französischen Kriege, als ich einmal diese besondere Gunst und Neigung einem kleinen Mädchen meines Alters zuwandte, deren Eltern arme Tagelöhner waren. Sie wohnten im Thal unter Waldenburg in einem kleinen zwischen Wiesen stehenden Häuschen. Ihre Anhänglichkeit an mich war innig und sclavisch. Ich schenkte ihr einst einen schönen Henkelbukaten aus meiner Spar-büchse, worüber sie eine unvergleichliche Freude hatte. Aber wie sehr war ich überrascht, als ich bald darauf sie in Thränen schwimmend an der Hand ihres Vaters in unserm Hause ankommen sah. Der ehrliche Vater wollte nicht glauben, daß ich seinem armen Kinde ein so kostbares Geschenk gemacht habe, allein ich bekräftigte die Wahrheit ihrer Aussage und machte ihrer Noth ein Ende.

Das Volksleben bot damals noch eine Erscheinung dar, welche der Kinderwelt zur großen Wohlthat gereichte, jetzt aber immermehr verschwindet. Die Alten und das Gesinde erzählten den Kindern noch artige Märchen und rührende Geschichten, und alte Volkslieder wurden so allgemein gesungen, daß fast jedes Kind sie auswendig wußte. So waren mir, als viele Jahre später Hoffmann von Fallersleben die schlesischen Volkslieder sammelte und herausgab, beinahe alle diese Lieder von meiner Kindheit her noch wohlbekannt. Wie traurig, daß die mündliche Mittheilung des so reichen und schönen nationalen Lieder- und Märchenschatzes in neuerer Zeit fast ganz aufgehört hat und der Leserei von tausend und abertausend fabrikmäßig gelieferten, nur mit Kindlichkeit kokettirenden geist- und seelenlosen Kinderbüchern hat weichen müssen. Ich war noch so glücklich, daß mir kein Kinderbuch in die Hand gegeben wurde, außer Robinson Crusoe, bei dessen Lectüre ich die lehrhaften Gespräche regelmäßig überschlug. Das ganze pädagogische Gewäsch der modernen Kinderliteratur ist vom Uebel und vermag die mündliche Mittheilung der guten alten Volkslieder und Märchen niemals zu erfetzen. Auch da nicht, wo man romantische Effecte bezweckt und in schönen Worten frömmelt. Man muß den Kindern niemals verraisonniren und vorempfinden und ihnen ihre eigenen Stimmungen erklären wollen. Eine gute Geschichte, ein Märchen, eine Fabel, ein Lied von ergreifendem und unvergeßlichem Inhalt wirken unmittelbar auf das Kind viel tiefer und erfolgreicher ein, als weitläufige Ermahnungen oder gar Beschreibungen derjenigen Gefühle, die man gern den Kindern eetroyiren möchte.

Bevor ich ein wenig mehr in die Jahre kam und meines seligen Vaters hinterlassene Bibliothek zu durchspähen und zu verschlingen anfing, kamen mir alle die guten alten Volksbücher in die Hände, welche damals noch auf den Jahrmärkten, freilich auf sehr grobem Papier gedruckt, um ein Spottgeld verkauft wurden, die Genovefa, Magelone, Melusine, Helena und Hirlanda, der Kaiser Octavianus, die vier Haimonskinder, die drei Müllerstöchter, Eulenspiegel ꝛc. Darin liegt mehr Poesie, gesunder Verstand und richtiges Gefühl, als in allem, was die moderne literarische Fabrikation dem Volke dafür geboten hat.

Die romantische Umgebung meiner Vaterstadt nährte in mir

den durch die erwähnten volksthümlichen Traditionen geweckten Sinn für eine poetische Auffassung der Welt überhaupt, von deren Größe und Wunderbarkeit ich mir märchenhafte Vorstellungen machte. Wir besaßen eine große optische Maschine, in welcher man eine bedeutende Anzahl von Bildern in vergrößertem Maaßstab erblicken konnte. Die Bilder stellten die größten und berühmtesten Städte der Welt dar, einige auch nur einzelne weltberühmte Plätze, wie den Markusplatz von Venedig, den Platz vor der Peterskirche in Rom, die Pyramiden, den Porzellanthurm von Nanking ꝛc. Sie waren auf Pappdeckel aufgezogen und mein seliger Vater und seine Brüder hatten einige Prospecte berühmter Städte und Plätze so durchgeschlagen, daß man dasselbe Bild, wie beim Taglicht, so auch in der Nachtbeleuchtung sehen konnte. Nicht nur alle Fenster waren erleuchtet, sondern an einigen Bildern auch ganze Illuminationen ausgeführt. So brauchte man das Licht in der Maschine nur vor oder hinter das Bild zu stellen, um dieselbe Stadt bei Tage oder bei Nacht vor sich zu haben. Diese hübschen Bilder brachten mir ferne Welten lebendig nahe und entfalteten vor mir die ganze Mannigfaltigkeit der Zonen, der Völker und ihrer Cultur.

Eine deutsche Ausgabe der großen Naturgeschichte von Buffon mit zahllosen illuminirten Kupfern öffnete mir den Blick in eine kaum übersehliche Thierwelt. Nichts bildet mehr den Formensinn, als die Vergleichung der scharf ausgeprägten thierischen Gestalten. Ich zweifle nicht, daß die ersten Gebilde von menschlicher Künstlerhand Thierformen nachgeahmt haben, ehe man zur Menschenbildnerei und Landschaftsmalerei übergehen lernte. Bei mir äußerte sich der Nachbildungstrieb in der bescheidensten Weise, indem ich allerlei Thierfiguren mit der Scheere in Papier ausschnitt. Man lobte daran, daß ich das Charakteristische der Thierform stets treffe, wenn ich auch nicht immer Geduld genug hatte, alles im Kleinen niedlich auszuführen, so daß z. B. die Hörner meiner Hirsche etwas dicker blieben, als sie hätten sein sollen. Damals waren die ombres chinoises in die Mode gekommen und auch in meiner Vaterstadt etablirte sich auf einige Zeit ein fremder Künstler mit einem großen Schattenspiel. Zufällig bekam dieser Künstler meine ausgeschnittenen Thiere zu sehen und bat sich dieselben aus, um sie in den Zwischenacten im Schattenspiel vor dem verehrungswürdigen Publikum vorüberziehen zu lassen. Sie ernteten wegen ihrer Mannigfaltigkeit und treuen Auffassung verdienten Beifall, was mich sehr beglückte und veranlaßte, auf des Künstlers Rath, mich auch im Ausschneiden von Landschaften zu versuchen. Da wuchsen unter meiner Scheere alsbald Tannen, Palmen, Waldpartien, Felsenpartien, Gärten mit phantastischen Brücken ꝛc. hervor, die dem verehrungswürdigen Publikum abermals produzirt wurden und gleichen Beifall fanden.

Wir hatten auch einen alten Homannischen Atlas, in welchem ich alle Länder der Erde überblicken konnte. Er machte mir unendliches Vergnügen, so daß ich schon als sechs- und siebenjähriger Knabe stundenlang auf ihm lag und nicht ruhte, bis ich in allen Continenten und Meeren orientirt war.

Als der Negeraufstand in Hayti, die Niederlage der letzten französischen Armee daselbst und die Krönung des schwarzen Kaisers (Dessalines) kurz vor dem österreichischen Kriege von 1505 viel Aufsehen in Europa erregte und auch in unserer Weinstube davon gekannegießert wurde, wußte in der ganzen Gesellschaft niemand, daß Hayti, Hispaniola und St. Domingo ein und dasselbe seien, und der kleine Knabe, der es wußte und sagte, wurde wegen seiner Naseweisheit ausgelacht, am nächsten Tage aber, da die Herrn sich überzeugt hatten, gelobt. Damit begann meine Theilnahme an den Händeln der Welt. Im Jahr 1505 trat uns armen Schlesiern das Verhängniß schon ein wenig näher. Ich erinnere mich noch gut, wie man damals der Oestreicher spottete und wie viel Beifall ein Orgelmann fand, der noch in demselben Winter mitten im Schnee eine Illustration der Schlacht bei Austerlitz, die eigentlich nur eine große Masse von blut- und feuerroth war, vorzeigte. Doch gab es Einzelne, die den Oestreichern lieber geholfen hätten. Der Minister Haugwitz war in aller Munde.

Das Schicksal erfüllte sich rasch. Nach der unglücklichen Schlacht bei Jena war die preußische Monarchie in wenigen Wochen zertrümmert. Napoleon brauchte das Gros seiner Armee, um die Ostseeküsten zu gewinnen und Polen zu insurgiren. Nach Schlesien warf er nur eine geringe Macht, weil hier kein preußisches Regiment mehr das Feld hielt und es sich nur um die Festungen handelte, deren Commandanten fast alle schwachköpfige Greise, zum Theil feige Verräther waren. Schlesien zählte an zwei Millionen Einwohner und wenn man rechtzeitig seine Jünglinge und Männer bewaffnet hätte, würden sie hingereicht haben, das schwache Corps des Prinzen Jerome und General Vandamme zurückzuschlagen. Aber dafür war nicht gesorgt. Außer dem Militär wußte nur der jagdberechtigte Adel und das Forstpersonal mit dem Feuergewehr umzugehen. Jedem Andern war es bei schwerer Strafe verboten. Die schwachen Behörden selbst hinderten jeden patriotischen Aufschwung. So war es möglich, daß Preußens reichste Provinz von einer Armee, welche verhältnißmäßig nur eine Handvoll Räuber genannt werden konnte, erobert und ausgeplündert wurde.

Es war im Winter auf 1807, als an einem Sonnabend Morgen, während meine Vaterstadt wie gewöhnlich von ländlichen Webern wimmelte, fünf und zwanzig bayerische Chevauxlegers auf den Markt geritten kamen und sich so roh benahmen, daß in wenigen Minuten die Weber ihre langen Gebirgsstöcke aufhoben und die stolzen Reiter von den Rossen herunterschlugen. Ich sah alles aus dem Fenster mit an. Der Magistrat that Einsprache, weil er die Rache des Feindes fürchtete. Aber die Bauern ließen ihre Beute nicht fahren, sondern transportirten die gefangenen Reiter und ihre Pferde nach der Festung Schweidnitz. Noch an demselben Tage wurden gegen fünfzig andere gefangene und verwundete Bayern, welche letztere elend im Stroh bei großer Kälte auf offenen Schlitten lagen, durch ein preußisches Streifcorps unter einem Hauptmann oder Major Fischer eingebracht, dessen Namen ich noch behalten habe, weil er mich empörte. Dieser Offizier nämlich behandelte die Verwundeten, indem er ihre Fortschaffung beschleunigen wollte, so brutal, daß selbst unsere zahmen Bürger darüber murrten. Indessen waren es nur Repressalien, denn die Bayern, noch mehr aber die Württemberger, welche Bandamme mitgebracht hatte, gingen mit dem schlechtesten Beispiel voran und haben sich in Schlesien unerhörte Frevel gegen Wehrlose erlaubt.

Die Eile des ingrimmigen Fischer hätte die Bewohner unserer kleinen Stadt belehren sollen, daß ihm der Feind nach Schweidnitz nachfolgte. Am folgenden Sonntag befand ich mich mit meiner Familie in der Kirche, als die Predigt des ohnehin leise redenden Pastor Guder durch fernen wundersamen Hörnerklang unterbrochen wurde. Es war der melodische Marsch der württembergischen schwarzen Jäger, welche kamen, um Rache für die gefangenen Bayern zu nehmen und die Stadt zu plündern. Alles stürzte aus der Kirche. Da aber die Kälte sehr streng und jeder Soldat froh war, bald unter Dach zu kommen, war die Gefahr nicht so groß, als man anfangs befürchtete. Ueberdies wollte Bandamme selbst in kurzer Zeit ankommen und in dem reichen und bequemen Städtchen rasten. Also blieb es bei bloßen einzelnen Mißhandlungen, Gelderpressungen und Möbelzerstörungen, die Feinde selbst aber hatten Acht, daß die Stadt nicht in Brand gesteckt wurde. Einer sehr geschwätzigen Frau wurde der Mund bis an die Ohren aufgehauen. Ein ehrbarer Küster wurde auf dem Markt ausgezogen. Die reichsten Honoratioren der Stadt mußten den Soldaten bei Tisch aufwarten und sogar bei gewissen Geschäften das Licht halten. Allerlei Wagen, Möbel und andere brennbare Sachen wurden aus den Häusern geschleppt, um zu Bivouakfeuern für die Truppen zu dienen, die nicht in den Häusern unterkommen konnten. Große Ballen von Fries und Tuch wurden aus den Waarenlagern geschleppt und nicht nur zu Decken und Mänteln zerschnitten, sondern auch als Teppiche über die Straßen gebreitet. Die später ankommenden württembergischen Chevauxlegers mit dem Roßschweif auf dem Helm raubten sogar die kostbarsten Atlas- und Seidenzeuge, und ich sah eine ganze Schwadron in langen über Roß

und Mann gebreiteten Decken von grünem Atlas zur Stadt hinaus-
reiten. Aus meines Großvaters Keller wurde der Wein in Pferde-
eimern fortgetragen. Auf der Straße wurde jedes Märchen festgehalten. Alles wimmelte von beschäftigten Soldaten, und man sah
fast kein Bajonet, an welchem nicht Brod, Fleisch, Würste u. dergl.
hingen.

Außer dem Wein erlitt meines Großvaters Haus keinen Ver-
lust, denn es erhielt sogleich Sauvegarde und wurde als das schönste
Haus in der Stadt für den General Vandamme in Beschlag genommen.

Im Hause der Mama ging es dagegen ziemlich bunt her und
beinahe wäre mein wahnsinniger Onkel ums Leben gekommen, da er
die ersten Soldaten, welche die Treppe herauf kamen, mit Riesen-
kraft wieder hinunterwarf. Die gute Mama, die immer den Schein
bewahrte, als sei er bei Verstande, schrie jetzt zum erstenmal laut
auf: Er ist ja verrückt, thut ihm nichts! So blieb er wirklich geschont
und wurde nur schnell eingesperrt.

Vandamme fand sich am Dienstag ein. Ich war zufällig bei
meiner Mutter in der Küche, wo für ihn und sein Gefolge gesotten
und gebraten wurde. Da kam er selbst in die Küche und begrüßte
meine Mutter mit der größten Artigkeit, indem er ihr für die ge-
troffenen Vorkehrungen dankte. Er war ein nicht großer, aber unter-
setzter Mann und trug einen Ueberrock. Als er hörte, die Großeltern und wir Kinder seien alle auf eine Bodenkammer verwiesen,
nur um ihm und seinen Offizieren Platz zu machen, befahl er sogleich,
uns zwei Zimmer wieder einzuräumen. Ich erwähne das ausdrücklich, weil derselbe General Vandamme in andern Quartieren, wie
allgemein bekannt ist, einen üblen Ruf zurückgelassen hat. Seine
damalige gute Laune und Artigkeit hatte ihren Grund ohne Zweifel
darin, daß ihm das Niederbrennen der Stadt mit einer großen baaren
Summe in Gold, wenn mich mein Gedächtniß nicht täuscht, mit
30,000 Dukaten abgekauft worden war.

Das Hauptquartier verließ uns schon am folgenden Tage und

rückte näher gegen Schweidnitz. Diese ausgezeichnete Festung, die im siebenjährigen Krieg eine bedeutende Rolle gespielt hat, würde sich viel länger haben halten können, wenn der Commandant, ein Herr v. Haacke, der die armen Soldaten aufs unbarmherzigste zu prügeln pflegte, nicht trotz seines Bramarbasirens ein ganz unfähiger und feiger Gesell gewesen wäre. So übergab er die starke Festung schon am 18. Februar 1807. Er war in Schlesien so verrufen, daß man ihm, als er auf sein Ehrenwort entlassen war und fortreiste, unterwegs in einem Gasthof die Fenster einwarf. Da sagte er zum Gastwirth: Sie müssen wohl Feinde haben.

Während der Belagerung gingen wir öfters auch des Nachts auf die Berge, um das traurige Schauspiel mit anzusehen. Der Bogenflug der Bomben und hie und da ein aufloderndes Feuer gewährten einen so neuen und in seiner Art schönen Anblick, daß mancher unter den gebildeten Zuschauern die Noth und Schmach des Vaterlandes darüber vergaß. Noch länger als die Belagerung dauerte, nämlich bis tief ins Frühjahr, lagen immer fremde Truppen bei uns. Am längsten ein Bataillon der württembergischen Jäger, unter denen Hauptmann von Wundt, ein ungewöhnlich langer und schlanker Offizier, mich so lieb gewann, daß er sich viel mit mir beschäftigte und mich beinahe täglich mit auf sein Pferd nahm. Da jagten wir durch Feld und Wald im sausenden Galopp. Ich habe ihn später in Stuttgart als Oberst wiedergefunden. Er ist als General gestorben. Die übrigen württembergischen Offiziere, die damals bei uns im Quartier lagen, sind im russischen Feldzug umgekommen. Bayern kamen nicht zu uns, was uns sehr lieb war, weil sie sich wegen des verhängnißvollen Vorfalls vielleicht würden haben rächen wollen. Wir glaubten es dem General Vandamme zu verdanken, daß er keine Bayern in unsere Nähe verlegte.

Dagegen beherbergten wir im Frühjahr französische Linieninfanterie, welche großes Aufsehen erregte. Ich sah diesen noch halben Sansculotten oft zu, wenn sie im freien Felde exerzierten, und das Herz im Leibe that mir wohl dabei. Unsere ganze Bevölkerung theilte

einigermaßen dieses Gefühl, denn es war unmöglich, die martiali-
schen Kerle zu sehen, ohne sich ein wenig für sie zu enthusiasmiren.
Sie trugen noch die altmodischen Hüte aus der Zeit vor und während der Revolution und kurze dicke Zöpfe. Nur die rothen Epau-
letten gaben ihnen einigen Glanz. Sonst waren ihre blauen Uniformen, ein Frack mit hoher Taille und langen Schößen, sehr ab-
getragen, und Hosen hatten sie von allen Farben, meist selbst gemacht aus geraubten Bettbezügen. Aber ihre braunen, verwegenen
Gesichter, ihre funkelnden Augen und die Elasticität, Raschheit und
Energie ihrer Bewegungen, vor allem das Feuer ihres Bajonet-
angriffs, überzeugten jeden Zuschauer, daß wir hier die ersten Soldaten der Welt vor uns sahen. In ihrem Aeußern lag etwas Räuber-
mäßiges, besonders wenn sie ungeordnet marschirten und alles mögliche mitgehen ließen und auf ihre Bajonete spießten. Aber der
Heldencharakter überwog doch den des Räubers. Man schämte sich
beim Anblick dieser etwas unsaubern, aber echten Krieger des bisherigen preußischen Paradewesens. Gewiß hat Mancher, der später
die großen Befreiungskriege mitfocht, sich vorher ein Beispiel an
jener schlagfertigen und blitzschnellen französischen Infanterie genommen. Ich muß hier voraus bemerken, daß ich im Jahr 1813,
obgleich ich damals viele Franzosen sah, jene Infanterie von 1807
nicht mehr wiederfand. Die großen alten Hüte und das Sansculot-
artige Aussehen war verschwunden und durch einen häßlichen unbequemen Czacko und eine glänzendere Uniform nicht vortheilhaft ersetzt, während die rasche Beweglichkeit, das Feuer und die unwiderstehliche Energie auf die Deutschen übergegangen zu sein schien.

Noch unter den Augen der feindlichen Einquartierung schaarten
wir Knaben uns zusammen zum Soldatenspiel, wobei wir nicht verfehlten, dem französischen Ungestüm nachzuahmen, von dem wir wie
electrisirt waren. Den Knaben der gebildeten Stände stellten sich
bald die der kleinen Handwerker gegenüber, und der wüthendste
Streit entspann sich darüber, welche Partei die Preußen und welche
die Franzosen vorstellen sollte. Natürlicherweise wollte jede die

preußische Partei sein und schob der andern die feindliche Rolle zu. Darüber kam es nun zu täglichen und oft blutigen Raufereien. So wild und rücksichtslos, wie wir uns damals herumschlugen, habe ich später niemals wieder Knaben sich schlagen sehen. Als Anführer der Honoratiorenjugend verfolgte ich einmal den großen rothhaarigen Schusterjungen, der die plebejische Schaar commandirte, bis in die Werkstatt seines Vaters, wo Meister und Gesellen über mich her-fielen und ich mich, an Gesicht und Händen blutend, zurückziehen mußte. Ein andermal wurde ich bei Erstürmung einer Mauer von einem Stein so hart an die Stirn getroffen, daß ich eine zeitlang ohne Besinnung dalag. Das Kriegsfeuer bemächtigte sich dermaßen der ganzen Jugend, daß die Knaben aus den benachbarten Dörfern nun uns, die Städter, angriffen. Darauf schlossen wir mit den Plebejern Frieden und rückten vereinigt gegen den gemeinschaftlichen Feind aus. Auch behielten wir die Oberhand, denn die Bauerjungen hatten sich von starken Baumrinden so plumpe Küraße, Beinschienen und Helme oder Mützen gemacht, daß sie im nahen Kampf viel un-behülflicher waren als wir. Da nunmehr aber der Knabenkrieg so große Dimensionen angenommen hatte, mischte sich Schule und Po-lizei hinein und wir mußten aufhören.

Nachdem der Friede von Tilsit geschlossen war, herrschte wie-der Ruhe im Lande. Ich hörte wohl oft klagen über den entsetzlichen Steuerdruck, welcher den Plünderungen im Kriege nachfolgte, über Stockung der Geschäfte und über die leidige Continentalsperre. Ich kann indeß nicht sagen, daß sich das Elend bis in die Häuser unserer wohlhabenden Familien erstreckt hätte. Der Reichthum unserer Kaufleute war nicht leicht zu erschöpfen, das Bad Altwasser blieb nach wie vor besucht, ja es wurde sogar ein großes Theatergebäude in Waldenburg errichtet, in dem eine herumziehende Truppe nicht übel spielte. Damals war Schillers Jungfrau von Orleans noch neu und kam bei uns in die Mode, wozu die Zeitumstände bei-trugen. Man begeisterte sich gern an dieser kriegerischen Jungfrau, die allein zu Stande gebracht, was Männer nicht vermocht hatten.

Man dachte ohne Zweifel dabei an das eigene Vaterland, in dem die verhaßten Fremden herrschten.

In unserer belebten Gegend ließ sich zur Badezeit auch der damals berühmte Seiltänzer Kolter sehen. Er leistete außerordentliche Dinge und sprang unter andern von einem Gerüst über sechszehn Pferde hinweg. Im Jahr 1818 las man von ihm in den Zeitungen, mit welchem Meisterstück er von der Kunst Abschied genommen habe. Er begab sich nämlich während des damaligen Congresses nach Aachen und erbat sich von den hohen Monarchen die Erlaubniß, ihnen seine Stücke produciren zu dürfen. Sie schlugen es ihm jedoch ab, weil sie bereits einen berühmten englischen Akrobaten engagirt hatten. Dieser letztere spannte nun ein Seil vom Boden bis zum höchsten Thurm hinauf und kündigte an, er werde als Ritter in voller Rüstung hinaufsteigen. Die hohen Monarchen und zahlloses Volk schauten zu. Der Engländer stieg wirklich bedächtig das Seil hinauf. Als er aber den halben Weg vollendet hatte, trat plötzlich oben aus dem Thurm ein Zauberer in langem Gewande heraus, schritt rasch auf dem Seil hinunter und sagte zu dem erschrockenen Engländer: „Wähle unter drei Dingen! entweder gehe zurück, oder ringe hier mit mir, oder knie auf das Seil und bücke dich, dann will ich über dich hinwegspringen!" Der Engländer wählte das letztere und bückte sich. Der Zauberer sprang über ihn hinweg, stieg glücklich vollends herunter und stellte sich den Monarchen als — Kolter vor. Sie aber hatten geglaubt, der Engländer habe die Scene mit ihm verabredet.

Ich fing an, mich auch außerhalb der Schulstunden vielfach geistig zu beschäftigen und besonders viel zu lesen. An Büchern fand ich in der Bibliothek meines seligen Vaters eine reiche Auswahl. Auch besaß ich ausnahmsweise ein eigenes Zimmer, wo ich mich mit meinen Büchern und Schreibereien ganz ungestört fand. Da nämlich unsere Großeltern im dritten oder Hinterhause, alle Jüngeren aber im großen Vorderhause schliefen, ließ man mich allein im Mittelhause schlafen, damit doch jemand darin sei. Alle drei Häuser waren durch einen langen dunkeln Gang verbunden, in dem es des Nachts

nicht geheuer fein follte. Meinem Vater foll einmal eine Geftalt
dort erfchienen fein. Mir ift nie etwas erfchienen. Ein zweites
Afyl für meine Lectüre fand ich in einer reizenden Laube im Garten
der „Mama". Hinter dem Haufe diefer trefflichen Dame nämlich befand fich ein großer Hof, in welchem fie fchöne Pfauen, Perlhühner,
einen Storch, einen Kranich 2c. zu halten pflegte, und dahinter ein
von hohen grünen Weiden ringsum eingefchloffener Garten, welcher
für mich ein kleines Paradies war. Hier las und fchrieb ich oft
ftundenlang einfam.

Noch weitaus romantifcher aber war ein anderes Befitzthum
der „Mama", in dem benachbarten Dorfe Salzbrunn, welches unter
Fürftenftein liegt. Das heilkräftige Waffer diefes Dorfes hat erft
zwanzig Jahre fpäter den ihm gebührenden Vorzug erhalten. Ich
trank es fchon damals am liebften. Hier befaß die „Mama" ein
kleines Landgut mit einem alten, aber geräumigen Haufe, deffen
fchwarzes Dach ich fchon von weitem nie ohne Sehnfucht erblicken
konnte. Daneben war ein teraffenförmiger, faft immer wild mit
Blumen vollgewachfener Garten, auf deffen alter halbverfallener
Mauer ich hundertmal an heißen Sommertagen faß und meinen
Phantafien nachhing oder ein Buch las. Die Nähe des fchwarzen
Hochbergs und der Schlöffer von Fürftenftein, die über den Wald
herüberblickten, machten die Gegend fehr romantifch, und wenn die
Abendfonne noch heiß im Thale laftete, fchien mir alles in Gold ver-
klärt, war ich in eine andere wunderbare Welt verfetzt. Hier wirkte
der Zauber der Natur unendlich tief auf meine Seele. Die Eindrücke, die ich hier empfangen, mahnen mich nicht an die irdifche, an
eine höhere Heimath. Gewiß ift wenigftens, daß die Natur in einer
kindlichen Seele Gefühle weckt, die wie geheimnißvolle Erinnerungen
an eine andere Welt erfcheinen und nichts gemein haben mit allem,
was wir fpäter bei ihrem Anblick empfinden. Die Eindrücke Salz-
brunns haben fich mir fo tief eingeprägt, daß, als ich lange nachher
an einem fchönen Gewitterabend einmal im Plauenfchen Grunde bei
Dresden in einem Haufe einkehrte, das mit dem in Salzbrunn einige

3 *

Aehnlichkeit hatte, meine Augen unwillkürlich sich mit Thränen füllten.

Das Innere des Hauses in Salzbrunn war mir nicht weniger interessant. Hier war alles seltsam altmodisch, Spiegel und kleine Marmortische mit vergoldetem Schnitzwerk, Sessel und Sopha von altem purpurrothem Sammt, ein Spiegel ganz umsteckt mit alten aber noch sehr lebhaft glänzenden Pfauenfedern, ein seltsames Porzellanservice mit allerlei bunten Figuren, endlich alle Zimmer voll alter Bilder. Die kleinen Nebenzimmer und der Hausflur enthielten alte Ahnenbilder, die Menzel, die als Rathsherrn in Breslau gelebt, mit einigen Frauen und Kindern. Ein Mädchen war dabei, das vor 150 Jahren gelebt hatte und meiner ältern Schwester sprechend ähnlich war. Das größte Zimmer war von oben bis unten mit Bildern ausgeziert, worauf alte Türkenschlachten, Seegefechte, niederländische Gruppen und Portraits berühmter Männer abgebildet waren. Ich lernte sie alle auswendig und beschäftigte meine Phantasie damit auf mannigfaltige Weise. Unter andern befand sich dabei ein altes, unscheinbares Bild, welches einen schwarzgeharnischten Ritter mit feuerrothem Gesicht darstellte, wie er mit dem Tode kämpft, der die Sense gegen ihn aufhebt. Indem ich oft über dieses Bild nachdachte, ersand ich mir dazu eine sagenartige Geschichte, die ich später zu einem kleinen Drama ausbildete.

Angeregt durch das Theater in Waldenburg, in welches ich um so öfter gehen durfte, als ich mit Schauspielerkindern bekannt wurde, übte ich mich in der dramatischen Form und schrieb schon bald nach dem unglücklichen Kriege von 1806 und 1807 eine kleine Posse in Knittelversen, worin ich über die Feigheit und kleinstädtische Erbärmlichkeit spottete, mit der man sich vom Feinde alles hatte gefallen lassen. Auch ein Verräther kam darin vor, der mit dem Feind kokettirt hatte, ein ganz aus dem Leben gegriffenes Bild. Ich schrieb dann noch eine zweite kleine Komödie, nur einen heiteren Scherz, so unbedeutend, daß ich den Inhalt vergessen habe. Auf einem alten Bilderbogen, der eine Menge Herren und Damen im Costüm des rerigen Jahrhunderts darstellte, schrieb ich unter jede Figur ein Epigramm. Als meine strenge Großmutter mich einmal wegen dieser Schalkhaftigkeiten ausschalt, schrieb ich ihr so sauber als möglich Predigten in bunter Dinte, die sie sehr gut aufnahm.

Ich neigte überhaupt, wenn auch zur Lustigkeit, doch keineswegs zu einer gemeinen Frivolität, und nichts erschien mir damals schon verächtlicher, als wenn dumme Menschen, z. B. junge Kaufleute, die des Vaters Geld verpraßten, Witzlinge spielen wollten und doch nicht einen einzigen eigenen Gedanken vorbrachten, sondern immer nur die abgedroschenen Phrasen und Schlagwörter im Munde führten, die unter lüderlichen Schauspielern, Offizieren, Studenten und Commis grade Mode waren.

Eine tiefere Gemüthserregung, eine wunderbare Rührung ergriff mich einmal, als ich im letzten Jahre meines Aufenthalts in der Vaterstadt an einem sonnenwarmen Frühlingstage allein im Walde spazieren ging. Ohne die geringste Veranlassung versank ich in eine Art von Schwermuth, von Sehnsucht, von Seelentrunkenheit, und weinte, ich wußte nicht warum.

Ueberaus oft kam ich auch nach dem nahen Fürstenstein und war in dessen alter Burg, auf dem Riesengrabe und dem Felsengrunde ganz heimisch. Oft auch erstieg ich die uns noch näher liegende Burgruine Neuhaus. Lebhaft erinnere ich mich noch reizender Sommerpartien nach Charlottenbrunn, nach Tannhausen und in die rauheren Waldregionen von Wüstegiersdorf, wo ich einmal der Erhebung eines neuen großen vergoldeten Thurmknopfs anwohnte. Bei der feierlichen Einsegnung war eine solche Menschenmenge in der Kirche versammelt, daß ein bildschönes Mädchen, welches dem Grundherrn Grafen Hohberg einen versificirten Gruß darbrachte, in Ohnmacht fiel. Der mit einem breiten Ordensband gezierte Graf stand ihr aber mit väterlicher Sorge bei. Auch mitten im Winter machte ich oft Schlittenpartien mit und habe später niemals wieder die Lust des Winters so genossen, niemals wieder diese haushohen Windwehen und dickbeschneiten Tannenwälder gesehen, außer noch einmal in Tirol, denn mein Lebensweg führte mich nach dem Süden.

Ein Ereigniß für meine kleine Vaterstadt war die Ankunft des Malers Waagen aus Hamburg. Dieser würdige Künstler war zugleich Sammler und hatte ganz wie die Brüder Boisserée die Kriegszeiten benutzt, um schöne alte Gemälde aufzukaufen und zu retten. Er brachte eine ganze Galerie solcher Gemälde mit, aber nicht altdeutsche wie in der Boisserée'schen Sammlung, sondern meist von italienischen, spanischen und niederländischen Meistern. Sie sind in einer viel späteren Zeit gut verkauft und zerstreut worden und ein schöner Christuskopf von Guido Reni kam in den Besitz des Königs von Württemberg, in dessen Schloß ich ihn nach vielen Jahren wiedersah. Waagen war durch die Familie Reichard mit dem Dichter Ludwig Tieck, dem Naturphilosophen Heinrich Steffens und dem Kaufmann Alberti, welcher damals die erste Spinnmaschine in Waldenburg errichtete, verschwägert. Deshalb ließ er sich grade in unserm Gebirgsstädtchen nieder, wohin auch, jedoch erst einige Jahre später, nachdem ich Waldenburg schon verlassen hatte, Tieck seine liebenswürdige Tochter Dorothee schickte. Auch wir waren mit ihnen durch die Familie Töpfer verwandt, die vielfach mit den Treutler versippt war. Die ganze Honoratiorenwelt meiner Vaterstadt war eigentlich ein einziger großer Verwandtschaftshimmel, in welchem eine alte reiche Frau Töpfer präsidirte.

Jener Maler Waagen nun verstärkte die schwache und nur bisher durch die „Mama" vertretene Partei der höheren geistigen Interessen mitten in einer Kaufmannswelt, welche nur materielle Interessen kannte. Es schmeichelte doch ein wenig den Kaufleuten, eine so namhafte Gemäldegalerie zu besitzen, die in der Badezeit viel von Fremden besucht wurde. Auch schickten sie ihre Kinder in die sog. Akademie, unter welchem vornehmen Namen er eine einfache Zeichenschule eröffnete. Er hatte drei Söhne mitgebracht, wovon der älteste, Gustav, ein ausgezeichneter Kunstkenner und Galeriedirector in Berlin, der zweite, Wilhelm, erst Offizier, später Landrath in Ost-

preußen und der jüngste, Karl, Maler und Gemäldehändler in
München geworden ist. Nur der letztere wurde mir, weil wir in
gleichem Alter standen, eng befreundet. Ebenso Gustav, der jüngste
der Alberti. Diese Alberti waren schöne Leute, die älteste Tochter,
welche nie heirathete, wahrhaft madonnenhaft, noch reizender die
zweite. Einer meiner vertrautesten Kameraden war noch Wilhelm
Jensch, dessen Vater in die Töpfer'sche Familie geheirathet hatte und
ein großes Haus machte. Wilhelms ältere Schwester Ottilie heirathete damals wieder einen Töpfer, welcher sehr reich war. Es
gab eine prächtige Hochzeit. Nie sah ich eine Braut so strahlend
von Jugend, Schönheit und Glück. Ich hatte sie immer lieb gehabt, vorzugsweise, und sie auch mich. Doch kann ich nur mit
Wehmuth an die schönen Stunden zurückdenken, die wir in kindlicher und verwandtschaftlicher Vertraulichkeit im Hause ihres Vaters
verlebten. Denn das Glück dieser reichen Familie wurde auf eine
grausame Weise zerstört. Die Kontinentalsperre, die lange Stockung
des Handels, dann der neue schreckliche Krieg und seine Leiden,
die tiefe Verarmung und Verschuldung im ganzen Laude fraßen
unzählige Vermögen weg, und da Jensch zuviel Aufwand gemacht
hatte, mußte er um so eher falliren. Sein reicher Schwiegersohn
sollte ihn retten, wollte aber ein so großes Opfer nicht bringen,
und der Alte schoß sich todt. Die einst so lebensfrohe Ottilie fiel
darüber in tiefe Schwermuth, weil sie sich einbildete, nicht genug gethan zu haben, um ihrem Gatten das Opfer der Großmuth abzu-
gewinnen. Ich habe sie im Jahr 1842 wiedergesehen als eine alte
Frau in stillem Wahnsinn. Sobald sie mich nach mehr als dreißig
Jahren wieder erkannte und sich unserer Jugend erinnerte, schloß sie
sich mit der ganzen alten Herzlichkeit an mich, als hätte sie Trost bei
mir suchen wollen. Die Verwandten hofften, ich werde einen guten
Eindruck auf sie machen, und sie vielleicht von ihrer Einbildung
heilen. Ich versuchte es, aber vergebens. Sie ist in einer Irren-
anstalt gestorben. Ihr Bruder Wilhelm endete auf nicht minder
traurige Weise, indem er in der Jugend nicht genug gelernt hatte,

auf des Vaters Reichthum allzusehr vertraute, nach dessen Tode sich mit einer kleinen Anstellung in Berlin als Schreiber begnügen mußte und dem Trunk anheim fiel.

Im August 1809, in jenen unvergeßlichen Tagen, in denen das heldenmüthige Volk der Tiroler die Franzosen noch einmal aus seinen Bergen hinausschlug und der edle Herzog von Braunschweig mit seiner schwarzen Schaar kühn mitten durch Deutschland zog und alles vor sich niederwerfend nach England entkam, lebten wir in Schlesien im tiefsten Frieden, so daß wir ungefähr ein Dutzend Knaben mit einem Hofmeister eine vierzehntägige Fußreise machten. Daran, daß man den Oestreichern in ihrem schweren Kampfe geholfen hätte, war nicht zu denken. Doch hinterließ das eigenmächtige Vorgehen des unglücklichen Schill einen tiefen Eindruck im preußischen Volke, wovon auch ich berührt wurde. Man konnte nicht Bildnisse genug von Schill und Blücher auftreiben, die neben denen des alten Fritz dem patriotischen Gefühl Trost gewährten. Ich fand solche Bilder selbst in Bauerhäusern. Als uns unsere Fußreise nach Liegnitz führte und zum nahen Kloster Wahlstadt, gedachten wir der großen Tatarenschlacht, in der die deutschen Ritter und Bergleute so ruhmvoll gekämpft hatten, wir ahnten damals noch nicht, daß vier Jahre später in denselben Tagen des August dieselbe Gegend einen neuen herrlichen Sieg der Deutschen und zumal der Schlesier sehen sollte, denn hier wurde die Schlacht an der Katzbach geschlagen und Blücher erhielt davon den Ehrennamen Fürst von der Wahlstadt. Auf dem Rathhause in Liegnitz betrachteten wir Knaben mit großer Lust die zahlreichen Waffen aus alter Zeit, die hier aufbewahrt wurden, besonders die schweren Eisenpanzer und die Pfeile der Tataren aus der großen Schlacht. Als ich sieben Jahre später wieder einmal nach Liegnitz kam und die Rüstkammer noch einmal besuchte, zeigte man mir in einem Balken an der Decke einen Pfeil, der vollkommen den andern alten Tatarpfeilen glich. Es war aber ein neuer Pfeil, wie ihn die Baschkiren heute noch zu brauchen pflegen. Ein Baschkir, der 1813 mit den russischen Truppen hier durchgekommen war, hatte

ihn aus feinem Köcher genommen und in den Balken hinauf ge-
fchoffen, damit die neuen Tataren hier auch ein Andenken zurüd-
laffen follten, wie die alten.

Wir gingen von Liegnitz aus über die Oder in den großen
Eichenwald, den das Klofter Leubus, ein ungeheures Viereck, hoch
überragte. Hier fanden wir noch die Mönche im beften Wohlfein.
Erft im folgenden Jahre wurden fie vertrieben. Diefe großen Feld-
klöfter waren eine Eigenthümlichkeit Schlefiens. Friedrich der Große
hatte fie gefchont. Erft 1810 wurden fie aufgehoben, aber der
Zweck der Aufhebung, durch die Konfiskation die leere preußifche
Staatskaffe zu füllen, wurde vereitelt, weil man Güter und Gebäude zu den niedrigften Preifen verfchleuderte und überdies viel
Unterfchleif ftattfand, was mir z. B. vom Klofter Heinrichau durch
Betheiligte genau bekannt wurde. Die Regierung hätte fich wenigftens das Kapital erhalten follen, aber um der Früchte eines Jahres
willen hieb fie den ganzen Baum um.

Auf dem Rückwege hatte ich das Vergnügen, in Gnadenfrei
zum erftenmal eine Herrnhuter Kolonie zu fehen, deren Frieden
mich fehr anfprach. An einem ungewöhnlich heißen Tage ftiegen wir
zum Gräditzberg hinauf. Auf dem Gipfel diefes fchönen bewaldeten
Berges erhebt fich eine alte Burgruine, von der man weit in das
fchöne Land hineinfieht. Als wir nach einem ermüdenden Marfch
mit glühenden Gefichtern und von Schweißtropfen wie mit Perlen
überfät oben anlangten, waren wir nicht wenig überrafcht, in diefer
Bergwildniß eine glänzende Gefellfchaft zu finden. Ein reicher Berliner Bankier, wenn ich nicht irre Benecke, hatte die Ruine gekauft
und wenigftens den Ritterfaal mit feinen breiten gothifchen Fenftern
prächtig wieder herftellen laffen. Er feierte an diefem Tage die Ein-
weihung des Saales und hatte viele Herren und Damen dazu eingeladen. Die ganze Gefellfchaft faß eben beim fröhlichen Mahl an
der großen langen Tafel, die von der Laft der Speifen zu brechen
fchien. Wir wagten nicht in den Saal zu treten. Als uns aber der
freundliche Befitzer bemerkte, kam er mit der Serviette in der Hand

heraus, begrüßte und liebkoste uns und lud uns alle zum Gastmahl ein. Geschäftige Diener stießen noch ein paar Tische an die Tafel und bald saßen wir in der langen Reihe und stillten unsern Hunger mit den köstlichen Speisen. Der Eigenthümer schien eine große Freude an uns zu haben und mochte wohl in unserer unschuldigen Lust und überhaupt in unserm Besuche beim Antritt seines Besitzthums ein günstiges Omen sehen. Es ist jedoch nicht eingetroffen. Denn als ich nach sieben Jahren wieder einmal auf den Grädizberg kam, überfiel mich ein wahrer Schrecken, als ich den schönen Rittersaal wieder zerstört, die alten Mauern von neuer Feuersglut zerrissen und geschwärzt fand. Ich hatte mich so sehr gefreut, den ersten heitern Eindruck, den mir der Grädizberg gemacht hatte, zu erneuern. Nun erfuhr ich von einem Bauer, dem ich zufällig im Walde begegnete, im Jahr 1813 hätten sich Preußen und Franzosen hier ein blutiges Gefecht geliefert und dabei sei der neue Bau auf dem Berge in Brand gesteckt worden. Ob er später je wieder erneuert wurde, ist mir unbekannt geblieben.

Wir wanderten weiter dem Hochgebirge zu und besuchten Hirschberg, Warmbrunn, den sagenberühmten Kynast, Schreibershau, den Kochel- und Zackenfall, wurden aber durch Regenwetter zur Umkehr gezwungen und konnten diesmal die Schneekoppe, die unser Ziel war, noch nicht erreichen.

Im darauf folgenden Winter begleitete ich meine Mutter auf einer Festreise nach Schweidnitz, und auf dem Rückwege in einer kalten Nacht sahen wir unzählige Sternschnuppen und Feuerkugeln. Es war in der Mitte des November, also der zuerst von Humboldt charakterisirte periodische Meteorstrom.

Unglücklicherweise ließ sich meine gute Mutter damals überreden, ein großes Landgut zu kaufen. König Friedrich Wilhelm III. hatte durch ein Edict dem Adel das ausschließliche Recht des Güterbesitzes entzogen. Der schlesische Adel hatte in der langen Friedenszeit, welche der Katastrophe von Jena vorausging, zuviel Luxus getrieben. Eine Menge verschuldete Güter gingen nun in die Hände der Gläubiger über, oder kamen durch Kauf in bürgerliche Hände. Die Preise waren nicht hoch, da gleichzeitig auch so viele geistliche Güter zum Verkauf ausgeboten wurden. Aber meine Mutter verstand nichts von der Landwirthschaft, und unser neuer Hofmeister Elsner, der die Haupt-triebfeder des Unternehmens war, hat sich zwar später als Schaaf-züchter einen großen und verdienten Ruf erworben, war damals aber als junger Candidat der Theologie einer großen und mannigfaltigen Oekonomie noch nicht gewachsen.

II. Auf dem Lande.

Am zehnten Mai 1810 verließ meine Mutter mit uns fünf Kindern als künftige Gutsbesitzerin in einer vierspännigen Landkutsche die Vaterstadt, und noch an demselben Abend trafen wir auf dem Rittergut Ober-Arnsdorf ein, welches die Mutter gekauft hatte. Dasselbe liegt zwei Meilen hinter Strehlen in der Richtung gegen Neiße. Die Gegend bot manchen Reiz dar. Obgleich nicht mehr gebirgig, hatte sie doch hübsche Waldhügel aufzuweisen, über die sich am höchsten der s. g. Rummelsberg erhob, an den sich alte Volks-sagen vom Ritter Czirn knüpften. Ein schöner Waldhügel trennte unser Dorf von einem anmuthigen Wiesen- und Mühlenthal. Die ganze Ostseite unsers Gebietes deckte ein lang gezogener hoher und dichter Eichenwald wie eine Mauer. In diesem majestätischen Walde pflegten jährlich die nach Polen ziehenden oder von Polen kommenden Störche auszuruhen und eine Nacht zuzubringen. Dann sah man von fern das dunkle Grün der Waldwand mit den weißen Vögeln übersät und hörte ihr Klappern. Auf der Südseite unseres Besitz-

thums, nur eine halbe Stunde entfernt, lag Prieborn mit seinem
großen grauen Marmorbruch, in welchem der schönste Marmor
Schlesiens gebrochen wird. Nur an Straßen litt die hübsche Gegend
Mangel. Bei nassem Wetter versanken die Wagen auf allen Wegen
im Koth, so daß man wußte, man sei von der polnischen Grenze
nicht allzuweit entfernt. Die schlechten Straßen aber und die große
Entfernung der wenigen nächsten Städte waren der Häuslichkeit, dem
Familienleben und dem freundlichen Zusammenhalten der Nachbarn
zuträglich. Die benachbarten Edelleute, der königliche Amtmann von
Prieborn und die nächstwohnenden Pfarrer wurden alle ohne Ausnahme bald mit uns befreundet, und es gab hier nirgends gegen
einander feindlich gesinnte Nachbarn. Der gesellige Verkehr und die
Gastfreundschaft waren über jedes Lob erhaben.

Die Liebenswürdigkeit der Menschen aus den gebildeten Ständen
erschien um so glänzender, als sie sich durch äußere Eleganz nicht auf-
putzte. Denn mit ganz wenigen Ausnahmen waren die Edelsitze sehr
bescheidene Bauten und die schlechten Zeitumstände erlaubten keinen
großen Aufwand. Ich hatte in meiner Vaterstadt großen Reichthum
zur Schau tragen, hatte nicht selten die stolzen Kaufmannsfrauen
beim Champagner lustig werden sehen. Hier auf dem Lande kam das
nicht mehr vor. Der alte Adel lebte sehr bürgerlich und mäßig. Und
doch waren seine Manieren feiner und seine Gesinnungen nobler, als
die der reichen Kaufmannswelt. Das sagte mir sehr zu.

Unser s. g. Schloß, der strahlende Centralpunkt des Ritterguts,
beherrschte zwar einen mit Stallungen und Scheuern eingehegten sehr
weiten Hof, an den sich nach allen Seiten hin Gärten und eine große
Schäferei anschlossen; allein es war kein Schloß, sondern ein überaus
einfaches und geschmackloses zweistöckiges Haus mit einem Schindel-
dach. Meine Mutter würde es ohne Zweifel später verschönert oder
erweitert haben, wenn die Zeiten nicht immer schlimmer geworden
wären. Im ersten Jahre mußte sie große Geldopfer bringen, um
das vielfach vernachlässigte Gut nur wieder in Stand zu setzen. Die
Hitze des folgenden Kometenjahres verdarb die Ernte. Im dritten

Jahr zog Napoleon nach Rußland und wurden die Steuern und
Lieferungen schon fast unerschwinglich. Endlich im vierten Jahre kam
der große Krieg ins Land und verschlang alles.

Das gemeine Landvolk, welches ich hier kennen lernte, unterschied sich in der Mundart, in der Tracht und im Charakter von
unserm Gebirgsvolk. Es hatte, obgleich es nicht mehr slavisch redete,
doch noch manchen slavischen Zug an sich. Der reichere Bauer trug
den dreieckigen Hut des Deutschen; auf dem Kopf der geringeren
Leute sah man öfter die polnische Pelzmütze. Der Rittergutsbesitzer
war Patronatsherr der Kirche und übte die niedere Gerichtsbarkeit
und Polizei. Die Pferde haltenden Bauern waren ihm zu Spann-
dienst, die Kühe haltenden Freigärtner zu Handdiensten, aber nur
dreimal im Jahre, beim Heumachen, in der Ernte und beim Holz-
machen im Winter, alle aber zu Naturalleistungen in Zinshühnern,
-Eiern, -Flachs ꝛc. verpflichtet. Etwa ein halbes Dutzend s. g. Hof-
gärtner hatten zwar ihr eigenes Häuschen und Gütchen, mußten aber
Tag für Tag zu drei Personen der Herrschaft dienen oder frohnen.
Das eigentliche Hofgesinde hatte eine strenge Gliederung. Unter
dem Schaffner standen alle männlichen, unter der Schleußerin (Be-
schließerin) alle weiblichen Dienstboten. Die erstern waren der Groß-
Mittel- und Kleinknecht bei den Pferden, der Groß- Mittel- und
Kleinknecht bei den Ochsen, der Knecht und Junge bei den Schweinen.
Das weibliche Gesinde bestand aus einer Groß- Mittel- und Klein-
magd bei den Kühen und einer Gänsemagd. Das ganze Gesinde aß
gemeinschaftlich, und zuerst holte sich der Großknecht seinen Theil
aus der Schüssel, dann die andern, jeder nach seinem Range. Diese
Etikette wurde auch beim Tanz eingehalten. Wehe dem Ochsen-
knecht, der dem Großknecht der Pferde den Vortanz hätte abgewinnen
wollen. Ausnahmsstellungen und abgesonderte Menagen hatten der
Schäfer und der Jäger mit dem ihnen untergeordneten Dienstpersonal.
Im ganzen war das Volk gut geartet, doch schlugen auch slavische
Züge von Faulheit, Schmutz und Trunkenheit vor. Da war Strenge
unerläßlich. Als meine treffliche und fein gebildete Mutter keinen

ihrer neuen Unterthanen mehr prügeln laſſen wollte, ſah ſie ſich bald
gezwungen, den ſchlechten Theil der Erwachſenen wie gewiſſe Kinder
behandeln zu müſſen, die abſolut nicht gut thun, bis ſie Schläge bekommen. Es ſind mehr als ſechszig Jahre ſeitdem verfloſſen. Das
Prügelſyſtem iſt verrufen und verſchollen und hoffentlich das Ehr-
gefühl in der Nation ſo weit gediehen, daß es der Prügel nicht mehr
bedarf. Damals aber, kann ich verſichern, wäre man ohne Prügel
noch nicht ausgekommen; der, welcher ſie verdiente, hätte den ausgelacht, der ſie ihm nicht gegeben hätte. Wie naiv die Zuſtände noch
waren, mag man aus dem Umſtand erkennen, daß in jedem Kretſcham
(Dorfwirthſchaft) auf dem mit fingerhohem Schmutz bedeckten Stuben-
boden an einer der vier gewöhnlich von Rauch kohlſchwarzen und
tropfenden Wände ein ſ. g. Stock angebracht war, eine niedere
Wand von dicken Bohlen mit Löchern, in denen irgend ein Delinquent
oder mehrere, beide Füße ſtecken hatten. Das war die gewöhnliche
Strafe außer dem Prügeln, und der Strafort immer das Wirthshaus, wo die Uebelthäter ſich, während ſie ihre Strafe abſaßen, mit
den Gäſten vertraulich unterhielten.

Als merkwürdiges Beiſpiel, wie man ſich aus einer ſo niedern
Sphäre glänzend zu erheben vermag, führe ich einen gewiſſen K. an,
der auf unſrem Hofe als Kleinknecht bei den Pferden diente, aber
von dem frühern Pfarrer des Orts gut unterrichtet worden war, nur
aus Armuth den niedern Dienſt antreten mußte, wegen einer ungerechten Mißhandlung entfloh und neun Jahre ſpäter von mir als
hochgeachteter preußiſcher Artilleriemajor in den Rheinlanden wiedergefunden wurde.

Unter unſern adeligen Nachbarn war uns am meiſten ein Herr
von Lemble befreundet mit ſeiner artigen Tochter Ulrike. Obgleich
nicht mehr jung, trat er doch einige Jahre ſpäter in die preußiſche
Armee ein und machte den großen Krieg mit. Ein anderer Nachbar,
der junge Herr v. Roſenſchanz, war minder glücklich, denn er kam
im großen Kriege um. Unſer dritter adeliger Nachbar war ein alter
Herr v. Koſchenbar, ein ſehr feiner Herr, der zu ſeinem eigenen

Sohn immer nur „fei so gnädig" sagte und eine einzige Locke vorn an seiner Stirn mit größter Sorgfalt pflegte. Alle unsere Nachbarn aber übertraf an männlicher Würde ein Herr v. Gaffron, dessen großes alterthümliches Schloß fast nie ohne Gäste war. Sein Bruder, der längste Lieutenant in der preußischen Armee, erzählte einmal mit gutem Humor, welchen Leiden und Verlegenheiten ein Langbeiniger an zu niedern Tischen, in zu engen Betten, in engen Wagen, auf niedern Pferden zc. ausgesetzt sei.

Unter der Geistlichkeit der Umgegend behauptete der ehrwürdige Pastor Selbstherr zu Türpitz, dem Rittersitz des Herrn v. Rosen-schanz, den ersten Rang. Man macht sich heutzutage keine Vorstellung mehr von der altmodischen Geistlichkeit jener Zeit. Bekanntlich stritten sich im Anfang des vorigen Jahrhunderts Katholiken und Lutheraner über die Perücken. Die erstern behaupteten, kein Priester dürfe falsches Haar auf seinem Kopfe tragen, weil derselbe die Weihe empfangen habe. Die Lutheraner erhitzten sich aber in ihren Wider-reden dermaßen, daß ihre Consistorialherren sich bis zu dem Extrem treiben ließen, ihrer untergebenen Geistlichkeit das Perückentragen zu befehlen, gerade weil die katholischen Bischöfe es der ihrigen unter-sagten. Es wurden wegen dieser Frage über vierzig fanatische Flug-schriften gewechselt. Auf lutherischer Seite war der sanfte Philipp Jakob Spener, welcher selbst das schlichte natürliche Haar trug und es so zu tragen seinen Glaubensgenossen empfahl. Aber er war ja nur ein Pietist und wurde nicht gehört. Die orthodoxe Consistorial-gewalt octroyirte allen lutherischen Geistlichen die Perücke, und auch die jüngsten mußten sich ihr eigenes Haar abschneiden lassen, um es durch eine Flachs- oder Wollenperücke zu ersetzen. Der boshafte Berliner Buchhändler Nicolai, der ein eigenes Büchlein über die Perücken schrieb, ließ auch seinen Roman „Sebaldus Nothanker" durch den trefflichen Chodowiecki mit Kupfern zieren, die uns eine ganze Reihenfolge von Berliner Geistlichen mit ihren von Jahr zu Jahr sich ein wenig umändernden Perücken und Mänteln darstellen. In demselben Berlin war es aber auch wieder der berüchtigte Zopfprediger Schulz, der es am Ende des vorigen Jahrhunderts zum erstenmal wagte, die Perücke abzulegen und auf der Kanzel mit einem Zopfe zu erscheinen. Das rief eine ungeheure Aufregung hervor, welche damit endete, daß die alten Geistlichen ihre Perücken behielten, die jungen aber dem Zopfprediger nachahmten. Der ehrwürdige Pfarrer Selbstherr nun, um auf ihn zurückzukommen, trug noch eine lange und dicke Flachsperücke in ihrer natürlichen Flachsfarbe, dazu einen weißen Rock mit thalergroßen schwarzen Knöpfen. Er lächelte immer freundlich und besaß ein unerschütterliches Phlegma. Sonderbarer Weise spielte er auf dem Klavier gern und oft die Marseillaise, behauptete aber ganz ernsthaft, es sei nur der Todtenmarsch Ludwigs XVI. Er hatte noch sechs Brüder, sämmtlich alt, welche seit geraumer Zeit übereingekommen waren, alle vier Jahre einmal an einem bestimmten Tage auf dem Gipfel des Zobtenberges zusammenzukommen. Langsamer als diesen guten Pastor, habe ich niemals predigen hören. Wenn er mit einem Passus endlich fertig war, sagte er oft: „Den Schwachen zu Liebe noch einmal!" und wiederholte das eben Gesprochene nochmals.

Der gutherzige Greis nahm ein trauriges Ende. Er hatte weder Weib noch Kind. Eine Pflegetochter, welche so gutmüthig und noch einfältiger war als er, wurde ihm im großen Kriege durch die Einquartierung verführt. Endlich brannte sein Pfarrhaus ab und indem er mit seinem gewöhnlichen Phlegma im Schreibtisch noch etwas suchte, verweilte er zu lange und verbrannte.

Ein ganz anderer Mann war der Pastor loci W., robust, roth im Gesicht, strotzend von Kraft und Gesundheit, das merkwürdigste Mittelding zwischen einem Studenten und einem Bauern, das mir je vorgekommen ist. Er spielte gern noch den flotten Burschen und wandte z. B. die bekannten Studentenverse „Ich durchbohre den Hut und schwöre" auf die Confirmation an und ließ die Confirmanden, auch mich selbst, öffentlich in der Kirche vor dem Altar sprechen:

Ich erhebe die Hand und schwöre,
Ich will bei Jesu Christi Ehre
Der Tugend treu und gläubig sein.

Einmal fing er Sonntags seine Predigt mit dem Liede an: „Ein freies Leben führen wir", brach aber plötzlich ab und rief: „So singen die Gottlosen". Er war ein munterer, doch etwas derber Gesellschafter und that sich etwas darauf zu gute, zu zeigen, daß er noch nicht ganz verbauert sei; denn derselbe Mann, der sich heute in seiner Gesellschaft frei bewegte, fuhr morgen Mist oder fuhr im Bauernrock mit Kornsäcken zum Markte. Er bewirthschaftete nicht nur eine große Widmut (Pfarrgut), sondern auch das ansehnliche Müllergut einer Schwägerin, bei der er oft Tag und Nacht zubrachte, und noch ein drittes Bauerngut, das er gekauft hatte.

Unsere geselligen Kreise wurden auch häufig von Fremden besucht. Diese wurden zur Abwechslung sehr gern gesehen, und überdies hatte die uneingeschränkte Gastfreundschaft eine eigene Klasse sog. Krippenreiter geschaffen, in der Regel herabgekommene Edelleute, die von einem Hofe zum andern zogen, zuweilen wochenlang blieben und sich für das Genossene durch kleine Hülfleistungen und irgend ein geselliges Talent dankbar bezeugten. Auch an Offizieren fehlte es nicht, deren viele seit der Schlacht von Jena entlassen waren. Einige mit Unehren. Diese hatten schwer zu leiden, denn von Jahr zu Jahr wuchs im Volke der Haß gegen die Franzosen und der Zorn über die frühere schlechte Wirthschaft, die uns in so großes Unglück gestürzt hat. Im benachbarten Glatz saßen mehrere der elenden Commandanten gefangen, die im Winter von 1807 so schnöde ihre Festungen übergeben hatten. Sie wurden von den Schildwachen verhöhnt. Ein cassirter Offizier in unserer Nachbarschaft wußte es meiner Mutter unendlich Dank, daß sie ihn nicht zurückstieß, wie ihm von andern widerfuhr. Er machte alles wieder gut, denn er trat 1813 wieder in die Armee und ist rühmlich gefallen.

Einer der merkwürdigsten Offiziere, die ich damals kennen lernte, war ein Herr v. P., pockennarbig und sonnenverbrannt. Er hatte

zu den alten bemoosten Burschen gehört, die auf der Universität
Frankfurt a. d. Oder festgekneipt und verschuldet, dieselbe nicht mehr
verlassen konnten und wollten, sondern sich von Jahr zu Jahr von
den neu ankommenden Füchsen alles verschafften, was sie brauchten. Ich habe später mehrere dieser versoffenen Garde kennen gelernt. Zu ihrem Glück wurde, nachdem Napoleon den ganzen Westen
Preußens weggerissen hatte, wie die Universität in Halle, so auch
die in Frankfurt a. d. Oder aufgehoben. Die letztere war des Unter-
gangs wohl werth, denn sie beherbergte unheilbare Uebel. Die alten
Studenten, die man hier mit all ihrem Unwesen geduldet hatte,
mußten nun endlich auswandern. Viele von ihnen wurden Soldaten und P. folgte der Fahne Schills. Das Unternehmen dieses
jungen Helden mißlang, P. gerieth in französische Gefangenschaft
und wurde mit den andern Gefangenen des Schill'schen Corps in
Ketten fortgeschleppt, weil Napoleon befohlen hatte, sie alle als
brigands zu behandeln. Sie wurden auf Bauernwagen weiter geführt. Als sie nun bis in den Spessart gekommen waren und die
Straße auf und nieder durch tiefen Wald führte, die Wagen aber
nicht dicht hinter einander fuhren, ersah P. mit drei andern Gefangenen, die sich mit ihm auf demselben Wagen befanden, den
Augenblick, in welchem die Wagen vor und hinter ihnen ziemlich
weit entfernt waren, und alle vier entsprangen in den Wald. Der
Bauer, der die Pferde lenkte, hinderte sie nicht, die bewaffnete Escorte aber war zu weit entfernt, und obgleich sie alsbald von derselben verfolgt wurden, gewannen sie doch einen Vorsprung. Die
Ketten waren ihnen sehr hinderlich, doch kamen sie damit fort und sie
gewahrten mit großer Freude, daß ihre Verfolgung bald ein Ende
nahm, denn die Escorte mußte auf die andern Gefangenen Acht
haben und konnte nur wenige Leute abgeben, die aus dem schwer zu
durchdringenden Dickicht bald wieder umkehrten. Nach wenigen
Stunden aber hörten sie in den entfernten Dörfern Sturm läuten,
und wirklich hatten die Franzosen das hessische Landvolk aufgeboten,
um nach den Entsprungenen zu streifen. Die letztern waren in großer

Angst, als sich ihnen nach und nach Menschenstimmen und Hunde-
gebell näherten. Sie verbargen sich jedoch in einem großen hohlen
Baume und wurden nicht entdeckt. Hier brachten sie die ganze Nacht
zu. Am andern Morgen wagten sie sich weiter, fanden aber überall
nur Wald und fingen an entsetzlich zu hungern. Denn nur ihren
Durst konnten sie an Rinnsalen im Walde stillen. Instinctartig
schlugen sie die gerade Richtung nach Osten ein, der preußischen
Heimath zu, und gaben sich große Mühe, sich der Eisen zu ent-
ledigen, denn wenn sie noch mit diesen erblickt wurden, waren sie
verloren. Aber sie hatten kein Instrument, um die festen Ketten zu
zerbrechen und mußten sie behalten. Die Sonne ging wieder unter,
sie kamen immer mehr in Angst und konnten den Hunger nicht länger
ertragen. Da entschlossen sie sich, um jeden Preis Menschen auf-
zusuchen. Endlich, es war schon tief in der Nacht, gelangten sie in
ein Thal, aus dem ein Licht schimmerte. Dort wohnte einsam im
Walde ein Förster, der ein so ehrlicher Deutscher war, daß er die
vier Flüchtlinge nicht nur für eine Nacht bei sich aufnahm, sondern
sie auch so lange bei sich verbarg, bis sie einzeln und verkleidet nach
der Heimath entkommen konnten. So entging Herr v. P. dem traurigen Geschick, welches ihn auf den Hierischen Inseln erwartete.

Aus der Zeit des Einbruchs der Franzosen in Schlesien im Jahr
1807 sind mir noch folgende Erinnerungen geblieben:

Während ich noch auf dem Landgut meiner Mutter lebte, wurde
in der Nähe des Zobtenberges eine alte Eiche verkauft. Der Käufer
ließ dieselbe durch einen Tagelöhner umhauen, dieser aber fand, als
der hohle Baum gefällt war, innerhalb desselben ein Gerippe in
bayrischer Chevaurleger-Uniform mit einem Ledergürtel, worin sich
hundert Goldstücke befanden. In derselben Gegend bei Kanth hatten
sich bayrische Reiter mit den schlesischen Freischaaren herumgeschlagen,
welche der Fürst von Anhalt-Pleß zum Entsatz von Breslau (1807)
herbeiführte. Bei Kanth hatte Pleß einen kleinen Sieg erfochten,
war aber später doch zum Rückzug von Breslau gezwungen worden.
Jenes Gerippe gehörte also ohne Zweifel einem Bayern an, der sich

4*

damals auf der Flucht in den hohlen Baum rettete, aber nicht mehr aus demselben herauskommen konnte. Nach dem preußischen Gesetz gehörte ein Drittel des Fundes dem Finder, ein Drittel dem Eigenthümer des Grundes und ein Drittel dem Fiskus. Nun stritten sich aber um das zweite Drittel der Eigenthümer des Grundes und der Käufer des Baumes. Von diesem Prozeß war sehr viel die Rede. Er wurde dadurch entschieden, daß der Fiskus auf sein Drittel verzichtete. Der Name des Bayern blieb unbekannt, sonst hätte man den rechtmäßigen Erben nachgeforscht.

In jener Kriegszeit von 1807 kamen bayrische Soldaten auch in die Gegend von Strehlen, und in Priebern, dem uns in Arnsdorf benachbarten Ort mit seinem Marmorbruch, dessen ich schon erwähnt habe, verliebte sich ein bayrischer Soldat in die Tochter des Schenkwirths, blieb heimlich zurück, als seine Kameraden wieder abzogen, machte sich durch seinen Fleiß und gutes Benehmen überall beliebt, heirathete sein Mädchen und errichtete als ein gelernter Brauknecht im Wirthshaus seiner Schwiegereltern eine Bierbrauerei, welche guten Absatz fand. Als 1813 die Franzosen wieder nach Schlesien kamen, hatte der gute Bierbrauer nicht wenig Sorge, auch Bayern könnten kommen und ihn reclamiren. Es kam aber keiner.

Auch ein genialer Räuber machte damals in Schlesien viel von sich reden, zu derselben Zeit, in welcher Schinderhannes am Mittelrhein eine große Rolle spielte. Die damalige Auflösung des deutschen Reichs und die immer wiederholten Kriege begünstigten das Räuberwesen. Jener schlesische Räuber hieß Exner und war ein so schöner Mann, daß die Damen ihn im Gefängniß besuchten. Ganz besonders rühmte man seine schönen blauen Augen. Er wurde berühmt durch die Kühnheit, mit der er sich aus der Festung Glatz rettete, indem er sich wie einst Baron Trenck eben daselbst, die steilen Felsen herunter ließ. Preußen hatte damals mit Rußland einen Vertrag abgeschlossen, nach welchem die schwersten Verbrecher Preußens von Rußland übernommen und nach Sibirien gebracht werden sollten. Exner saß in der Festung Schweidnitz gefangen in schweren Ketten

und mit Schellen am Kopf, so daß seine leisesten Bewegungen von
der Wache gehört werden konnten und an sein Entrinnen kaum zu
denken war. Aber er sagte lachend, er ginge nicht nach Sibirien, sie
würden ihn nicht über die Oder bringen, und wirklich entsprang er
unterwegs und setzte sein Räuberhandwerk in Niederschlesien in der
Nähe des Riesengebirges fort, zum allgemeinen Schrecken des Landes. Einst in der Nacht kam er mit seinen Gesellen zu einer Mühle,
um den wohlhabenden Müller zu berauben, stieg leise auf einer
Leiter ans Fenster und in die Stube hinein. Zufällig aber wachte
der Müller, griff nach dem Degen, der über seinem Bette hing und
stieß ihn dem Räuber, ehe er noch ganz hereingestiegen war, durch
den Leib, so daß derselbe rücklings zum Fenster hinausstürzte. Die
unten lauernden Räuber erschraken und flohen, weil sie fürchteten,
man habe ihren Angriff erwartet und die ganze Mühle stecke voll
Bewaffneter. Am Morgen wurde die Leiche als die des berüchtigten
Räuberhauptmanns erkannt, der Müller aber, da man die nähern
Umstände der Tödtung nicht kannte, in Verhaft genommen und als
Mörder angeklagt, sofern er nicht beweisen könne, aus Nothwehr
gehandelt zu haben. Dieser Prozeß machte fast noch mehr Aufsehen
als die Tödtung des Räubers selbst. Der Müller saß ein paar Jahre
gefangen, bis er durch die Geschicklichkeit eines humanen Advokaten
in Breslau endlich befreit und von der Schuld losgesprochen wurde.
Er kehrte heim, aber sein Geschäft war während seiner langen Abwesenheit vernachlässigt worden, und ehe er wieder in bessere Umstände
gelangte, wurde er im nahen Walde von den Räubern überfallen
und aus Rache für den Tod ihres Hauptmanns grausam erschlagen.

Die Besuche, welche wir häufig in der Nachbarschaft machten,
ließen uns bemerken, daß an einer gewissen Stelle des Weges, wo
derselbe gerade aus dem Bergwalde in ein Wiesenthal einlenkte, niemals bei Tage, aber jedesmal bei Nacht, die Pferde scheu wurden.
An einen alten Stein dort am Wege knüpfte sich die Erinnerung
eines Mordes, und das Volk glaubte, die Pferde scheuen vor dem
Geiste des Ermordeten. Wir mußten in der That bei Nacht an

dieser Stelle jedesmal aus dem Wagen steigen und die Pferde am Zaum langsam vorüberführen. Ganz die nämliche Erfahrung machte ich zwanzig Jahre später im Schwarzwald. Ich wurde in Balingen zum Abgeordneten in die württembergische Ständeversammlung gewählt. Indem ich mit vielen Wagen von dem Bergstädtchen Ebingen, wo ich eine Volksversammlung gehalten hatte, des Nachts nach Balingen zurückfuhr, mußte ich unterwegs an einer unheimlichen Stelle aussteigen, wo alle Pferde bei Nacht scheuten. Und auch hier glaubte man, die Thiere würden durch das Gespenst eines Ermordeten geschreckt.

Das Leben auf dem Lande war mir außerordentlich zuträglich. Ich machte zwar keine fruchtbaren Studien in der Oekonomie, aber ich lernte doch viel, was man nur auf dem Lande lernen kann, und verkehrte viel mehr mit der Natur, als in den Städten möglich ist. Von Anfang an wurde mir das Wald- und Jagdrevier als mein Departement zugewiesen, und von unserm Jäger hatte ich bald das Gewehr handhaben und mich ein wenig auf das Wild verstehen gelernt. Dessen war nun freilich außer Hasen und Rebhühnern nicht viel, Hirsche und Rehe äußerst selten. Von wilden Schweinen war nichts zu sehen. Am ergiebigsten war die Drosseljagd. Diese Thiere fielen regelmäßig im Herbst in großen Schaaren ein, und man fing sie in sog. Dohnen, in Schlingen von Pferdehaar, vor die man rothe Ebereschen als Lockspeise hing. Viel seltener, aber dann in zahlloser Menge fielen die schönen Seidenschwänze ein, von denen ich in Süddeutschland nichts mehr gesehen habe. Unter die zierlichsten Thiere der Gegend gehörten die kleinen Perleulen. Auffallend groß war die Menge und Mannigfaltigkeit der Raubvögel. Man sah da besonders Geier, Habichte und Falken von allen Größen und Farben. Merkwürdig war mir die Dreistigkeit, mit der alle Schwalben unsres Hofes sich blitzschnell zusammenschaarten und einen grauen Falken weithin verfolgten, als derselbe eine von ihnen in seinen Klauen forttrug.

Eine noch viel reichere Thier-, besonders Vogelwelt fand ich in dem großen Urwald jenseits der Oder. Ich kam mehrere Mal dorthin im Schnee des Winters, wie im heißen Sommer, indem ich meine Mutter über Brieg und die Oder nach Karlsruhe begleitete, dem Besitzthum des Herzogs Eugen von Württemberg. Dieses kleine Karlsruhe liegt (gleich dem großen in Baden) mitten im Walde fächerartig ausgebreitet. Hier aber beginnt schon der große Urwald der schlesisch=polnischen Grenze zwischen dem Oder= und Weichsel= gebiete, gleichsam ein Vorposten des noch weit größeren Urwaldes jenseits der Weichsel in Lithauen und Volhynien. Der Charakter des Urwaldes tritt auch schon in jenen schlesischen Grenzwäldern auf= fallend genug hervor. Man fährt meilenweit hindurch, ohne eine menschliche Wohnung anzutreffen. Es ist nicht möglich, den un= geheuern Wald mit der Axt zu überwältigen. Das Holz auf der Achse fortzuschaffen ist zu kostspielig, und die wenigen Bäche, die aus dem Walde herausfließen, haben in dem ganz ebenen Lande ein zu schwaches Gefälle, um sie für die Flossung ergiebig zu machen. Des= wegen bleibt das weite Innere des Waldes ungeforstet in seinem ur= alten Naturzustande. Man sieht lange Strecken desselben voll hoher und wie Masten dicht neben einander stehender Coniferen, dann wieder andere, in denen die Bäume alle in derselben Richtung vom Winde umgebrochen sind. Wo der Windbruch schon alt ist, sind die Bäume tiefer gesunken, entrindet, bleich und halb verfault und da= zwischen strebt der junge Nachwuchs grün und frisch empor. Dem Nadelwald folgen wieder lange Strecken von Laubholz, besonders viele hohe Eichen und Birken, oft mit Nadelholz gemischt. Sie sind am meisten malerisch in ihrer Mannigfaltigkeit und weil sich in ihnen Tod und Leben der Pflanzenwelt am nächsten stehen. Denn oft sieht man hier einen todten Baum, völlig entrindet mit seinen bleichen Zweigen noch mitten unter den lebenden Bäumen aufrecht stehen, weil sie ihn stützen. Im Innern dieser Wälder gibt es viele Sümpfe und kleine Seen, die einer unzählbaren Masse von wilden Enten, Wasserhühnern rc. zum Aufenthalte dienen und zu denen von allen Seiten her das Roth= und Schwarzwild kommt, um seinen Durst zu löschen. Gewöhnlich führen dahin enge Pfade, welche die wilden

Schweine durch das Dickicht gebrochen haben, deren sich aber auch die
Hirsche und Rehe bedienen. Ich habe ganze Rudel dieser Thiere
über den Weg laufen sehen. Die Jagden, die von Karlsruhe aus
gemacht werden, sind daher sehr ergiebig. Mehr als alles andere
aber fällt in diesen Wäldern die Menge und der Lärm der Vögel
auf. Dadurch unterscheidet sich der Urwald vom geforsteten oder der
wilde vom zahmen am überraschendsten. Die Stille des Waldes,
die berühmte Waldeinsamkeit ist keinesswegs das Kennzeichen der romantischen Wildniß, sondern vielmehr des Culturzustandes.

Ich kam 1810 mit einer Wollfuhre zum erstenmal nach Breslau. Meine Mutter besaß auf ihrem Gute mehrere hundert Schafe,
und die Wolle davon wurde nach Landesgebrauch in ein paar riesenhaften Zügen (Säcken) auf der Achse zum berühmten Wollmarkt
nach Breslau geschafft. Die Stadt machte einen großen und zugleich
heitern Eindruck auf mich. Mit hohen und zahlreichen Thürmen, an
die sich lange Reihen von Schiffsmasten und hohen Bäumen anschließen, prangt sie am Ufer der breit und langsam dahinfließenden
Oder mitten in einer unabsehlichen Ebene. Herrlich glänzten in der
Abendsonne die vielen goldnen Thurmknöpfe. Die langen Züge von
Wollwagen und Equipagen, die sich auf der Heerstraße von fern
her gegen die Stadt bewegten und die von Arbeitern wimmelnden
Kräutereien in ihrer Umgebung gaben dem großen Gemälde ein
reiches Leben.

Mein junges Herz war bewegt, denn es war die Stadt meiner
Väter, die eigentliche Heimath meiner Familie, der ich schon vor der
Geburt fremd geworden war. Ich weiß nicht, was für eine Wehmuth mich beschlich, als hätte mir geahnt, ich würde diese Stadt nur
kennen lernen, um ihr noch fremder zu werden als vorher. Ich verweilte damals nur kurz in ihren Mauern und hatte an dem Lärmen
des Wollmarkts und an den vielen Judengesichtern keine große
Freude.

Noch in demselben Jahre wurde das uns benachbarte Rittergut
Rosen von meinem Onkel Hildebrand gekauft. Derselbe war Kauf-

mann in Hamburg und hatte meiner Mutter Schwester Dorothee geheirathet. Die Continentalsperre hatte aber so sehr allen Handel gelähmt und der Druck der Franzosenherrschaft lastete so schwer auf Hamburg, daß er dem Beispiel des Maler Waagen folgte und sich nach Schlesien zu seinen Verwandten zurückzog. Der Haß gegen die Franzosen wuchs bei uns mit jedem Jahre. Es lag etwas Unheimliches in der Luft jener Zeit, wie sich die erinnern werden, die sie mit erlebten. Es war die Stille und Gewitterschwüle vor dem Ausbruch einer schrecklichen Katastrophe. Deshalb machte auch der große Komet, der im Jahr 1811 am Himmel erschien, einen tiefen Eindruck auf die ganze Bevölkerung. Trotz alles Rationalismus wurde man wieder so abergläubisch wie im Mittelalter. Es war aber auch der Mühe werth, jenes furchtbare Meteor zu sehen. Das Jahr war außerordentlich heiß und trocken. Mehrere Monate hinter einander fiel kein Regen, sah man keine Wolke und immer nur stand des Nachts das ungeheure Lichtgespenst am Himmel. Der Kummer um die verdorbene Ernte vermehrte die ängstliche Stimmung der Gemüther. Bei der langen Dürre gerieth der große Falkenberger Wald in Feuer und brannte wochenlang fort. Bei Tage sahen wir am fernen Horizont den Rauch, bei Nacht die Glut sich immer weiter ausbreiten. Das war ein unbeschreiblich düsteres Nachtgemälde, so daß wir uns am reinen Silberlicht des Mondes freuten, als er wieder aufging und dem fahlen Kometenschein und der Feuerröthe die Herrschaft über die Nacht, als sein altes Recht, entreißen zu wollen schien. Man betete in allen Kirchen um Regen. Endlich kam er. Drei Tage und drei Nächte lang rollte der Donner eines sich unaufhörlich erneuernden Gewitters über das Land, und reichlich, aber zu spät, prasselte der Regen nieder.

Unser Hofmeister übernahm die ganze schwierige Verwaltung des großen Guts, gab uns Kindern aber doch pflichtmäßig und mit Aufopferung täglich einige Lehrstunden, wobei freilich durch Geschäfte und Besuche viele Unterbrechungen vorkamen. Ich litt dabei lediglich keinen Schaden, denn was man mich überhaupt lehrte und lehren konnte, faßte ich schnell und behielt Zeit genug nicht nur zur kräftigen Bewegung in freier Luft, sondern auch zum Privatstudium übrig. Ich las nämlich mit großer Lust und großem Nutzen beinahe die ganze Bibliothek meines seligen Vaters durch, darunter hauptsächlich große historische Werke, die deutsche Geschichte von Moscou und Bünau, die englische von Hume und Rapin-Thoyras, die französische von P. Daniel, die Kirchengeschichten von Fleury und Mosheim, die Geschichte Amerikas von Robertson, Heliot, Geschichte der Klöster- und Ritterorden, Giannones Geschichte von Neapel, Schlözers nordische Geschichte, auch viele alte Chroniken. Unter den belletristischen Werken jener Bibliothek las ich eifrig einige von Schiller, Wieland, Gellert, Rabener, Uebersetzungen von Tasso und Ariost, Sterne, Fielding, Goldsmith. Ich habe sie nicht alle im Gedächtniß behalten, nur weiß ich bestimmt, daß sich Shakespeare und Goethe nicht darunter befanden. Ich hatte oft Zeit, halbe Tage lang über den Folianten und Quartanten zu liegen und Auszüge und Notizen daraus zu machen. Die Octavbände aber nahm ich bei schönem Wetter mit in den Wald und setzte mich oft in die Krone eines hohen Baumes, zwischen starke Aeste gebettet, und las hier im Angesicht der Glatzer und mährischen Gebirge. Dabei störte mich niemand, als einmal ein schöner halb schwarzer, halb goldgelber Pirol, der sich mir allmählich vertraulich näherte, weil ich ruhig fortlas.

Der malerisch schöne Hochwald, der meiner Mutter gehörte, ist später, als ich schon lange Schlesien verlassen hatte, von einem neuen Käufer des Gutes gänzlich niedergeschlagen worden, der sich durch den Verkauf des Holzes geschwind Geld machen wollte. An einer der abgelegensten Stellen unseres Besitzthums am Walde befand sich ein unheimlicher sumpfiger Weiher, der an heißen Sommertagen einen schwülen und ganz ungewöhnlichen Duft aushauchte. Unter ihm ist viele Jahre später ein großes Galmeilager entdeckt worden, welches meine Mutter, wenn sie etwas davon gewußt hätte, ebenso hätte bereichern können, wie den spätern Besitzer des Gutes.

Da ich später so lange im Süden lebte, blieb mir nur die Erinnerung von solchen Eigenthümlichleiten der schlesischen Landschaft, die ich im Süden nicht wiederfand. In Oberschlesien beginnen schon die zusammenhängenden Birkenwälder, die sich von da an in immer größerm Umfang bis nach Sibirien hin erstrecken. In Schlesien lassen sich zahlreiche Schaaren der schwarz und schmutzigweiß gefleckten Saat-krähe auf den Aeckern nieder, im Süden sieht man nur kohlschwarze Raben. In Schlesien sah ich einmal ein ungeheures Heer von dunkelgrünen Käfern, die man spanische Fliegen nennt, in die reifen-den Kornfelder einfallen. So habe ich sie im Süden nie vorkommen sehen. An den Teichen und Bächen Schlesiens sah ich viel mehr Seerosen, Wasserlilien, Calmus und Schachtelhalm, als im Süden, und auf den Wiesen ein weißflockiges Wollgras (Eriophorum), das in der späten Dämmerung noch auffallend licht erschien. In den Gräben wuchs viel Sonnenthau mit den schönen seerosenartigen Blättern mit rothen Strahlen und Wasserperlen geschmückt. Auf den Aeckern meiner Mutter und besonders in den Gräben lagen unter vielen andern angeschwemmten, meist nur kleinen Steinen sehr viele rothe Jaspisarten, Achate von allen Farben, Carneole, Amethystdrusen, wovon ich mir eine Menge sammelte.

Von Arnsdorf aus machte ich auch noch andere Ausflüge, nach dem nahen Grottkau, wo ich zum erstenmal die Priester und die ganze Gemeinde einen feierlichen Umzug um die Felder halten sah. Mit meiner Mutter von einer Reise nach Breslau heimkehrend, konnten wir in dem Städtchen Wansen des Abends kein Licht und kein warmes Essen bekommen, weil es der Tag war, an welchem durch einen wunderbaren Zufall die kleine Stadt schon zweimal ganz ab-gebrannt war, und seitdem mit der größten Strenge darauf gesehen wurde, daß an diesem Tage im ganzen Ort kein Feuer angemacht werden durfte. Dagegen wurde ich in derselben Nacht, indem wir spät heimfuhren, durch die prachtvollste Illumination entschädigt. Wir sahen nämlich am Wege Millionen von Johanniswürmern, die an allen Zweigen und Blättern hängend, die Formen der Bäume mit ihrem weißen Phosphorlicht in den Nachthimmel hineinzeichneten.

Einmal kam ich in der Kirschenzeit in ein Dorf, dessen Namen ich vergessen habe, wo viele Gäste waren und wir Kinder mit trefflichen Kirschen erfreut wurden. Später erfuhr ich, an diese Kirschengegend knüpfe sich eine interessante Erinnerung. Als nämlich Friedrich der Große Schlesien in Besitz nahm und eine Menge protestantische Kirchen bauen ließ, wo sie bisher gefehlt hatten, setzte er auch Schulmeister ein. Da kam nun ein neuer Schulmeister auch in jenes Dorf, wurde aber von den Bauern übel aufgenommen, weil sie keinen Schulmeister bezahlen wollten und ihre Kinder bei der Haus- und Feldarbeit brauchten. Der arme Eindringling hatte daher böse Tage; weil er aber aus einer Kirschengegend herstammte und bemerkte, daß die etwas rauhe Umgegend des Dorfs, wo wenig wuchs, zur Kirschbaumzucht sich eigne, pflanzte er Bäume dieser Art, welche so gut gediehen, daß er die Anpflanzung fortsetzte und im Verlauf der Jahre einen reichen Ertrag davon hatte. Nun ahmten ihm die Bauern nach und die ganze Gegend wurde ein großer Kirschenwald, in dessen Mitte sie dem anfangs so verhaßten Schulmeister aus Dankbarkeit ein Denkmal gesetzt haben.

Im Sommer des Jahres 1812 befand ich mich in der Nähe des Waldes, als es wie eine innere Erleuchtung über mich kam und ich stehen blieb, nicht wissend, wie mir geschah. Von diesem Augenblick an aber war mir klar, daß ich aus der Enge meines bisherigen Horizontes herauskommen und mir eine Weltkenntniß im weitesten Sinne zu erwerben suchen werde. Mein vorahnender Blick schweifte nicht in die Höhe, nicht in die Tiefe, nur in die Weite. Für Höhe und Tiefe erwachte erst später in mir der Sinn.

Mein Herz war ruhig. Nur leise fing sich die Liebe darin zu regen an, ohne Leidenschaft, ohne Anspruch. Meine Neigung hatte sich einem armen Bauermädchen zugewandt, das noch ein halbes Kind war, aber eine auffallend weiße feine Haut und edle, fast adlige Züge hatte. Als sie zum erstenmal in der Ernte mit mähte, schnitt sie sich mit der Sichel ins Bein und ich verband ihre Wunde mit meinem Taschentuch, indem sie vor mir weinend auf einer Garbe faß. Auch tanzte ich später einmal mit ihr bei einem ländlichen Feste. Aber ihre Sanftmuth und Scheu flößten mir so sehr Achtung ein, daß ich ihr nicht nachlief, sie nur sehr selten sah und nie mit ihr sprach. Im Herbst 1812 war sie auf einmal verschwunden.

In diesem Jahr zog die große Armee Napoleons nach Rußland, und Preußen, obgleich damals im unheilvollen Bunde mit Frankreich, mußte nun ungeheuere Opfer für ihn bringen. Zu dem harten Steuerdruck, zum Auftreiben der Contribution kamen nun noch Lieferungen und Zufuhren für die große Armee nach Polen. Aber man duldete alles und schwieg, weil man nicht anders konnte. Die Luft lag schwer wie Blei auf dem armen Lande. So nahte der Herbst heran und bis in den Winter meldeten die Zeitungen nur französische Siegesnachrichten aus Rußland.

In einer der kältesten Winternächte um zehn Uhr, als wir schon schlafen gehen wollten, sprengte ein Reiter auf den Hof, stieg ab, ließ das Pferd laufen und stürzte zu uns herein. Es war Herr v. Rosenschanz, der uns die erste Nachricht vom großen Unglück Napoleons in Rußland und vom kläglichen Rückzug der Franzosen brachte. Da jauchzte alles bei uns. Wir eilten, den Pfarrer, den Schulzen und Schulmeister aus ihren Betten zu jagen und sie zu uns zu holen, um die Freudenbotschaft mit anzuhören. Es war eine grimmig kalte Nacht und ein Nebenmond schimmerte bleich aus dem Eisnebel. Meine Mutter hatte schon Punsch angerichtet, als wir den Pfarrer brachten. Die Lust war grenzenlos, um so mehr, da sie uns so plötzlich überraschte, denn niemand hatte vorher geahnt, was in Rußland vorging. Der erste Gedanke aller war: Erhebung gegen Frankreich und Abschüttlung des verhaßten Joches.

Bald kamen neue Nachrichten und alle bestätigten den Rückzug und das schreckliche Elend der „großen Armee". Viele unter uns hätten am liebsten gesehen, der König von Preußen und Oestreich hätten Napoleon sogleich den Krieg erklärt und ihn durch ein allgemeines Volksaufgebot abgefangen, ehe er Frankreich wieder erreichen konnte. Daß er selbst etwas dergleichen gefürchtet hat, beweist die

Eile, mit der er seiner halbvernichteten Armee voraus floh. Indessen war der König von Preußen in Potsdam ohne eigene Truppen und von französischen Truppen überwacht. Die besonnenen und älteren Männer auch bei uns riethen zur Mäßigung, und man zweifelte kaum, daß das von York gegebene Beispiel allgemein unter Zustimmung des Königs, sobald dieser erst frei wäre, nachgeahmt werden würde. Unter den Bauern war die Aufregung und Kriegslust noch größer als unter den Herrn. Täglich versammelten sich die Bauern vor unserm Hause und ich las ihnen von der Vortreppe desselben herab die neuesten Nachrichten aus der Breslauer Zeitung vor.

Beiläufig muß ich eine Anekdote erzählen. Als die ersten Kosaken erwartet wurden, brachte ein Artikel der Breslauer Zeitung eine Schilderung derselben, worin es unter anderem hieß: „sie reiten auf kleinen und unansehnlichen Pferden". Der Censor fürchtete, die Russen könnten das übel nehmen und strich die Worte „kleinen und unansehnlichen" weg. Es blieb also nur stehen: „sie reiten auf Pferden". Als nun die Kosaken auf ihren kleinen und struppigen Pferden angeritten kamen, erkannte man erst, daß die Breslauer Zeitung doch nöthig gehabt habe, zu sagen „die Kosaken reiten auf Pferden", weil man sonst hätte glauben können, es seien Katzen.

Im Februar war ich so glücklich, selbst nach Breslau zu kommen, wo alles schon wie ein Bienenstock schwärmte. Denn schon war die Landwehr und waren die freiwilligen Jäger aufgerufen worden und strömten jubelnd zu ihren neuen Fahnen. Einen schauderhaften Contrast gegen diese freudige und blühende Jugend bildeten ungefähr zweitausend Franzosen, die sich halb erfroren aus Rußland bis hierher geschleppt hatten. Trotz des Franzosenhasses wurden sie von den Bürgern mitleidig gepflegt. Es waren Bilder des menschlichen Elends, wie man sie nicht zum zweitenmal wieder sieht, verhungerte, abgezehrte Gestalten, die kaum noch fortschleichen konnten und in deren Gesichtern die grellsten Farben wechselten, von der weißen Leichenfarbe durch gelb, roth, grün und blau, bis zur schwarzen Brandfarbe.

Blücher wurde die Seele der ganzen Waffenbewegung in Schlesien. Auch unser Dorf entleerte sich beinahe von aller waffenfähigen
Mannschaft. Selbst Verheirathete gingen mit, und bald füllten sich
die preußischen Lager mit begeisterten Kämpfern. Da war niemand,
dem das Herz nicht höher geschlagen hätte. Ja die Physiognomien
schienen sich veredelt zu haben. Leute, die sonst für geizig galten,
gaben ihren letzten Schmuck, ihr bestes Geräth her, um die Landwehr ausrüsten zu helfen. Dabei dachte man eigentlich an nichts
anderes, als an Rache. Man wollte einfach die Franzosen todt-
schlagen. Ich erinnere mich noch sehr wohl, daß wenigstens in meinen
Umgebungen keine besondere Begeisterung für den König und noch
weniger für die Proklamation von Kalisch rege war. Die frühere
Politik des Königs und die vielen Versäumnisse, welche das Unglück
von Jena herbeigeführt hatten, waren keineswegs vergessen. Der
König war nicht beliebt. Erst nach den großen Siegen vergaß man
mehr die ältere schlimme Zeit. Jedermann war überzeugt, daß das
eigenmächtige Vorgehen Yorks und der ostpreußischen Stände nothwendig gewesen sei, um einen moralischen Druck auf den Herrn
v. Hardenberg auszuüben.

Zu meinem großen Bedauern war ich noch zu jung, um den
Krieg mitmachen zu können. Ich erreichte nämlich mein fünfzehntes
Jahr erst, nachdem der große Krieg entbrannt war. Mit Neid sah ich
zwei um wenige Jahre ältere Nachbarssöhne ausziehen, aber sie sind
nicht zurückgekehrt. Der Krieg hat sie verschlungen. Den einen ent-
führte das herrliche Roß, welches ihm sein reicher Vater, der Amtmann in Prieborn, mitgegeben hatte, indem es scheu wurde, mitten
unter die Feinde. Der andere verschwand bei Culm. Auch meine
Vaterstadt Waldenburg schickte alle ihre wehrhaften Söhne ins Lager,
wo ich mehrere meiner Vettern wiederfand. Die Ausrüstung und das
Einexerciren ging unglaublich rasch von statten, blieb aber natürlicherweise sehr unvollkommen. Die damalige Kriegsfurie und das
dem preußischen Volke innewohnende soldatische Geschick mußten alles
Andere ersetzen. Es war ein rührender Anblick, ganze Bataillone

Landwehr zu sehen, denen der Staat nur vier Stück liefern konnte: ein oft sehr plumpes und schlecht schießendes Gewehr, eine Patrontasche, einen häßlichen und unbequemen Czacko und eine Litewka, d. h. einen Waffenrock von blauem, elendem, farbenscheinigem Tuch, welches nicht lange festhielt. Trotz alles guten Willens der Krone und trotz aller Begeisterung und Aufopferung im Volke hatte der Lieferantenwucher doch auch hier Platz gegriffen und hatten namentlich die hülfreichen Engländer ihren Profit gemacht oder sich von den Lieferanten betrügen lassen. Dennoch siegten auch die schlechten Waffen, weil es an tapfern Armen nicht fehlte. Thatsache ist, daß die preußische Landwehr, wenn sie nicht mehr schießen konnte, den Feind mit der Kolbe niederschlug und daß sie sich Mäntel, Tornister und Seitengewehre, die ihr fehlten, auf den Schlachtfeldern holte, indem sie dieselben den erschlagenen Franzosen abnahm.

Wie wenig das sonst gewöhnliche Ueberlegen und Urtheilen und selbst die Ereignisse über eine einmal gesteigerte Volksstimmung vermögen und wie wenig sie im Stande sind, die starke Strömung des Volksgefühls aus der einmal angenommenen Richtung zu bringen, bewiesen die Unglücksfälle der Alliirten. Obgleich die Preußen und Russen geschlagen wurden, obgleich Oestreich neutral blieb, obgleich der Rheinbund fest zu Napoleon stand und dieser mit gewaltiger Uebermacht wieder bis ins Herz von Schlesien, bis dicht in unsere Nähe vordrang, fiel es doch niemand ein zu verzagen. Im Gegentheil, man stand um so fester und trotzte um so verwegener. Es fiel gar niemand mehr ein, daran zu zweifeln, daß wir der Franzosen Meister werden würden, nachdem wir es einmal wollten.

Als die Armeen der Alliirten sich bereits nach Schlesien hineingezogen hatten und der Feind ihnen auf der Ferse war, wurde jeden Tag eine neue große Schlacht erwartet, und aus Ungeduld zu wissen, wie die Sachen ständen, schickte meine Mutter mich und meine beiden jüngeren Brüder zwei Meilen weit bis nach Strehlen den Armeen entgegen. Es war am dritten Juni und ein warmer klarer Tag, wir eilten vorwärts und kamen noch Vormittags auf den Berg, der auf die Stadt Strehlen hinunterblickt. Von hier konnten wir weit über die Stadt hinaus in die Ebene sehen, welche nur der Zobtenberg malerisch unterbricht. Schon erblickten wir in geringerer und größerer Entfernung Staubwolken, als Zeichen, daß hier Truppen auf den vom trockenen Wetter staubig gewordenen Straßen heranrückten. Nach und nach erkannten wir auch im Sonnenschein den Glanz der Gewehre. Sie rückten langsam näher. Zuerst kam ein langer Zug von Wagen, welche wir nachher unten fanden und in denen 800 verwundete Russen lagen, so voll Staub, daß er das Blut entfärbt hatte. Dann folgten verschiedene Truppengattungen, die wir nicht alle unterscheiden konnten, theils wegen des Staubes, theils weil sie nicht in die Stadt herein kamen, sondern sich auf den Feldern vertheilten, um zu bivouakiren. Wie neugierig wir auch waren, die Truppen in der Nähe zu sehen, blieben wir doch noch lange auf dem Berge, immer in der Meinung, die französische Armee werde der unsrigen bald nachfolgen und es werde zu einer Schlacht kommen. Da sich aber die verschiedenen Bivouaks ruhig neben einander etablirten und wir auch zu hungern anfingen, gingen wir in die Stadt hinunter, wo ein glücklicher Zufall uns den Herrn v. P. entgegen führte, der bei den preußischen Gardejägern stand, uns gleich in sein Bivouak hinausführte und besser bewirthete, als es uns in der Stadt zu Theil geworden wäre. Er unterhielt sich lange mit uns und theilte uns alles mit vom Kriege, was wir der Mutter wiedersagen sollten. Die Armee erwartete damals eine neue Schlacht, denn der Waffenstillstand war noch nicht geschlossen. Auch waren die alliirten Truppen nur deshalb in der Nähe des Gebirges geblieben und hatten Breslau und selbst Berlin preisgegeben, um Oestreich nahe zu sein und in der berühmt gewordenen Flankenstellung durch die Festung Schweidnitz sich zu decken. Wir Knaben konnten uns nicht enthalten, auch noch einige andere Bivouaks zu besuchen. Wir wurden vor dem Ungeziefer bei den Russen gewarnt. Ueberhaupt war der Verkehr zwischen Preußen und Russen nicht sehr kameradschaftlich. Phantastische Wesen waren die Baschkiren, die auf orientalische Art mit gekreuzten Beinen umher-

hockten und einer wie der andere aussahen. Wir hatten uns im Lager
verspätet, es war schon Abend, und ein Gewitter stieg im Westen auf.
Wir eilten nun heim und unsere jungen Beine hielten wacker aus, auch
als wir uns in Trab setzten, um wo möglich noch dem Gewitter zuvor-
zukommen. Aber die Wolken hatten uns bald überholt. Ich schlug
einen näheren mir bekannten Fußweg durch den Wald ein, es wurde
jedoch so finster, daß ich meiner Sache nicht mehr gewiß war. Zwar
ließen mich Blitze so viel sehen, daß ich den Fußweg einhalten konnte,
aber ich wußte doch nicht mehr genau, ob es auch der rechte sei. Indem
ich nun so fortlief und meine Brüder hinter mir drein, ließ mich plötzlich ein heller Blitz erkennen, wo ich mich befand, nämlich gerade über
dem tiefen Marmorbruch von Prieborn. Wäre ich nur noch einige
Sekunden im Finstern vorwärts gelaufen, hätte ich hinabstürzen müssen
und meine Brüder wären vielleicht nachgestürzt. Ich dankte Gott, und
da wir nun genau wußten wo wir waren, legten wir den nur noch
kurzen Weg, vom Regen bis auf das Hemde naß, vollends zurück und
langten glücklich am mütterlichen Heerde an.

Schon am andern Morgen ritt eine Abtheilung preußische Cavallerie auf unsern Hof und an ihrer Spitze legte ein königlicher
Commissair Beschlag auf alle Vorräthe an Getreide, Vieh 2c. Die
in einem verhältnißmäßig engen Raum zusammengedrängte preußische
und russische Armee, welche noch beständig durch Zuzüge verstärkt
wurde, mußte sich zunächst aus der Umgegend verproviantiren und
daher alles wegnehmen. Doch wurden von dieser Zeit an mit der
Einquartierung zugleich die bürgerlichen und bäuerlichen Quartier-
geber aus der großen Feldbäckerei mit Brod, aus der großen Feld-
schlächterei mit Fleisch versehen und für die weggenommenen Vorräthe
erhielten die Eigenthümer sog. Bons, wofür sie später baares Geld bekommen sollten, aber niemals bekamen. Denn die Staatskasse hatte
keine Mittel dazu und die Steuern wurden so hoch geschraubt, daß der
Betrag der Bons und der ihrige sich bald ausglichen. Obenerwähntem
Commissair folgte die Einquartierung auf dem Fuße. Wir bekamen
nach einander verschiedene Gäste, aber immer nur Cavallerie, worunter

ein russisches Kürassierregiment sich besonders auszeichnete. Es waren lauter gut deutsch redende Kurländer von außerordentlicher Körpergröße, die auf eben so ungewöhnlich hohen Rossen ritten, wahre Ritter wie aus dem Mittelalter. Nach Abschluß des Waffenstillstands wurden die Truppen regelmäßig vertheilt und trat auf zwei Monate wieder Ordnung ein. Auf unserm Hofe schlug der alte General Jurgaß, Chef einer preußischen Cavalleriebrigade, sein Hauptquartier auf, und ein ganzes Cavallerieregiment wurde in unser kleines Dorf allein eingelegt, die andern Regimenter in die nächsten Dörfer. Ein einziger geringer Bauer bekam vierzig bis fünfzig Mann ins Quartier, sammt den Rossen. Zum Glück war das ganze Dorf mit Gärten umgeben und die Jahreszeit günstig. Man benutzte daher die Obstbäume als Pfeiler von Baracken, zu deren Bau man das nöthige Holz im nächsten Walde schlug, und schnitt das Getreide kurz vor der Ernte von den Feldern ab, um die Baracken damit zu decken und Stroh für die Pferde zu haben. Es war ein lustiges Soldatenleben, aber die Ernte war dahin, und man wußte nicht, wo man im Winter Brod hernehmen und wie man im nächsten Jahr die Saat bestellen sollte.

Der General war ein alter und kleiner, aber felsenfester Mann, streng und freundlich zugleich. Er machte auch nicht viele Ansprüche und wußte sich mit seinen Adjutanten, den im Dorfe liegenden und den von außen täglich eintreffenden Offizieren feldmäßig bei uns einzurichten. Wir sahen alles, was wir während des Waffenstillstands verloren, als ein patriotisches Opfer an und freuten uns, daß es die Preußen bekamen und nicht die Franzosen. Meine Mutter, die immer einen guten Muth hatte, resignirte auf alles ohne Schmerz, sogar auf die silbernen Löffel, die nach und nach fast alle unter den Händen der Bedienten verschwanden. Man lebte außerordentlich vergnügt, immer in der zuversichtlichen Ueberzeugung, man werde mit den Franzosen fertig werden. Zu dem allgemeinen Frohsinn, welcher damals auf unserm Hofe herrschte, trugen die Damen nicht wenig bei. Im Hauptquartier des alten Reitergenerals sammelten sich nicht blos seine Offiziere, sondern auch die Damen, die mit ihnen in näherer Verbindung standen. Nur wenige verheirathete Damen, aber mehrere Bräute. Die kurze Zeit zwischen zwei Feldzügen sah eine Menge Verlobungen. Die jungen Damen sahen in den jungen Offizieren nicht mehr blos Helden der Parade, sondern Helden der Schlachten. Hätte der Patriotismus nicht eine romantische Färbung annehmen sollen? Damals lag bei uns ein junger Graf Einsiedel, der aus Sachsen entflohen war, um für die deutsche Sache unter preußischer Fahne zu fechten. Zwischen ihm und einer edlen Polin von außerordentlich schönem und hohem Wuchse entspann sich ein zärtliches Verhältniß. Sie verlobten sich. Die Braut blieb in un-serer Nähe und besuchte uns nach dem Abzug der Truppen noch öfter, aber zum letztenmal im November tief in schwarzen Schleiern, denn ihr Bräutigam war bei Leipzig gefallen. Ein anderer überaus lebens-lustiger preußischer Cavallerieoffizier, ein Herr v. Wrangel, den meine Mutter einmal ausschalt, weil er sich über ein kleines Geschwür am Finger beklagte, verlor in derselben Schlacht beide Beine und mußte unter schrecklichen Schmerzen sterben.

In der Nacht des 3. August, als am Geburtsfest unsers Königs, improvisirten die Offiziere ein wohlfeiles und doch prächtiges Feuerwerk, indem sie an die grünen Samenknollen der Kartoffeln Lumpen banden, die letzteren anglühten, die Knollen an Stäbe steck-ten und dann à tempo in die Luft schleuderten. Eine Art von Gi-randola, die sich gar nicht übel ausnahm.

Das Hauptquartier des Kaiser Alexander befand sich in dem schönen Schlosse Peterswaldau bei Reichenbach. Dorthin begleitete ich meine Mutter auf einige Tage, kurz vor Ablauf des Waffenstill-stands, zu derselben Zeit, als der König von Preußen dort den Kaiser besuchte und beide das große Saken'sche Corps, welches eben aus Rußland angekommen war, in dem weiten Felde von Töpli-woda Revue passiren ließen. Da wir uns in unserm vierspännigen Wagen befanden, hielt man uns in zwei Dörfern, wo Pfarrer, Schulze und Schulkinder die Majestäten erwarteten, für diese selbst,

ober wenigstens für ihren Vortrab und läutete mit den Glocken,
bis sich der Irrthum aufklärte. Die Revue war sehr prächtig;
40,000 Mann russische Infanterie standen neu und völlig gleich gekleidet in einer schnurgraden Linie. Die beiden Majestäten mit einem
sehr großen Gefolge ritten die Front entlang. Um jedem Regiment
die Annäherung der Monarchen zu figuiren, war etwa hundert Schritt
vor jedem derselben ein Unteroffizier aufgestellt, der, wenn der Moment kam, sein Gewehr mit beiden Armen hoch über den Kopf hielt.
Nachdem der Zug an der Front vorüber war, schwenkte er mitten in
ein reifes Getreidefeld ein, auf welches der Besitzer, der den Majestäten in Uniform aufwartende Landrath, gelegentlich schmerzliche
Blicke zurückwarf. Hier hielt man, bis sämmtliche Truppen vorüber
defilirt waren. In Peterswaldau selbst hatte ich Gelegenheit, den
freundlichen Kaiser Alexander und seinen häßlichen Bruder Constantin, den ein wenig sauer sehenden König von Preußen, den interessanten Minister Freiherrn v. Stein, den schönen Kosackenhetmann
Platow ꝛc. genauer anzusehen. Es waren noch viele berühmte Generale
und Diplomaten dabei, die aber mein Gedächtniß jetzt nicht mehr
auseinanderwickeln kann.

In Bielau lagen damals Russen, und während der kurzen Zeit,
in welcher ich dort im Pfarrhause verweilte, hörte ich nur zu oft die
schaudervollen Prügeleien mit an, denen die gemeinen Russen unterworfen wurden, ohne daß man sagen konnte, es sei ihnen Unrecht geschehen, denn sie stahlen wie die Raben und hatten keinerlei Ehr-
gefühl. Ich war damals und später noch in Breslau mehrmals
Zeuge, wie niedere Offiziere von höhern mit der Faust ins Gesicht
geschlagen wurden. Ich hätte in Bielau ein schreckliches Unglück an-
richten können. Ich nahm nämlich einmal eine alte Flinte von der
Wand und neckte damit das Stubenmädchen der Frau Pastorin. Da
sie stark verrostet war und auch kein Pulver auf der Pfanne lag,
schnappte ich wohl ein Dutzendmal ab und war deshalb ganz sicher,
daß die Flinte nicht geladen sei, als sie plötzlich doch losging
und die Ladung Schrot dem Mädchen, welches sich glücklicherweise

bückte, nur durch die Röcke ging, ohne sie selbst zu verletzen. Ohne Zweifel war beim Abdrücken ein Funke, da auf der Pfanne selbst kein Pulver lag, ins Zündloch gesprungen, oder war ein wenig Pulver aus dem Zündloch herausgefallen. Der Pastor war erschrockener als ich, weil er die geladene Flinte unvorsichtig so lange hatte hängen lassen, und der ganze Vorfall mußte verschwiegen bleiben.

Kurz vor Ende des Waffenstillstandes wurden auch über die preußischen Truppen Revuen abgehalten. Als nun alle unsere Küraffiere zur Revue abgezogen und nur wenige Bediente und unpäßliche Soldaten zurückgeblieben waren, passirte Großfürst Constantin mit acht Wagen, in denen unter andern ein paar hübsche Maitressen saßen, durch unser Dorf und an unserm Hofe vorüber. Am Thore stand einer unserer Offiziersbedienten. Der Großfürst hielt an und frug ihn etwas. Der Diener, welcher nicht wußte, daß es der Großfürst sei, grüßte zwar militairisch, behielt aber die Kappe auf. Darüber erzürnte sich der Großfürst dermaßen, daß er ein paar Kosacken seiner Escorte etwas zurief. Diese wollten über den Bedienten herfallen, der sich aber blitzschnell in die nächste Scheune retirirte. Die Kosacken ritten in den Hof. Einige unserer Soldaten aber, welche zugesehen hatten, griffen nach ihren Degen, und es hätte blutige Köpfe gegeben, wenn die Kosacken nicht sogleich davon geritten wären. Der Großfürst hatte nicht gewartet, sondern war schon fortgefahren Die Geringschätzung der preußischen Soldaten gegen die russischen Offiziere hatte ihren Grund hauptsächlich in den körperlichen Mißhandlungen, welche sich die letztern von Seite ihrer Vorgesetzten gefallen ließen. Der Oberst ohrfeigte den Major, der Major den Hauptmann, der Hauptmann den Lieutenaut ganz ungenirt vor allen Leuten. Ich sah einmal zu, wie einem Lieutenant vom Hauptmann ins Gesicht geschlagen wurde, daß das Blut herunterlief.

Endlich verließen uns unsere militairischen Gäste zu meinem großen Leidwesen. Ich hatte mit den Offizieren viele angenehme

Partien gemacht und mich viel mit ihnen im Pistolenschießen geübt.
Ich traf damals auf zwanzig Schritt sicher das Herzaß. Fünf Jahre
später als Student schoß ich wieder einmal, traf aber schlecht. Das
viele griechisch lesen hatte mir die Sehkraft schon geschwächt.

Nach dem Abmarsch unserer Truppen folgte eine traurige
Periode, denn sie ließen alles kahl zurück, und es fehlte an Lebensmitteln. Bis man dieselben von fern herbeischaffte, sah man arme
Leute an todten Pferden nagen. Auch regnete es ganz abscheulich;
aber mitten im Sturmgeheul von Westen her glaubten wir Kanonendonner zu hören, oder hörten ihn auch wirklich, denn grade damals
wurde die Schlacht an der Katzbach geschlagen. Die Siegesnachrichten
folgten sich rasch aufeinander, machten aber kaum einen großen Eindruck, da wir sie erwartet hatten. Die augenblickliche Noth nahm
alles in Anspruch. Als einmal ein ganzer Haufe Kosaken auf den
Hof geritten kam, abstieg und Forderungen machte, die wir nicht
befriedigen konnten, ohrfeigte sie meine erzürnte Mutter ohne weiteres
zur Hausthüre hinaus. Die Russen waren überhaupt bei uns immer
sehr demüthig und fast kindlich, so daß uns ihre lustige Besoffenheit
und ihre Lieblosungen beschwerlicher fielen, als ihre Gewaltthätigkeiten.

Um die bei unserm Heere dienenden Männer für die Feld- und
Hausarbeit zu ersetzen, wurden die zahlreich vorhandenen französischen
Gefangenen auf das Land geschickt und an die Gutsbesitzer vertheilt.
So bekamen wir ein halb Dutzend oder mehr. Sie waren alle sehr
bescheiden und höflich, mit einziger Ausnahme eines holländischen
Sergeanten, der unter den Nationalfranzosen, denn das waren die
andern alle, die germanische Race miserabel vertrat, ein kleiner,
steifer, schweigsamer und ekliger Kerl. Dagegen war der Fechtmeister
Pichon von Moulins der liebenswürdigste Mensch von der Welt.
Bei diesem lernte ich auf französische Art auf den Stich fechten, was
mir zu gute kam, als ich später in Jena das deutsche Stichfechten
übte. Unsere französischen Gäste waren genügsam, anstellig, fleißig
und für alles was man ihnen gab dankbar. Sie kamen ziemlich ab-

gerissen an, flickten aber ihre Uniformen selbst, und das erste, um was sie meine Mutter baten, war etwas feines Linnenzeug zu weißen Halskragen.

Ich kann nicht umhin, zur Charakteristik der Zeit zu bemerken, daß die damalige Begeisterung für Gott und Vaterland doch eine Verbesserung der Sitten noch nicht einschloß. War die Lüderlichkeit durch die allgemeine Noth verdrängt worden, so zog sie doch im Gefolge der Truppen wieder ein. Man konnte nicht sehr erbauliche Scenen erleben. Ich befand mich damals im Uebergange vom Knaben- zum Jünglingsalter, war noch sehr unschuldig und daher nicht wenig überrascht, als ich zum erstenmal der Gegenstand verliebter Speculationen wurde. Eine lecke hübsche Blondine, die Tochter unseres Jägers, kam auf den originellen Einfall, sich einmal von Kopf bis zu Füßen in meine Kleider zu stecken und mich durch mich selbst zu überfallen. Indeß betrog sie sich, denn ich war noch zu jung, um für ihre Reize etwas zu empfinden, und zu stolz.

Im Frühjahr 1814 trat eine große Veränderung in unserm Hause ein. Meine ältere Schwester Emilie schied für immer und zog zur „Mama" nach Waldenburg. Ich kam zu Ostern nach Breslau in ein Gymnasium, mein kaum vierzehnjähriger Bruder Rudolf ins Bergwerk, wo die rauhe Arbeit in so zartem Alter seiner Gesundheit schadete. Nach unserer Entfernung (nur die beiden jüngsten Geschwister blieben noch zurück) heirathete meine Mutter den bisherigen Hofmeister, konnte sich aber auf dem Gute, auf das sie ihr ganzes Vermögen verwendet hatte, nach so schwerer Kriegsnoth nicht behaupten und lebte einige Zeit in bitterer Armuth, bis es ihrem zweiten Manne gelang, sich einen Ruf als Schafzüchter und Vermögen zu erwerben.

Alle diese Privatinteressen verschwanden gleichsam in der großen Zeit. Ich kam grade nach Breslau, als die Nachricht von der Einnahme von Paris angelangt war, die mir schon unterwegs von Strehlen an jedermann entgegengerufen hatte. In der Hauptstadt wie im ganzen Lande herrschte ein ungeheurer Jubel. Da kümmerte es mich wenig, daß ich mein Quartier nur in einem Dachstübchen bekam und trüben Zeiten der Dürftigkeit entgegensah.

Bald folgte der erste Pariser Friedensschluß, nach welchem alle Kriegsgefangenen freigelassen wurden. Grade damals kam Pichon zu mir, dem meine Mutter eine baare Summe von 2000 Thalern anvertraut hatte, um sie an die Landschaft in Breslau abzuliefern. Obgleich er sich nun leicht mit dem Gelde hätte flüchtig machen können, gab er es nicht nur richtig ab, sondern lief auch die weite Tagereise nach Arnsdorf zurück, um meiner Mutter die Quittung selber zu bringen. Ich wollte sie ihm abnehmen, da er dann von Breslau aus auf dem nächsten Wege, mit vielen andern kriegsgefangenen Franzosen nach Frankreich hätte zurückkehren können; allein er wollte Schlesien nicht verlassen, ohne meiner Mutter für alles Gute, was er in ihrem Hause genossen hatte, zu danken.

III. In Breslau.

In der schönen Stadt, in welcher mein Geschlecht seit unvordenklichen Zeiten einheimisch gewesen war und eine ehrenvolle Stellung eingenommen hatte, war ich nun als ein Fremder vier Treppen hoch in der Reuschengasse in einem Dachstübchen angesiedelt. Indessen es ging mir damit, wie später mit meinem hohen Quartier in Rom. Ich erfreute mich nämlich der freien Aussicht über die ganze Stadt und ihre vielen Thürme. Ich machte dabei die Beobachtung, daß bei Witterungsveränderungen die Thürme bald kleiner wurden und in die Ferne rückten, bald sich außerordentlich erhöhten und zugleich näher kamen. Die nämlichen Veränderungen der Perspective beobachtete ich später vom Fenster meines Wohnzimmers in Aarau aus, indem die weißen Schneegebirge bald fern und niedrig über dem grünen Walde lagen, bald wieder hoch und nahe über denselben emporzusteigen schienen.

Breslau hatte damals vier Gymnasien, zwei lutherische zu S. Elisabeth und S. Maria Magdalena, ein älteres katholisches und ein neueres reformirtes. Ich kam nach S. Elisabeth, vorerst nach Secunda, ein Jahr später nach Prima. Der ehrwürdige Rector Eßler sprach mich vom französischen Unterricht frei, weil ich in dieser Sprache schon gewandt genug war, und ich konnte um so mehr Fleiß auf das Griechische verwenden. Im Lateinischen bestand ich gut, aber das Griechische lernte ich jetzt erst kennen und warf mich darauf mit leidenschaftlicher Begierde, indem mich Homer und Herodot beide gleich sehr ansprachen. Nur die abscheulichen Schäfer'schen Ausgaben verdarben mir, besonders beim nächtlichen Studium die Augen. Man sollte Buchhändler, die solches Augengift für Schulen drucken lassen, an den Galgen hängen und die Oberstudienräthe, welche solche Ausgaben in den Schulen zulassen, daneben. — Im Uebrigen konnte man auf diesem Gymnasium etwas lernen, denn Hauptlehrer in meiner Klasse war damals der Prorector Karl Adolf Menzel, welcher später Consistorialrath wurde und einen großen und wohlverdienten Ruf als Geschichtschreiber erlangte. Auch waren die Schüler mit Stunden nicht überladen, so daß die Elasticität ihres Geistes nicht erlahmte. Das Studium der alten Sprachen herrschte vor. Daneben Geschichte und Mathematik. Dagegen mit Physik, deutscher Poesie und Philosophie blieben wir verschont. Der unvernünftige Grundsatz, die Gymnasien müßten zugleich leisten, was die Realschulen, war noch nicht aufgekommen, noch weniger war man damals schon auf den unglückseligen Gedanken verfallen, unreifen Knaben die Werke Goethes erklären zu wollen, oder ihnen Vorlesungen über Logik und Psychologie zu halten.

Die alten Sprachen wurden gut rocirt, jedoch mit unvorsichtiger Auswahl der Autoren. Wir mußten in Secunda z. B. die Metamorphosen des Ovid lesen. Wenn man erwägt, daß der römische Dichter diese unzüchtigen Gemälde nur zur Erlustigung der s. g. Göttertafel seines Herrn schrieb, an welcher die Camarilla im Costüm von Göttern und Göttinnen schamlose Orgien feierte, so sollte man doch meinen, daß christliche Schulbehörden die Lectüre so verbuhlter Bücher nicht für deutsche Knaben obligatorisch machen sollten.

Damals lebte noch der alte Hermes, welcher Sophiens Reise von Memel nach Danzig geschrieben hat. Er wohnte als Consistorialrath unsern öffentlichen Prüfungen bei und der alte freundliche Greis ließ sich einmal von mir die Treppe hinauf führen. Er galt übrigens für lächerlich eitel und soll sich gerühmt haben, beim Bombardement der Stadt im Jahr 1807 habe sein Haus keine Kugel getroffen, weil Napoleon der französischen Artillerie ausdrücklich verboten habe, nach dem Hause des berühmten Verfassers von Sophiens Reise zu schießen. — Eine andere merkwürdige Notabilität war Manso, Rector des Magdalenengymnasiums, ein schon bejahrter, aber schöner und wohlgewachsener Mann im altmodischen veilchenblauen Frack, kurzen veilchenblauen Beinkleidern, weißen Strümpfen und Schuhen. Goethe und Schiller haben ihn in den Xenien verspottet, „als habe die Natur gar nichts für ihn gethan", da er im Gegentheil Goethe an hoher und edler Gestalt und Schiller an Schönheit übertraf. Auch stand er in Breslau in allgemeiner Achtung und hat nicht blos eine langweilige „Kunst zu lieben", sondern auch ein recht gutes Buch über Preußen geschrieben. Ein drittes literarisches Original war Julius v. Voß, ein verabschiedeter Offizier, damals schon nicht mehr jung, eine starke Figur von lüderlichem Aussehen, aber genial. Seine zahlreichen Schriften, die damals noch Mode waren, sind jetzt vergessen. Sie charakterisiren die preußischen Zustände im letzten Jahrzehnt des vorigen und im ersten des neuen Jahrhunderts mit Meisterzügen, wenn auch noch so cynisch.

Im Verlauf des Sommers und Herbstes kamen durch Breslau

viele Russen, die aus Frankreich heimzogen. Sie brachten ungeheuer viele Beute mit. Wir sahen lange Wagenzüge, die den Raub fortführten, und unterschieden kostbare Tapeten, Teppiche, Spiegel, Uhren rc., die gewiß nicht in Paris gekauft waren. Hauptsächlich viele Ballen von Seiden- und Wollenzeugen und eine Menge großer schöner Hunde, die, wie man uns sagte, alle aus Frankreich kämen.

Im Winter war ich sehr fleißig, machte mir aber auch einige nützliche Bewegung, indem ich auf der gefrorenen Oder fleißig Schlittschuh lief. Ich hatte diese Kunst schon auf dem Lande gelernt und übte sie jetzt mit noch größerer Lust auf dem spiegelglatten und meilenweit sich erstreckenden Eise. Wir unternahmen Wettläufe und ich ließ mich von niemand an Schnelligkeit übertreffen. In meinem Dachstübchen machte sich den Winter über ein graues zierliches Mäuschen bemerklich, welches nach und nach so dreist wurde, daß es zu mir auf meinen grünen Tisch kam, um sich hier die ihm bestimmten Brosamen zu holen. Es wurde mir im Frühjahr zu meinem großen Leidwesen von einer Dienstmagd getödtet.

Ich kam zuweilen ins Theater, jedoch nur selten, weil es mir an Geld fehlte. Damals war das Theater in Breslau in seiner höchsten Blüthe, denn es vereinigte in seinem Personal die bedeutendsten Namen, welche später in Wien und Berlin glänzten. Alle andern übertraf Louis Devrient, welcher für die phantastischen Charaktere bei Shakespeare und Schiller wie geschaffen war. Es lag in ihm etwas Dämonisches, wie es oft die Rollen jener großen Dichter verlangen. Mit der noch so meisterhaften Natürlichkeit eines Iffland oder Eßlair reicht man da nicht aus. Der Schauspieler muß über die Natur hinausgehen, wie der Dichter selbst. Aber das kann nur, wem zugleich tiefe Poesie innewohnt, wie dem Dichter selbst. Man kann z. B. einen Franz Moor nur karikiren oder man muß ihn so dämonisch spielen, wie Louis Devrient. Man befand sich damals überhaupt in einem romantischen Schwunge, in der Zeit selbst lag Poesie. Man fühlte sich über das Alltägliche und Gemeine erhoben. Das Wunderbare fremdete nicht mehr an. Der romantischen Stimmung und besonders der Leidenschaftlichkeit dieser Zeit entsprach nun Devrient, und darum fand man ihn auch natürlich. Erst später in der langen Restaurationsperiode ist man wieder nüchterner und prosaischer geworden. Da war die Zeit für Devrient aus und er starb. — Seine Frau war eine madonnenhafte Schönheit, deren schwarzseidener Spenzer aber zuweilen zerrissen war. Das geniale Pärchen war immer ohne Geld, und er trank sehr viel. Eine Demoiselle Unzelmann, die als 60jährige Berühmtheit in der Rolle der Franziska in Minna von Barnhelm vom Publikum Abschied nahm, spielte diese Rolle immer noch mit unnachahmlicher Liebenswürdigkeit. Sie gehörte der besten Schule des vorigen Jahrhunderts an. In den Heldenrollen glänzte Anschütz, als Soubrette dessen nachherige Gattin, die reizende Boutenas, als Komiker Schmelka.

Es war, wenn ich nicht irre, im Jahr 1815, als von diesem liebenswürdigen Theaterpersonale zum erstenmale das berühmte Judenstück „Unser Verkehr" aufgeführt wurde, welches damals der Advokat Sessa geschrieben und worin er bekannte jüdische Persönlichkeiten angebracht hatte. Alle diese wurden nun von den Schauspielern und Schauspielerinnen in täuschender Aehnlichkeit auf der Bühne copirt. Es gab ein unendliches Gelächter.

Unter meinen Mitschülern schlossen sich besonders zwei warm an mich an. Der eine, Namens Berger, wurde später Pfarrer, wollte sich als frommer Altlutheraner der Union nicht unterwerfen, mußte daher gleich dem trefflichen Scheibel und Wehrhan, mit denen ich als Student befreundet wurde, das ganze Martyrium der schlesischen Altlutheraner mit erdulden, kam ins Gefängniß, verlor seine Pfarrei und wurde erst nach des alten Königs Tode unter Friedrich Wilhelm IV. wieder angestellt. Er wohnte ganz in meiner Nähe und wir kamen täglich zusammen. Der Umgang mit diesem frommen, feinen und in jeder Beziehung liebenswürdigen Jüngling gereichte mir sehr zum Segen, denn ich fand in ihm den goldenen Faden wieder, der aus meinem frommen großelterlichen Hause herausführte und trotz aller unheiligen Verlockungen nicht mehr abreißen sollte.

Der andere Jüngling hieß Lindenberg und seine Spur ging mir, seitdem ich Schlesien verlassen habe, gänzlich verloren. Er hatte etwas Geniales, und wir begegneten uns namentlich im Genuß und in der Kritik poetischer Werke. Soweit es mir die ernsten Studien erlaubten, las ich Dichter, die ich noch nicht kannte. Auch gab sich ein Professor in unserm Gymnasium die unnütze Mühe, unseren Geschmack verbessern zu wollen und uns die Lectüre moderner Klassiker zu empfehlen. Insbesondere schwärmte er für Voß, den Homer-übersetzer, und für Johannes Müller. Dagegen setzte ich mich nun in Opposition. Ich konnte nicht begreifen, daß man uns so auffallend affectirte Schriftsteller, einen so krampfhaften, aller natürlichen Anmuth entbehrenden Styl empfehlen konnte. Ich parodirte daher den alten Voß als ungeschickten Hofmeister des Homer. Ich muß bekennen, daß mir der hochtrabende Styl auch bei andern berühmten Geistern mißfiel, nicht nur bei dem vielgepriesenen Klopstock, sondern auch in einigen Dichtungen Schillers, obgleich ich für diesen Dichter sehr begeistert war. Es zog mich mehr zum Natürlichen in der Gefühlsweise und in der Sprache hin. So konnte ich denn auch dem damals allgelesenen Dichter Fouqué, weil er immer gar zu kostbar redete, keinen rechten Geschmack abgewinnen.

Im Frühjahr 1815 wurde durch die Flucht Napoleons von der Insel Elba die ganze preußische Jugend aufs neue elektrisirt. Diesmal, obgleich noch nicht 17 Jahr alt, jedoch gesund und stark, ließ ich mich nicht mehr zurückhalten und unterbrach meine Studien, um mit zu Felde zu ziehen. Es war überflüssig. Man wußte indessen damals doch nicht, wie sich die europäischen Dinge gestalten würden. Die alliirten Mächte waren auf dem Wiener Congreß feindlich genug an einander gerathen. Preußen mußte große Rüstungen machen, um jeder Gefahr begegnen zu können. Deshalb hinderten mich auch Mutter und Vormund nicht, als Freiwilliger ins Heer einzutreten. Nachdem ich aber schon zum Jock'schen Jägercorps gegangen war, zogen sie mich auf den Rath einiger angesehener älterer Militärs wieder zurück, und General Kraft schickte mich zur Artillerie in die

Festung Reiſſe. Ich reiſte dahin zu Fuß mit einem andern Freiwilligen über Ohlau und das Schlachtfeld von Mollwitz. Wir wurden
in Reiſſe angenommen und ich nach einem kurzen Examen zum Bom-
bardier ernannt, im zweiten ſchleſiſchen Artillerieregiment. Nun kam
aber die Nachricht vom großen Siege bei Waterloo, und während
des Siegesfeſtes, welches wir mit lautem Kanonendonner und großem
Jubel in Reiſſe feierten, ſagte mir der Oberſt meines Regiments,
Jakobi, ich würde beſſer thun, auf das Gymnaſium zurückzugehen.
Ich war unter der Bedingung eingetreten, ſobald ich einigermaßen
einexercirt wäre, zur Armee nach Frankreich geſchickt zu werden. Davon könne nun, meinte er, jetzt keine Rede mehr ſein. Auch auf
Avancement dürfte ich nicht rechnen, da ohne Zweifel eine Reduction
der Armee ſtattfinden werde und alle Jüngeren nothwendig hinter
die, welche ſchon einen Feldzug mitgemacht hatten, zurückgeſetzt bleiben müßten. Das war mir ſehr verdrießlich, aber es war vernünftig
geſprochen. Ich wurde entlaſſen. Ich wäre jedenfalls, wenn ich
länger in Reiſſe geblieben wäre, ſchlimmen Verführungen ausgeſetzt
geweſen, denen man in einem langweiligen Garniſonsdienſt nur
ſchwer ausweicht. Sie traten mir ſchon in jenen wenigen Tagen nahe
genug. Wie väterlich aber mein Oberſt an mir gehandelt hatte, bewies mir 25 Jahre ſpäter der Beſuch eines meiner damaligen Kriegs-
kameraden, der es noch nicht weiter, als bis zum Lieutenant hatte
bringen können.

Damals war die alte „Mama" in Waldenburg ſchwer erkrankt
und wünſchte mich noch einmal zu ſehen. Ich kam zu ihr und konnte
noch mehrere Tage an ihrem Sterbebette zubringen. Sie war über
80 Jahr alt und endete ohne Schmerzen, nur an Altersſchwäche.
Ihr Geiſt war noch immer klar, ihr Sinn heiter und ihre Freundlichkeit bezaubernd. Sie ließ mich faſt nicht von ſich und ertheilte
mir noch eine Menge gute Rathſchläge. Zu ihren Liebhabereien hatte
auch eine Aeolsharfe gehört, an der wir Kinder uns früher ſchon oft
erfreut hatten. Ich ließ dieſelbe der „Mama" zu Liebe ſpielen und
fühlte mich unwillkürlich von der Wehmuth der ſchönen Töne er-

griffen, als die Nachricht kam, so eben sei Agnes Alberti gestorben. Dieses liebenswürdige Mädchen, die jüngere Tochter des Kaufmann Alberti, war erst 17 Jahr alt und von seltener Schönheit. Ich sah sie im Sarge in einem weißen Kleide, barfuß, die schönen dunkelbraunen Haare lang herabwallend, ringsum mit Blumen geschmückt und umher die besten Bilder aus der Galerie des Maler Waagen. Ihre schöne traumhafte Stirn schien noch zu denken und um die jungfräulichen Lippen schwebte noch ein Zug sanfter Empfindung.

Wenige Tage nachher starb auch die „Mama" über Nacht, nachdem sie den ganzen Abend vorher noch im heitern Gespräche mit mir zugebracht hatte. Auch sie war eine liebenswürdige Erscheinung im Sarge, denn ihr altes Gesicht entrunzelte sich und nahm mit der schneeweißen Farbe wieder jugendliche Züge an. Onkel Ernst überließ mir die Honneurs des Hauses zu machen und im schwarzen Frack sämmtliche Condolenzen entgegenzunehmen. Da drängte sich nun die ganze Verwandtschaft herbei und sogar die alte Großmutter Röll, welche niemals in der „Mama" Haus gekommen war, erschien jetzt in tiefer Trauer und stattete mir eine überaus förmliche Condolenz ab. Wir besaßen eine Familiengruft, in der die Särge neben einander gestellt wurden. Ich machte die Grabschrift auf den der „Mama". Mit ihr starb meine beste Freundin. Wenn sie länger gelebt hätte, würde mir wohl manche Noth der nächsten Jahre erspart worden sein.

Ich eilte nach Breslau zurück, um nach einer Versäumniß von doch nur wenig Monaten meine Studien mit frischem Feuer zu beginnen. Mein Begleiter auf der Reise war Dr. Zimpel. Dieser kleine freundliche Mann war anfangs Theologe gewesen, wurde nachher Arzt, nahm den Namen Zemplin an und erwarb sich große Verdienste um das Bad Salzbrunn, das er und das ihn in großen Ruf brachte; jedoch geschah dies erst später. Damals war er noch wenig bekannt und hieß noch Zimpel. Er fuhr mit meines Onkels Pferden, die er nicht gut zu regieren verstand. Wir erlebten viele kleine Abenteuer unterwegs, und da er in Breslau seine Braut, eine

Wittwe, holen wollte, so konnte ich nicht umhin, ihn mit Zimpels Brautfahrt, einem artigen Schwank von Langbein in einem der damals jüngst erschienenen bekannten Taschenbücher zu necken. Wir hatten ein merkwürdiges Zusammentreffen mit einem Wahnsinnigen, wir verirrten uns einigemal, wir fuhren zufällig um die Zollstätte und wurden zur Strafe gezogen. Als wir in Breslau ankamen, fuhr er im Gedränge an andere Wagen an, das gab wieder Händel. Endlich entschloß er sich, ein Seitengäßchen einzuschlagen, das zugleich ein näherer Weg zum Hause seiner Braut war. Aber die Gasse war so eng, daß er mit der leichten Droschke kaum hindurch konnte, und zum Unglück war es die sog. Wanzengasse, die ganz aus Hurenhäusern bestand, und in der niemals ein Wagen fuhr. Man kann sich denken, welche Aufregung unsere Durchfahrt unter den Schönen dieses Winkels veranlaßte, und des verzweifelnden Doctors letztes Abenteuer war noch, daß am Ausgang jener Gasse gerade von ungefähr eine bekannte Dame vorübergehen und dem Spektakel zusehen mußte.

Auf die Schule zurückgekehrt, kam ich nach Prima. Hier docirte der Rector Eßler, ein gelehrter und achtungswürdiger Mann, der nur von einer grammatikalischen Liebhaberei wie von einem Dämon besessen war. Ob wir nämlich den Plato oder den Cicero, den Thukytides oder Tacitus lasen, überall ging er auf die Jagd seltner Conjunctive aus. Er classificirte dieselben wie Linné die Pflanzen und hatte schon über hundert verschiedene Arten entdeckt. Wenn wir nicht präparirt waren, oder an einer schwierigen Stelle stolperten oder ihn sonst ein wenig aufhalten wollten, so warfen wir ihm nur eine Frage oder Vermuthung in Bezug auf einen Conjunctiv vor, und er strahlte von Vergnügen. Eins der merkwürdigsten Originale unseres Gymnasiums war der alte Professor Nickel, der seine liebe Noth mit uns hatte, den wir aber doch liebten. Ganz so violett gekleidet, wie der Rector Manso, war er nur viel kleiner, hatte aber einen sehr großen schiffartigen Hut. Ich habe ihn dem dramatischen Märchen einverleibt, welches zehn Jahre später in dem Taschenbuch „Moosrosen" abgedruckt wurde.

Im Herbst kam Blücher nach Breslau und wurde mit unermeßlichem Jubel empfangen. Obgleich es heftig regnete, zogen ihm doch
viele Tausende durch das Nicolaithor entgegen. Man spannte die
Pferde aus und zog ihn herein. Er saß mit einem Adjutanten in
einer offenen Droschke, hatte einen Ueberrock an und das Haupt
mitten im Regen entblößt, weil er immerfort nach allen Seiten
grüßen mußte. Auch kam er nur langsam vorwärts, weil sich immer
neue Hunderte an den Wagen drängten, um ihm die Hand zu
reichen. Ich schob mich ebenfalls glücklich heran und bekam einen
Händedruck von ihm, der mir durch die Seele ging. Man kann sich
keinen schönern Greis denken. Sein schwarzes Adlerauge blitzte
unter dem schneeweißen Haar noch voll Jugendfeuer. Dazu sah er
klug aus. Er lachte immerfort und grüßte das ungestüme Volk unermüdet mit bezaubernder Freundlichkeit. Man hatte ihn aber auch
nirgends so lieb als in Schlesien. Das wußte er wohl. Deshalb
blieb er auch in Schlesien und liegt dort begraben.

Ich war im Herbst und Winter sehr fleißig und mußte es sein,
da mir bereits klar geworden war, daß ich mich ganz auf eigene Füße
stellen müsse. Von dem angenehmen Wohlstand, in dem ich geboren
war, blieb nichts mehr übrig, da meine Mutter das Landgut verlor
und alle Fahrhabe verkaufen mußte. Sie konnte mich nur noch schwach
unterstützen. Dem Vormund mit Begehrlichkeit lästig zu fallen,
hätte ich mich geschämt. Ein vielleicht zu weit getriebener Stolz in
so jungen Jahren war mir doch in sofern nützlich, als ich entbehrte,
ohne je zu klagen und ohne je etwas zu verlangen, was mir nicht
freiwillig geboten wurde. Meine Kleider wurden nach und nach ab-
getragen und ich konnte mir keine neuen machen lassen.

Die Eltern meines Freundes Gustav Haake, wohlhabende
Kaufleute, ließen mich mehrfach zu sich einladen, denn es war ihnen
nicht entgangen, welch günstigen Einfluß ich auf ihren Sohn ausübte. Ich hatte aber nur mein sehr abgetragenes graues Röckchen
und wußte, wie die Armuth in reichen Kaufmannshäusern gering
geschätzt wird. Ich vermied daher hinzugehen. Im Sommer in-

deſſen machte mein Freund mit mir an meinem Geburtstage einen langen Spaziergang an der Oder, und als wir erſt in der Dämmerung uns der Stadt näherten, ſtellte mich Guſtav plötzlich ſeinen vor einem großen Hauſe ſitzenden Eltern vor. Nun mußte ich mit ihnen zu Abend eſſen und fand in ihnen natürliche und liebevolle Menſchen. Wenige Tage nachher mußte ich wieder einen Abend in ihrem ſchönen Garten zubringen. Das Haus beſtand aus einem großen Viereck, in deſſen Mitte ſich ein Hofraum befand. Es lag, wie auch der Garten, dicht an der Oder, auf der polniſchen Seite, nicht ſehr weit von der Brücke der alten Stadt gegenüber. Ich war an dieſem Abend wieder ſehr vergnügt und hätte beinahe die zehnte Stunde verſäumt, in der ich nach unſerer ſtrengen Hausordnung daheim ſein ſollte. Ich nahm Abſchied. Der alte Herr Haake begleitete mich mit dem Licht, aber nicht zur Hausthür, ſondern — in ein Zimmer, in welchem ich voll Erſtaunen mein Bett und meine wenigen Bücher und Kleider fand, welche, während ich im Garten ſaß, aus meiner bisherigen Wohnung in der Reuſchengaſſe waren hergeholt worden. Auf eine ſo liebenswürdige Weiſe zwang mich die Haake'ſche Familie, fortan bei ihr zu wohnen und als Kind vom Hauſe mit ihnen zu leben. Sie erwies mir damit einen großen Dienſt, wofür ich ihr bis an mein Ende dankbar bleiben werde. Was ich an Logis und Koſt erſparte, konnte ich nun endlich auf meine Kleidung verwenden.

Meine neue Heimath hatte große Annehmlichkeiten. Wir konnten den Sommer über im Garten arbeiten. Auch fehlte es nicht an geſelliger Unterhaltung. Es wohnten mehrere Familien hier zur Miethe, zwei polniſche Damen mit einem hübſchen Kinde und ein Juſtizrath Ludwig, bei dem eine gewiſſe Wilhelmine Gautier als Pflegetochter auf Koſten des Königs erzogen wurde. Dieſes bildſchöne Mädchen war nämlich der hochſeligen Königin Luiſe auffallend ähnlich. Der König hatte ſie bei einem Beſuch in Breslau zufällig in der Kirche geſehen, erfuhr, daß ſie eine Waiſe ſei, und ſorgte ſofort für ſie. Mit dieſem Mädchen, ihrer kleinen muntern Freundin Philippine, den beiden Polinnen und der ſanften Friederike (Guſtavs Adoptiv

schwester) lebten wir zwei jungen Leute nun in einem äußerst an=
muthigen Verkehre. Auch Professor Steffens, der weitläufig mit
mir verwandte Naturphilosoph, wohnte den Sommer über hier und
zog nur im Winter nach der Stadt. Sein einziges Töchterchen hatte
eine große Lyoner Puppe, mit der sie mich, sobald sie wußte, daß ich
die Puppen nicht leiden könne, beharrlich neckte. Da sie mir nun
auch wieder einmal an der Treppe aufgelauert hatte und mir plötzlich
die große Puppe entgegenhielt, gerieth ich in Zorn, riß ihr dieselbe
hinweg und warf sie in die vorbeifließende Oder. Das Mädchen er=
hob ein jämmerliches Geschrei und verfehlte nicht, mich sogleich bei
ihrem Papa zu verklagen. Auch stellte mich dieser, sobald wir uns
begegneten, ernsthaft zur Rede; als ich ihm aber den Sachverhalt
auseinandersetzte und mich mit meiner angeborenen Antipathie ent=
schuldigte, kam ihm der Fall ganz interessant vor. Das Töchterchen
bekam eine neue Puppe, die sie aber immer vor mir versteckte.

Ich machte im Herbst des Jahres 1816 noch eine angenehme
Fußreise ins schlesische Gebirge und kam diesmal endlich wirklich
auf die Schneekoppe. Das Riesengebirge hat trotz seiner Kahlheit
und trotz seines Mangels an Seen doch gleich den Karpathen und
gleich dem Harz einen eigenthümlichen nordischen Reiz, welcher den
Bergen im Süden fremd ist. Dieser Reiz liegt, wie in den Bildern
von Everdingen, in der Schwärze der Tannenwälder und in einem
düstern Dämmerlicht, welches eine größere Ferne von der Sonne
andeutet und aus der Wirklichkeit in das Reich des Dämonischen hin=
überführt. Aus diesem Charakter der Landschaft erklärt sich der
Volksglaube nicht nur im Harz an die Hexenfahrt auf den Blocks=
berg, sondern auch im Riesengebirge an den Rübezahl. Höchst eigen=
thümlich sind die erratischen Blöcke, die oben auf dem kahlen Grat
des Gebirges herumliegen, und am auffallendsten das sog. große
Rad, eine Circumvallation von rohen Steinen, aber wohl nicht
durch Zufall, sondern durch Menschenhände aufgeworfen. Dahinter
auf der böhmischen Seite entspringt die Elbe und bildet einen langen,
aber dünnen Wasserfall. Seit uralten Zeiten wird je am 15. August

auf der Schneekoppe ein großes Volksfest gefeiert, ein Kräuterfest zu Ehren der Himmelfahrt der Jungfrau Maria, wie am nämlichen Tage die Kräuterweihe in Würzburg. Damals lebte noch im Riesengebirge eine zahlreiche Zunft sog. Kräutermänner, als deren volkstümlicher Patron Rübezahl galt. Sie sammelten Heilkräuter auf dem Gebirge, destillirten sie und zogen mit ihren zahlreichen Flaschen und Fläschchen auf allen Jahrmärkten umher. Erst die moderne Polizei hat sie unterdrückt und abgeschafft. An ihr Gewerbe nun knüpfte sich seit uralter Zeit bis in die ersten Jahrzehnte unseres Jahrhunderts das große Kräuterfest des 15. August. Dieses Fest schreibt sich wahrscheinlich aus früher Heidenzeit her und hat nur, wie viele andere, später eine christliche Weihe und Bedeutung erhalten. Auch scheint es mir ein deutsches Fest gewesen zu sein, stammend aus einer Zeit, in welcher Schlesien und Böhmen noch ganz von germanischen Lygiern, Boiern und Markomannen bewohnt waren, ehe noch die Slaven hineinkamen. Die den Deutschen allmählich in der Völkerwanderung nachrückenden Slaven haben ohne Zweifel die heiligen Stätten der Deutschen auf den Berggipfeln, an Wasserfällen rc. respectirt, und da ihr Naturcultus dem deutschen nahe verwandt war, den heidnischen Gottesdienst an solchen ausgezeichneten Stätten nur fortgesetzt. Es ist daher wohl möglich, daß sich hinter dem scheinbar slavischen Rübezahl doch nur der deutsche Knecht Ruprecht und der englische Robin Hood verbirgt.

Im nächsten Winter trieben wir, der engere Freundeskreis im Gymnasium, ich mit Haake und Lindenberg, wozu sich auch noch der kleine Hermes gesellte, mit großem Eifer altdeutsche Studien. Das lag in der Zeit. Auf der Universität Breslau gab von der Hagen die Nibelungen heraus. Ich lernte um diese Zeit auch zum erstenmal die Werke Tiecks kennen. Merkwürdigerweise war damals in Schlesien der Sinn für die deutsche Vorzeit nur noch wenig rege. Der classische Zopf herrschte noch überall vor. Jetzt erst fing sich die Begeisterung für die großen Dichtungen und Kunstwerke des Mittelalters der Jugend zu bemächtigen an. Ich verschaffte mir aus der großen Redinger'schen Bibliothek, die zur Elisabethkirche gehört, die Manesse'sche Sammlung, den Parcival und Tristan, später noch aus der Universitätsbibliothek andere altdeutsche Dichtungen und lernte die Sprache bald, weshalb mir auch einige Jahre später das Verstehen der schwäbischen und schweizerischen Volkssprache sehr erleichtert war. Ich hatte bereits Kenntniß der politischen und Kirchengeschichte des Mittelalters genug, um die Größe der deutschen Vorzeit zu begreifen, der man beim Lesen ihrer Dichter noch näher tritt. Ich hatte mich schon vorher in manches, was die Neuzeit pries, nicht finden können. Jetzt fand ich einen Anhaltspunkt, um den Geist der Zeiten zu vergleichen und um besser zu verstehen, was einige patriotische Dichter gemeint oder geahnt hatten, als sie von der großen Erhebung des Jahres 1813 eine Wiedergeburt der Nation erwarteten. Die eifrige Beschäftigung mit der altdeutschen Vorzeit führte mich nun dahin, im nächsten Frühjahr 1817 dem in Breslau neu entstandenen Turnplatz meine Aufmerksamkeit zuzuwenden, um so mehr, als derselbe nicht weit von Haase's Wohnung an derselben Oderseite lag. Ich hatte mich von Jugend auf körperlich geübt und war ein Turner, ohne es zu wissen. Auf dem Lande hatte ich mich gehörig getummelt, gejagt, geritten und gefochten, in den Wäldern geklettert und in der großen Scheune auf unserm Hofe systematische Springversuche gemacht. Vom Gebälk herunter in den Bansen (den Raum, in dem die Garben aufgehäuft werden) hinabzuspringen, war ungefährlich, weil man immer weich auffiel. Ich lernte daher mit meinen jüngern Brüdern, die dem ältern freilich noch nicht alles nachmachen konnten, von einem immer höheren Balken hinunterspringen, bis ich Uebung genug hatte, den Leib gerade genug zu halten, daß er im Fallen nicht überschlug. Auch lernte ich durch stete Uebung, die Zunge hinter die Zähne zurückziehen, um mich beim Auffallen nicht zu beißen, und unmittelbar vor dem Auffallen die Hände kreuzweis vor die Beine halten, weil mir sonst durch die Gewalt des Sturzes die Kniee ans Kinn geschlagen hätten. Um dem Ohrensausen zu begegnen, mußte ich mir bei den höchsten

Sprüngen ein Tuch um den Kopf binden. So sprang ich endlich vom höchsten First über fünfzig Fuß tief hinab. Auf der Schule in Breslau hatte ich mich außer den Fußtouren und dem Schlittschuhlaufen nicht mehr geübt. Jetzt erwachte eine unwiderstehliche Lust in mir, am Turnen theilzunehmen. Gustav, der um einen halben Kopf größer als ich, schlank und herrlich gewachsen war, fühlte gleichfalls, wie wohl ihm das Turnen behagen würde. Also meldeten wir uns beim Seminardirector Harnisch, der den Turnplatz eben errichtet hatte und demselben vorstand, ohne selbst turnen zu können. Mönnich, der damals noch auf dem Magdalenengymnasium war, als geborener Berliner aber unter Jahn geturnt hatte, und einige Studenten turnten vor. Wir wurden willkommen geheißen und zogen bald einen großen Theil unserer Mitschüler vom Elisabethan nach. Ich orientirte mich in den Uebungen rasch und wurde schon in wenigen Tagen Vorturner. Ebenso Haake. Es war ein ungemein frisches und fröhliches Leben auf dem Breslauer Turnplatz und unsere Lust war um so unbefangener, als der Zusammenhang mit Berlin noch sehr locker war und der turnerische Sectengeist, die einseitig Jahn'sche Schablone, noch nicht vorherrschte. Man dachte nur an die körperlichen Uebungen und machte noch nicht Politik. Harnisch war ein überaus wackerer und frommer Mann. Ein Hauptmann v. Schmieling, der sich der Sache sehr annahm, der treffliche Professor Karl v. Raumer, der feine und gelehrte Professor Schneider, der junge feurige Professor Passow ꝛc., welche nicht nur die Sache förderten, sondern auch selbst mitturnten, waren hochgebildete und verständige Männer. So lebten wir nicht nur unter uns, sondern auch mit den Behörden und mit der Stadt damals noch in der besten Harmonie.

In den Ferien 1817 bekam ich Lust, eine größere Fußreise zu machen, und zwar nach Dresden, um dort die Bildergalerie zu sehen, nach der ich mich schon lange sehnte, da Breslau so gar wenig Kunstwerke darbot, und die Waagen'sche Galerie, die ich von Zeit zu Zeit bei Besuchen in meiner Vaterstadt immer wieder gesehen hatte, erweckte mir nicht wenig Lust, noch mehr zu sehen. Nun studirte da

mals Heinrich Leo, der später als Professor in Halle so großen Ruhm
erlangte, auf der Universität Breslau und wollte im Herbst nach
Jena übersiedeln. Ich lernte ihn auf dem Turnplatz kennen als
einen kleinen schlanken Jüngling mit einem fast mädchenhaften Gesicht und langen dunkelbraunen wunderschön herabwallenden Haaren.
Er war unser aller Liebling, obgleich er ziemlich krittlich und jeden
Augenblick schlagfertig war. Da er nun über Dresden reisen mußte,
beschlossen Haake und ich, ihn bis dahin zu begleiten.

Wir brachen in der Mitte des Juli auf und schlugen den Weg
ins Gebirge ein. Es war herrliches Wetter und nach einem kurzen
Besuch in meiner Vaterstadt eilten wir wieder der Schneekoppe zu.
Wir erstiegen sie diesmal auf dem Wege über Steinseifen und
Krummhübel auf einer sehr steilen Seite. Als wir über die Wald-
region emporgestiegen waren, fanden wir seltene purpurglühende
Bergblumen und steckten sie an unsere Mützen. Dann kamen wir
am „großen Teiche" vorbei, dessen schwarzer stiller Wasserspiegel unter
Steingeröll und kahlen Felsenmassen einen etwas unheimlichen Eindruck macht. Ohne einen Fußweg arbeiteten wir uns durch die
großen, von Alter bemoosten und in dieser Jahreszeit oft von
Blumen und Gräsern überwucherten Steine empor, bis zu den
schönen Felsgruppen, welche man die Dreisteine und den Mittag-
stein nennt. Von hier aus hat man schon die ganze weite Aussicht
ins Land und erreicht bald den Kamm des Gebirges, welcher in
langer hoher Linie die Grenze zwischen Schlesien und Böhmen bildet. Indem wir auf demselben zur Koppe aufstiegen, begegnete uns
ein Trupp böhmischer Schleichhändler, die mit Lebensgefahr ihre
Last auf den steilsten Wegen über die Grenze tragen. Wir kamen
gegen Mittag auf der Schneekoppe an und blieben den ganzen Tag
oben, mit uns noch einige Berliner Studenten. Feuer wurde angemacht und gekocht. Ich sammelte sog. Veilchensteine, mit einem
purpurbräunlichen Moose wie mit Leder überzogene verwitterte Gra-
nitstücke. Das Moos duftet wie Veilchen und man pflegt es in
Schlesien in die Wäsche zu legen, um dieselbe mit dem angenehmen

Geruche zu durchdringen. Man findet es nur auf den höchsten
Gipfeln des Gebirges. Ein besonders großes und schönes Exemplar,
welches ich damals fand und mitnahm, befindet sich jetzt im minera-
logischen Cabinet in Jena, wohin ich es schenkte. Die Aussicht von
der Koppe war an diesem Tage wundervoll. Sie ist um so imposanter, als man nach beiden Seiten des Gebirges hin einen Umkreis
von nahezu hundert Stunden Durchmesser übersieht, denn im Nord-
osten erblickt man die Thürme von Breslau und darüber hinaus noch
die lange schwarze Linie der polnischen Grenzwälder, während man
im Südwesten die Berge in der Nähe von Prag und auch über
sie hinaus sieht. In der heißen Tageszeit und bei völliger Wind-
stille hatten wir auf dem hohen Standpunkt, auf dem wir uns befanden, in der That eine ähnliche Empfindung, wie Schultheß auf
der Spitze des Glockner, da es ihm zu Muthe war, als spüre er, wie
sich die Erde mit ihm drehe. Als die Sonne unterging, erhob sich
auf der andern Seite der Mond und beschien die tief verschatteten
Thäler unten, während die andere Seite des Gebirges bis zur Spitze
der kleinen die Koppe krönenden Kapelle roth in der Abendsonne
glühte. Erst im Dunkeln stiegen wir wieder herunter, um in der
Hampelbaude zu übernachten, wo uns ein hübsches böhmisches
Harfenmädchen in ihrer Sprache eben so melodische als wehmüthige
Volkslieder sang.

Wir unternahmen, längs des Gebirges auf den am wenigsten
besuchten Wegen nach Sachsen vorzudringen, wurden aber dafür bestraft, indem wir nirgends ein auch nur erträgliches Wirthshaus
fanden und froh waren, daß uns ein Bauer seine Kirschbäume zu
plündern erlaubte. Nachher fiel Regen, und erst nach großen Anstrengungen erreichten wir das kleine Bad Flinsberg unter dem hohen
Iserkamm. Hier drängte sich alles um uns, weil wir die damals bei
allen Turnern eingeführte sog. altdeutsche Tracht, d. h. einen kurzen
schwarzen Rock mit offenem Halse trugen, was man hier noch nicht
gesehen hatte. Man behandelte uns aber sehr liebreich und gab
uns am andern Morgen, nachdem das Wetter wieder besser gewor-

den war, noch eine Strecke das Geleit. Der Weg führte uns bald
über die böhmische Grenze und zu dem alten Schlosse Friedland, von
dem Wallenstein seinen herzoglichen Namen borgte. Es erhebt sich
über eine waldige Gegend und bewahrt noch manche Erinnerungen
an den dreißigjährigen Krieg. Im Ahnensaal hängt Wallensteins
Bild in der Mitte, und zu beiden Seiten reihen sich an dasselbe die
Familienbilder der Gallas an, denen Schloß und Güter vom Kaiser
geschenkt wurden. Von hier gelangten wir nach Zittau, einer schön
gelegenen und freundlichen Stadt, wo wir kaum angelangt waren,
als ein Dienstmädchen nach dem andern bei uns anklopfte, uns im
Auftrag ihrer Herrschaften zu fragen, ob wir Tiroler oder Schweizer
wären? Dann kamen wir bald wieder auf böhmischen Boden und
auf die Kaiserstraße, die über einen langen Bergrücken führt. Die
schwarze Ruine des Tollenstein gibt der Gegend einen schönen, jedoch
wilden Charakter. Als wir am Nachmittag nach Schönlinde kamen,
wurden wir wegen unserer ungewohnten Tracht für Räuber gehalten
und entgingen einer schimpflichen Behandlung nur durch Vorweisung
unserer Pässe. Ueberhaupt fanden wir das böhmische Landvolk grob
und ungastlich, und ihren finstern Mienen fehlte die schlesische und
sächsische Freundlichkeit. Da hier im Gebirge die böhmische Grenze
mehrmals aus- und einbiegt, kamen wir noch an demselben Abend
auf sächsisches Gebiet. Auch hier sprach das Volk noch slavisch, die
Mädchen aber, unter denen sich ganz wohlgebildete befanden, waren
auf eine häßliche Art entstellt, indem sie unter ihren rothen Kopf-
tüchern ganz kahl geschoren waren. Sie pflegten nämlich, wie wir
erfuhren, ihr schönes Haar an Dresdener Perückenmacher zu verkaufen. Wir verirrten uns im Walde und mußten vier Stunden
lang bei hellem Mondschein den malerischen Kirnitzgrund durchwan-
dern, bis wir in Hermsdorf eine freundliche Herberge fanden. Von
hier aus durchzogen wir am andern Tage die sog. sächsische Schweiz,
besahen den berühmten Kuhstall, das Prebitschthor rc. und kamen bei
Schandau an die Elbe. Alle diese Felsen- und Waldpartien sind
sehr reizend, wenn auch nicht großartig. Man sollte daher auch hier

von keiner „Schweiz" reden. Die sächsischen Einwohner fanden wir durchgängig gefällig und gutmüthig. Ein Führer, den wir mitgenommen hatten, um uns nicht wieder zu verirren, war schon von uns verabschiedet, als er uns noch zwei Stunden weit nachlief, um uns ein Buch zu bringen, das einer von uns liegen gelassen hatte. Von Schandau aus fuhren wir auf einem Kahne die Elbe hinab bis nach Pirna, landeten aber unterwegs, um den majestätischen Lilienstein zu besteigen. Die kolossalen Sandsteinpyramiden der sächsischen Schweiz machen von fern ganz den Eindruck, wie die Basaltkegel im Hegau. Der Lilienstein ist um so malerischer, als ihm der Königstein, die berühmte Festung, gerade gegenüber liegt und die Elbe zwischen beiden hindurchfließt. Oben trafen wir mit einem schönen Landmädchen zusammen, der Wirthstochter von Rathen, die einen ziemlich schweren Krug trug, den ich ihr galant abnahm, da wir zusammen heruntergingen. Sie war schlank und herrlich gewachsen und ihr Haar so schön golden, als man es nur malen kann. Wir fuhren dann auf dem Fluß weiter, gingen aber von Pirna aus wieder zu Fuß und kamen durch fruchtbare Gelände und schöne Dörfer nach Dresden.

Diese Stadt ist und bleibt wohl die schönste im nördlichen Deutschland, denn erstens liegt sie reizend an der Elbe und in der Nähe eines malerischen Gebirges, und zweitens hat sie etwas Lichtvolles und freundlich Einladendes, sofern die Häuser mitten in der Stadt häufig durch Gärten getrennt und durchweg schön und massiv gebaut sind, so daß man sich also hier weder zwischen engen Gassen erdrückt, noch von häßlichen und gespenstischen Häusern angeschreckt fühlt. Der Freundlichkeit der Stadt überhaupt entspricht auch die der Einwohner. Man fühlt sich dort eigenthümlich wohl.

Ich hatte keinen andern Zweck hier, als die berühmte Gemäldegalerie zu sehen. Leo reiste weiter, Gustav und ich blieben aber noch acht Tage in Dresden und brachten jeden Tag in der Galerie zu. Ich fand in derselben bestätigt, was mir schon aus den Kunstwerken, die ich früher gesehen hatte, und aus den Kupferwerken, die uns

ferne Gemälde nahe bringen, klar geworden war. Das eigentlich
Schöne nämlich fand ich nur in den seltensten Fällen erkannt und
dargestellt, da es mir doch schien, die neuere Kunst habe dieselbe Aufgabe, wie die antike, hauptsächlich nach Schönheit zu trachten. Bei
der ungeheuern Mehrheit der neuern Künstler findet man dagegen
neben der unter allen Umständen achtbaren und löblichen Natur-
nachahmung zweierlei Bestrebungen vorherrschend, welche vom wahren
Ziele der bildenden Kunst geradezu abführen. Zuerst das Bestreben,
interessant und bedeutend zu erscheinen durch heroischen oder auch
koketten Ausdruck. Sodann das Bestreben, einer grade herrschenden
Mode und Manier gerecht zu werden, ganz abgesehen vom Gegenstand und Zweck des Bildes. Während Raphael noch einzig der
Schönheit huldigte, welche nur der Pinsel, aber kein Wort des
Dichters ausdrücken kann, betrat Michel Angelo bereits den gefährlichen Weg, welcher anstatt zum Schönen nur zum Bedeutenden,
Charakteristischen, Großen und Heroischen hinführt, wo des Dichters
Wort jeden Pinsel übermeistert. Auch den leidenschaftlichen Ausdruck
trifft sicherer der Dichter und musikalische Componist, oder der Schauspieler, als der Maler. Der Maler sollte vorzugsweise nur das darstellen wollen, was alle andern nicht darstellen können, die Schönheit. Ich dürstete nach Schönheit, aber nur wenige der größten alten
Meister in der Dresdner Galerie boten sie mir dar. Ich konnte
damals schon nicht begreifen, wie man die Schule der Carracci so
hoch stellen könne. Ich erfreute mich wahrhaft an der Naturtreue der
Niederländer, ich vertiefte mich staunend und voll Ehrfurcht in die
Augen der sixtinischen Madonna, des Schönsten, was je gemalt
wurde. Aber die anspruchsvollen Historienbilder, die manierirte
Nacktheit der mythologischen Bilder, überhaupt die spätern Italiener
ließen mich kalt oder widerten mich an. Die Schönheit, deren die
menschliche Race fähig ist und die auch wirklich, wenn auch nur in
seltenen Exemplaren, in der Wirklichkeit vorkommt, scheint mir von
der Künstlerwelt noch durchaus nicht in dem Maaße, wie es der
eigentliche Zweck der Kunst verlangt, beachtet zu sein.

Am vorletzten Tage meines Aufenthalts in Dresden stieg ein furchtbares Gewitter auf, als wir grade in der Galerie waren. Die Bilder verdunkelten sich, Blitze hellten sie wieder auf. Der Eindruck war höchst eigenthümlich. Alle Figuren schienen sich zu beleben, als ob sie den Menschen auf einen Augenblick näher gerückt würden, wie überhaupt äußere Schrecken der Natur alles Fremde näher zu einander bringen. — Außer der Galerie sahen wir nur noch die große Rüst=kammer, die Antiken und die Abgüsse von Mengs. Am reizendsten erschien mir die Gruppe von Amor und Psyche, der mit dem zartesten Schönheitssinn und der lieblichsten Naturwahrheit vereinigte Kuß. Dagegen erschien mir die Gruppe des Laokoon, über die so viel ge=schrieben ist, keineswegs angenehm. Ich sah bei diesem Anlaß auch den alten Archäologen Böttiger, der recht freundlich gegen uns war.

Als wir von Dresden Abschied nahmen, hatten wir, Gustav und ich, zusammen nur noch sechs Thaler übrig, waren aber verwegen genug, nicht sogleich nach Schlesien zurückzukehren, sondern erst noch den berühmten Plauen'schen Grund und die hübsche Ruine von Tharand zu besuchen. Wir übernachteten in einem ärmlichen Dorf=wirthshause und marschirten am andern Tage ohne Aufenthalt im Geschwindschritt wieder durch Dresden auf der großen Straße nach Bautzen fort. Es war über die Maßen heiß, aber ein pietistischer Bauer, der desselben Weges ging, hatte einen so raschen und un=ermüdlichen Schritt, daß wir als Turner uns schämten, hinter ihm zurückzubleiben, und immer mit ihm Schritt hielten. Wir kamen an dem Bergschloß Stolpe und dem netten Städtchen Bischofswerda mit seinen schlanken Blondinen vorbei, liefen dann noch bis in die Nacht hinein und kehrten in einem geringen Dorfwirthshaus ein, ganz nahe vor Bautzen, um von dem langen Marsche auszuruhen. Unser Pietist erzählte uns viel von der großen Schlacht, die erst vier Jahre früher hier geliefert worden war. Am andern Morgen gingen wir rasch durch das über der Spree erhabene Bautzen, wo grade Jahrmarkt war. Wir begegneten vielen Wenden in ihrem eigenthümlichen Sonntagsstaat. Sie hielten uns oft an, weil ihnen unsere Tracht ebenso fremd erschien, als uns die ihrige. Der Weg führte uns durch Hochkirch, wo sich Friedrich der Große hatte überfallen lassen. Die Erinnerung an jene Schlacht wurde uns durch oestreichische Soldaten belebt, die als gefangene Deserteurs vorbei geführt wurden und sehr traurig aussahen. Wir erreichten noch bei guter Zeit das friedliche in einer rauhen Gegend doch schön gelegene Herrnhut, aus dessen Fenstern mancher neugierige Mädchenkopf in enganliegendem weißem Häubchen nach uns umschaute, aber, wenn wir nahe kamen, zurückfuhr. Wir übernachteten hier und gingen am andern Morgen frühe zum Kirchhof hinaus, der sich an einen kleinen Hügel reizend anlehnt. Von dem letztern aus sahen wir die Sonne aufgehen. Am Eingang des Kirchhofs las ich die Inschrift: Christus ist auferstanden von den Todten. Nur in der Mitte waren drei Steingräber erhöht, das von Zinzendorf, seiner Gemahlin, wenn ich nicht irre, und das von Watteville. Alle übrigen Grabsteine waren klein und lagen ganz gleichförmig in Reihen neben einander in einer Umgebung, die ganz nur einem Garten glich. Ueberall herrschte eine wohlthuende Ordnung und Reinlichkeit, welche den Herrnhuter Kirchhof sehr zu seinem Vortheil von den meisten andern christlichen Kirchhöfen unterscheidet. Denn überall wimmeln unsere Kirchhöfe von geschmacklosen und eitlen Denkmälern mit antiken Genien und heidnischen Symbolen und herrscht Unregelmäßigkeit und Unordnung vor.

Der Aufenthalt in Herrnhut hatte unsern Kassenvorrath sehr geschwächt. Wir eilten an der Landskrone vorüber, nicht ohne des edlen Jakob Böhme zu gedenken, und kamen wieder über die schlesische Grenze bis Löwenberg, wo uns am andern Morgen nur noch zwei gute Groschen übrig blieben. Wir machten uns schon darauf gefaßt, unter wahrscheinlich anmuthigen Abenteuern in den Pfarrhäusern einzusprechen, um uns vollends heimzubetteln, denn der Weg nach Breslau war noch weit, aber ein gemüthlicher Bäckermeister aus der Lausitz, der in Liegnitz Weizen aufkaufen wollte, nahm uns nicht nur mit, sondern hatte auch eine solche Freude an uns, daß wir zu Mittag mit ihm essen mußten. Als wir nun am Abend in Liegnitz

anfamen, kauften wir uns für unsere letzten zwei Groschen ein paar
Stücke Brod und Birnen und marschirten sogleich weiter, die ganze
Nacht durch. Nach Mitternacht ruhten wir an einem Waldrande auf
dem Schlachtfelde von Leuthen aus, auf dem Boden, den später
meine ältere Schwester mit der ganzen Herrschaft Leuthen kaufte und
zum Andenken der Schlacht ein Denkmal errichtete. Hier schlief ich
unwillkürlich ein. Nachher aber rafften wir uns auf und kamen früh
am Morgen nach Hermannsdorf zu unserm Freunde Berger, welcher
hier bei seinem Vater, einem Krämer, die Ferien zubrachte. Dort
wurden wir gelabt und schliefen im Grase des Gartens vollends aus,
als unerwartet unser Prorector Menzel mit seiner schönen jungen
Frau von Liegnitz kommend mit dem Wagen vor dem Hause anhielt,
um den Krämer, seinen alten Bekannten, zu besuchen. Er nahm
uns nun vollends in seinem Wagen mit nach Breslau.

Bald nach unserer Rückkehr, am 23. August, einem Sonnabend, erlebten wir in Breslau eine kleine Revolution. Die jungen
Bürger, welche zur Landwehr gehörten, beschwerten sich, daß man sie
in weiter Entfernung von Breslau exerciren und manövriren lasse,
während ihre zurückgelassenen Weiber selber wieder Einquartierung
einnehmen müßten. Das mache ihnen doppelte Kosten und sei unnatürlich. Man solle sie in Breslau lassen, denn hier könnten sie
ihrem Soldatendienst eben so gut Genüge leisten. Ihre Klagen
wurden nicht gehört. Sie verweigerten nun den Dienst. Etliche
dreißig von ihnen, die am lautesten gelärmt hatten, wurden nächtlicher Weile aus den Betten geholt, in Ketten gelegt und nach einer
entfernten Festung abgeführt. Ihre jungen Weiber, die sich zur
Wehre setzten und unter denen eine von einem Gensdarm verwundet
worden sein soll, stürzten mit lautem Geschrei auf die Straßen und
setzten die ganze Bürgerschaft in Alarm. Noch vor Aufgang der
Sonne stand der große Ring voll von Menschen, welche vom damaligen Bürgermeister Menzel Schutz der Bürger und Freilassung
der Gefangenen forderten. Der arme Bürgermeister bedauerte, er
könne nichts thun, denn nicht er, sondern nur der Landesgouverneur

Merkel führe den Oberbefehl in Breslau. Dieser Herr Merkel aber hatte bereits für gut gefunden sich zu escamotiren. Mit Recht wurde dieses feige und hinterlistige Benehmen der verpflichteten Behörden auch von dem loyalen Theile der Bürgerschaft scharf getadelt. Das ohne Antwort gelassene Volk gerieth in Wuth und zertrümmerte alles im Rathhaus, was nicht niet- und nagelfest war. Dann ebenso im Polizeigebäude und ebenso im großen Hatzfeld'schen Palais, dem Regierungsgebäude, aus welchem der Gouverneur, ohne eine Ordre zu hinterlassen, heimlich entwichen war. Aus diesem Gebäude wurden vom Pöbel die Acten herausgeworfen, so daß die ganze Straße eine lange Papierbarrikade darstellte, durch welche sich die Kürassiere, als endlich das Militair einschritt, kaum hindurch arbeiten konnten. Da nämlich den ganzen lieben Tag die Stadt in voller Anarchie war, Polizeidiener und Gensdarmen sich versteckten und nicht mehr hervorwagten und keine Civilbehörde mehr einen Befehl ertheilte, übernahm der Militairgouverneur, General von Hünerbein, noch vor Nacht den Befehl in der Stadt, ließ alle seine Truppen einrücken und das Volk zerstreuen. Es gab wohl einiges Blutvergießen, aber sehr mit Maaß. Am andern Morgen, Sonntag, fing man schon an, wieder zu lachen, namentlich über den dicken Polizeipräsidenten Streit, welcher nicht hatte flüchten können und den ganzen Tag unter einem Fasse versteckt Todesangst geschwitzt hatte, und über die Juden. Denn obgleich in Breslau damals 9000 Juden lebten, die gewöhnlich mit ihrer häßlichen Repräsentation auf offener Straße sehr aufdringlich waren, hatten sie sich doch am 23. August alle versteckt und ließ sich auch nicht einer blicken, und zwar aus einer wohlbegründeten Furcht, denn das Hep! hep! was in den nächsten Jahren durch ganz Deutschland lief, beweist, wie verhaßt dies Volk war.

Gegen die opferfreudige Begeisterung des Jahres 1813 stach diese Breslauer Revolution grell ab. Am Sonntag Morgen war die ganze Stadt noch militairisch besetzt und standen auf dem großen Ringe Kanonen und Artilleristen mit brennenden Lunten. Allein die Höckerweiber setzten sich mit ihren Körben schon wieder ungenirt dicht unter die Kanonen und die ganze Revolution löste sich in Spott auf, wobei Militair und Volk mit einander wetteiferten. Man vertrug sich wieder, aber die Behörden hatten doch viel Vertrauen verloren. Die Polizei war mangelhaft. In einer so großen Stadt, in welcher der noch halb polnische Leichtsinn vieler Einwohner so viele Feuersbrünste verschuldete, herrschte beim Löschen die größte Unord= nung, so daß wir Turner uns der Sache annahmen und ohne dazu autorisirt zu sein, uns bei jedem Brande als Feuerwehr aufdrängten. Obgleich wir nun weder die nöthigen Apparate hatten, noch Erfah= rung genug besaßen, wurden unsere Leistungen doch vom Magistrat mit Dank anerkannt. Ich rettete mich einmal aus einem brennen= den Hause, in dem die Decke schon einstürzte, aus dem Fenster durch einen kühnen Sprung.

Den zweiten Winter brachte ich im Haake'schen Hause ebenso ver= gnügt wie den ersten zu und konnte von einem Vater und einer Mutter nicht liebevoller angesehen sein, als von dem muntern und klugen alten Herrn Haake und seiner höchst sanften und liebenswürdigen Gattin. Auch mit Gustav war ich immer ein Herz und eine Seele. Dabei waren wir sehr fleißig und bereiteten uns nicht nur darauf vor, im folgenden Jahre die Universität zu beziehen, sondern fanden auch immer noch Zeit, um unsere altdeutschen Studien fortzusetzen und gute Bücher aller Art zu lesen, um uns immer besser in der geistigen Welt zu orientiren. Die engste Freundschaft schlossen wir damals mit Mönnich, dem ernsten, festen, schönäugigen und voll= lockigen Jüngling, den jedermann achtete und lieb hatte.

Im Frühjahr 1818 begannen wir wieder lebhaft zu turnen, die Freude sollte uns aber bald gestört werden. Je mehr nämlich das Turnen in Aufnahme kam, um so mehr nahm es auch den po= litischen Beigeschmack an, um dessentwillen es der Verfolgung ausgesetzt wurde. Obgleich wir bereits gut genug turnten, glaubten Harnisch und die ältern Turnfreunde doch noch einen besondern Turnwart von Berlin verschreiben zu müssen, und Jahn schickte uns seinen Liebling Maßmann zu, der bei seiner kurzen Leibes=

gestalt nicht so gut zu turnen verstand wie wir, aber desto eifervoller bemüht war, Propaganda für Jahns Volksthum und für den sog. turnerischen Geist zu machen. Er war ein durch und durch ehrlicher Gesell und voll der schönsten Begeisterung für die vaterländische Sache, aber daß er im vorigen Herbst (1817) bei dem Octoberfest auf der Wartburg eine Anzahl Bücher, einen Schnürleib und Zopf ꝛc. verbrannt hatte, war bereits von den Höchstgebietenden in Deutschland übel vermerkt worden und bewirkte, daß ihn auch in Breslau schon viele einflußreiche Personen ungern kommen sahen. Man mußte sich überhaupt wundern, daß man ihn in Preußen gewähren ließ, was jedoch nicht allzu lange mehr dauerte. Gewiß gab es Manchen, der schadenfroh wartete, es würden Unbesonnenheiten vorfallen, aus denen man einen erwünschten Vorwand schöpfen könne, um gegen das Turnwesen überhaupt einzuschreiten.

Wir zählten viele Studenten auf dem Turnplatz. Maßmann wollte ihnen das Tabakrauchen, als unturnerisch, verbieten, was sehr böses Blut machte. Wir Vorturner mußten ihn mäßigen und die Studenten beruhigen. Bor einem Turnfest hatte er den Einfall, ein großes Pergament mit kunstreicher Schrift vollzuschreiben. Ueberschrift „Turngeist". Inhalt alle die patriotischen und moralischen Gemeinplätze, die damals in Jahns Schule galten. Vergebens stellte ich ihm vor, er werde bei den lustigen Breslauern das Turnen nur lächerlich machen mit seinem Turngespenst. Endlich half mir der Student Hönisch, einer unserer besten Vorturner (der später als Rektor in Ratibor starb), und wir schütteten dem armen Maßmann ein volles Tintenfaß über sein Pergament. Der Turngeist wurde also nicht ausgestellt, und doch machte sich Maßmann lächerlich, indem er in seiner Festrede unter freiem Himmel immer von der großen Schlacht bei Schönbundingen sprach, was niemand verstand, bis man merkte, es solle la belle alliance damit gemeint sein. Denn ein peinlicher und kleinlicher Purismus gehörte zu den Thorheiten der damaligen Jahn'schen Schule.

Ich hatte mich dem Turnen ergeben aus reiner Körperlust.

Gesund, von Natur elastisch, gewandt und stark, wie hätte ich nicht eine Freude am Turnen haben sollen! Es liegt im gesunden Jüngling ein Trieb, das Gesetz der Trägheit und Schwere zu überwinden, daher ich auch in Träumen außerordentlich oft zu fliegen glaubte. Aller seiner Glieder Herr zu sein, ist ein wunderbares Behagen.

Ebenso natürlich war es, daß wir Turner dem ganzen großen deutschen Volk dieses freudige und stolze Gefühl mitzutheilen wünschten. Der Racenstolz setzt die Körperkraft und das ritterliche Wesen voraus. Man darf die Deutschen trotz aller Verweichlichung und Corruption der Cultur immer noch als die kraftvollste Race auf unserm ganzen Planeten ansehen. Wir wollten nichts Neues und Unerhörtes erkünsteln, sondern nur das alte Erbe der Volkskraft wahren und naturgemäß besser ausbilden, als es seit dem vorigen Jahrhundert geschehen ist.

Der große Napoleon war hauptsächlich durch die Deutschen überwunden worden. Das deutsche Volk hatte eine außerordentliche Kraft entwickelt. Man freute sich dessen. Man wollte diese Kraft nicht wieder erschlaffen lassen. Die Jugend wollte nicht mehr blos in der Schule hocken und fremde Sprachen lernen. Sie wollte sich ihrer eigenen angeborenen Nationalkraft bewußt werden und dieselbe fortwährend stählen. Das alles war natürlich. Damit verband sich nun auch nothwendigerweise ein Trieb, fremdes, dem deutschen Volke nach und nach unnatürlich Aufgedrungenes wieder auszustoßen. Man hielt es mit Recht für thöricht und unwürdig, daß wir Deutschen uns immerfort nach der französischen Mode richten sollten, nach dieser beständig wechselnden Mode, welche von Einfällen und bizarren Launen dictirt, das Gesetz des Schönen wie der Zweckmäßigkeit beständig außer Acht läßt. Es kam gar nicht darauf an, ob die einfache Tracht, welche sich die Turner wählten, schon darauf Anspruch machen konnte, als das beste Muster einer deutschen Nationaltracht zu gelten. Sie war wenigstens weder unschön noch unzweckmäßig, in Deutschland selbst aufgebracht und nicht französisch. Also mußte man sie als berechtigt anerkennen. .

Wenn endlich die turnenden Männer und Jünglinge patrio

7·

tifche Hoffnungen hegten, deren Endziel die Einheit Deutfchlands, die Wiedergeburt unferes großen Reiches war, fo konnte man ihnen auch das nicht zum Vorwurf machen. Die Begeifterung des großen Befreiungskrieges war noch nicht erlofchen. Wie viele warme Herzen fchlugen nicht damals für das gemeinfame deutfche Vaterland! Die ehrenwertheften Generale, fogar Diplomaten, ja fogar Fürften, die nicht den geringften Zufammenhang mit den Turnern hatten, hegten diefelbe Hoffnung und hatten fie während der Friedensverhandlungen unverhohlen ausgefprochen. Diefe Hoffnung lebte nicht blos in den Liedern von Arndt, Körner, Rückert und im Rheinifchen Merkur. Die Turner betheiligten fich nur dabei und es war lediglich eine Verleumdung, wenn man ihnen aufbürdete, fie allein wollten den Patriotismus gepachtet haben.

Eine große Verkehrtheit war, daß die Grundgedanken aus Fichtes Reden an die deutfche Nation und aus der Rouffeau-Peftalozzifchen Schule dem Turnwefen eingeimpft wurden. Fichte wollte die ganze Nation neu conftruiren, durch pädagogifche Mittel eine neue Nation erziehen. Dazu follte nun nach der Meinung vieler Turnfreunde vom Lehrftande das Turnen verwerthet werden. So wollte der allzu hitzige Franz Paffow in feinem 1818 gedruckten „Turnziel" S. 65 „eine durchgreifende, fortrüdende Erhebung des gefammten Volkes zur höchften Beftimmung des Menfchen, zu übereinftimmender Entwicklung aller von Gott verliehenen Anlagen Leibes und der Seelen." Das hieß nun wohl: oben hinaus und nirgend an! Mit folchen Schwärmereien für ein Menfchheitsideal, das fich in jedem einzelnen Schüler, beziehungsweife Turner, verwirklichen follte, konnte man den jungen Leuten nur die Köpfe verrüden und zog man jene Altklugheit groß, die der turnenden Knabenwelt nicht mit Unrecht zum Vorwurf gemacht worden ift. Nahm man dazu noch die eigenthümliche Gefchmacklofigkeit der Jahn'fchen Sprache, die pausbackige Aufgeblafenheit der Feftreden und Freiheitslieder und den Terrorismus gegen Andersmeinende, fo hatte man allerdings eine fociale Karikatur vor fich, wie Steffens richtig bemerkte.

Die Feinde des Turnens versündigten sich aber dadurch, daß sie nur diese Karikatur sehen und das Natürliche, Nützliche und Nothwendige im Turnen nicht gelten lassen wollten. Die meisten folgten dabei einem Impulse, der ihnen von oben gegeben war, oder dem Instinct, der ihnen sagte, sie hätten hier eine schöne Gelegenheit, sich um die Behörde verdient zu machen.

Als ich im Frühjahr von der ältesten Riege, in welcher die ältern Männer, von Raumer, Passow, Hauptmann von Schmeling 2c. waren, ersucht wurde, ihnen vorzuturnen, umringten mich die kleinen Knaben, denen ich bisher vorgeturnt hatte, und wollten nicht von mir lassen. Fast fünfzig Jahre später hat Harnisch noch in seiner Lebensbeschreibung (Mein Lebensmorgen), der Liebe gedacht, mit welcher damals die Breslauer Turner an mir hingen. Ich übernahm abwechselnd die älteste und die jüngste Riege. Es war eine Freude, unter dieser muntern und frischen Jugend zu leben.

Aus jener Zeit erinnere ich mich eines lustigen Auftritts in Scheidnig. Ein schöner Frühlingstag lockte uns nach diesem Vergnügungsort an der Oder hinaus und hier trafen wir mit zwei Studenten zusammen. Der eine, den ich schon kannte, hieß Schmerbauch und machte seinem Namen Ehre, denn er war für sein Alter schon ungewöhnlich corpulent. Er hatte einen großen Ruf dadurch erlangt, daß er somnambul war und daß die Studenten, die ihn in seiner Krankheit gepflegt und besucht hatten, von den Wundern erzählten, die dabei vorgekommen waren. Er hatte nämlich mit geschlossenen Augen den Magnetiseur kommen sehen, wenn derselbe auch noch draußen auf der Straße und weit entfernt war. Er hatte Briefe gelesen, die man ihm verschlossen auf den Magen legte 2c. Dieser Schmerbauch saß nun in Scheidnig neben uns beim Bier, als ihm ein anderer Student vorgestellt wurde, der sich Hering nannte, und wirklich damals so mager wie ein Hering war. Als sich nun beide ihre Namen gesagt hatten, mußten sie unwillkürlich lachen und wir alle lachten mit. Jener Hering war derselbe, welcher später unter dem Namen Willibald Alexis so viele Romane geschrieben hat.

Ich besuchte im Mai meine Mutter in Arnsdorf und kam nach
einem angestrengten Tagemarsch erst spät in der Nacht an, wobei mir
eine große Feuersbrunst aus einem entfernten Dorfe leuchtete. Ich
blieb nur kurze Zeit und wußte damals noch nicht, daß ich zum
letztenmal dort war. Aber eine Ahnung davon wandelte mich an,
als unser großer alter Hofhund Sultan von mir Abschied nahm. So
oft ich nämlich früher schon in Arnsdorf zum Besuch gewesen war,
hatte mich dieses treue Thier regelmäßig eine halbe Stunde weit, bis
an die Grenze von Prieborn begleitet und war dann zurückgegangen.
Dieses letztemal aber wollte er sich gar nicht von mir trennen, lief
zwar zurück, kam mir aber immer wieder nachgelaufen und sprang
lieblosend an mir hinauf in einer Aufregung, wie ich sie noch nie an
ihm bemerkt hatte. Endlich folgte er meiner Weisung und schlich
langsam und traurig wieder heim.

Ich eilte sehr rasch nach Breslau zurück, so daß ich mir Blasen
an die Fußsohlen lief. Kaum aber war ich Abends spät angekommen,
als ich erfuhr, morgen schon beim ersten Tagesgrauen werde eine
große Turnfahrt der gesammten Breslauer Turnerschaft nach dem
Zobtenberge aufbrechen, um auf dem Gipfel desselben mit den anderen Turnern von den neuen, seitdem in Schlesien errichteten
Turnplätzen zusammenzukommen. Da konnte ich nicht fehlen und
blieb trotz meiner Ermüdung die ganze Nacht auf, um noch Anord-
nungen für morgen treffen zu helfen.

Es war am 9. Mai 1818, als wir schon um zwei Uhr nach
Mitternacht den Marsch begannen, ich dem ganzen Zuge voran,
hinter mir die jüngsten Knaben u. s. w. nach dem Alter. Die Sonne
ging so schön auf und alles war so voll Lust, daß ich meine Blasen
an den Füßen, fast ohne darauf zu achten, zertrat und die Ausdauer
meiner Muskeln erprobte. Immer rasch voran schreitend, zog ich
den ganzen Schwarm hinter mir her. Immer vor mir lag das Ziel
unserer Fahrt, der schöne Berg, der insularisch die weite Ebene
Schlesiens überragt, auf dessen Gipfel ich übrigens schon zwei Jahre
früher mit meinem Freunde Haale übernachtet hatte. Wir kamen

diesmal Nachmittags oben an und fällten sogleich eine Menge Bäume
im Walde, um bei einbrechender Nacht ein ungeheures Feuer an-
zuzünden, das man im ganzen Lande sehen und das den noch zu er-
wartenden Turnern zum Signale dienen sollte. Zugleich mußten wir
Vorturner die Riegen ordnen, jedem seinen Platz anweisen und den
mitgenommenen Proviant austheilen, so daß ich immer noch nicht zu
Ruhe kam. Als es endlich Nacht wurde und wir den großen Holz-
stoß anzündeten, brach der lauteste Jubel aus, denn von mehreren
Seiten verkündete uns Gesang von unten die Ankunft der noch aus-
gebliebenen Turner, namentlich der zahlreichen Turner von Hirschberg. Unter diesen leuchtete ein gewisser Carganico hervor, der
später Arzt wurde, aber durch ein seltsames Mißgeschick den Tod fand.

Die Nacht war wunderschön, und nur die kleinen Knaben
schliefen. Wir andern blieben in lebhafter Unterhaltung oder
sangen, und sobald die Sonne aufging, wurde Platz gemacht und
wettgeturnt. Noch am Vormittage trennten wir uns wieder. Neben
den Hirschberger Turnern zeichneten sich die von Liegnitz aus. Aber
in unserer Fröhlichkeit ahnten wir nicht, daß uns dieses harmlose
Verbrüderungsfest der schlesischen Turner, wo kein Wort Politik gesprochen worden, und auch kein älterer Mann und Lehrer zugegen
gewesen war, von den Uebelwollenden als eine übermüthige Anmaßung und politische Demonstration würde ausgelegt werden.

Ich trennte mich damals von den Breslauer Turnern, um
meine Vaterstadt Waldenburg zu besuchen. Nur wenige, welche die
kurze Ferienzeit noch zu einer kleinen Gebirgsreise benutzen wollten,
begleiteten mich, und einer folgte mir ins großelterliche Haus, mein
Liebling vom Breslauer Turnplatz, der schönste unter meinen Knaben,
damals höchstens zwölf Jahre alt, Julius von Canitz. Ich habe ihn
nicht wiedergesehen. Erst nach langen, langen Jahren erfuhr ich
durch seinen Vetter, welcher 1865 als preußischer Gesandter nach
Stuttgart kam, daß jener schöne Julius sich im Jünglingsalter wegen
einer unglücklichen Liebe das Leben genommen habe.

Die Ferien gingen zu Ende und ich kehrte nach Breslau zurück. Hier hatte nun unser wohlmeinender, aber etwas unpraktischer Rector Etzler, weil damals überhaupt so viel vom Turnen die Rede war, den unglücklichen Einfall, seinen Primanern einen Aufsatz über die Turnfrage aufzugeben. Da nun der größte Theil von Prima turnte, wurden sämmtliche Aufsätze mehr oder weniger feurige Lob-reden des Turnens. Ein einziger Aufsatz verdammte das Turnen. Der Verfasser desselben, zufällig von Adel, hatte aus seiner häus-lichen Umgebung eine andere Meinung vom Turnen in die Schule mitgebracht und dieselbe niedergeschrieben. Als nun die fertigen Aufsätze gesammelt wurden, um dem Rector übergeben zu werden, fand Lindenberg Gelegenheit, einen Blick in das schwache Elaborat des jungen Edelmanns zu thun und machte es zum Gegenstand einer witzigen, aber rücksichtslosen Kritik. Diese wurde von allen Mit-schülern gelesen, und Haake war so übermüthig, dem jungen Edel-mann selbst eine Abschrift davon zu überreichen, welcher nichts Eili-geres zu thun hatte, als sie dem Rector zu bringen. Sämmtliche Lehrer der Prima traten zu einem Gericht zusammen unter dem vorherrschenden Einfluß des Prorector Menzel. Schon vor mehreren Jahren hatte derselbe einmal in nicht ganz gerechter Weise einen anonymen Angriff auf Harnisch gemacht, dem er als einem Aus-länder seine Berufung nach Breslau nicht gönnte; Harnisch aber war mit offenem Visir gegen ihn aufgetreten und hatte ihn beschämt. Der alte Groll gegen Harnisch wurde nun vom Prorector auf das Turnen übertragen. Daraus erklärt sich der sonderbare Ausspruch des Lehrer-gerichts, daß Lindenberg und Haake, die nicht das Recht gehabt hätten, den Aufsatz eines Mitschülers, bevor er dem Rector über-geben wurde, einzusehen und Mißbrauch damit zu treiben, gleichwohl volle Verzeihung erhalten sollten, wenn sie nur erklären würden, sie wollten den Turnplatz verlassen und nicht mehr turnen. Lindenberg gab aus Furcht vor seinem Vater, um schlimmeren Folgen vorzu-beugen, schriftlich das Versprechen ab, nicht mehr zu turnen. Haake weigerte sich, kam ins Carcer und wurde vom Gymnasium relegirt. Wir andern erhielten eine starke Ermahnung, und es wurde uns in

Aussicht gestellt, daß wir alle entweder den Turnplatz oder das Gymnasium zu verlassen hätten. Obgleich ich nun bei der ganzen Auf-
satzangelegenheit für meine Person nicht im geringsten betheiligt war,
wollte ich doch meinen Freund Haale nicht im Stiche lassen, noch
meine Ueberzeugung in Bezug auf den Werth, den ich auf das Turnen legte, verleugnen. Ich erklärte daher dem Rector und Prorector
meinen freiwilligen Austritt aus dem Gymnasium und mehrere
meiner Mitschüler folgten meinem Beispiel. Noch mehrere würden
nachgefolgt sein, worauf der Rector seine Drohung zurücknahm und,
damit nicht ganz Prima leer werde, den Schülern dieser Klasse wieder
erlaubte, den Turnplatz zu besuchen. Da ich aber einmal meinen
Austritt aus dem Gymnasium erklärt hatte, nahm ich meine Erklärung nicht mehr zurück und auch Haale bat nicht um Wiederauf-
nahme ins Gymnasium. Wir bereiteten uns vor, auf die Universität
zu gehen, da im nächsten Herbst ohnehin unsere Gymnasialstudien ihr
Ende erreicht haben würden.

Der Vorgang im Elisabethan machte großes Aufsehen, und da
ich soviel darum gefragt wurde, schrieb ich ein humoristisches Proto-
koll darüber nieder, worin ich alles unbefangen und naiv wiedergab
und die von beiden Seiten vorgekommenen Menschlichkeiten mit einer
leisen Ironie behandelte. Es fing an: „Da die Kirschen reif wurden
im schönen Heumonat 1818 ꝛc." Aus dem Styl und der ganzen
Auffassung geht hervor, daß diese Schilderung nicht für die Oeffentlichkeit bestimmt war, sondern daß ich sie nur im guten Humor zu
meiner eigenen Ergötzung, zur Erinnerung und für einige vertraute
Turnfreunde niederschrieb; es war also lächerlich, wenn später die
Turnfeinde glauben machen wollten, das Referat sei bei mir bestellt worden. Ich gab niemand eine Abschrift, bis Maßmann mich
bat, eine solche nehmen zu dürfen, um sie im Archive der Breslauer
Turngemeinschaft niederzulegen. Ich gestattete es ihm mit der Bedingung, zu verhüten, daß ein öffentlicher Gebrauch davon gemacht
werde. Nun blieb auch die Sache Geheimniß, und erst als der
Turnstreit in Breslau sich immer leidenschaftlicher entzündet und ich

diese Stadt schon längst verlassen hatte, erst im folgenden Jahre, verschaffte sich Prorector Menzel aus Liegnitz, wo seine schöne Frau geboren war, die Hälfte einer Abschrift meiner Erzählung, die durch eine Indiscretion Maßmanns dahin gekommen war, und ließ sie in einer Flugschrift abdrucken. Hierauf ließ Harnisch in einer andern Flugschrift auch vollends die fehlende Hälfte abdrucken.

An dem großen Turnstreit, der unter den Professoren Breslaus ausbrach, habe ich mich nicht betheiligt, da er erst nach meiner Abreise aus Breslau begann. Für das Turnen schrieben Harnisch, Karl von Raumer, Passow, Hauptmann von Schmeling ꝛc.; gegen das Turnen der berühmte Naturphilosoph Steffens, Karl Adolf Menzel ꝛc. Gleichzeitig entflammte eine ähnliche Fehde in Berlin zwischen der altpatriotischen und der neu servilen Partei. Das Turnen wurde verboten, die Turnfreunde wurden gemaßregelt. Karl von Raumer und Harnisch mußten Breslau verlassen. Steffens erhielt den ehrenvollsten Ruf nach Berlin und erhöhte Besoldung zu seinem Lohne, Karl Adolf Menzel wurde zum Oberconsistorial- und Schulrath erhoben.

Ich kehre zu dem Zeitpunkt zurück, in welchem ich mich noch in Breslau befand. Mein und Haales Gesuch, an der Universität daselbst immatrikulirt zu werden, wurde abschlägig beschieden. Ebenso meine Bitte um ein Stipendium. Wir beschlossen die Universität Jena zu beziehen, und Mönnich wollte uns begleiten.

Da zufällig Jahn mit einem Zuge Berliner Turner eine große Turnfahrt ins Riesengebirge unternahm, wollte ich ihm entgegen gehen, ihn in meiner Vaterstadt Waldenburg erwarten, ihn auf seiner Rückreise nach Berlin begleiten und von da nach Jena gehen. Ich brach, nur vom kleinen Hermes begleitet, am 21. Juli auf, an einem sehr heißen Tage mit einem ziemlich schweren Tornister auf dem Rücken. Im Uebermuth der Jugend machten wir einen Dauerlauf und kamen am heißen Nachmittage ganz erhitzt und schweißtriefend vor Liegnitz an. Schon von Weitem sahen wir die Klettergerüste des neuen Turnplatzes und eilten darauf zu, über Feld und Wiese. Die

Katzbach lag uns im Wege, war aber so ausgetrocknet und seicht, daß
wir barfuß durchwaten konnten. Angekommen auf dem Turnplatz ließ
ich mich durch den Anblick des nagelneuen 60—70 Fuß hohen Kletter-
mastes verlocken, hinaufzuklettern, denn im Erklettern glatter Masten
war ich allen andern Turnern überlegen und hatte mehrmals auf dem
Breslauer Turnplatz den Mast zweimal unmittelbar hinter einander
erstiegen, was mir niemand nachmachte. Diesmal aber wurde ich für
meine Eitelkeit bestraft, denn nachdem ich Tornister und Rock abge-
worfen hatte und barfuß, wie ich aus der Katzbach gekommen war,
und ohne vorher auszuruhen, noch erhitzt und mit wallendem Herzen
den Liegnitzer hohen Mast hinaufkletterte, kam ich trotz seiner erstaun-
lichen Glätte zwar glücklich bis auf die Spitze hinauf, war aber oben
so von Anstrengung erschöpft, daß mich eine Ohnmacht anwandelte
und mir ganz schwarz vor den Augen wurde. Doch behielt ich noch
soviel Besinnung, meine Arme um den Mast zu schlagen, so daß ich
nicht stürzte, sondern nur herunterrutschte. Unten aber blieb ich eine
Weile besinnungslos liegen, während der sehr erschrockene kleine
Hermes sich um mich bemühte. Ich rüttelte mich bald wieder auf und
sah mit Staunen, daß meine Beinkleider von oben herab ganz mit
Blut getränkt waren. Der glatte Mast von Tannenholz war in der
Sonnenhitze ausgetrocknet und gesplittert. Im Hinaufklettern hatte
ich es kaum beachtet. Im Herunterrutschen waren mir aber die
Splitter in die Schenkel und Waden eingedrungen und hatten mich
an mehreren Stellen, besonders am rechten Bein, förmlich geschunden.
Ich litt davon ziemlich empfindliche Schmerzen, war aber glücklicherweise nirgends gefährlich verletzt. Der Turnplatz war weit entfernt
von der Stadt und nirgends ein Mensch zu sehen. Wir warteten
also die Dämmerung ab und gingen dann erst in die Stadt hinein,
wo niemand meine blutigen Kleider mehr bemerkte. Hermes hatte
ein anderes Reiseziel und ging den andern Tag weiter. Ich aber
übergab mich der Pflege des Professor Schulz, eines eifrigen Turner-
freundes, im großen Gebäude der Ritterakademie.

Dieser liebenswürdige junge Professor war ein Enthusiast und hatte einen so strengen Begriff von der Nothwendigkeit für jeden Turner, gleich den alten Spartanern den Schmerz zu überwinden, daß er mir die zerschundenen Beine mit Weingeist einrieb, in der guten Meinung, dann werde sich am schnellsten die neue Haut bilden, denn die alte blieb in Fetzen an seinen derb reibenden Fingern kleben. Ich leistete das Mögliche, indem ich drei Tage lang diese unvernünftige und immer wiederholte Behandlung aushielt, weil ich mich geschämt hätte, einen Schmerz zu verrathen und weil ich in der That glaubte, das Mittel werde anschlagen. Denn ein Jahr vorher war mir auf dem Fechtboden der Nagel des kleinen Fingers ganz durchhauen, aber mittelst Arquebusade rasch geheilt worden. Nun ward ich aber inne, daß, während mein linkes Bein ziemlich wieder heilte, das rechte, welches mehr geschunden war, immer dicker anschwoll und sich schwärzer färbte. Jetzt erst protestirte ich gegen die Heilmethode meines neuen Freundes, aber er behauptete steif und fest, ich irre mich, und wollte mir auch durchaus keinen Wundarzt rufen lassen, denn das wäre eine Schande, die Turner müßten sich immer selber helfen. Da er un-verheirathet war und so oft er in seine Schulstunden ging, die Thüre hinter sich verschloß, war ich sein Gefangener. Als nun der Zustand meines Beines immer bedenklicher wurde, schleppte ich mich vom Sopha, auf dem ich lag, mühsam bis zum Fenster hin und wartete dort, ob ich niemand sähe. Das Fenster ging aber in einen abge-legenen Obstgarten hinaus und es dauerte lange, bis ich endlich einen Mann erblickte, dem ich zurufen konnte. Dieser holte mir nun sogleich einen Wundarzt, der meine verschlossene Thür aufsprengen ließ, mir sogleich lindernde Mittel auf das kranke Bein strich und nachher dem unvorsichtigen Professor gründlich den Text las, denn wenn ich nur noch einen Tag ohne wundärztliche Hülfe zugebracht hätte, würde der Brand unfehlbar eingetreten sein und ich hätte mein Bein, oder mein Leben verloren. Der hübsche blonde Professor machte ein schrecklich dummes Gesicht dazu. Ich ließ ihn aber keine Empfindlichkeit merken, denn ich hatte ihn gern und huldigte auch diesmal wieder in Bezug auf mein persönliches Schicksal einem gewiſſen Fatalismus. Derſelbe war nicht demüthig genug, als daß ich ihn mit Gottvertrauen überſetzen könnte. Aber es lag auch kein Stolz darin, ich dachte vielmehr an das Sprichwort meiner guten Mutter: Unkraut verdirbt nicht.

Ich brauchte faſt noch acht Tage, bis ich wieder auf den Beinen war und eilte dann in einem nächtlichen Marſch bei ſchönem Mondſchein nach Waldenburg, um womöglich den Durchmarſch Jahns und ſeiner Turner nicht zu verſäumen. Ich kam auch wirklich noch zurecht, denn ſie trafen erſt am folgenden Tage ein und ich hatte gerade noch Zeit, mich von meinen Verwandten zu verabſchieden. Mein Vormund ließ mir volle Freiheit, zu gehen, wohin ich wollte, gab mir aber ſo wenig Geld mit, daß ich gar nicht nach Jena hätte kommen können, wenn mich nicht der alte Herr Haake noch in Breslau großmüthig mit Reiſegeld verſehen hätte. Ich blieb meinem Syſteme treu, mich um den Vormund gerade ſo wenig zu kümmern, als er ſich um mich bekümmerte.

Ich war nicht wenig begierig, den berühmten Jahn kennen zu lernen, den ich zuerſt im Gaſthof meiner Vaterſtadt begrüßte. Er hatte etwas Rüſtiges und Derbes, was mir wohlgefiel, aber auch etwas Bornirtes, was nicht blos mir auffiel. Beſonders unpädagogiſch war ſein Jähzorn. Er fuhr oft ſeine Turner an, als wenn er ſie freſſen wollte. Wenn er ſein Beil erhob und fürchterliche Augen machte, glich er einem Wilden, und wer ihn nicht ſchon kannte, konnte einen Augenblick zweifeln, ob er nicht wirklich den Schädel des unglücklichen Knaben zerſpalten würde, mit dem er eben zankte. Dergleichen Scenen wiederholten ſich faſt täglich. Doch war viel Humor bei ſeinen Turnfahrten. Beſonders ergötzlich war die Sitte des Entſatzmachens. Wenn nämlich ein Turner etwas ungewöhnlich Dummes ſagte, oder ſich etwa gar gegen die Andern arrogant benahm, ſo hockten alle andern im Kreis um ihn her, ſtreckten die Finger nach ihm aus, und verhöhnten ihn mit einem äh, äh! Das nannte man einen Entſatz, d. h. den Ausdruck des Entſetzens machen. Damals hatte die Berliner Turnerſchaft den letzten feierlichen Entſatz am

Kochelfall im Riesengebirge gemacht vor einer Marmorplatte, auf
der in goldenen Buchstaben zu lesen war: „Allhier geruhten Seine
Majestät der König Friedrich Wilhelm III. und Ihre Majestät die
Königin Luise die Wunder Gottes in allerhöchsten Augenschein zu
nehmen."

Jahn blieb ein paar Tage in Breslau, wo er auch eine Vorlesung hielt und zwar ganz in seiner derben Manier. Unterdessen
packten wir, Haale, Mönnich und ich, unsere Siebensachen zusammen und begleiteten nachher die Berliner, nachdem ich von der liebenswürdigen Familie Haale einen rührenden Abschied genommen
hatte. Die beiden guten Alten ahnten, daß wir uns nicht wiedersehen würden, denn sie wußten, wie vieles mich indignirte, was ich
in Schlesien erlebt, wie wenig ich hier zu hoffen und wie wenig auch
zu verlieren hatte. Ich wußte es gewiß, daß ich sie und viele andere
nicht mehr wiedersehen würde, denn mein Entschluß war schon lange
gefaßt, anderswo, wenn nicht mein Glück, doch einen Kreis freier
Wirksamkeit zu suchen, und als ich mich zum letztenmale nach den
Breslauer Thürmen umsah, that ich das Gelübde, nie mehr, oder
erst nach fünfzig Jahren dahin zurückzukehren, ein Gelübde, welches
ich gehalten habe. Ich war eigentlich nicht berechtigt dazu, es lag
eine Anmaßung darin. Allein die Verhältnisse gestalteten sich so,
daß man jenen knabenhaften Trotz auch wohl durch etwas Ahnungs-
volles, was darin lag, entschuldigen konnte. Alle meine Schul-
und Universitätsfreunde, welche damals an der patriotischen Begeisterung, am Turnen und an der Burschenschaft theilnahmen, wurden,
sofern sie in Preußen blieben und nicht in das servile Hegelthum
übergingen, von der Regierung streng gemaßregelt und im Amt zurückgesetzt. Mehrere der ausgezeichnetsten Köpfe blieben in ärmlichen
Stellungen niedergehalten. Das herrschende System in Breslau
war und blieb der allerseichteste Rationalismus, bis die Hegelei vollends ihren Terrorismus ausübte. Ich konnte vom Ausland her nur
mit Achselzucken und Verachtung dem Treiben in Preußen, sonderlich
in Schlesien, zusehen. Mehr als dreißig Jahre später mußte ich die

schmerzliche Genugthuung erleben, daß derselbe Karl Adolf Menzel, mit dem ich wegen des Turnens nur kurze Zeit in Differenz gekommen, später aber wieder in freundschaftliche Correspondenz getreten war, als er mich, schon über siebenzig Jahre alt, noch einmal in Stuttgart (i. J. 1852) besuchte, mir sagte: „danken Sie Gott, daß Sie nicht in Schlesien geblieben sind". Denn er selbst, obgleich er Obercon- sistorial- und Oberschulrath geworden war, hatte der destructiven Richtung weichen müssen, war auf alle Art und zwar nur wegen seiner conservativen Haltung, chikanirt worden und erntete für seine vortreffliche neuere Geschichte der Deutschen nur Undank, Verleum- dung und boshafte Anfeindung ein.

Unsere Turnfahrt von Breslau nach Berlin hatte viel Ergötz- liches. In Liegnitz freute sich Freund Schultz sehr, mich so munter wiederzusehen. Wir passirten das windmühlenreiche Polkwitz, Schle- siens berühmtes Krähwinkel, und Quaritz, wo in einem großen herr- schaftlichen Garten Entsatz gemacht wurde vor einem künstlichen Grabe, über welchem die Inschrift angebracht war: Christen, könnt ihr ohne Grauen, in ein offnes Grab wohl schauen? Dann kamen wir nach Beuthen an der Oder, nach der Herrnhutercolonie Neusalz, setzten über die Oder und erfreuten uns der herrlichen Eichenwälder. Von nun an aber hatten wir häßlichen Sandboden bis zu der freund- lich gelegenen und sogar noch mit Weinbergen gezierten Stadt Zül- lichau, wo Jahn den neuen Turnplatz besuchen wollte. Wir wurden hier festlich aufgenommen. Aber der Weg von hier durch das sog. „arme Land" bis nach Frankfurt an der Oder, war sehr öde und er- müdend. Man befindet sich hier bereits in der Sandregion, welche durch die Mark Brandenburg und die Lüneburger Haide bis an den Niederrhein streifend das übrige fruchtbarere Deutschland in eine süd- liche und nördliche Hälfte theilt. Hier im Osten war alles nur Kien- haide, d. h. aus dem fußtiefen Sande ohne Gras wuchsen Kiefern heraus.. In den Dörfern sah man außerdem nur Holzbirnbäume. Wir kamen über das Schlachtfeld von Kay, mußten in einer zugigen Scheune die Nacht zubringen und standen am andern Tage wieder große Hitze aus, so daß die meisten Turner im tiefen Sande ermüdeten und nur ich mit neun andern bei Jahn aushielt, der immer voran war. Erst spät in der Nacht sammelten sich die andern wieder zu uns im sog. Pulverkruge, von wo an wir am andern Morgen bessern Weg hatten, denn von hier führt die große Chaussee nach Frankfurt. Durch die Anstrengungen von gestern waren aber viele Turner noch sehr ermüdet, und einer, ein lang gewachsener aber etwas schwächlicher Berliner Jude, blieb auf einem Chausseesteine zurück und konnte nicht mehr fort. Jahn fuhr ihn wüthend an, drohte ihn mit der Axt todtzuschlagen und machte solchen unnützen Lärm, daß ich es nicht länger duldete. Nun fuhr er mich an, aber ich hielt ihm Stand und erklärte ihm, daß ich mich des freilich sehr weibischen und jämmerlich weinenden Juden annehmen werde, obgleich ich keinen Groschen Geld hatte, denn nach Turnersitte hatte jeder von uns sein mitgenommenes Geld, so lange die Turnfahrt dauern würde, an einen gemeinschaftlichen Cassirer abgegeben, und die Reisekosten wurden auf alle gleichmäßig vertheilt, so daß der Reichere nicht mehr ausgeben konnte als der Aermere. Ein sehr vernünftiger Gebrauch, der mich aber damals hätte in Verlegenheit setzen können, da Jahn mit der ganzen Turnerschaar fortstürmte und mich mit meinem unglücklichen Schützling allein auf der Straße ließ. Ich tröstete indeß den armen Juden, sprach ihm Muth zu und brachte ihn dahin, daß er sich endlich, von mir geführt, weiter schleppte. Nachdem ich ihn nun etwa eine Stunde weit glücklich vorwärts gebracht hatte, sah ich von fern unsere ganze Turnerschaar quer über die Chaussee aufgestellt, voran den alten Jahn, der mich mit einer Lobrede empfing und mir nach seiner ehrlichen Art vollständige Genugthuung gab, denn es reute ihn immer selbst, wenn er in der Hitze zu weit gegangen war. Um mich aber vor den andern auszuzeichnen, ließ er alle andern langsam nach Frankfurt hinein marschiren, und nahm mich allein auf Seitenwegen mit sich, um mir das Schlachtfeld von Kunnersdorf zu zeigen, vielleicht auch, um zu erproben, ob ich es aushalten würde, noch stundenlang im tiefen Sande herumzuwaten und Sandberge zu erklimmen, welche Friedrich des Großen tapferste Regimenter vergebens mit ihrem Blute gefärbt hatten, weil ihnen der unter jedem Fußtritt weichende Sand beim Sturmlaufen keinen Halt darbot. Die Elasticität meiner jungen Beine hielt aber so gut aus, wie die zähe Kraft des alten Turnmeisters, und nachdem wir lange auf und ab im Zirkel auf dem Schlachtfeld herumgelaufen waren, setzten wir uns endlich wieder in Marsch nach Frankfurt, wo wir übernachteten.

Am andern Morgen zogen wir auf der großen Chaussee weiter nach Berlin. An diesem Tage kamen wir durch langweilige Gegenden bis Müncheberg, wohin uns viele Turner und Studenten entgegen kamen, welche mich als einen gewissen Schröder aus Mecklenburg anredeten, dem ich sprechend ähnlich sein sollte. Es gab hier ein lustiges Nachtquartier. Ich schlief aber endlich aus Müdigkeit ein und hatte einen lieblichen Traum. Ich sah mich nämlich in ein südliches Land versetzt und im Besitz eines netten Hauses mit hellen Fenstern, rebenumrankt in einem Garten, ganz von der Art, wie ich es später in Stuttgart gekauft und 40 Jahre lang besessen habe. Es mag wohl sein, daß dieser Traum durch die Sehnsucht veranlaßt wurde, die uns schönere Gegenden vorspiegelt, wenn wir Tagelang nur in häßlichen zubringen müssen.

Wir brachen Morgens wieder auf, und um dem alten Jahn zu beweisen, daß ich wirklich nicht leicht zu ermüden sei, lief ich mit dem Postwagen, der uns einholte, mehrere Stunden lang im Dauerlauf um die Wette bis nach Dasdrow, wo ich die andern erwartete. Hier rasteten wir eine gute Weile. Jahn führte mich wieder hinaus, um mir die merkwürdige Gegend zu erklären, welche hier eine natürliche Festung bildet. Während wir sodann nach der Woltersdorfer Schleuße zogen und am Abend noch von den Kranichbergen aus eine hübsche Aussicht über Wälder und Seen genossen, erzählte mir Jahn, der mich nicht mehr von der Seite ließ, seinen ganzen Lebenslauf, worin, namentlich aus den Kriegszeiten, viel Interessantes vorkam.

Dem heitern Abend entsprach der folgende Tag nicht, denn wir mußten über die Mügglenberge und Köpnik unter strömendem Regen nach Berlin hineinwandern. Die große, aber ganz flach liegende Stadt ohne imposante Thürme machte einen sehr geringen Eindruck. Da ich aber bis in die neue Schönhäuserstraße laufen mußte, wo ich bei einem gefälligen Herrn Bul einquartiert wurde, hatte ich doch Gelegenheit, vor dem großen Umfang der Stadt Respekt zu bekommen. Von dort aus nun in den folgenden Tagen wieder durch die ganze Stadt hindurchlaufen zu müssen, um weit draußen auf der unvermeidlichen Hasenhaide mitzuturnen, und sich nachher Abends beim Thee noch vom gefälligen Hauswirth ein selbstverfertigtes sechsactiges Trauerspiel vorlesen zu lassen, war keine geringe Strapaze. Ich fand übrigens überall, wo ich einsprach, eine liebevolle Aufnahme und unter den Turnern Berlins viele treffliche und schöne Jünglinge und Knaben. Einmal zogen wir in hellen Haufen hinaus nach Großbeeren, um dort am 23. August das Andenken der Schlacht zu feiern. Bei diesem Anlaß turnten wir auch und machten einen großen Wettlauf. Ein gewisser Dürre, welcher später lange als Schulmann in Lyon lebte, war mit mir zugleich der erste am Ziel. Wissenschaftliche und Kunstsammlungen in Berlin zu besuchen, hatte ich keine Zeit und war zu sehr durch die Turner in Anspruch genommen. Nur einmal war ich in der Oper, um mich mit Mönnich an der herrlichen Stimme der damals berühmten Sängerin Milder-Hauptmann zu erfreuen. Am 24. August nahm mich Jahn mit nach Strahlau, um den berühmten jährlichen Fischzug daselbst anzusehen. Es war wirklich ein nicht uninteressantes Schauspiel, diese wogende Menschenmenge, von der ein Theil sich im Kirchhof etablirte und gemüthlich auf den Gräbern Bier und Kaffee trank.

IV. In Jena.

Meine schlesischen Freunde Mönnich und Haase machten noch eine Reise nach Rügen. Ich, der ich am wenigsten bei Kasse war, mußte mich darauf beschränken, nur bald nach Jena zu kommen, und wurde von Wilhelm Wesselhöft, einem geborenen Jenenser, bis Leipzig begleitet. Wir gingen zu Fuß durch eine sehr langweilige Sandgegend über Treuenbrietzen nach Wittenberg. Mein Reisegefährte war ein etwas einsilbiger Mensch, lange nicht so feurig, wie sein Bruder Robert, den ich nachher in Jena kennen lernte, aber verständig. Er hat später sein Glück in Philadelphia gemacht. In Wittenberg sah ich wohl die alte Kirchenthür, an welche Luther seine Thesen angeschlagen hat, aber die Stadt war ihres theologischen Kleides längst beraubt und eine Festung, die mich an Neisse erinnerte. Auch jenseit Wittenberg behielt die Gegend noch eine zeitlang den Charakter der märkischen Ebene, so daß ich wahrhaft entzückt war, als wir endlich in die Dübener Haide kamen und ich wieder einen reichen grünen Laubwald sah.

Ich hatte auf dieser Fußreise durch den märkischen Sand die Beobachtung gemacht, daß mitten in der Kienhaide, wenn auch nur selten, doch einzelne Flecken Eichenwald oder wenigstens Eichengruppen vorkamen, deren Umkreis, so weit die Eiche schattet, mit dichtem Grase bewachsen war. Ich schloß daraus, daß man vielleicht den Sand überwinden und mit Humus bedecken könne, wenn man Eichen anpflanzen würde, deren abgefallenes Laub allmählich die Gras tragende Humusdecke bildet. Dieser Gedanke beschäftigte mich so lebhaft, daß ich ihn gleich nach meiner Ankunft in Jena in einem kleinen Aufsatz weiter ausführte. Er wurde auch gleich in einer Zeitschrift abgedruckt und noch vor wenigen Jahren sprach ich mit einem alten Forstrath, der ihn gelesen hatte. Ich habe mir ihn aber nie wieder verschaffen können. Der Gedanke lag so nahe, daß auch an-

5*

dere, wenn auch erst später, auf ihn verfallen sind. Wenigstens erfuhr ich von einem Herrn, welcher selbst ansehnliche Güter in der Mark Brandenburg besitzt, er selbst habe mit bestem Erfolge Eichenwälder angelegt.

Nach einem sehr vergnügten Abendgange durch den Wald kamen wir nach dem alten Städtchen Düben und sahen das Schloß, in welchem Napoleon fünf Jahre vorher in der traurigsten Unentschlossenheit zugebracht hat, bis ihn das Verhängniß nöthigte, den Weg nicht nach Berlin, sondern nach Leipzig einzuschlagen. Sorgenvoller als hier mag er wohl nie in seinem Leben gewesen sein. Im Posthause zu Düben wurden wir von einem niedlichen Mädchen bedient, an die ich mehrere Jahre später durch eine pikante Anekdote von Saphir wieder erinnert wurde.

Aus der Dübener Haide kamen wir in die große Ebene von Leipzig, wo ungeheure Todtenhügel, unter denen auch Tausende von der schlesischen Armee begraben liegen, und ein Bauer, der eben im Acker noch eine Kugel gefunden hatte, uns lebhaft an die große Schlacht erinnerten. In Leipzig selbst blieb ich nur den einen Tag. Es gab der Ferien wegen nur wenige Studenten dort. Schon am andern Morgen nahm ich von Wesselhöft Abschied und benutzte die billige königlich sächsische „Ordinari-Post", um über Merseburg nach Naumburg zu fahren. Es kostete nicht viel, der Postwagen bestand aber auch nur aus einem roth angestrichenen Leiterwagen. Zum Sitze für die Passagiere dienten ein paar Bund Stroh, und da heftiger Regen einfiel und der Wagen ganz offen war, wurden alle Mitfahrenden bis auf die Haut durchnäßt. Zum Ueberfluß hielt der Postillon beinah an jeder Schenke an, um einen Schnaps zu nehmen. In Merseburg boten wenigstens die Thürme einen alterthümlichen Anblick dar und labte mich ein kräftiges Bier. Von da kam ich unter immerwährendem Regen endlich nach dem freundlichen Naumburg, wo ich mich trocknen konnte. Der langgestreckte Thüringerwald machte mir in der Dämmerung einen eigenthümlichen und einigermaßen wieder heimischen Eindruck. Ueber

Nacht hörte der Regen auf, und ich konnte am andern Tage, wenn auch der Weg noch lothig war, doch bei hellem Sonnenschein fröhlich durch das schöne Thal der Saale bei Dornburg vorüber vollends nach Jena hineinwandern. Das Thal ist sehr obstreich und alle Bäume hingen voll Pflaumen, von denen ich den Winter über nur zu viele zu essen bekam. Denn meine Armuth nöthigte mich, in einem Privathause zu essen, wo ich die ganze Woche über nur drei Zwanziger zu zahlen brauchte, aber auch nur Sonntags Fleisch bekam und an den meisten Wochentagen fast ununterbrochen Klöße mit Pflaumen essen mußte.

Der alte braune Thurm von Jena heimelte mich bald an. Ich fand eine sehr billige Wohnung am großen Markte bei dem wohlhabenden Hofapotheker Wilhelmi, welcher ein Original altbürgerlicher Derbheit, aber die beste Seele von der Welt war. Ich wohnte bei ihm sogar im ersten Stock, und mein Fenster sah vorn nach dem Markte heraus, es war aber auch nur das einzige Fenster und das Zimmer sehr schmal, daher von Alters her die Kegelbahn genannt. Das Haus war ehemals ein Kloster gewesen, und in den zwei starken Pfeilern, welche die Thür meines Zimmers umgaben, sollten ein Mönch und eine Nonne, die auch an der Decke abgebildet waren, lebendig eingemauert worden sein.

Auch in Jena waren nur wenige Studenten anwesend, die mich aber wieder als Schröder anredeten, was mir auch zum öftern in Berlin begegnet war. Es kostete mir Mühe, die Leute zu überzeugen, daß ich jener Schröder nicht sei. Da derselbe aber in Jena studirte und noch nicht abgereist war, führte man mich im Triumph nach seiner Wohnung hin, um uns einander gegenüber zu stellen. Er wohnte unten am Markte in einem Parterrezimmer und saß grade am offenen Fenster. Wie ich ihm näher kam, erstaunte ich allerdings über unsere große Aehnlichkeit und ihm ging es eben so. Kaum aber hatten wir uns die Hand gereicht und angelacht, als wir doch sehr bedeutende Verschiedenheiten in unsern Physiognomien wahrnahmen, und als man uns erst beide kannte, verwechselte man uns nicht mehr.

— Ein Student nahm sich meiner besonders an, wunderte sich, daß ich grade ankäme, nachdem eben die Ferien angefangen hatten, und lud mich ein, mit ihm zu gehen und einige Wochen bei seinen Eltern in Wunsiedel zuzubringen. Es war Karl Ludwig S a n d, ein ernster, etwas düster blickender, auch in seinen Bewegungen ein wenig steifer und eckiger Jüngling und doch freundlich und von gewinnender Treuherzigkeit. Ich konnte seiner Einladung nicht folgen, weil ich schon lange genug herumgereist war und grade in der stillen Ferienzeit für mich fleißig arbeiten wollte. Das that ich auch und erfreute mich den ganzen September hindurch halcyonischer Tage, indem ich meine aus Breslau angekommenen wenigen Bücher ordnete, mich aus der Bibliothek mit noch mehreren versah und mich auf das Studium der Philosophie vorbereitete, die man damals so wichtig nahm und in der ich mich jedenfalls vollständig orientiren wollte, ohne daß mich eine besondere Liebhaberei dazu geführt oder daß ich einen Lebensplan damit verbunden hätte. Natürlicherweise machte ich auch viel Spaziergänge in der Umgegend von Jena, welche zwar viele kahle Kalkberge, doch schöne Bergformen darbietet.

Im Anfang des October fanden sich wieder nicht blos Jenenser, sondern auch Studenten von andern Universitäten ein. Denn auf den zehnten October war eine große Versammlung von Delegirten aller Universitäten nach Jena eingeladen worden, um hier im Geiste der Zeit eine Verbrüderung aller deutschen Studenten oder „d i e a l l g e m e i n e c h r i s t l i c h - d e u t s c h e B u r s c h e n s c h a f t" zu gründen. Der Gedanke war schon im vorigen Jahre beim Fest auf der Wartburg gefaßt worden und wurde jetzt ausgeführt. Ich wohnte den Verhandlungen bei, doch hatten nur die Delegirten das Wort, da sonst zu große Unordnung entstanden wäre und die Jenenser ein zu großes Uebergewicht der Stimmen gehabt hätten. Robert Wesselhöft, Haupt, Röder und ich weiß nicht mehr was für redefertige Berliner spielten eine Hauptrolle. Doch trat nichts eigentlich Geniales hervor. Ein Liebling der Versammlung wurde der Delegirte von Tübingen, der schon berühmte Gräter, ein echter Schwabe voll Ruhe und

einer gewissen Trockenheit, aber seelenvoll und witzig. Die Gründung der allgemeinen christlich-deutschen Burschenschaft war, wenn
auch nur eine schwache Regung, doch ein Moment von tiefer sitt-
licher und nationaler Bedeutung, weil darin das Princip einer neuen
bessern Zeit ausgesprochen lag, die mit einer unwürdigen Vergangenheit brechen wollte. In der studirenden Jugend wurde die deutsche
Nation sich ihrer Zusammengehörigkeit bewußt. Wie die frühern
Landsmannschaften und Corps die Uneinigkeit und Vielherrschaft im
deutschen Reiche bezeichnet hatten, so drückte jetzt die Burschenschaft den
Gedanken der Einheit aus. Wie früher bei den Landsmannschaften
und Corps durchgängig ein roher Ton und Lüderlichkeit vorgeherrscht
hatten, so trachtete die Burschenschaft nach einem reinen, ehrenhaften
und sittlichen Wandel. Wie früher die Landsmannschaften und
Corps ausländischen Moden und ausländischer Corruption gefröhnt
hatten, wollte die Burschenschaft jetzt alles Vaterländische wieder zu
Ehren bringen. Wie jene früher nur zu sehr Unglauben und Religionsspötterei gepflegt hatten, kehrte die Burschenschaft zur Religiosität zurück. Sie kam einer ritterlichen Ermannung der Nation gleich.
Die eifrigsten Burschenschafter hatten rühmlich im Kriege gefochten,
theilten den Eifer für das Turnen, um die künftigen Geschlechter zu
kräftigen, aber mit ihrem kriegerischen Muth und Stolze verbanden
sie kindliche Demuth vor Gott, gleich den alten Helden unseres Volkes.

Ein so edles Streben, wie dieses, konnte nun freilich unter
den erbärmlichen Einflüssen des Zeitgeists nicht zum Ziele gelangen.
Gegen die Einheit Deutschlands war das ganze Ausland verschworen,
dem die einheimischen Regierungen gern Folge leisteten, weil ihre
Sonderinteressen ihnen mehr am Herzen lagen, als die Einheit der
Nation. Die Feier des 18. Octobers folgte der Stiftung der allgemeinen Burschenschaft nach. Wir zündeten in der Nacht auf dem
Landgrafenberge ein kolossales Feuer an. Die enragirtesten Studenten, der westphälische Graf Bochholtz voran, schleppten 34 große
und kleine Fichten herbei und verbrannten sie alle nach einander, jede
im Namen eines deutschen Bundesstaates.

Derselbe junge Graf wurde nicht lange nachher von der Bur=
schenschaft gewählt, um den russischen Staatsrath Stourdza heraus=
zufordern, der als russischer Agent eine Schmähschrift auf die deut=
schen Universitäten herausgegeben hatte. Bochholtz schadete sich durch
seine damalige Heftigkeit und mußte bald flüchtig werden. Er war
ein großer, bildschöner Mann und stand in hoher Achtung. Seine
Eltern waren Günstlinge des König Jerome, seine Mutter die
Zierde des Hofes in Cassel gewesen. Sie hatten ihren einzigen
Sohn absichtlich vom Hofe fern gehalten und nach dem Gymnasium
in Ipstadt geschickt. Hier von seinen Mitschülern wegen der Stel=
lung seiner Eltern genedt, war er entflohen, wieder eingebracht wor=
den und nochmals entflohen und seitdem spurlos verschwunden. Nach
Napoleons Sturz flohen seine Eltern mit Jerome nach Paris und
der Vater starb. Westphalen wurde von Preußen besetzt. Die Ge=
richte forderten durch die Zeitungen den vor mehreren Jahren aus
Ipstadt verschwundenen ältesten Sohn des verstorbenen Grafen (ein
zweiter Sohn war nachträglich geboren worden) zur Rückkehr auf,
wenn er noch lebe. Da meldete sich der junge Graf, der unter frem=
dem Namen nach seiner Flucht als gemeiner Husar in die preußische
Armee eingetreten war und sich durch seine Tapferkeit im Kriege den
Offiziersrang und das eiserne Kreuz erworben hatte. Jetzt darf ich
den Namen meiner Eltern tragen, soll er gesagt haben, als er das
väterliche Erbe übernahm, welches ihm eine jährliche Rente von
25000 Thalern eintrug. Um aber seine Studien zu vollenden, kam
er nach Jena und wurde Student. Ebenso groß und ritterlich, ob=
gleich bei weitem nicht so schön, war der zu jener Zeit ebenfalls in
Jena studirende Heinrich von Gagern, welcher dreißig Jahre später
dem deutschen Parlament in Frankfurt präsidirt hat.

Eine heroische Gestalt und männliche Zierde von Jena war
auch der Student Vollrath Hoffmann von Mecklenburg, immer
heiter und fröhlich und von ganz außerordentlicher, beneidenswür=
diger Körperkraft. Er konnte einen Stein über den Kirchthurm von
Jena hinüber werfen, ja vom Mittelpunkt des Marktes aus über

die ganze Stadt hinweg bis weit in die Gärten hinaus. Wir machten einmal Spalier vom Markt bis hinaus in die Gärten, um den Flug des Steines genau zu verfolgen und die Entfernung zu messen. Der Stärkste von uns andern konnte nur ein Drittel so weit werfen, wie Hoffmann. Auch war er der graziöseste Schlittschuhläufer. Ein nicht minder statuarisch schöner Jüngling, den auch rothes Haar keineswegs entstellte, war Franz Hammer von Coblenz, der trotz der mädchenhaften Feinheit seiner Haut mitten im Winter täglich das Eis der Saale aufhieb, um in dem kalten Flusse zu baden, ohne daß es ihm schadete.

Das achtbarste am burschenschaftlichen Leben war die Solidität und Sittlichkeit, die Abwesenheit aller Lüderlichkeit. Das Saufen und anderer Unfug war nicht mehr Gesetz und Regel. Nur das erst-genannte Laster hatte sich in Jena noch in zwei verhältnißmäßig kleine Corporationen, die innerhalb der Burschenschaft bestanden, zurück-gezogen, nämlich in das sog. Herzogthum Lichtenhain und in die Re-publik Ziegenhain, genannt nach zwei Dörfern bei Jena, in denen noch immer ganz unmäßig Bier getrunken wurde. Ich wohnte nur einmal einer solchen Gesellschaft, nur um sie kennen zu lernen, in Ziegenhain bei, wo Haupt aus Mecklenburg als sog. Landammann präsidirte. Derselbe konnte zwanzig Krüge Bier an einem Abend aus-leeren und schien eine felsenfeste Natur zu haben, starb aber noch in jungen Jahren, nachdem er Bürgermeister in Wismar geworden war. Diese Ausnahmen abgerechnet lebte der Student in Jena mäßig. Es war überhaupt eine arme Universität, und in keiner an-dern überwog so sehr der Geist das Fleisch wie hier. Eifrig beschäf-tigt theils mit dem Brodstudium, theils mit Philosophie und einer edlen patriotischen Schwärmerei dachte man nicht an sinnliche Ge-nüsse. Jena wimmelte von Peripatetikern, d. h. von spazierenden Philosophen, denn wenn es das Wetter irgend erlaubte, machten sich die Studenten auf den Bergen oder im Thale Bewegung und unter-hielten sich dabei von wissenschaftlichen Dingen oder patriotischen Hoff-nungen. Mit einem Wort, ein edles und reines Streben herrschte

ver. Der damalige Lieblingsspaziergang war der nach der Kunitz-
burg, einer alten Ruine mit einer Wirthschaft, in der man zu gutem
Biere billigen Eierkuchen aß. Zuweilen dehnten wir auch unsere
Spaziergänge weiter aus, auch einigemal nach Weimar, wohin uns
besonders das Theater zog.

Als im Winter die alte russische Kaiserin Marie ihre Verwandten in Weimar besuchte und sich einige Zeit dort aufhielt,
wurde einmal Mozarts Don Juan aufgeführt, und eine beträchtliche
Anzahl Jenaer Studenten, unter denen auch ich mich befand, wohnten
der glänzenden Vorstellung bei. Die Oper wurde sehr gut gegeben, nur die Sängerin Jagemann schien uns als Donna Anna
doch gar zu dick und gewissermaßen aufdringlich zu sein. Gleichwohl
beklatschte sie ein alter Herr in der Loge unaufhörlich und rief laut
dazu: Bravo! charmant! 2c. was uns nicht nur beim Zuhören störte,
sondern auch indignirte, da wir wußten, daß die Jagemann des Groß-
herzogs Maitresse sei und daß um ihretwillen seine treffliche Gemahlin zurückgesetzt werde. Wir hielten daher den vorlauten Cla-
queur, der einen grünen Frack mit einem breiten Sterne trug, für
einen Hofschranzen, oder der grünen Rockfarbe wegen für einen vornehmen Russen, zischten daher und riefen ihm endlich ein lautes
Still! zu, worauf er uns einen unzufriedenen Blick zuwarf, aber sich
nachher ruhig verhielt. Unmittelbar darauf wurde uns zugeflüstert,
es sei Goethe. Ich und die Studenten in meiner Nähe kannten ihn
nicht und waren ein wenig erstaunt, da wir uns den großen Mann
etwas anders gedacht hatten.

Die russische Kaiserin kam auch nach Jena, wo ihr der akademische Senat die Honneurs machte, die Studenten aber nicht. Wir
mußten nicht wenig lachen über diesen Senat mit schwarzen Fracks,
großen Hüten und weißen Degenscheiden. Im Grunde hätte die
Burschenschaft dem allezeit gegen sie leutseligen Großherzog zuliebe
der Kaiserin auch gern eine Ehre angethan, allein man haßte die
Russen zu sehr. Kotzebue in Weimar hatte in seinen für den Kaiser
Alexander geschriebenen berüchtigten Bulletins die patriotischen deut-

schen Professoren und Studenten denunciirt. Professor Luden in Jena hatte ein solches, aus der Druckerei gestohlenes Bulletin in seiner „Nemesis" abdrucken lassen. Zugleich hatte, wie oben erwähnt, der russische Staatsrath Stourdza ein Buch gegen die deutschen Universitäten geschrieben. Kurz man war äußerst erbittert gegen die Russen. Um das nun zu vertuschen und dem Kaiser eine bessere Meinung von Jena beizubringen, sollte die alte Kaiserin dienen. Der Großherzog erwartete von den Studenten so viele Rücksicht für die ehrwürdige und hohe alte Frau, daß sie sich artig aufführen und keine Demonstration machen würden. Es wurde darüber in der Burschenschaft debattirt und der Beschluß gefaßt, zwar keinerlei verletzende Demonstration zu machen, aber die Anwesenheit der Kaiserin gänzlich zu ignoriren. Am schwarzen Brette war angeschrieben: „Vor dem russischen Zobel wird die deutsche Mütze nicht abgenommen." So geschah es auch. Die Kaiserin kam, aber man bekümmerte sich nicht um sie.

Viele Studenten turnten, jedoch nur in der guten Jahreszeit. Den Winter über wurde nur fleißig auf den Stich gefochten nach der alten Jenenser Methode, die sich von der französischen unterschied. Die Duelle auf den Stich waren gefährlich und es gab in einem Winter mehrere Todte, die wir feierlich begruben. Auf dem Fechtboden befand sich auch ein Schwingpferd und Sand bat mich, ihm an demselben den Winter über Privatunterricht im Schwingen zu geben, weil er, obgleich groß und stark, doch ziemlich steif war. Er brachte es in der Gewandtheit nicht weit, setzte aber die Uebungen mit der zähesten Ausdauer fort.

Ich studirte inzwischen fleißig Philosophie, hörte Collegien bei dem Kantianer Fries und bei dem Naturphilosophen Oken und durchsprach viele philosophische Fragen in einem engeren Freundeskreise, der sich übrigens nicht bloß mit Philosophie, sondern auch mit Geschichte, Staatswissenschaften und Naturwissenschaften beschäftigte. Dieser Club hieß die Wratislavia, weil wir Breslauer, außer mir vorzüglich Haase und Mönnich, darin vorherrschten, wurde aber

auch spöttisch von denen, die nicht Geist genug besaßen, um Mitglieder zu werden, thé philosophique genannt. Regelmäßige Theil-
nehmer waren Brockmann, Hammer, Schweder, eine zeitlang auch
Ernst Förster und Sand. Wir brachten gewöhnlich die Abende mit
einander auf einem Privatzimmer zu, oder auf Spaziergängen.
Brockmann war einer der liebenswürdigsten Jünglinge, die ich jemals kannte, sprudelnd von Geist und dabei voll Herzensgüte. Ich
sah ihn nachher in mehr als zwanzig Jahren nicht wieder, bis er
mich einmal in Stuttgart besuchte. Kaum erkannte ich in dem etwas
steifen und zurückhaltenden Oberlandesgerichtsrath meinen alten fröhlichen Freund wieder, und noch mehr erschrak ich einige Jahre später,
als ich von seinem schrecklichen Ende hören mußte.

Professor Fries war ein vortrefflicher und allgemein geachteter
Mann, aber als Philosoph zu einseitig. Auch trug er nicht gut vor
und hatte in seinen Begriffsspaltereien etwas Geschmackloses. Sein
„oberer und unterer Gedankenlauf" wurde unter uns Studenten
sprichwörtlich. Diese seine Form war umsomehr zu beklagen, als er
eigentlich von einem poetischen Grundgedanken ausging, sofern er
das Wesen der Gottheit hauptsächlich im Schönen erkannte. Sein
philosophischer Roman „Julius und Evagoras" enthielt wirklich viel
Schönes, doch konnte man bei der Lectüre, wie bei seinen Vorlesungen
nicht recht warm werden. Und wenn uns der Philosoph das Paradies öffnen könnte, sobald der Schuldämon der Dialektik davorstände,
würden die Engel und Seligen selbst nicht mehr hinein wollen. Alle
philosophischen Systeme der Aesthetik machen, anstatt für das Schöne
zu begeistern, nur Langeweile.

Ungleich mehr sprach Oken an mit seinem klaren, warmen und
in jeder Beziehung musterhaften Vortrag. Auch der Gegenstand, worüber er sprach, seine berühmte Naturphilosophie, interessirte uns
sehr. Was man auch mit Grund gegen sie eingewendet hat, sie gewährte doch eine großartige Orientirung in den Naturgebieten und
regte den Geist an. Zudem versammelte Oken seine eifrigsten Schüler
alle Donnerstag Abend in seiner Wohnung bei einem Glase Bier

und einer Pfeife Tabak, wo jeder zwanglos und nach Herzenslust mit ihm disputiren konnte. Ich erlaubte mir daher, ihm lebhaft zu opponiren, und er wurde mir niemals darüber böse, sondern zeigte mir eine große Liebe, die er mir bis an seinen Tod bewahrt hat.

Ich fand in seinem naturphilosophischen Systeme den Sprung aus dem Nichts ins Etwas und aus den abstracten Zahlen in die Materie zu kühn und ging davon aus, daß die Abstractionen überall hin besser paßten, als in die Naturwissenschaft. Ich zweifelte damals schon an der Unendlichkeit des Raums, der Zeit und der Materie, so wie an der Möglichkeit des Untheilbaren in der Materie oder den Atomen. Ich hielt alle diese Voraussetzungen für leere Abstractionen, da die Wirklichkeit nichts Unendliches und auch nichts Untheilbares kennt. Ich fand übrigens dieselbe Abstractionswuth auch in der Kantischen und Fichteschen Philosophie wieder, wie in der Naturphilosophie Schellings, Okens und der andern und wie später bei Hegel. Sie schien mir die allgemeine Krankheit der Philosophie zu sein und ich vertheidigte gegen sie sowohl Gott als die Natur und den Menschen. Es schien mir widersinnig, daß sämmtliche Philosophien ohne Ausnahme dem lieben Gott vorschreiben wollten, was er habe thun müssen und noch immer thun müsse. Die Philosophie wollte der göttlichen Allmacht verwegener Weise eine Art von Zwangsjacke anlegen. Weil der Philosoph sich einbildet, der Raum sei unendlich und ganz mit Materie erfüllt, sollte der liebe Gott gezwungen sein hinter allen Milliarden Sternsystemen immer noch neue ins Endlose fortzuschaffen. Weil der Philosoph Denken und Sein völlig unberechtigt und willkürlich identificirt, sollte auch Gott gezwungen sein, das was er denkt, auch selbst zu sein. So kam damals schon Oken auf die pantheistische Einverleibung Gottes in die Natur.

Die geoffenbarte christliche Religion schien mir die Gottheit nicht nur ungleich ehrfurchtsvoller und mit kindlicherer Pietät aufzufassen, sondern auch ihr diejenige Freiheit zu lassen, ohne die wir uns überhaupt keinen Geist, am wenigsten den höchsten denken können. Die Philosophie, welche die göttliche Freiheit ausschließt und aus dem

Weltganzen nur einen Mechanismus macht, der sich nach ewiger Nothwendigkeit ableitet, schien mir tief unter dem Offenbarungsglauben zu stehen, und nicht nur in Beziehung auf die richtige Würdigung Gottes, sondern auch des Menschen, weil auch ihm keine wahre Geistesfreiheit mehr übrig bleibt, wenn sie Gott abgesprochen wird. Wir können ein für uns und die Natur durch Gott bestimmtes Gesetz nicht entbehren. Aber wir sollen uns nicht anmaßen wollen, Gott selbst ein Gesetz vorzuschreiben. Ich opponirte also nicht blos aus religiöser Pietät, sondern auch im Namen der Freiheit gegen alle philosophischen Abstractionen und Schablonen und gab das Studium der Philosophie auf, um mich dem der Geschichte und Natur zu widmen.

Auch war mir die philosophische Sprache, die dialectische Form zuwider. Nicht nur die heil. Schrift, sondern auch die Werke der größten Menschengeister beweisen, daß man auch das Tiefsinnigste klar ausdrücken kann. Wozu die künstliche Begriffsspalterei und die Verdunklung der einfachsten Wahrheit durch die vermeintlich wissenschaftliche Phraseologie?*) Wozu die sophistische Advocatenmanier, in der man beweisen will, was sich von selbst versteht, oder was nie bewiesen werden kann? Die Philosophie, wie sie im Gegensatz gegen die geoffenbarte Wahrheit getrieben wird, ist eine Danaidenarbeit, ein ewig vergeblicher Versuch, die ewigen Dinge in den gemeinen irdischen Prozeßweg zu verweisen.

Unter den damaligen Notabilitäten der Universität Jena glänzte Hofrath Kieser, der berühmte Arzt und Magnetiseur, den ich als sehr liebenswürdigen Mann kennen lernte. Nicht dasselbe kann ich von Luden rühmen, obgleich ich seine Vorträge über allgemeine Geschichte fleißig anhörte und auch in Bezug auf politische Beurtheilungen

---

*) Eine Wahrheit, die sehr viele Gelehrte beherzigen dürften. Es ist wahrhaft entsetzlich, wie man oft in deutsch geschriebenen Büchern einen Satz fast ein Dutzend mal lesen muß, bis man daraus klug wird, was er eigentlich sagen will. Auch hier begegnen wir wieder dem Widerwillen des Verf. gegen alle Unnatur.

Anm. des Herausg.

manches von ihm lernte. Allein er hatte nicht so viel Geist und noch
weniger Charakter, als mein früherer Geschichtslehrer Menzel in
Breslau. An eine große Auffassung der Weltgeschichte war bei ihm
nicht zu denken, wie seine Schriften heute noch beweisen. Auch er=
zürnte ich mich völlig über die Gemeinplätze und schlechten Witze,
durch die er die Studenten zu locken und seinen Hörsaal zu füllen
bemüht war. Am meisten Popularität verschaffte er sich damals durch
den Handstreich gegen Kotzebue. Daß er diesen elenden Komödien=
verfertiger und russischen Spion an den Pranger stellte, war in der
That ein großes Gaudium für die Jenaer Burschenschaft.

Wie heiter wir auch diese Angelegenheit auffaßten, so ging doch
eine Ahnung durch die Zeit, dem Patriotismus drohte Gefahr.
Einerseits war wirklich schon in den Cabinetten Alexanders und Met=
ternichs die Vernichtung des deutschen Patriotismus beschlossen und
andererseits fühlte mancher Heißsporn unter den Patrioten, mit dem
Reden und Singen, Hoffen und Wünschen sei es nicht gethan, man
müsse bestimmte politische Zwecke verfolgen und Thaten vorbereiten.
Der Student Witt, zubenannt von Döring, kam damals aus Paris
zurück, wo er in das System der geheimen Gesellschaften und der
liberalen Agitation eingeweiht worden war, und suchte nun dasselbe
auch der allgemeinen deutschen Burschenschaft einzuimpfen. Dieser
diplomatische Student hatte ein weiches Fleisch, schwatzte zwar viel,
imponirte aber nicht. Für ihn indeß handelte Karl Follenius, der
damals als Privatdocent in Jena mit vielem Beifall die Pan=
decten las.

Die kurhessischen Brüder Adolf Ludwig und Karl Follenius
machten zu jener Zeit viel von sich reden. Der erstere, den ich erst
später persönlich kennen lernte, dichtete flammende Kriegs= und Frei=
heitslieder, die von Studenten und Turnern jubelnd gesungen wurden.
Sie sind damals und noch später in Liederbüchern gedruckt erschienen.
Das wilde Lied, welches den Sieg an der Katzbach feiert, war am
beliebtesten. Es war wirklich Poesie in diesen Liedern, aber auch
Ueberspannung und etwas Krampfhaftes. Der Dichter galt für sehr

hochmüthig. Man erzählte, er habe sich als Student in Heidelberg nach dem Modell der alten Kaiserkrone eine von Goldpapier machen lassen und vor dem Spiegel probirt. Sein Bruder Karl dichtete eben-falls Freiheitslieder, die hauptsächlich gegen die Fürsten gerichtet waren und in denen sich ein merkwürdiger republikanischer Stolz kundgab. Dieser Karl war kleiner von Person als sein Bruder, aber gedrungener, sein etwas breites Gesicht, seine feine vorstrebende Nase und ein gewitterhafter Zug in der Stirn gaben ihm eine auf-fallende Aehnlichkeit mit Robespierre, mit dem er auch nach Geist und Charakter verwandt war. Wie Robespierre trug er sich auch immer sehr sauber, kämmte sich sorgfältig und unterschied sich, da die damaligen deutschen Röcke durchgängig schwarz waren, durch einen blauen Rock mit Perlmutterknöpfen. Ein Demokrat vom reinsten Wasser hatte er zugleich etwas Patriotisches und Salbungsvolles, gewissermaßen etwas Priesterliches. Hervorgegangen aus dem Bunde der sog. Schwarzen in Gießen fand er die Burschenschaft als eine offene und harmlose Verbindung aller Studenten ungenügend und gründete innerhalb derselben eine engere geheime Gesellschaft von sog. Unbedingten. Das Wort „unbedingt" führte er nämlich immer im Munde und verstand darunter theils das jesuitische Princip un-bedingter Hingebung an die Idee und ihre Träger, theils die strikte Durchführung der Idee, ohne jemals eine Concession zu machen. Seine Idee aber war die Gründung einer Republik, zu der sich alle nach freier Selbstbestimmung vereinbaren sollten, nichts anderes als der alte contrat social Rousseaus. Er glaubte aber, niemand könne sich frei selbst bestimmen, der von schwachem Charakter und von sinn-lichen Bedürfnissen abhängig sei. Deshalb forderte er und übte an sich selbst die strengste Sittenzucht. Deshalb achtete ihn auch jeder-mann, allein es sammelte sich doch nur ein kleiner Kreis von Unbe-dingten um ihn, weil sein Rigorismus die muntere Jugend zurückstieß, und noch mehr, weil eine geheime Gesellschaft dem Grundsatz und der Gewohnheit sowohl in der Burschenschaft, als auf den Turnplätzen widersprach. Man glaubte hier das Tageslicht nicht scheuen zu dürfen und that alles öffentlich. Ein engerer geheimer Club schien sich entweder aristokratisch überheben oder Dinge treiben zu wollen, die nicht mit den Tendenzen der Burschenschaft übereinstimmten. Nur aus Achtung vor der bekannten Biederkeit Follens ließ man ihn gewähren, aber die hervorragendsten Mitglieder der Burschenschaft mißbilligten sein Geheimthun. Ich kam oft mit ihm zusammen, theilte viele seiner Ansichten, stritt über andere mit ihm, ließ ihm seine Unbedingtheit nicht gelten und schloß mich von seinem engern Kreise aus.

In diesem engern Kreise nun wurde die sittliche Kraft als das Höchste gepriesen und die Jugend für den stoischen Muth begeistert, welcher unsern Freund Sand zu seinem verzweifelten Entschlusse trieb. Man hat die Unbedingten verleumdet, sie hätten geloost, wer von ihnen den verhaßten Kotzebue ermorden solle. So geartet waren jene Jünglinge nicht. Sand allein faßte den Entschluß, nachdem er in Follens Club seinen stoischen Muth überhaupt gestählt, keineswegs aber eine Instruction in Bezug auf eine bestimmte Mordthat erhalten hatte. Nur das bezweifle ich nicht, daß er seinen Entschluß einer oder zwei Personen mitgetheilt hatte, die ihm nicht nur nicht davon abriethen, sondern ihm auch noch einen Paß unter fremdem Namen verschafften. Sand war allein eines solchen Entschlusses fähig. Er faßte ihn in einer religiösen Schwärmerei. Wenn man ihn dazu hätte überreden wollen als zu etwas, was nicht aus ihm selbst entstanden wäre, würde er sich versagt haben.

Am 24. März machten wir, eine kleine Anzahl Studenten, mit dem liebenswürdigen Schirmer, einem Studenten aus Berlin, der zum Besuch gekommen war, bei schönem Wetter einen fröhlichen Gang in die Berge und kamen auf dem Rückwege bei den s. g. Sandhöhlen vorüber. Das sind Stollen, welche tief in den Berg hinein gehen und aus denen sich die Einwohner von Jena ihren Bedarf an gutem Sande holen. Wir gingen tief hinein und scheuchten eine Menge Fledermäuse auf. Brockmann fing eine und nahm sie in seinem Taschentuche mit. Abends entwischte die Fledermaus in Brockmanns Zimmer und indem wir sie wieder einfangen wollten, wurde sie durch einen Schlag getödtet. Es fiel einem Anwesenden ein, sie nebst dem Portrait Kotzebues, welches Brockmann besaß und das wir uns eben besehen hatten, ans schwarze Brett zu schlagen, was wir auch am andern Morgen bei hellem Tage und öffentlich ausführten und was viele lachende Zuschauer herbeilockte, denn Kotzebue war in Jena von jedermann verabscheut. Nun war aber derselbe Kotzebue noch nicht zweimal vierundzwanzig Stunden vorher, am 23. Nachmittags in Mannheim von Sand erstochen worden, und die Nachricht davon gelangte jetzt nach Jena. Die Universitätsbehörde ließ sogleich das Bild mit der todten Fledermaus vom schwarzen Brett entfernen und uns alle, die wir bei der Anheftung derselben thätig gewesen waren, ins Verhör nehmen. Allein der Universitätsrichter war ein vernünftiger Mann und begriff, daß, wenn wir von einem mörderischen Attentat auf Kotzebue etwas gewußt hätten, wir gewiß nicht so unvorsichtig gewesen wären, die todte Fledermaus und das Bild am hellen Tage anzuschlagen, da wir voraussetzen mußten, daß den Mörder und seine etwaigen Mitschuldigen die schwerste Strafe treffen würde. Auch der Großherzog von Weimar sah den Fall unter diesem Gesichtspunkt an. Wir wurden als gerechtfertigt entlassen und nicht weiter behelligt.

Nur der sonst ganz wackere Zeune in Berlin glaubte seinen Scharfsinn vor der Welt leuchten lassen zu müssen, indem er in einem Zeitungsartikel die Vermuthung äußerte, es habe unter den Studenten in Jena eine geheime Vehme bestanden, dieselbe habe im geheimnißvollen Dunkel einer Höhle über Kotzebue Gericht gehalten und die gedachte Höhle sei nach dem Studenten Sand genannt worden. Diese Denunciation war uns indeß nicht gefährlich, weil Jedermann in Jena wußte, daß die Sandhöhlen diesen Namen schon längst führten. Als ich aber einige Jahre später den Herrn Zeune zufällig bei einem Gastmahl in Heidelberg antraf, konnte ich doch nicht umhin, ihm einen ernsten Vorwurf zu machen, und er sah auch sein Unrecht ein.

Die Ermordung Kotzebues machte ungeheures Aufsehen in der Welt, weil sie, wie Görres allein richtig erkannte, im Namen einer neueren beſſern Generation das Verdammungsurtheil über die ältere ſchlechte Generation ausſprach. Wie unbedeutend immer jener Komödienverfertiger war, ſo konnte man ihn doch in der That ſo ziemlich als Repräſentanten aller undeutſchen, unſittlichen und un= chriſtlichen Frivolität und charakterloſen Niederträchtigkeit anſehen, die ſeit dem vorigen Jahrhundert mit der ſ. g. Bildung und Auf= klärung Hand in Hand gegangen war und am meiſten dazu beigetragen hatte, uns der Fremdherrſchaft zu überliefern. So faßte man nun auch faſt überall die Mordthat auf, daher nicht der Ermordete, ſondern der Mörder beklagt wurde. Die Sympathie im deutſchen Volke für Sand war außerordentlich, wenn man auch mißbilligte und mißbilligen mußte, daß ein ſtarker Jüngling einem wehrloſen Greiſe Gewalt angethan hatte. Obgleich man in Berlin auf dem Theater eine Todten= feier Kotzebues veranſtaltete, wobei eine Schauſpielerin als Germania ſeine Büſte bekränzen mußte, ſo blieb das eine unpopuläre Hof= demonſtration. Germania hat für einen Kotzebue keinen Lorbeer, ſondern nur einen Fußtritt.

Man muß übrigens in Erwägung ziehen, daß die auswärtige Diplomatie die Hauptſchuld an dem burſchenſchaftlichen und turne= riſchen Treiben, überhaupt an der fortgeſetzten deutſchthümlichen Agitation Preußen beimaß, weil im Jahr 1813 die Begeiſterung für die Wiedergeburt Deutſchlands von dort ausgegangen war. Nachdem ſich nun König Friedrich Wilhelm III. bereits dem Metternich'ſchen und ruſſiſchen Syſtem angeſchloſſen hatte, mußte es ihm natürlicher= weiſe ärgerlich ſein, immer noch Vorwürfe zu hören, als habe er die von der ganzen europäiſchen Diplomatie verurtheilte deutſchthümliche Partei ſeinerſeits noch nicht genug gemaßregelt. Um nun dieſer Diplomatie Genüge zu leiſten und ſich ſelbſt weiteren Aerger zu er= ſparen, befahl der König zunächſt, alle in Jena ſtudirenden preußiſchen Unterthanen hätten ſofort Jena zu verlaſſen und ſich nach einer preußiſchen Univerſität zurückzuziehen. Weitere Maßregeln, die Ver= haftung aller verdächtigen Profeſſoren und Studenten, die Beſeitigung der akademiſchen Senate, an deren Stelle auf jeder Univerſität ein

Regierungsbeamter mit dictatorischer Gewalt treten sollte, und die radicale Ausrottung sowohl der Burschenschaften, als der Turngenossenschaften wurden einer gemeinsamen Berathung sämmtlicher deutscher Regierungen vorbehalten und kamen noch im Herbst desselben Jahres mittelst der berühmten Karlsbader Beschlüsse zur Verwirklichung.

Meine näheren schlesischen Freunde mußten nun gleich mir Jena verlassen. Haake entschloß sich, nach Berlin zu gehen. Aufgeschreckt durch den königlichen Befehl schrieb mir mein Vormund, der sich sonst nie um mich bekümmerte, ich solle nach Breslau zurückkehren, schickte mir aber nicht einmal Geld. Wie gern ich es nun auch vermieden hätte, überhaupt nach Preußen zurückzukehren, durfte ich doch nicht wagen, auf eine nicht preußische Universität zu gehen, wo man mich entweder nicht aufgenommen, oder von wo man mich reclamirt hätte. Da ich nun aber in keinem Fall nach der Heimath zurückkehren, sondern ein wenig die Welt sehen wollte, entschloß ich mich an den Rhein, nach Bonn zu gehen, wo in demselben Jahre die neue preußische Universität eröffnet wurde. Auch Hammer, Schweder, Haupt und einige andere Jenenser gingen dahin. Mönnich und ich wollten gemeinschaftlich und zwar zu Fuß und auf einem großen Umweg dahin gehen, um uns erst den Thüringerwald, Franken, den Odenwald und Heidelberg zu besehen und von da die schöne Rheinfahrt abwärts zu machen. Aber wo Geld hernehmen, da ich meinem Hauswirth sogar noch die Miethe schuldig war? Dieser wackere Mann erbot sich freiwillig, auf die Bezahlung zu warten, bis ich bei Gelde sein würde, und gab mir noch soviel mit, daß ich die Reise davon bestreiten konnte. Ich habe ihm alles binnen wenigen Monaten heimgezahlt, indem ich von Bonn aus meinem Vormund schrieb, wo ich sei, und daß er mir hundert Thaler schicken sollte, die er mir nun auch schickte.

Nachdem ich noch von einem schönen Mädchen, welches ich herzlich liebte und welches mich wieder liebte, einen rührenden Abschied genommen hatte, zog ich im Anfang des Mai an einem sonnenhellen Morgen mit Mönnich und noch eine gute Strecke von guten Freunden begleitet aus dem freundlichen Städtchen hinaus, in welchem ich so viele frohe Stunden erlebt hatte.

Alles stand in voller Blüthe. Wir kamen am ersten Tage bis nach Erfurt und hatten den lieblichsten Anblick der goldenen Au und jenseits derselben des Harzgebirges mit dem finstern Blocksberge. In Erfurt bewirthete uns der Müller Salomon, der stärkste unter allen deutschen Turnern, die mir vorgekommen sind, den herrlichen Athleten Rappo nicht ausgenommen. Wir sahen den berühmten Dom, die große Glocke, das Grabmal des Grafen von Gleichen mit seinen zwei Frauen. Am zweiten Reisetage kamen wir noch bis in ein Dorf vor Gotha, am dritten nach Eisenach, wo unser Jenaer Freund Haberfeld uns bewirthete. Von hier aus bestiegen wir die Wartburg und sahen ihre Merkwürdigkeiten. Dann wanderten wir durch die Wälder, in deren grüne Farbe sich dort auch die Landleute kleiden, über Liebenstein zur Werra. Dort trugen alle Bauermädchen niedliche Strohhüte, wie sie erst dreißig Jahre später in Paris Mode wurden. In dem freundlich gelegenen Meiningen bewirthete uns der Bibliothekar Schenk, der das große Loos gewonnen hatte und mit seiner freundlichen Frau höchst behaglich lebte. Weiter zogen wir durch das Werrathal nach Hildburghausen und von hier durch dunklen Tannenwald nach Coburg. Ich weiß nicht, was mich an dem Thüringerlande, obgleich es arm ist, so besonders anzog. Ich verließ es ungern.

Indem wir das lange Itschthal hinunter gingen, öffnete sich schon von fern das fruchtbare Frankenland. Man behält hier das hohe Kloster Banz zur Linken, welches man auf der Eisenbahn, welche jetzt vom Fichtelgebirge nach Franken hinab führt, zur Rechten hat. In Rathelsdorf tranken wir das erste bayrische Bier, was mir mit Recht im Gedächtniß geblieben ist, denn welcher gute Deutsche ehrte nicht das bayrische Bier? In der heitersten Laune schlenderten wir vollends nach Bamberg hinein, dessen Thürme das weite schöne Thal beherrschen. Wir blieben hier einen Tag und besuchten die alte Burg, wo einst Callot-Hofmann häufig weilte und witzige Zeichnungen an die Wände malte. Nachher setzten wir unsern Wanderstab weiter und durchschritten das gesegnete Frankenland, an den großen Klöstern Eberach und Schwarzach vorüber. Als wir Abends in der herrlich gelegenen Stadt Würzburg ankamen, wurden wir auf das Freundlichste von den Studenten aufgenommen, denn obgleich sie Landsmannschafter waren, hatten sie doch damals vor den Jenensern einen großen Respect. Von hier gingen wir weiter durch die Wälder nach Wertheim, nahmen hier einen Kahn und fuhren bei dem schönsten Wetter den Main hinab an den schönen Waldbergen und Burgen vorüber bis nach Miltenberg. Dann wandten wir uns südlich durch den Odenwald und gelangten nach dem gräflichen Schlosse Erbach, wo wir uns an einer reichen Sammlung altrömischer und mittelalterlicher Waffen erfreuten. In den umliegenden Wäldern trafen wir ganz ungewöhnlich viele Schlangen auf dem Wege. Auf einem langen Höhenzuge, von dem aus wir nach beiden Seiten den Odenwald übersehen konnten, stiegen wir endlich bei der Burg Hirschhorn zum Neckar hinab und gingen an den reizenden Ufern desselben an vielen Burgruinen vorüber bis nach Heidelberg, wo wir einige Tage blieben. Ich fand hier meinen Vetter Gustav Waagen wieder und hörte mit ihm eine Vorlesung bei Creuzer an. Auch wurde ich sehr herzlich von den in Heidelberg studirenden Schlesiern begrüßt. Es war ein Haugwitz und ein Prittwitz dabei und bei einem Czettritz nahmen wir ein fröhliches Souper ein. Sehr vergnügt wanderten wir dann auf der schönen Bergstraße weiter und hielten in Zwingenberg an bei dem Gastwirth Tiefenbach, der trotz seiner Hasenscharte im Gesicht sehr liebenswürdig und ein bekannter Burschenfreund war. Hier fanden wir Stahl, einen der ersten liberalen Oppositionsmänner im Großherzogthum Hessen. Auf unserer weitern Reise besahen wir in Darmstadt die Bildergalerie. In Frankfurt am Main fanden wir sehr gute Aufnahme, aber ich weiß wahrhaftig nicht mehr, bei wem! Es war in einem sehr noblen Hause, wo man uns auch Cartons von Cornelius zeigte, dessen Ruhm damals noch jung, aber schon groß war. Nachdem wir uns einen Tag hier aufgehalten hatten, fuhren wir mit dem Marktschiff bis zur majestätischen Mündung des Main in den Rhein und landeten an den gastlichen Ufern von Mainz, wo ich ein überaus lustiges Abenteuer erlebte, von wo wir aber schon am andern Morgen mit dem Jachtschiff weiter fuhren. Ein reicher Kaufmann aus Frankfurt, der sich auf das Wärmste für uns interessirte, wußte sich von den besten Weinen, die in der Umgegend wuchsen, zu verschaffen und setzte sie uns vor, so daß wir in großer Fröhlichkeit auf dem Berdeck der Jacht sitzend beim heitersten Wetter und günstigem Winde zum erstenmal die schöne Rheinfahrt machten. Nachdem wir in Coblenz übernachtet hatten, machten wir eine ganz ungewöhnlich schnelle Fahrt, weil der Südwind unser Segel schwellte, flogen am Siebengebirge vorüber und waren schon zu Mittag in Bonn.

V. In Bonn.

Bonn, fünf Stunden oberhalb Köln, war früher die Residenz der Kölner Kurfürsten gewesen und hatte kurz vor der Revolution auch schon eine katholische Universität besessen, auf der aber wie in Mainz nur Aufklärerei getrieben wurde. In der französischen Zeit war dieselbe eingegangen, jetzt aber wurde sie als paritätische Universität wieder errichtet, reich dotirt und neu organisirt, damit die Rheinprovinzen auch ihren eigenen Musensitz hätten, wie die altpreußischen Provinzen. Es waren erst wenige Studenten dort und erst zum Wintersemester kamen sie in größerer Zahl an. Die Rheinlande lieferten eine große Menge f. g. Füchse, aber an älteren

Studenten, die den Ton angeben sollten, war großer Mangel. Unter den letztern befanden sich mehrere alte Landsmannschafter, die ihr Glück auf der neuen Universität versuchen wollten. Allein ihre Pläne, die rheinländische Jugend an sich zu ziehen, mißlangen. Diese Jugend hing sich vielmehr an uns Burschenschafter. Wir gründeten sogleich eine Burschenschaft, deren Vorstand unser alter Jenenser Freund Haupt wurde. Dieser gutmüthige Riese wollte in Bonn Wein trinken, wie er in Ziegenhain Bier getrunken hatte, kam aber bald davon zurück und wurde sogar auf einmal galant. Wie er einer kleinen Dame den Shawl nachtrug, war sehr ergötzlich anzusehen. Wir verglichen ihn einem Elephanten, der auf dem Seile tanzt. Um jeden Streit von vorn abzuschneiden, erklärte die Burschenschaft, auf der Universität Bonn keine Landsmannschaft dulden zu wollen. Die nun eine solche gründen wollten, hätten sich mit uns älteren Studenten pro patria herumschlagen müssen, was sie klüglich bleiben ließen. So wurde Friede und Einigkeit erhalten und die Einwohner von Bonn hatten ihre Freude an der blühenden Jugend, die so plötzlich ihre kleine Stadt erfüllte, Geld in dieselbe brachte und so heiter und friedlich lebte. Auch die Studenten, insbesondere die aus dem Osten, gewannen mit dem rheinischen Weine bald auch die freundlichen und lebenslustigen Rheinländer selber lieb.

Der Zufall wollte, daß meine erste Wohnung in Bonn ein Zimmer in einem Gartenhause war, welches zu dem Hause gehörte, wo damals noch Ernst Moritz Arndt wohnte, ehe sein eigenes Haus am Rheine fertig war. Dieser berühmte Mann, der die Biederkeit selbst war und mich wohlwollend empfing, machte doch eigentlich nur einen schwachen Eindruck auf mich. Ich vermißte in seiner Unterhaltung den Geist. Vielleicht würde ich doch aus seinen Lebenserfahrungen und von seinem edlen Sinne manches und gewiß gern gelernt haben, wenn ich Vorlesungen bei ihm gehört hätte, aber ehe ich dazu kommen konnte, wurden sie ihm verboten.

Von August Wilhelm von Schlegel erwartete ich viel, fand mich jedoch getäuscht. Man hatte diese Berühmtheit nach Bonn

versetzt, um der neuen Universität mehr Glanz zu geben. Aber er
war damals nicht mehr in seiner Blüthezeit. Wir strömten zahlreich
und mit großem Eifer in seine Vorlesungen über Sprache und Literatur, allein obgleich er immerhin viel Wissen zu Tage legte und auch
scharfsinnige und geistreiche Bemerkungen machte, fehlte es ihm doch
an Tiefe und hauptsächlich an Würde. Er machte, wie Luden, schlechte
Witze auf dem Katheder und nicht selten von so frivoler Art, wie es
sich gesitteten Jünglingen gegenüber nicht geziemte. Als er uns
z. B. einmal die romantische Sage vom Venusberge vortrug, schloß
er, indem er uns mit einem wahren Satyrgesicht ansah, mit den
Worten: „Wenn Sie einmal beim Venusberg vorbei kommen, so
grüßen Sie mir den treuen Eckart, ich hab manche Lanze mit ihm gebrochen." Auch prahlte er viel zuviel mit seinen vornehmen Bekanntschaften, brachte bei jeder Gelegenheit den Namen eines englischen
Herzogs oder französischen Pairs an, die seine guten Freunde seien,
und war so naiv, die Frau von Staël, mit der er eine zeitlang um-
hergezogen war, immer seine „Gönnerin und Beschützerin" zu nennen.
Obgleich er sich durch seine Heirath in Heidelberg (seine junge Frau
hatte sich gleich nach der Hochzeit wieder von ihm getrennt) vor der
ganzen Welt lächerlich gemacht hatte, spielte er auch in Bonn noch
den Don Juan und lorgnettirte zum Fenster einer verheiratheten
schönen Frau hinauf. Dabei fiel er auf einen Stein und konnte sich,
weil er seinen magern Leib immer mit Kleidern dick auspolsterte,
nicht wieder aufrichten. Wir Studenten, die wir grade aus dem
Collegium kamen, hoben ihn lachend auf. Auch die Dame oben am
Fenster lachte, und er zog sich mit einem schlechten Witz aus der
Affaire. Die Studenten, wenn sie auch seinem Geist und Wissen
alle Ehre widerfahren ließen, hatten doch keine Achtung vor ihm und
nannten ihn monsieur le Parisien. In seiner eleganten Wohnung
war Vorkehr getroffen, daß wir Studenten, wenn wir auch von der
Hausflur durch die nächste Thür in sein Empfangzimmer hätten gelangen können, doch, um dahin zu kommen, auf einem langen Umwege, erst die ganze Reihe seiner glänzenden Zimmer passiren

mußten. Wir bemerkten, die Haare seiner Perücke wüchsen von Monat zu Monat, bis sie im Frühjahr wieder abgeschnitten erschien. Man sagte, er trage jeden Monat eine andere Perücke, um diese Täuschung hervorzubringen.

Ich hörte auch Vorlesungen des ausgezeichneten Philologen Welcker, doch habe ich mehr aus seinen Schriften, als aus seinem mündlichen Vortrage gelernt, weil der letztere nicht eben fließend und klar war. Da ich schon die Werke Winkelmanns und manches andere über antike Kunst gelesen hatte, war es mir Bedürfniß geworden, mich in diesem Gebiete hellenischer Schönheit, in dem der Geschmack sich am feinsten ausbildet, noch mehr zu orientiren.

Da war auch ein alter halb blinder Professor Radlof in Bonn, bei dem wir um Gotteswillen ein Collegium hörten, nur um ihn zu unterstützen. Er trug einige gute, aber auch einige confuse Dinge über deutsche Sprache vor.

Ein philosophisches Collegium hörte ich noch bei dem Privat-docenten Doctor Steingaß, einem aufgeweckten Rheinländer. Er, der junge Professor, Calcar, Mönnich, Hammer, Schweder und ich bildeten wieder einen Club, wie früher in Jena, indem wir gemein-same Spaziergänge machten und gewöhnlich Abends beisammen blie-ben, wissenschaftliche Gespräche führten und hin und wieder aus guten Büchern uns vorlasen. Auch Hoffmann von Fallersleben trat diesem Club bei und wurde sehr dadurch aufgeheitert, denn er war etwas kopfhängerisch und so mädchenhaft sanft, daß es sich gewiß niemand hätte träumen lassen, er würde noch einmal ein berühmter Revolutionär werden. Wir nannten ihn unter uns immer nur das Haideblümchen. Auch der junge Hengstenberg, damals noch ein Fuchs, schloß sich an uns an. In der schönen Sommerzeit brachten wir gewöhnlich Nachmittags in Poppelsdorf zu und waren oft auf dem Kreuzberg, auf dem Godesberg und auf dem Drachenfels. Es waren schöne Tage. Das Studentenleben ist reizend, wenn man die Freiheit nicht auf Kosten der Gesundheit und des Gewissens miß-braucht. Einmal mußte Hoffmann von Fallersleben, indem wir uns bei schönem Wetter, wie wir gingen und standen, plötzlich zu einer Landpartie entschlossen, in Schlafrock und Pantoffeln und seine lange Tabakspfeife in der Hand, mit uns ins Siebengebirge wandern. Dort auf dem verwitterten Gemäuer der alten Löwenburg brach Hofmeister, welcher später über Erziehung geschrieben hat, in solchen Enthusiasmus aus, daß er mich stürmisch umarmte und ich alle meine Turnkunst anwenden mußte, um uns im Gleichgewicht zu halten, daß wir nicht mit einander hinunter stürzten.

Die Heiterkeit jener Tage wurde durch einen Unglücksfall unterbrochen. Wir saßen einst in Poppelsdorf bei Tische, als bemerkt wurde, es habe unter den Studenten in Bonn noch kein Duell gegeben. Da verabredeten sich ein Baron Hompesch und der junge Profector der Universität, Doctor Braun, welche die besten Freunde waren, sie wollten sich mit einander duelliren, bloß um die Ehre zu haben, die ersten zu sein, die es auf dieser neu errichteten Universität einführten. Ein Zweikampf von guten Freunden und mit Hiebern schien nichts Gefahrdrohendes zu haben. Braun aber rannte sich auf den Schläger seines Gegners auf, bekam einen tiefen Stich in die Brust und wurde nur mit Mühe nach einem langen Krankenlager am Leben erhalten.

Im Juni machte ich allein eine kleine Fußreise über Köln nach Elberfeld. Es war ein sehr heißer Tag. Ich machte auf meinen damals kaum zu ermüdenden Beinen einen Dauerlauf, ließ mich aber verleiten, unterwegs einen guten Schoppen zu trinken, und bekam nun, indem ich rasch immer weiter lief und stark schwitzte, immer mehr Durst, trank immer mehr und vertilgte an diesem einzigen Tage vierzehn Schoppen Rheinwein, ohne im mindesten davon belästigt zu werden, denn ich schwitzte alles wieder aus. Doch habe ich nie wieder ein ähnliches Experiment gemacht. Meine Gewohnheit war vielmehr, wenn ich einen weiten Weg zu Fuß zurückzulegen hatte, in der Frühe nur eine Tasse schwarzen Kaffee zu trinken und dann den ganzen Tag weder etwas zu essen noch zu trinken, bis ich ins Nachtquartier kam. Dabei befand ich mich am besten und behielt am meisten Elasticität. Damals nun eilte ich nur eben durch Köln über Oplaben, wo die Gegend schon wieder sandig ist, über Solingen ins Wupperthal. In Elberfeld lernte ich den schon früher erwähnten Ludwig Follen kennen, der dort eine Zeitung redigirte und mit dem ich bald näher befreundet wurde. Er war durch und durch eine poetische Natur, doch überschätzte er sich. Ich gab ihm den guten Rath, sich bei Zeiten davon zu machen, weil die Verfolgung der Patrioten bald beginnen werde. Er war jedoch so unvorsichtig, zu bleiben, und wurde einige Monate später gefaßt und gefangen nach Berlin abgeführt. Auf dem Rückweg von Elberfeld besuchte ich in Köln den damals dort angestellten Herrn von Mühlenfels, an dem jeder Zoll noch ein Student und Burschenschafter war, und gab ihm denselben Rath, wie Follen, allein auch er benutzte die Frist nicht, die ihm noch blieb, wurde daher gleichfalls ergriffen und nach Berlin abgeführt. Dort saß er in der Hausvogtei, hatte aber viele gute Freunde und so entkam er aus dem Gefängniß und eilte mit untergelegten Pferden nach Stralsund. Hier am Ufer suchte er sich unter den Gesichtern der pommerischen Fischer das entschlossenste aus, schüttete ihm den Hut voll harter Thaler und sagte: „Fahre mich nach Stockholm hinüber." Der Fischer holte geschwind den nöthigen Bedarf von Lebensmitteln für die weite Reise herbei, nahm den Flüchtling in seinen Kahn und ruderte keck in die Ostsee hinein, welche glücklicherweise nicht stürmte. So kamen sie wohlbehalten nach der schwedischen Hauptstadt.

Ich bemerke, daß Köln damals noch schwach bevölkert war, noch leere Straßen und viele Spuren seiner Verkümmerung unter der französischen Herrschaft zeigte. Die neuen Bonner Studenten waren dort nicht beliebt, weil die Kölner gehofft hatten, die Universität werde in ihre Mauern verlegt werden.

Am 15. August wurde das Fest der Himmelfahrt Mariä in Bonn in der lieblichen Weise begangen, die noch am Rhein wie auch in Bayern herrscht. Ein Kräuterfest auf der Schneekoppe, ein Blumenfest in Bayern, ist es am Rhein zugleich ein Weinfest. Das köstlichste Erzeugniß der Pflanzenwelt ist die Weintraube. In Bonn hielt damals die in feierlicher Procession durch die Stadt getragene Madonna die erste reife Traube in der Hand. In diesem Jahre stand auch ein ziemlich ansehnlicher Komet mit senkrecht aufgerichtetem Schweif am westlichen Himmel.

Als am Ende des August unsere Ferien begannen, lud mich mein Freund Hammer ein, dieselben auf seinem Landgut zu Ley an der Mosel mit ihm zuzubringen. Ich begleitete ihn dahin. Ley liegt ein paar Stunden oberhalb Coblenz. Landhaus und Garten meines Freundes wurden von den Wellen der Mosel bespült. Auch besaß er einen schönen Weinberg. Nach der dortigen Sitte aber durfte, sobald die Trauben reiften, der Besitzer selbst nicht in seinen Weinberg gehen. Wir mußten uns also unsern Traubenbedarf nächtlicher Weile rauben. Die Karthause, an deren Befestigungswerken man damals noch stark arbeitete, erhebt sich zwischen Coblenz und Ley, und dem letztern Ort näher liegt ein enges Mühlenthal. Da nun mein Freund Hammer mit Sophie, der Tochter des berühmten Görres von Coblenz, verlobt war, pflegten wir Abends in der Mühle des gedachten romantischen Thälchens mit Sophie und ihrem jüngern Bruder Guido zusammenzutreffen. Auch kam Guido zu uns nach Ley und half uns Fische angeln und Trauben essen. Er war ein bildschöner, feiner und gutherziger Knabe. Auch seine Schwester Sophie war ein hübsches Mädchen. Ihren Vater, der damals politisch sehr beschäftigt war, lernte ich erst später persönlich kennen.

Ich machte mit Hammer auch einmal einen sehr angenehmen Ausflug über Berge und Thäler der Eifel nach dem alterthümlichen Städtchen Boppard am Rhein zu dem Fabrikanten Doll, der seine Fabrik in einem alten malerischen Kloster auf dem Berge angelegt hatte. Die Familie war mit Hammer befreundet und nahm uns sehr herzlich auf. Wir brachten hier einige recht vergnügte Tage zu. Doch machte der Mißbrauch der ehrwürdigen Kloster- und Kirchenmauern zur Fabrikarbeit einen unheimlichen Eindruck auf mich, und ich hätte die nützlichen Maschinen lieber anderswo aufgestellt gesehen.

Allein ich sollte noch oft den Triumph der Industrie über die Kirche erleben.

Nachdem wir nach Bonn zurückgekehrt waren, um das Winter-semester zu beginnen, hatten sich dort viele neue Studenten ein-gefunden und waren andere abgegangen. An die Stelle Haupts wurde nun ich am 7. November zum Vorstande der Burschenschaft gewählt und nahm dieses Amt an, um den bessern Geist auf der Universität, besonders unter den vielen jungen Rheinländern und Westphalen noch so lange zu nähren, als es möglich sein würde: denn ich wußte voraus, es würde nicht lange mehr dauern. Der Karls-bader Congreß war zu Ende gegangen und seine Beschlüsse drohten der patriotischen Partei gänzliche Vernichtung. Bereits waren Arndt und Welcker in Untersuchung gezogen, ihre Papiere mit Beschlag be-legt. Es kostete uns einige Mühe, einen Studententumult zu ver-hindern, der die verehrten Lehrer nur noch mehr compromittirt haben würde. Görres, welcher gerade damals seine berühmte Schrift „Deutschland und die Revolution" hatte drucken lassen, konnte sich dem Gefängniß, das seiner wartete, nur durch eine schnelle Flucht nach Frankreich entziehen. Da die Burschenschaft aber damals noch nicht aufgehoben wurde und gegen mich persönlich keine Beschwerde vorlag, die mich hätte in Gefahr bringen können, zog ich es vor, einstweilen noch in Bonn zu bleiben, wo mich die Liebe und das Ver-trauen der Burschenschaft fesselte. Ich wurde zwar auch in Unter-suchung gezogen, aber mein damaliger Untersuchungsrichter, der be-rühmte Professor Mittermaier, fand mich rein von jedem Verdacht. Unter meinen Bonner Freunden glaubte nur Steingaß nicht ganz sicher zu sein und verschwand. Erst später erfuhren wir, er sei nach der Schweiz gegangen.

Wenn auch in der bangen Erwartung, es werde nicht lange mehr dauern, genossen wir doch in diesem Winter innerhalb der Burschenschaft noch die volle Freude eines jugendlichen Zusammen-lebens in jener edlen und reinen Gesinnung, welche die alte Burschen-schaft überhaupt auszeichnete. Unter den vielen Jünglingen, die sich um mich drängten, gaben sich, ohne daß ich es wünschte, besonders zwei viele Mühe um mich, nämlich der kleine Jude Heinrich H e i n e , der einen langen dunkelgrünen Rock bis auf die Füße und eine goldene Brille trug, die ihn bei seiner fabelhaften Häßlichkeit und Aufdringlichkeit noch lächerlicher machte, weshalb man ihn unter dem Namen Brillenfuchs vielfach verspottete. Aber er war geistreich und wurde daher von uns Aelteren gegen die Spötter geschützt. Der andere war J a r k e , ein protestantischer Ostpreuße, welcher einige Jahre später katholisch geworden ist und als Publizist seine Rolle in Wien gespielt hat. Eines der hübschesten Mädchen in Bonn, das Trinettchen Karth, das auch mir wohlgefiel, obgleich ich ihre Bekanntschaft nicht suchte, und in das sich Jarke verliebte, hat er nachher geheirathet. Dieser Jarke hing sehr an mir und zwar aus andern Gründen, als Heine, dem es bloß darum zu thun war, sich meines Schutzes zu erfreuen, da er so viel verhöhnt wurde. Damals ahnte noch niemand, daß in diesen beiden, die man oft meine Leibfüchse nannte, das destructive und conservative Extrem des Zeitalters auseinander treten würden.

Ein Hauptvergnügen unseres Winterlebens waren die Masken. Von Neujahr an liefen sie schon in den Straßen herum bis zur eigentlichen Fastnacht und neckten die Leute in den Häusern. Besonders die lustigen Bonner Mädchen unterließen nicht, uns Studenten sogar in unsern Zimmern zu überfallen, und sie liefen dabei keine Gefahr, weil aufs strengste darauf gesehen wurde, daß die Maskenfreiheit nicht verletzt werde. Wenn die Lustigkeit so volksthümlich ist und so alle Stände ergreift, wie am Rhein, so führt sie auch ihr eigenes Gesetz und ihre eigene Decenz mit sich, denen sich dann auch jeder Fremde fügen muß. In diesem allgemeinen Volksjubel liegt daher etwas Unschuldiges, und die Länder sind zu beklagen, in denen eine sauertöpfische Altklugheit dem Volke verbietet, sich einmal recht wie die Kinder zu freuen.

Die Rheinländer ließen es sich indeß nicht nehmen, unter dem Schutz der Maskenfreiheit ihrer damaligen Antipathie gegen Preußen

Luſt zu machen, wobei man berückſichtigen muß, daß es grade die erſte Zeit der Reaction nach den Karlsbader Beſchlüſſen war und daß die von Görres verfaßte Adreſſe der Rheinländer, in welcher ſie den König an ſein Verſprechen, eine Verfaſſung zu geben, erinnerten, ſehr ungnädig zurückgewieſen worden war. In der Faſtnachtsluſt kam es daher einmal vor, daß aus einem großen Menſchengedränge eine hohe Stange mit einem von einem Lorbeerkranz umgebenen Stockfiſch auftauchte und der bekannte Geſang „Heil dir im Siegerkranz!" anhub. Es gab einen großen Spectakel. Als die Polizei endlich in den Menſchenknäuel eindrang, verſchwand der Stockfiſch. Während aber die Polizei noch herumſuchte, begann an einer andern Straßenecke ſchon wieder der nämliche Geſang und ragte der bekränzte Stockfiſch wieder hoch empor.

Die Neujahrsnacht, mit der das Jahr 1820 anhub, war zwar ſehr kalt, aber wunderſchön mondhell, weßhalb ich mit einer Anzahl Freunden hinaus ging auf den Kreuzberg, um von hier aus das ſchöne Glockengeläut zu hören, mit dem nach altem Gebrauche hier in allen Städten und Dörfern zugleich das neue Jahr begrüßt wird. Deutlich unterſchieden wir unter dem mannigfaltigen Geläute, das von allen Himmelsgegenden herübertönte, den tiefen fernen Ton der Kölner Domglocke. Obgleich erſt lange nach Mitternacht heimgekehrt, ſchlief ich doch ſanft und hatte einen angenehmen Traum, der mich am andern Morgen lebhaft und freudig aufregte. Ich ſah nämlich. im Traum von einem dunklen Berge aus das ganze Amphitheater der Alpen deutlich mit allen Gipfeln, wie ich ſie nachher ſo oft in der Wirklichkeit geſehen habe, und über ihnen den Mond. Nichts natürlicher, als ein ſolcher Traum, wenn man eben auf einem Berge geſtanden iſt und eine Winterlandſchaft im Mondſchein geſehen hat. Dazu kam, daß ich am Abend vorher mit Schweizern zuſammengekommen war und wir von der Schweiz geſprochen hatten, und daß meine Gedanken überhaupt ſchon ſeit einiger Zeit nach der Schweiz gingen, wo ſich mein Freund Steingaß bereits befand und wo auch ich eine Zufluchtſtätte zu finden hoffte, wenn ich einmal Bonn verlaſſen mußte. Trotz alledem war jener Traum wunderbar, weil das Alpenbild, was er mir darſtellte, doch von der Bonner Winterland-ſchaft gänzlich verſchieden und auf das genaueſte daſſelbe war, in welchem ſich mir die Alpen nur wenige Monate ſpäter in der mond-hellen Nacht darſtellten, in der ich ſie zum erſtenmal wirklich ge-ſehen habe.

Ich erlebte gegen das Frühjahr hin noch ein großartiges Natur-ſchauſpiel in Bonn, nämlich den Eisgang und die große Ueber-ſchwemmung des Rheins. Die Gegend verwandelte ſich zwiſchen Bonn und Siegburg und vom Siebengebirge an bis in eine unab-ſehliche Ferne in einen einzigen See, aus dem die Dächer und Baum-wipfel der Dörfer hervorragten. Im Fahrwaſſer des Rheines ſchoß das Eis pfeilſchnell vorüber und viele kleine Häuſer am Ufer wurden von demſelben eingeſtoßen.

Im März erfolgte endlich, was ſchon lange gedroht hatte, das Verbot der Burſchenſchaft und die Siſtirung des akademiſchen Senats, deſſen bisherige Autorität auf einen königlichen Immediatcommiſſär überging. Das war der durch eine Schrift über Spanien und durch Romane bekannt gewordene Herr v. Rehfues, ein geborener Württem-berger in preußiſchen Dienſten. Als derſelbe mich am Abend des 27. März durch den Pedell einladen ließ, zu ihm zu kommen, um als Vorſtand der Burſchenſchaft ſeine Befehle entgegen zu nehmen, ließ ich ihm eine unhöfliche Antwort geben und wanderte ein paar Stunden ſpäter zum Thore hinaus, um nicht wiederzukommen, denn ich wußte ſchon, um was es ſich handelte. Herr v. Rehfues würde mich zuerſt, wie nachher alle andern Mitglieder der Burſchenſchaft, aufgefordert haben, durch Handgelübde dieſer Verbindung zu ent-ſagen. Da ich das nicht thun wollte, ein ohnmächtiger Trotz aber nur lächerlich geweſen wäre, zog ich es vor, zu verſchwinden. Ich war dazu ſchon lange entſchloſſen, denn ich durfte nicht hoffen, wenn ich länger auf der Univerſität blieb und mich nachher um eine An-ſtellung in Preußen bewarb, von der damals herrſchenden Partei ſonderlich begünſtigt zu werden. Ich will es nur geſtehen, ich hatte

einen Ekel vor solchen Beamten, wie sie mir namentlich früher in
Breslau und auch in Berlin, viel weniger am Rhein, vorgekommen
waren, von denen Befehle anzunehmen mir absolut unerträglich ge=
wesen wäre. Auch hat mich mein guter Genius recht geführt. Denn
was ich auch in Preußen damals erstrebt hätte, nicht nur der politische
Servilismus und die in der Russenliebe und Russenfurcht entarteten
Staatslenker, sondern auch der Schulterrorismus, den Professor
Hegel unter dem Protectorat des Minister von Altenstein auszuüben
begann, würde mir alles Wirken in Preußen gehemmt oder verleidet
haben. Wäre ich dort geblieben, so hätte ich zehnmal für einmal doch
wieder auswandern müssen. Deswegen war nichts vernünftiger, als
daß ich gleich anfangs fort ging.

Als ich Bonn in der Nacht verließ, konnte ich meiner guten
Wirthin die Miethe so wenig bezahlen, wie früher meinem Wirth in
Jena; allein sie gab mir gern Kredit und ich konnte sie nach kurzer
Zeit von der Schweiz aus befriedigen. Mit wenigen Thalern, ohne
einen Paß und ohne irgend eine Empfehlung wanderte ich in die
Dunkelheit hinaus, um nicht wiederzukommen. Aber ich war frohen
Muthes. Ich erfreute mich immer einer fast phlegmatischen Sorg=
losigkeit, grade wenn ich am wenigsten wußte, wie ich aus einer
drückenden Lage herauskommen würde. Ebenso unbesorgt war ich
schon früher in Breslau gewesen. Ich wollte nach der Schweiz gehen,
wo ich keinen Menschen kannte, außer Steingaß, von dem ich nur
obenhin gehört hatte, er lebe in Aarau. Obgleich man damals ein
scharfes Auge auf reisende Studenten hatte, so konnte ich doch hoffen,
da es grade um die Osterfeiertage war und viele Studenten heim
reisten, auf einer Straße durchzukommen, auf welcher zwei Univer=
sitäten lagen, Heidelberg und Tübingen. Wo ich gefragt wurde,
sagte ich bis Heidelberg, ich komme von Bonn und wolle in Heidel=
berg studiren. Weiterhin sagte ich, daß ich von Heidelberg komme
und in Tübingen studiren wolle. Um nicht nach dem Paß gefragt zu
werden, übernachtete ich zuerst in Coblenz bei meinem dort erkrankten
Freunde Hammer, dann in der zweiten Nacht in einem nassauischen

Dorfe. Es war eine Mondfinsterniß und der Himmel sehr rein. Ich
brach daher am andern Morgen frühe auf und ging bei herrlichem
Wetter über den Taunus nach Wiesbaden. Ich wollte sowohl Frankfurt als Mainz vermeiden und bei Höchst über den Main gehen, allein
dieser Fluß hatte sich in den letzten Tagen weit über seine Ufer ergossen. Ich konnte nirgends übersetzen und mußte also nach Mainz
gehen, wo bereits die berüchtigte Centraluntersuchungscommission
Platz genommen hatte, um aus den armen Studenten Geständnisse
von Verschwörungen auszupressen, die in der That nicht existirten.
An der äußersten Barriere der Festung wurde ich von einem Piquet
Oestreicher angehalten. Ein wohlbeleibter Feldwebel frug mich aus,
wurde aber bald außerordentlich freundlich und zuthulich, da er in
mir einen Landsmann erkannte. Auch die gemeinen Soldaten waren
Oberschlesier und gruppirten sich um mich. Zufällig waren mir einige
Personen bekannt, die auch sie kannten. Ich verhehlte nun dem alten
Feldwebel nicht, daß ich lieber um die Stadt Mainz, als durch dieselbe gehen möchte, und er war so gütig, mir einen Soldaten mit-
zugeben, der mich um die Festungswerke herum zu einer Fähre bei
Castel führte, wo ich übersetzte und durch das auch hier noch halb
überschwemmte Aderland querfeldein Darmstadt zulief. Es war
schon Dämmerung, als ich diese Stadt durcheilte. Jenseits derselben
aber holte ich einen Spaziergänger ein, der mich wiedererkannte
und anrief. Es war Stahl, derselbe liberale Advocat, mit dem ich
im vorigen Jahre in Zwingenberg zusammen getroffen war. Man
hatte ihn verdächtigt und verhaftet, nach langer Inquisition aber erst
heute wieder freigelassen und er war eben auf dem Wege nach Zwingenberg, um dort bei Freund Tiefenbach seine Befreiung zu feiern. Da
auch ich dort übernachten wollte, freuten wir uns beide sehr über
unser glückliches Zusammentreffen, und noch mehr der alte Tiefenbach, als wir so unverhofft unter sein gastliches Dach traten. Wir
waren außerordentlich lustig.

Ich eilte jedoch schon am andern Morgen weiter, die schöne
Bergstraße hinauf, deren Fruchtbaumalleen und rebenumkränzte

Berge und Burgen man immer mit Freuden wiedersieht. Bei
guter Zeit in Heidelberg angelangt, wollte ich auch dort nicht verweilen. Zwei Studenten aus Mecklenburg aber, Sobeck und
Stumpp, welche das Osterfest in Stuttgart zubringen und das dor-
tige Theater besuchen wollten, luden mich ein, am nächsten Tage,
welches der Ostersonnabend (1. April) war, in einem Einspänner
mit ihnen dahin zu fahren. Ich nahm das gern an und wir kut-
schirten bei heiterer Sonne fröhlich den Neckar hinauf bis Fürfeld,
nicht ohne unterwegs die hübschen schwäbischen Mädchen zu grüßen,
die von Wiese und Feld herüber uns anlachten. Von da kamen
wir erst am Ostertage nach Stuttgart; aber das Wetter wurde
schlecht, es regnete in Strömen. Ich sah daher auch von der Stadt
Stuttgart nur wenig, und da ich hier nicht verweilen wollte, gaben
mir meine Mecklenburger Freunde noch mitten im Regen das Geleite
auf der alten Steige, welche das schwäbische Unterland vom Oberlande trennt und von wo ich trotz des Regens die Stadt und das
reizende Thal von Stuttgart genug übersehen konnte, um es in angenehmer Erinnerung zu behalten. Nachdem ich mich oben auf dem
Berge von meinen Reisegefährten getrennt hatte, schritt ich rüstig
bergab und bergauf über Waldenbuch Tübingen zu und hatte das
Vergnügen, bald die Sonne durch das Gewölk brechen und über dasselbe triumphiren zu sehen, so daß ich die schöne Aussicht auf das
ganze Panorama der Alb genoß. In Tübingen fand ich der Ferien
wegen nur wenige Studenten, die mich aber sehr liebreich auf-
nahmen. Ein Heigelin, der später Regierungsrath wurde, und ein
Siebenbürger Student faßten den Entschluß, einen Einspänner zu
miethen und mich bis zum Rheinfall bei Schaffhausen zu begleiten.
So kamen wir dem malerischen Hohenzollern vorüber durch den Jahr-
marktslärm, der grade in Balingen herrschte, nach Tuttlingen. Vieles
an dem schwäbischen Volke heimelte mich an, am meisten die aleman-
nische Mundart. Doch hätte ich mir damals nicht träumen lassen,
daß das Landvolk grade in diesen Gegenden mir einmal noch viel genauer bekannt werden, und daß ich späterhin zweimal für Balingen

und einmal für Tuttlingen zum Abgeordneten in die württembergische Kammer gewählt werden würde.

Es war am 5. April früh um zwei Uhr, als wir noch bei tiefer Dunkelheit in Tuttlingen aufbrachen, um zu Fuß über den hohen Berg (Witthoch) zu gehen, der das obere Donauthal vom obern Rheinthal trennt, während der Wagen uns langsam nachfuhr. Als ich nun oben auf dem Berge angekommen war, sah ich meinen Bonner Traum vor mir, die silberglänzende Kette der Schweizer Alpen bis tief nach Tirol hinein und darüber den Mond am klaren Nachthimmel. Ich fühlte mich tief von diesem Anblick ergriffen und konnte kaum den Tag erwarten, um vollends durch das Hegau in die Schweiz zu kommen. Der feruher schimmernde Bodensee, die herrlichen Basalt-felsen und Burgen des Hegau interessirten mich weniger, als die mit ihren Firnen mächtig gen Himmel aufstrebende Schweiz, in der ich Land und Volk gründlich kennen lernen wollte. Nachdem ich am Rheinfall bei Schaffhausen von meinen Tübinger Freunden Abschied genommen hatte, eilte ich noch einmal durch badisches Gebiet nach Zurzach, in dessen Nähe die Aare in den Rhein mündet, welcher entlang ich nunmehr über Brugg noch bis Aarau zu gehen hatte. Als ich vom badischen auf das schweizerische Rheinufer übergesetzt war, nahm mich ein Landjäger in Empfang und verlangte meinen Paß. Ich verlangte dagegen, indem ich mir grade meine Reisepfeife stopfte, Feuer von ihm, welches er mir bereitwillig gab, und von dem Passe war nicht mehr die Rede. Ich erinnere mich noch, mit welchem Vergnügen ich an diesem Nachmittag und Abend die schönen Profile des Juragebirges, an dem ich dicht vorüber ging, in seiner unübersehlichen Perspective betrachtete, denn der Jura streift in schnurgrader Richtung von der Mündung der Aare in den Rhein bis an die Rhone in der Nähe von Lyon. Das Thal der Aare trennt den Jura von den Alpen. Der erstere gleicht einer großen Mauer, welche gleichsam den äußersten Festungswall der Schweiz bildet. Das Thal ist reizend, indem es sich bald verengert und von malerischen Felsen und Burgen umdrängt wird, bald wieder erweitert und frucht-

bare Landschaften und freundliche Städtchen trägt. Ich hatte einen
weiten Weg gemacht, lief aber bis in die Nacht fort. Als ich nun
endlich nach Aarau kam, war es schon zwischen neun und zehn Uhr.
Ich erkundigte mich in der Vorstadt bei jungen Leuten, die mir be=
gegneten, nach Doctor Steingaß aus Bonn. Da zeigten sie mir
einige helle Fenster an einem gegenüber stehenden Hause, dort wohne
er und sei ihr Lehrer, denn er sei als Professor an der Cantonsschule
angestellt worden. Ich sprang die Treppe hinauf und wurde von
meinem Bonner Freunde und einigen seiner Collegen, die grade bei
ihm waren, auf das herzlichste empfangen.

VI. In der Schweiz.

Ich kam wie gerufen nach der Schweiz, obgleich ich nicht gerufen
worden war. In die studirende Jugend der Schweiz war nämlich
etwas von dem Geiste übergegangen, den man damals auf den Univer=
sitäten der deutschen Bundesstaaten unterdrückte. Vor allem wollte
man turnen, und da Clias in Bern, den ich noch in demselben Jahre
besuchte, mit seiner gymnastischen Methode und seinem französisch
geschriebenen Lehrbuch die deutschen Schweizer nicht ansprach, war
ich als ausgelernter Turner aus Jahns Schule hoch willkommen.
Auch erkannten die Behörden der kleinen souverainen Republiken der
Schweiz in den Flüchtlingen, die von den deutschen Universitäten zu
ihnen kamen, tüchtige Lehrkräfte, die sie für ihre Schulen benutzten.
Ich wurde in dieser Beziehung nicht nur von Steingaß, sondern auch
von einflußreichen Aarauern sogleich in Anspruch genommen. Auf
nächsten Mai war nach Schweizer Sitte eine Concursprüfung nach)

Aarau ausgeschrieben. Wenn ich diese bestand, sollte ich nicht nur die betreffende Lehrerstelle erhalten, sondern auch einen Turnplatz in Aarau gründen und die Turnübungen leiten. Weil ich aber bis dahin noch sechs Wochen Zeit übrig hatte und man auch in Zürich sehr nach einem deutschen Turnmeister verlangte, so blieb ich nur wenige Tage in Aarau und brach schon am 12. April wieder auf, um eine der fröhlichsten Fußtouren beim schönsten Wetter auf dem nächsten Wege über die Berge und durch Mellingen nach Zürich zu machen. Der Himmel und das Land waren so schön, meine Aussichten so günstig, das Herz lachte mir.

Wenn man damals durch die Schweiz reiste, empfing man andere und, ich darf es wohl sagen, um vieles reizendere Eindrücke, als man sie heute empfängt. Die Berge und Landschaften sind zwar gleich schön geblieben. Damals aber herrschten noch überall die bunten und malerischen alten Volkstrachten, welche jetzt beinahe bis auf die letzte Spur verschwunden sind, um einer viel einförmigeren und geschmacklosern Allerweltskleidung Platz zu machen. Wenn das Volk immerhin als Staffage der Landschaft gelten muß, so war jene ältere ungleich schöner. Ein Volk, so gekleidet, wie es jene frühern Schweizer und Schweizerinnen waren, verschönert die Gegend wie ein Blumenflor des Frühlings. Jetzt sind diese festlichen Farben verschwunden und alles sieht winterlich, kahl und gewöhnlich aus.

Mit der alten Romantik der schönen, noch aus dem Mittelalter stammenden Trachten des Landvolks contrastirten noch auf eine merkwürdige Weise Perücke, Puder und Zopf des vorigen Jahrhunderts in den Städten. Aarau war damals schon eine der vorgerücktesten Städte in der Schweiz, im Gegensatz gegen Bern und Zürich, die alten Bollwerke der Aristokratie, ein Zufluchtsort und Hauptherd alter und neuer Demokratie. Man sah hier noch alte Größen der Helveter Partei vom Jahr 1798, wie Zschokke, Rengger ꝛc., und zugleich auch schon die eben aufwachsenden Größen des spätern Radicalismus, z. B. den nachherigen Seminardirector Keller, den ich unter meinen Schülern zählte. Genug, Aarau war schon eine ganz moderne Stadt. Man sah dort nur noch wenig Zöpfe und es gab nur noch einen Regierungsrath nach der alten Mode, welcher stark gepudert auch von allen, die seine Gunst nachsuchten, gepudertes Haar verlangte, indem er zu sagen pflegte: „I luge numen, ob a Ma puderet ischt." Dagegen fand ich in Mellingen, wie auch in Bremgarten damals noch fast alle Stadtbürger in Puder und Zöpfen, und als ich Abends nach Zürich kam und ohne vorher meine offiziellen Besuche zu machen, wozu es schon zu spät war, in einen Concertsaal ging, in welchem sich der berühmte Romberg auf dem Violoncell hören ließ, sah ich nicht ohne Erstaunen den hell erleuchteten Raum erfüllt mit weißem Puder und Zöpfen, welche die alten Herrn hier fast noch durchgängig trugen. Als Zeichen eines dritten Zeitalters drängte sich nun auch noch der deutsche Rock und die deutsche Studentenmode ein, was eine nicht uninteressante Mischung gab. Jetzt sind die romantischen Volkstrachten, ist der classische Zopf und ist auch der deutsche Rock mit dem offenen Hemdkragen verschwunden.

Ich fand in Zürich viele freundliche Gönner, unter denen mir noch Chorherr Schultheß, der berühmte Philologe Hans Caspar von Orelli und der eben so berühmte Ornithologe Schinz am meisten erinnerlich sind. In des letztern Familie war ich bald wie zu Hause. Er hatte eine zierliche kleine Tochter, die dem Vater an Munterkeit glich. Damals lebte auch noch der durch seine Beschreibung der Schweiz bekannte Ebel, dem ich vorgestellt wurde. Auch lernte ich den „langen Hirzel" kennen, der später als Landammann der Schweiz eine traurige Rolle spielte, indem er es hauptsächlich war, der die Berufung des Dr. Strauß nach Zürich beförderte und deshalb durch eine Revolution der christlich gesinnten Bauern gestürzt wurde. Er besaß eine ungewöhnliche Körperlänge bei großer Magerkeit und hatte die feine dünne Stimme eines noch unreifen Mädchens. Dabei war er ein äußerst gutmüthiger Mensch mit schwärmerischen Ideen, wie ich dergleichen damals und auch noch später viele kennen gelernt habe, durchaus wohlwollende und uneigennützige Enthusiasten, die nur das Unglück hatten, in ihrem beschränkten Geiste sich einzubilden, sie ver-

möchten etwas gutes und großes Neues zu bauen, wo sie nur ein-
reißen und zerstören halfen.

Unter den jüngern Männern hingen wir ganz besonders zwei
Enkel des berühmten Salomon Geßner an. Der eine von ihnen,
Eduard, war Buchhändler. Ich übernahm den Turnplatz und orga-
nisirte die Uebungen rasch nach Jahns System, wobei mich der Student Jakob Maver später Professor in Chur am tüchtigsten unterstützte und mir der gute Wille der Jugend überhaupt aufs erfreu-
lichste entgegenkam.

Aber welche Contraste drängten sich in jener Zeit zusammen.
Da saß unfern von Zürich zu Mariahalden am See ein Graf Benzel-
Sternau, weiland Minister des Fürsten Primas, Großherzog von
Frankfurt, in der schmählichen Rheinbundzeit. Von Unpopularität
gedrückt und besonders im rheinischen Merkur übel mitgenommen,
hatte er Deutschland verlassen und sich einen reizenden Ruhesitz in
der Schweiz ausgesucht. Es wäre mir nicht eingefallen, mit diesem
Herrn bekannt werden zu wollen, aber sein Sohn, ein munterer
Knabe, und dessen Hofmeister Röder, ein mir schon bekannter Turner
und Burschenschafter, luden mich im Namen der Gräfin so freundlich
ein, nach Mariahalden zu kommen, daß ich mir diese Leute doch ansehen wollte. Man konnte nicht liebenswürdiger empfangen werden,
als mich die Gräfin empfing, welche für Kunst und Wissenschaft
schwärmte und viel gesehen und gelesen hatte. Die Schönheit ihres
Landsitzes konnte nicht verhindern, daß sie sich hier einsam fühlte.
Sie empfing daher gern Besuche. Ihr Gemahl war mir als Verfasser des „goldenen Kalbes" schon bekannt, ein ältlicher, etwas aus-
getrockneter aber feiner Mann, der sich bald für mich interessirte,
weil er so viele Belesenheit, als ich sie damals schon besaß, bei einem
Turner nicht vorausgesetzt hatte. Im Uebrigen legte er Werth darauf, sich bei den deutschen Flüchtlingen in der Schweiz beliebt zu
machen, um die verlorene Popularität wieder zu gewinnen, denn er
schriftstellerte noch fort. Außer dem Sohn hatten sie noch ein zwei-
jähriges Töchterchen, die kleine Leopoldine, mit so schönen Gold-

loden, wie sie je ein Kind gehabt hat. Sie gefiel mir ausnehmend und schloß sich auch auf das Zärtlichste an mich an. Um dieses lieblichen Kindes willen wäre ich gern wieder nach Mariahalden gekommen, aber schon wenige Tage nach meiner Rückkehr erhielt ich die Trauerkunde, es sei ertrunken.

Am 2. Mai bestand ich in Aarau die Concursprüfung und wurde als erster Lehrer der mit der Kantonsschule verbundenen Stadtschule, in der ich 13 bis 15jährige Knaben Griechisch und Lateinisch zu lehren hatte, und zugleich als Turnlehrer angestellt. Ich bekam dafür jährlich tausend alte Schweizerfranken. Statutenmäßig sollte auch noch ein Lehrer für die deutsche Sprache angestellt werden, den man sich aber ersparte, indem man mir dessen Functionen auch noch auflud, wofür mich der damalige Präsident der Schulpflege, der sog. alte Tanner, besonders zu entschädigen versprach. Dieses Versprechen gab er mir nur mündlich. Ich nahm es aber für ehrlich an und voll Jugendkraft, wie ich war, gab ich wöchentlich 36 Stunden. Ich griff den Unterricht mit Ernst und Feuer an, setzte durch, daß einige zum Studiren ganz unfähige Knaben zurückgezogen wurden, um sich einem andern Beruf zu widmen, und hatte die Freude, mit den Uebrigen desto besser fortzukommen. Die Jugend liebte mich, die Behörden dankten mir für meinen guten Eifer. Auch am Turnen hatten die Alten und Jungen Freude. Mein Turnplatz war einer der schönsten, die man sehen konnte, die sog. Telle, ein von hohen Bäumen rings umschlossener zirkelrunder Platz unterhalb der Stadt am rechten Ufer der Aare. An meinem Geburtstage schmückten mir die Knaben die Schulstube mit Blumen aus.*)

Soviel es mir meine Zeit erlaubte, machte ich mit meinen neuen Aarauer Freunden, unter denen sich auch der beim Forstwesen an-

---

*) Ein Schüler brachte zum Geburtstag ein Päckchen mit sechs Paar Socken; seine Mutter, berichtete er, habe sie Herrn Menzel gestrickt und gesagt: „Es luegit im Niemed!" — Ein andrer hübscher Zug aus jener Zeit ist folgender. Einmal fand mein Vater an der Thür des Schulzimmers die Worte angeschrieben: „Herr Menzel ist bös", und darunter von andrer Hand: „aber nur, wenn man ihn bös macht." Anm. des Herausg. nach mündlicher Mittheilung.

gestellte sanfte und liebenswürdige Gehret befand, kleine Ausflüge in die schöne Umgegend. Da ich den Tag über zuviel zu thun hatte, stieg ich einmal Abends im Juni mit Gehret auf die Gyfulaflue hin= auf, die schöne Felsenzacke des Jura, welche Aarau überragt und von wo aus man nach Süden das ganze Panorama der Alpen, nach Norden das Rheinthal bis tief nach Schwaben hinein übersieht. Wir blieben, um die Sonne unter= und wieder aufgehen zu sehen, die ganze Nacht oben. Nach einem herrlichen Sonnenuntergang lagerten wir uns unter einem überhängenden Felsen. Ueber Nacht aber fing es sanft zu regnen an, und wir verzichteten bereits auf den Sonnen= aufgang, aber im Osten blieb zwischen dem Horizont und den Regen= wolken noch ein lichter Streifen übrig, und als die Sonne herauf= kam, blitzte sie plötzlich in die dämmernde und trübe Landschaft hinein und erfüllte sie mit einmal ringsum mit einem tiefen Purpurschein. Während wir entzückt nach ihr hinblickten, wölbte sich hinter uns ein majestätischer Regenbogen, aber kaum hatten wir diesen bewundert, so wurde die Sonne schon wieder von Wolken bedeckt, die ganze Farbenpracht war verschwunden, und alles wieder grau und trübe. Diese Gyfulaflue blieb mein Lieblingsberg, auf den ich seitdem im Sommer fast jede Woche einmal hinauf stieg. Ich besitze noch ein halbes Dutzend schöner Apolloschmetterlinge, die dort nur am höchsten Gipfel vorkommen und die ich mir zum Andenken einfing.

In der Honoratiorenwelt von Aarau herrschte die schon ältere und nachahmungswürdige Sitte, daß junge Leute beiderlei Geschlechts ohne Zulassung von Verheiratheten, sich zu anständigen Sommer= und Wintervergnügungen, Landpartieen, Spielen und Bällen ver= einigen durften. Ich wurde dazu eingeladen und nahm immer mit großem Vergnügen daran Theil. Man sollte der gesitteten und ge= bildeten Jugend diese Freude nicht aus übertriebener Furcht, es könnte etwas Unschickliches dabei vorkommen, verkümmern. Die Jugend selbst übte in dieser Beziehung eine strenge Controle. Wehe dem, der sich die geringste Unanständigkeit erlaubt hätte! Jünglinge und Mädchen lernten sich dabei auf eine zwanglose Weise kennen, und aus unserer harmlosen Gesellschaft ist manches glückliche Ehepaar hervorgegangen. Ich dachte dabei oft an die Minnesänger aus der Schweiz und Oberschwaben, die schon vor sechs Jahrhunderten die Maienlust der Jugend und den ungezwungenen Verkehr beider Geschlechter in denselben Gegenden anmuthig besungen haben. Auch freute mich die alterthümliche Sitte, nach welcher in der Schweiz auch das vornehmste und reichste Mädchen nur Jungfer und nicht Mamsell oder Fräulein angeredet wurde.*)

Im Juli bekam ich Ferien und betheiligte mich bei einem Studentenfest in Zofingen, wo der erste Versuch gemacht wurde, die Studenten der verschiedenen Schweizer Universitäten nach Art der allgemeinen deutschen Burschenschaft zu vereinigen. Von hier unternahm ich mit Jakob Mayer von Zürich und zwei andern jungen Zürichern meine erste Alpenreise über Bern. In dieser prächtigen Bergstadt erfreute mich am meisten der kräftige und schöne Volksstamm. Nirgends ist die alte Schweizerrace so treu bewahrt wie hier. Wie in der Stadt, so auf den Dörfern des großen Cantons sah man vorzugsweise große und herrlich gewachsene Männer und Frauen. Etwas Aehnliches findet man außer in Graubündten bei einer größeren Bevölkerung nur im schwäbischen Allgäu. Ich suchte hier Elias auf und turnte mit ihm um die Wette. Nachher aber wanderte ich mit meinen treuen Zürichern bei großer Hitze noch rüstig nach Thun, von wo wir am Abend auf einem Kahne über den schönen See fuhren, das finstere Stockhorn und die Pyramide des Nisen, noch mehr aber das reizende Spiel des an der glänzenden Schneewand der Blümlisalp vorüber fliehenden Gewölks bewundernd. Als es auf dem See schon ganz dunkel war, ragten noch über das nahe Waldgebirge die schneeigen Gipfel der Jungfrau und der beiden Eiger hoch zum klaren Himmel empor und gaben uns das schöne Schauspiel des Alpenglühens, des bei Sonnenuntergang allmählichen Abfärbens aus silberweiß in goldgelb, orange, rosenroth und tiefe Purpurgluth, die dann

---

*Diese Sitte besteht heute noch.   Anm. des Herausg.

plötzlich, sowie der letzte Sonnenstrahl verschwunden war, in ein sanftes Milchblau überging.

Wir übernachteten in Unterseen und gingen am andern Morgen durch das reizende Thal, welches den Thuner- vom Brienzer See trennt, nach Interlaken. Hier scherzten wir mit ein paar allerliebsten Mädchen in der Landestracht, die aber Engländerinnen waren, welche sich nur aus Muthwillen verkleidet hatten. Dann gingen wir weiter in das berühmte Thal von Lauterbrunnen, vor uns die glänzende Schneespitze der himmelhohen Jungfrau. Gegenüber dem Dorfe Lauterbrunnen fällt der Staubbach so hoch herunter, daß er sich unterwegs in eine von einem Regenbogen durchzogene Staubwolke auflöst. Im Wirthshaus machte ich vor einem Schmetterlingkasten die Bekanntschaft eines schlichten Reisenden, der die bunte Alpenfauna mit mir betrachtete. Es war Ludwig Uhland, dessen Gedichte ich schon kannte und der mich durch seine große Bescheidenheit doppelt angenehm ansprach. Wir sollten uns später näher kennen lernen. Damals gingen unsere Wege auseinander, denn er kam von der Wengern Alp, auf die wir denselben Abend noch hinaufstiegen. Es war ein warmer, heller, windstiller Abend. Hoch über uns stand unverrückt die weiße Jungfrau. Wenn sie uns aber einen Augenblick bei einer Umbiegung des steilen Fußpfades entrückt wurde, glaubten wir, sobald wir sie wiedersahen, sie sei noch höher geworden. Es liegt ein eigener Reiz in der Verfolgung der verticalen Perspective, wenn man mehr nur an die horizontale gewöhnt war.

Wir übernachteten, denn damals gab es auf der Wengern Alp noch keine Hotels, in einer rauchigen Sennhütte, blieben aber noch lange im Freien, um die grade vor uns emporragende Jungfrau im Mondschein zu betrachten und dem Donner ihrer Lawinen zuzuhören, welche in dieser Jahreszeit häufig niederfallen. Wir hörten nicht nur die Lawinen der uns zugekehrten Bergseite, sondern auch das dumpfe Rollen der andern, welche auf der entgegengesetzten Seite nach dem Wallis hinüberfielen. Meine Zürcher Freunde stimmten nun frohen Herzens Studentenlieder an und unsere gastfreundlichen Sennen bemerkten, daß auch sie zu singen verstünden. Wir baten sie, zu singen, und ich wurde tief ergriffen und beschämt, als diese heroischen Jünglinge sanfte Romanzen anstimmten, uralte Volkslieder von rührendem Inhalt und von so edler Einfachheit der Sprache, daß sie ganz das Gegentheil von der maulvollen und windigen Prahlerei unserer Studenten- Turner- und Freiheitslieder waren. Ich hatte an der hochtrabenden Poesie, die in den Freiheitsliedern Follens sogar in krampfhafte Zuckungen gerieth, als an etwas Unnatürlichem, niemals Freude gehabt.

Schon am Abend hatten sich von den benachbarten Sennhütten mehrere junge Hirten eingefunden, welche die Neugier um uns versammelte. Nachdem wir bis tief in die Nacht mit ihnen verkehrt hatten, schliefen wir ein wenig, standen aber schon frühe wieder auf, um den Sonnenaufgang zu sehen. Von allen Seiten kamen die schönen Kühe herbei, um sich vor der Hütte melken zu lassen. Nachdem dieses Geschäft vorüber war, kamen nach und nach zwanzig bis dreißig Sennhirten an, unter denen der älteste nicht viel über 30 Jahre zählen konnte, die jüngsten aber noch Knaben waren. Sie setzten sich auf dem noch thauigen Grase und fingen zu schwingen an, nicht etwa, weil wir zugegen waren und für ein Trinkgeld, sondern einzig zu ihrem eigenen Vergnügen, denn zu gewissen Zeiten im Jahre kamen die Hirten benachbarter Alpengebiete zusammen und hielten Wettkämpfe zur Erprobung, welches Volk der Thäler stärker sei, die von Lauterbrunnen, von Grindelwald, oder vom Haslithal, oder die von Obwalden. Es war der landesübliche Ringkampf, Schwingen genannt, weil jeder Schwinger den andern mit der rechten Hand an der linken Hüfte bei den kurz aufgeschlagenen Hosen faßt und beide gegen einander schwingen und sich wiegen, bis einer den andern in die Höhe zu lupfen vermag. Die jüngsten und kleinsten fingen an und der Sieger mußte auf dem Platze bleiben und immer wieder mit einem neuen Gegner kämpfen, bis er selbst besiegt wurde. So kam endlich die Reihe an die größten und stärksten. Der vorletzte war ein breitschulteriger Riese mit strotzenden Muskeln wie ein Her-

kules. Wie er aber mit dem letzten, einem schlanken Jüngling, der
ihm auch an Größe nicht gleichkam, kämpfen sollte, bat er denselben
im Voraus gutmüthig, er möge ihn nicht zu hart niederwerfen.
Daraus erkannten wir, daß der Schlanke stärker als alle andern sein
müsse, wie denn auch seine Glieder fest wie Eisen waren. Nach
wenigen Minuten hob er den Riesen auf, hielt ihn eine Weile auf
beiden Händen hoch über sich in der Luft und legte ihn dann ganz
sanft nieder, womit unter allgemeinem Lachen der heitere Wettkampf
schloß. Wir hörten noch schöne Kuhreigen, die weit hinaus in die
Berge schallten, und nahmen dann von den Hirten Abschied. Aber
eine Anzahl Kühe und Kälber folgten uns nach, indem sie sanft unsere
Hände leckten, des salzigen Geschmacks wegen. Die Aussicht beim
Hinabsteigen nach Grindelwald ist eine der schönsten in der Schweiz,
besonders durch den Contrast des düstern und furchtbaren Schreckhorns
mit den glänzenden Schneespitzen der Wetterhörner. Die Gletscher
reichen hier bis tief zum grünen Thal hinab, und der größte gießt
einen Bach aus unter einem natürlichen Thore von tiefblauem Eise.
Von Grindelwald aus führt der Weg über die Scheideck zum Wasserfall des Reichenbach. Wenn man oben steht, sieht man in seinem
Schaum den schönen Regenbogen in beinahe vollem Zirkel unter sich.
Von hier steigt man ins Haslithal hinab nach Meyringen. Es war
Sonntag und wir hatten das Vergnügen, das schön gewachsene Landvolk dort in seinem besten Putze zu sehen. Wir nahmen einen Kahn
und fuhren auf dem nahen Brienzer See zum Gießbach, dessen Wasserfall eben so schön und berühmt ist wie der des Reichenbach. Das
Wetter war uns immerfort günstig. Wir erstiegen in Begleitung
eines zwölfjährigen Mädchens voll Naivetät und doch frühzeitiger
Klugheit, wie man sie in den Gebirgen nicht selten findet, den steilen
Brünig. Auf der Höhe desselben, wo der Weg nach Unterwalden
führt, steht eine Capelle, rings umgeben von Wiesenblumen, um
welche unzählige Schmetterlinge gaukelten, darunter auch wieder der
schöne sanft schwebende Apollo. Dann kamen wir hinab zum Lungern-
see, dessen hellgrünes Wasser damals noch nicht abgelassen war. Weiter

unten im Thale kamen wir dem See von Sarnen vorüber und nach Sachseln, einem berühmten Wallfahrtsort, wo wir mit Pilgern aus Tirol zusammentrafen. Man verehrt hier den seligen Bruder Niclas von der Flue. Sein Grab, wenn man es so nennen darf, ist der Altar der Kirche selbst, sein Gerippe das Altarbild. Wenn dieses Bild enthüllt wird, erblickt man nicht ohne Schrecken das lange, beinahe riesenhafte Gerippe aufrecht stehend, ohne Hülle und nur mit Juwelen geschmückt. Wir gingen dann weiter das Thal hinab und sahen in Stans, dem Hauptort des Cantons, drei schlanke Land-mädchen in Strohhüten mit Rechen auf der Schulter. Sie gingen ins Heu, es waren aber Fräuleins von der Flue aus der uralten Familie des seligen Bruders. Hier sieht man auch eine Gedenktafel, auf welcher die vier- bis fünfhundert Einwohner verzeichnet sind, die 1798 hier gegen die Uebermacht der Franzosen kämpften und fielen. Darunter waren auch viele Frauen und Mädchen, welche tapfer mit-gefochten hatten. Man erzählte uns manchen interessanten Zug aus jener Zeit. In einem abgelegenen Hause im Thale war nur eine Magd zurückgeblieben und eben beschäftigt, das Essen für die ab-wesende Familie zu bereiten, als statt derselben zwei französische Soldaten eintraten. Sie gab denselben gutmüthig zu essen, wehrte ihnen aber ab, als sie unartig wurden. Endlich wurde sie böse, und da sie groß und stark war, griff sie beiden Franzosen ins Haar und schlug ihre Köpfe so hart aneinander, daß beide augenblicklich todt waren. Diesem Mädchen geschah nichts. Der französische General pries ihre Tugend und bewunderte ihre Stärke.

Nachdem wir ganz Unterwalden durchschritten hatten, fuhren wir von Stansstad aus quer über den Vierwaldstättersee nach Küß-nacht, wo wir übernachteten. Wir wollten auf den Rigi, allein es fing zu regnen an, das ganze Gebirge war in Wolken getaucht. Wir besuchten also nur Tells Capelle in der sog. hohlen Gasse, die wir nicht eben hohl fanden, und gingen dann über den Zuger See nach Zug. Das Wetter hellte sich wieder auf, und vom Albis hatten wir fast dieselbe schöne Aussicht wie vom Rigi. Abends waren wir in

Zürich, wo wir noch einige frohe Tage zubrachten. Dann kehrte ich über Baden, das Bad Schinznach, und die alte Habsburg nach Aarau zurück.

Ich hatte nun die echten Schweizer in ihren Alpen kennen gelernt und fand daher um so größeres Mißfallen an der literarischen Affectation schweizerischer Natürlichkeit, wie in Claurens berüchtigter Mimili, wovon sich aber auch der sonst treffliche Hebel nicht ganz freigehalten hat. Unter den Schweizer Dichtern selber war die Verkehrtheit in die Mode gekommen, und man hatte einen Erwerbszweig daraus gemacht. Die Spielerei mit mundartlichen Naivetäten, wie sie Hebel im Schwarzwald mit seinen alemannischen Gedichten in die Mode gebracht hatte, grassirte, während ich in der Schweiz lebte, auch hier. Es machte den unangenehmsten Eindruck auf mich, wenn ich die modernste Empfindelei der classischen Kunstpoesie in die naive Sprache der echten Volkslieder übertragen sah, wodurch eben ihre Naivetät verloren ging. Ich mußte mich aus diesem Grunde schon in meinen frühesten kritischen Schriften gegen Hebel aussprechen, der nur selten den echten Volkston getroffen und deste öfter nur Reflexionen und Sentiments, deren kein Schwarzwälder Bauer jemals fähig ist und die nur dem classisch gebildeten Culturphilister natürlich sind, in die Bauernsprache übertragen hat. Bei alledem hatte Hebel ein feineres poetisches Gefühl, als die Schweizer, die aus seiner Nachahmung bald eine Industrie machten. Mit unaussprechlichem Ekel mußte ich in jenen zwanziger Jahren fast bei jedem Festessen oder sonst in geselligen Kreisen, wenn sich Gesang erhob, das scheußliche sog. Volkslied mit anhören, welches kurz vorher ein reformirter Pfarrer gedichtet hatte und worin es hieß:

Chor. „Was bruucht me n i der Schwyz?
Was bruucht me suscht im Schwyzerland?
He! heyßaßa o Vatterland!
Was bruucht me n i der Schwyz?"
E guete n alte Chääs
Im Schwyzerpuur i's Gfrääs;

Daß 's Leib und Seel hübsch zämme bindt,
Am jüngschte Tag im Buuch noch findt:
Das bruucht me-n-i der Schweiz.

Ein Pfarrer freute sich also, daß seine Landsleute am jüngsten
Tage nicht das Herz voll Tugend, sondern den Bauch voll Käse
haben würden. Und diese gräßlichen, damals sehr populären Ge-
meinheiten mußte ich oft von hundert Schweizerkehlen brüllen hören.
Andere Schweizer, die in Hebels Manier dichteten, fielen nicht in
diese Roheit, desto mehr aber in eine lyrische Empfindsamkeit, die
nur bei Stubengelehrten und niemals beim Landvolke vorkommt.
So namentlich Minnich. Wie Hebel einen Schwarzwälder Bauer
den Morgenstern fragen läßt, ob er seine Augen so klar und blau im
Morgenthau gewaschen habe? so läßt Minnich einen Hirtenbuben
in den Alpen singen: Ich stehe hier am Felsenhang und sehe, wie so
still und bang das Wölkchen zieht rc.

Die Aufnahme des Mundartlichen in die Literatur der aus-
gebildeten Schriftsprache schloß keineswegs eine würdige Anerkennung
oder auch nur richtige Erkenntniß des eigentlich Volksthümlichen in
sich, sondern war nur ein Mißbrauch und eine Mißhandlung des
Volksthümlichen, ein neuer Triumph der classischen Bildung über die
nationale Natur, eine neue Ohrfeige, welche die Gebildeten dem
Volke gaben.

Im Juni 1820 kam Görres nach Aarau, nachdem er sich vorher in Straßburg aufgehalten hatte. Seine Familie konnte ihm erst
im Herbst nachkommen. Er wohnte vor dem Stadtthore in einem
hübschen Hause mit Garten, und ich war oft bei ihm und seinen
Kindern. Sophie und Guido waren mir von Ley her wohl bekannt,
die jüngste Tochter Marie, noch ein halbes Kind, lernte ich jetzt
kennen und neckte mich gern mit diesem muntern Mädchen. Der alte
Görres war damals noch ein stattlicher Mann, seine Züge waren
voll Geist und Energie. Seine röthlichen Haare hatten etwas Wildes,
aber Geniales. Ich schätzte ihn sehr hoch wegen seines bewährten
Patriotismus. Nur seine Ausdrucksweise fand ich hin und wieder

etwas zu derb. Confessionelle Anfechtungen erlebte ich nicht von ihm. Der Kirchenstreit war damals noch nicht ausgebrochen. Eines schönen Tages kam auch mein alter Jenenser Freund Karl Follen in Aarau an. Er war, nachdem er von Jena hatte flüchten müssen, Professor in Chur geworden, hatte aber vor seinen Schülern Verachtung des Christenthums blicken lassen, wurde deshalb von der Cantonsbehörde abgesetzt und war im Begriff, nach Nordamerika auszuwandern. Seine Ansichten waren noch dieselben wie früher, womöglich noch schroffer. Ich rieth ihm, sich etwas mehr zu moderiren, sonst würde er nirgends mit den Menschen auskommen. Ich begleitete ihn bis auf die Schafmatt, einen Jurapaß, der nach Basel hinüberführt. Es war ein trüber Septembermorgen, und ich trennte mich von dem kräftigen Menschen mit Wehmuth und schlimmen Ahnungen. Es ging ihm schlecht in Amerika. Er mußte sich, um fortzukommen, an eine Secte anschließen, ging eine unpassende Heirath ein und ist auf einer Flußreise mit einem Dampfschiff, auf welchem Feuer ausbrach, verbrannt.

Im Herbst kam Hammer von Coblenz, um seine Braut Sophie Görres zu besuchen. Mit ihm und Guido ging ich noch spät im Herbst auf den Rigi. Es war der letzte September, aber helles Wetter, und die Alpen zeigten sich in der klarsten Beleuchtung. Wir stiegen von Arth aus auf der steilsten Seite den Berg hinauf und ruhten unter einer Felsennase aus. Hier ging der Traum in Erfüllung, den ich einst in Bonn geträumt hatte. Ich besaß eine hübsche Porzellanpfeife, aus der mein Freund Hammer immer gern geraucht hatte, wenn er in Bonn bei mir auf dem Zimmer war. Als er dieselbe Pfeife nun wieder in Aarau bei mir sah, wünschte er sie auf die Bergreise mitnehmen zu dürfen. Wie er sie aber unter jener Felsennase auf dem Rigi anzünden wollte, war sie weg, denn er hatte sie unterwegs verloren. Ein Jahr vorher aber hatte mir geträumt, er säße mit mir an derselben Felsennase, rauche aus meiner Pfeife und lasse sie aus Versehen in den Abgrund hinunterfallen.

Wir übernachteten auf dem Rigi, sahen Abends die Sonne

unter- und am Morgen wieder aufgehen. Aus dem Zuger See stiegen Wölkchen empor und färbten sich, wenn sie hoch genug gekommen waren, in der Morgensonne rosenroth. Auf dem Rückwege zum Vierwaldstättersee trafen wir in Wäggis eine große Zahl Tiroler mit Frauen und Mädchen an, die hierher gewallfahrtet waren. Wir fuhren mit ihnen über den See nach Luzern und sie erzählten uns viel von der Noth, die sie daheim durch die österreichischen Beamten auszustehen hätten, von denen sie mißbraucht und gedrückt würden, obgleich sie 1809 dem Kaiser so große Treue bewiesen hätten.

Vierzehn Tage später begannen unsere Herbstferien, und ich unternahm mit Oehler von Frankfurt, der damals Professor in Aarau war, noch in dieser späten Jahreszeit eine Fußreise nach Genf, denn ich hatte eine brennende Begierde, noch mehr von der Schweiz zu sehen. Wir eilten zunächst nach Bern und besuchten hier den alten, einst berühmten Idyllendichter Wyß, dessen Gedichte und Reiseschilderungen auch viele alte Volkssagen der Schweiz aufgenommen haben. Der noch stattliche Mann empfing uns mit vieler Güte. Auch besuchten wir das nahe Hofwyl, wo ich Vollrath Hoffmann wieder fand, der von Jena als Lehrer hieher gekommen war. Er fing damals schon an, sich als Geograph auszuzeichnen, aber auch viel zu trinken. Wir reisten dann weiter über Murten, das uralte Avenches, Payerne und Moudon nach Lausanne. Unterwegs hatten wir Regen gehabt, hier aber klärte sich der Himmel wieder auf, und wir genossen die herrlichste Aussicht über den Genfersee und die gegenüber liegenden Alpen. Wir befanden uns in einer sehr gehobenen Stimmung, und da es gerade am 18. October war, beschlossen wir zu dreien, es hatte sich nämlich ein Apotheker aus Landshut in Bayern zu uns gesellt, als gute Deutsche diesen Tag im welschen Lande zu feiern. Dies geschah in einer großen Weinstube, wo man uns feurigen Lacote vorsetzte. Anfangs blieben wir allein; als aber unsere Gläser klangen, kam ein Waadtländer nach dem andern zu uns, um mit auf den 18. October anzustoßen. Am

Ende rückte man alle Tische zusammen und jubelte bis tief in die
Nacht. Denn die Waadtländer, obgleich sie nur französisch sprachen,
wollten doch nur freie Schweizer sein und hegten noch einen alten
Groll gegen Napoleons Despotismus.

Am andern Morgen besuchten wir in Lausanne Professor Mon-
nard, der damals noch jung, aber doch schon ein hellleuchtendes Ge-
stirn der dortigen Akademie war. Niemand hätte geglaubt, daß er
ein viertel Jahrhundert später, durch die Demokratie vertrieben, in
demselben Bonn würde Schutz suchen müssen, von wo ich damals
herkam. — Wir spazierten an den reizenden Ufern des Genfer See's,
vielen paradiesischen Schlössern, Landhäusern und Gärten vorüber
nach Genf, welches damals noch eine ganz aristokratische Stadt war
und den Luxus des Reichthums mit einer gewissen akademischen Vor-
nehmigkeit des Geistes paarte; denn man bildete sich ein, in Genf
ein besseres Französisch zu sprechen, als in Paris, und war sehr stolz
auf die großen Gelehrten, welche Genf hervorgebracht hat. Alle
diese Vornehmigkeiten wurden repräsentirt von dem alten Herrn
v. Bonstetten, der einem Berner Geschlecht angehörend, doch hier
lebte. Er nahm mich mit besonderer Güte auf, da es ihn interessirte,
zum erstenmal einen von der echten Race jener norddeutschen Turner
und Burschenschafter kennen zu lernen, welche durch die Verfolgung
einen Ruhm erlangt hatten, nach welchem sie nicht strebten. Bon-
stettens Schriften sind nicht übertrieben geistreich. Viel anziehender
als diese Schriften war er selbst, wie Alexander v. Humboldt ein
kleiner aber lebhafter, feiner, freundlicher und äußerst elegant geklei-
deter Greis. Sonst bot uns Genf nicht viel Merkwürdiges dar.
Als wir es verließen und durch das Ländchen Gex wanderten, kamen
wir an Ferney vorüber, dem berühmten Landsitze Voltaires, der im
Nest seiner Perücke so viel Unheil für die Welt ausbrütete. Wir
thaten ihm nicht die Ehre an, seine Reliquien zu besehen. Dort
kommt man der französischen Grenze ganz nahe, und wir waren erstaunt, auf jedem Hause jedes französischen Dorfes die weiße Fahne
der Bourbons flattern zu sehen. Wir gingen dem See entlang zu-

rück über das schöne Nyon nach Rolle und wandten uns von dort
nordwärts durch das sanft aufsteigende Weingelände über Cossoney
nach der alten Schloßruine Lasarra, die uns an den Ritter von Lasarra in Kotzebues Johanna von Montfaucon erinnerte, ein geistloses
Spectakelstück, welches gleichwohl im zweiten Jahrzehnt des Jahrhunderts Mode war und über alle deutschen Bühnen ging. Unfern
von jener Ruine erreicht man einen Gebirgssattel, auf welchem ein
kleiner vom noch höhern Juragebirg herabfließender Bach sich so theilt,
daß das Wasser zur rechten in den Genfer See und durch die Rhone
ins Mittelmeer, das Wasser zur linken aber in den Neuenburger
See und durch diesen in die Aare, den Rhein und die Nordsee fließt.
Liebende pflegten oberhalb der Gabelung zwei Blumen in den Bach
zu werfen und ängstlich zu beobachten, ob sie sich von einander trennen
oder einen Weg zusammen fließen würden. Die Aussicht ist von hier
aus, wie ich glaube, die großartigste und schönste in der ganzen
Schweiz. Der Bergrücken, auf dem man steht, trennt den Genfer
vom Neuenburger See und schlägt zugleich eine leichte Brücke hinüber vom Jura zu den Greyerser Alpen. Man hat hier die ganze
lange Wand des Jura hinter sich, vor sich aber den freiesten Ueberblick zunächst über die Seen, dann über die drei mächtigsten Gebirgs-
gruppen, zu denen die Alpen von den Niederungen Ungarns aus allmählich immer höher emporsteigen, um von hier aus wieder gegen
die Niederungen Frankreichs plötzlich abzufallen. Jene drei höchsten
und westlichsten Gruppen der Alpenwelt sind die sog. Berner Alpen
oder der Grundstock des St. Gotthard mit der Jungfrau, dem Finster-
aarhorn, Schreckhorn ꝛc., sodann die Walliser Alpen, die sich um den
Monte Rosa gruppiren, endlich die Savoyer Alpen, über welche sich
der glockenförmige schneeweiße Montblanc erhebt, der höchste Berg in
Europa. Diese drei Gruppen übersieht man hier von der alten
Ruine von Lasarra aus alle zugleich, jede der andern nahe und doch
wieder jede scharf gesondert.

Entzückt von dieser Aussicht, wie es wohl keine großartigere auf
unserm ganzen Festlande gibt, eilten wir durch Orbe und stiegen

hinab zum Neuenburger See, um in Yverdon den berühmten Pestalozzi zu besuchen, dessen Musterschule damals noch in ihrer Blüthe
stand. Es war schon spät Abend, er hatte einen Ausflug nach Grand-
son gemacht und war noch nicht zurückgekehrt. Wir konnten ihn daher nur grüßen lassen, gingen in einen Gasthof und legten uns
schlafen, da wir ziemlich müde waren. Nach elf Uhr aber weckte uns
Schmid, jener Tiroler, der beim alten Pestalozzi in der höchsten
Gunst stand und für ihn eigentlich die ganze Anstalt leitete. Er hieß
uns rasch wieder aufstehen, denn sein Alter wollte uns in der Nacht
sehen und sprechen, da wir hinterlassen hatten, wir würden morgen
in aller Frühe wieder abreisen. Wir warfen also den Schlaf hinter
uns, gingen zu Pestalozzi und wurden die ganze Nacht bei ihm aufgehalten, denn er ließ uns nicht los, überhäufte uns nach seiner Art
mit Liebkosungen und belehrte uns, ohne einen Augenblick zu ermüden,
über seine Anstalten und ihre Zwecke. Er war nicht groß, aber sehr
breitschultrig und hatte etwas auffallend Bäurisches in seinem ganzen
Wesen, dem übrigens seine sprudelnde Lebendigkeit zu widersprechen
schien. Ich habe niemals einen unruhigeren alten Mann gesehen, aber
man mußte ihn lieb gewinnen wegen seines rastlosen Eifers für das,
was er für das Wohl der Menschheit hielt, und wegen seiner kindlichen
Hingebung und Arglosigkeit. Wenn je wo, so mußte man hier den
Mann von seinem Schwindel unterscheiden. Der edle Mensch wurde
hier von einer falschen und übertriebenen Vorstellung, die er sich von
einer Menschheitsreform durch Erziehung gemacht hatte, und durch den
Egoismus seiner Schüler, in offenbare Thorheit, Schmach und Unglück fortgerissen. Als er später bankrot wurde, hat er noch die Irr-
thümer seines Lebens eingesehen und offen bekannt, insbesondere
aber den Irrthum, daß er in seinem Erziehungssystem nicht genug
auf die Religion geachtet habe. Diese seine letzte öffentliche Beichte
macht ihm die größte Ehre.

Da wir uns heimzukehren beeilen mußten, weil die Schulstunden wieder begannen, nahmen wir einen Wagen bis Neuenburg, wo
wir bei Tagesgrauen ankamen, und gingen dann am See hin wieder

zu Fuß über das freundliche Montmirail bis Neustadt am Bieler See. Hinter uns von Südwesten her tobte der Sturm. Wir bestiegen daher ein Solothurner Schiff, welches Wein aus dem Welschland abgeholt hatte, und fuhren mit geschwelltem Segel über den See. Aber die Wellen gingen immer höher und unregelmäßiger, da sie von der Brandung der nahen Ufer immer wieder gegen die Mitte des Sees zurückgeworfen wurden. Jetzt erst erfuhren wir, vor wenigen Tagen sei ein anderes Weinschiff im Sturm auf dem See untergegangen. Unsere drei Schiffer konnten das Schiff nicht mehr regieren, zogen das Segel ein und knieten auf dem Hintertheil des Schiffes nieder, um eifrig zu beten. Die vollen Weinfässer, obgleich gut festgemacht, rüttelten sich doch dermaßen, daß ich, um nicht von ihnen zerquetscht zu werden, den schwankenden Mast hinaufkletterte und an ihm in der Luft hängend den tobenden See und die schönen Ufer umher bewundern konnte, aber nicht bewunderte, denn ich dachte, wir würden kaum mit dem Leben davonkommen. Wir wurden aber endlich glücklicherweise vom Sturme in den schilfreichen Sumpf geworfen, den das feuchte Ufer unmittelbar vor dem alten Schlosse Nidau bildet. Hier blieben wir stecken und waren gerettet. Die ganze schwindelnde Fahrt hatte kaum eine Stunde gedauert. Da wir aber um jeden Preis heute noch bis Solothurn kommen mußten, wenn wir übermorgen in Aarau eintreffen wollten, konnten wir nicht abwarten, was weiter mit dem Schiffe geschah, arbeiteten uns durch den Sumpf an das Ufer und eilten, bis an den Gürtel schwer mit Schlamm bedeckt auf die Landstraße. Der Schlamm trocknete uns an den Kleidern und fiel nach und nach ab. Aber die Straße war von früherem Regen entsetzlich kothig und wir kamen nur langsam vorwärts. Vergebens sahen wir uns nach einem Wagen um. Es wurde dunkel und da der Himmel verhängt war, bald rabenschwarze Nacht. Wir verirrten und gingen einem fernschimmernden Lichte nach. Es kam aus einem kleinen Bauernhause und wir sahen durch das Fenster in ein Stübchen, in dem eine junge Mutter ihr Kind stillte. Wir klopften, sie öffnete und wies uns auf den rechten Weg.

Der süße Wohllaut ihrer alemannischen Mundart erfreute uns in der Seele, nachdem wir so viele Tage her das Landvolk nur franzöfisch hatten reden hören. Als wir endlich nach Solothurn kamen, konnten wir nicht mehr in die Stadt hinein, weil sie sich damals nach alter Sitte des Nachts hermetisch verschloß. Wir mußten vor dem Thor übernachten, bekamen aber einen Wagen, um am andern Tage unter strömendem Regen nach Aarau zurückkehren zu können.

Den Winter über war ich nicht nur an der Schule sehr beschäftigt, sondern hielt auch noch Vorlesungen im sog. Lehrverein. Ich muß hier einiges über die damaligen Verhältnisse des Canton Aargau bemerken. Derselbe hatte sich erst 1798 vom großen Canton Bern abgerissen und im Gegensatz gegen diesen aristokratischen Muttercanton von Anfang an ein streng demokratisches System eingehalten. Der eigentliche Demos freilich hatte hier so wenig etwas zu bedeuten, wie anderswo. Die reformirte Bevölkerung des alten bernischen Aargau wurde von einigen reichen Fabrikanten, namentlich dem reformirten Bürgermeister Herzog, geleitet, denen etwa noch ein paar Advocaten an die Hand gingen. Die katholische Bevölkerung in den vormaligen sog. freien Aemtern und im Frickthal wurde theils vom Kloster Muri aus, theils durch den geistvollen katholischen Stadtpfarrer Bock in Aarau geleitet, welcher später Domherr in Solothurn wurde. Man nahm damals noch Rücksicht auf einander. Die reformirte Mehrheit wollte die Katholiken noch nicht unterdrücken und die letzteren waren befriedigt, da einer der beiden Bürgermeister, welche dem regierenden kleinen Rath des Cantons präsidirten, ein Katholik war. Die paritätische Regierung erhielt sich durch das im Lande selbst herrschende Gleichgewicht, daher die meisten Regierungsräthe schon lange regierten und alte Herrn waren. Sie hatten aber keine große Macht, hauptsächlich weil sie über kein irgend erhebliches Staatsvermögen verfügen konnten. Nicht nur die reichen Klöster Muri, Wettingen 2c. bestanden noch, sondern auch die kleinen Städte Brugg, Baden, Zofingen, Zurzach, Bremgarten, Lenzburg, Aarburg 2c. waren eifersüchtig auf das gleichfalls kleine Aarau und behaupteten fortwährend eine gewisse Unabhängigkeit. Mit Steuern ließ sich das Volk nicht drücken. Der Staat war also arm. Sogar die Cantonsschule war nur eine Privatstiftung aus der Stadt Aarau; die Cantonsregierung hätte, sie zu gründen, keine Mittel gehabt. Wer Geld und dadurch einigen Einfluß im gemeinen Volk hatte, brauchte sich um die Regierung wenig zu bekümmern. Es kam vor, daß ein reicher Müllerssohn, der in der reitenden Miliz diente, als Oberst Schmiel ihn vor der Front tadelte, denselben auf die Kirchweih lud und heimritt.

Die Kirche hatte nirgends viel Ansehen, desto mehr die sog. Bildung. In dieser Beziehung hatte Zschokke sich nach seiner Weise bereits manches Verdienst um den Canton erworben, indem er eine Freimaurerloge leitete und sich eifrig bei einer Gesellschaft für vaterländische Cultur betheiligte. Er stand nicht in allgemeiner Achtung. Ein geborener Preuße war er abenteuernd nach der Schweiz gekommen, hatte in der Revolution von 1798 den wüthenden Republikaner gespielt und wurde später der eifrigste Lobredner Napoleons und des bayrischen Montgelas, so daß sein politischer Charakter sehr zweideutig war. Niemand aber sprach ihm ein bedeutendes Talent und große Rührigkeit ab, und da es in seinem Interesse lag, sich populär zu machen und er jedenfalls mehr Bildung und Kenntnisse besaß als die regierenden Fabrikanten, so verdankte man ihm in der That mancherlei Gutes, was für die Bildung geschah. So war er denn auch bei der Gründung des obgenannten Lehrvereins thätig, welcher den Zweck hatte, den Winter über Jeglichem, der zuhören wollte, Vorlesungen über allgemein wissenswürdige Materien zu halten. Gern nahm ich die Einladung an, mich dabei zu betheiligen und docirte im freien Vortrag zu allgemeiner Zufriedenheit die Weltgeschichte vor einem ziemlich zahlreichen Auditorium. Denn auch viele schon erwachsene Männer vom Lande waren den Winter über in die Stadt gekommen, um von den Vorlesungen etwas zu lernen.

Meinen näheren Umgang bildeten außer Steingaß und der Familie Görres der oben genannte Stadtpfarrer Bock, einer der ein-

flußreichsten und gescheidtesten Männer des Cantons, der mich sehr
lieb hatte und mit dem ich viel Schach spielte, der Professor Ernst
Münch, der mir viele Gefälligkeiten erwies und damals noch nicht
die servile Rolle ahnen ließ, die er später gespielt hat, Rudolf
Tanner, ein Advocat, der überaus zarte Lieder dichtete, später aber
sehr radical wurde, und Rudolf Meyer, der Naturkundige, der zuerst
die Jungfrau bestiegen hatte und ein sehr biederer Mann war. Zu
den merkwürdigen Menschen in Aarau gehörte auch der alte Professor
Bronner, der einmal im vorigen Jahrhundert viel von sich reden gemacht hatte. Er war nämlich als Mönch durch verliebte Lectüre verführt worden und aus dem Kloster entsprungen, hatte Geßners Idyl-
len in sog. Fischeridyllen nachgeäfft, war durch die Freimaurer, namentlich Feßler, nach Rußland empfohlen worden, eine Zeit lang
Professor in Kasan gewesen, dann zurückgekehrt und Professor in
Aarau geworden. Noch im hohen Alter verführte er eine Küchen-
magd und mußte sie heirathen. Es war ein gebückter, dickköpfiger und
finster blickender Greis. Interessant war mir immer eine alte politische Größe aus der helvetischen Zeit, der Regierungsrath Rengger,
ein kleines graues lebhaftes Männchen voll Verstand. Sein Neffe,
der später einmal eine ganze Woche bei mir in Stuttgart zubrachte,
einer der liebenswürdigsten jungen Männer, war der berühmte Reisende Rengger, der mit Bonpland jahrelang in Paraguay vom dortigen Thrannen Doctor Francia zurückgehalten wurde, aber dort als
dessen Leibarzt lebte, das interessante Land genau kennen lernte und
in einem trefflichen Werke beschrieb. Leider ist er bald nach seiner
Rückkehr gestorben.

Im Beginn des Jahres 1821 befand ich mich einmal Abends
im Gasthof zum Ochsen, wo ich gewöhnlich aß, mit zwei jungen
Neuenburgern, welche mir sagten, sie würden diese Nacht noch einen
seltenen musikalischen Genuß haben, denn sie hätten den alten Zaneboni, dessen Schüler sie früher gewesen waren, zu sich in den Gasthof geladen, wo er ihnen ein kleines Concert geben wolle. Ich hatte
schon oft von diesem Zaneboni gehört, ihn aber noch nie gesehen.

weil er ganz zurückgezogen lebte. Er sollte einer der größten Meister der Violine sein, aber keinen Gebrauch mehr davon machen. Er war jetzt ein Greis, hatte aber vor vierzig oder fünfzig Jahren als Jüngling eine italienische Fürstentochter entführt und war mit ihr nach der Schweiz geflüchtet, wo ihn allein seine Geige ernähren mußte. Er heirathete die Prinzessin und bekam zwei Töchter. Nach einiger Zeit wagte die Prinzessin, nach Italien zurückzureisen, um wo möglich ihre Eltern zu versöhnen, wurde aber unterwegs in den Alpen von einer Lawine verschüttet. Von den beiden Töchtern starb die eine schon als Kind an giftigen Pilzen, die andere soll sittlich verkommen sein. So lebte nun der Alte allein, dürftig, aber stets den Künstlerstolz und die Noblesse des Unglücks bewahrend, daher fast niemand zugänglich. Jene beiden frischen burgundischen Jünglinge, die mir von ihm erzählten, hatte er lieb gewonnen und deshalb that er ihnen den Gefallen ihrer Einladung Folge zu leisten. Aber er wollte erst Nachts nach zehn Uhr kommen und in einem verschlossenen Zimmer nur vor jenen Beiden allein spielen. Er kam, ein kleiner magerer Greis in einem alten grauen Fracke und wollte sich sogleich wieder entfernen, als er mich sah, ließ sich jedoch erbitten. Ich durfte dableiben, die Thüre wurde geschlossen und er begann zu spielen und spielte ununterbrochen bis nach Mitternacht fort, ohne Noten, frei phantasirend. Ich habe etwas Aehnliches nie wieder gehört, außer von Paganini, dem er in den bizarren, capricieusen und verzweiflungsvollen Tönen nahe kam, während er im Ausdruck der süßesten Wehmuth und des tiefsten Schmerzes ihn und alle, die ich je hörte, übertraf. Er spielte so mit ganzer Seele, daß er sich nach und nach vom Stuhl aufrichtete, immer höher hob und endlich nur noch auf den Zehen stand, als ob er auffliegen wollte, während er immer leidenschaftlicher und wilder spielte, bis er plötzlich zusammensank. Wir stärkten ihn mit einem Glase Wein, dankten, bewunderten und liebkosten ihn und brachten ihn glücklich wieder nach Hause. Es war am 17. Februar. Drei Wochen später überraschte der alte Zaneboni die Stadt durch einen großen Anschlagzettel, worin er ankündigte, er werde am 16. März nach langer Zeit wieder einmal ein Concert geben und zwar sein letztes. Musikfreunde aus der ganzen Umgegend, auch aus Bern und Zürich kamen herbei, und das Lokal war gedrängt voll. Zaneboni spielte zu allgemeinem Entzücken, aber auch wieder so aufgeregt, daß man fürchtete, er werde die Anstrengung nicht aushalten. Am andern Morgen hörten wir, er sei tödtlich erkrankt, und sechs Tage später starb er. Aus seiner Hinterlassenschaft kaufte ich eine altmodische goldene Taschenuhr mit musikalischen Emblemen in getriebener Arbeit von verschiedenfarbigem Golde. Sie ging sehr gut und ich trage sie heute noch.

Unter den interessanten Männern, die damals gelegentlich nach Aarau kamen, befand sich auch der treffliche Freiherr von Laßberg, der mit einer Prinzessin von Thurn und Taxis umherreiste. — Einer der merkwürdigsten Gäste war der vertriebene Schwedenkönig Gustav IV. Adolf, der unter dem Namen eines Obersten Gustavson in Basel lebte, aber zuweilen nach Aarau herüberkam. Er glich einem abgedankten und unzufriedenen Offizier. Seine Haltung war durchaus militairisch, sein Anzug etwas ärmlich. Ein wohlgewachsener Mann schritt er immer kerzengrade umher in einem bis an den Hals zugeknöpften, knappen und abgeschabten blauen Rocke. Man wurde bei seinem Anblick ein wenig an alte Bilder Karls XII. erinnert. Ich sah ihn öfter im Kaffeehause, wo er sich ungenirt, doch immer in gemessener Haltung mit den andern Gästen unterhielt

Eine der seltsamsten Figuren, die ich damals in Aarau sah, war der längst verschollene, jedoch seiner Zeit im südwestlichen Deutschland nicht unberühmte sog. Philosoph Pittschaft. Er war, wenn ich nicht irre, aus Mainz gebürtig, aber eine Zeit lang Offizier in einem württembergischen Cavallerieregiment gewesen, hatte wegen überspannter Ideen den Dienst verlassen müssen und fing in Frankfurt am Main an, philosophische Vorlesungen zu halten, in denen er hauptsächlich gegen jede Art von Luxus eiferte und den nicht unrichtigen Satz verfocht, der Luxus sei ein Feind des weiblichen Geschlechts, und ohne ihn würde es mehr und glücklichere Ehen geben.

Er übertrieb aber nun seinen Haß gegen den Luxus so sehr, daß er dem Diogenes nachahmen wollte. Natürlicherweise vertrieb ihn die Polizei und er wurde in einem Wagen, von einem Polizeiagenten begleitet, nach Mainz geschafft, wo er zu Hause war. Als aber der Polizeiagent wieder in Frankfurt anlangte, sprang Pittschaft hinten vom Wagen herunter und war wieder da, denn er hatte sich unvermerkt in Mainz wieder hinten aufgesetzt. Nach solchen Vorgängen war seines Bleibens nicht mehr lange weder in Frankfurt noch in Mainz; er verlegte nun den Schauplatz seiner Thaten nach der Schweiz und kam eines schönen Tages nach Aarau. Die lustige Gesellschaft im Gasthof zum Ochsen beschloß, ihm eine Deputation zu schicken mit der Bitte, eine Vorlesung zu halten, wofür man ihm ein gutes Honorar zusicherte. Ich wurde zum Sprecher ausersehen und begab mich an der Spitze der Deputation nach seinem Zimmer. Da stand der Mann, indem er nur ein schwarzes Tuch malerisch um den halben Leib geschlagen hatte. Man hätte ihn zum Modell einer Statue wählen können, so schön war er gestaltet. Dazu trug er einen vollen blonden Bart höchst kokett in Zöpfe geflochten. Ich begrüßte ihn und trug ihm unsere Wünsche vor, aber er blieb wie aus Erz gegossen unbeweglich stehen und gab mir keine Antwort. Große Pause der Verlegenheit. Ich ergriff das Wort wieder und sagte ihm, wenn er auf eine so höfliche und wohlwollende Anfrage keine Antwort habe, so müsse der große Philosoph es sich lediglich selbst zuschreiben, wenn er hier keine Schüler fände. Da ließ er die Augen rollen und begann im Prophetenton: „Als Gott die Schweiz schuf, verschwendete er alle seine Gaben so ganz an die Natur, daß ihm für die Menschen nichts übrig blieb. Deshalb bin ich gekommen, um die Menschen zu erheben, zu bessern, zu veredeln ꝛc." Die Vorlesung kam nur mit Mühe zu Stande, weil er sie durchaus zu Pferde halten wollte und zwar vor Damen. Wir stellten ihm vor, daß das letztere nicht thunlich sein würde, wenn er sein Kostüm nicht nach dem der andern Menschenkinder modificiren wolle. Er protestirte und versuchte das Gegentheil zu beweisen, die Damen würden seiner Mei-

nung sein. Ueberhaupt sei er der Retter und Erlöser des weiblichen
Geschlechts. Endlich ließ er sich aber herbei, in anständiger Kleidung nur vor Herren eine Abendvorlesung zu halten, die ein merkwürdiger Gallimathias war. Er dauerte mich, da sein Wahnsinn
doch von manchem guten Gedanken durchleuchtet war. Als er sich
aber, der vorher gegen alles Weintrinken geeifert hatte, doch noch an
demselben Abend betrunken machen ließ, wollte ich nichts mehr von
ihm wissen. Er ließ sich in den folgenden Tagen in einem Floß auf
der Aare als Diogenes in einer Tonne für Geld sehen und fuhr, als
ihn die Polizei auswies, auf dem Flosse die Aare hinab. Er ist nicht
lange nachher gestorben.

In der lustigen Gesellschaft im Ochsen fand sich zuweilen auf
der Durchreise ein reicher, aber äußerst dummstolzer und schwatzhafter
Schneider aus Basel ein, der allen zuwider war. Da in einem heitern Humor sah ich ihn an der Wirthschaftstafel plötzlich wie er-
schrocken an und rief: „Sie sind's — ja Sie sind's!" Der Schneider
fuhr auf und frug, wer er denn sein solle? — „Der Pferdedieb, rief
ich, der berüchtigte Pferdedieb, dem man in Zürich ein Hufeisen auf
den — gebrannt hat." Unter unermeßlichem Gelächter der ganzen
Tischgesellschaft protestirte der Schneider, der ganz außer sich war,
und wollte durch den Augenschein beweisen, daß ihm kein Hufeisen 2c.
Den waren wir los.

Damals kam auch eine Schauspielertruppe nach Aarau und
spielte in einer Scheune. Es war eine armselige Truppe, der mittelmäßige Schauspieler aber, der die Bösewichter darstellte, war Karl
Spindler, den ich später genauer kennen lernen sollte. Damals hätte
noch niemand geglaubt, daß aus ihm einer der beliebtesten Roman-
dichter werden würde.

Zu den komischen Originalen in Aarau gehörte ein Krämer,
der zugleich den Wunderdoctor spielte und vom gemeinen Volk sehr
respectirt wurde. Er pflegte sich krank zu stellen und empfing die
Leute im Schlafrock vor einer Theekanne sitzend, woraus er angeblich
einen Kräuterthee trank. Es war aber guter Wein. Wenn er den

Bauern Geld auszahlte, zählte er laut die einzelnen Stücke nach, bethörte aber die Bauern, indem er rasch ein paar Stücke übersprang. Er zählte nämlich: Achtzig, ein und achtzig, zwei und achtzig, drei und achtzig — Bauer gieb Acht! — ist acht und achtzig, neun und achtzig, neunzig.

Ein Original war auch der alte Oberst Bär. Als 1815 Waadtland und Aargau besorgten, sie würden dem Canton Bern wieder unterworfen werden, verbanden sie sich mit dem Berner Oberlande und Solothurn zu einem gemeinschaftlichen Ueberfall der Stadt Bern. In der bestimmten Nacht zogen die Aargauer unter Oberst Bär an die Berner Grenze, warteten aber dort vergebens auf die Solothurner und erfuhren, auch die andern Verbündeten zauderten. Nun war Bär compromittirt, ersann aber schnell eine List, alle Verantwortung auf die Berner selbst zu werfen; er ließ nämlich die benachbarten Berner Dörfer plötzlich allarmiren, indem er sie das wissen ließ, was ihnen noch vor Mitternacht auf das sorgfältigste verborgen worden war, daß nämlich ein Aargauer Aufgebot gegen Bern anrückte. Während nun das Berner Landvolk in allen Dörfern Sturm läutete und sich bewaffnet zusammen schaarte, zog Bär mit den Seinigen in aller Stille wieder heim und sprengte aus, die Berner hätten in selbiger Nacht den Aargau überfallen wollen.

Im Mai kam ein ganz veralteter und abgerissener Mensch zu mir. Es war Gräter, den ich in Jena bei der Gründung der allgemeinen deutschen Burschenschaft kennen gelernt hatte. Diese gute Seele konnte nirgends Ruhe finden. Ein eigener Unstern schwebte über dem armen Gräter. Voll Talent und liebenswürdiger Gemüthlichkeit besaß er doch die Stätigkeit nicht, ohne die man im praktischen Leben nicht fortkommt. Da er im Vaterlande nur schlechte Aussichten hatte, war er nach Italien gegangen und hatte dort die kurze Revolution mitgemacht. Als fremder Freischärler entging er mit genauer Noth dem Kriegsrecht und kam ganz hülflos nach der Schweiz. Erst in Aarau konnte er sich erholen, und ich gab ihm bessere Kleider. Einen andern Flüchtling begleitete ich damals nach Basel. Er hieß

Dittmar und ging nach Griechenland, nachdem er durch Zschoffe um eine Anstellung in Aarau betrogen worden war. Er ist in Griechenland umgekommen.

Ich lernte damals auch in Brugg zum erstenmal den Pfarrer Fröhlich kennen, den liebenswürdigen Schweizer Fabeldichter. Ich schlief hier in dem Zimmer, in welchem einst Zimmermann sein berühmtes Werk über die Einsamkeit geschrieben hatte. In Zürich hatte ich in Salomon Geßners Arbeitszimmer gewohnt.

Im Juli bekam ich einen Ruf nach Luzern, um auch dort einen Turnplatz anzulegen. Staatsrath Pfyffer empfing mich und führte mich in mein Amt ein. Der Turnplatz befand sich auf der Schanze nahe bei der Stadt, aber zu nahe an einem Nonnenkloster, als daß die jungen Nonnen immer ihre Neugier hätten überwinden können, zu uns herauszuschauen. Das gab nun den Feinden des Turnens erwünschten Anlaß zu Protesten, und wir mußten den Turnplatz weiter hinaus verlegen. In Luzern regierten damals noch die Junker, eine souveraine Aristokratie, die einige sehr achtbare Männer, aber auch viele lüderliche Müßiggänger zählte. Nach der Restauration fühlte diese Aristokratie recht wohl ihre Unfähigkeit auf eigenen Füßen stehen zu können, schloß sich daher eng an die wieder auf den Thron gelangte ältere Linie der Bourbons an. Das äußere Zeichen dieser Verbindung war der koloffale Löwe, welcher zum Andenken der für Ludwig XVI. am 10. August 1792 in Paris gefallenen tapfern Schweizergarden bei Luzern aus dem natürlichen Felsen gehauen wurde. Es war ein schöner Gedanke, die Treue jener todesmuthigen Männer zu ehren, allein es wurde eine reactionaire Demonstration daraus gemacht, so daß sich die Herzen vieler Schweizer dagegen verschlossen. Es war die Zeit der europäischen Congresse. Die Pentarchie der Großmächte unterdrückte überall die Freiheit. Rußland höhnte der polnischen Verfassung, der deutsche Bund faßte die Karlsbader Beschlüsse. Die Erhebungen in Griechenland und Italien wurden unterdrückt, die spanische sollte unterdrückt werden. Das Toryministerium in England ließ alles zu, was der Absolutismus auf dem Festland verfügte, denn Canning war noch nicht am Ruder. Es war die Zeit, in der Lord Byron den Klagen und dem Zorn der von einer geschmacklosen Tyrannei gefesselten Völker den edelsten Ausdruck lieh. In diese Zeit muß man sich zurückversetzen, um zu begreifen, warum der Löwe von Luzern in der Schweiz nicht populär war. Man vergaß die schöne welthistorische That der rothen Garden über dem politischen Druck und der Schwüle der Gegenwart. Doch ist der Löwe nicht für jene Tage allein ausgehauen worden. Er wird noch kommenden Jahrhunderten von Schweizer Treue erzählen. Das Modell zu ihm rührte von Thorwaldsen her, dessen Schüler Ahler die Ausführung übernahm. Hinter einem kleinen See war der Fels, unmittelbar aus dem Wasser ansteigend, nothdürftig abgeglättet und man sah den Löwen in einer angemessenen Höhe wie in einer niedern Höhle ruhen, den Kopf sterbend auf den Schild mit den drei Lilien gesenkt. Es war wenige Wochen vor der angekündigten Enthüllung des Denkmals, Ahler beeilte sich daher, den Löwen fertig zu machen, auf dem ich damals öfters mit ihm herumgeklettert bin.

Am 10. August 1521 wurde der Löwe feierlich enthüllt. Es hätte von Rechtswegen ein Nationalfest der ganzen Schweiz sein sollen, allein es betheiligte sich dabei nur die alte Aristokratie. Von allen Seiten strömte dieselbe herbei, und die Straßen von Luzern wimmelten von Greisen in den altmodischen rothen Uniformen der früheren Schweizer Garden und von alten Damen mit grünen Brillen und häßlichen Hüten. Man glaubte sich einen Augenblick an den aus den Gräbern wieder auferstandenen Hof Marie Antoinettens versetzt. Die Studenten nahmen keinerlei Theil an dem Feste, ich fuhr vielmehr mit ihnen über den See nach Küßnacht. Es war eine ganze kleine Flotille. Sobald wir gelandet waren, begaben wir uns in die hohle Gasse, umlagerten Tells Capelle, feierten sein Andenken mit einer Rede und mit einem Festmahl und wünschten ganz Europa einen Befreier, wie es Tell für die Schweiz gewesen war. Diese Gegendemonstration in Küßnacht gegen die bourbonische Demonstration in Luzern bekam uns aber übel. Ich blieb zum Glück nur noch einen

Tag in Luzern, sonst wäre ich, wie man mir zugedacht hatte, in die
Reuß geworfen worden. Am Abend des elften, nachdem ich schon fort
war, lauerten die Metzgerknechte und anderes von den Junkern ge-
dungene Volk den Studenten auf, die von meiner Begleitung zurückkehrten und so wenig als ich etwas von dem ganzen Anschlag gewußt
hatten. Unvorbereitet und unbewaffnet, wie sie waren, erlitten sie
Mißhandlungen. Auch Professor Troxler war solchen ausgesetzt
und mußte sich in seinem Hause absperren.

Dieser Naturphilosoph, ein Schüler Schellings, war ein Mann
von viel Geist, und man darf ihn durchaus nicht als einen Vorläufer
der spätern Radicalen betrachten, wenn er auch der damaligen Junker-
schaft entgegentrat. Er war ein schlichter Bürger und Unterthan der
souverainen Aristokratie, und da er in Deutschland, namentlich auch
in Berlin studirt und sich mit dem Wissen auch die ganze Feinheit, ja
selbst die Sprache eines norddeutschen Professors angeeignet hatte,
konnte man ihm nicht übel nehmen, daß er einen Werth darauf legte,
von der studirenden Jugend geehrt und geliebt zu sein und sie für
höheres Wissen zu begeistern, für welches die Mehrheit der Junker
keinen Sinn hatte. Man muß diese Junker gesehen haben, wie sie
bei schönem Wetter den ganzen Tag vor den Kaffeehäusern oder vor
ihren eigenen Thüren müßig saßen, die Beine ausstreckten und jeden
Vorübergehenden, insbesondere die Frauenzimmer mit schlechten
Witzen hänselten. Wie schwer auch der spätere Radicalismus sich
versündigt hat, jenes Junkerregiment war eines längeren Bestandes
nicht werth und ein Extrem, das eben nur ein anderes hervorrufen
konnte.

Unter den jüngeren Leuten, welche sich in Luzern am meisten
an mich anschlossen, war ein gewisser Herzog und der Maler Disteli,
welcher später mit seinem radicalen Kalender großes Aufsehen in der
Schweiz gemacht hat. Damals war er noch nicht radical, sondern
zeigte nur die liebenswürdigen Seiten eines genialen Künstlers. Er
malte mich in Oel.

In Bezug auf Luzern muß ich noch bemerken, daß ich daselbst

einen interessanten Franziskanermönch, Pater Walker, der dort einer
der beliebtesten Prediger war, kennen lernte. Ich war ihm auf einer
Reise begegnet, ohne zu ahnen, daß er ein Mönch sei, denn er trug
bürgerliche Kleidung und ich hielt ihn für einen gebildeten jungen
Kaufmann. Wir versprachen uns, in Luzern zusammenzutreffen,
und ich lud ihn zum Frühstück ein. Da kam er in seiner schwarzen
Franziskanertracht und trank mit mir Kaffee. Nachher führte er mich
in sein Kloster, wo immer nur neun Patres die hübschen Einkünfte
theilten, jeder aber ein besonderes Studium trieb. Auch herrschte die
Gewohnheit im Kloster, den Nachlaß eines jeden im großen Bibliothek-
saale unvermischt als ein Ganzes beisammenzulassen, Bücher, Instrumente, Naturalien ꝛc. Mich interessirte besonders eine ausgezeichnete Sammlung älterer deutscher Druckwerke poetischen Inhalts
bis zum Anfang des vorigen Jahrhunderts. Wo mag sie wohl hin-
gekommen sein, als die Klöster in Luzern aufgehoben wurden?

Nach meiner Rückkehr traten in Aarau bedeutende Veränderungen
in dem mir befreundeten Personale ein. Die Familie Görres reiste
ab. Zu meinem Bedauern war damals Sophie meinem Freunde
Hammer untreu geworden und hatte sich mit Steingaß verlobt, welcher
bei vortrefflichen Eigenschaften des Geistes und Herzens doch mit
seiner kleinen Gestalt und seinem kahlen Kopfe mir nicht berechtigt
schien, den gleichfalls wackern und heroisch schönen Hammer auszu-
stechen. Indessen ging mich die Sache nichts an, und ich bin sämmtlichen Betheiligten befreundet geblieben. Ernst Münch, der wegen
seiner plumpen Unbehülflichkeit bei gänzlichem Mangel an päda-
gogischer Begabung der Spott der Cantonsschüler geworden war,
hatte sich mit seiner Feder dem einflußreichen Hofrath von Rotteck
dienstbar gemacht und erhielt durch denselben einen Ruf an die
Universität Freiburg im Breisgau. Dagegen kamen ein geborener
Aargauer, Rauchenstein von Brugg, ein ausgezeichneter Philologe,
mit dem ich auf's herzlichste befreundet wurde, und Adolf Ludwig
Follen als Professoren an die Cantonsschule. Der letztere war endlich
auch seiner Gefangenschaft in Berlin entronnen, wie früher Mühlen-

fels, aber auf keine sehr ehrenhafte Art. Man hatte ihm auf seine
Bitte erlaubt, zur Herstellung seiner Gesundheit in ein Bad zu gehen,
nachdem er sein Ehrenwort gegeben hatte, daß er sich in Berlin wieder
stellen werde. Kaum aber war er frei, so kam er zu uns nach der
Schweiz. Die lange Haft scheint ihn moralisch geschwächt zu haben.
Er hatte durchaus die Elasticität nicht mehr wie früher und brachte
auch kein rechtes Gedicht mehr zu Stande. Oft zwar kam ihm noch
der alte Kaiserwahnsinn, und er trug den Kopf sehr hoch, dann aber
war ihm wieder angst und bange, der preußische Gesandte in Bern,
Herr v. Arnim, werde ihn reclamiren und die Schweiz werde ihn
ausliefern, weil sie einem Flüchtling, der sein Ehrenwort gebrochen
habe, weniger Rücksicht schuldete als einem andern. Die Einheimischen
nahmen ihm am meisten übel, daß er, ohne Vermögen zu besitzen,
immer nur das Beste essen und trinken wollte und in einem Kaffeehause in einem Jahre mehr als tausend Franken blos für Dejeuners
schuldig blieb. Er sah sich daher genöthigt, sich bald nach einer reichen
Frau umzusehen. Das Glück führte ihm eine sehr reiche Müllerstochter zu, die zugleich sanft und liebenswürdig war.

Im September kam auch mein alter Freund Mönnich nach
Aarau. Nachdem wir in Bonn von einander Abschied genommen
hatten, war er nach Breslau zurückgekehrt, hatte sich aber dort bald
überzeugt, wie ungünstig man in Preußen die jungen Leute behandelte,
die ein Amt suchten, nachdem sie Turner oder Burschenschafter gewesen waren. Wir hatten brieflich immer mit einander verkehrt.
Man brauchte in Hofwyl, wo ich mich schon im vorigen Herbst umgesehen hatte, noch Lehrer, und so hielt es nicht schwer, daß Herr
v. Fellenberg ihn nach Hofwyl berief. Welche Freude hatte ich, den
treuen Freund wiederzusehen. Ich konnte ihn meines Amtes wegen
nicht sogleich begleiten; sobald aber die Herbstferien begannen, besuchte ich ihn. Ich ging auf der großen Berner Straße bis tief in
die Nacht hinein und hatte den seltenen Anblick der Venus, die in
ihrer Erdnähe in jener Nacht so hell strahlte, daß sie gleich dem
Monde Schatten warf. Ich habe das später nur noch einmal wieder-

gesehen. In Hofwyl brachte ich einige vergnügte Tage bei Mönnich zu. Unter seinen Schülern befanden sich die jungen Grafen von Württemberg und Graf Neipperg, der später die älteste Tochter des Königs von Württemberg geheirathet hat und damals ein bildschöner blondgelockter Knabe war. Auch sah ich hier den häßlichen Lord Maitland, berüchtigten Gouverneur der jonischen Inseln. Bei der Rückkehr nach Aarau verspätete ich mich und frug in einem großen Berner Dorfe, ob ich nicht einen Wagen bekommen könne, da lud mich ein hübsches Mädchen in der reizenden Tracht der Bernerinnen in ihr stattliches Haus ein, um zu warten, bis ihr Vater vom Felde zurückkommen werde. Er habe schöne Rosse und auch ein Wägelchen. Weil aber der Vater lange ausblieb, frug sie mich um alles, woher, wer und was ich wäre, und machte mir vom Flecke weg einen Heirathsantrag, ich gefalle ihr, und wenn sie mir auch gefalle, so könne die Sache gleich fertig sein, denn sie sei die einzige Tochter ihres Vaters, der 200,000 Schweizerfranken besitze. Sie gefiel mir wohl, aber ich dachte zu erobern, nicht erobert zu werden. Der Vater kam, die Pferde wurden eingespannt und flogen mit mir davon. Ein Buch, das ich unterwegs verlor, brachte mir der Knecht schon in ein paar Tagen nach Aarau mit einer zärtlichen Bestellung seiner jungen Gebieterin. Aber ich machte keinen Gebrauch davon.

Am Ende des Jahres kam ich unerwartet in den Fall, mein Lehramt freiwillig wieder niederzulegen. Wöchentlich 36 Stunden zu geben und allein für zwei Lehrer zu arbeiten, wurde mir doch zu viel. Nachdem das erste Jahr zu Ende war, hatte ich den alten Präsidenten Tanner gefragt, wo denn die Zulage von 800 Franken bliebe, die er mir versprochen habe. Er hielt mich mit leeren Ausflüchten hin, bis ich endlich die Geduld verlor. Da erklärte er mir lachend, ich bekomme gar nichts, denn er habe mir keine schriftliche Versicherung gegeben und werde die ganze Sache ableugnen. Ich verklagte ihn nun beim kleinen Rath, der höchsten Cantonalbehörde, von der ich mein Anstellungsdecret erhalten hatte. Hier erhielt ich volles Recht; weil aber nicht der Canton, sondern die Stadt den Säckel in

der Hand hatte, aus dem die Besoldungen bezahlt wurden, und ich
kein schriftliches Versprechen aufweisen konnte, bekam ich nichts und
der alte Tanner verfehlte nicht, mich nochmals auszulachen. Die Regierungsräthe widmeten mir persönlich die größte Theilnahme und
entschuldigten sich mit ihrer Ohnmacht. Ich erklärte nun, daß ich um
meinem Anstellungsdecret zu folgen, nur die alten Sprachen, nicht
auch die deutsche zu lehren habe, also von Stund an mich nur auf
die ersteren beschränken werde, gab aber zugleich meine Entlassung
ein und versprach, nur um der mir sehr anhängenden Jugend willen
den Unterricht noch bis zu dem Tage fortsetzen zu wollen, an den ihn
ein anderer neu angestellter Lehrer übernehmen könnte. Dieser wurde
nun gesucht, aber erst nach einigen Monaten gefunden. So lange
lehrte ich noch, dann übergab ich ihm die Schule und trat ab. Ich
behielt übrigens meine Thätigkeit auf dem Turnplatz und im Lehrverein bei, blieb in allen freundlichen Beziehungen wie bisher, und
dachte auch nicht daran, Aarau zu verlassen, sondern fing an, mich
literarisch zu beschäftigen.

Tanner und Zschokke waren politische Gegner. Ich war einmal
Zeuge, wie beide bei einem Festessen in nicht mehr ganz nüchternem
Zustande einander alle ihre Laster vorwarfen. Als mich Zschokke bemerkte, rief er mir zu: ja, junger Mann, von der Verruchtheit, die
in uns Alten steckt, haben Sie noch keine Idee. Der alte Tanner
nahm ein böses Ende. Ich hatte Aarau schon verlassen, als man
große Unterschleife und Betrügereien desselben entdeckte, die ihn ins
sog. Schellenwerk (Zuchthaus) gebracht hätten, wenn er nicht noch
kurz vorher gestorben wäre. Sein einziger Sohn, ein guter Junge,
der mein Schüler gewesen war, verlor sein ganzes Erbe und zog als
Buchdruckergeselle in der Welt umher. Ich hatte noch Gelegenheit,
ihm in Stuttgart Liebesdienste zu leisten, wo er sich als Setzer verheirathete, aber bald starb.

Indem ich eine literarische Thätigkeit beginnen wollte, hatte ich
nur einen Lieblingsgedanken, nämlich eine Geschichte des deutschen
Volks zu schreiben, da mir die bisherigen Auffassungen und Darstel-

lungen derselben durchaus nicht genügten. Meine Vorlesungen im
Lehrverein führten mich ohnehin zu historischen Studien, zu denen
ich von früher Jugend an einen Trieb hatte. Ich fühlte indeß wohl,
wie schwierig es sei, eine deutsche Geschichte zu schreiben, wenn man
in interessante und charakteristische Einzelheiten eingehen wolle. In
solche einzugehen, ist durchaus nothwendig, weil es sich nicht um eine
oberflächliche Kaisergeschichte, sondern um die sehr verwickelte Geschichte vieler einzelner Volksstämme, Provinzen, Stände und Stämme
handelt. Ohne noch zu wissen, wie weit ich kommen würde, fing ich
doch meine deutsche Geschichte vorzubereiten an und konnte, wo die
Aarauer Cantonsbibliothek nicht ausreichte, die reiche, sog. Wasser-
bibliothek in Zürich benutzen.

Ich hatte gelegentlich Aphorismen in bunter Unordnung niedergeschrieben, die sich dadurch charakterisirten, daß der Gedanke in der
Regel in einem poetischen Bilde ausgedrückt war. In vielen dieser
Aphorismen sprach sich übrigens schon eine scharfe Kritik mancher
vorherrschenden Zeitrichtung und auch mancher damals hochgefeierten
literarischen Größe aus. Meine Freunde fanden diese Sammlung
interessant genug, um sie zum Druck zu befördern. Ich wäre lieber
mit etwas Geschlossenerem vor das Publikum getreten; da ich aber
mein Amt und mithin auch meine Besoldung aufgegeben hatte,
brauchte ich Geld und verkaufte die Aphorismen unter dem von Jean
Paul entlehnten Namen „Streckverse" um 500 Schweizerfranken an
den Buchhändler Winter in Heidelberg, bei dem sie 1823 erschienen
sind. Winter schickte in meinem Namen ein Exemplar an Jean Paul
und dieser schrieb mir folgenden sehr herzlichen Brief:

„Baireut den 11. August 1823. Durch die Faulthierpost der
sog. Buchhändlergelegenheit, erhielt ich Ihr reiches Maigeschenk erst
am 8. August; daher mein später Dank für dasselbe. Ich freue mich
über die Fülle Ihres Witzes und Ihrer Phantasie und über den richtigen Geist Ihrer meisten Urtheile. Eine solche Ueberzahl von Tref-
fern entschuldigt leicht das Mitlaufen einiger Nieten; doch solche wie
S. 155 über die Krankheit Gottes, wünschte ich herzlich hinweg.

Hinein wünſchte ich wenigſtens die Form einiger Zuſammenreibung unter Rubriken, damit aus den auseinanderliegenden Glanzthau= tropfen ein Regenbogen würde. Aber künftig wird Ihre Kraft ſich eine Form, welche dieſen Moſaikſtiftchen durch Zuſammenſetzung in ein Gemälde, erſt den größern Werth vermittelſt des Ortes verleiht, zu wählen wiſſen. Denn was wirkt ein ſchönes, vereinzeltes, blitzen= des Auge in einem Ringe gegen eines in einem ganzen Geſichte? Leben Sie recht glücklich und Ihr Schickſal ſei Ihres Talentes wür= dig. Jean Paul Friedrich Richter."

Im Frühjahr kam der ſchöne Weſtphale, Graf Bodholz, mein alter Jenenſer Freund, zu uns, flüchtig aus Piemont, wo er ſo thö= richt geweſen war, die Revolution mitzumachen. Er blieb monatelang bei uns, bis ihm wegen ſeines frühern trefflichen Benehmens im Kriege erlaubt wurde, frei nach Preußen zurückzukehren. Oft ſaß er in den warmen Sommerabenden unter uns Aarauer Freunden im Zimmermann'ſchen Garten am linken Ufer der Aare, wo man bei köſtlichem Wein die ſchönſte Ausſicht auf das Aarthal, das ſie um= kränzende Waldgebirge und drüber hinaus auf die Schneeberge genoß.

Von Zimmermanns Garten muß ich noch erwähnen, daß wir daſelbſt an einigen Sommerabenden den Kampf der großen Todtenkopf= ſchmetterlinge, deren Raupen häufig in den benachbarten Kartoffel= feldern vorkamen, mit den Bienen belauſchten. Der Gärtner ſagte uns, die Schmetterlinge gingen dem Honig nach, würden aber von den Bienen vertrieben. Wir ſahen bei Licht allerdings die großen Schmetterlinge und hörten ſie ſchwirren, und auch die Bienen, vor deren Grimm wir uns aber zurückziehen mußten, ſo daß wir der Sache doch eigentlich nicht auf den Grund kamen.

Im hohen Sommer begegnete mir auch, daß ich bei großer Hitze des Nachts das Fenſter meines Schlafzimmers offen gelaſſen hatte, als ein ſchweres Gewitter kam und der Blitz an dem Blitzableiter hinab fuhr, welcher draußen vor dem Fenſter nur wenige Fuß von meinem Kopfkissen an der Mauer hinablief. Ich war augenblicklich bewußtlos und konnte, als ich wieder zur Besinnung kam, nur schwer athmen, denn das ganze Zimmer war voll Schwefeldampf. Doch roch er nicht wie gemeiner gelber Schwefel, sondern glich den electrischen Funken, die man aus Kieselsteinen schlägt.

In diesem Sommer fand sich auch in der Maske eines sehr anständigen Vergnügungsreisenden ein ausländischer Spion ein, der die in Aarau anwesenden Flüchtlinge ein wenig aushorchen und überwachen sollte. Er war uns bald verdächtig und ich übernahm es, ihn auf eine unschuldige Art zu vertreiben. Ich lud ihn nämlich zu einer Partie auf die Wasserflue ein, welche der Gisulaflue gegenüber liegt und von wo aus man ebenfalls eine sehr schöne Aussicht genießt, führte ihn aber die steilste Seite hinauf, einen wirklich lebensgefährlichen Weg. Ich als Turner kletterte behende und sicher an den Felsenritzen hinauf und sah mit Schadenfreude hinter mich, wie der unglückliche Diplomat sich abarbeitete und in Todesangst schwebte, da er nicht mehr rückwärts noch vorwärts konnte. Nun wurde mir aber selber angst um ihn und ich kletterte nicht ohne Gefahr zurück, um ihm die Hand zu reichen und ihn hinauf zu ziehen, denn das allein war noch möglich. Jeder Felsenkletterer weiß, daß man an steilen Abhängen eher hinauf als hinunter kommt. So brachte ich ihn endlich auf die hohe Flue hinauf, aber er hatte seinen Hut verloren, seinen eleganten Frack an Dornen zerrissen, seine Hände an Steinen blutig geritzt und war halb todt. Er dauerte mich und ich warf mir vor, einen so grausamen Spaß mit ihm getrieben zu haben, da er leicht hätte sein Leben dabei einbüßen können. Aber der Zweck war erreicht, er hatte an unserer Gesellschaft genug und reiste ab.

Im Juli kam wieder ein interessanter Flüchtling zu uns, der berühmte Nationalökonom Friedrich List, der als Professor in Tübingen in die württembergische Kammer gewählt worden war, wegen sommwidriger Agitation aber zur Untersuchung gezogen wurde und sich der Verhaftung durch die Flucht entzog. Er hatte sich zunächst in Basel niedergelassen und kam zuerst von dort aus nur zum Besuch

nach Aarau. Follen, Mönnich, Rauchenstein und ich machten mit
ihm eine Partie nach dem Vierwaldstättersee und nahmen unterwegs
in Luzern den Professor Troxler mit. Während wir nun über den
schönen See fuhren, erzählte uns List seine Schicksale und brach in
einen Strom von Verwünschungen gegen die württembergische Schrei-
berei aus. Indem er sich zornig im Kahn erhob, die geballten Fäuste
ausstreckte und zähneknirschend schrie: „O Schreiber, Schreiber!"
schwankte der Kahn und List fiel um, so daß er bald ertrunken wäre,
wenn wir ihn nicht gehalten hätten. Er war der leidenschaftlichste
Mensch, der mir je vorgekommen ist, damals noch jung, aber schon
dick. Wer ihn einmal gesehen hatte, vergaß ihn gewiß nie wieder,
denn auf seiner kurzen und bequemen Figur erhob sich ein unverhält-
nißmäßig großer löwenartiger Kopf. Seine Augen funkelten umher.
Immer spielten Gewitter um seine breite Stirne, und sein Mund
flammte beständig wie der Krater des Vesuv.

Wir fuhren über den ganzen Vierwaldstättersee bis zum berühmten Grütli, wo wir ausstiegen, und dann nach Fluelen. Von
hier kehrten wir wieder um und wollten in Brunnen übernachten.
Es war schon spät und der Mond schien hell auf den See und die
Felsenufer. Aber ein böser Wind erhob sich und wir kamen in nicht
geringe Gefahr, namentlich am kleinen Axen, so daß ich in Ver-
suchung kam, den Tellensprung zu machen. Doch kamen wir glücklich
nach Brunnen.

Am andern Tage trennte ich mich von der Gesellschaft, da die
andern durch ihre Geschäfte heimgerufen wurden, ich aber noch freie
Zeit hatte. Ich fuhr über den See nach Stansstad, wanderte das
mir liebgewordene Unterwaldener Land hinauf und ließ mich in einem
behaglichen Dorfwirthshaus in Lungern an dem wunderschönen sma-
ragdgrünen See nieder, der später abgelassen worden ist. Von hier
aus bestieg ich täglich den Berg Brünig, wo ich schon früher so gern
verweilt hatte, konnte mich nicht satt sehen an dem Anblick der Alpen,
besonders der hier ganz nahen silberweißen Wetterhörner. Daneben

fing ich manchen schönen Alpenschmetterling, den ich noch in meiner Sammlung bewahre. Mein Ruheplatz war die Bank vor einer Kapelle, die oben auf der Höhe die Wasserscheide bezeichnet und das Unterwaldener Land vom Haslithale trennt. Hier brachte ich halbe Tage in poetischen Träumen zu, unter Blumen und Schmetterlingen, die in der Mittagssonne ringsum gaukelten. Unter den bunten flüchtigen Psychen schwebte langsam und majestätisch wie der Schwan unter dem kleineren Wassergevögel, der schneeweiße große Alpenschmetterling Apollo. Das Madonnenbild in der Kapelle schien an dieser reichen Naturumgebung, die das Erhabenste mit dem Lieblichsten vereinigte, sich lächelnd zu freuen.

An einem heißen Mittag hatte ich mich im Schatten der Kapelle ins Gras gelegt und war eingeschlafen, da weckte mich die freundliche Stimme einer jungen, schlanken Haslithalerin und warnte mich, denn es sei ein finsteres Gewitter im Anzug. Sie kam aus Lungern und wollte nach Meiringen in ihr Thal zurückkehren. Der Weg bergab dorthin ist viel länger, als der nach Lungern. Ich konnte mich daher nicht entschließen, das schöne Mädchen allein dem Gewittersturm entgegengehen zu sehen und gab ihr Geleit. Bald war das Gewitter herangekommen und der Regen ergoß sich in Strömen unter furchtbarem Krachen des Donners. Je weiter wir den Felsenpfad hinunterkamen, um so großartiger wurde das Schauspiel, denn die kleinen Wasserfälle, die von dem Brünig und den benachbarten und gegenüberliegenden Bergen herabrinnen, waren durch den Regen mächtig angeschwollen und ganz neue, zahlreiche Wasserfälle hatten sich gebildet, die durch den Wald und über die Felsen dahertobten. Die ganze Gegend war mit Cascaden dekorirt.

Ich kehrte schon am andern Morgen nach Lungern zurück und verweilte noch länger dort. Ich hatte mich mit dem Unterwaldner Volke rasch befreundet. Es vereinte auf eine merkwürdige und echt altdeutsche Weise männlichen Stolz mit kindlicher Demuth. Bekanntlich ist das ganze Ländchen katholisch. Ich befand mich einmal beim

Pfarrer in Lungern. Es war Sonnabend Nachmittag und eine Menge
Männer und Weiber, Jünglinge und Mädchen kamen und baten
ihren Seelenhirten, sie vom Kirchenbesuch am folgenden Sonntag zu
dispensiren, weil einer dieses, der andere jenes Wichtige zu thun,
die meisten aber Heu einzuernten hatten. Der Pfarrer gab nun
denen, die er wegen ihrer sonstigen Frömmigkeit lobte, die Erlaubniß, andern aber nicht, indem er ihnen ihre Fehler vorhielt. Keiner
widersprach, alle gehorchten. Als ich nachher einen Bauern frug,
warum sie dem Pfarrer so unterworfen seien, da ihnen doch sonst
überall Stolz und Trotz aus den Augen blitzten, antwortete er nur,
wenn der Pfarrer nicht so gebieterisch mit ihnen umginge, würden sie
ihn fortjagen. Sie selber wählten ihre Pfarrer und durchgängig
Männer von starkem Körperbau und starkem Charakter, weltliche
Herrn leiden sie nicht, aber um Gotteswillen gehorchten sie gern.
Einen Herrn müsse das Volk haben, sonst verderbe es in Uebermuth.

Im Herbst kam List mit seiner Familie nach Aarau, um einstweilen hier zu bleiben, denn er hatte in Basel schlechte Geschäfte gemacht. Immer daherbrausend und den Dreizack schwingend wie Neptun,
wenn er sein Quos ego über das Meer donnern ließ, hatte List auch
öffentlich allerlei Sitte, Gewohnheit und Recht in der Stadt Basel getadelt und mit so göttlicher Grobheit, daß man endlich böse auf ihn
wurde. Man verbot ihm die Stadt. Als er nun aber doch wieder kam
und sogar einen Flüchtlingsball gab, wurde er am andern Tage zu
24 Stunden Haft verurtheilt und zwar bei Wasser und Brod. Das
brachte den Lebemann in Verzweiflung; ein Arzt aber half ihm aus,
indem er ihm per Recept aus der Apotheke eine große Wurst und
eine Flasche Wein verschrieb. Nach 24 Stunden mußte er Urphede
schwören, daß er die Stadt nie wieder betreten werde, kam zu uns
nach Aarau und erzählte uns die ganze Geschichte mit köstlichem
Humor, indem Lachen und Zorn bei ihm wechselten. Seine ganze
Wuth war gegen den damaligen Basler Bürgermeister gerichtet, der
ihn hatte einstecken lassen, aber für nicht sehr begabt galt. Man er-

zählte von ihm eine hübsche Anecdote. In Basel lebte ein alter un-
verheiratheter Fürst von Hohenlohe, als pensionirter preußischer
General, der einmal bei einer Theurung im Winter den Armen
Holz schenkte. Man machte nun den Bürgermeister darauf aufmerksam, es werde sich schicken, daß man auch von Seiten der Stadt dem
Fürsten irgend eine Aufmerksamkeit erweise. Ein Festessen stand bevor und es wurde ausgemacht, daß der Fürst dazu sollte eingeladen
werden und daß der Bürgermeister einen Trinkspruch auf ihn aus-
bringen sollte. Das Essen wurde abgehalten, der Bürgermeister über-
eilte sich aber nicht, aufzustehen. Als nun die Zeit der Toaste gekommen war, erhob sich der Fürst, hielt eine kleine Rede zum Lobe
der gastlichen Stadt und schloß mit den Worten: Es lebe die Stadt
Basel und ihre Einwohner! Nun stupfte man den Bürgermeister,
er solle auch aufstehen und dem Fürsten danken. Da erhob er sich
endlich und stammelte: Es lebet au der Herr Fürst vu Hohelo und
sine Inwohner.

Auch Professor Troxler kam, von Luzern vertrieben, mit seiner
Familie nach Aarau. Dieser liebenswürdige Gelehrte, mit dessen
feinem Geiste ich gern Umgang pfleg, war von Körper ziemlich klein
und entstellte sich ein wenig durch einen hahnenkammartig hoch über
die Stirn vorragenden Haarschopf. Dagegen war seine junge wunder-
schöne Frau eine wahre Riesin, wie sie denn auch, aus Potsdam gebürtig, von der alten preußischen Garde zu stammen schien. Eine
vollkommenere Vereinigung von Körpergröße und Formenschönheit
sah ich nie wieder, außer an der kolossalen Flora von Marmor in
Florenz.

Mönnich hatte Hofwyl verlassen und eine Zeit lang eine Lehr-
stelle in Lenzburg angenommen, während welcher Zeit wir sehr oft
in einem Dorfe zwischen Aarau und Lenzburg Abends zusammen
kamen. Endlich kam auch er ganz nach Aarau und hier entwarfen
wir gemeinsam Pläne für die Zukunft, denn wir waren alle wie der
Vogel auf dem Zweige. Das erste Ei, welches wir gemeinschaftlich

ausbrüteten, war eine periodische Zeitschrift unter dem Namen der
„Europäischen Blätter." Der Aargauer Regierung war nicht
wohl dabei zu Muthe, sie wollte daher den Druck innerhalb des Cantons nicht gestatten. Der Canton Zürich dachte großmüthiger, mein
Freund Eduard Geßner durfte unsere Blätter in Zürich erscheinen
lassen. Leider bestand unsere kleine Gesellschaft aus allzu heterogenen
Geistern, es ließ sich also keine rechte einheitliche Tendenz in die
Blätter bringen. Noch viel weniger konnten sie pecuniär etwas ab-
werfen, was den Familienvätern unter uns genügt hätte. Jeder
mußte deshalb in der nächsten Zeit sein Glück anderswo versuchen.
Die Blätter konnten daher keinen langen Bestand haben. Follen
heirathete seine reiche Müllerstochter und wurde vollends faul.
Trexler bekam eine Professur in Basel. Auch wir andern konnten
nicht lange mehr brodlos in Aarau sitzen bleiben.

Man kann sich denken, welches Conglomerat von Artikeln die
Europäischen Blätter enthielten, indem List darin seiner Leidenschaft
Luft machen, Trexler seinen philosophischen Ansichten Geltung verschaffen wollte. Ohne unbescheiden zu sein darf ich wohl als Thatsache anführen, daß meine kritischen Artikel das meiste Aufsehen
erregten und unsern Blättern einigen Namen machten. Ich begann
nämlich mit einer Galerie unserer berühmtesten Dichter und unterwarf zum erstenmal die Werke des großen Goethe einer scharfen Kritik,
von dem Standpunkt aus, den meine Kritik auch später und bis auf
diesen Tag niemals verlassen hat. Ich erklärte nämlich, ein gegen die
Religion so indifferenter, gegen das Unsittliche so nachsichtiger und so
viel mit ausländischen Geschmäcken und Formen kokettirender, weibisch
eitler Mann, der auch durch seine Beschmeichelung Napoleons bewährte,
wie wenig Herz er für sein Vaterland habe, könne und dürfe nicht
als erster und einziger Genius der Nation angesehen werden. Ohne
ihm seine großen Talente zu bestreiten, ohne das Liebenswürdige
und Verführerische in seiner Koketterie wie in seiner Natürlichkeit zu
verkennen und ohne einen Stein auf den werfen zu wollen, der als
Kind seiner Zeit ein Recht hatte zu sein, wie er eben war, trat ich

nur dem Cultus entgegen, den man mit ihm trieb. Man begriff auch die Bedeutung meiner Opposition. Ich erregte einen großen Grimm bei denen, welche damals die öffentliche Meinung lenkten, während ich auch viele Freunde und Anhänger fand.

Mönnich übernahm die Redaktion der Blätter und ging zu diesem Behufe nach Zürich. Es schien ihm nützlich, gegenüber der deutschen Philisterwelt, die nur vor Titeln Respekt hat, sich zum Doctor machen zu lassen, was der gute Philologe Dedekind in Erlangen besorgte. Ich ahmte seinem Beispiel nach, was ich aber hinterdrein bereute, denn da ich immer unabhängig blieb, brauchte ich auch keinen Titel und es hätte sich gar nicht übel ausgenommen, wenn ich in der Gelehrtenwelt etwas Erkleckliches geleistet hätte auch ohne irgend einen Titel. Ich wählte übrigens zu meiner Dissertation ein Thema, welches die uralte Racenkraft des deutschen Volks hervorhob „über den freiwilligen Tod der alten Deutschen." Nur einen Auszug daraus ließ ich in den Europäischen Blättern I. S. 197. 280 f abdrucken.

Als leidenschaftlicher Turner hatte ich von jeher auf die deutsche Volkskraft, auf die Tüchtigkeit der Race hohen Werth gelegt, und es war mir schmerzlich zu erleben, wie man diese Volkskraft doch einigermaßen sich abzehren ließ. Dazu veranlaßten mich drei Wahrnehmungen, einmal das Ueberhandnehmen der Fabriken, unzertrennlich von dem wachsenden Elend der Arbeiterfamilien, zweitens die Uebertreibung der Stubenhockerei in den Schulen, die Ueberhäufung junger Schüler mit Lehrstunden, drittens die socialen Aenderungen in den Mittelclassen, das Mißverhältniß zwischen geringen Besoldungen und hohen Preisen der nöthigsten Lebensbedürfnisse, daher die Ueberhandnahme alter Junggesellen, welche nicht die Mittel besaßen, um zur rechten Zeit heirathen zu können und daher auch das Sitzenbleiben so vieler wohlgerathener Mädchen, aus denen tüchtige Frauen und Mütter hätten werden können.

Da ich zu meiner damals begonnenen „Geschichte der Deutschen" nicht Quellen genug in den mir zunächst zugänglichen Schweizer Bibliotheken fand, verließ ich Aarau im Frühjahr 1824 und ging über Stuttgart nach Heidelberg, dessen reiche Bibliothek mir vorerst genügte.

VII. In Heidelberg.

Meine Reise von Aarau nach Stuttgart bot wenig Interessantes dar. Auf dem Tuttlinger Berge, wo ich vor vier Jahren die Schweiz zum erstenmal begrüßt hatte, nahm ich jetzt wieder von ihr Abschied und zwar einen wehmüthigen. Ich hatte bisher alles, was das Schicksal über mich verhängte, mit leichtem Sinne hingenommen. Jetzt war ich zum erstenmal in meinem Leben recht traurig, denn ich hatte verloren, was ich niemals wiederfinden sollte. Die schönen Alpen stellten sich mir noch einmal in ihrem hellen Glanze dar, von Schwaben her wehte mir aber ein kalter, häßlicher Schneesturm entgegen. Indessen ermannte ich mich, das Wetter wurde wieder besser, und ich unterhielt mich mit dem dicken Conducteur von einer schon lange vergangenen Zeit, nämlich vom Jahr 1806. Er hatte unter den württembergischen Chevaux légers gedient und die Plünderungen in Schlesien mitgemacht. Es gereichte seinem Herzen zur Ehre, was er darüber sagte. Ich hatte später noch öfter Gelegenheit, solche alte Soldaten zu hören, die entweder bereuten, was damals geschehen war, oder lieber gar nicht davon reden wollten. Alle aber lobten das gute Volk der Schlesier, das damals so ungerecht von ihnen mißhandelt worden war.

Am 14. April 1824 kam ich in Stuttgart an und gab einige Briefe von List an dessen Bekannte ab. Im Hause des Procurator Schott wurde ich auf das liebevollste aufgenommen. Er war damals noch ein blühender Mann von feinen Manieren und ausgezeichneter Bildung und genoß großes Ansehen als Landtagsabgeordneter, der mit unerschütterlich festem Charakter früher am alten Recht festgehalten, die beiden octroyirten Verfassungen verworfen und bei der zwischen Regierung und Ständen verabschiedeten und beide gleich sehr verpflichtenden neuen Verfassung mitgewirkt hatte. Im Uebrigen war er eine Zeitlang in Paris gewesen, liebte außer den Classikern vorzugsweise die französische Literatur und befand sich viel weniger mehr auf dem Standpunkt des alten deutschen ständischen Rechtes, als auf dem der französischen, das moderne Repräsentativsystem ausbildenden liberalen Doctrin, auf demselben Standpunkte, den auch bereits v. Rotteck und Welcker in der badischen Kammer eingenommen hatten. Es war mir auffallend, wie in den vier Jahren, die ich außerhalb des deutschen Bundes zugebracht hatte, die politische Stimmung verändert, das christlich deutsche Programm der Burschenschaft, die großartige Reichsidee von Görres vergessen war. Niemand träumte mehr von deutscher Einheit und Größe. Die Carlsbader Beschlüsse und die Hegelei in Berlin hatten desfalls ihren Zweck vollkommen erreicht. Eine Patriotenpartei gab es nicht mehr. Dagegen war eine französisch gefärbte liberale Partei aufgekommen, welche mit denselben Mitteln wie die liberale Partei in Frankreich, politische Freiheit erkämpfen wollte. Man abstrahirte so sehr von der deutschen Nationalität, daß man sich mit Vorliebe für fremde Nationen begeisterte. So war mein neuer Freund Schott bei einem Griechencomité betheiligt und schwärmte für die Freiheit der Neugriechen.

Schotts Gattin war eine sehr liebenswürdige, feingebildete und ideenreiche Dame, ihr Haus äußerst gastlich. Auch von Uhland, der damals noch in Stuttgart wohnte, und seiner freundlichen Frau wurde ich auf das beste aufgenommen, wie auch von Gustav Schwab, dem Uhland innig befreundeten Dichter, der Professor am Gymnasium in Stuttgart war und in seinem gleichfalls sehr gastlichen Hause täglich Einheimische und Fremde sah. Außer ihnen lernte ich Samuel Gottlieb Liesching kennen, einen im Vermögen herab gekommenen Kaufmann, der aber voll Geist war, schöne Kenntnisse, besonders im Gebiet der bildenden Künste besaß, daher auch mit Gemälden handelte und damals ein freisinniges Blatt, den „Deutschen Beobachter" redigirte. Ferner den Hauptmann a. D. Seybold, List's Schwager, dem ich in seine Neckarzeitung, um nebenbei etwas zu verdienen, Miscellen schrieb. Ich will dabei nicht verfehlen, zu bemerken, daß seine Schwester, List's Frau, sehr schön war. — Auch Börne kam nach Stuttgart, wo er mit Cotta wegen politischer Correspondenzen unterhandelte, und besuchte mich. Ich kannte ihn nur von seiner „Waage" her, in die sogar Görres Artikel geliefert hatte, achtete ihn also als einen guten Patrioten und fand in ihm auch etwas Sinniges und Bescheidenes, so daß ich nicht geglaubt hätte, er würde später in Paris sich über die Deutschen lustig machen und sich dafür vom französischen Publikum honoriren lassen. Doch der Jude bleibt Jude.

Eine große Erquickung war mir die Boisseréesche Sammlung altdeutscher Gemälde, die in Stuttgart aufgestellt war.

Ich hatte schnell so viele Freunde in Stuttgart gefunden, daß ich länger dort verweilte, als ich anfangs im Sinne gehabt hatte, und dadurch meine Weiterreise nach Heidelberg verzögerte. In Schott's Hause sah ich zum erstenmal ein junges schönes Mädchen aus Cannstadt, ohne noch daran zu denken, daß sie meine Frau werden würde. Die Stadt, die noch nicht die Hälfte so groß war wie jetzt, gefiel mir in der schönen Sommerzeit ausnehmend wohl, hauptsächlich wegen der reizenden Umgebung von Weinbergen und malerischen Wald-bergen. Ich blieb hier bis in die Mitte des Juli, brach aber dann endlich rasch ab und war am 23. Juli in Heidelberg.

Hier kannte ich nur den Buchhändler Winter, der meine Streck-verse verlegt hatte und überdieß ein spezieller Freund von Schott und Liesching war. Er machte damals ein Haus in Heidelberg und

war ein um so angesehenerer Mann, als er auch als badischer Landtagsabgeordneter gegen die damalige schlechte Regierung des Großherzog Ludwig freimüthig gesprochen hatte. Er war auch ein Kunst-
freund und besaß einige schöne alte Gemälde. Aber auch ein eifriger
Freimaurer, und ich hatte meine liebe Noth mit ihm, da er beständig
in mich drang, ich solle mich in eine Loge aufnehmen lassen. Dasselbe
that der alte Kirchenrath Paulus, der sich sehr um mich bemühte und
mir viele Bücher über die Freimaurerei ins Haus schickte, um mich
dafür zu gewinnen. Durch ihn ließ mich auch der alte Boß zum Kaffee
einladen, ich ging aber nicht hin, weil ich diesen Pedanten schon von
der Schule her nicht leiden konnte. Ich kannte die Schriften des alten
Paulus noch nicht und war von der verderblichen Rolle, die er als
Haupt der Rationalisten in Baden spielte, nicht unterrichtet, sonst
würde ich von vorn herein wie mit Boß, so auch mit ihm jede Begrüßung vermieden haben.

Ich erfreute mich, wie jeder Andere an der reizenden Lage der
Stadt Heidelberg. Doch machte ich eine Erfahrung, welche andere
Fremde, die sich länger hier aufhielten, gleichfalls gemacht haben.
Im ersten Monat nämlich war ich täglich auf dem alten Schlosse,
nachher weniger oft, und unvermerkt richtete ich mit meinen Freunden
unsere Spaziergänge gegen Mannheim in die Ebene hinaus. Jach-
mann, der geistreiche und melancholische Livländer, dessen Nachlaß
später Zschokke herausgegeben hat und mit dem ich in Heidelberg
öfters Spaziergänge machte, beobachtete an sich ganz dieselbe Neigung,
nach einiger Zeit lieber ins Flache hinauszugehen, als auf den Berg.
Der Grund davon war nicht etwa Uebersättigung an den Reizen des
alten Schlosses, sondern vielmehr das Bedürfniß, aus der schmalen
Gasse des Thales mehr ins Freie und Lichte hinauszukommen. Ich
machte übrigens in der guten Jahreszeit viele schöne Partieen in der
Umgegend, nach Neckarsteinach, auf den Heiligenberg, auf den Kaiser-
stuhl, nach Mannheim und Karlsruhe, unter andern auch einmal
mit dem berühmten Maler Rottmann von München, der seine junge
und schöne Frau bei sich hatte, zur Kirmeß nach Ziegelhausen.

Ich benutzte sehr fleißig die Bibliothek, denn ihretwegen war ich nach Heidelberg gekommen. Der damalige Bibliothekar, der berühmte Mythologe und Historiker Mone, leistete mir dabei die freundschaftlichsten Dienste. Dieser liebenswürdige Gelehrte machte mich auch mit dem alten Creuzer bekannt, der als einer der ersten Philologen und Mythologen Deutschlands glänzte und in dessen Vorlesungen ich schon vor fünf Jahren einmal hospitirt hatte. Er war mit Görres sehr befreundet und empfing mich auf das herzlichste. Ich mußte ihn öfters besuchen und jedesmal mit ihm eine Flasche trefflichen Wein trinken. Dabei ließ er sich ganz gehen und pflegte im Eifer des Gesprächs seine rothe Perücke mit der Hand herumzudrehen, daß oft hinten vorn wurde. Er war äußerst lebhaft und geistreich und man mußte ihn liebgewinnen. Ich fand bei ihm nicht den mindesten Professorenhochmuth, sondern die anmuthigste Natürlichkeit und die seltenste Bescheidenheit. Unter andern rühmte er den Einfluß, den Görres auf ihn geübt, von dem er mehr gelernt habe, als von vielen Andern. Das war nun damals nicht Mode, im Gegentheil wollten viele gelehrte Schafsköpfe den großen Görres kleinmeistern. Ich wohnte ganz nahe bei Creuzer, links von ihm, und hinter meinem Hause stand in einem Garten das Haus des alten Voß, den ich oft in Schlafrock und Nachtmütze mit der Pfeife gravitätisch herumspazieren sah, eine lange hagere Figur mit einem Gesicht, das aus einiger Entfernung einer gebackenen Birne glich. Noch nicht lange vorher hatte es Reibungen unter den Studenten gegeben, von denen ein Theil durch Voß und Paulus gegen Creuzer gehetzt wurde und demselben auch einmal die Fenster einwarf. Ich lernte auch den Professor Thibaut kennen, einen Mann von sehr würdigem Aussehen, dem ich nicht lange nachher bei seinem literarischen Kampfe für die alte Kirchenmusik beizustehen Gelegenheit hatte.

Zu meinem Erstaunen wurde einmal in meiner Abwesenheit mein Zimmer von der Polizei geöffnet und wurden alle meine Papiere durchstöbert; hätte man das Geringste darin gefunden, was mich verdächtigt hätte, so würde ich Noth haben ausstehen müssen. Ich erfuhr, der alte Paulus habe mich verdächtigt, wie er mich später auch in Württemberg bei der Regierung als Demagogen anzuschwärzen versuchte.

Ich beschloß, nur noch eine Zeitlang die Heidelberger Bibliothek zu benutzen und dann nach München zu gehen. Dieser mein Plan wurde hauptsächlich durch Maßmann veranlaßt, der denselben Winter in Heidelberg zubrachte, nach München gehen wollte und wirklich im nächsten Jahr dahin gegangen ist. Mit Maßmann war ich täglich zusammen. Unsere Abende brachten wir theils in einem Gasthof in der Stadt, theils auf dem alten Schlosse zu. In der Stadt verkehrten wir viel mit dem jungen Grafen Leon, der hier studirte, einem natürlichen Sohn Napoleons, dem er auch auffallend ähnlich sah. Ich weiß nicht, was aus ihm geworden ist. Auf dem alten Schlosse wohnte Karl Barth, ein ausgezeichneter Kupferstecher, und da eine gemüthliche Wirthschaft und guter Wein oben zu finden war, brachten wir viele Winterabende in der schönen und berühmten Ruine zu. Es bildete sich da ein kleiner Kreis, dem außer Maßmann und mir auch noch ein gewisser Kirchgeßner und der Maler Keller angehörte, welcher später als Restaurateur nach Berlin berufen wurde. Barth zeichnete mich. Dieser muntere Künstler soll sich später entleibt haben.

Oft gesellte sich auch Julius Treutler zu uns, der in Heidelberg studirte und mein Vetter war, denn sein Vater war der Bruder meines guten Stiefgroßvaters, und sein eigener älterer Bruder Karl der Mann meiner älteren Schwester Emilie. Ich hatte diesen Julius schon als kleinen Knaben in Waldenburg immer gern gehabt, weil er so hübsch, anstellig und nicht ohne Geist war. Er dichtete auch und seine Lieder sind später getruckt worden. Ich hatte ihn immer noch lieb und er hing sich auch an mich mit einer wahren Innigkeit wie an einen älteren Bruder an. Aber er hatte durch das üppige Leben, welches reiche Studenten und ganz besonders das Corps Borussia in Heidelberg führten, seine Gesundheit zerrüttet und ist im folgenden Jahre, nachdem er nach Schlesien zurückgekehrt war, gestorben.

In jener Zeit studirte ein junger Livländer in Heidelberg, der sich einmal in Baden-Baden an die Spielbank setzte und an einem

Abend 40,000 Gulden gewann. Sein Bedienter mußte ihm das Geld in den Gasthof tragen, und er schlief sehr vergnügt ein, mit der Absicht noch länger in Baden zu bleiben und noch mehr zu gewinnen. Als er aber am andern Morgen erwachte, war das Geld verschwunden und auch der Bediente konnte nirgends aufgefunden werden. Alle Nachforschungen der Polizei blieben fruchtlos, und der Student kehrte verdrießlich nach Heidelberg zurück. Nach vier Wochen aber bekam er von seinem Vater einen Brief, welcher anfing: „Du Schlingel, wenn der treue Johann nicht wäre!" Der Bediente hatte nämlich vorausgesehen, sein junger Herr werde den Gewinn bald wieder verspielen, war daher noch in derselben Nacht auf und davon gefahren, um das Geld dem Vater zu bringen.

Heidelberg ist seit langer Zeit immer von reichen Studenten besucht worden, und da sie sowohl den Professoren als der Stadt Geld brachten, hat man ihre, zuweilen kolossale Lüderlichkeit immer geduldet und ihnen ein Monopol gegönnt, wie der Spielhölle in Baden-Baden.

Ich muß hier noch einige Bemerkungen über die badischen Zustände überhaupt anknüpfen, wie ich sie damals fand. Die Rheinbundzeit wirkte noch nach. Freimaurerei und seichter Rationalismus hatten hier, wie in der Schweiz, stets dem Napoleonismus gedient. Das war die echte Rheinbundpolitik, wie sie dem Kaiser Napoleon wohlgefiel. Auch der alte Voß wurde nicht seiner Hexameter wegen nach Heidelberg berufen, sondern um in dem antikirchlichen Geiste zu wirken, welcher durch die Studirenden und Beamten im Volke verbreitet werden mußte, damit es die kleinen Despoten der Rheinbundzeit bequem hätten zu regieren. So diente Voß als Wächter und Angeber. So belauerte und verfolgte er den armen Stolberg. So wüthete er mit Händen und Füßen im Jahre 1806 gegen die Romantiker in Heidelberg: Görres, Achim von Arnim, Clemens Brentano. Als Deutscher hätte er das Streben dieser edlen Männer, die inmitten der tiefsten Schmach des Vaterlandes an die Herrlichkeit der Vorzeit erinnerten, ehren und unterstützen sollen. Aber gerade weil sie den vaterländischen Sinn weckten, bekämpfte sie Voß im Dienst der Rheinbundpolitik und verleumdete sie als Ultramontane. Auf die gleiche Weise verleumdete er den edlen Creuzer, als wolle derselbe durch Erklärung der uralten griechischen und orientalischen Mysterien katholische Mystik einführen.

Der protestantischen Gläubigkeit erging es nicht besser in Baden, wie der katholischen. Der Rationalismus war freilich nichts Neues mehr, durch Paulus aber wurde er bis zum Fanatismus gesteigert. Wehe dem Pfarrer oder auch nur Schulmeister, der die Evangelien hätte anders verstehen wollen, als Paulus in seinem berüchtigten Buche vom Leben Jesu! Die aufgeklärte Geistlichkeit war ganz mit dem weltlichen Beamtenthum verschmolzen, ein Werkzeug der Staatsgewalt.

So waren denn die Zustände hier dem christlich deutschen Programm, welches wir nach dem Befreiungskriege als das allein heilbringende aufstellten, schnurstracks entgegengesetzt. Statt des Christenthums hatte man eine windige Aufklärerei mit viel Unsittlichkeit verbunden, und statt der Ehrfurcht vor der großen vaterländischen Idee nur das Erbtheil der Rheinbundpolitik, badischen Sondergeist und Staatsomnipotenz mit einer wohldressirten Bureaukratie. Dieser schlechte Geist erreichte seine Höhe unter der Regierung des tief unsittlichen Großherzog Ludwig. Aber das Uebel gebar sich seine Strafe selbst. Die Regierung war es, welche die Gottesfurcht und den sittlichen Ernst verbannt hatte und nun für ihre kleine Autorität den Glauben nicht mehr in Anspruch nehmen konnte, den sie höheren Autoritäten zu versagen das Volk abgerichtet hatte. Daher die rasche Ueberhandnahme des Liberalismus selbst im Beamtenstande und die Revolution, die 1848 das schöne Baden zu verwüsten drohte.

Es war eine sehr unerquickliche Zeit, und ich fühlte ihren schweren Druck. Die Deutschen schienen ihren glorreichen Krieg und Sieg vergessen zu haben, oder sich desselben sogar zu schämen, denn sie ließen sich nicht nur die Infamie gefallen, mit welcher der Jude Heine alles Heilige, was in unserer Nationalehre wie in unserer Religion liegt, verspottete, sondern sie bewunderten ihn sogar deshalb. Die Popularität dieses witzigen, aber sittenlosen Juden, verbunden mit der damaligen Alleinherrschaft der Hegelschen Philosophie waren Früchte der Zeit, wie man sie sich nicht fauler und unserer großen Nation unwürdiger denken kann, nachdem kaum ein Jahrzehent seit der todes= muthigen Erhebung dieser Nation gegen Napoleon verflossen war. Wo man auch an den bessern Geist der Nation zu appelliren versuchte, man stieß fast überall nur auf Gleichgültigkeit, Frivolität und Parti= cularismus, so daß der wenn auch ganz französisch gefärbte politische Liberalismus fast der einzige Trost blieb, weil in demselben wenigstens eine treibende Kraft vorhanden war, mit der man hoffen konnte, eine Bresche in die geistlose Bundestagspolitik zu legen.

Es herrschte damals eine fürchterliche Gemeinheit in der Welt, eine Flucht vor allem Heiligen, Großherzigen und Schönen, jenes „gespenstige Philisterthum," vor dem sich Callot=Hoffmann bis zum Wahnsinn entsetzte und Lord Byron lieber in den barbarischen Orient flüchtete. Diese Gemeinheit ging von den Thronen aus. Es war noch der alte fürstliche Absolutismus, aber abgeschwächt, ohne Geist, ohne jene Grazie, die einst die Laster Ludwigs XIV. und Augusts II. von Sachsen noch liebenswürdig gemacht hat. Es war da in den obern Regionen der regierenden Gewalten nirgends mehr ein Feuer, ein Genie, eine große Leidenschaft, eine Thatkraft. Alles war ordi= nair, langweilig, geschmacklos, sogar die Trachten. Man konnte diesen badereisenden Majestäten und Hoheiten nur mit Achselzucken nachsehen. Daneben die diplomatischen Kreise aus Metternichs At= mosphäre! Wo hier noch einiger Witz und Geist war, wurde man doch immer an die beiden Klingsberge erinnert. Der Adel vegetirte in derselben Sorglosigkeit wie die Fürsten und versäumte alles, um sich populär zu machen. Von ihm konnte man verlangen, daß er der alten Ritterlichkeit der Nation hätte eingedenk bleiben sollen. Es gab auch wirklich noch einige echte Ritter, aber sie verloren sich in der

Maffe der Hoffchranzen und jener Klaffe, deren Wappenhelm ein Branntweinhelm wurde.

Die eigentliche Gewalt war bei der Bureaukratie. Diefe Schreibergefichter, die zwifchen lächerlich hohen Civiluniformskragen gewöhnlich entweder zu mager oder zu dick herausguckten und in der Regel genau das Gegentheil von plaftifcher Schönheit darftellten und deren hölzernes und karikirtes Wefen das Gegentheil aller Mann- haftigkeit und Ritterlichkeit war, beherrfchten doch die ganze übrige Menfchheit und waren fich deffen wohlbewußt.

In der trägen und fchwülen Luft jener Reftaurationsperiode begann es übrigens von Weften her zu wehen. In Frankreich waff- nete fich nach und nach die liberale Oppofition gegen die Beurbons, und in England mahnte Lord Byron an die alte romantifche Welt und fprach feinen poetifchen Fluch über die Gemeinheit und Profa der Gegenwart aus. Das fand nun Anklang auch bei den Mißvergnügten in Deutfchland; indem aber diefe Mißvergnügten nur das Auslän- difche überfetzten und nachahmten, bewiefen fie damit wieder den Mangel an eigenem Geift und Urtheil. Es war doch kläglich, daß alle franzöfifchen Memoiren, in denen zum Hohn der Bourbons die Revolution und das Kaiferreich verherrlicht wurden, auch in Deutfch- land unzählige Lefer und Bewunderer fanden, während um die große Vorzeit der deutfchen Nation fich nur ganz Wenige bekümmerten, die man noch dazu häufig verlachte. Von einer Wiederbelebung des deut- fchen Nationalbewußtfeins, des ureigenen deutfchen Geiftes und Ge- fchmackes, von Herftellung des deutfchen Bauftyls, der deutfchen Na- tionaltracht, der deutfchen Hanfa, wovon man in den Befreiungsjahren foviel geträumt hatte, war nicht mehr die Rede. Görres war nicht nur in Preußen verfolgt, fondern wurde auch dem ganzen gebildeten Publikum als Finfterling verhaßt gemacht. In allen Schulen wurde unfere glorreiche Kaiferzeit, in welcher wir die Herren Europas waren, als finfteres Mittelalter geläftert, und die letzten Jahre unferer Zer- riffenheit, in denen wir eine Provinz nach der andern ans Ausland verloren und endlich völliger Fremdherrschaft anheimfielen, als das goldne Zeitalter der Aufklärung und Bildung gepriesen.

Wie war es möglich, frug ich mich oft, daß eine so große Nation, wie die deutsche, zu so kleinlicher und erbärmlicher Denkungsart herabsinken konnte?

VIII. Meine Ansiedelung in Stuttgart.

Nachdem ich noch einen sehr vergnügten Abend mit meinen Heidelberger Freunden zugebracht hatte, fuhr ich in der Nacht des 21. März 1825 mit dem Eilwagen ab. Die Eilwagen waren damals noch eine neue Erfindung und wurden im Vergleich mit den früheren Postwagen als ein großer Fortschritt der Zeit bewundert. Ich wollte nach München, hielt mich aber, als ich am folgenden Morgen in Stuttgart anlangte, dort bei meinen Freunden wieder länger auf. Der arme List, der unvorsichtig aller Warnungen ungeachtet nach Württemberg zurückgekehrt war, büßte auf dem Asperg, wurde aber bald nach Nordamerika entlassen. Auch Liesching war als Redakteur des freisinnigen Beobachters eine Zeitlang gefangen gesetzt. Sonst fand ich alles wie im vorigen Jahre.

Stuttgart liegt sehr schön in einem einer Bennemuschel gleichenden Thale, aus dem sich ringsum die Berge hinaufziehen. Es wurde schon vor fast 200 Jahren von einem französischen Dichter wegen der schönen Weinberge gepriesen, von denen die Stadt rings umgeben ist. Der Dichter sagt, wenn man die Trauben hier nicht abpflückte, so würde die Stadt von Wein überschwemmt werden:

Si on ne cueillait de Stutgard le raisin
La ville irait se noyer dans le vin.

(Berdenmeyer, cur. Antiqu. I. 521).

Ich verfehlte nicht, mich bald mit der schönen Umgegend bekannt zu machen. Zu Ostern (am 3. April) machte ich mit Schott, seinen älteren Knaben und Maßmann beim schönsten Wetter eine Fußpartie über Fellbach, den Capellenberg, die Katharinenlinde und die Filiale nach Eßlingen und durch das Neckarthal zurück. Einer der reizendsten Ausflüge in der an Naturschönheiten so reichen Umgebung der schwäbischen Hauptstadt. Als wir nun Abends vor dem Dorfe Wangen an einer grünen Wiese vorüberkamen, sahen wir dort eine Gesellschaft Cannstatter fröhlich im Freien tanzen. Eine Blondine in lichtblauem Kleide reizte mich durch ihre schöne Figur, und siehe da, es war dasselbe Mädchen aus Cannstatt, was ich schon einmal im vorigen Jahre bei Schotts gesehen hatte. Es fügte sich, daß ich schon am folgenden Abend an ihrer Seite im Stuttgarter Theater saß, wo Mozarts Don Juan vortrefflich aufgeführt wurde. Während mich nun diese Bekanntschaft noch in Stuttgart fesselte, da ich aber immer noch an nichts dachte, als nach München zu gehen, auf dessen Kunstschätze ich mich schon lange freute, hatte bereits der alte Herr v. Cotta alles veranstaltet, um mich in Stuttgart zurückzuhalten und überraschte mich am 11. April mit seinem Antrage. Er war durch meine Streckverse und durch meine Aufsätze in den Europäischen Blättern auf mich aufmerksam geworden und hatte bereits seine bisherige Verbindung mit Müllner, welcher das mit dem vielgelesenen Morgenblatt verbundene Literaturblatt redigirte, gelöst, um mir dessen Redaction anzuvertrauen, wenn ich dazu Lust hätte. Er versprach mir, mich pecuniär so günstig zu stellen, daß ich, wenn ich Lust hätte, auf der Stelle heirathen könne. Er bemerkte mit Recht, daß Stuttgart für eine literarische Thätigkeit ein weit günstigerer Platz sei, als München. Schon wegen der verhältnißmäßig größeren Preßfreiheit in Württemberg. Da ich nun in der That in Stuttgart etwas Gewisses gefunden hatte, zog ich es dem Ungewissen in München vor und blieb.

Cotta war ein außerordentlich verständiger und wohlwollender Mann, damals schon ergraut, aber noch von großer Lebhaftigkeit des

Körpers und Geistes. An wahrer Genialität hat er wohl alle Buchhändler in Deutschland übertroffen. Er war ein königlicher Kaufmann, wie Shakespeare gesagt haben würde. Nach seinem Tode
fand man in seinen Büchern Posten von mehr als 200,000 Gulden
ausstehen, Vorschüsse, die er jungen Gelehrten und Künstlern gemacht
hatte und die ihm nie zurückbezahlt worden sind. Ich war öfters
Zeuge, wie großmüthig er junge Talente unterstützte und ihnen durch
seine Geldspenden ihre weitere Ausbildung, namentlich auf Reisen
möglich machte. Er kümmerte sich auch nicht um die Leute, die ihm
einredeten, er als Verleger Goethes solle sich mit mir, als einem
Feinde Goethes, nicht einlassen. Ebenso wenig dachte er daran,
mich in der Freiheit meiner Redaction beschränken zu wollen, da es
meine erste Contractbedingung war, daß dies nicht geschehen dürfe.
Er unterhielt sich viel und gern mit mir, insbesondere über Politik
und Literatur, wobei ich viel von ihm lernte, denn er kannte die Welt
und urtheilte ebenso scharfsinnig als freimüthig. Er lud mich oft zu
Tische und hatte die liebenswürdige Gewohnheit, seltener große Tafel
zu halten, desto häufiger aber nur wenige geistreiche Leute bei sich zu
sehen, besonders wenn sich ein interessanter Fremder eingefunden
hatte.

Am 9. Mai wurde mir die Ehre zu Theil, die Festrede beim
ersten in Stuttgart gefeierten Schillerfeste zu halten, dem nachher so
viele andere in und außerhalb Stuttgart nachgefolgt sind. Unter
den Sängerinnen befand sich auch mein schönes Mädchen von Cannstatt, und zwei Tage später war ich mit ihr verlobt. Johanna Bilfinger war die jüngste von drei Schwestern, damals neunzehn Jahre
alt, die Tochter einer Pfarrerswittwe. Ihr Vorfahr war der berühmte Geheimrath Bilfinger, Mentor des Herzog Karl in der ersten
Hälfte des vorigen Jahrhunderts und durch seine philosophischen
Schriften ausgezeichnet. Wenige Tage nach unserer Verlobung saß
ich bei meiner Braut auf dem Sopha, als ihre Mutter mit Thränen
aus ihrem Weinberg zurückkehrte, denn ein grimmiger Maifrost hatte
die ganze Hoffnung auf den diesjährigen Herbst vernichtet. Aber die

gute Mutter trocknete ihre Thränen und lachte wieder, als sie uns so traulich beisammen sitzen sah.

Ich beschäftigte mich mittlerweile mit einer Flugschrift „Voß und die Symbolik", worin ich Creuzer gegen das unvernünftige Gebell des alten Voß vertheidigte, und mit der Herausgabe eines poetischen Taschenbuchs, welches unter dem Titel „Moosrosen" noch in demselben Jahre erschienen ist. Gustav Schwab und Friedrich Rückert in Coburg, Adalbert v. Chamisso in Berlin, meine Heidelberger Freunde Maßmann, Karl Barth, meine Schweizer Freunde Fröhlich und Tanner, auch mein Schulfreund Hermes aus Breslau gaben Beiträge dazu, nur Ludwig Follen ließ mich, gegen seine Zusage, aus gewohnter Faulheit im Stiche, so daß ich, um zu rechter Zeit das Büchlein fertig zu bringen, auch einiges Unpassende aufnehmen mußte. Das berühmte Lied Chamissos „Der Zopf der hängt ihm hinten" wurde hier zum erstenmal gedruckt.

Die Europäischen Blätter hatten aufhören müssen, Mönnich kam zu mir nach Stuttgart und verlobte sich nach kurzer Zeit mit der ältern Schwester meiner Braut. Cotta übergab ihm die Redaction des Inlands, eine Zeitung, die er im nächsten Jahre in München erscheinen ließ. Der alte König von Bayern, Max Joseph, starb noch 1825. Sein Nachfolger Ludwig galt damals allen jungen Leuten, die nach etwas Höherem und Edlerem strebten, als der einzige Rettungsanker, als der wahre princeps juventutis. Er war als Patriot bekannt, er hatte einmal die deutsche Tracht getragen, er dichtete, er liebte die Kunst und die deutsche Vorzeit. Er verlegte die Universität Landshut nach München. Mit ihm begann ein neues großartiges Leben in Bayern. Deßhalb gründete auch Cotta dort ein bedeutendes Etablissement. Mein Freund Maßmann erhielt eine Professur in München, die ich wahrscheinlich auch erhalten haben würde, wenn ich nicht in Stuttgart geblieben wäre. Das letztere aber ließ ich mich nicht reuen, und die Folgezeit hat bestätigt, was mir Cotta sagte. Ich besaß nicht Biegsamkeit genug, um es allen Ministerien recht zu machen, die von 1825 an in München gewechselt

haben. Mönnich kam von München nach Nürnberg, wo er viele
Jahre lang als Rector der höhern Bürgerschule wirkte.

Im Herbst 1825 besuchte mich meine gute Mutter mit ihrem
zweiten Manne, der damals als berühmt gewordener Schafzüchter
große Geschäfte machte, später aber wieder bedeutende Verluste erlitt.
Der mütterliche Besuch erfreute mein Herz, und ich hätte ihn gern in
den nächsten Jahren erwidert, aber was damals alles von Seiten
der verblendeten Regierung Friedrich Wilhelms III. und des gottlosen Consistoriums in Breslau zur Unterdrückung der Lutheraner in
Schlesien geschah, ekelte und erbitterte mich in solchem Grade, daß
ich meinem Gelübde, mein Vaterland in fünfzig Jahren nicht wiederzusehen, treu blieb.

Da ich in Stuttgart bleiben und heirathen wollte, zog ich es
vor, mich hier auch einzubürgern. Ich forderte also und erhielt aus
Schlesien meine Entlassung aus dem preußischen Unterthanenverbande
und suchte um das Bürgerrecht in Stuttgart nach. Zu meinem Erstaunen aber verging mehr als ein halbes Jahr, ohne daß ich eine
Antwort erhielt. Mittlerweile ließ Paulus in Heidelberg einen in-
famen Schmähartikel gegen mich in der Speierer Zeitung abdrucken
und übergab 100 Exemplare des Blattes einem Kaufmann, um sie
in Stuttgart zu verbreiten. Der Kaufmann war aber so ehrlich, das
ganze Paket mir zu übergeben. Paulus warnte die Württemberger,
sie sollten mich nicht unter sich aufnehmen, ich komme aus der Schweiz,
habe dort mit Flüchtlingen in Verbindung gestanden und sei ein gefährlicher Mensch. Im Stuttgarter Publikum schadeten mir diese
Verdächtigungen nichts, denn man kannte mich schon, und ich hatte
mir vielseitige Liebe erworben.

Der alte Paulus war erbost darüber, daß Procurator Schott in
Stuttgart sich so warm mit mir befreundet hatte. Schott hatte nämlich nicht lange vorher seinen Namen zu einem Buche hergeliehen,
welches Paulus in der Stolbergschen Angelegenheit zur Vertheidigung
seines Freundes Voß geschrieben hatte und das in Stuttgart gedruckt
worden war. Schott hatte das in gutem Glauben gethan, sofern er

immer die Partei ergriff, die ihm die freisinnige zu sein schien. Da ich nun gegen Voß geschrieben hatte und dennoch im Schottischen Hause aus- und einging, erkannte die Heidelberger Clique von Seiten Schotts eine Mißachtung ihrer Autorität und wollte mich daher um jeden Preis in Stuttgart discreditiren und womöglich meine Ansiedlung daselbst hintertreiben.

Paulus hatte zahlreiche Verbindungen, hauptsächlich durch die Freimaurerei und durch die damals auf allen protestantischen Universitäten vorherrschenden, ihm gleichgesinnten Rationalisten. Wie angesehen und einflußreich er nicht nur im Großherzogthum Baden, wo er als ein kleiner Papst galt, sondern auch im Auslande war, bewies der Umstand, daß sich der König der Niederlande durch ihn zuverlässige Kirchenfeinde bezeichnen und bestellen ließ, um sie als Professoren an der katholischen Universität Löwen anzustellen. Man vergleiche über diese Intrigue des Professor Dr. Wiese vortreffliche Briefe über die englische Erziehung, 1852. Paulus also, der in seinem Leben Jesu die Gottheit Christi geleugnet, die Wunder desselben als fromme Betrügereien und Taschenspielerkünste erklärt hat, sollte nicht nur die Religiosität im protestantischen Baden unterwühlen dürfen, sondern war auch ausersehen, die katholische Jugend in Belgien durch kirchenfeindliche Lehrer zu verderben. Doch mißlang der Plan. Die von Paulus nach Löwen geschickten Lehrer, unter denen sich auch Ernst Münch befand, konnten sich in ihrer gänzlichen Unpopularität nicht behaupten, und der unwürdige Angriff von Heidelberg aus hat die katholische Kirche in Belgien nicht geschwächt, sondern nur gestärkt.

Paulus war Doctor aller Facultäten. Es gehörte zur akademischen Mode jener Zeit, daß sich die rationalistischen Machthaber, wie einst die lateinischen poetae laureati, gegenseitig priesen und mit Ehren überhäuften. Insbesondere ertheilte man den höchsten Ehrentitel eines Doctors der Theologie geflissentlich nicht blos ungläubigen Theologen, sondern auch Philosophen, Literar-Historikern ꝛc., wenn sie sich durch widerkirchliche Schriften bei der herrschenden Partei in Gunst gesetzt hatten. Hast du meinen Juden zum Doctor gemacht, sagte eine scheinheilige Facultät spöttisch zur andern, so mache ich nun auch deinen Juden zum Doctor. Es leben jetzt noch solche Schand= flecke der sog. evangelischen Theologie.

Was der ehrliche Eilers in seiner „Wanderung durchs Leben" von der damaligen Glaubensverachtung geschrieben hat, kann ich nur durch alle meine Erfahrungen bestätigen. Gesenius in Halle pflegte durch seine schlechten Witze über die h. Schrift bei den jungen Theo= logen, die ihm zuhörten, ein wieherndes Gelächter hervorzurufen. Ich befand mich in jenen zwanziger Jahren einmal in einem öffent= lichen Garten, als ein alter Herr, den ich nicht kannte, mit einer wahren Satyrmiene der Religion spottete. Trotz meiner Jugend fiel ich ihm ins Wort und sagte ihm, das sei schändlich geredet. Er sah mich groß an, lachte und ging weg. Nachher erfuhr ich, es sei ein Consistorialrath gewesen, und als am folgenden Tage in einer Ge= sellschaft davon die Rede war und man den Namen des Consistorial= raths nicht wußte, wurden nicht weniger als drei genannt, denen man solche Reden zutraute, wie sie jener geführt hatte.

Irgend einen Einfluß muß die Verdächtigung, die von Heidel= berg ausgegangen war, doch in Stuttgart geübt haben, weil ich so sehr lange auf die Ertheilung des Bürgerrechtes warten mußte. Ich dachte anfangs, es sei der gewöhnliche schleichende Canzleigang, den die allmächtige Bureaukratie nun einmal zu ihrem Privilegium gemacht hatte. Endlich aber erfuhr ich, mein Gesuch sei vom Stuttgarter Magistrat, von der königlichen Stadtdirection, von der Kreisregie= rung, vom Ministerium des Innern und sogar vom Geheimen Rathe genehmigt worden, liege aber immer noch dem König vor, der noch nicht unterschrieben habe. Das erfuhr ich durch den Minister Schlayer, und es wurde mir von Cotta bestätigt. Ich setzte mich nun augenblicklich hin — es war am 28. Januar 1826 — und schrieb einen humoristischen Brief an den König, worin ich ihm insinuirte, ich sei aus dem preußi= schen Unterthanenverbande entlassen und in den württembergischen noch nicht aufgenommen, also gegenwärtig souverain, ein Souverain mehr in Deutschland ohne Land und Leute könne sich nicht halten

Ich wolle sein Unterthan werden; die beste Bürgschaft, daß ich ihm nicht gefährlich sein könne, gebe ich ihm, indem ich in seinem Lande bleiben wolle. Da könne er mich ja jeden Augenblick haben und zur Rechenschaft ziehen. — Der König soll bei Lesung des Briefes sehr gelacht haben. Am andern Tage aber hörte ich schon, meine Sache sei erledigt, der König habe unterschrieben und auf dem rückläufigen Canzleiwege wurde mir richtig die Urkunde zugestellt, welche mich der Ehre würdigte, mit meiner präsumtiven Nachkommenschaft das Bürgerrecht in der Haupt- und Residenzstadt Stuttgart auf ewige Zeiten zu genießen.

Unterdeß war die Aussteuer meiner Braut fertig geworden, außer welcher sie mir kein Vermögen beibrachte. Ich selbst hatte damals nichts und war noch 400 Gulden schuldig. Wir traten aber ganz sorglos am 9. März 1826 in die Ehe und ich fing mit meiner jungen Frau gar einfach in einer Miethwohnung an der Ecke der Rothen- und Lindenstraße zu hausen an. Stuttgart zählte damals erst 26,000 Seelen, und es war hier noch verhältnißmäßig kleinstädtisch und gemüthlich, das Leben außerordentlich wohlfeil, um mehr als die Hälfte wohlfeiler, als vierzig Jahre später.

Mein Hausherr war ein Oberamtsrichter Zeller, dessen Sohn als Irrenarzt in Winnenthal einen großen Ruhm erlangt und verdient hat.

Im Hause des alten Zeller noch im Jahre 1826 wenige Tage vor dessen Schluß wurde mein ältester Sohn Rudolf geboren. Bald darauf wurde das Haus verkauft und ich mußte eine andere Wohnung beziehen, diesmal bei Medicinalrath Plieninger. Dieser wurde mein Hausarzt und ist es vierzig Jahre geblieben. In seinem Hause wurde 1828 meine älteste Tochter Klara geboren. Im Jahre 1830 bekam ich einen zweiten Sohn Ludwig, 1831 den dritten, Paul, der aber so schnell nach der Geburt starb, daß ich ihm selbst die Nothtaufe geben mußte, 1832 meine zweite Tochter Anna. In demselben Jahre kaufte ich einen mehr als zwei Morgen großen Garten vor dem Büchsenthor und im folgenden Jahr ein nettes Haus in der Kasernenstraße, welches wir am ersten Mai 1833 bezogen. Es lag ganz frei im Hintergrunde eines sonnenhellen Gartens, und Reben rankten sich am Hause hinauf bis zu den Fenstern meines Studierzimmers, im Herbst fast immer voll von süßen Trauben. Im Besitze dieses Hauses sah ich in Erfüllung gegangen, was mir fünfzehn Jahre vorher in Müncheberg geträumt hatte. In dem neuen Hause wurden mir noch vier Söhne geboren, 1834 Konrad, 1836 Friedrich, 1839 Otto, 1841 Adolf.

Bevor ich meine und meiner schwäbischen Familie Schicksale weiter verfolge, muß ich noch einmal nach meiner schlesischen Heimat zurückblicken. Meine gute Mutter lebte in äußern Glücksumständen, bis ihr zweiter Mann in Schäfereien unglücklich spekulirte, und starb lebensmüde 1849 in Münsterberg. Meine ältere Schwester Emilie heirathete den Kaufmann Karl Treutler und stand ihrem Manne mit umsichtiger Klugheit in Geschäften bei. Durch den Erwerb der einträglichsten Steinkohlengruben und anderartigen Betrieb gelangten sie in den größten Wohlstand, richteten sich in Neu-Weißstein bei Waldenburg eine prächtige Villa ein, in der sie die jährlich von Berlin nach Erdmannsdorf durchreisende Familie des Königs von Preußen, wie auch des russischen Kaisers zum öftern bewirtheten. Auch kauften sie die große Herrschaft Leuthen bei Breslau, wo sie nicht verfehlten ein Denkmal zur Erinnerung der großen Schlacht zu errichten.

Mein jüngerer Bruder Rudolf ging schon mit 15 Jahren zum Bergfach und schadete bei der rauhen Arbeit, der sich die Anfänger unterziehen müssen, seiner Gesundheit. Er zeichnete sich nachher in seinem Fache so aus, daß er im Jahre 1843 den ehrenvollen Auftrag erhielt, mit Professor Nöggerath zugleich die russischen Bergwerke zu inspiciren und dem russischen Kaiser in Betreff derselben Verbesserungsvorschläge zu machen. Auch brachte er als Ober-Inspector in Königshütte an der polnischen Grenze dieses großartige und berühmte Eisenhüttenwerk in einen Schwung wie nie zuvor. Ihm verdankte man auch die erste Einführung der Fabrikation des Cadmium. Zugleich war er ein ausgezeichneter Mineraloge und hinterließ eine so große Mineraliensammlung, daß ihrer zwei daraus gemacht werden konnten. Obgleich er nur den Titel eines Ober-Inspectors führte, war er doch der höchste Beamte jener großartigen Hüttenwerke, mußte daher auch die Honneurs machen und die zahlreich zum Besuch der Werke eintreffenden Fremden und großen Herrn empfangen und bewirthen. Man hätte ihm daher längst einen höhern Rang und Titel, so wie entsprechende Repräsentationsgelder gewähren sollen, was aber nicht geschah. Es zu verlangen, war er zu stolz, Jüngere, namentlich von Adel, die an Kenntnissen und Erfahrung weit unter ihm standen, wurden ihm vorgezogen, ohne daß er sich je beschwerte. Jede Gelegenheit, die sich ihm darbot, mit Ministern oder andern hohen Herrn zu verkehren, ließ er unbenutzt, ohne je persönliche Beschwerden oder Gesuche anzubringen. Diese Uneigennützigkeit und dieser Stolz, die ihm Ehre machen, mußten ihm natürlicherweise in Bezug auf seine Beförderung und sein Vermögen schaden. Nach seinem und seiner Frau Tode nahm ich seine Töchter Emma und Johanna zu mir, 1860, und behielt sie als eigene Kinder.

Mein jüngster Bruder Oswald blieb noch ein paar Jahre im Hause der Mutter zurück und war nachher so glücklich, zu dem berühmten Oeconomen Thaer zu kommen, der ihn bald wie einen Sohn liebgewann und zu seinem Privatsekretär machte. Oswald hatte angeborenes Talent für die Oeconomie und besonders für Pferdezucht, so daß er in der Folge der erste Hippologe Deutschlands wurde. Kaum zwanzig Jahre alt erhielt er schon die Verwaltung einer großen königlichen Domäne, und kaum dreißig Jahre alt wurde er ins Kriegsministerium nach Berlin versetzt, und man ordnete ihm sämmtliche Stutereien der preußischen Monarchie unter. Ziemlich im Gegensatz gegen seine ältern Brüder war er von Jugend auf fügsam und versäumte die Gelegenheit nicht, Carriere zu machen. Doch hat er im Amt, wenn es darauf ankam, Festigkeit bewiesen und ist mit Energie denen entgegengetreten, die dem König das Vollblut empfahlen. In dem Buch „Die Remontirung der preußischen Armee",

Berlin 1845 äußert er sich ausführlich über die Reform in der
Pferdezucht.

Meine jüngste Schwester Karoline blieb bei der Mutter, bis sie
nach einander ihren beiden Brüdern vor deren Verheirathung die
Wirthschaft führte und später den Superintendenten Peck in Nimbsch
heirathete. Derselbe war Wittwer und brachte ihr drei Kinder zu,
aber keinen Reichthum. Da sie selbst noch viele Kinder bekam, hätte
sie sorgen müssen, wenn ihre unverwüstlich gute Laune und Arbeitskraft nicht die Sorgen verscheucht hätten. Da aber ihr Mann starb,
ehe die Kinder versorgt waren, kam sie in wahrhaft große Noth, in
der sie von uns Geschwistern, namentlich von der ältern Schwester
Emilie unterstützt wurde.

Unter den neuen Verwandten, die mir meine Frau zubrachte,
stand ihr trefflicher Bruder Bernhard voran, der im Lauf der Jahre
Oberamtmann, Oberfinanzrath und Eisenbahndirector wurde. Dann
folgten dessen Oheime, der einsichtsvolle Regierungsdirector v. Klett,
der den russischen Feldzug mitgemacht hatte und noch im acht und
achtzigsten Jahre eifrig wissenschaftliche Bücher las, und der fromme
Oberjustizrath Klett, der dem Zuchthaus in Ludwigsburg vorstand
und sich durch Anstalten der Wohlthätigkeit insbesondere um verwahr-
loste Kinder ein bleibendes Verdienst erwarb. Ferner die etwas
minder nahen Verwandten, der alte Boley, Obertribunalrath, eine
Celebrität der Württembergischen Gesetzgebung und wahrer Ehrenmann, zugleich fromm, wie er denn in der Beichtpredigt am Ostersonnabend im Kirchenstuhl sanft ins andere Leben hinüber entschlafen
ist. Mit einem andern Verwandten, dem alten Oberfinanzrath
Nördlinger wurde ich sehr vertraut. Dieser Ehrenmann von armer
Herkunft war als Knopfmachergeselle durch die Welt gewandert, hatte
aber ein so angeborenes Talent für das Verständniß des Waldes,
daß er während der französischen Revolution in Frankreich, durch
Umstände begünstigt, jenes Talent praktisch zu üben anfing und nicht
lange nachher durch einen Aufsatz über Waldcultur in seiner württembergischen Heimat Aufsehen erregte. König Friedrich I. rief ihn ins

Land zurück, ließ ihn große Reisen machen, um überall die Forst-
culturen zu vergleichen und darüber Bericht zu erstatten. Seine
Berichte waren so meisterhaft abgefaßt, daß ihn der König zum Professor an der Universität Tübingen ernannte, bald aber von dort ins
Ministerium versetzte, in welchem er dem Forst-Departement rühmlich
vorstand. Er war der merkwürdigste Fußgänger. Schon 82 Jahre
alt lief er noch, ohne unterwegs auszuruhen, von Stuttgart bis nach
Reutlingen. Er hat nie in seinem Leben Strümpfe getragen.

Unter meinen nähern Freunden nahm Schott die erste Stelle
ein. Sodann Liesching, der vom Asperg glücklich wieder herunter-
gekommen war und das wunderbare Glück hatte, in der Frankfurter
Lotterie das große Loos zu gewinnen. Da er früher über der Kunst
und Politik sein kaufmännisches Geschäft versäumt und Bankerott
gemacht hatte, konnte er sich nunmehr oekonomisch wieder arrangiren.
Mit seltener Gewissenhaftigkeit zahlte er allen Gläubigern jetzt nachträglich aus, was er ihnen noch schuldig geblieben war, gab seinem
Kunsthandel einen neuen Schwung, reiste zu diesem Behuf öfter nach
Frankreich und England und gründete später für seine heranwachsen-
den Söhne eine Verlagshandlung, welche sich vorzugsweise die
Herausgabe christlicher Werke angelegen sein ließ. Ich war sehr eng
mit ihm befreundet und wir sahen uns sehr oft. Je älter er wurde,
um so mehr kam er von seinen frühern aesthetischen Passionen ab und
kehrte zur tiefen Frömmigkeit seiner ersten Jugendjahre zurück. —
Nebenbei sei bemerkt, daß Liesching einen wunderlichen Stiefbruder
hatte, Namens Enslin, eins der damaligen Stuttgarter Originale.
Man nannte ihn nur den Anlagenbesitzer, weil er sich einbildete, die
s. g. Anlagen, d. h. der große königliche Schloßgarten, gehören ihm.
Er brachte deshalb auch den ganzen Tag darin zu, und da er keinen
Schaden that, befahl der König den Portiers, seinen stillen Wahnsinn zu schonen und ihn gewähren zu lassen.

Ich konnte mich in geselliger Beziehung nirgends wohler befinden, als in Stuttgart. Der Volksstamm im Neckarthal ist nicht
sehr anschmiegend und gewandt, auch nicht sehr mittheilsam und red-

selig, aber solid von Charakter, gut geschult und daher reich an Kenntnissen. Man kommt dem Fremden nicht gleich entgegen, aber man
nimmt ihn an, wenn er sich natürlich gibt und nicht unbescheiden ist.
Die Hauptstadt Stuttgart war schon zu groß, als daß die Leute vom
Hofe und der Hofton hätten vorherrschen können, wie noch im
badischen Karlsruhe. Auch das Militair war nicht zahlreich genug,
um die Gesellschaft zu beherrschen, und König Wilhelm I. sah mit
besonderer Strenge darauf, daß sich die Offiziere jedes Uebermuths
gegen das Civil enthielten, weshalb man nirgends einen so unbefangen freundlichen Verkehr zwischen Militair und Civil fand, wie
hier. Auch die Kaufmannschaft herrschte nicht vor. Große Fabriken
gab es erst wenige, auch damals nur wenige Juden, und sie waren
bescheiden. Die Civilbeamten und der Lehrerstand brachten mit ihrer
Intelligenz einen guten Sauerteig in die Gesellschaft, ohne auch ihrerseits anmaßend auftreten zu können, da es an Gegengewichten nicht
fehlte. Somit war die gebildete Gesellschaft in so vortrefflicher Weise
gemischt, daß keine Klasse das Uebergewicht hatte und alle ihre scharfen
Kanten aneinander abschliffen. Da entschied nicht der Rang, noch
das Geld, sondern der reichern Kenntniß und Erfahrung, dem biedern
Charakter, dem überlegenen Geiste, dem liebenswürdigen Benehmen
blieb der Vorzug gesichert.

Dem Bedürfniß einer solchen Gesellschaft entsprach ein ebenso
eigenthümliches als großartiges Institut, nämlich das s. g. Museum.
Die Museumsgesellschaft umfaßte alle gebildeten Männer und
Familien der Stadt, so daß die Zahl der ordentlichen Mitglieder im
Jahre 1865 bereits auf 1162, die der außerordentlichen auf 298,
ungerechnet die Ehren- und Sommergäste, und das Activvermögen
der Gesellschaft auf mehr als 153,000 Gulden gestiegen war. Die
Gesellschaft besaß ein großes Haus in der Stadt nebst mehreren
kleinern Nachbarhäusern und einem großen Garten vor der Stadt.
Die Räume des Haupthauses theilten sich in große Säle für Bälle,
Conzerte und Versammlungen, in eine lange Reihe von Lesezimmern,
worin über hundert Zeitungen auflagen und in Conversations-,

Spiel-, Billard- und Wirthschaftszimmer. Auch besaß die Gesellschaft eine große Bibliothek; jährlich wurden 2000 Gulden auf Anschaffung neuer Bücher verwendet. Ich war lange Jahre Mitglied des Ausschusses, auch des literarischen Comités und hatte zugleich die Billardpolizei unter mir, die ich streng handhabte. Ich selbst spielte gern und gut Billard, bis 1851 ein Gichtanfall meine rechte Hand ein wenig schwächte. In ganz Süddeutschland bestand kein so umfassendes, zweckmäßiges und reiches Privatinstitut wie dieses.

Die mittlere Bürgerklasse, die kleinen Kaufleute und Handwerker, hatten sich in ähnlicher Weise in einer anfangs nur kleinen Gesellschaft vereinigt, das Bürgermuseum genannt. Ich war Mitglied auch dieser Gesellschaft und wurde zu ihrem Vorstand gewählt, als es sich 1834 darum handelte, den großen Gasthof zum König von Württemberg in der Mitte der Stadt anzukaufen und zum Vereinslokale passend auszubauen. Dazu bedurfte es einer Aktiengesellschaft, die nicht zu Stande kam, weil sich zwei Parteien im gegenseitigen Mißtrauen feindlich entgegengesetzt hatten. Der damalige Vorstand, Rechtsconsulent Murschel, hatte die Geldmänner gegen sich, ohne deren guten Willen die Aktien nicht beschafft werden konnten, entsagte deshalb freiwillig der Vorstandschaft und trat sie mir ab. Es gelang mir, eine Versöhnung zu Stande zu bringen, ehe ich meine Reise nach Italien machte; in Neapel aber empfing ich Briefe von beiden Parteien, worin mir gemeldet wurde, daß sie nach meiner Abreise schon wieder uneinig geworden waren. Indessen gelang es mir nach meiner Rückkehr 1835, zum zweitenmal die Gemüther zu versöhnen und das Eigenthum des Hauses einem Aktienverein zu übergeben.

Im Uebrigen bildete der Schillerverein und der Ausschuß, der die Errichtung eines Schillerdenkmals besorgen sollte, einen natürlichen Mittelpunkt, um den sich Dichter, Künstler, Gelehrte vereinigten. In diesen Kreis gehörten außer Schwab, Reinbeck ꝛc. der Oberhofprediger Grüneisen und der erst von Rom zurückgekehrte Geheime Legationsrath v. Kölle. Der letztere war lange Geschäftsträger in Rom und ein höchst merkwürdiges Mittelwesen zwischen einem altwürttembergischen Juristen und einem modernen Diplomaten. In Tübingen geboren, theilte er noch ganz das Rechtsgefühl und den Stolz der alten bürgerlichen Landschaftaristokratie, und von Jugend auf schon unter dem alten König einer Gesandtschaft attachirt, hatte er sich auch wieder ganz in die Feinheiten und Genüsse eines Diplomaten eingelebt und in Paris und Rom überdieß viel von Kunst gesehen und gelernt. Ein Mann von ausgezeichneten Kenntnissen und biederem Charakter kam er doch in den Fall, zuweilen von jüngeren Leuten bespöttelt zu werden, weil er die Schwachheit hatte, sich jedermann mitzutheilen, immer allein das Wort führen und alles besser wissen, alles endgültig entscheiden zu wollen. Sodann auch, weil er mit den Jahren vergaß, was er erst vorgestern, erst gestern denselben Leuten gesagt hatte. So konnte man in der nämlichen Gesellschaft von ihm die nämliche Anekdote in einem Jahr zwanzigmal erzählen hören. Ich ergriff immer seine Partei gegen den Uebermuth der Jugend und vergaß seine unschuldigen Schwächen über den großen Vorzügen, die ihn auszeichneten und von denen seine verständigen Schriften noch heute Zeugniß geben.

Der Ton auf dem Museum war ein jovialer. Zwischen ernsten Gesprächen überließ man sich gern einem gutem Humor, ohne daß Beleidigungen vorkamen. Man hatte darin einen sehr guten herkömmlichen Takt. Als in den Zeiten der Landtage und seitdem schon in den dreißiger Jahren endlose Debatten über die erst zehn Jahre später wirklich angefangenen Eisenbahnen an die Tagesordnung kamen, sammelten sich etwa ein Dutzend Museumsmitglieder, denen das ewige Wiederkäuen desselben Themas unerquicklich war, um einen Tisch, an welchem, wie wir ausmachten, nicht vom Landtage und nicht von den Eisenbahnen gesprochen werden durfte und an den wir niemand zuließen, der nicht einigen Geist und Witz hatte. Die Neidischen nannten uns daher den Aristokratentisch. Wir verlebten an ihm sehr lustige Abende und ich will hier nur eines Schwanks erwähnen. Ein junger Herr aus Frankfurt a. M. wurde an den Tisch zugelassen, nicht weil er witzig war, sondern weil er Stoff zum Witze darbot.

Wir hatten am Tisch einen Freiherrn und einen Grafen, an welche der junge Frankfurter sich so auffallend und geschmacklos andrängte, daß wir ihm eine gute Lehre zu geben beschlossen. Einer aus unserer Gesellschaft, den der Frankfurter noch nicht kannte, weil derselbe eben erst von einer Reise zurückkehrte, wurde von uns bestimmt, sich Durchlaucht nennen und als Fürst behandeln zu lassen, um den Frankfurter irrezuführen. Auch der Kellner wurde zu diesem Behufe instruirt. Als wir nun am Abend uns freimüthig, aber anständig mit der angeblichen Durchlaucht unterhielten, drängte sich der Frankfurter gleich wieder herbei, um sich später dieser vornehmen Bekanntschaft rühmen zu können, und überhäufte unsern Freund mit Complimenten. Das ging nun zu unserm höchsten Ergötzen eine gute Weile fort, bis ein zufälliger Verrath und ein allgemeines Gelächter dem Spaß ein Ende machte. Der enttäuschte Frankfurter ging wüthend fort, kam aber nach einigen Tagen doch wieder an unsern Tisch. Nun war durch einen reinen Zufall der liebenswürdige und gescheidte, jedoch von Gestalt durchaus nicht imponirende und sehr einfach gekleidete Fürst v. Waldburg-Wurzach damals als Mitglied der ersten Kammer in Stuttgart anwesend und hatte sich, wie immer, wenn er ins Museum kam, an unsern Tisch gesetzt. Als der Frankfurter an diesem Abend hörte, daß wir abermals einen von uns als Fürsten behandelten, kochte der Zorn in ihm und er platzte endlich gegen den Fürsten heraus: „Sie mögen mir auch eine saubere Durchlaucht sein, Sie!" Man kann sich denken, welch neues Gelächter ausbrach, in welches der Fürst herzlich einstimmte, als er den Zusammenhang erfuhr. Der Frankfurter aber, seinen Irthum erkennend, war wie angedonnert und konnte nicht genug Entschuldigungen stammeln.

In den zwanziger und dreißiger Jahren sah man auf dem Museum noch eine Menge Excellenzen aus der Rheinbundzeit, da der alte König Friedrich manchen seiner Lieblinge zum General gemacht hatte, der nie in einer Schlacht gewesen war. Die aber, welche die großen Feldzüge mitgemacht hatten, waren höchst respektabel. So vor allen der Kriegsminister, General v. Franquemont. Ein natürlicher Sohn des Herzog Karl, war er mit einem Capregiment nach Ostindien gekommen und hatte sich dort in den Mahrattenkriegen rühmlich ausgezeichnet. Nach seiner Rückkehr hatte er das württembergische Contingent im Feldzug von 1813 commandirt, wenn nicht mit Glück, doch mit großer Umsicht und Sorgfalt für die Truppen. Als er in der Schlacht bei Bautzen sich gegen den Marschall Ney mißfällig über die von Napoleon befohlenen Forcirungen und Stellungen, die man zweckmäßiger hätte umgehen können, und über die ungeheuere Verschwendung von Menschenleben äußerte, gab ihm Ney kein Gehör. Franquemont mußte die preußischen Schanzen erstürmen und binnen wenigen Minuten lagen 4—5000 Württemberger von Kartätschen zerschmettert auf dem Boden. Ebenso unnütz wurde später der Rest der Württemberger bei Wartenburg aufgeopfert auf Befehl des General Bertrand, der noch höhnisch zu Franquemont sagte: Ihr mögt wohl alle zu Grunde gehen, damit ihr nicht zu den Alliirten übertretet! Franquemont besaß einen schönen Garten hinter dem großen Bibliothekgebäude, und da ich das letztere sehr oft besuchte, kam ich auch mit ihm zusammen und er lud mich zuweilen zu sich in den Garten. Ein alter, kleiner, sehr ruhiger und trockener Mann, war er doch freundlich und bewies mir viel Wohlwollen. Als Mitglied der ersten Kammer kam er auch, seitdem ich in der zweiten Kammer saß, in Geschäften mit mir zusammen, denn wir achteten ihn sehr hoch und wählten ihn, da die zweite Kammer mit der ersten zu stimmen hatte, jedesmal in den ständischen Ausschuß. Dieser alte General hatte die Eigenheit, mich immer Wolfgang zu nennen.

Das nämliche that auch der gleichfalls schon bejahrte General v. Theobald, der eine gute Schrift über die Vertheidigung des Schwarzwalds geschrieben und Segur's Werk über den russischen Feldzug übersetzt hatte. Er besuchte mich sehr oft und war ein angenehmer Greis mit schönem weißem Haar und von vielen Kenntnissen. Sein einziger Sohn fiel als österreichischer Hauptmann lange nach des Vaters Tode bei der Erstürmung von Wien im Jahr 1848. Seine schöne und im höchsten Grade liebenswürdige Tochter heirathete den ohne Anstellung mit literarischen Arbeiten sich beschäftigenden und mir befreundeten Docter Netter auf dem Bergheimerhofe unter der Solitude, wo ich ihn in schöner Sommerzeit zuweilen besuchte auf einem reizenden Waldwege.

Einen ältern Bekannten von der Schweiz her, den Freiherrn v. Laßberg, sah ich einigemal auch in Stuttgart wieder; durch ihn wurde ich mit mehreren trefflichen Edelleuten aus Westphalen bekannt. Er heirathete nämlich noch in späten Jahren eine westphälische Dame, die Schwester des Fräulein Annette v. Droste-Hülshoff, deren fromme Lieder wohl die seelenvollsten der ganzen Neuzeit sind. Sein romantischer Wohnsitz, die alte Mersburg am Bodensee, wurde nun im Sommer jährlich von westphälischen Freunden besucht. Unter diesen näherte sich mir der treffliche Freiherr v. Brenken am meisten, Erbherr auf Erpernburg bei Paderborn, ein Edelmann von altem Schrot und Korn und dabei fein gebildet. Er besuchte mich, solange Laßberg lebte, unterwegs auf seiner Reise nach Mersburg fast jedes Jahr und seine nicht minder biedern Söhne von außerordentlicher Körperlänge thaten es nach einander ebenfalls. Einmal brachte er den ihm nahe verwandten Grafen Bocholtz mit, meinen alten Freund von Jena und der Schweiz her. Derselbe war in Trauer, denn eben war seine Gemahlin gestorben. Zehn Jahre lang hatte er mit ihr gelebt, aber sie war immer kränklich gewesen und hatte dem schönen Mann, in welchem der stolze Cherusker auferstanden zu sein schien, keine Kinder geboren. Zufällig war an jenem Tage, als mich Bocholtz in Stuttgart besuchte, der alte König Jerome angelangt und sollte mit seinem Schwager, dem König von Württemberg, ins Theater kommen. Als es Bocholtz erfuhr, forderte er mich auf, mit ihm ins Theater zu gehen, früher hätte er den Anblick des „Kerls" (nämlich des vormaligen Königs von Westphalen) nicht ertragen können, jetzt aber sei er ruhiger geworden. Graf Bocholtz heirathete noch einmal, blieb aber kinderlos und starb 1861.

Noch einen andern alten Freund sah ich in Stuttgart wieder, der einem noch traurigeren Schicksal entgegen ging   Friedrich

List, der National-Oekonom, kam aus Amerika zurück. Er hatte
dort gute Geschäfte in Steinkohlen gemacht, allein er glühte von
Eifer, die Eisenbahnen in Deutschland einzuführen, und träumte
sich, er werde Generaldirector sämmtlicher Eisenbahnen in Deutschland werden. Zugleich vertheidigte er das Schutzzollsystem gegen
England und bekam dadurch einen großen Anhang unter den Millio-
nären der Industrie im Zollverein. Allein seine Heftigkeit und
Unduldsamkeit erweckten ihm ebenso einflußreiche Feinde, und seine
Hoffnungen wurden zu Wasser. Wer ihn kannte, verzieh ihm gern
alles. Aber er war vielen Leuten neu und stieß sie doch gar zu sehr
vor den Kopf. In Mainz, wie mir Herr v. Haber aus Karlsruhe
erzählte, hielt er einst vor den reichsten Fabrikanten des Mittelrheins,
die ihn dazu aufgefordert hatten, eine Vorlesung über ihre Interessen
und die Mittel wie sie dieselben am besten durch gemeinsames Handeln
wahren konnten. Als er sich gravitätisch gesetzt hatte, machte er ein
grimmiges Gesicht und rief: „Wißt ihr, wie ihr mir vorkommt? Wie
ein Haufen Hunde, von denen jeder mit seinem Knochen in eine andere
Ecke läuft und den andern, der ihm nahe kommt, anknurrt." Ein
andermal stellte ihn Herr von Haber dem Fürsten von Fürstenberg
vor, einem Herrn, der sich für alles Gemeinnützige interessirte und
dessen ehrwürdige und zugleich liebenswürdige Persönlichkeit jedem
imponiren mußte. Zudem hatte der Fürst mehrere hundert Gulden
beigesteuert, da die Industriellen damals eine Summe zusammen-
legten, um List in ihrem Interesse nach England reisen zu lassen.
Der Fürst äußerte sich auf das verbindlichste gegen List, freute sich
einen so berühmten Mann kennen zu lernen, sagte ihm, er habe alle
seine Schriften gelesen, und sprach den bescheidenen Wunsch aus, bei
so günstiger Gelegenheit über eine Stelle, die er nicht ganz verstanden
habe, von ihm belehrt zu werden. List aber fuhr ihn an: „Wenn
Sie mich nicht gleich verstanden haben, könnte ich sechs Wochen an
Sie hinschwätzen und es würde nichts helfen." Und mit diesen Worten
kehrte er dem Fürsten den Rücken. Ich wiederhole nur, was mir
Herr v. Haber erzählt hat; aber ich glaube es, wie wenn ich es selbst

gehört hätte, denn List war ein Urgrobian und nahm niemals persönliche Rücksichten. Das und nichts anderes stürzte ihn eben ins Unglück.
Auch ich war bei ihm in Ungnade. In meinem Literaturblatt
hatten irgend einmal ein paar Worte gestanden, die er übel nahm,
und gleich, noch von Amerika aus, schrieb oder veranlaßte er einen
Schmähartikel gegen mich. Ich bekümmerte mich weiter nicht um ihn
und glaubte, seine Angelegenheiten ständen gut. Da kam er, nachdem
seine Hoffnungen in Bezug auf die Eisenbahn gescheitert waren, nach
Württemberg zurück und hoffte dort wieder placirt zu werden und
zwar durch seinen alten Freund Schlayer. Dieser war ein einfluß-
reicher Minister geworden, dem König unentbehrlich. Allein er sagte
mir selbst, wie gern er auch etwas für List thun möchte, so sei es bei
der bekannten Persönlichkeit desselben doch absolut unmöglich. Da
verbreitete sich plötzlich eines Sonnabends das Gerücht, List habe zu
Cannstadt beim Baden das Bein gebrochen. Ich eilte sogleich zu ihm.
Da lag er mit dem verbundenen Fuß, und sein wohlbekannter großer
und glühender, durch die Jahre noch wenig veränderter Kopf starrte
mich an. „Du kommst? du? — Nun das freut mich. Du bist der
erste, der an mich gedacht hat." Von Stunde an waren wir wieder
gute Freunde, ich besuchte ihn fast alle Tage, bis er wieder gehen
konnte. Auch er besuchte mich nachher, so oft er von Augsburg nach
Stuttgart kam, und er blieb mir ein guter Freund bis an seinen Tod.
In seiner letzten Zeit hörte ich manche bittere Klage von ihm über
die Zeit und die Menschen, glaubte jedoch nicht, daß es so schlimm
mit ihm stehe. Auf einmal kam die Trauerkunde, er habe sich wegen
zerrütteter Vermögensumstände bei Kuffstein in Tirol durch einen
Pistolenschuß getödtet. Ich forderte sogleich durch die Allgemeine
Zeitung zu Beiträgen zur Unterstützung seiner Hinterbliebenen auf.
Zu diesem Zweck bildeten sich drei Comités, eins in Augsburg, wobei
hauptsächlich Doctor Kolb, Redacteur der Augsburger Allgemeinen
Zeitung, Lists Freund mitwirkte; ein zweites in Karlsruhe, bei dem
sich Herr v. Haber am lebhaftesten betheiligte; das dritte und Haupt-
comité, dem die beiden andern sich unterstellten, in Stuttgart, unter

meinem Vorſitz. Ich hatte die Ueberſicht über das Ganze und erlebte die Freude, daß wir 22,000 Gulden zuſammenbrachten. Später wurde Liſt vielfach geehrt, wie er es verdiente, und wurde ihm in ſeiner Vaterſtadt Reutlingen ein Denkmal geſetzt. Da ich Mitglied des Denkmalcomité war, mußte ich mehreremale nach Reutlingen fahren und wohnte auch der feierlichen Enthüllung bei, an einem ſehr ſchönen Tage des Auguſt 1863.

Einen nicht ſo tragiſchen aber ſehr elenden Ausgang nahm das Leben und Wirken meines alten Freundes Franz Gräter. Seit er als abgeriſſener Flüchtling aus Piemont, gleichſam recta vom Galgen zu uns nach Aarau gekommen war, und wir ihn wieder bekleidet und mit Reiſegeld verſehen hatten, erfuhr ich nichts von ihm, bis ich ihn im Frühjahr 1824 auf meiner Durchreiſe durch Stuttgart in Tübingen zu meinem Erſtaunen in forſcher Burſchentracht wiederfand, denn er war noch einmal Student geworden. Später wurde er Soldat. Sein guter Humor blieb ihm überall treu. Als ihn der nachmalige, von Geſtalt ziemlich kleine General Lenz, ſein damaliger Vorgeſetzter, in Arreſt ſchickte, ſchrieb Gräter an die Wand:

> Auch ich war in Arkadien geboren,
> Auch mir bat die Natur,
> An meiner Wiege Freude zugeſchworen,
> Doch Thränen gab der kurze Lenz mir nur.

Da Gräter in der Heimat keine rechte Stätte finden konnte, auch ſich immermehr dem Trunk ergab, wanderte er nach Amerika aus, wurde dort mit gutem Gehalt von der Unionsregierung angeſtellt, um als geſchickter Zeichner die Grenzen auszumeſſen, blieb aber Wochen- und Monatelang liegen, wo es ihm gefiel, und wurde wieder entlaſſen. Er heirathete, kam aber immer mehr herunter, und da die Yankee unbarmherziger ſind als die Deutſchen, ſehnte er ſich nach Schwaben zurück, hatte kein Reiſegeld, benutzte aber mich, um es ſich zu ver-ſchaffen. Er ſchrieb mir nämlich, er habe ſich mit einem Buchhändler verabredet, meine Geſchichte der Deutſchen ins Engliſche zu überſetzen, der Buchhändler aber wolle nur darauf eingehen, wenn ich ihm die Aushängebogen der eben unter der Presse befindlichen neuesten Auflage meines Buchs schicke. Ich sandte ihm die Bogen, aber das erste Geld, was er vom Buchhändler empfing, benutzte er, um nach Europa zurückzukehren. Er kam mit einer Frau und ein paar Kindern in kläglichem Zustande an. Es war nicht mehr möglich, ihn der Gesellschaft zurückzugeben, denn seine ursprünglich edle Natur war durch die Trunksucht ganz ruinirt. Wir, seine alten Freunde, deren es viele im Lande gab, sorgten für seine Frau und Kinder, mußten ihn selbst aber dem Hospital seiner Vaterstadt Hall überlassen, von wo er später in das letzte Asyl der Asoten nach Vaihingen an der Enz versetzt worden ist.

Ebenso elend endete mein alter Freund Vollrath Hoffmann. Er war von Hofwyl nach Stuttgart gekommen, von Alexander von Humboldt empfohlen, und erhielt im Cotta'schen Verlag für seine geographischen Arbeiten ungeheuer große Honorare, ergab sich aber im Uebermuth, wie früher schon dem Trunke, so jetzt dem Spiel und vertraut und verspielte alles. Nachdem er eine reiche Bäckerstochter geheirathet hatte, übersiedelte er mit seinem geographischen Institute nach München, wirthschaftete aber so schlecht, daß Cotta ihn um 30,000 Gulden einklagen mußte. Da war seine Rolle zu Ende gespielt. Er kam nach Stuttgart zurück, aber seine Frau verließ ihn, und seine Freunde vermochten ihn nicht mehr auf einen bessern Weg zu führen. Er starb in einem unmöblirten Zimmer, von einem alten Weibe bedient, aber bis zum letzten Augenblick heroisch, witzig und lustig.

Als ob alle meine alten Schweizer Freunde dem Mißgeschick erliegen sollten, trug es sich zu, daß Braun, der blonde kraftvolle Schwabe, den ich in Hofwyl kennen gelernt, den ich in Cannstadt als Präzeptor wiedergefunden, der mich in der Kirche daselbst mit meiner Frau getraut hatte und später Professor am Seminar in Maulbronn wurde, wegen eines Fehltritts sich selbst das Leben nahm.

Kurz nach meiner Verheirathung schloß sich mir ein liebenswürdiger Jüngling an, Julius Fröbel, der damals in Verbindung mit Vollrath Hoffmann für Geographie thätig war. Er war oft in meinem Hause und wir machten Spaziergänge zusammen. Seinen sanften Zügen hätte damals niemand angesehen, welche politische Rolle er zwanzig Jahre später spielen würde. Er blieb nicht lange in Stuttgart, sondern übersiedelte nach Zürich, wo er in die Strömung des Radicalismus fortgerissen wurde. Im Sturmjahr 1848 trat er an die Spitze der demokratischen Vereine in Deutschland, war mit Robert Blum in Wien, als Windischgrätz diese Stadt einnahm, und wäre beinahe gehenkt worden. Wie weit auch unsere politischen Rollen auseinander lagen, hat er mich doch 1849 in Stuttgart besucht und gerührt der alten Tage gedacht. Aus seinem von Leidenschaften durchfurchten Gesicht war die schöne Ruhe und Unschuld der Jugend verschwunden.

Eine merkwürdige Persönlichkeit war Sir Francis Grund, der in den vierziger Jahren eine Zeitlang in Stuttgart lebte, einige keineswegs geistlose Bücher über Nordamerika und England schrieb und mit dem man sich sehr angenehm unterhalten konnte. Er war eigentlich ein Wiener Jude, aber frühzeitig nach Amerika gekommen, hatte sich eine Consulstelle verschafft, verdiente viel Geld mit Zeitungsartikeln und poussirte sich in Washington selbst durch engen Anschluß an die lange dort herrschende demokratische Partei. Er spielte vortrefflich den Gentleman, wenn auch mit etwas yankeemäßiger Ausschreitung und jüdischer Betonung. Aber er war so drollig, daß man ihn gern haben mußte. Er hat ein tragi-komisches Ende genommen. Er hielt nämlich auch noch nach Lincolns Ernennung zum Präsidenten zur Partei der Demokraten, und erst nach Meades Sieg über Lee traute er der Stärke seiner Partei nicht mehr und ging zur republikanischen über. Wenige Tage nachher stürmte zufällig eine Schaar Demokraten, die dem abgesetzten General Mac Clellan eine Ovation brachten, unter Grunds Fenstern vorbei und stieß Drohungen gegen ihn aus. Da verließ ihn der Witz, und seine arme Judenseele erschrak dermaßen, daß ihn der Schlag rührte.

Im Jahr 1834 fand sich ein Doctor Baldamus in Stuttgart

ein, ein Fünfziger von schöner Gestalt. Derselbe hatte einmal eine Sammlung längst vergessener Gedichte herausgegeben. In Hannover gebürtig war er mit Adam Müller bekannt worden, nach Wien gegangen und dort katholisch geworden. Was er dort für Schicksale erlebte, ist mir unbekannt geblieben. Zuletzt hatte sich die Tochter eines reichen Wiener Arztes, die bereits mehr als vierzig Jahr alt war, in ihn verliebt und war, da ihr Vater die Verbindung nicht zugeben wollte, mit dem Geliebten durchgegangen. So kam das alte Liebespaar nach Stuttgart und klagte mir seine Noth. Sie konnten nicht heirathen, es fehlte ihnen an Geldmitteln. Indessen empfahlen sie sich den eifrigen Protestanten dadurch, daß er wieder zur evangelischen Kirche zurücktreten und auch sie, eine geborene Katholikin, diesem Beispiel folgen wollte. Sodann wandte sich die viel bedrängte Wienerin an den König von Württemberg und erbat von seiner Gnade die Heirathserlaubniß mit Dispensation von der väterlichen Zustimmung. Der König ertheilte ihr dieselbe und die Hochzeit wurde gefeiert. Ich war nicht dabei und fand überhaupt keinen Anlaß, mich mit Herrn Baldamus weiter einzulassen, nachdem ich ihm in seiner ersten Nothzeit meine Theilnahme bezeugt hatte. Er ging auch bald wieder fort, und es vergingen nahe an zwanzig Jahre, ohne daß ich etwas von ihm hörte. Da erhielt ich einmal einen Brief von seiner Wittwe, datirt aus Wien. Ihr Vater, der alte Arzt, war gestorben, sie hatte ein schönes Vermögen ererbt und war mit Baldamus nach Wien zurückgekehrt. Jetzt aber war auch Baldamus gestorben, den sie noch immer schwärmerisch liebte und zu dessen Andenken sie beschlossen hatte, eine Stiftung zu machen, und zwar in Stuttgart. Hier war sie so glücklich gewesen und immer dachte ihr dankbares Herz an Stuttgart zurück. Sie setzte daher eine Summe aus, von deren Zinsen jährlich zwölf arme Leute und zwar sechs verheirathete Paare am Tage ihrer Hochzeit (1. November ein Gastmahl genau mit denselben Speisen, wie bei ihrer Hochzeit, feiern sollten. Sie stiftete dazu einen silbernen Becher, aus dem auf das Wohl des „liebenswürdigen Königs" getrunken werden sollte, und ernannte den Ober-

besprediger v. Grüneisen, die Frau Kaufmann Frasch (ihre vormalige
Hauswirthin) und mich zu Exekutoren der Stiftung. Das war 1853.
Alles wurde ihrem Willen gemäß angeordnet, und ich wohnte seitdem
jedes Jahr der Armenhochzeit bei, an welcher die armen alten Leute
immer eine große Freude hatten.

Einmal bekam ich einen Brief aus Moskau von einer alten
deutschen Gouvernante. Sie schrieb mir, sie habe Deutschland vor
langen Jahren verlassen und kenne dort niemand mehr. Sie habe
aber Gelegenheit gehabt, in Moskau Jahrelang mein Literaturblatt
zu lesen, und Vertrauen zu mir gefaßt. Sie habe in Deutschland
einen jungen Mann geliebt, von dem sie nur durch ihre eigene Schuld
getrennt worden sei. Jetzt fühle sie ihr Ende herannahen und wünsche
ihr gesammeltes Vermögen jenem Manne zu hinterlassen, wenn er
noch lebe. Sie bitte mich also, ihr Auskunft über ihn zu geben. Ich
erkundigte mich sogleich und erfuhr, jener Mann, ein Pfarrer im Badischen, sei vor etwa acht Tagen gestorben mit Hinterlassung von
Frau und Kindern und in guten Vermögensumständen. Ich antwortete nun der Moskauer Dame, was ich erfahren hatte, legte ihr den
Brief des Freundes, der mir die Nachricht gegeben und das Zeitungsblatt bei, in welchem die Traueranzeige gedruckt stand, erhielt aber
keine Antwort mehr.

Ich will noch einiger seltsamer Besuche gedenken, die ich empfing.
Einmal kam mein Landsmann Knie zu mir, Vorsteher einer Blinden-
anstalt und selber blind, der ganz allein durch die Welt reiste und der
lustigste Gesellschafter von der Welt war.

Mehreremal besuchte mich in den dreißiger Jahren der Wiener
Klaviervirtuose Herzalta, ein Mann von unbeschreiblich liebenswürdiger Naivetät. Er ging nach London, um dort Concerte zu geben. Ich hatte ihn bei mir zu Tisch und begleitete ihn nachher zum
Eilwagen. Da hatte er in der Zerstreuung sein schon gelöstes Eil-
wagen-Billet in den Koffer gepackt, den wieder zu öffnen keine Zeit
mehr war. Ich verbürgte mich indeß für ihn. Im nächsten Jahre
kam er wieder und erzählte mir von seinen Abenteuern in London.

Als er sein erstes Concert angekündigt hatte und Abends dahin fuhr, merkte der Kutscher, daß er es mit einem unerfahrenen Fremden zu thun habe und führte ihn ein paar Stunden lang spazieren. Endlich merkte Herzalla, daß er irre gefahren sein müsse, schrie und schalt, mußte aber den Kutscher bezahlen und nahm einen andern an. Dieser aber wurde geschwind vom ersten unterrichtet und führte den armen Wiener wieder ein paar Stunden umher. Vergebens blieben alle Protestationen des verzweifelten Klavierspielers. Der dritte Kutscher der ihn nach Hause bringen sollte, führte ihn ebenfalls in die Irre und so wurde er die ganze Nacht hindurch gehänselt, bis er erst am lichten Tage sich in seinen Gasthof zurückfand. — Ich hatte diesmal den Künstler wieder bei mir zu Tische und begleitete ihn wieder auf die Post. Nun diesmal, frug ich ihn, haben sie doch ihr Billet nicht wieder vergessen? Aber siehe da, es war schon wieder im Koffer verschlossen.

Ein sehr origineller Besuch war auch der des Regierungspräsidenten Lichtenberg aus Mainz. Dieser Enkel des berühmten Physikers und Satirikers gleichen Namens war der höchste Civilbeamte in der Bundesfestung und erzählte mir viel von der Schwierigkeit seiner Stellung, die er jedoch mit gutem Takt und Humor zu überwinden wisse. Er hatte sich von seinen vielen Geschäften losgemacht, um ganz allein nach Italien zu reisen, zu welchem Behufe sich der alte und vornehme Mann noch leicht, locker und phantastisch wie ein Student gekleidet hatte. Er war von erstaunlicher Lebhaftigkeit und köstlicher Laune. Seinen Besuch verdankte ich der italienischen Reisebeschreibung, die ich kurz vorher hatte drucken lassen.

Ein gar merkwürdiges Original war auch der alte Freiherr von Hallberg, zubenannt der Eremit von Gauting, der mich öfter besuchte. Am Niederrhein zu Hause hatte er sich 1813 zum General eines Landsturms aufgeworfen und wollte eigenmächtig in Frankreich einfallen, wurde aber noch glücklich zurückgehalten. Dann hauste er in Gauting bei München und äußerte sich öffentlich, als die liberalen Kammeroppositionen auftauchten, so unhöflich gegen sie, daß

man seitdem alle Unterzeichner loyaler Adressen und Wähler ministe-
rieller Landtagscandidaten sprüchwörtlich Gautinger nannte. Eremit
hieß er, zunächst wahrscheinlich nach seiner Capuze, denn er hatte sich
aus Lappland, wohin er einmal gereist war, einen vollständigen lapp-
ländischen Pelzanzug mitgebracht, den besonders die sehr zugespitzte
Mütze auszeichnete. In dieser Tracht sah ich ihn zum erstenmal an
der table d'hôte im Stuttgarter Waldhorn sitzen. Er reiste auch nach
Italien und später nach Persien. Seine gedruckten Reisebeschreibun-
gen sind so originell, wie er selbst war. Zuweilen trug er auch einen
Kaftan mit rothem Gürtel und kam deshalb mit der Polizei in Baden-
Baden in Conflict. Als er einmal nach seiner persischen Weise zu
mir kam, zeigte er mir den großen mit Diamanten besetzten Sonnen-
und Löwenorden, den ihm der Schah geschenkt hatte. Der alte Eremit war übrigens sehr unangenehm, denn sein ganz mit Bart über-
wachsener Mund überfloß von Zoten und war so unreinlich, daß ich
jedesmal das Mundstück der Tabakspfeife, die ich ihm als Gast an-
bot, nachdem er sie geraucht hatte, wegwarf.

Der berühmte Buchhändler Friedrich Perthes in Gotha
schenkte mir gleich dem alten Herrn v. Cotta seine Gunst, wodurch ich
als ein junger Mann mich sehr geehrt fühlte. Perthes schickte mir
Jahrzehnte lang alle seine Verlagsartikel zur Anzeige, schrieb mir
jedesmal dabei, machte mir richtige Bemerkungen und gab mir zuweilen einen väterlichen Wink. Am 29. Januar 1834 schrieb er mir:
„Ihr literarisches Blatt lese ich mit höchstem Interesse, obwohl meine
Ansichten mit den Aufstellungen darin nicht immer übereinstimmen.
Die Aufnahme, die Eintheilung, die Reihenfolge in Collectivrecen-
sionen scheint mir die einzige Art und Form zu sein, unter welcher
bei jetzigem Stande der Literatur ein kritisches Blatt nützlich werden
kann. — Ihrem ständischen Vortrag betreffend den Nachdruck gebe ich
vollen Beifall. Die wichtigsten Punkte sind wahrhaft, kernig, ein-
drucksfähig aufgestellt, vielleicht erlaube ich mir, Ihnen noch einige
Bemerkungen zu machen — jetzt ist meine Zeit peinlich beschränkt."
— Ein sehr ausführliches Schreiben erhielt ich am 30. Juli desselben

Jahres von Perthes: „Eben kommt mir Nr. 74 des Literaturblattes, enthaltend „das Urrecht der Schriftsteller" zu Handen und erfreut mich sehr, daß auch Sie gegen die Frankfurter Eingabe eines Regulativs für den literarischen Rechtszustand Ihre Stimme erhoben haben." Da indeß die damaligen Kämpfe gegen die Preßbeschränkungen in ihren Details für die heutige Zeit nicht mehr genug Interesse darbieten, so will ich das Weitere hier übergehen.

Im Jahre 1839 bat ich Perthes, mir den noch ungedruckten Theil von Reimar Cools Chronik aus Bremen zu verschaffen, und zugleich um eine Notiz, ob im nordwestlichen Deutschland niemand lebe, der etwas zur Geschichte des westphälischen Contingents in der napoleonischen Zeit gesammelt habe. Hierauf verschaffte mir Perthes durch die Güte des Senator Claudius in Bremen das gewünschte Manuscript. Ich fand es so interessant, daß ich es nicht nur als Quelle für meine deutsche Geschichte benutzte, sondern es auch herauszugeben wünschte. Man behielt sich jedoch die Herausgabe in Bremen selbst vor, ohne daß sie, so viel mir bekannt wurde, bisher erfolgt ist. In Bezug auf meine zweite Bitte antwortete Perthes: „Von den Westphälingern, Hessen, Bergern ꝛc. ist auch mir nichts bekannt geworden: ich habe deshalb an den Buchhändler Bohne in Cassel, einen sehr verständigen Mann, geschrieben. Er machte als Offizier unter der westphälischen Garde den Feldzug nach Rußland mit — vielleicht kann durch ihn angeregt werden." Ich konnte jedoch auf diesem Wege nichts weiter ermitteln. Dagegen schrieb mir ein Hauptmann Hellrung 1840, er beabsichtige Memoiren zur Geschichte der westphälischen Armee zu schreiben.

Im Jahre 1840 schickte mir Perthes die Schriften des Maler Runge und schrieb dazu am 28. Februar: „Runge hatte seine tief eingreifende Wirksamkeit zu der Zeit, wo sich die sog. romantische Schule begründete und ausbreitete — aber ihm war Poesie und Kunst kein Spiel, diese waren das Wesen seines reinen Gemüthes und reichen Geistes. Für die Anschauungen, die ihm aus dem Grunde tiefer Religiosität zukamen, durch Bild und Wort Ausdruck zu gewinnen, war sein Streben und Ringen. Dabei war er ein einfacher, heiterer Mensch, ein naiver, derber Pommeraner. Aber sein Name ist verschollen, seine Wirksamkeit im Fortgange der Dinge verschwommen und unsere Zeit ist eine ganz andere. Nur Wenige wollen sich jetzt Muße gewähren, Laute aus dem Innern eines tiefen Menschen zu vernehmen. Will ich den Zweck der Wohlthätigkeit erreichen, den ich im Anfang meiner Anzeige angegeben habe, so muß ich die Theilnahme meiner Gönner und Freunde in Anspruch nehmen. An Sie nur die Bitte, Runges Schriften ernste Aufmerksamkeit gönnen zu wollen." — Im Juni schrieb mir Perthes wieder über denselben Gegenstand, in Runges Schriften fände sich freilich viel Phantastisches und Anderes gehe eigentlich nur die Familie an. Deswegen habe er lange gezaudert, diesen Nachlaß seines seligen Freundes herauszugeben. Es galt aber, Runges verwaisten Enkel zu unterstützen und „Interessantes genug findet sich in den Briefen von Goethe, Tieck, Arnim, Brentano, Görres, Steffens ꝛc. — Wie so vieles was erstrebt und belebt wurde vor den vierzig und dreißig Jahren, ist jetzt verschollen — doch der Kern des Geistigen und Wahren ist nicht erstorben in der Zeit — aus ihm erwachsen immer wieder Gestaltungen — dafür sorgt Gott!"

Zweites Buch.

Zweites Buch.

Im Mannesalter.

1. Literaturblatt. Verkehr mit Dichtern.

Ich habe mich immer mit einer angeborenen Heiterkeit und Unbefangenheit in die Menschen und in die Verhältnisse gefunden, mir daher überall wo ich verweilte, Freunde erworben, das Leben genossen, meine bürgerlichen Pflichten erfüllt und eine zahlreiche Familie gegründet. Ich gehörte also nicht zu den Eigensinnigen, zu den Sonderlingen, noch zu den Weltverbesserern, Stürmern und Drängern, die da verlangen, daß alles nach ihrem Kopfe gehen soll. Wenn ich mich nun auch im Widerspruch mit den mächtigsten Zeittendenzen befand, so war mir doch wohl bewußt, daß man, was historisch geworden ist, nicht mit einem kritischen Machtwort ändern kann und daß man nicht einmal den Personen zum Vorwurf machen darf, was in dem gesammten Bildungsgange der Zeit liegt.

Aber als ein freier Geist erlaubte ich mir zu vergleichen, zu urtheilen und meine Meinung offen auszusprechen.

Ich muß gestehen, obgleich das Leben überall und immer schön ist, wenn man es zu erkennen und zu genießen weiß, fand ich doch in der Gesammtphysiognomie Deutschlands zu meiner Zeit überaus viel, was mich abstieß, was mich, wenn es auch nur den Charakter der gemeinsten Alltäglichkeit hatte, doch fast dämonisch anfremdete.

Welchen Anblick gewährte das deutsche Volk? Es hatte ja nicht einmal seine eigene Tracht. Der deutsche Mann, die deutsche Frau kleideten sich nach französischer Mode, gleichviel ob diese häßlich oder schön, praktisch oder unpraktisch war. Ungeheure Summen strömten jährlich aus Deutschland nach Paris, um von dort den Modeflitter einzutauschen. In der Regel ist die Mode in Paris schon passirt, wenn sie unsere Kleinstädter erst kennen lernen. Was der Pariser und die Pariserin als ihre eigene Erfindung immer noch mit einer gewissen Natürlichkeit und Grazie tragen, wird erst bei uns zur Karikatur. Das ist nicht so gleichgiltig wie man glaubt. Wer die abgetragenen Kleider eines Andern anzieht, ordnet sich ihm unter, wie der Bediente dem Herrn. Auch hängt mit der Modetracht die ganze gesellige Sitte zusammen und das übt tiefen Einfluß auf den Charakter. Durch fremde Tracht und Sitte wird der angestammte Nationalcharakter nothwendig verfälscht. Die Physiognomie unserer neumodischen Stutzer ist nicht die deutsche, sondern die von Menschen, welche Franzosen zu sein affectiren. Die untern Stände ahmen schon die obern nach. Bald wird die letzte Spur einer Volkstracht selbst bei unsern Bauern verschwunden sein. Ueberall sieht man nur als Franzosen verkleidete, nur durch ihre größere Eckigkeit, Plumpheit und Geschmacklosigkeit sich verrathende Deutsche. Diese Maskerade einer ganzen Nation hat etwas Gespenstisches. Wenn man nicht daran gewöhnt wäre, würde man daver erschrecken.

Die maskirte Nation wollte aber überhaupt gar keine Nation sein. Das hat mich immer am meisten verwundert, daß sich die Deutschen alle scharf von Franzosen, Italienern, Ungarn, Slaven ꝛc. als Race unterschieden und mit geringen mundartlichen Ausnahmen alle dieselbe Sprache redeten und doch keine Deutschen sein wollten, sondern Franzosen (Lothringer, Elsässer), Dänen (Holsteiner, Schleswiger), Russen (Livländer, Kurländer, Esthländer), Holländer, Belgier, Schweizer, Oesterreicher, Preußen, Sachsen, Hannoveraner, Mecklenburger, Hessen, Bayern, Württemberger, Badener ꝛc. ꝛc. Eine Nation von 50 Millionen Seelen, von gleicher Abstammung und Sprache, wollte keine Nation sein. Viele Theile derselben wurden andern Nationen unterthan und der geschwächte Rest spaltete sich wieder unter sich. Das Wunderbarste war für mich, daß dieselbe Nation doch wirklich einmal eine Nation gewesen war und es auch hatte sein wollen, eine große mächtige Nation, die erste in Europa. Ich suchte in der deutschen Sprache und Literatur den nationalen Geist, aber ich fand ihn nicht. Die s. g. Gebildeten in ganz Deutsch-land standen unter der Herrschaft eines fremden Geistes, und das war in den mannigfachsten Ausstrahlungen doch immer nur der romanische Geist. Der deutsche Geist war ausgewechselt mit dem antik heidnischen der s. g. classischen Schule oder mit dem neurömischen des Papstthums, oder mit dem Geiste der französischen Philosophie, der französischen Mode, des französischen Liberalismus. Alle diese Ausstrahlungen des süd- und westeuropäischen oder romanischen Geistes hatten den schlafenden deutschen Michel magnetisirt und ver-zaubert, daß kein deutsches Gefühl mehr in ihm wach werden konnte, und zum Ueberfluß wedelte ihn der Judendämon mit Vampyrflügeln an und sog ihm sanft das Blut aus. Obgleich mir die ganze schreck-liche Wahrheit der Selbstvergessenheit unserer großen Nation erst im Verlauf eines langen Lebens immer klarer geworden ist, lernte ich doch schon in früher Jugend den patriotischen Schmerz empfinden und die fremde Waffe kennen, welche die Wunde bohrte, in der schweren Zeit der Fremdherrschaft unter Napoleon. Ich erlebte auch das Ende dieser Zeit und die große nationale Erhebung von 1813. Ein Riese, schrecklich und schön, hatte damals das deutsche Volk sich erhoben und siegte, aber nach dem Siege sank es wieder zurück in tiefen, dummen Schlaf. Ich konnte nicht mitschlafen, ich gehörte zu den Wenigen, welche der großen Sache des Vaterlandes treu bleiben wollten bis zum Tode. Mein Literaturblatt sollte nun in diesem Sinne auf die deutsche Lesewelt einwirken und Saaten für die Zukunft ausstreuen, die patrio-tische Gesinnung stärken, wo sie noch vorhanden war und wecken, wo sie schlief. Die Politik durfte ich freilich nicht voranstellen, das erlaubte die Censur nicht. Doch habe ich keine Gelegenheit versäumt, in der

Form von Bücherrecensionen politische Wahrheiten auszusprechen und schlechte Tendenzen zu bekämpfen. Erst später war es mir vergönnt, in die politischen Bewegungen einigermaßen thätig einzugreifen.

Damals in den zwanziger Jahren blieb mir auch außerhalb der eigentlichen Politik immer noch ein weites Feld des literarischen Wirkens offen in der Bekämpfung zahlreicher böser Dämonen, die im Bunde mit der russischen und Metternich'schen Bevormundung Deutschlands den Geist der deutschen Nation systematisch niederhielten oder corrumpirten. Auf dem religiösen Gebiete war es nöthig, die alte deutsche Frömmigkeit und die Wärme der religiösen Empfindungen nicht verschwinden zu lassen im modernen Heidenthum, Cultus des Genius, Hegel'scher Selbstvergötterung, theils im seichten und doch so eitlen und anmaßenden Rationalismus, theils in witzelnder Religionsspötterei und Emancipation des Fleisches.

Im Gebiet der Schule war gegen den Schuldämon zu kämpfen, gegen den akademischen Pedantismus, den scholastischen Formalismus, die Schablone, gegen die philosophische Hoffahrt, gegen die übertriebene Humanitätsschwärmerei und gegen den pädagogischen Optimismus, der sich vermaß, aus jedem Kinde ein Menschheitsideal herauskünsteln zu wollen, und dabei die nächste praktische und natürlichste Aufgabe vergaß, den Nationalcharakter schon in der Jugend zu stärken und zu pflegen.

Wenn ich mir anmaßte, auch im Gebiet der Naturwissenschaft manches herrschende Vorurtheil zu bestreiten, so glaubte ich dazu berechtigt zu sein, weil jene Vorurtheile wesentlich darauf hinausliefen, das deutsche Volk zu entchristlichen, das sittliche Ideal aus seiner Seele zu reißen und ihm dafür einen groben Materialismus einzupflanzen. Was ich in dieser Beziehung im Widerstreit mit der Mode der Zeit niedergeschrieben habe, ist wenig beachtet worden, aber jede Wahrheit braucht Zeit zu reifen und ich zweifle nicht im geringsten, daß mein Grundgedanke von der Zweckmäßigkeit der Schöpfung als materielles Mittel für einen höhern sittlichen Zweck noch einmal zur allgemeinen Geltung kommen wird.

Großes Gewicht legte ich auf die Geschichtskunde und zwar hauptsächlich auf die deutsche. Der Menge bleibt dieselbe so gut wie unbekannt, obgleich es ebenso möglich als nützlich wäre, in Volks-schulen, Sonntagsschulen und Vereinen auch der ländlichen Jugend und dem Volke klarere Begriffe vom Werth der deutschen Nation und vom großen Inhalt ihrer zweitausendjährigen Geschichte beizubringen. Die gebildeten Klassen haben sich bisher mehr für die allgemeine Welt-geschichte oder für die Geschichte der tonangebenden Völker, Griechen und Römer, Franzosen und Engländer interessirt und lange nicht ge-nug für die deutsche. Auch haben es die vielerlei Souveränetäten in Deutschland dahin gebracht, daß es den Genossen einzelner Stämme, den Unterthanen einzelner Territorialherren schwer wird, sich in das Ganze der deutschen Nation hineinzudenken. Selbst kleine Theile der großen deutschen Nation halten sich für eine besondere Nation, nicht blos die deutschen Schweizer, Holländer und Belgier, sondern sehr häufig auch die Bayern, Württemberger, Sachsen, Hannoveraner und Hessen. Wie die Landsmannschaften auf den Universitäten über die allgemeine Deutsche Burschenschaft, so herrschen auch die Spezial-geschichten deutscher Staaten und Regentenhäuser gegenüber der Ge-schichte der Gesammtnation vor. Endlich hat die einseitige Pflege des Classicismus auf Schulen und Universitäten die älteste deutsche Vor-zeit entweder ganz in Schatten gestellt, oder das in das Dunkel hinein-fallende Licht falsch gefärbt, und immer noch herrscht durch die Schule auch in Deutschland selbst das altgriechische und römische, von den Italienern und Franzosen nur adoptirte Vorurtheil, die alten Deutschen seien rohe Barbaren gewesen. Da ich altdeutsche Studien schon in jungen Jahren trieb, bekämpfte ich dieses Vorurtheil nicht nur ge-legentlich in meinem Literaturblatt, sondern später auch in größern Werken. Daß ich während meines Lebens auch in dieser Beziehung das Vorurtheil und den Stumpfsinn der Zeitgenossen nicht habe über-winden können, fand ich ebenso natürlich, als ich überzeugt war, wenn sich je das deutsche Volk noch einmal tüchtig zusammenfassen, sich selber erkennen, in seiner Vorzeit wiedererkennen wird, werden meine fast

unbeachtet gebliebenen Aufklärungen über unsere altbeutsche Märchen=
welt und Heidenreligion noch zu Ehren kommen.

Für das größere Publikum hatte ich in meinem Blatte vorzugs=
weise die schönwissenschaftliche Literatur zu besprechen.
Freilich hätte es da eines Herakles bedurft, um den Augiasstall aus=
zuräumen. Die Stallfütterung gedieh in der politischen Stagnation
nach den Befreiungskriegen in erschreckendem Uebermaß. Da man von
der Politik kaum reden durfte, zerstreute man sich mit Modelektüre,
meist mit Uebersetzungen französischer und englischer Modeartikel, mit
Eitelkeiten deutscher Epigonen Goethes, Schillers 2c., mit roman=
tischen Faseleien, langweiligen Dameuromanen, lyrischen Empfindsam=
leiten 2c., worunter nur wenig wirklich Geistreiches und Tiefes vor=
kam. Der Büchermarkt war ein Waarenlager von wohlassortirten
Modeartikeln geworden. Die Unterhaltungsliteratur wurde zum großen
Theil den Buchhändlern auf Bestellung geliefert und durch Reclame
ins Publikum gebracht. Die deutsche Literatur, früher die Schöpfung
aristokratischer Geister, wurde demokratisches Gemeingut und zugleich
ein Geschäft, um zu gewinnen, ein Geschäft, wozu sich jeder für be=
rechtigt, also auch für befähigt hielt.

Ein summarischer Abriß meiner Ansichten kam 1828 in dem
Buche „die deutsche Literatur" heraus, welches bald in zweiter Auflage
erschien und ins Englische, Italienische, Russische und Holländische
übersetzt wurde. Dieses Buch und mein Literaturblatt machten damals
ziemlich viel Aufsehen. Der alte preußische Minister Stein empfahl
es in seinem Briefwechsel mit Gagern. Daß König Ludwig von
Bayern und Fürst Metternich in Wien mein Blatt regelmäßig lasen,
hat mir der alte Cotta wiederholt mit Selbstzufriedenheit erzählt.
Noch kurz vor seinem Tode ließ mich Metternich durch einen Herrn
vom Stuttgarter Hofe grüßen und mir sagen, er habe sich immer für
mich interessirt, obgleich ich sein Feind gewesen sei. Am meisten
frappirte mich, daß mir Bismarck, den ich im Frühjahr 1866 kurz vor
dem Ausbruch des Krieges in Berlin sprach, beiläufig erzählte, er
habe als neunjähriger Knabe oft noch spät am Abend seiner Mutter

mein Literaturblatt vorlesen müssen, damals sehr zu seiner Unlust, später jedoch habe er sich sehr mit dem Blatte befreundet.

Mein Literaturblatt erschien anfangs noch als Beiblatt des Morgenblattes und war mehr der poetischen und unterhaltenden, als der wissenschaftlichen Literatur gewidmet, und weil es sehr verbreitet war, kam ich natürlicherweise in einen ausgedehnten Verkehr mit den damaligen Dichtern. Der neue Ton, den ich in den „Europäischen Blättern" angeschlagen, hatte die einen erfreut, die andern erschreckt und in Unruhe versetzt. Unter den letztern befanden sich außerordentlich viel Schwächlinge, Epigonen, matte Romantiker, Blaustrümpfe ꝛc. Je großartiger der Geist der Nation sich in den schrecklichen, den Nationalfeind zerschmetternden Gewittern der letzten Kriegsjahre geoffenbart hatte, um so widerlicher fiel die Schwächlichkeit und Kleinlichkeit des Geistes auf, der sich in so kurzer Zeit schon wieder der Literatur bemeistert hatte.

Ein glücklicher Zufall hatte mich nach Schwaben geführt, denn die damals alle noch in der Blüthe stehenden Dichter der sog. schwäbischen Schule waren nicht nur poetisch begabt, sondern auch charaktervoller, sittlich reiner und deutscher von Gemüth, als die große Mehrzahl der andern. Das Haupt dieser Schule war Ludwig Uhland, ohne Neid von jedermann als solches anerkannt. Da er damals nach Tübingen übersiedelte, sahen wir uns seltener, blieben aber ohne Unterbrechung bis an seinen Tod befreundet. Von 1833 an saßen wir auch im Landtag zusammen als Parteigenossen. Sein Gesicht nahm erst im Alter mehr Ausdruck an. In jüngern Jahren ist es ihm oft begegnet, für einen gewöhnlichen Handwerksmann gehalten zu werden. Auch fehlte ihm eine geläufige Zunge, doch konnte er im vertrauten Kreise sehr heiter und auch gesprächig werden. Sein bescheidenes Wesen trug nicht wenig dazu bei, die Achtung für ihn zu erhöhen, die seine Dichtungen einflößten.

Ihm zunächst stand Gustav Schwab, damals Professor am Gymnasium in Stuttgart. Sein Haus, kaum mehr als hundert Schritt von dem meinigen entfernt, war gastlich allen Fremden offen, er selbst der freundlichste und liebenswürdigste Gesellschafter und eine durchaus ehrliche und treue Seele, eine anima candida. Ein stattlicher Mann, wohlgenährt, aber von lebhaften Geberden, zeichnete er sich bis in die fünfziger Jahre durch jugendlich rothe Wangen, schöne, freundliche und zugleich feurige Augen und blendend weiße Zähne aus. Als Dichter stand er nicht so hoch wie Uhland, doch hat er manches schöne Lied gesungen und dem bösen und lüderlichen Zeitgeist niemals gehuldigt, obgleich ihm Goethes Ruhm noch viel zu sehr imponirte. Erst als der Briefwechsel Goethes mit Zelter herauskam, worin Goethe auf die unwürdigste Weise über Uhland und Gustav Pfizer spottet, kam beim guten Schwab die Goetheanbetung mit der Freundestreue und dem Rechtsgefühle in Conflict, und damals drückte er mir krampfhaft die Hand mit den Worten: Menzel, du hast doch Recht gehabt! Wir sahen uns viel und oft als Nachbarn, im Schillerverein, in befreundeten Gesellschaften ꝛc.

Gustav Pfizer gehörte noch zu den jüngern Dichtern, besaß eine vorzügliche Begabung und theilte mit seinem ältern Bruder Paul den sittlichen und patriotischen Ernst, konnte aber eben deshalb dem schlechten Zeitgeschmack nicht genügen. Heine, dem damals das ganze gebildete Publikum nachlief, warf seinen Koth auch auf Gustav Pfizer.

Eine der vorzüglichsten Zierden des schwäbischen Dichterkreises war der Oberjustizrath Karl Mayer, des edlen Uhland lebenslänglicher fidus Achates, so wie auch Schwabs und Kerners bewährtester Freund. Er selbst dichtete meist nur kurze Verse, in denen er aber mit Meisterschaft nur durch wenige Worte dem Leser ganze Landschaften vorzauberte. Das achtungswürdigste an ihm jedoch war die Festigkeit und Treue der Freundschaft. Ich sah ihn zwar nur selten, weil er in Tübingen lebte, aber wir waren früh befreundet und blieben es. Als ich 1835 nach Italien reiste, sagte er mir in Versen mit der liebenswürdigsten Herzlichkeit Lebewohl.

> Kein Abschiedswein, kein trauter Punsch
> Entflammt mich zu Toast und Wunsch;
> Früh, nüchtern steh ich in dem Zimmer,
> Heimtreibend und beeilt, wie immer.

Doch ein Gemisch von Ernst und Scherz,
Wie ein Toast, erfüllt das Herz,
Wenn wir auf eine Reih' von Tagen
Dem Freunde sollen Abschied sagen.

Als mein ältester Sohn in Tübingen studirte, wohnte er in Mayers Hause. Meines alten Freundes gleichnamiger Sohn wurde später ein demokratischer Wühler und machte sich als Redacteur des „Beobachters" einen mehr berüchtigten als berühmten Namen.

Zu den freundlichsten Erscheinungen in Stuttgart gehörte der Kanzleirath Bührlen, ein geborener Ulmer, der in engen Verhältnissen lebte und durch seine Romane und Erzählungen sich ein geringes Honorar verdiente, aber seine Armuth und Zurücksetzung mit einem liebenswürdigen Humore ertrug. Er hatte die einzige Schwachheit, ein Philosoph sein zu wollen, kam jedoch nie über aphoristische Betrachtungen hinaus, für die sich niemand interessirte. Dagegen fand man in seinen Erzählungen eine idyllische Auffassung seines eigenen Familienlebens und eine Selbstironisirung von hohem Liebreiz. In dem besten seiner Romane, dem „Enthusiasten", schildert er sich selbst ganz so, wie er war. Er hatte nämlich, trotz seiner Armuth, einen unwiderstehlichen Hang zu alten Gemälden und legte sich auch wirklich eine kleine Galerie an. Diese Liebhaberei charakterisirte er nun in seinem Roman in allerliebst komischen und rührenden Scenen. Ich halte diesen Roman für einen der besten, die je geschrieben wurden, und zweifle nicht, daß er, obgleich er zu seiner Zeit keinen Anklang gefunden hat, in hundert Jahren wieder gedruckt und der Sammlung unserer classischen Nationalwerke einverleibt werden wird.

Ein recht hübsches Talent für Gelegenheitsgedichte besaß der Stadtrath Ritter, dessen Frühlingslied, reizend von Lindpaintner componirt, allgemein beliebt und mehr schwäbisches Volkslied geworden ist, als kaum eins von Schiller und Uhland. Da das seit 1825 eingeführte Schillerfest jährlich im Beginn des Mai gefeiert wird, fehlt auch Ritters Frühlingslied niemals und kann man sich das schöne Fest ohne dasselbe nicht denken. Als ich einst mit einem auswärtigen

16*

Diplomaten auf einen nahen Berg spazieren ging, tönte das Frühlingslied aus dem Thale herauf. Da blieb der Fremde, der es nie
gehört hatte, wie bezaubert stehen und hörte mit Staunen und Entzücken zu. — Als Ritter gestorben war, in den vierziger Jahren,
wurde ich aufgefordert, bei dem jährlichen Gastmahl der Württembergischen Weinverbesserungsgesellschaft mit ein paar Worten seiner zu
gedenken, da er ein sehr eifriges Mitglied des Vereins gewesen war
und an jedem Festtage ein paar artige Reime zum besten gegeben
hatte. Ich hielt eine kleine Rede mit einem passenden Bonmot und
Reimen ganz nach seiner Manier. Der Präsident des Vereins, ein
ungemein stolzer Herr, sagte, als ich allgemeinen Beifall gefunden
hatte. „Nun, Sie haben sich ja schon recht in die schwäbische Art und
Sitte gefunden." Ich erwiderte mit lauter Stimme: „Sie werden
mich doch für einen Württemberger halten, nachdem ich sieben Alt-
württemberger gezeugt habe. Haben Excellenz das auch vermocht?"
Ein ungeheures Gelächter beschämte den Mann, der krebsroth wurde.

Wer hätte in Schwaben gelebt und nicht Justinus Kerner
gekannt? Der liebenswürdige Dichter der „Reiseschatten" und so vieler schöner Lieder wurde mir bald nach meiner Niederlassung in Stuttgart durch seine Freunde Uhland und Schwab bekannt. Er war damals noch nicht alt, doch schon ziemlich corpulent, aber die Feinheit
der Züge, das Geistvolle in Augen und Lippen ließen sich bei ihm
auch im Alter nie unterdrücken. Er war sehr geistreich und trotz seiner schwäbischen Gemüthlichkeit und des Mysteriösen, was ihm von
der Geisterseherei her anklebte, von einer Schalkhaftigkeit, wie ich sie
nur bei Ludwig Tieck wiedergefunden habe. Er handhabte die Selbstironisirung mit einer ungemeinen Gewandtheit als Waffe, wenn man
ihm ein wenig zusetzte. Wir behandelten uns gegenseitig immer mit
dem besten Humor. Nur als er mir 1829 zumuthete, das Buch,
welches er über die berühmte Seherin von Prevorst geschrieben hatte,
alles Ernstes zu loben und die darin geoffenbarten Wunder anzuerkennen, lief das gegen mein kritisches Gewissen. Es war wirklich gewagt, daß Justinus Kerner uns nöthigen wollte, an Bier trinkende

Geister zu glauben, oder wenn er uns einmal eine Geistin mit ihrem Wickelkind, die vor mehreren Jahrhunderten gelebt haben sollte, und ein andermal wieder eine Geistin, die vor vier Jahren gelebt haben sollte, mit einem Knaben, der unterdeß nach dem Tode gewachsen war, vorführte. Meine Recension setzte dergleichen Widersprüche in Kerners Buch auseinander und hob zugleich Nachlässigkeiten hervor, die einem gewissenhaften Arzt nicht hätten begegnen sollen. Er hatte nämlich während der Krankheit der Seherin ein Tagebuch geführt, dessen Genauigkeit er sogar rühmte, die auch nöthig war, weil es bei den Verordnungen und Verheißungen der Seherin auf Stunde und Minute ankam. In diesem Tagebuch aber hatte der Monat September einen Tag zu viel, so daß ich fragen durfte, ob es im Geister= reich einen 31. September gebe? Kurz es war mir bei aller Achtung vor Kerner doch nicht möglich, das Unsinnige und Leichtfertige in sei= nem Buche ungerügt passiren zu lassen.

Darüber nun machte mir Kerner in einem Briefe vom 23. Ja= nuar 1830 die bittersten Vorwürfe. Während er und sein Freund Eschenmeier sich zur Abwehr rüsteten und öffentliche Erwiderungen drucken ließen, blieben wir gleichwohl in einer freundschaftlichen und vertraulichen Correspondenz.

Im Jahr 1834 gab Kerner eine Geschichte von Besessenen her= aus, also fünf Jahre nach dem Erscheinen der Seherin von Prevorst. Da er nun fünf Jahre vor dieser ein famoses Buch über Vergiftung durch Würste geschrieben hatte, konnte ich nicht umhin, in meiner Re= cension auf die fünfjährigen Neuerungen in Weinsberg aufmerksam zu machen. Erst wimmelte es dort von vergifteten Würsten, dann von Geistern mit Grabesgeruch und endlich von Besessenen mit ihren Teufeln, und an alledem sollte Justinus Kerner nicht schuld sein? In der ganzen übrigen Welt spürte man von diesen Seltsamkeiten nichts, die sogar in Weinsberg selber nur vorkamen, wenn Kerner ein Buch darüber schrieb und sonst nicht. Gegen diese meine Auffassung protestirte nun Kerner wieder in einem langen, nicht sehr logischen Briefe.

In einem Briefe vom 26. April 1836 kam Kerner auf die Seherin und auf die Geister zurück und fing an: „Verehrter Freund, ich muß wieder mit Ihnen zanken. Wenn wir gar nichts von Affen wüßten und es käme ein Reisender, der behaupten würde, er habe Thiere gesehen, die halb Thier halb Mensch seien, Arme hätten, aber keine Hinterbacken und Waden und man würde schreiben: wir wollen nicht noch einmal auf die Frage, ob es Affen gäbe, zurückkommen, es ist uns im Grunde sehr gleichgiltig, denn da dumme und affenmäßige Menschen mit Armen und ohne Hinterbacken und Waden auf der Planie in Stuttgart in Menge herumlaufen, so liegt wohl wenig daran, ob nach der Behauptung jenes wundersüchtigen Reisenden es noch andere wirkliche Affen gäbe. So sagen Sie: Es giebt unter den lebenden Menschen Gespenster genug. Aber damit widerlegen Sie die Existenz von wahren Geistern so wenig, als jenes Gerede die Existenz von wahren Affen." Man sieht hieraus, welche humoristische Wendung unser Streit nahm. Ich frug einmal Kerner, ob er denn jemals einen Geist gesehen habe? da er immer nur von Geistern berichte, die Andere gesehen haben. Er gestand mir, er habe noch keinen gesehen, nur einmal eine Art von Schatten, doch könne er nicht behaupten, daß es ein Geist gewesen sei. Ich theilte ihm zu seiner Genugthuung mehrere hübsche Geistergeschichten mit, die er auch in seinen Blättern aus Prevorst und in seinem Magikon abdrucken ließ. Aber vergebens appellirte ich an seinen feinen Geschmack als Dichter, den seine Weinsberger Geister ebenso anwidern müßten als mich, denn wo das Geisterreich sich aufthut, beginnt auch Poesie. Dagegen behauptete er, grade in der unpoetischen Gemeinheit jener Bier trinkenden Geister liege ein Beweis ihrer Wirklichkeit und wo die Poesie nichts gewinne, da gewinne doch die Wissenschaft.

In einem Briefe vom 19. August 1839 schrieb mir Kerner in Bezug auf einige Mittheilungen, die ich ihm gemacht hatte: „Die Stelle im Plutarch ist merkwürdig und es wäre mir sehr lieb, wenn Sie mir den Ort, wo sie steht, bezeichneten. Die Cirkel der Frau Hauffe (der Seherin von Prevorst) finden sich auffallend im Plato,

den sie aber nicht einmal dem Namen nach kannte. Ich fand die Stelle
einmal zufällig, als die Cirkel schon längst von ihr gemacht und erklärt waren und freute mich sehr. Das ist das Schauen der Natur,
das Plato auch besonders hatte und keine Gehirnphilosophie, aber
eben deswegen das wahre. Es ist mir ohnbegreiflich, wie jene Cirkel, in denen eine ganze Naturphilosophie liegt, so wenig von andern
gewürdigt werden konnten. Ob den Geistern ließ man diese ganz
liegen. Auch schrieben Viele sie dem Eschenmeier zu, z. B. der Esel
von Pfarrer W., was mich immer ganz rasend macht."

Das Haus, welches Kerner in Weinsberg besaß, ist eins der berühmtesten in Schwaben. Man steigt von diesem freundlichen Hause
durch Gärten hinauf zur alten Burgruine der sog. Weibertreue, in
deren Fenstern Kerner Aeolsharfen angebracht hatte. Hier war seine
Heimath, hier allezeit sein gastlicher Tisch gedeckt. Hier entfaltete der
Dichter die ganze Grazie seines Geistes und die Fülle der Liebe, die
in seinem Herzen wohnte. Im Jahr 1840 hatte ich meine ältesten
beiden Knaben von 13 und 10 Jahren allein eine Fußreise ins Unterland machen lassen und ihnen gesagt, sie sollten in Weinsberg den
Oberamtsarzt freundlich von mir grüßen. Hierauf erhielt ich von
Kerner folgendes Schreiben, woraus man seine ganze Liebenswürdigkeit erkennen mag: „Verehrtester Freund! Ihre lieben Kinder kamen
wohl bei uns an und erfreuten uns innigst. Sie wollten mich glauben machen sie seien Geister: denn sie sagten (Nachmittags 2 Uhr)
sie hätten zwar seit dem Frühstück noch nichts gegessen, können sich
aber nicht aufhalten, müssen immer weiter laufen, allein ich untersuchte sie, wie ich immer thue, genau und erkannte, daß sie noch
leibhafte Menschen sind und zwar sehr liebe. Sie wollen nun nach
Langenbeutingen weiter wandern in das dasige Pfarrhaus, welches
vor hundert Jahren einmal durch einen Geist abbrannte. Dies zur
Nachricht und Beruhigung Ihnen und der lieben Gattin. Herzlichst
Ihr Kerner. Weinsberg, 6. October 1840." Mein kleiner Sohn
schrieb darunter: Wir gingen vorgestern noch bis Kirchheim am Neckar,
wo uns der Herr Pfarrer Drück zu übernachten nöthigte. Gestern,

als wir hierher kamen, wurden wir von Herrn Doctor Kerner außerordentlich freundlich aufgenommen und genöthigt einen Tag dazubleiben. In die wilde Revolutionszeit 1848 taugte der gute Kerner nicht hinein. Sein Sohn wurde damals Demokrat. Er selbst ließ sich hinreißen, ein ziemlich revolutionäres Lied zu Gunsten eines Schlossermeisters zu dichten, mit dem die Demokraten damals kokettirten, wie die Pariser mit ihrem Blousenmann Albert, und den sie auch richtig ins Frankfurter Parlament brachten. Später wurde Kerners Sohn äußerst legitim, bald auch Hofrath, der alte Kerner aber empfing in seinem Hause in Weinsberg das Fräulein Stubenrauch und küßte sie. Dieser Kuß und jenes Revolutionslied paßten nun freilich nicht zusammen und offenbarten die ganze Schwäche des Dichters. Daher es an harten Seelen nicht fehlte, die ihm das Mitleid versagten und ihn ebenso heruntersetzten, als er vorher hoch gepriesen worden war; doch blieben ihm seine alten Freunde treu. Er war auch älter geworden, hatte die Elasticität verloren und kränkelte, kokettirte aber auch mit dieser Kränklichkeit, was man wieder seiner Dichternatur zu gute halten mußte. Als ich ihn einmal in seinem Weinsberg besuchte, lag er noch im Bette, und kam, nachdem er sich angekleidet hatte, wie ein Blinder tappend herein und frug mit tonloser Stimme: Wer isch? Ich nannte laut meinen Namen. Hierauf Accolade und obligater Kuß. Ach, i seh ebe gar nimmer. Ich bedauerte ihn sehr, daß es sich mit seinen Augen so bedeutend verschlimmert habe, aber noch war keine Viertelstunde vergangen, als er einen Brief herbeiholte, den ihm unlängst König Ludwig von Bayern geschrieben hatte und mir denselben ohne Brille frischweg vorlas. Es ist erstaunlich, sagte ich, wie man diesen König Ludwig als ultramontanen Finsterling verleumdet, da er doch überall nur Licht verbreitet. Denn kaum hatten Sie seinen Brief vor Augen, so konnten Sie wieder ganz gut sehen. — Dasselbe Wunder, wie König Ludwigs Brief, bewirkten aber auch die Augen eines hübschen Kindes; denn als er sich einst, als der gar nichts mehr sehen könne, vom Dekan D. über die Straße führen ließ, blieb er plötzlich stehen, um ein junges Mädchen, das aus dem Fenster des zweiten Stocks heruntersah, freundlich zu begrüßen und ein wenig mit ihr zu plaudern.

Mit Bezugnahme auf das, was ich eine Reihe von Jahren hindurch gegen das junge Teutschland, das junge Hegelthum, Judenthum, Straußenthum ꝛc. geschrieben hatte, schickte mir 1845 Kerner das von seiner Hand geschriebene kleine sinnige Gedicht, welches damals auch in die Allgemeine Zeitung überging.

An die Jungen.

Oft pflegt das Alter ihr zu schelten
Ihr Jungen! nennt es dumm und schwach.
Nur ihr, ihr seid die starken Helden,
Schlagt Gott und Teufel auf das Dach.

O schaut, ihr Helden mit der Feder,
O schaut, ihr Helden mit dem Maul,
Verschielend unter dem Sprißleder,
Den Held Radetzky auf dem Gaul,

Wie er ein Cid vom hohen Rosse
Schaut, zählend drei und achtzig Jahr
Und trägt zu Mailands Marmorschlosse
Siegreich zurück den deutschen Aar.

Dies Bild beschaut euch, liebe Jungen
Und denkt, daß ihr sehr's ein und schweigt!)
Wenn ihr dies Alter einst errungen
Nicht einen Esel mehr besteigt!

Indem er mir seine letzten Gedichte schickte, schrieb mir Kerner 1852: „Es kommt hier ein welker Blüthenstrauß. Behalten Sie ihn nicht, sondern legen Sie ihn zum Weihnachtsgeschenk Ihrer liebenswürdigen Frau, oder lieben Tochter, oder sonst einem warmen Frauenherzen, ans Herz, daß er dort, wie verwelkte Blüthen, die man in den naturwarmen Born des Wildbades bringt, frisch erblüht. So möchte ich denselben Ihrem Schutze empfehlen und Sie und alle Ihre Lieben innigst grüßen, auch die in Basel. Mit Liebe Ihr alter Kerner." Als ich seine Gedichte angezeigt hatte, schrieb er mir wieder: „Verehrtester! Tausend Dank für Ihre Nachsicht mit meinem armen Blüthen-

strauß. Sie gingen ihm mit guter Empfehlung voraus und erfreuten
dadurch auch bereits mehrere meiner Freunde. Wäre nur meine Gesundheit besser. Aber ich habe viel, viel zu leiden. Ich bin eben sehr
alt und da geht die Poesie auch fort.

> Strauß Kritikus schrieb einst von meinen Liedern
> „...(Eintheilen möcht' ich sie (ich konnte nichts erwiedern)
> In goldne, silberne und die von Eisen.'"
> Wie würd' er nun die allerneusten heißen?
> Du lieber Gott! ich fürchte, daß er sage:
> ...Das sind die ledernen der alten Tage.'"

Es hat alles ein Ende. Aber gesund bleiben Sie doch und mir
freundlich. Mit Liebe und Verehrung Ihr alter J. Kerner."

In seinem letzten Briefe meldete mir Kerner in kaum zu lesen-
den Zeilen den Tod unseres gemeinschaftlichen Freundes Passavant
und schloß „Dessen kranker, verlassener, ihm bald nachfolgender
Freund, auch der Ihrige J. Kerner." Passavant war der ausgezeichnete Arzt in Frankfurt a. M., der mehrere geistvolle Schriften
über die dunklern Gebiete der Seelenkunde herausgegeben hat. Leider
kam ich nicht nach Frankfurt, er schickte mir aber immer seine Bücher
zu und besuchte mich mehreremale in Stuttgart. Wir machten auch
kleine Partien zusammen, und er gehörte zu den seltenen Menschen,
mit denen man sich viele Stunden hinter einander unterhalten kann,
ohne zu merken, wie viele Zeit vergangen ist, und ohne ein Ende
herbeizuwünschen. Bei seinem letzten Besuche kurz vor seinem Tode
saß ich fast einen ganzen Nachmittag mit ihm allein in der Kastanien-
allee, die von Cannstatt nach dem Kursaal führt, und unterhielt mich
mit ihm über Unsterblichkeit, denn er wußte, daß er nicht mehr lange
leben würde. Im Anfang befremdete es ihn ein wenig, daß ich mich
für die Zukunft nach dem Tode nicht so lebhaft interessirte, als er
vorausgesetzt hatte, daß ich es thun würde. Aber er gab mir zu, daß
ich bei meiner literarischen Productivität mehr gegen die Gegenwart
Front machen und in Bezug auf das Naheliegende zu viele Pflichten
erfüllen müsse, als daß ich viel über das Jenseits grübeln könne.

Endlich aber befriedigte ich ihn ganz, indem ich die Unsterblichkeit, wie er selbst, nicht als ein Ausruhen, sondern als ein Fortwirken auffaßte.

Unter den schwäbischen Dichtern der damaligen Zeit war A l e - x a n d e r, G r a f v o n W ü r t t e m b e r g, einer der ausgezeichnetsten. Seine „Lieder des Sturms" gereichen ihm sehr zur Ehre. Er sang wie ein echter Ritter und trug das Vaterland im Herzen. Kein Deutscher mit einziger Ausnahme Schenkendorfs, hat ein so schönes Lied auf Andreas Hofer gedichtet wie Graf Alexander. Mein Lob freute ihn und er dankte mir mit einem sehr freundlichen Besuch. Es war ein ungewöhnlich großer und schöner junger Mann, rasch und leidenschaftlich und doch auch wieder sanft. Der Tod raffte ihn frühe dahin. Daran knüpft sich Poesie. Er war noch Jüngling und blühend gesund, als er einmal auf einer Tour durch den Schwarzwald im Wildbad badete und im Wasser seinen goldenen Ring verlor. Da rief er scherzend: Die Nymphe der Quelle hat mir den Ring genommen und wird mich nicht mehr lassen, sondern mich zu sich ziehen, als der ihr für immer verlobt ist. In seiner letzten Krankheit riethen ihm die Aerzte das Wildbad an. Er ging dorthin und ist dort gestorben.

Unter den älteren Notabilitäten Stuttgarts nahmen mich mehrere mit großer Güte auf. Vor allen Hofrath R e i n b e c k, Professor am Gymnasium, ein geborener Berliner und Nachkomme des unter Friedrich dem Großen berühmten Probstes Reinbeck. Er hatte lange in St. Petersburg gelebt und dort eine reiche Russin geheirathet, mit der er noch die silberne Hochzeit feierte, ehe sie starb. Nachher heirathete er eine Stuttgarterin, Emilie, Tochter des Geheimrath Hartmann, einer der sanftesten und vorzüglichsten Frauen, die ich kennen lernte. Auch mit dieser hat er die silberne Hochzeit gefeiert. Jedoch hatte er kein Kind. Es war ein äußerst gutmüthiger Mann, dem es aber nie recht gelingen wollte, sich in die schwäbische Art zu schicken, der immer noch berlinisch sprach und sich gerade durch seine Bemühungen, seinen Schülern zu imponiren, vor denselben lächerlich machte. Die böse Jugend ging arg mit ihm um, und man erzählte sich viele Anekdoten von ihm. Unter andern soll er beim Vortrag über Literaturgeschichte gesagt haben: „Deutschland hat nur drei große Dichter, Goethe, Schiller und — den dritten verbietet mir die Bescheidenheit zu nennen," was ich für Verleumdung halte. Reinbeck hatte eine stark geröthete Nase. Deshalb gaben sich die Schüler das Räthsel auf: was ist ein Floh auf Reinbecks Nase? Antwort: ein Kupferstecher. Als wir uns zu einem Comité für Schillers Denkmal vereinigten, wurde der alte Reinbeck unser Präsident, wodurch er sich sehr geehrt fühlte.

Eben so freundlich war der alte Hofrath H a u g, damals Oberbibliothekar, der berühmte Epigrammendichter. Als ein Freund Matthissons sah er mich zwar anfangs scheel an, nachdem wir aber einmal im Königsbade bei großer Kälte in einem geheizten Zimmerchen zusammengetroffen waren, versöhnte ich ihn vollständig bei einem guten Glase Wein, und er kam allen meinen Wünschen bei Benutzung der Bibliothek zuvor. Es war sehr witzig, aber dabei die harmloseste Natur von der Welt. Seine besten Witze waren übrigens die cynischen, die nicht gedruckt worden sind. Damals lebte auch noch der großnasige Stahl, den Haug durch seine Epigramme (auf Wahls große Nase) unsterblich gemacht hat. Ich saß öfter neben ihm im Theater.

Was Matthisson anlangt, so hatte ich denselben in den Europäischen Blättern wegen seines servilen „Dianenfestes von Bebenhausen" sehr verächtlich behandelt. Darin hatte er den dicken König mit dem fernhintreffenden Apollo verglichen und ein Jagdfest gepriesen, zu dem die Bauern von den weitesten Grenzen des Landes her als Treiber requirirt wurden, sich dabei selbst beköstigen mußten und von den brutalen Jägern Mißhandlungen erlitten. Ueberhaupt war die Jagdliebe des alten Königs und der dadurch verursachte Wildschaden eine Hauptbeschwerde des Landes gewesen, weshalb der neue wohlwollende König den Jagdunfug sogleich abgestellt hatte. Matthissons Dianenfest war mir in Heidelberg zufällig in die Hände gekommen, und ich hatte nicht umhin gekonnt, ihm einen kritischen

Fußtritt zu geben. Es war nicht zu ertragen, daß die Deutschen fort und fort Poeten bewunderten und als hohe und edle Genien gelten ließen, die so niederträchtig vor der Gewalt krochen. Ich verglich die berühmten classischen Wehmuthsthränen Matthissons mit den Thränen, die einem allzu fettgefütterten Mops aus den Augen treten. Man erzählt von ihm folgende Anekdote. Matthisson war einmal in Ludwigsburg bei König Friedrich zur Tafel geladen und fiel nach Tisch, als der König mit dem Grafen Dillen im Garten spazieren ging, dem Könige durch seine Zudringlichkeit lästig. Da frug ihn Dillen: „Matthisson, wären Sie wohl im Stande, hier auf der Stelle eine Elegie zu dichten? aber es muß Mondschein darin vorkommen." Matthisson bejahte devotest. „Nun so bleiben Sie hier stehen, sagte der König und dichten geschwind, bis wir wiederkommen; dann wollen wir sehen, was Sie für ein großes Genie sind." Sie entfernten sich, kamen aber nicht wieder, sondern fuhren nach Stuttgart, und Matthisson stand den ganzen Nachmittag in der heißen Sonne auf demselben Fleck und schwitzte Verse, bis ihn spät am Abend die Dienerschaft belehrte, man habe ihn zum Narren gehabt.

Auch der alte Schlotterbeck lebte damals noch, der nur Gelegenheitsgedichte schrieb. Von ihm, wenn ich nicht irre, rührte das Lied her, mit welchem der aus dem Feldzug von 1815 heimkehrende Kronprinz am Königsthor angesungen wurde: Hängt ihn auf an Stuttgarts Thoren — Hängt ihn auf an Stuttgarts Thoren — — Diesen grünen Lorbeerkranz!

Ein alter Kanzleirath Wagner machte ebenfalls Gelegenheitsgedichte und matte Witze. Doch hat er sich durch sein aktenmäßiges Buch über die hohe Karlsschule ein Verdienst erworben. Schillers Name hat einen Glanz auf diese Schule geworfen. Die Hauptsache zu betonen, hat man aber immer vergessen. Herzog Karl wollte sich von den alten Landständen losmachen und sich als Dienerin seines Despotismus eine neue aufgeklärte Büreaukratie heranbilden, durch welche die alte, die immer in Tübingen zugeschult wurde, allmählich verdrängt werden sollte. Deshalb gründete er seine Karlsschule in

Stuttgart und ließ sie durch den aufgeklärten Despoten, Kaiser Josef II. zum Range einer Universität erheben. Tübingen, die Landstände und das alte Recht in Württemberg hatte seinen Protector in Berlin, nicht in Wien.

In nahe Berührung kam ich mit dem talentvollen jungen Dichter Wilhelm Hauff, der aber schon 1827 starb. Ich hatte nur eins an ihm zu tadeln, daß er mit seiner angenehmen Schreibart nicht immer eine richtige Auffassung des Gegenstandes verband. In seinem Roman „Lichtenstein" erschien mir der Charakter des Herzog Ulrich durch eine völlig unhistorische Idealisirung gänzlich verfehlt. Der Roman war in der Manier Walter Scotts geschrieben, die damals Mode wurde. Walter Scott selbst würde aus einer so höchst originellen Figur, wie sie jener Herzog in der wirklichen Geschichte darbietet, etwas ganz anderes gemacht haben. Auch mit dem früh verstorbenen Wilhelm Müller, Dichter der Griechenlieder, wurde ich bekannt, da er eine Zeitlang bei Schwab wohnte. Er war ein liebenswürdiger junger Mann.

Große Erwartungen erregte ein Tübinger Student, Wilhelm Waiblinger, der mich öfter besuchte, groß von Gestalt, etwas cynisch im Anzug, mit buschigem Haar und heroischen Geberden. Von Bescheidenheit keine Spur. Er sah sich im Geist schon als Deutschlands ersten Dichter. Er besaß wirklich ein schönes Talent und Cotta bot ihm 2000 Gulden an, um nach dem schönen Italien zu reisen, wohin er sich sehnte. In seiner eitlen Thorheit aber, in der ihn, wie er mir nachher selber gestand, der boshafte und tödtlich gegen Cotta erbitterte Müllner bestärkt hatte, forderte er patzig von Cotta eine schriftliche Verpflichtung, daß er ihm die 2000 Gulden in Raten nach Italien nachschicken werde. Cotta antwortete ihm ganz einfach: „Ich habe Vertrauen zu Ihnen gehabt, wenn Sie keins zu mir haben, brechen wir ab." Verzweiflungsvoll stürzte Waiblinger zu mir herein. Da er schon überall mit seiner italienischen Reise geprahlt und Abschied genommen hatte, aber keinen Heller Geld besaß, war er in großer Noth, so daß Cotta sich seiner noch erbarmte und ihm wenigstens ein paar hundert Gulden schenkte. Er zog nun nach Rom, schrieb von dort aus nicht für Cotta, sondern für andere Verleger kleine Sachen, verfiel in Trunk und Asotie und starb nach wenigen Jahren. Eine römische Courtisane soll ihn mit seltener Treue bis zum Tode gepflegt haben. Seine cynische Erscheinung gehörte zu den Karikaturen der Stadt Rom. Als ich mich im Jahre 1835 dort aufhielt, sah ich solche Spottbilder von ihm noch häufig in den Bilderläden. Ein Bilderhändler lud mich ein, eins, das ich eben betrachtete, zu kaufen. Ich sah ihn, da er höhnisch lächelte, scharf an und frug, ob das Bild ein Deutscher oder ein Italiener gemalt habe? Ein Deutscher, war die Antwort. Wohlan, rief ich aus, indem ich ihm das Bild verächtlich zuwarf. Ich würde es gekauft haben, wenn es ein Italiener gemacht hätte, denn ihr habt ein Recht, in eurem Lande über solche Gäste zu spotten. Von Deutschen aber ist es schändlich, vor Euch Italienern über ihre Landsleute zu spotten.

Auch Eduard Mörike kam damals von Tübingen und bewährte in seinen Dichtungen eine solche Feinheit des Gefühls für das Seelenschöne, daß man ihn nur lieb gewinnen konnte. Er hatte keine rechte Lust, bei dem geistlichen Stande zu bleiben, und Buchhändler wollten ihn als literarischen Handlanger ausbeuten. Er holte meinen Rath darüber ein und ich beschwor ihn, doch lieber Pfarrer zu werden. Auf dem Lande werde er gesammelt sein und Zeit haben, den Gruß der Muse zu empfangen, während er als Redakteur, Artikelschreiber, Uebersetzer im kargen Solde der Buchhändler gar nicht zur Ruhe kommen würde. Ich hatte die Freude, ihn meinem Rathe Folge leisten zu sehen. Als er später sein ländliches Pfarramt aufgab und Professor am Katharineninstitut für Mädchen wurde, blieben wir im alten freundschaftlichen Verhältniß, er lieh oft Bücher von mir, wir sahen uns aber selten, denn er war oft kränklich und sehr menschenscheu. Ludwig Tieck, der feinfühlende Dichter, hatte Mörikes Schriften gelesen und eine seltene Liebe zu ihm gefaßt. Als er einmal einige Tage bei Justinus Kerner in Weinsberg zubrachte, lud dieser den unfern von ihm wohnenden Mörike dringend zu sich ein mit dem ausdrücklichen Bemerken, wie sehr Tieck sich nach ihm sehne. Aber Mörike kam nicht.

Diese Erinnerung stellt mir Ludwig Tieck wieder so lebhaft vor das Auge, daß ich auf ihn übergehen muß. Ich habe schon erwähnt, daß wir durch die Familie Alberti miteinander verwandt waren und daß seine älteste Tochter Dorothea sich längere Zeit bei den Verwandten in meiner Vaterstadt aufhielt. Seine Werke hatte ich erst in Breslau kennen lernen, ihn selbst nie gesehen. Nun gab ich im Anfang des Jahres 1828 mein früher genanntes Buch über „Deutsche Literatur" heraus, worin ich mich in einem größern Zusammenhange als früher in den „Europäischen Blättern" und in den zerstreuten Artikeln des Literaturblatts über unsere sog. classische Literatur aussprach. Fast gleichzeitig gab Tieck die Werke von Lenz heraus und schrieb eine lange, einen Band füllende Vorrede dazu, worin er sich ebenfalls über die schöne Literatur Deutschlands aussprach. Nachdem sein Buch schon gedruckt war, las er das meinige und wurde von meiner Auffassung Goethes und dessen ganzer Stellung zur deutschen Nation so frappirt, daß er mir am 29. Juni 1828 aus Baden-Baden schrieb, er werde noch mehrere Wochen dort verweilen und bitte mich dringend, weil er als Gichtkranker nicht leicht zu mir kommen könne, aus dem nahen Stuttgart zu ihm herüberzukommen, „da er mein Buch gelesen habe, und es ihm seitdem zum Bedürfniß geworden sei, sich mit mir in Verbindung zu setzen." Er schloß: „Ihr Buch wird, eben weil es geistreich ist, weil es des Trefflichen und Treffenden so viel enthält, vorerst in Deutschland nicht verstanden werden. Von Kritik ist bei uns jetzt nicht mehr die Rede. Und doch kritisire ich ebenfalls. Freilich Stimmen in der Wüste. Wenn ich recht gelesen habe, sind Sie wohl mit den meisten meiner Poesien, aber nicht mit meinen kritischen Schriften einverstanden. — Verzeihen Sie, daß ich Sie als ein Unbekannter so angerannt habe. Durch Ihre Schriften schienen Sie mir ein alter Bekannter. Ich hoffe, wir kommen uns näher und in dieser Hoffnung bin ich ꝛc."

Nichts konnte mir erwünschter sein, als das mir schon lange

theure Haupt der romantischen Schule kennen zu lernen. Ich fuhr
also rasch hinüber nach Baden, fand Tieck im badischen Hof an der
table d'hôte und setzte mich gleich zu ihm. Es war herrliches Wetter,
ich blieb acht Tage und wir waren äußerst vergnügt zusammen. Obgleich von der Gicht ganz gekrümmt, befand sich Tieck doch wohl, hatte
vortrefflichen Appetit, (er war ein wenig ein Eßkünstler) und konnte
kleine Spaziergänge und größere Vergnügungsfahrten in die schöne
Umgegend des Bades machen. Wir brachten die meiste Zeit im Freien
zu und unterhielten uns aufs lebhafteste. Man konnte nicht in Tiecks
schöne Augen blicken und von seinem feinen Munde nicht die Worte
wie Perlen fließen hören, ohne ihn liebzugewinnen. Und doch entsprach
seiner gebrochenen Gestalt auch etwas wie ein Bruch im Muthe. Er
gestand mir unter bittern Thränen, wie ihm sein sonst angenehmes
Leben in Dresden durch Theodor Hell und Consorten verleidet werde,
wie die Gemeinheit und Bosheit ihn von der Oberleitung der Bühne
vertrieben habe ꝛc. Es versteht sich von selbst, daß ich kaum mehr
über jenes Dresdener Coteriewesen, wie es in jeder größeren Stadt
vorkommt, als über Tiecks eigenen Kleinmuth empört war. Ein hoher
Geist, sagte ich ihm, muß durch solche Spinnweben, die im Spätsommer die Stoppeln überziehen, hindurchschreiten, ohne sie zu bemerken. Schon dadurch, daß Sie sind, der Sie sind, haben Sie von
vorn herein alle jene erbärmlichen Feinde geschlagen. Kurz ich erhob
seinen Muth, wofür mir seine Damen unendlich dankbar waren,
nämlich seine schöne fromme Tochter Dorothea und seine liebevolle
Pflegerin, die alte Gräfin von Finkenstein. Sie fanden, daß ich einen
erfrischenden und stärkenden Einfluß auf Tiecks Gemüth übte, der
dessen eben so bedürfe, wie sein gelähmter Körper des Bades. Ich
wurde veranlaßt, seinen Muth auch gegenüber von Goethe zu stärken,
denn die Damen vertrauten mir, Tieck übertreibe seine Huldigungen
in Weimar und werde eben deshalb von Goethe vornehm von oben
herunter und geringschätzig behandelt. Ich hatte davon nichts gewußt;
als ich es aber erfuhr, gab es mir eine natürliche Waffe mehr an die
Hand, indem ich mit Tieck über Goethe stritt. Ich warf ihm mit voller

Ueberzeugung und gewiß auch mit vollem Rechte vor, daß er sich zu Goethe dränge. Wenn Goethe selbst keinen Werth darauf lege, so handele Goethe seiner Natur gemäß, Tieck solle auch der seinigen gemäß handeln. Die romantische Poesie, wie sie sich von Novalis an entwickelt habe, sei das Wiedererwachen des Geistes, um den das deutsche Volk durch die Renaissance und durch die Fürstenpolitik gebracht worden sei. Die deutsche Natur habe sich wieder zu regen angefangen und wolle von sich stoßen, was ihr fremd sei, die Fesseln brechen, in die sie so lange geschlagen war. Die romantische Poesie sei nicht blos als eine poetische Spielerei oder als ein witziger Kampf gegen die Philister zu betrachten. In ihr habe die erste Ahnung einer Gesammt-erhebung der Nation gelegen. Deswegen sei ihr unmittelbar die nationale Begeisterung des Jahres 1813 gefolgt und habe Görres prophetisch auch den Wiederaufbau unseres großen deutschen Reichs verkündet. Er selbst, Ludwig Tieck, habe sogar noch vor Görres im Prologe zu seiner Genovefa den h. Bonifacius dasselbe verkünden lassen. Er nun als anerkannt größter Dichter der romantischen Schule weise auf eine Zukunft hin, welche die ganze moderne Bildung, wie sie seit der Renaissance gepflegt und großgezogen worden sei, über Bord werfen werde. Die Zukunft werde einst wieder romantisch werden und unsere Nation wieder zu der Größe und Einheit zurück-führen, welche sie seit dem Ausgang des Mittelalters verloren hat. Da nun aber Goethe durch und durch der modernen Zeit angehöre und seine Dichtungen in allen Vorzügen, aber auch in allen Schwächen und Untugenden derselben ihre Wurzeln schlagen, so gebe Tieck lediglich die Hauptsache seiner romantischen Mission auf, wenn er sich Goethe unterwerfe und accommodire.

Hier traf ich aber den wunden Fleck. Tieck war nicht mehr der alte. Von seiner religiösen Innigkeit, die seine frühern romantischen Schauspiele durchglühen, war nichts mehr bei ihm zu finden. Er hatte sich gewissermaßen zu den Classikern gewendet und war in seiner Ironie ziemlich dem Lucian ähnlich geworden. Am allerunbegreif-lichsten an ihm war mir die gänzlich falsche Auffassung Shakspeares, dem er in einer Novelle alle die kühlen Vornehmigkeiten anrichtete, die auf Goethe, aber nicht auf den großen Engländer paßten. Da es nun nicht mehr möglich war, Tieck auf seinen altromantischen Standpunkt zurückzuführen, so konnte auch die von ihm selbst gewünschte Verständigung zwischen uns nicht erreicht werden. Wir ließen nun das Thema des Streites fallen und unterhielten uns desto angenehmer von andern Vorkommnissen der Literatur, der Kunst und des Lebens. Unter andern machten wir eine reizende Partie ins Murgthal und auf das Schloß Neu-Eberstein in Begleitung des liebenswürdigen alten Diplomaten von Bielfeld, vormaligen Gesandten in Constantinopel.

Vier Wochen später kam Tieck zu uns nach Stuttgart, und wir gaben ihm ein solennes Gastmahl im Königsbad, wobei auch Uhland und die Brüder Boisserée anwesend waren.

Im nächsten Jahre 1829 schrieb mir Tieck aus Dresden am 26. März: „Geehrter Freund! Schon lange hätte ich Ihnen ein Zeichen des Lebens und meines Vertrauens geben sollen. Sie haben mir kürzlich Ihren Rübezahl geschickt. Dieses neueste Gedicht von Ihnen hat mir große Freude gemacht. Der Spott trifft, wohin er zielt, und ein feiner Geist giebt das anmuthige und erfreuliche Colorit. Bei der großen Schärfe und Geistesgegenwart, die das Gedicht durchdringen, könnte die dramatische Nothwendigkeit, die eigentliche Verbindung aller Theile wohl noch dialogischer ꝛc. (ist unleserlich). Aber wie steht es mit Ihrem Böhme? Meine Hausgenossen lassen Sie insgesammt herzlich grüßen, vorzüglich die Gräfin und meine älteste Tochter, die sich Ihrer Bekanntschaft erfreuen. Wir erschraken alle sehr über den plötzlichen Todesfall Friedrich Schlegels, der am Mittag bei uns gegessen, uns um fünf Uhr ganz gesund verlassen hatte, und um ein Uhr in der Nacht schon verschieden war. So schließt sich oft ganz unerwartet ein Leben, von dem wir noch viel erwarteten. Wie wir auch täglich stritten, wie ich ihn in manchen Punkten immer weniger verstand, so blieb doch die Liebe dieselbe und die Begebenheit machte einen Riß in meinem Herzen. Ich denke auch, ich muß mit meinen Arbeiten eilen, weil die Zeit eines Jeden ungewiß ist.“

17*

Die später noch an mich gerichteten Briefe Tieck's (einige von mir an ihn gerichtete hat Holtei drucken lassen) enthalten nichts von allgemeinerem Interesse und beziehen sich mehr nur auf Verlagsange= legenheiten, Empfehlungen 2c. Doch kamen wir noch zweimal in Baden=Baden zusammen, 1830 unmittelbar nach der Julirevolution und 1836. Auch er kam noch einmal nach Stuttgart, und später habe ich ihn noch zweimal in Berlin besucht. Obgleich ein geborener Ber= liner und ohne Zweifel der größte Dichter, den Preußen hervorge= bracht hat, war Tieck doch bei Friedrich Wilhelm III. in Ungnade ge= fallen, konnte daher nie auf eine Anstellung in Preußen rechnen und mied sogar die Hauptstadt. Daran war Kotzebue schuld, der sich dem König und der Königin als Vorleser aufzudrängen gewußt hatte und das benutzte, um sich an den Romantikern zu rächen. Tieck hatte in seinem „gestiefelten Kater" einen König eingeführt, dessen Hauptbe= schäftigung eine kindische Spielerei mit Soldaten war. Damit, flüsterte Kotzebue dem König von Preußen zu, habe er ihn gemeint. Erst nach dem Tode des Königs im Jahr 1840 berief Friedrich Wil= helm IV. den unglücklichen Dichter aus seiner langen Verbannung nach Berlin zurück, gab ihm im Voraus eine schöne Summe für seine Bibliothek, vergönnte ihm aber die Benutzung derselben bis an seinen Tod, stellte ihn vor allen Nahrungssorgen sicher und sah ihn gern bei Hofe. Als ich 1850 nach Berlin kam, war er sehr leidend und konnte mich nur im Bette empfangen; indem wir uns aber lebhaft unter= hielten, wurde er so elektrisirt, daß er auf den folgenden Tag ein großes Diner veranstaltete und demselben im vollen Anzug, wie in gesunden Tagen, und mit gutem Appetit anwohnte. Ein solches Diner hatte er mir schon 1848 gegeben und beidemal trug sein alter Freund, der Geschichtschreiber Friedrich von Raumer, durch seine guten und schlechten Witze zur Heiterkeit der Gesellschaft bei. Bald darauf ist Tieck gestorben. Schon vor ihm waren seine Freundin, die alte Gräfin, und Dorothea heimgegangen. Seine jüngste Tochter hei= rathete meinen Jugendfreund Gustav Alberti in meiner Vaterstadt.

Ein Herr von Maltiz, der Verfasser der Pfefferkörner und

einiger andern satirischen Schriften, hielt sich eine zeitlang in Stuttgart auf. Er gehörte zu den politischen Satirenschreibern, welche wie Saffoir, Börne ꝛc. die Jämmerlichkeiten der Restaurationszeit geißelten. Er war etwas herb und der eigentlich lachende Humor ging ihm ab. Doch war er die gutmüthigste Seele von der Welt, wie einer seiner Briefe an mich aus Dresden vom 25. Februar 1834 darthut: „Sehr lieber und werthgeschätzter Herr Doktor! Viele, viele Wochen und Monate sind bereits seit jener schönen Zeit verflossen, als ich so wahrhaft frohe Stunden in Ihrem Hause verlebte, und wie oft habe ich mich schon derselben erinnert und mich im Geiste hineinversetzt auf jenes Plätzchen in Ihrem Sopha, dicht am Stehpult, wo ich gewöhnlich saß und Ihre edle Rede vernahm. Wie Vieles hat sich seit diesen schönen Stunden in der großen Sache der Zeit verändert! Doch fort mit diesem Thema, das jede frohe Minute mit seinem Rabenfittich überschattet. — Mein Leben hier in dem stillen Dresden fließt sehr ruhig dahin. Die Gesellschaft des edeln freidenkenden Dichtergreises Tiedge, der, beiläufig gesagt, Ihr wahrer Verehrer ist, trägt viel dazu bei. Ich wünschte, Sie wären einmal unter uns, denn sehr oft sind Sie der Gegenstand unseres Gesprächs, und stritten vereint mit dem hochherzigen 82jährigen Greise in Ihrer gewohnten Kraftsprache gegen die große Lüge der Zeit. — Mit den andern Herrn des Dresdner Parnaßes stehe ich in weniger freundschaftlicher Verbindung. Tieck würde ich häufiger besuchen, wenn ich den Dichter und Menschen in ihm mehr genießen könnte; aber das ist fast nie möglich, da er in den Stunden, in denen er Besuch annimmt, stets nur vorliest und daher niemals Zeit zu einem gegenseitigen Austausch bleibt. — Verbergen kann ich Ihnen nicht, Sie haben hier auch Feinde, besonders den Hofrath W. Aber das thut nichts." Er meinte damit den Hofrath Winkler (Theodor Hell genannt), der den armen Tieck wie ein Floh plagte.

Unter den humoristischen Dichtern, die mir ihre Werke zuschickten und brieflich empfahlen, waren die geistvollsten Mises (Fechner) und Detmold (1848 Reichsminister).

Als einer der feinsten Romantiker kündigte sich Julius Mosen durch seinen „Ritter Wahn" an. Diese Dichtung war aus dem Italienischen entlehnt, wurzelt aber eigentlich in der altdeutschen und altfranzösischen Poesie, in den Dichtungen von Olger Danske und Thomas von Erceldeune. Ich empfahl Mosens erste Arbeit dem Publikum und auch die folgenden, und Mosen blieb mir immer dafür dankbar. Er schrieb mir am 23. Dezember 1834 aus Kohren bei Frohburg: „Ich glaube nicht, daß irgend Einem so viel Widerliches in den Weg gelegt worden ist. In Einöden muß ich mich mit Zwergen und Drachen matt kämpfen, so daß ich schon besiegt von Müdigkeit auf die Aue zum großen Tage komme. Ich werde dennoch kommen." — Am 18. November 1835 schrieb er mir aus Dresden: „Es thut einem wohl, mitten in der Einöde einem Manne zu begegnen, der ein warmes Herz und ein helles Auge bewahrt hat, dessen Seele gesund und kräftig, wenn auch einsam aus der Menschenwüste hervorragt.

> In der Ferne steht ein Berg,
> Himmelhoch ein Riesenkind,
> Mit Gewittern spielt es gern,
> Die um ihn versammelt sind.

> In der Ferne steht ein Berg,
> Seine Stirn ist hoch und kraus,
> Adler brüten unter ihr,
> Fliegen droben ein und aus!

Sie schreiben mir so herzlich und theilnehmend. Ich danke Ihnen dafür um so inniger, jemehr es mich ermuthigt, auf dem Wege, den ich eingeschlagen habe, fortzugehen. — Ich habe viel über das Wesen der echten Poesie nachgedacht und ich will Ihnen einiges davon herschreiben, worüber Sie mich später belehren können. Jede Poesie, welche in sich Wahrheit hat, ist nationell oder nationelle Anschauung. Eben so wenig eine formelle Universalsprache je entdeckt werden kann, eben so wenig kann eine Universalpoesie gelingen. Leider fand die deutsche Poesie, als sie nach dem dreißigjährigen Kriege

wieder zum Leben erwachte, kein Vaterland mehr. Der poetisch stre-
bende Geist fand kein Gesetz vor, welches aus vaterländischem Wirken
und Dasein sich für seine Schöpfungen von selbst ergeben hätte, wie
im alten Griechenland. Es ging der neueren deutschen Poesie wie
der römischen. Als sie zum Bewußtsein kam, fand sie nur (fremde)
Muster. Diese wurden nachgeahmt, aber das Ding sollte doch einen
Namen haben. Da kam Goethe mit der Objectivität, welche blos
die Form des Daseienden gelten lassen wollte, Schiller mit der Idea-
lität, welche die Thatsachen nur als Träger von tüchtigen philosophischen Gedanken verbreiten wollte, Tieck mit der Ironie, die, wie
Solger ehrlich sagt, den höchsten Genuß des Ichs in der Vernichtung
alles andern sucht. Wie selten drang die Idee einer nationellen
Poesie durch. Schade, daß Rückert noch überall herumläuft, um
diese Idee, die ihm so nahe liegt, aufzufinden."

Am 15. Mai 1838 schrieb mir Mosen noch aus Dresden:
„Ich werde es Ihnen immer gedenken, daß Sie der Erste waren,
welcher mein erstes Werk, das Lied vom Ritter Wahn, so herzlich
begrüßte. Seitdem bin ich auf meinem einsamen Wege fortgegangen
und hat niemand für mich Partei genommen, weil ich keine nahm.
Daß die jungen Schriftsteller, welche gern eine Schule gebildet
hätten, eben deshalb weil sie von Goethe ausgingen, wieder in dieses
Centrum hineinfallen mußten, schien mir immer nothwendig. Man
darf nicht Sklave alter Tendenzen bleiben. So weit mich die dunkle
Macht des eigenen Geistes führt, will ich gehen. Ein Seelenleben
der Weltgeschichte, welches noch Schillern und Goethen fremd war,
steigert sich hie und da immer deutlicher zum Bewußtsein heraus."

Der treffliche Mosen ahnte wohl, was der deutschen Poesie
fehlt, aber zum klaren Bewußtsein kam es ihm doch noch nicht. Ich
vermittelte den Druck seines „Theater" bei Cotta (1841), aber ich
konnte mich für seine Bühnenstücke nicht in dem Maaße interessiren,
wie für seine erste epische und für seine lyrischen Dichtungen. Das
historische Schauspiel mit dem feierlichen Pathos wohlklingender
Jamben hat schon manches Talent verführt, daß es den Weg zu der

dem deutschen Gemüth allein zusagenden Romantik nicht hat wiederfinden können. Ohne es gewahr zu werden wurden sie von jenem
gravitätischen Spottgeist Jambus aus dem romantischen Urwald hin-
ausgeführt und fanden sich am classischen Portal eines modernen
Theaters wieder. Ich glaube in vollem Ernste, es wird nicht eher
wieder eine deutsche Poesie geben, als bis einmal hundert Jahre lang
auf deutschem Boden kein historisches Trauerspiel in Schiller'schen
Jamben mehr geschrieben werden wird.

Von den oestreichischen Dichtern lernte ich eine gute Zahl in
Wien im Jahr 1831 kennen. Der älteste unter ihnen war Ca-
stelli, der echteste Wiener, nämlich bieder, ehrlich, unendlich gut-
müthig und doch in seiner Lustigkeit zuweilen sehr trivial. Es hat
sich da ein eigener Ton, wie unter Corpsstudenten und unter dem
Theatervolk ausgebildet, der hier nur einen allzu großen Theil der
Bevölkerung durchdringt. Diese ewige Spaßlust muß doch edlern
Geistern zuletzt verleiden.

Auch schon nicht mehr jung war Grillparzer, den ich früher
schon etwas mitgenommen hatte, der mir aber in seinem Wiener
Phlegma alles verzieh. Er fühlte sich freilich auch durch das Bewußtsein getragen, daß er in Oesterreich immerhin für einen der ersten
Dichter galt. „Der treue Diener seines Herrn," in welchem er dem
armen Bancbanus das Unglaublichste von Servilismus andichtet,
mag für die Zeitgeschichte als bedeutend angesehen werden, denn er
ist der vollkommenste Ausdruck derjenigen correcten Unterthänigkeit,
die zu Metternichs Zeit von den guten Oestreichern verlangt wurde.

Der interessanteste der östreichischen Dichter, die ich damals
kennen lernte, war der Schauspieler Raymund, der am Leopold-
städtertheater spielte und für dasselbe dichtete. Ich besuchte dieses
Theater oft, denn es war die Glanzzeit meiner schönen und unglücklichen Landsmännin Therese Krones, des buckligen Komiker Schuster
und Raymunds selbst. Ich war in einem Goldladen, als Raymund
vorüberging. Man rief ihn herein und stellte mich ihm vor, und wir
gingen zusammen. Ich fand die östreichische Güte und Liebenswür-

rigkeit bei ihm mit seltener Feinheit des Geistes gepaart. Doch lag etwas wie Trübsinn über seiner Stirn. Er hat sich nicht lange nachher, eigentlich aus einem nichtigen Grunde, in unglückseliger Einbildung umgebracht.

Den berühmten Anastasius Grün, Grafen Auersperg, lernte ich schon früher in Stuttgart kennen, wo er mich auch später noch einigemal besucht hat. Wir machten im Jahr 1830 eine heitere Reise zusammen, erst zu Tieck nach Baden-Baden, dann hinüber nach Straßburg zur Feier der Julirevolution. Der Dichter war damals noch jung und erwarb sich, wo er hinkam, allgemeine Liebe. Auch war er ohne Zweifel einer der begabtesten unter den damaligen Dichtern Oesterreichs. Eben deshalb aber war zu bedauern, daß er die heillose Metternichsche Wirthschaft nur mit den Waffen des Liberalismus und der modernen Aufklärung, nicht mit dem nationalen Gedanken bekämpfte.

Der eleganteste Dichter und Cavalier in Wien war Baron Zedlitz. Er besuchte mich öfters in Stuttgart und zuletzt sah ich ihn hier beim hundertjährigen Jubiläum Schillers. Ehe er in der Wiener Burg in Gunst kam und Gesandter wurde, gehörte er im Geiste der Opposition an und war sein Vorbild Lord Byron, dessen Childe Harold er auch unübertrefflich schön übersetzt hat. Ich leistete ihm einmal in der Zeit, in welcher er in Oesterreich noch zurückgesetzt war, einen guten literarischen Dienst, wofür er mir immer dankbar geblieben ist.

Einmal erhielt ich einen Besuch von Stelzhammer, einem der vielen, aber auch einem der ersten und begabtesten Dichter in der österreichischen Volksmundart. Seinen Aeußern nach schien er nicht von seines Volkes Gunst getragen. Ich warf ihm vor, daß er nicht des Volkes wahre Natur der städtischen Corruption gegenübergestellt, sondern vielmehr die letztere auf das Land übertragen oder mit dem Volksthümlichen nur vor einem städtischen Publikum kokettirt und Spaß gemacht habe.

Ein paarmal besuchte mich auch der alte Pyrker, Erzbischof

von Erlau, früher Patriarch von Venedig. Es lag ihm viel daran, daß ich seine deutschen Dichtungen günstig bespreche, und sie enthielten auch, namentlich die Tunisias, malerische Scenen. Er war aus geringem Stande zu hohen geistlichen Würden gelangt, lediglich durch seine Fügsamkeit gegen die weltliche Macht. Als er mich das letztemal besuchte, waren grade die Kölner Wirren ausgebrochen, und ich konnte mich nicht enthalten, ihm das ironische Compliment zu machen: nun, Sie werden Ihren Kaiser in keine solche Sorgen bringen, wie Droste-Bischering den König von Preußen, denn Eure Excellenz sind ein Mann des Friedens. Das nahm er auch ganz beifällig auf, und als ich ihm den Gegenbesuch machte, zeigte er mir mit einer kindischen Freude seine erzbischöflichen Kreuze, eines von Brillanten, eines von Smaragden, dazu Ordensterne ꝛc. Ich durfte es wagen, ihn für die Staatsbibliothek in Stuttgart um ein Exemplar von Fejer, codex diplomat. reg. Hungariae (30 starke Bände) zu bitten, und er schickte sie nicht nur, sondern fügte auch noch Hanthaler, codex diplomat. hinzu. Sein Brief an mich vom 3. März 1838 worin er mir die Absendung seiner Gaben für die Bibliothek ankündigte, athmete eine wahre Zärtlichkeit. Den geborenen Oesterreichern that damals nichts wohler, als draußen im Reich (der Geister) Anerkennung zu finden.

Auch mit bayerischen Dichtern kam ich in vielfache Verbindung. Der liebenswürdigste von allen, die ich persönlich kennen lernte, war von Kobell, der in seinen oberbayrischen Gedichten den volksthümlichen Ton und die Naivetät volksthümlicher Empfindung unendlich viel treuer wiedergegeben hat, als der vielgepriesene Hebel in seinen alemanischen Gedichten. Eine tragische Erscheinung war der sanfte Lentner, der mich einst besuchte und mit mir unter meinem großen Kastanienbaume saß. Ich las in seinen Augen, daß er nicht lange mehr leben könne. Denselben schmerzlichen Eindruck machte mir kurz vor seinem Ende der gleichfalls noch junge, geistvolle und höchst einnehmende Märchensammler Wolf. Ebenso starb auch Guido Görres in der Blüthe seiner Jahre, nachdem er mich nicht lange vorher noch in voller Gesundheit in Stuttgart besucht hatte. Auch er hatte ein schönes dichterisches Talent entfaltet. Seinen Freund, den Grafen Pocci lernte ich nur brieflich kennen. Aus Erlangen besuchte mich einmal ein Dichter von hübschem Talent, Winterling, von dem ich nachher nichts mehr erfahren habe; aus Rheinbayern der sehr gemüth= liche Schuler, der zu Kleists Frühling noch einen Sommer, Herbst und Winter schrieb. Von München aus kam Michel Beer zu mir, der mir besser gefiel, als sein berühmter Bruder, der Componist Meyerbeer. Obgleich ich die romantischen Juden nicht leiden kann und die Jambentragödien nach der Schillerschen Schablone ebenso= wenig, so schienen mir die Trauerspiele von Beer doch viel gediegener, als die des damaligen bayrischen Minister von Schenk.

Mit Friedrich Rückert in Coburg war ich 1825 in freund= liche Verbindung gekommen, und er hatte mir Gedichte für mein Taschenbuch geschickt. Wenn ich die Briefe, die er mir schrieb, wieder lese, thut es mir leid, daß ich nicht mehr Rücksicht auf ihn genommen und ihn nicht mit dem Tadel seiner spätern Manier verschont habe. Dennoch hatte ich recht, von ihm zu verlangen, er solle den Schmiede= hammer, mit welchem Johann Heinrich Voß Verse hämmerte, nicht aus dem classischen Gebiet ins romantische hinüber stehlen. Seine große Gewandtheit im Versemachen verführte ihn, die Meisterschaft in der Ueberwindung der größten Sprachschwierigkeiten in Schwer= reimereien und in der Schöpfung von Wortungeheuern zu suchen. Ich verglich die Lectüre seiner aus dem Indischen übersetzten Dich= tungen mit einer Fahrt durchs Paradies, aber auf einem polnischen Knitteldamm.

Eine kurze Zeitlang hielt sich der achtungs= und liebenswürdige Dichter Geibel in Stuttgart auf, bevor er nach Bayern ging, und wir sahen uns zuweilen. August Kopisch, meinen Vetter, lernte ich erst in Berlin kennen, nachdem er schon als Dichter und Entdecker der blauen Grotte berühmt geworden war. Er war im Hause meines Bruders in Berlin als naher Verwandter von großmütterlicher Seite her und wegen seiner großen Liebenswürdigkeit ein stets willkommner Gast.

Eine komische Erscheinung war der witzige Jude S a p h i r, der in den zwanziger Jahren eine kurze Zeit in Stuttgart zubrachte. Sein Gesicht von fabelhafter Häßlichkeit, aber gutmüthig im Aus= druck, war von einer goldgelockten, reichgekräuselten Perücke be= schattet. Seine Witze waren durchgängig harmlos, obgleich er das Unglück hatte, mehrmals von Schauspielern, die er getadelt hatte, Prügel zu bekommen. Das widerfuhr ihm in München. In Berlin wurde er von den mittelmäßigen Dichtern anfangs fetirt, wegen des unschuldigen und nicht ganz unpassenden Witzes über die M i t t w o c h s = g e s e l l s c h a f t aber hinterdrein grimmig angefeindet und über alle Gebühr geschmäht. Ich nahm mich seiner gelegentlich an, und er ist mir dafür immer dankbar geblieben.

Einer der merkwürdigsten, aber auch unglücklichsten Dichter jener Zeit, war der Auditeur G r a b b e von Detmold. Seine ersten Dich= tungen überraschten mich durch die Macht des Geistes, der sich darin kundgab, allein sie zeugten auch schon von einer Art Verrücktheit. Gegenüber der Mode und Gemeinheit bei so vielen Epigonen lobte ich diesen wenigstens originellen und kraftvollen Dichter. Dafür dankte er mir in einem Briefe vom dritten August 1830, meinte aber er müsse doch auch etwas Zurückstoßendes für mich haben. „Aber Sie sind stark genug, Fremdes auch da anzuerkennen, wo es Ihnen viel= leicht nicht allein fremd, sondern auch widerwärtig sein mag. Gibt es aber Widerwärtiges? Wir betrachten die Kröte mit Ekel, — wie sieht sie aber vielleicht uns an? Ach Gott, alles ist am Ende eins. Wohl dem, der es einsieht. — Im Ernst: Folgen eines zerschmetterten Armes, Gicht, Biß eines tollen Hundes, der hoffentlich nicht schaden wird, weil Tollheit auf Tollheit wenig wirken kann, Blutspeien und Geschäftsdrang, lassen mich nicht mehr und besser schreiben, als hier geschehen. Also seien Sie fürerst mit meiner Hochachtung und meinem Dank zufrieden, oder doch nicht ärgerlich darüber. Ich bitte."

Am 15. Januar 1831 schrieb er mir wieder aus Detmold: „Die Gicht ist fort, aber Nervenschläge treffen mich doch noch circa alle vier Wochen mit schauderhafter Kraft. Dabei als hiesiger Auditeur

Militairgeschäfte mehr als je. Verzeihen Sie daher wilde Briefe. —
Sie wünschen mich populärer. Mit Recht. Aber theatralischer? Der
Manier des jetzigen Theaters entgegenkommender? Ich glaube, unser
Theater muß dem Poeten mehr entgegenkommen. Uebrigens ist auch
das Drama nicht an die Bretter gebunden. Der geniale Schauspieler
wirkt durch etwas ganz anderes, als der Dichter, und das rechte
Theater des Dichters ist doch — die Phantasie des Lesers. Die
Eumeniden, die Sacontala, der ganze Shakespeare beweist es."
Unter dem 15. November 1834 erhielt ich von Grabbe aus
Frankfurt a. M. folgenden wahnsinnigen Brief: „Unterzeichneter
(schlagen Sie um) wird Ihnen bekannt sein. Er hat reich geheirathet,
aber an der Frau ein Genie bekommen, welches ihn, will er nicht das
Aeußerste thun, nöthigt, ihre Glorie nur aus der Ferne zu betrachten.
Er ist zu stolz, etwas von dem ihm zukommenden Vermögen, ja selbst
von seinem Eingebrachten zu nehmen, braucht also Geld. Ich bitte
mir im interessanten Schwaben 18 gute Groschen des Tages und freie
Miethe zu verschaffen. Statt mit meiner Frau wieder zusammen-
kommen zu müssen schaffen Sie mir im äußersten Falle eine Ab-
schreiberstelle."

Immermann in Düsseldorf nahm sich seiner an, doch konnte auch
dieses Verhältniß nicht von Dauer sein. Grabbe schrieb mir selbst
darüber am 22. November 1835: „Mit Immermann stehe ich auf
eigenem Fuße. Er hat viel für mich gethan, aber bald Spannung,
bald Friede. Verschiedene Naturen!" Die Schuld lag wohl nur an
ihm selbst. Der Unglückliche ist nicht lange nachher gestorben.

Ein Romantiker sehr eigenthümlicher Art war Karl Spindler, der einige Jahre in Stuttgart zubrachte, später nach München,
nach Baden-Baden und zuletzt nach Freiburg i. Breisgau zog. Ich
war einer der ersten, der seine Romane empfahl, mit denen er ein er-
staunliches Glück machte, nachdem er früher in den elendesten Verhältnissen gelebt hatte. In Straßburg gebürtig hatte er die Rechte
studirt, war aber unter Umständen und aus Anlässen, über die er
sich niemals äußerte, ins Leben hinaus geworfen worden und trieb

sich mit einer untergeordneten Schauspielertruppe in Ungarn, Oesterreich und Deutschland umher. Seine kleine runde Frau hatte er aus Ungarn mitgebracht. Da er eine reiche Phantasie und Erfindungskraft besaß, gab ich mir große Mühe, ihn dahin zu bringen, daß er sich mehr regelte, die Verwicklungen und die Zahl der Personen in seinen Romanen vereinfachte und auch in der Sprache verbesserte, aber er war merkwürdigerweise zu einer höheren Auffassung der Poesie nicht fähig und war weder selbst begeistert, noch trachtete er darnach, seine Leser zu begeistern oder Meisterwerke von künstlerischer Vollendung zu schaffen, die ihm zu einem unsterblichen Ruhme verhelfen sollten. Er gestand ganz offen, daß er nur zur Unterhaltung der Gegenwart, daher im Geschmack der Gegenwart, d. h. in der Manier Walter Scotts, und nur um das Geld schreibe. Ich forderte ihn auf, die reichen Lebenserfahrungen, die er während seines Umherziehens in der Welt und in mancherlei Elend eingesammelt haben müsse, in irgend einer Form als Memoiren herauszugeben, oder in humoristischen Bildern abzuspiegeln. Der Hauptreiz in seinen Romanen liegt darin, daß er alte Städte, Burgen, bürgerliche und ländliche Häuser und Familien in einem ganz eigenthümlichen Lichte zeigt, wie sie etwa einem Handwerksburschen auf der Wanderschaft erscheinen. Es liegt eine Illusion darin von hoher Naivetät und echt romantischem Zauber. So, dachte ich mir müsse er seine eigenen Erlebnisse schildern. Allein er beschwor mich in der höchsten Aufregung, auf dieses Thema nie wieder zurückzukommen und ihn nie an seine Vergangenheit zu erinnern, vor der er nur schaudern könne. Wie heiter auch sein Leben sich gestaltet hatte, lag doch immer eine geheime Schwermuth auf seiner Stirn und obgleich er ein sehr angenehmer und behaglicher Gesellschafter sein konnte, wurde er doch auch wieder leicht verstimmt.

Im schönen Frühjahr 1829 machten Gustav Schwab, Spindler und ich eine Vergnügungsfahrt ins Lenningerthal, um uns dort zwischen malerischen Felsen und Burgen der prächtigen Kirschblüthe zu erfreuen. Schwab mußte von Guttenberg aus zu seinen Amtsgeschäften nach Stuttgart heimkehren; wir beiden andern aber gingen

zu Fuß über den Hohenneuffen nach Urach. Es war eine höchst ge=
müthliche Reise. Das Posthaus in Urach war damals schon einer der
beliebtesten Gasthöfe im Lande. Wir machten von hier aus einen
Ausflug in das reizende Seeburger Felsenthal und wanderten dann
weiter über Reutlingen nach dem berühmten Lichtenstein und nach der
Nebelhöhle. Anstatt der Burg, welche sich später Graf Wilhelm von
Württemberg auf den Lichtensteiner Felsen durch den alten Haideloff
bauen ließ, stand damals nur ein Jägerhaus, wo man aber sehr gut
bewirthet wurde. Von hier gingen wir mehrere Stunden lang bei
stechender Hitze über die öde Alb, um hinunter ins Steinlachthal zu
gelangen, dessen Mädchen wegen ihrer Schönheit und eigenthümlichen
Tracht aufgesucht zu werden verdienten. Wie wir aber nach Thal=
heim hinunterstiegen, brach ein Gewitter aus, wovon wir bis auf die
Haut naß wurden. Da uns nun auch im Thale nirgends ein schönes
Mädchen begegnete, kam Spindler in seine übelste Laune, was mich
in meine beste versetzte. Ich erfuhr unterwegs, wir würden alle hüb=
schen Mädchen des Thales in Mössingen, dem Hauptort desselben,
beisammen finden, denn dort werde eine große Hochzeit gefeiert. Als
wir dahin kamen, fanden wir den ganzen Flecken voll Menschen und
konnten in keinem Wirthshaus einen Platz finden. Darüber wurde
mein Freund immer mürrischer, weil ihn hungerte. Da hieß ich ihn
bei einem Brunnenrohr stehen bleiben, ich wollte Rath schaffen. Ich
drängte mich in das Hauptwirthshaus mit Gewalt durch das Volk
ein, sagte, ich müsse zur Braut, und arbeitete mich auch glücklich einen
langen Tisch voller Gäste entlang bis zu ihr hin. Sie war jung und
bildschön, die Tochter eines der reichsten Bauern. Sie trug die ma=
lerischste Tracht von der Welt und eine zierliche Brautkrone von Flit=
tergold. Ebenso die schönen und zahlreichen Brautjungfern. Ich
fühlte mich wie ins Mittelalter versetzt. Der Bräutigam kam mir
nicht viel besser als Massetto vor. Rasch nahm ich ihm sein Glas
Wein weg, hielt eine zugleich lustige und ehrerbietige Anrede an die
Braut, sagte, ich sei ein Reisender von fernher, der zufällig an ihrem
Ehrentage hier durchkomme und erlaube mir, auf ihre Gesundheit zu

trinken und ihr Glück in den Ehestand zu wünschen. Das wurde nun sehr gut aufgenommen. Die Braut steckte mir sogleich einen Hoch= zeitsstrauß mit rothseidenem Bande ins Knopfloch, womit sie mich zum Hochzeitsgast machte, hieß mich neben sie sitzen und mir reichlich Speise und Trank versetzen. Ich wartete noch eine kleine Weile, bis ich das Vertrauen auch des Bräutigams und der Alten gewonnen hatte und den Leuten interessant genug geworden war. Dann bat ich die Braut heimlich, sie möchte doch ihre hübschesten zwei Braut= jungfern, die ich ihr bezeichnete, hinunter schicken und meinen armen Reisegefährten vom Brunnen herauf holen lassen. Dies geschah nun unter allgemeinem Jubel und ich werde nie das Gesicht vergessen, das Spindler machte, als ihn die zwei schönen Kinder an der langen Tafel herausführten. Seine sauren Mienen wurden süß; alle Ge= witter zogen von seiner Stirn hinweg und machten heiterm klarem Sonnenschein Platz. Wir unterhielten uns vortrefflich und mußten nachher noch mit der Braut tanzen. Auch wollte uns diese gar nicht fortlassen und ließ uns erst spät in der Nacht mit ihres Vaters Pferden nach Tübingen fahren, wo wir grade noch zum Eilwagen zurecht kamen.

Da Spindler später in München von Walter Scotts Manier zur Nachahmung der französischen Verführungsromane überging, sah ich mich veranlaßt, seine Boa Constrictor zu tadeln. Das nahm er mir entsetzlich übel und sah mich als seinen Feind an, bis ich seine meisterhafte Idylle, den Vogelhändler von Imbst, wieder lobte. Da schrieb er mir einen gerührten Dankbrief, und wir blieben wieder gute Freunde bis an seinen Tod.

Als einen der eigenthümlichsten Charaktere der Neuzeit lernte ich Bogumil Goltz kennen. Derselbe schrieb mir aus Thorn in Preußen am 14. Februar 1848 und empfahl mir ein Buch, das er herauszugeben im Begriff sei, „Das Buch der Kindheit." Als ich das Buch erhielt, war ich entzückt davon und beurtheilte es auf das gün= stigste. Der Verfasser, ein Gutsbesitzer in Westpreußen, nicht mehr jung, auf dem Lande unter halben und ganzen Polacken der literari= schen Welt fern und fremd geblieben, trug doch in seinem Herzen eine

Quelle der zartesten Poesie. Noch niemals hat ein Psycholog oder Dichter so tief in die Seele des Kindes geblickt. Ein paar Jahre später wurde ich durch einen Besuch von Goltz überrascht. Er hatte ganz das feurige, lebhafte, stürmische Wesen an sich wie Jahn, war aber eine viel poetischere Natur. Unter seinen buschigen Augenbrauen blitzte oft unbändiger Zorn gegen die Gemeinheit der Welt hervor. Doch konnte er wieder so sanft und fein wie Jean Paul sein. Am verhaßtesten waren ihm die Berliner, bei denen er alles angelernt und conventionell und nur das Gegentheil von kräftiger und gesunder Natürlichkeit fand. Die Süddeutschen sagten ihm in sofern viel mehr zu. Er schrieb mir nachher aus Thorn (1852): „In Berlin wissen einige kunstzahm gehammelte Schulfüchse gar nicht recht, wie ihre verschnittene Seele oder vielmehr ihre zurecht geschneiderte Aesthetik und Lebensart mit meinen westpreußisch-polnischen unbändigen Evolutionen daran ist. Die Leute können nicht begreifen, daß es nach so vielfältigen Kunststücken und übertriebenen Experimenten und Destillationen, Schul- und Kunstmisèren und Affectationen einmal wieder Naturunmittelbarkeit, Lebenspraxis und Instinct gelten kann. Ich trage Ihre natürliche, biedere, herzige Art und Weise im Sinn, so lange ich lebe. Ich danke Ihnen von Herzensgrunde und Ihrer herzigen, prächtigen Gattin, Mutter und Hausfrau für alle Gastfreundschaft ꝛc."

Als einen der wenigen wirklich poetisch begabten Dichter lernte ich Stehling durch sein Epos vom Weltende kennen. Es scheint ihm nicht glücklich gegangen zu sein, wie ich aus einem Briefe schließen mußte. Harro Harring, der sich mehrmals an mich wandte, hatte sich mir durch eine gute Erzählung empfohlen, wenn auch nicht alles an seinen Sachen zu loben war. Ihn hat das Schicksal verfolgt. v. Reudell, der in Tiecks Weise mit geistvollen Novellen begann und mir dieselben mittheilte, scheint die poetische Laufbahn bald wieder aufgegeben zu haben. Dem frischen und persönlich liebenswürdigen Köster, der einmal bei mir war, konnte ich als Kritiker keinen Dienst leisten, weil die Helden und die Tendenz seiner Schauspiele viel zu einseitig protestantisch waren. Bechstein aus Meiningen besuchte mich und correspondirte mit mir, ein biederer und vielbegabter Thüringer, den ich sehr gern hatte. Zu den talentvollern Dichtern jener Zeit gehörte auch A. v. Sternberg, der eine Zeitlang in Stuttgart lebte, später in Berlin. In den russischen Ostseeprovinzen geboren, war er groß und stark von Körper, aber dabei so weibisch verzärtelt, wie ich nicht wieder einen Mann gefunden habe. In der Frivolität seiner modernen Märchen kam er dem jüngern Crebillon ganz nahe, allein ich mußte immer die leichte Eleganz seines Styles gelten lassen. Ein älterer, aber eben so stattlicher Mann, der Oberst von Witzleben, trat einmal bei mir ein und bat mich um Rath, weil seine Romane in Cannstadt nachgedruckt wurden. Das waren die vielen Romane, die unter dem Namen Tromlitz herauskamen. Viele Romane schrieb auch Lewin Schücking, der mich mit seiner sehr liebenswürdigen jungen Gemahlin besuchte. Diese zarte Dame, ein Fräulein von Gall, hatte sich früher schon mit mir in Correspondenz gesetzt, indem sie Lord Byrons „Don Juan" metrisch übersetzt hatte. Sie nahm es mir nicht übel, als ich ihr ehrlich schrieb, das sei kein Gegenstand für die Feder eines deutschen Märchens.

Längst verschollene Namen, die aber vor fünfzig und vierzig Jahren noch viel galten, treten mir aus der zahllosen Masse alter an mich gerichteter Briefe entgegen. Alle schmeichelten mir, empfahlen mir ihre Sachen und suchten sich gut mit mir zu stellen. Nicht nur Männer wie Streckfuß, Müchler, Laun, Aloys Schreiber, sondern auch St. Schütze und sogar Theodor Hell. An sie schlossen sich jüngere, Willibald Alexis, Blumenhagen, Döring, Adrian, Alvens=leben, Herloßsohn, Marggraff c.

Obgleich ich den Blaustrümpfen niemals hold war, weil sie so recht auffallend die Unnatur der modernen Bildung bezeichnen und damals in einer wirklich unerlaubten Menge sich in die deutsche Literatur eindrängten, und ich meinen Widerwillen gegen sie niemals verhehlte, entging ich doch ihren Liebkosungen nicht und wurde viel=fach in sehr angelegentlichen Briefen von ihnen in Anspruch genommen.

Ich will hier nur die Aelteren nennen, deren Namen berühmt waren: Therese Huber, Karoline von Woltmann, Fanny Tarnow, Adelheid von Stolterfoth, Kathinka Zitz, Julie Großmann ꝛc. Mit Ida von Düringsfeld hatte ich die Ehre, persönlich bekannt zu werden und schätze ihre und ihres Gemahls Leistungen für die Kunde der Volks- lieder und Volkssitten.

Am meisten interessirte mich die nachher so vielfach verschrieene Gräfin Ida Hahn-Hahn. Da sie mich mehrmals noch in ihrer Jugendblüthe in Stuttgart aufgesucht und mir eine Menge der wärmsten Briefe in ihrer bezaubernd natürlichen Weise geschrieben hat, glaube ich sie besser zu kennen, als so Mancher, der öffentlich über sie absprechen zu dürfen glaubte. Sie hatte nichts Heroisches, glich vielmehr einer reizenden Soubrette und hatte nur das Mißge- schick, daß ihre schönen blauen Augen in schiefer Richtung standen. Das eine dieser Augen war widerspenstig, wollte sich nach dem andern nicht richten, brach die Ehe mit ihm, zu der es doch auf die Welt ge- kommen war und ging seinen Weg. Später unterwarf sich die Gräfin bei einem der ausgezeichnetsten Augenärzte in Berlin einer Operation, riß aber, wie man allgemein sagte, den Verband zu früh wieder her- unter und verlor das Auge.

Sie schrieb mir schon, ehe sie noch etwas hatte drucken lassen. Ihr erster Brief war aus Greifswald vom 7. Januar 1833 und be- gann: „Lebhaft kann ich mir vorstellen, wie die Vorahnung tödtlicher Langeweile Sie beschleicht, sobald Sie einen Brief von unbekannter Frauenhand empfangen. Er verkündet sicher die Nähe eines Manu- scripts, einen breiten Roman ꝛc. Erholen Sie sich diesmal von Ihrem Schrecken, denn in dieser Welt ist mein Name ebenso unbekannt, als er es bleiben wird. Ich schreibe ihnen tout simplement, um Ihnen für das Vergnügen zu danken, welches Sie mir durch Ihr Literatur- blatt machen. Wie sehr nutzen Sie dem Lesepublikum und der Schrift- stellerwelt durch die außerordentliche Bestimmtheit Ihres Urtheils, welches das Schlechte schlecht, das Gute gut nennt. Den Lesern nutzen Sie, weil doch viele, was Sie einmal abgeschmackt und ver-

18 *

lehrt genannt haben, gar nicht lesen. Und die Schriftsteller nun gar!
O die können nicht kurz genug gehalten werden. In unsern Tagen,
wo so viele Dummheiten in der Welt passiren, wo die Mittelmäßigkeit zur Königin erwählt ist und sich brüstet mit dem schönen Namen
le juste milieu, da sollte das Genie des Schriftstellers, des Dichters
uns über diesen Jammer trösten, und darum sollte, was kein Genie
hat, nicht schreiben noch dichten. Wenn die Mittelmäßigkeit dauernd
herrschte und überall, das wäre entsetzlich. Sie ist der Urfels, an
dem schöne und große Kräfte sich zu Tode abmühen. Ich las einst,
weiß nicht wo, Frauen wären geborene Beschützerinnen des Mittelmäßigen. Persönlich betraf mich das nicht, doch hart für mein Geschlecht. Geboren sind wir gewiß nicht dazu, aber die Eitelkeit macht
uns dazu. Wir protegiren gern, o wir sind sehr eitel. Darum schreiben wir auch Bücher. Wenn wir nur noch einen kleinen Grad eitler
wären, so ließen wir es sicher bleiben."

Aus einem Brief vom 30. Mai 1835 aus München: „Wenn
ich die Idee, selbst des kleinsten Liedchens, im Kopf habe, so meine
ich nicht anders, als es müsse ein kleines Meisterstück werden, und
niedergeschrieben und jetzt vollends gedruckt, kommt mir alles matt
und öde vor, wie eine Silhouette neben dem lebensvollen Bilde.
Wann habe ich mich nun geirrt? — Wenn Sie mir Muth machen,
gehe ich im Herbst über Stuttgart." — Sie kam und ihre Persönlichkeit machte denselben lieblichen Eindruck auf mich, wie ihre Briefe.
Dieses Herz hätte verdient, so rein geliebt zu werden, wie sie es sich
nur träumte. Aber die gemeine Welt ist schlecht mit ihr umgegangen
und hat dieses kleine süße Herz mit rohem Fuß gestoßen und getreten.
Am 5. Januar 1836 schrieb sie mir unter andern: „Lieben ist eins sein
mit dem Geliebten. Aber, guter Himmel! Die Menschen sind ewig
ein fürchterlich einsames, abgeschlossenes Ich, jeder für sich verpanzert,
wie die Auster in ihrem melancholischen Hause. Eigentlich weiß ich
nicht, warum ich dichte. Verstanden werde ich von den Massen doch
nie, ich sehe es ja sogar an den Freunden, an den Nächsten. — Ich
habe wieder eine kleine Arbeit, Benetianische Nächte. So wird denn

wohl der trübe, nordische Winter dahingehen. Aber jeder Winter nimmt einen Theil Jugend, Kraft, Leben mit. Im Frühling regrettire ich das nie; was thuts, ob ich lebe oder sterbe, wenn die Natur im schönsten Leben glüht, ich gehöre ihr ja an. Doch im Winter — Sie denken wohl nicht an so überflüssige Dinge, Sie beneidenswerther Mann. Ade, grüßen Sie Ihre Frau, von der ich in Nürnberg viele Portraits gesehen habe; die alten frommen Meister haben sie gemalt. Nürnberg gefällt mir herrlich. Da ist Charakter. Die Glanzseite des Mittelalters ist Stein geworden."

Aus einem Briefe vom 20. April 1836 wieder aus Greifswald: „Leute, die es nicht verstehen, können sagen, die Poesie stehe in grellem Contrast der Wirklichkeit entgegen. Das ist nicht wahr. Man könnte mit der Wirklichkeit ohne Poesie gar nicht fertig werden. Sie würde unverstanden bleiben, wie ein unterirdischer Quell. Aber Poesie hat ein Wünschelrüthchen, damit schlägt sie auf den Boden und hoch springt der Quell empor in tausend Strahlen, Funken, Perlen, Farben. Das fühle ich jetzt — ach, wie tief. Ich war ganz versunken in Heerens Ideen. Sie wissen, wo er umhergeht wie ein tiefsinniger Magus und Osymandias und Dschemschids Paläste aus den Ruinen auferstehen läßt, und die biblischen Propheten. Das alles zog mich so gewaltig an, ich lebte und webte in Persepolis und Babylon. Dazu hatte ich, wie gewöhnlich, niemand, mit dem ich von all' dieser Herrlichkeit reden konnte. Also versank ich wirklich ganz in die mächtige Vergangenheit, die ich liebe, weil die Menschen damals an eine Zukunft dachten und nicht wie jetzt blos an die Gegenwart. Aber siehe, der Frühling kam, fort war die Vergangenheit, Magier und Propheten verschwunden, Königsgräber und Paläste zusammengestürzt und auf der Welt gibt es nichts mehr, als die grüne Hoffnungsfarbe, die immer auf die Zukunft weist. O die himmlische Zukunft. Ich gehe an den Genfer und die lombardischen Seen, um zu hören, ob sie mir andere Melodien vorrauschen als die Ostsee."

Aus einem Briefe vom 11. Januar 1837 aus Greifswald. „Die Berliner und Dresdner sind in einer completten Wuth gegen mich), ganz pöbelhaft, machen sich über meinen Namen lustig und dergleichen Späßchen. Dies alles bei Gelegenheit der venetianischen Nächte, woraus ich große Lust habe zu schließen, daß dieselben sehr gut sein müssen. Ich kann gar nichts thun und sage blos wie Walt in Jean Pauls himmlischen Flegeljahren — ich dichte fort! Ja ich dichte fort mit der ewigen Flamme der Liebe für diese göttliche Kunst, die mir so unaussprechlich viel Freude und Entzücken gewährt, daß ich gewiß nicht Lob und Ehre von der Welt verlange, um ihr treues Kind zu bleiben. Und wenn Sie nur mein Freund bleiben, so denke ich doch mit dieser Welt fertig zu werden — ja im Nothfall selbst ohne Sie. Doch das fürchte ich nicht. Sie sehen nun daraus, wie schwer ich den Muth verliere und mich einschüchtern lasse. Ade, alles Gute und Schöne zum neuen Jahr!"

Ich blieb dieser liebenswürdigen Seele immer hold und gab ihr davon durch meine öffentlichen Empfehlungen ihrer Gedichte und ihrer Reisebücher den Beweis. Nur an ihren Romanen fand ich manches auszusetzen, und auch ihre orientalische Reisebeschreibung konnte mir nicht mehr so gefallen, wie die spanische und italienische. Die Dame wurde immer blasirter, und ich konnte mich nicht mehr darein finden, daß sie so geworden war. Unser Briefwechsel gerieth daher ins Stocken. Zwanzig Jahre vergingen, ohne daß ich ihr schrieb, oder einen Brief von ihr empfing. Unterdeß war sie von Babylon nach Jerusalem gepilgert. Die unstäte Flamme der Liebe hatte einen stäten und sichern Ort gefunden am Altare, wo sie nur noch für das Heilige glühte. Da erhielt ich wieder einen Brief von ihr aus Mainz vom 3. August 1856, der sie ganz charakterisirt: „Vor kurzem las ich, daß Sie geschrieben hätten, ungefähr — die Worte habe ich vergessen, durch den Mariencultus könnte der Orient leichter für das Christenthum gewonnen werden, als durch dies und das. Haben Sie das wohl geschrieben, geehrter Doctor? Und wenn Sie es geschrieben haben — ach bitte, warum sind Sie denn nicht katholisch? Es fällt mir nicht ein, daß Sie mir diese Frage beantworten sollen, aber dem lieben Gott doch. Der Mariencultus ist unzertrennlich von dem Glauben an die Menschwerdung Gottes. Aus dem Herzen der allerseligsten Jungfrau schöpfte der Sohn Gottes das Blut, welches er am Kreuze vergoß, für Ihre, für meine, für jede Seele. Daher ist die Verehrung der Mutter Gottes gar nicht zu trennen von der Anbetung des göttlichen Erlösers. Der Mariencultus, das geben Sie ja selbst zu, ist Seelen gewinnend, und dies und das ist es nicht. Ach, warum lassen Sie sich denn nicht gewinnen, geehrter Doctor? Solch' ein Widerspruch in einer so aufrichtigen Seele, wie die Ihre, thut gar weh. Vergeben Sie mir diese Zeilen. Sie sind selbst daran schuld, daß ich sie schreibe, denn sie sind nichts als ein Nachhall Ihrer eigenen Aeußerung. Seien Sie innigst Gott und der heiligen Mutter Gottes anbefohlen!"

Natürlicherweise kam ich auch mit den Dichtern, Geschichts-, Alterthums- und Sagenforschern im Elsaß und Suntgau, die noch an den deutschen Erinnerungen und Sympathien festhielten, in Berührung. Ich besitze noch einige Briefe von dem ehrwürdigen Dichter Ehrenfried **Stöber** in Straßburg. Sein ältester Sohn August schrieb mir im Jahr 1836, wie er bei seinen „Alsabildern" angefochten werde und wie man ihm in der Revue germanique zugemuthet habe, er solle als Franzose auch nur französisch schreiben. Im Jahr 1838 empfahl er mir seine „Erwinia" und fügte hinzu: „In Deutschland ist unsere Zeitschrift noch wenig bekannt und doch sollte es unsern alten Stammgenossen interessant und wohlthuend sein, zu sehen, wie der abgeschnittene schöne Landstrich zwischen dem Rhein und dem Wasgau trotz aller gemachten Versuche, ihn zu französisiren, noch für seine deutsche Nationalität kämpft. Und zwar gegen die ziemlich starke Partei der Franzosenthümler, die es uns als Tölpelei und Hochverrath auslegten, ein deutsches Blatt zu schreiben und für deutschen Sinn, Sprache und Literatur zu reden. Zu dem frißt uns der Fiskus für die Stempelgebühr jedes Abonnements 5 Franken 20 Centimen also über ein Drittel des Abonnementpreises."

Augusts Bruder Adolf, Pfarrer in Mühlhausen, drückte mir 1845 in einem Briefe seine warme Theilnahme in Betreff meiner

Kämpfe gegen die damals in Deutschland so mächtig überhand neh-
mende Gottlosigkeit aus. Vorzugsweise fühlten sich jene edlen deutschen Männer im Elsaß schmerzlich dadurch berührt, daß eine große
literarische Partei in Deutschland die Unzucht der französischen Mode-
literatur nun auch auf dem ganzen rechten Rheinufer einführen wollte.

Auch mit dem liebenswürdigen jungen Zetter, der unter dem
Namen Otte Schweizersagen herausgab, und der mich in Stuttgart
besuchte, correspondirte ich einigemal. Er war der Schwiegersohn
Grafs, der eine interessante Chronik seiner Vaterstadt Mühlhausen
im Suntgau herausgegeben hat. Eine gute Anzahl Briefe erhielt ich
auch von dem biedern Daniel Hirtz, Tischlermeister in Straßburg,
der viele deutsche Gedichte und eine hübsche Selbstbiographie geschrieben hat.

Ein anderer Elsässer Dichter, Lamey in Straßburg, schrieb zwar
deutsch, rühmte sich dabei aber immer seiner französischen Gefühle
und hielt das für natürlich. Wir correspondirten deshalb mit einander.

Französische Dichter sind mir nicht viele im Leben begegnet.
Der Einzige, der sich näher mit mir befreundete und kurze Zeit in
Stuttgart verweilte, war Marmier, damals noch ein Jüngling von
schönen und sanften Zügen, den man auf den ersten Blick liebgewinnen mußte. Er besuchte mich wiederholt in Stuttgart und schrieb
mir viele Briefe. Da er, um die deutsche Geisterwelt kennen zu
lernen, alle unsere Hauptstädte besuchte, kam er auch nach Berlin und
Leipzig. Von letzterm Orte schrieb er mir am 28. März 1833 unter
anderm: Savez vous que dans le Nord de l'Allemagne les écri-
vains que vous avez si cruellement maltraités dans votre jour-
nal, se font de vous un singulier portrait. Je suis sûr que quel-
ques-uns vous regardent au moins comme l'Ogre, comme un
géant cruel, qui se fait une joie de manger tous ces pauvres
pétits littérateurs allemands et quand je leur disais: Nein, der
Herr Menzell ist ein sehr gute und sehr liebenswurdiger Mensch,
man isst kein menschlich fleisch bei ihm und trinkt sehr gut
wein — on m'écoutait d'un air tout étonné.

Im Jahr 1837 war der geniale Edgar Quinet bei mir, der sich über deutsche Literatur auch gut unterrichtet hatte. Da ich Einiges zur Empfehlung und Verbreitung der Bulwer'schen Romane in Deutschland beigetragen hatte, dankte mir Bulwer in einem sehr verbindlichen Schreiben. Auch der romantische Däne, der bekannte Dichter Anderfen, besuchte mich in Stuttgart.

II. Verkehr mit Künstlern.

Der berühmteste Künstler in Stuttgart war damals der alte Bildhauer Dannecker, den ich fast täglich sprach, weil mein gewöhnlicher Spaziergang mich bei seinem Hause auf dem Schloßplatz vorbeiführte. Vor demselben wuchs ein Mandelbaum, mit dessen Früchten er meine Kinder zu beschenken pflegte. Er war immer sehr heitern Humors, zuweilen aber auch recht cynisch. Sein Amor, seine Ariadne, seine Schillerbüste sind Meisterstücke. Sein Christus, den er selbst über alles rühmte, gefiel mir weniger, kam mir zu geleckt, zu unheilig vor. — Der berühmte Maler Eberhard Wächter war damals schon eine Ruine. Auch seine Manier gehörte der Vergangenheit an. Hätte er immer biblische Gegenstände wie den Hiob gemalt, würde er vielleicht Größeres geleistet haben. Seine zahlreichen Darstellungen aus der römischen und griechischen Geschichte, wie viel deutsche Seele er auch hineinlegte, sagten dem größeren Publikum doch nicht mehr zu. Als ich ihm einmal Grüße aus Italien brachte und ihm warm erzählte, wie ich dieses schöne Land gefunden hatte, weinte er und sagte, er hätte besser gethan, Italien nie wieder zu verlassen.

Einer meiner ersten Bekannten in Stuttgart war Conrad Kocher, erster Gründer der schwäbischen Gesangvereine. Von

niederer Geburt und zum Schulmeister bestimmt, verrieth er so viel
musikalisches Talent, daß ihm der alte Cotta Geld gab, um sich auf
Reisen auszubilden. Cotta war in seiner Freigebigkeit für noble
Zwecke unermüdlich und unerschöpflich. Den Gedanken, den protestantischen Kirchengesang zu verbessern und damit überhaupt die
Wiederbelebung, Verschönerung und Veredlung des Volksgesanges
in Deutschland zu verbinden, faßte Kocher selbständig, ohne Zusammenhang mit den Bemühungen Nägelis in Zürich. Ich weiß
mich noch sehr wohl zu erinnern, welches Aufsehen es erregte, als
sich der vierstimmige Gesang von Dorf zu Dorf in Schwaben je mehr
und mehr ausbreitete. Fremde hörten mit Staunen, wenn sie in
einem ländlichen Wirthshaus übernachteten, dem abendlichen Gesange
der Dorfjugend zu. Kocher würde zu größerm Ansehen gelangt sein,
wenn er seine Zunge und seinen Tadel Anderer mehr hätte bemeistern
können. Er blieb als Organist an der Stiftskirche in Stuttgart in beschränkten Verhältnissen und mußte noch im Alter Klavierstunden geben.

Da es zwanzig Jahre später Mode wurde, Tonkünstlern und
Schauspielern die Doctorwürde zu verleihen, der alte Kocher aber
dabei übergangen wurde und doch auf diesen nichtigen Titel Werth
legte, traten einige Freunde zusammen. Ich schrieb seine Lebensgeschichte und schickte sie der philosophischen Facultät in Tübingen ein,
die ihm sofort das Doctordiplom ertheilte, womit wir ihn am Jubiläum
seines Organistendienstes überraschten. Die von mir verfaßte Lebens-
skizze wurde 1872 von Professor Palmer in Tübingen benutzt, um
mit einer von diesem verfaßten Charakteristik der musikalischen
Leistungen Kochers verbunden, zu dem im Schwäb. Merkur erschienenen Nekrolog Kochers verarbeitet zu werden.

Kocher hatte eine Tochter des Ulmer Stadtpfarrers Neufer geheirathet, der sich als Idyllendichter einen Namen gemacht hat. Dieser
ehrwürdige Greis, der noch meine jüngste Tochter taufte, gehörte
einem sehr veralteten Standpunkt des literarischen Geschmackes an,
ich möchte sagen einem vorgoethe'schen, denn er sah in Goethe einen
Eindringling.

Unter den Malern in Stuttgart sagte mir der zuweilen etwas
mürrische, aber biedere und einfache Dietrich, welcher Kirchenbilder
malte, am meisten zu. Sehr geschickt war der kleine Maler Fellner,
der von München nach seiner Vaterstadt Frankfurt a. M. zurückreisen wollte, unterwegs in Stuttgart sich ein paar Tage und noch
ein paar Tage, ein paar Wochen, ein paar Monate, endlich Jahre
aufhielt, aber immer nur unterwegs und auf dem Sprunge, seine
Reise nach Frankfurt fortzusetzen. So blieb er fünf und zwanzig
Jahre in Stuttgart, ohne Anstellung, mit Bildern und mehr noch
mit Zeichnungen beschäftigt. Er gehörte der Münchner historischen
Schule an, die ich wegen ihrer langen, immer gar zu ernsten und gar
zu sehr auf Bedeutung Anspruch machenden Figuren, mit ihren lo-
letten Apostelbärten, mit dem loyalen Augenaufschlag ihrer Pferde-
köpfe ꝛc. nicht recht leiden mochte. Aber Fellner besaß ausgezeichnete
Kenntnisse in Waffen und Costümen des Mittelalters. Wir wirkten
mehrere Jahre zusammen im württembergischen Alterthumsvereine.
Er war aber sehr hitzig und überwarf sich bald mit Professor Mauch,
dem Architekten, der sehr stolz war und kaum eine andere Meinung
gelten ließ als die seine. Fellner hatte viele Eigenheiten, behielt
immer dieselbe Wohnung bei und verließ sie oft in Monaten nicht.
Dann konnte man ihn wieder allabendlich fünf Stunden lang auf
einem Fleck in dem nämlichen Bierhause sitzen sehen, Monatelang,
bis ihm etwas in die Quere kam und er in ein anderes zog. Freundliche Mahnungen, er schade bei dieser Lebensweise seiner Gesundheit, halfen nichts. Er sah vor Blutdrang immer glühend roth aus,
was ihn bei einer intelligenten Gesichtsbildung und langen blonden
Haaren dem, der ihn nur einmal gesehen, unvergeßlich machte. Er
starb noch in den besten Mannesjahren und ließ sich auf dem malerischen Kirchhof in Wangen, von wo man das Neckarthal überschaut,
begraben.

Die Brüder Boisserée hatten noch ihre berühmte altdeutsche
Gemäldesammlung in Stuttgart, die ich daher oft besuchte, ehe sie
nach München kam. Von Nürnberg aus besuchte uns fast jedes

Jahr der alte Heideloff, damals berühmter Vorkämpfer für die Gothik. Es war ein sehr freundlicher und höflicher Mann mit scharf geschnittenen Zügen. In seinen spätern Jahren wurde er ziemlich taub, und ich kam einmal, als ich ihn in Nürnberg besuchte, in nicht geringe Verlegenheit, als er an der table d'hôte unter vierzig Gästen nach seiner Gewohnheit mit überlauter Stimme mich um Neuigkeiten aus Stuttgart frug und allerlei aus der Chronique scandaleuse wissen wollte, was ich ihm hätte sollen ins Ohr schreien. Aber er schwärmte für seine Kunst und war unermüdlich in seinem Eifer. Ohne ihn wäre in Nürnberg wohl viel Altes zu Grunde gegangen, was jetzt noch eine Zierde der Stadt ist.

Auch Ernst Förster von München kam häufig nach Stuttgart, wo später seine Tochter Laura den Kaufmann Callenberg heirathete. Die zwei ersten Kinder dieser Ehe kamen allwöchentlich in mein Haus und brachten oft den halben Abend in meiner Studirstube zu. Sie nannten mich nur Großvater. Emma war sehr lebhaft, Friedrich still, aber aufmerksam. Er war nach seinem Urgroßvater Friedrich Richter (Jean Paul) genannt, an den ich oft mit Rührung dachte, wenn ich den stillen Knaben in meinen Armen hielt.

Einer meiner besten Freunde in Stuttgart wurde Procurator Abel, der eine reiche Sammlung von altdeutschen und altniederländischen Bildern und eine andere von alten Waffen besaß. Wegen seiner Sammlung kamen noch viele Kunstfreunde nach Stuttgart, nachdem die Sammlung der Boisserées schon fort war. Wenn namhafte Kunstfreunde kamen, bereiteten ihnen die Stuttgarter Künstler und Kunstfreunde gewöhnlich einen freundlichen Empfang. Einer der interessantesten war Passavant aus Frankfurt a. M., dessen Werke über Raphael, über die Gemäldesammlungen in England ꝛc. allbekannt sind. Wir machten eine sehr heitere Partie zusammen nach Mühlhausen am Neckar, um ihm die schöne alte Capelle daselbst mit ihren Bildern zu zeigen. Auch mein Vetter Gustav Waagen, Galeriedirektor in Berlin, kehrte mehrmals auf seinen Kunstreisen bei uns ein. Desgleichen Schnaase, Kugler, v. Quast.

Im Februar 1835 unternahm ich eine Reise nach Italien, von der ich Ende Mai zurückkehrte. Ich wollte nur das schöne Land und seine Kunstwerke mit eigenen Augen sehen, hatte aber nebenbei den Zweck, den berühmten Bildhauer Thorwaldsen, der dem Schiller-verein in Stuttgart die Schillerstatue zu modelliren versprochen hatte, zur Erfüllung dieses Versprechens zu drängen. Das war sehr nöthig, denn er hatte viel Anderes zu thun und pflegte sich nicht zu übereilen. Ich wohnte in Rom in seiner Nähe und besuchte ihn öfters. Der alte berühmte Landschaftsmaler Karl Reinhard, der ihm befreundet war, hatte selber einmal in seiner Jugend Schillers Bild nach dem Leben in Miniatur gemalt und Thorwaldsen wünschte sehr, es für seine Skizze benutzen zu können. Reinhard konnte das Bild nicht finden, ich ruhte aber nicht, bis er sich daran machte, es mit meiner Hülfe aus einer Rumpelkammer unter einem Berge von Büchern, Zeichnungen, Briefen, Kleidern, Waffen, alten Tabakspfeifen ꝛc. hervorzusuchen. Wir fanden es noch wohlerhalten. Es gefiel Thor-waldsen und nach ihm hat er die Büste entworfen. Die Arbeit Thor-waldsens und der Fund des kleinen Bildes von Reinhard machte unter den Künstlern in Rom nicht wenig Aufsehen. Bald nach meiner Abreise von Rom entdeckte man daselbst noch ein zweites kleines Aquarellbild Schillers, und der Besitzer hatte die Güte, es mir als Geschenk nachzusenden. Genaue Gewißheit über seinen Ursprung konnte ich nicht erhalten, doch waren die Künstler in Rom in der Mehrheit der Ansicht, es stamme aus dem Nachlaß des Malers Tisch-bein, der in Neapel gestorben ist. Es wurde später gestochen und dem Leipziger Schilleralbum als Titelkupfer beigegeben.

Thorwaldsen war bekanntlich ein Norweger und sprach das Deutsche nicht ganz ohne Fehler. Ich hatte vom Schillerverein in Stuttgart den Auftrag, womöglich ein Autograph von ihm mitzu-bringen. Das war aber schwierig zu machen, denn Thorwaldsen rührte die Feder nicht gern an. Ich speiste, so lange ich in Rom war, alle Donnerstag in seiner Gesellschaft bei dem gastfreien würt-tembergischen Consul v. Kolb. Bei einem solchen Anlaß bat ich ihn einmal, mir doch ein paar Zeilen von seiner Hand zu geben. Er lehnte es aber mit einer widerwilligen Miene ab, indem er sagte, er könne keine Sentenzen oder Verse für Stammbücher schreiben, er verstehe wohl mit dem Meißel, aber nicht mit der Feder umzugehen. „Jeder leiste was er kann!" fügte er nach einer kurzen Pause hinzu. Da lief ich gleich nach Papier, Dinte und Feder und forderte Thorwaldsen auf, sogleich die fünf letzten Worte, die er gesprochen hatte, niederzuschreiben. Alle am Tische lachten, er lachte selber mit und — schrieb. Dieses Blatt von seiner Hand ruht nun im Grundstein der Schillerstatue auf dem alten Schloßplatz in Stuttgart.

Ich sah in Rom öfters dem genialen Thorwaldsen bei seiner Arbeit zu. Er kleidete sich dabei wie ein gemeiner Maurergeselle, ja er genirte sich nicht, in seinem mit Lehm beschmierten Arbeitskittel über die Straße zu gehen. Einmal war ich bei ihm, als er mit seinem breiten Daumen in einen nassen Lehmklumpen griff, ein paar Lehmklöße auf die aufrecht vor ihm stehende Schiefertafel warf und mit wunderbarer Schnelligkeit aus ihnen ein paar niedliche Amoretten formte. Ein andermal zeigte er mir eine Schatulle voller Orden, die er nach und nach von hohen Herrschaften bekommen hatte. Vor allen andern lag der Bajocorden, ein Bajoc d. h. eine $1\frac{1}{2}$ Kreuzer werthe römische Kupfermünze am rothen Bande, ein mehr spaßhaft als ernsthaft gemeinter Orden der römischen Künstlergesellschaft. Hätte ich diesen Orden von Kupfer nicht, sagte Thorwaldsen, so hätte ich auch keine von Gold und Brillanten bekommen. Thorwaldsen war bei allen jungen Künstlern in Rom in hohem Grade beliebt, denn er sah nicht hochmüthig wie Cornelius auf sie herunter, sondern setzte sich kameradschaftlich zu ihnen im Weinhause und stand ihnen überall mit Rath und That bei. Ein Saal seiner geräumigen Wohnung enthielt ausschließlich neue Bilder junger Künstler in Rom, die er ihnen abgelauft hatte und den vornehmen und reichen Herrschaften, die seine eigenen Werke in seinem Atelier bewundern wollten, immer zu zeigen und zu empfehlen pflegte, wodurch er vielen armen Künstlern zu Käufern und Gönnern verhalf.

Der schon genannte Landschaftsmaler Re in h ar d war damals
schon 75 Jahre alt, konnte aber, wie man mir sagte, noch eine
Schwalbe aus der Luft herunterschießen und war bei den vielen Ausflügen, welche wir zusammen und meist in Gesellschaft von noch
einigen wenigen andern Künstlern in der Umgegend Roms machten,
immer der erste aus dem Bett und der letzte ins Bett. Ein liebenswürdiger Alter voll Munterkeit und echt deutscher Derbheit. Ein
Liebling König Ludwigs I. von Bayern hatte er doch gar nichts Hof-
mäßiges an sich und ärgerte sich sehr, einen Frack anziehen zu müssen,
als er mit mir am Osterfest bei Cornelius zu Tisch geladen war.
Reinhard gewann mich sehr lieb, so daß er mir auch nach meiner Abreise noch mehrmals nach Stuttgart geschrieben hat. Diese Briefe
waren zuweilen mit Handzeichnungen verziert.

Ein anderer berühmter Landschaftsmaler, der alte Koch, suchte
mich mehrmals auf, um Nachrichten über Stuttgart zu erhalten, von
wo er in seiner Jugend als Karlsschüler desertirt war. Undankbar
hatte er, wie man erzählte, auf der Flucht seinen Zopf abgeschnitten
und spöttisch dem Herzog zurückgeschickt, der ihn doch wohlwollend in
seine Anstalt aufgenommen hatte. Der arme alte Koch hatte damals
noch eine Frau, die ihm nicht erlaubte, länger als bis um 9 Uhr
Abends in den Künstlergesellschaften zu verweilen.

Mit Reinhard besah ich auch in der Stadt Rom selbst die meisten
Kirchen und Kunstsammlungen. Die Mischung des Antiken mit den
neueren Werken der Renaissance mißfiel mir außerordentlich. Dem
Eindruck, den die Antike auf uns machen soll, schadet nichts so sehr,
als wenn man dicht daneben die Arbeiten der Renaissancezeit sehen
muß. Am meisten widerte mich der christliche Anstrich, die christliche
Affectation in den Werken dieser Renaissance an, die doch ursprünglich keine andern Motive kennt, als heidnische und weltliche. Es war
mir unmöglich, in den im Renaissancestyl gebauten Kirchen, selbst
nicht in der großen Peterskirche, andächtig gestimmt zu werden. Es
ist eben Palaststyl und kein Kirchenstyl. Man bewundert Größe und
Pracht, aber man empfindet nirgends die Nähe des Heiligen. Auch

aus der Sculptur und Malerei ist überall das Heilige verschwunden, um wieder den antiken Motiven des imponirend Athletischen oder verführerisch Koketten Platz zu machen. Man sieht zornige und schmachtende Gesichter, wildbewegte Gestalten, ein Durcheinander von ausgestreckten Armen und Beinen, nichts mehr, was einfach, ruhig und heilig aussähe. Die heidnische Götterwelt dringt nicht blos in Parnys ruchlosem Gedicht erobernd in den christlichen Himmel ein, sondern auch ins wirkliche weite Gebiet der christlichen Kirche seit der Renaissance. Sannazar, der berühmte Dichter der gebärenden Gottesmutter, ist in der Kirche Maria del Parto in Neapel begraben. Mitten in der Kirche steht sein Denkmal, geziert mit Sculpturen, welche den Apollo und die Minerva in großen Statuen, den Neptun, Nymphen, Satyrn und Faunen in Basrelief darstellen. Und das ist noch ehrlich. Hier wird das Heidnische noch als heidnisch bezeichnet, es nimmt noch nicht schadenfroh die christliche Maske vor. Viel unheiliger sind die riesenhaften nackten Statuen, die in der Peterskirche selbst Religion und Glauben oder christliche Liebe vorstellen sollen, in Wirklichkeit aber nur dem Venuscultus zugehören.

Der tiefe, eigentlich teuflische Hohn, mit welchem die italienischen Künstler der Renaissancezeit im Kirchenbau und in der Kirchenmalerei selbst das Christenthum verspottet haben, wird meist übersehen. Ich habe es nicht übersehen, sondern mich öfters daran entsetzt und will hier nur einige meiner Beobachtungen mittheilen.

Man hört in Rom und liest in allen Kunstgeschichten, Michel Angelo habe eine genaue Nachahmung des alten heidnischen Pantheon in Rom in völlig gleicher Größe als Kuppel auf die Peterskirche gesetzt, einzig in der Absicht, um damit seine Meisterschaft in der Baukunst und Macht und Reichthum der Kirche, deren Mittel es ihm erlaubten, an den Tag zu legen. Allein diesen guten Glauben ließ man nur dem Pöbel. Die wahre Absicht war eine ganz andere. Michel Angelo war eines der vorzüglichsten Werkzeuge derjenigen römischen Päpste, die nicht sowohl Statthalter Christi, als Verfechter des Familieninteresses solcher italienischer Geschlechter waren, welche meist im Solde der französischen Politik sich auf Kosten der deutschen Reichshoheit erbliche Souveränetäten gründen wollten. Unter Papst Julius II. wurde die antike Statue des Laokoon gefunden und deßhalb ein ungeheures Volksfest in Rom gefeiert, großartiger als je ein christliches Fest gefeiert worden war, und zwar in Gegenwart und mit dem vollen Beifall des Papstes. Die Scene hatte, wie schon Gaume richtig bemerkt hat, völlig den Charakter eines Triumphs des wieder erstandenen Heidenthums über das Christenthum. Was Wunder, daß Michel Angelo unter demselben Papste der christlichen Baukunst, Kultur und Malerei einen entschieden antiken Charakter verlieh, aus den Propheten, Aposteln und Heiligen heidnische Athleten, aus den heiligen Frauen und Jungfrauen antike Göttinnen, Heroinnen und Grazien machte. Auf Julius II. folgte Leo X., der heidnischeste unter allen Päpsten, der Medizeer, dessen emporstrebende Familie es hauptsächlich gewesen ist, von der die Politik der mittelitalienischen Fürsten ausging, sich des h. Stuhles zu bemeistern und mittelst des päpstlichen Ansehens durch kluge Benutzung der Eifersucht zwischen dem Kaiser, Frankreich und Spanien ihren Familien eine große Territorialherrschaft zu sichern. Leo X. brachte die Renaissance vollends zur Blüthe und schändete die christliche Kirche durch seine weltliche Habgier und Sittenlosigkeit dergestalt, daß die Reformation unvermeidlich wurde. Papst Paul III., unter welchem Michel Angelo den Ausbau der großen Peterskirche übernahm, war ganz ebenso weltlich und heidnisch gesinnt, wovon noch die berüchtigte Kolossalstatue der sog. Religion an seinem Grabdenkmal in der Peterskirche Zeugniß giebt. Nach Plattner und Bunsen, Beschreibung von Rom II. 190 soll sie die Gerechtigkeit, nach der viel älteren Meinung vergl. Keyßler, Reise I. 561) die Religion bedeuten. Als ich selbst diese Statue in Rom sah, nannte man sie an Ort und Stelle ebenfalls die Religion, obgleich sie eine Flamme und Fasces zu Attributen hat. Gleichviel, eigentlich bedeutet sie nur die Venus, denn sie ist nackt und von so üppigen Formen, daß sie, wie Jedermann in Rom erzählt, einmal des Nachts von einem brünstigen Italiener geschändet worden ist.

Seitdem hat man sie mit einer Draperie von Erz umkleidet. Nach Plattner soll sie das Portrait einer Schwägerin Pauls III. Namens Julia, nach Keyßler das Portrait seiner eigenen Tochter, Clelia, sein, die er als Cardinal erzeugt hatte. Er gehörte der Familie Farnese an, die mit Ostentation sein Grabmal mit der buhlerischen Statue schmücken ließ und damit den Beweis lieferte, wie tief die heidnische Gesinnung schon in jenen Familien wurzelte und wie sie schon alle Scham abgelegt hatten. Um nun auf die Peterskuppel zurückzukommen, so wird man nach solchen Vorgängen wohl nicht mehr zweifeln, daß Michel Angelo mit voller Zustimmung seines heidnischen Papstes, indem er das heidnische Pantheon auf die in Kreuzform gebaute christliche Hauptkirche wie einen Reiter aufs Roß oder wie den Sieger über den Besiegten setzte, damit den großen Grundgedanken der Renaissance ausdrücken wollte: Das wieder auferstandene Heidenthum soll über das Christenthum Herr werden!

Jedermann weiß, wie viele katholische Kirchen, namentlich in Italien durch kokette Bilder buhlerisch schmachtender Madonnen, Magdalenen, Engel und Heiliger entweiht sind, wie manche Bilder grade dadurch ihre Berühmtheit erlangt haben, z. B. das der h. Bibiena. Am deutlichsten ist der heidnische Gedanke in diesen Kirchenbildern in einem der berühmtesten Bilder der h. Therese ausgesprochen, auf welchem sie in wollüstigem Entzücken daliegt und ein schalkhafter Engel, der vollkommen dem Amor gleichgebildet ist, mit einem Pfeile nach ihrem Herzen zielt.

Am geistreichsten zugleich und ruchlosesten ist jener heidnische Grundgedanke der Renaissance in dem weltberühmten Bilde des Ribera ausgedrückt, auf welchem er den h. Bartolomäus dargestellt hat, wie derselbe vom Henker schon halb geschunden ist. Man rühmt es als Muster anatomischer Genauigkeit. Was für ein Witz aber in diesem Bilde liegt, haben die gelehrten Kunstkenner, obgleich sie schon so viele Bücher vollgeschrieben haben, doch noch nicht bemerkt. Auf jenem Bilde nämlich liegt zu Füßen des geschundenen Apostels eine zerbrochene Statue des Apollo. Der Maler nahm an, der Apostel

habe diesen Götzen gestürzt und sei zur Strafe dafür geschunden worden. Er legt aber in das Marmorbild des heidnischen Sonnen- und
Dichtergottes den rührendsten Reiz geistiger und leiblicher Schönheit.
Wer auf Riberas Bilde den Apostel in seiner scheußlichen Häßlichkeit
ansieht und dann das schöne Marmorbild, kann den Gedanken nicht
mißverstehen.

Heute noch ist der Vatikan, die Residenz des Papstes unmittelbar neben der Peterskirche, mit heidnischen Statuen ausgefüllt, zu
denen mehr gewallfahrtet wird, als zum Grabe des Apostels. Wenn
diese allerdings schönen, zum großen Theil aber verführerischen, unsittlichen Bilder etwa in einem traumhaft wieder hergestellten Korinth
aufgestellt wären, so würden sie dahin gehören, nicht aber in die
Hauptstadt der katholischen Christenheit und ins Haus des Statthalters Christi. Gesetzt die Muhamedaner buhlten in solcher Weise
mit dem heidnischen Götzenthum der Vorzeit und der Vatikan stünde
neben der Kaaba und aus dem ganzen Orient strömten die Pilger
nicht zum Grabe des Propheten, sondern zum Belvederischen Apollo,
zum Jupiter, zur Juno, zur Venus, zum Laokoon oder gar zum Pan,
zur Paneska, zum Schwan der Leda, zum vergötterten Zwitter, zum
Gotte von Lampsakus ꝛc., würden wir nicht mit vollem Recht über
die grenzenlose Entweihung des Islam unser Erstaunen ausdrücken?
Dieselbe Entweihung des Christenthums in Rom aber findet man
ganz natürlich und niemand staunt darüber.

Indem ich Italien verlasse, will ich nur noch berichten, daß
Thorwaldsen in Rom das Modell zur Schillerstatue unter seinen
Augen durch einen geschickten jungen Berliner vollenden ließ. Es
kam dann nach München, wo es von Stiglmayer in Erz gegossen
wurde, und im Frühjahr 1839 nach Stuttgart, wo wir unter lebhafter Theilnahme der Bevölkerung die Enthüllung desselben feierten.
Bald darauf kam Thorwaldsen selbst auf seiner letzten Reise von Rom
nach Dänemark durch Stuttgart, lobte den Guß und die Aufstellung
der Statue außerordentlich und sagte sogar, noch keine seiner Statuen
habe einen so günstigen Platz erhalten. Man verhehlte ihm nicht,

daß seine Statue keineswegs allgemeinen Beifall gefunden hatte und daß man besonders die zu gebückte Haltung tadele. Allein er gab die verständige Antwort: „Ich denke, diese Statue von Erz wird wohl 3, wohl 500 Jahre stehen und dann werden die Leute nicht mehr tadeln, warum ich dem Dichter keine übermüthige und herausfordernde Haltung gegeben habe. Ich glaubte den mitten in einer frivolen Zeit gleichwohl ernst und tragisch gebliebenen Dichter dankbar auffassen zu müssen."

Im Uebrigen trug die imposante und volksthümliche Enthüllungsfeier des Schillerdenkmals in Stuttgart nicht wenig dazu bei, ganz Deutschland in die Denkmalswuth zu versetzen, an der es jetzt leidet. In allen Städten wurden demselben Schiller Denkmäler gesetzt und bald gab es auch unter den wenig bedeutenden Poeten und Gelehrten der Zopfzeit keinen mehr, dem man nicht ein Denkmal gesetzt hätte oder wenigstens zu setzen vorschlug. Ja man konnte kaum erwarten, bis von den berühmten Männern der Gegenwart wieder einer starb, um, bevor er noch erkaltet war, schon Beiträge für sein Denkmal zu sammeln.

Ich gehe zur edlen Schauspielkunst über, welche mich schon in frühester Jugend in meiner Vaterstadt interessirt und deren meisterhafte Leistungen ich in Breslau kennen zu lernen das Glück hatte, in der kurzen Periode, in der die ersten Schauspieler Deutschlands, die sich später nach Wien und Berlin vertheilten, dort noch vereinigt waren. Ich habe ihrer schon gedacht.

Als ich nach Stuttgart kam, wollte das Glück, daß ich auch hier ein vortreffliches Schauspiel und eine ebenso ausgezeichnete Oper fand. Im Schauspiel machte Maurer recht brav die Helden und kam später der höchst talentvolle Seydelmann im Rollenfach des Louis Devrient diesem sehr nahe, erreichte ihn nicht im genial Phantastischen, übertraf ihn aber im Natürlichen. Er war aus Glatz gebürtig, also mein specieller Landsmann. Wir wurden bald befreundet und blieben es bis zu seiner Uebersiedelung nach Berlin. Er hegte das größte

Vertrauen zu mir, frug mich um Rath in Bezug auf sein Spiel, nahm ohne Eitelkeit auch Tadel hin und besserte das nächstemal. Ich mußte ihm die Rollen aufzeichnen, in denen er mir am besten gefallen hatte, und diese wählte er regelmäßig für seine jährlichen Kunstreisen aus, um sie auf andern Theatern zu spielen. Unermüdet, sich in seiner Kunst zu vervollkommnen und insofern von einem edlen Feuer glühend, wurde er leicht hypochondrisch, wenn der Neid böse Intriguen gegen ihn spielte, und dann kam er immer zu mir, klagte mir seine Noth und ließ sich von mir wieder aufrichten. Den schändlichsten Undank an ihm beging der Literaturjude August Lewald, der mit seiner Frau ganz abgerissen nach Stuttgart gekommen und einen ganzen Winter lang in Seydelmanns Hause gastlich aufgenommen und unterstützt worden war, ihn hinterdrein aber in einer Flugschrift aufs hämischeste anfeindete und verhöhnte, um einer ehrlosen Maitressenpartei zu die-nen, die den edlen Seydelmann vom Stuttgarter Hoftheater weg-drängen wollte und durch deren Gunst Lewald emporzukommen hoffte. Wenn Seydelmann verreist war, unterhielt er mit mir einen Brief-wechsel, und wenn er in Stuttgart selbst nicht Zeit hatte zu mir zu kommen, schrieb er mir ebenfalls, so daß noch ein ganzer Stoß Briefe von ihm vor mir liegt.

Das Stuttgarter Theater genoß einen sehr guten Ruf und sah häufig die ausgezeichnetsten Gäste. So gab im Jahr 1830 der be-rühmte Eßlair Gastrollen bei uns, damals immer noch ein großer und schöner Mann in voller Elasticität des Geistes und Körpers. Am meisten riß er mich hin durch sein wundervolles Spiel als König Lear. Wurm, obgleich ziemlich berühmt, sagte mir doch weniger zu, am wenigsten die alte Schröder, der ein ungeheurer Ruf vorausging. Als sie in einer heroischen Rolle mit rasender Geberde schrie, sie wolle einen Drachen umarmen, sagte ich zu dem neben mir sitzenden Tieck: Mir wäre nur um den Drachen bange. Eine widrigere Schreierin war mir niemals vorgekommen, und Tieck versicherte mich, sie habe schon vor dreißig Jahren ganz ebenso geheult, und doch habe das Publikum sie bewundert und grade durch sie sei erst die vorher

unbekannte Theaterheulerei aufgekommen, indem auch jüngere Schauspielerinnen in diesem hohlen Pathos ihr nachgeeifert hätten.

Die Stuttgarter Oper war aufs trefflichste geleitet von Lindpaintner. Das Orchester war tadellos, auch Sänger und Sängerinnen von vorzüglicher Güte. Häser, obgleich schon alt, ersetzte doch
durch sein Spiel, was ihm an Stimme zu fehlen anfing. Hambuch
besaß eine Tenorstimme wie Nachtigall und Glockenklang, so voll und
süß, wie ich sie nie wieder gehört habe, denn der damals weit berühm-
tere Wild, den ich in Wien hörte, hatte einen viel breiteren und bret-
ternen Ton, und bei andern ging der Ton mehr ins Schneidende
oder Spitze. Dieser liebenswürdige Sänger starb frühe an Gemüths-
krankheit, weil die jungen Offiziere im Parterre, ohne es böse zu
meinen, ihn wegen seiner kurzen und dicken Figur etwas zu bespötteln
pflegten. Unter den Sängerinnen glänzten eine Fischer, Haus,
v. Knoll und Canci. Auch fremde Gäste ließen sich hören, so im Jahr
1826 die große Catalani, deren Brust sich zu der einer Malibran
verhielt, wie die Brust einer Löwin zu der einer Nachtigall. Eine so
gewaltige Menschenstimme habe ich nie wieder vernommen. Sie über-
täubte das ganze volle Orchester, so daß man kein einziges der tobenden Instrumente, sondern nur ihren Ton allein hörte. Als sie zum
erstenmal den Ton anschwellen ließ, glaubte ich, die Decke müsse zu-
sammenbrechen. Im Jahre 1829 hörte ich Paganini, den bleichen
magern Italiener im schwarzen Frack, der mich auf das lebhafteste
an Zaneboni erinnerte, den er aber allerdings an Piquanterie noch
übertraf, denn Tod und Teufel schienen ihm abwechselnd den Fidel-
bogen zu führen. — Unter den fremden Damen, die auf dem Stuttgarter Theater gastirten, interessirten mich am meisten Madame Neumann, die liebliche Blondine von Karlsruhe, Fräulein Schechner, die
stolze Brünette von München, die nachher mein Vetter Waagen heirathete, und Fräulein Agnes Schebest, die fromme Katholikin, die
den unglücklichen Gedanken hatte, den christusfeindlichen Dr. Strauß
zu heirathen, von dem sie bald geschieden wurde. Ich habe diese brave
Frau, die in Stuttgart blieb und allgemein geachtet wurde, gern ge-

habt, zuweilen besucht und ihr, wo ich konnte, einen Freundschafts-
dienst geleistet.

Eine Zeitlang besaß Stuttgart auch ein ganz ausgezeichnetes
Ballet. Der König nahm den Italiener Taglioni als Balletmeister
an, dessen Tochter damals noch jung war, aber schon so meisterhaft
tanzte, daß ihr von Stuttgart aus der glänzendste Ruf voranging
und sie wenige Jahre später die erste Tänzerin Europas wurde. Für
eine einzige Saison in Paris erhielt sie 200,000 Franken. Groß
und schlank tanzte sie mit antiker Ruhe und hielt sich von dem Fehler
des krampfhaften Zappelns und Telegraphirens mit Armen und Beinen
so weit frei, als es irgend der moderne Tanz erlaubte. Die leidige
Mode hatte damals das Ballet Jocko aufgebracht, in welchem der
Grotesktänzer Stiasni die Hauptrolle als Affe spielte. Sehr geschickt
und natürlich, denn er sprang nicht nur von Baum zu Baum über
das ganze Theater weg, sondern hatte auch die Naivetät, sich vor
Ihren Majestäten zu laufen. Mit solchen Scenen entweihte man die
Bühne. Weit feiner und anständiger behandelte nach Taglionis Ab-
gang der Balletmeister Horschelt aus München das Ballet, nämlich
ganz in der romantischen Art und mit dem harmlosen Humor, wie
Raimund das Lustspiel auf dem Leopoldstädter Theater. Er war in
Köln geboren und in Wien ausgebildet und gehörte zu den berühmtesten Männern seines Fachs, so daß er selbst in Italien Aufsehen
erregte und seine Aufführungen in Mailand großen Beifall ernteten.
Zugleich besaß er eine außerordentliche Gutmüthigkeit und einen un-
verwüstlichen Humor, so daß ich bald mit ihm befreundet wurde und
auch mit ihm die Reise nach Italien machte.

Unter den bessern Schauspielern des Stuttgarter Hoftheaters
in jener frühern Glanzperiode nahm Pezold eine ausgezeichnete Stelle
ein, indem er den schwäbischen Volkshumor unübertrefflich wiedergab,
in welcher schwäbischen Naturwüchsigkeit ihm das sog. Ritterle, nachherige Madame Schmid aufs anmuthigste zur Seite stand. Die
größten Hoffnungen erweckte ein Fräulein Peche, die mit großer Schönheit ein feines und feuriges Spiel vereinigte. Seydelmann, den ich

dabei unterstützte, alle bessern Schauspieler und das Publikum hätten
sie gar zu gern der Stuttgarter Bühne erhalten, aber das Fräulein
Stubenrauch hatte damals schon so viel Gewalt über den König erlangt, daß sie keine schöne Schauspielerin oder Sängerin neben sich
duldete. Intriganten verdrängten nun auch den edlen Seydelmann
und mit ihm noch einige ihm befreundete bessere Schauspieler.
Seydelmann nahm einen ehrenvollen Ruf nach Berlin an, schied von
mir mit schmerzlicher Rührung im Jahre 1838 und ist wenige Jahre
nachher gestorben.

Die Stubenrauch war eine schöne Person, groß und üppig,
junonisch, gebieterisch mit großen brennend schwarzen Augen, aber
sie sprach mit einem hohlen Pathos, wie die alte Schröder, nur viel
langsamer und bedächtiger. Von ihrem frühern Rufe will ich nicht
reden, obgleich ich ihn gut kannte. Genug, sie hat mir das Stuttgarter Hoftheater auf dreißig Jahre hinaus verleidet. Sobald ihr
allein und dem Herrn von Gall das Theaterregiment in Stuttgart
anvertraut wurde, gab ich mein Abonnement auf. Die Oper wurde
dem Juden Lewald unterstellt und auch der edle Lindpaintner wegge-
bissen. Dabei nahm man die Miene an, als sei die Stuttgarter Hof-
bühne immer noch eine der besten und der eitle und pedantische Grunert
ein großer Mime.

Ein sehr origineller Theaterdichter war Herr von Auffenberg,
Intendant des Karlsruher Theaters. Auf einer Reise in Spanien
hatten ihn Räuber überfallen und schwer verwundet. Doch war er
in ein Nonnenkloster gebracht und dort gepflegt und geheilt worden.
Er schrieb mir öfter und schickte mir seine Trauerspiele zu. Das längste
derselben war die vierbändige Alhambra. Darin kam ein einzelner
Monolog von mehr als hundert Druckseiten vor. Man sagte, er kleide
sich, wenn er dichte, in das Costüm der Person, die er gerade reden
lasse, und dehne dann die Reden etwas länger aus, um nicht so oft
das Costüm wechseln zu müssen. Es fehlte ihm gar nicht an poetischem
Feuer und am Schwunge Schillerischer Jamben, aber er machte alles
zu weitläufig. Auf einer Reise nach Baden aß ich unterwegs in

Karlsruhe bei meinem alten Heidelberger Freunde Mone, der die Direction des Archivs in der Hauptstadt erhalten hatte. Auffenberg erfuhr, daß ich da sei, und wartete mit einigen Freunden auf mich im Gasthof. Weil ich aber nicht kam, fingen die Herrn aus Langweile den Champagner, mit dem sie mich bewillkommnen wollten, allein zu trinken an, und als ich endlich eilig anlangte und nur noch drei Minuten Zeit hatte, um in den Postwagen zu steigen, umringten sie mich mit vollen Gläsern, und dem Moment unserer feierlichen Begrüßung folgte sogleich der des Abschieds, nachdem ich noch geschwind ein Glas auf das Wohl der Herrn geleert hatte.

Auffenberg war früher badischer Dragoneroffizier gewesen, und man erzählte von ihm, sein Oberst habe ihm einmal befohlen, einen lichten Punkt in der Ferne festzuhalten und seine Schwadron dahin zu führen. Auffenberg wählte sich nun eine schneeweiße Kuh aus und dirigirte die Schwadron dahin, weil aber die Kuhherde nicht stehen blieb, sondern vor den Reitern davonsprang, ritt er der weißen Kuh die Kreuz und Quere mit der ganzen Schwadron nach. — Auffenberg starb unvermählt und kinderlos und hinterließ sein Vermögen dem Kloster in Spanien, dessen Nonnen ihm einst das Leben gerettet hatten.

Auch mit dem spätern Karlsruher Theaterdirektor, dem berühmten Eduard Devrient, kam ich in eine freundschaftliche Berührung, obgleich ich nicht im Stande war, seinen Enthusiasmus zu theilen. Es ist wohl richtig, daß die tragische Muse, ja auch die des bürgerlichen Schauspiels edle Gesinnungen und Moral im Volke befördern können, aber es ist nicht wahrscheinlich, daß es geschehen wird in einer Zeit, in welcher die meisten Theater unter dem Einfluß von Maitressen oder von der französischen Mode und von Judenkoterien stehen. Ohne das edle Bestreben Devrients im geringsten mißkennen zu wollen, muß ich doch gestehen, daß mir die maurerische Würde oder gar der priesterliche Ernst an Schauspielern niemals hat zusagen wollen, so wenig als die Amtswürde, in der sie sich als königliche Hofschauspieler zu spreizen pflegen. Das ist oft nur der schlechte Ersatz für ein schlechtes Spiel. Den früheren Schauspielern stand ihre

geniale Lüderlichkeit weit besser an und sie spielten auch besser. Sodann fand ich, daß der Seelenadel, womit unsere tragischen Dichter
in ihren tausenderlei Nachahmungen Schillers in wohlgesetzten Jamben
prahlen, etwas Conventionelles ist, das Herz nicht ergreift und um
so mehr langweilt, je mehr Dichter und Schauspieler im deklama-
torischen Pathos in den sog. schönen Stellen wetteifern. Man wird
nicht erschüttert, man wird nicht gerührt. Was ursprünglich Blitz des
Genius war, schlagen jetzt Hunderte, ja Tausende handwerksmäßig
über den Leisten.

In Wien lernte ich Deinhardstein kennen, der als Günstling
Metternichs eine Rolle spielte und sehr eingenommen von sich selbst
war. Ohne irgend eine originelle poetische Begabung, ein Epigone
der mittelmäßigsten Gattung, schneiderte er Jambentragödien zu und
wählte zu den Helden derselben nicht wirkliche Helden, sondern Dichter
und Künstler. Diese eitle Selbstbespiegelung der Poeten beurkun-
dete so recht die damalige Entmannung der Poesie. Die Literatur
fing an von Künstlerdramen und Künstlernovellen zu wimmeln, und
diese schlechte Manier, die eigentlich von des eitlen Goethe eitlem
Tasso ausgegangen ist, genoß beim Publikum, dessen Geschmack schon
ganz verdorben war, wirklich einige Gunst. Deinhardstein schrieb für
die Bühne unter andern auch einen Hans Sachs, eine hochgeschraubte
und doch geistlose Lobhudelei des ehrlichen Nürnberger Poeten, und
sprach beständig davon, aber nicht von „Hans Sachs“ oder „meinem
Sachs“, sondern immer nur von „Sachs“, als ob alle Welt schon wissen
müsse, was unter „Sachs“ zu verstehen sei, etwa wie unter der Ilias.

Die meisten Epigonen der Tragödie warfen sich ins historische
Fach und überschwemmten theils die Bühne, theils, weil die meisten
Stücke gar nicht zur Aufführung kamen, den Büchermarkt mit hun-
derten von langweiligen und geistlosen Jambentragödien mit affec-
tirtem Schillerschen Pathos.

Ich sprach mich darüber schon in meiner 1832 erschienenen
Reise nach Oesterreich S. 271 f. aus, versprach damals schon der
vornehmen Jambentragödie der Hoftheater eine schlechte Zukunft und

erwartete die Erfrischung und Verjüngung des deutschen Schauspiels nur von unten, nicht mehr von oben her, nämlich aus der tiefen Wurzel des wirklichen und natürlichen Volkslebens, nicht mehr vom hinwelkenden Wipfel der vornehmen Tragödie. Ich konnte natürlich eine solche Verjüngung nur in der Art hoffen, wie ich es in jener Reiseschilderung bezeichnete. Ich empfahl nämlich S. 275 einen „Uebergang aus den f. g. bürgerlichen Schau- und Lustspielen in die Sittengemälde der porte de St. Martin, die bei vielfacher Unvoll-kommenheit oder dermaliger Uebertreibung doch der Anlage nach weit zeitgemäßer und einer freien Nation angemessener sind, als die bis-her üblichen Theaterstücke. Ich finde in jenen französischen Sitten- und Charaktergemälden aus der wirklichen Welt weit mehr poetische Anlage und einen weit tiefern Zusammenhang mit der Zeit und mit dem menschlichen Wesen überhaupt, als in den vornehmen Stücken der Gegenwart. Ich fügte hinzu, diese Manier für die Bühne zu dichten, sei zwar nur eine Genremalerei, allein es komme nur darauf an, das Genre zu veredeln, das sei auch in der Malerei einem abge-droschenen, conventionellen, affectirten f. g. höhern historischen Style vorzuziehen. Was ich damals wünschte, ist einigermaßen, doch nur sehr unvollkommen in Erfüllung gegangen. Im Verlauf der Jahr-zehnte sind eine Menge f. g. Volkstheater in Deutschland ent-standen und hat man auf denselben auch viele eigentliche Volksstücke oder Charakterbilder aus dem Volksleben aufführen sehen; allein sie waren theils bloße Nachahmungen französischer Stücke, theils spie-gelten sie zu sehr nur das Volksleben der größern Hauptstädte Wien und Berlin ab und ließen das Possenhafte und Gemeine vor dem Edlen und Gemüthreichen viel zu sehr vorwalten.

III. Wachsende Corruption der schönen Literatur und mein Kampf dagegen.

Noch waren nicht zwanzig Jahre seit den großen Kriegen verflossen, als von der frommen Begeisterung, von der sittlichen Erhebung,
vom patriotischen Stolze jener herrlichen Zeit der größten Opfer und
der größten Siege keine Rede mehr war und im Gegentheil der öffentliche Geist in Deutschland, wie er sich in der Presse kund gab, allem
ernst Religiösen, allem sittlich Reinen und allem ehrlich Vaterländischen den Krieg erklärte. Seitdem die Pentarchie auf den europäischen Congressen und die deutsche Oligarchie durch die Karlsbader
Beschlüsse den deutschen Patriotismus zum Criminalverbrechen gemacht und das christlich-deutsche Programm in Acht und Bann gethan
hatte, bewiesen die Gebildeten, die allein die Presse und Schule be-
herrschten, aufs neue, wie vor den großen Kriegen, daß ihnen der
sittliche Nero fehlte. Sie huldigten den äußern Machtgeboten,
unterwarfen sich dem Stärkern, drehten den Mantel nach dem Winde.
Weil man aber etwas Besseres gekannt und aufgegeben hatte, war
der Servilismus nicht mehr unbefangen und unschuldig, und viele
von denen, die sich ihm um des äußern Vortheils willen ergaben, um
unter hoher Gunst Carriere zu machen, Presse und Schule zu beherrschen und in Ruhm zu strahlen, schämten sich doch ihrer Feigheit
und wollten es mit der Opposition nicht verderben, sie gaben also
ihrem politischen Servilismus einen Zusatz von philosophischem Frei-
sinn, von muthvoller Bekämpfung der Hierarchie und von genialer
Emancipation des Geistes von den mit Spott und Verachtung behandelten religiösen und sittlichen Forderungen. Aber auch die meisten Männer der eigentlichen Opposition, denen die Metternich'sche
Wirthschaft und das Polizeisystem des Bundes tief verhaßt waren,
griffen nicht direct die herrschende Gewalt an, was zu gefährlich gewesen wäre, sondern thaten es indirect, indem sie zunächst die gött-

liche Autorität angriffen, um dadurch auch die Autorität der irdischen Fürsten zu untergraben. Erst sollte der Altar gestürzt werden und in seinem Falle den Thron mit niederreißen. Ebenso arbeitete man darauf hin, die sittlichen Bande zu lösen und dadurch anarchische Gelüste aufzureizen.

In Preußen, welches in den Befreiungskriegen das meiste Blut vergossen und den größten Ruhm errungen hatte, entsagte man der nationalen Aufgabe und ließ sich von Petersburg und Wien aus bevormunden. Preußen entsagte auch dem religiösen Aufschwung, es verfolgte die frommen Lutheraner in Schlesien, wie den katholischen Erzbischof am Rhein und ließ die Philosophie Hegels über alle Universitäten und Schulen ausbreiten, eine widerchristliche Philosophie, die den Menschen allein noch als Gott gelten ließ. Was Hegel noch verschleierte, sagte Strauß ganz offen, und laut ging durch die Welt der Ruf: Die Evangelien sind Mythen, das Christenthum ist ein Wahn, sein Standpunkt überwunden!

In Oesterreich, dem Sitz des deutschen Kaiserthums, welches die Tradition bewahrte, daß der Kaiser Schirmherr der Kirche sein solle, hätte man wohlgethan, das christlich deutsche Programm, welches Preußen aufgab, zu dem seinigen zu machen. Aber auch hier geschah das Gegentheil. Man ließ die Kirche nur äußerlich stehen, entleerte sie aber alles Geistes und pflegte den seichtesten Josephinismus. Dazu verkaufte man sich an die Juden. Aus Furcht vor dem deutschen Patriotismus aber setzte Metternich in Oesterreich das deutsche Element hintan und begünstigte nur Böhmen, Ungarn und Italiener. In den Dichtungen der Wiener wurden die Magyarenritter und Hirten der Pußta die Lieblingsfiguren, und die in Wien zahllos wie Lerchen aufschwirrenden Sänger des künftigen Völkerfrühlings gaben nur in vielstimmigem Echo die Seufzer der von Deutschen unterdrückten Völker in den Liedern von Leopardi und Midiewicz wieder.

Zugleich ließen sich die Juden Heine und Börne in Paris nieder, um von dort aus sicherem Versteck auf die Deutschen, auf die

Nation als solche überhaupt und auf die patriotische Begeisterung der Befreiungskriege insbesondere Spott und Hohn auszuschütten und schadenfroh nicht etwa blos über die damaligen Mißregierungen in Deutschland, sondern auch über die edelsten Männer zu spotten, die unter so bedauernswürdigem Druck noch eine treue deutsche Gesinnung bewahrten. Heine war am schamlosesten. Börne befleißigte sich mehr des Anstandes, aber er gab sich, sobald er sich in Paris sicher vor der deutschen Polizei wußte, der ganzen Verbissenheit eines Shylock hin. Da ich ihn früher von einer bessern Seite gekannt hatte, warf ich ihm vor, daß er, der immer für einen guten Deutschen gelten wollte, die Deutschen verhöhne und lächerlich mache und sich dafür vom französischen Publikum noch bezahlen lasse. Er antwortete in einer Flugschrift, die zugleich französisch und deutsch erschien und worin er mich einen Gallophague oder Franzosenfresser nannte, als hätte das, was ich ihm vorwarf, den Franzosen gegolten. Ich hatte im Gegentheil gesagt, wenn ein Franzose in Deutschland die Franzosen verhöhnen wollte, so würde das in ganz Frankreich als eine ehrlose Handlung angesehen werden. Ich hatte also der Ehrenhaftigkeit des französischen Charakters meine volle Achtung bezeugt, wie ich denn überhaupt als Geschichtschreiber die ritterlichen Eigenschaften und den praktischen Takt der Franzosen stets ohne alles Vorurtheil respektirt habe. Der Jude spekulirte aber auf die Dummheit des Publikums, und so gab es denn Leute genug, die wirklich meinten, ich hätte einmal das Maul aufgesperrt, um alle Franzosen zu fressen. Heine antwortete noch viel gemeiner, indem er mich in einer Flugschrift einen Denuncianten nannte, als hätte ich ihn etwa vor der deutschen Bundespolizei angeklagt, da ich doch nur der deutschen Nation zu Gemüthe geführt hatte wie sehr sie sich herabwürdige, indem sie dem Juden, der sie verhöhne, noch Huldigungen darbringe.

Heine hatte unter andern eine neue Parole ausgeworfen „Emancipation des Fleisches." Er durfte so frech sein, weil ihm der Unglaube auf den deutschen Universitäten vorgearbeitet hatte; die allgemein verbreitete Philosophie Hegels leugnete einen Gott außer uns, stellte fest, es gebe kein höheres Wesen als den Menschen, kein christliches Sittengesetz mehr, kein Gebot Gottes, sondern, indem er Gott selbst sei, sei er auch über den Gegensatz von gut und böse erhaben. Auch unsere classischen Dichter hatten schon im vorigen Jahrhundert angefangen, den Ehebruch zu entschuldigen. Wieland hatte die ganze Frivolität des französischen Hofes und Adels nach Deutschland verpflanzt, Goethe in seinen Wahlverwandtschaften einen förmlichen Codex des Ehebruchs geschrieben, und sogar die Romantiker hatten vergessen, daß Treue und Keuschheit von jeher die Seele unserer volksthümlichen Poesie gewesen waren.

Es fehlte mithin nicht an Autoritäten für die Gottlosigkeit und Sittenlosigkeit. Und es war ziemlich natürlich, daß der charakterlose Theil der jüngern Generation sich dadurch verführen ließ. Dazu kam die tödtliche Langeweile der Restaurationsperiode. Das Alltägliche war unerträglich, das Heilige und Hohe verboten und geächtet, warum hätte sich nicht mancher mit Lust dem Teufel ergeben sollen? Ehe die Geister sich schieden, herrschte ganz der nämliche Ekel an der Gegenwart bei der pflichtvergessenen, persönliche Freiheit um jeden Preis anstrebenden destructiven, wie bei der christlich deutschen Partei. Sonst wäre es nicht möglich gewesen, daß Görres Aufsätze für Börnes „Waage" geschrieben und daß sowohl Börne als Heine eine Zeitlang freundlich mit mir correspondirt hätten.

Heine schrieb mir am 16. Juli 1828: „Eine größere Beleidigung ist es, wenn man von einem bedeutenden Geiste nur ein Stückchen auffaßt. Dies ließ ich mir gegen Sie zu schulden kommen. Ich habe in der Recension der Menzel'schen Literatur nur Formelles besprochen. Von ihrem positiven Wesen, von der eigentlichen Innerlichkeit des Autors, z. B. von seiner Feindschaft gegen die Zeit war nicht die Rede. Diesen Theil der Recension werde ich nachliefern und Sie werden eine bessere Meinung von meinem Verständniß Ihrer Werke bekommen. In Berlin hat man meine Ansichten über Goethe am feinsten verstanden und Zeter geschrieen. Niederträchtig sind die Ausfälle auf Sie im Berliner Conversationsblatt. Sie sind von F. F.

Dieser F. ist ein jämmerlicher Patron und spielt den Vertheidiger Goethes. Es ist ein trister Anblick, wenn der Esel sich spanischen Pfeffer in den Steiß steckt, um in Extase zu gerathen, und desto besser den wüthenden Champion des Löwen machen zu können."

Ich konnte aber von der Freundschaft Heines nicht länger Gebrauch machen, da auch er gegen alles Christliche und Deutsche zu spotten anfing und die Emancipation des Fleisches predigte. Börne blieb mir noch treu, schrieb mir am 12. November 1835 aus Paris: „Ich theile ganz Ihren Abscheu vor den sittenlosen und glaubenschänderischen Schriften, glaube aber, wenn Gutzkow und Wienbarg den Deutschen Voltaires Excremente auftischen wollen, werden sie nicht viel Gäste bekommen." Börne schickte mir damals für das Literaturblatt eine feine Recension zu, in der er Bettinas eitles und verlogenes Buch über Goethe geißelte. Ich habe bedauert, daß ich später doch noch genöthigt wurde, mich auch gegen Börne zu erklären.

Ich weiß nicht mehr, wer den Namen des „jungen Deutschland" zuerst aufbrachte, gewiß aber ist, daß er ausschließlich von den Fleischesemancipatoren in Anspruch genommen wurde, von Gutzkow, Wienbarg, Laube, Theodor Mundt ꝛc. Karl Gutzkow, ein Berliner Student von kleiner Figur, schien anfangs aufs wärmste und bis zur Uebertreibung für mich zu schwärmen, von einem edlen Zorn gegen alles Schlechte und von Begeisterung für dieselben Ideale erfüllt zu sein, die ich festhielt. Das erste, was er drucken ließ, war ein unbedingtes Anklammern an mich, ein Schwören auf mich, gleichsam ein feierlicher Eid der Treue vor der ganzen Welt abgelegt. Als er aber nach Stuttgart gekommen war, sah ich mich durch seinen förmlichen Abfall zur unsittlichen Partei und namentlich durch seinen Roman Wally, worin er von Christo als von einem Judenjungen sprach, genöthigt, den Verkehr mit ihm abzubrechen und mich auch öffentlich von ihm loszusagen, behandelte ihn, wie er es verdiente, und entlud ein starkes Gewitter über dem Sumpf des ganzen sog. jungen Deutschland.

Bei der schrecklichen Menge von deutschen Literaten, die es damals schon gab, hatte mich kaum ein Insektenschwarm verlassen, als

mir schon wieder ein anderer zuflog. Jeder, dem ich zu einem Verleger helfen sollte oder der wenigstens eine günstige Anzeige seiner
Erstlingsschriften von mir erwartete, lobte und pries mich als den
Retter deutscher Sittlichkeit. Viele glaubten, ich müsse ihnen dafür
dankbar sein, und ich hatte einige Mühe, diese improvisirten Tugend-
helden, wie jenes frühere Lastervolk, auf die Seite zu werfen. Welche
Schwankungen vorkamen, wie die jungen Lichter sich vom Winde bald
rechts, bald links hinziehen ließen, mag ein Brief des armen Duller
darthun. Dieser junge Oesterreicher war der Metternich'schen Censur
entflohen, hatte sich für die Wittelsbacher begeistert, um etwa wie
Hormayr sein Glück in Bayern zu machen, was ihm nicht gelang, und
war dann an den Rhein gekommen und von den „Vorgerückten" beschmeichelt worden, um ihn zu verführen, wie sie später den armen
Freiligrath verführten. Ehe dies geschah, schrieb er mir am letzten
Tage des Jahres 1834: „Wie wohl und warm wurde mir durch Ihre
Erinnerung ums Herz. Nehmen Sie auch dafür meinen Dank, daß
Sie mir einst Halt! zuriefen, als ich, von innern und äußern Verhältnissen fast zerschmettert, mich an den Schweif des toll gewordenen
Pferdes hing und fortschleifen ließ, statt (wie ich's, durch Ihren An-
ruf aufgerüttelt, seither gethan) es an der Mähne zu packen, und zu
bändigen." Wie schwach war dieser Mensch! Zehn Jahre später war
er dem wilden Roß schon wieder an den Schwanz gebunden und
schwang laut schreiend sein Fähnchen mit im Narrenzuge des Johannes Ronge.

Ein anderes Beispiel war Kottencamp, der die vielen gegen
mich gerichteten Schmähschriften des jungen Deutschland mit einem
„Anti Menzel" vermehren zu müssen glaubte. Wie ich erfahren habe,
soll ihn mein Stuttgarter Freund Gfrörer, der damals mit Strauß
um die Palme rang und von dem ich später mehr erzählen werde,
dabei inspirirt haben. Ich habe auf beider Häupter feurige Kohlen
gesammelt. Ich mußte sie beide für unzurechnungsfähig halten; eine
klägliche ökonomische Lage entschuldigt bei schwachen Seelen viel. Kottencamp war, als er nach Stuttgart kam, Gfrörers Hausgenosse. Er

heirathete nach kurzer Zeit meinen Liebling, die schöne Ottilie, Tochter meines alten Freundes Schott. Allein es ging ihm fortwährend schlecht. Gfrörer selbst wußte kaum, wie er mit seiner zahlreichen Familie sein Auskommen finden sollte. Kottencamp war sehr fleißig, besaß aber kein productives Talent. Ich grollte ihm nicht im Geringsten, weil ich in ihm nur das mitleidswerthe Werkzeug Anderer sah und auch wegen der guten Ottilie. Er ergriff dann auch die Gelegenheit, sich mir zu nähern, und fristete sich kümmerlich mit Uebersetzungen und Bearbeitungen, bis ihn Cotta nach Augsburg nahm, wo er bei der Redaction der Allgemeinen Zeitung den Nachtdienst übernehmen mußte, dem seine schwache Gesundheit unterlag. Er brachte zu seiner Erholung einige Zeit im Sommer in Untertürkheim am Neckar zu, wohin ich auch oft kam, und noch kurz vor seinem Tode bezeugte er mir in einer rührenden Weise seinen Dank für mein Wohlwollen.

Unter den zahllosen Gedichten, Dankvotirungen und Huldigungen aller Art, die mir wegen meiner derben Abfertigung der Jungdeutschen dargebracht wurden, hebe ich nur ein Gedicht von Wilhelm Angelstern aus, weil es den Nagel auf den Kopf traf. Alle jene Jungdeutschen nämlich, die so entsetzlich mit ihrem Fleische renommirten, hatten nichts dem Herakles Vergleichbares, sondern konnten höchstens mit jenen priapischen Pygmäen verglichen werden, die man auf antiken Basreliefs oder Vasen findet. Daß sich die heilige Poesie solchem Volke nicht preisgab, spricht nun das Gedicht in würdigen Strophen aus.

> Die Poesie, ein Riesenweib,
> Kam wieder zu uns auf Erden,
> Gekleidet in einen menschlichen Leib,
> Litt Kummer und viel Beschwerden;
> Dachte: „wer soll in diesem Land,
> Wo ich nur Krüppel und Blinde fand,
> Unter all diesen Hammelheerden
> Endlich mein Gatte werden"? —

Und es war freilich ein groß Geschlecht,
Das sich in die Schöne vergaffte,
Und als ihr ganz gehorsamer Knecht,
Gar viel Salpeter verpaffte.
Sie sah mit verächtlichen Augen an
Dies Lumpengesindel: „Wo ist ein Mann,
Von den Göttern selber gezeichnet,
Für meine Umarmung geeignet?"

Und Viele kamen von fern und nah,
Und reichten ihr kaum an die Hüfte:
Und als sie die Knirpse, die fecken ersah,
Warf sie selbe wie Spreu in die Lüfte.
Da schwebten sie hin, da schwebten sie her,
Und sanken ins weite Wassermeer,
Und plätscherten ganz nach Sinnen
Im Elemente drinnen.

. . . . .

Und Jene die Göttliche wandelt fern,
Und fragt in ihren Gedanken:
„Wen heb' ich auf zu meinem Stern
Aus diesen niedern Schranken?
Wen reiß' ich empor aus Kampf und Schmerz? —
Einen Mann will ich, an Kopf und Herz
Gesund und sonder Fehle,
Ihm reich' ich meine Seele.

Und keusch und heilig muß er sein;
Dann füll ich mit Liedern seinen Mund,
Daß er Andrer Herzen mache gesund,
Und schön durch seine Berührung rein;
Und durch das irdische Wogengebraus
Schalle die Stimme gewaltig heraus:
Bis zum Leibe in Ungewittern,
Darf dennoch sein Haupt nicht erzittern."

Eines Falles muß ich hier ausführlich erwähnen, weil er zu den
seltensten gehört und einem deutschen Buchhändler in einer Zeit, in
welcher der Buchhandel nur aus den gemeinsten Motiven getrieben
wurde, große Ehre macht. Im Jahre 1840 wurden mir von der

20*.

Anton'schen Buchhandlung in Halle a. d. Saale zwei Romane zuge=
schickt „Söhne der Zeit" und „Töchter der Zeit" deren Verfasser sich
auf dem Titel Wilhelm Elias nannte. Ich recensirte diese beiden
Bücher in meinem Literaturblatt von 1840 Nr. 31 wie folgt: „Der
Verfasser schildert zuerst zwei Jünglinge, die das Fleisch emancipiren
wollen und sich dabei wie welthistorische Helden geriren, von denen
die ungeheuerste Reformation ausgehen soll. Dann zwei Frauen=
zimmer, die sich bereits emancipirt haben und von Philosophie und
Schamlosigkeit übersprudeln. Die Eine, die ein fremdes Kind aus
Eifersucht umgebracht hat, die ihr eigenes uneheliches Kind bei sich
hat, wird von ihrem neuen Geliebten, einem Major, des Kindes
wegen zur Rede gestellt. Aber lachend ruft sie: ‚wie kannst du der
Größe mangeln, dich über dergleichen Dinge hinwegzusetzen!' Er
stürzt fort, sie lacht ihm nach und empfängt den ersten Liebhaber:
‚Sieh Fritz, ich gefalle mir immer mehr darin, mich selber als Jung=
frau und Mutter, dich als heiligen Geist und ihn als Joseph, an dem
incroyablen Dogma laborirend zu denken.' Diese edle Tochter der
Zeit und ihre Freundin, beide begnügen sich nicht mit zwei Lieb=
habern, sie nehmen deren immer mehr an, und der Verfasser hat nicht
genug üppige Schäferscenen auszumalen. Dazwischen wird reichlich
junghegelsche und jungdeutsche Philosophie eingestreut" rc.

Als diese Recension erschienen war, erschrack der wackere Buch=
händler Anton, denn obgleich Verleger dieser ruchlosen Romane, war
er doch vom Inhalte derselben nicht unterrichtet gewesen. Seine Ver=
lagshandlung hatte immer als eine der solidesten und achtbarsten in
Deutschland gegolten. Er wollte diesen Ruhm nicht verlieren und
schrieb mir folgendes:

„Ew. Wohlgeboren wollen gütigst entschuldigen, wenn ich Sie
mit der Bitte belästige, inliegende Erklärung in Ihr Blatt aufnehmen
zu wollen. — Bei der Uebernahme der „Geschwister der Zeit" ging
ich von der Regel ab, keine Romane zu verlegen. Vorzugsweise ver=
anlaßte mich der alles Maaß übersteigende Jammer dazu, in welchem

der Verfasser unterzugehen schien; völlig ohne Geld, aber voller
Schulden sah er seine Frau und eins seiner Kinder auf dem Sterbebette liegen und wußte nicht, wo er das Geld hernehmen sollte, die
Sterbenden zu erquicken. Ein Glück für ihn, wie für jene beide starben
sie bald, die Frau am Eliastage!! es war eine wahrhaft tragische
Geschichte, wo man sich nicht lange besinnt, was zu thun, sondern
handelt, wie es der Moment gebietet.

Abgesehen hiervon wurde mir das Buch als classisch, insbesondere aber als ein solches bezeichnet, welches die verwerflichen Richtungen des jungen Deutschlands mit den Pfeilen des Witzes, wie
durch die Schärfe des Verstandes und das Beispiel der Tugend be-
kämpfe. Hierin hätten wir Deutschen einen kräftigen Vorkämpfer an
dem Redacteur des Literaturblatts, und freute es mich, in dem Verfasser einen Mann kennen zu lernen, der in solche Fußtapfen zu treten
schien. Dies alles zusammen bestimmte mich zur Annahme. Ich selbst
hatte mir nicht die Zeit genommen, das Werk zu lesen. Erst durch
Ihr Urtheil wurden mir die Augen geöffnet.

Meinen Comissionären habe ich bereits den Auftrag gegeben,
keine Exemplare mehr auszuliefern. Bin ich erst im Besitz des ganzen
Vorraths, so wird er vernichtet. Mit der größten Hochachtung unter-
zeichne ich mich als Ew. Wohlgeboren ganz ergebenster Eduard Anton.
Halle, den 14. April 1540."

Die Erklärung lautete: „Der Roman des Herrn Dr. Elias: die
Söhne und die Töchter der Zeit, wurde mir von einem, die
größeste Achtung genießenden Geistlichen als ein classisches Werk
dringend zum Verlag empfohlen, daneben aber von ihm besonders
darauf hingedeutet, daß der Herr Verfasser durch Verkauf des Manuscripts einer grenzenlos traurigen Situation entrissen würde. Auf
jene Empfehlung bauend, und durch die ungünstige Lage des Herrn
Verfassers bewogen, übernahm ich das Manuscript, ohne es zu lesen.
Durch die Beurtheilung dieses Werks in Nr. 31 des Literaturblattes
vom Morgenblatt auf den Inhalt aufmerksam gemacht, dringt sich

mir die Vermuthung auf, daß jener Geistliche das Manuscript ebenfalls gar nicht gelesen habe; sie veranlaßt mich aber auch zu der Erklärung, daß ich von heute an kein Exemplar dieses Buchs mehr aus-
gebe, und den ganzen Vorrath vernichten werde, da ich, wissentlich,
nie Verbreiter eines Buchs sein mag, dessen Inhalt unbedingt eine
unsittliche Wirkung haben muß.

Halle, am 14. April 1840.   Eduard Anton."

Die ehrenwerthe Handlungsweise des Halleschen Verlegers veranlaßte mich, dem damaligen k. preußischen Gesandten in Stuttgart
General von Rochow davon Kenntniß zu geben und ihn darauf aufmerksam zu machen, daß sie einer Anerkennung und Auszeichnung von
Seite der Staatsregierung wohl werth wäre; aber soviel ich weiß,
ist nichts darauf erfolgt.

Einer der verruchtesten Poeten jener Zeit war Leopold
Schefer, der mich auch ein oder zweimal besuchte und äußerst zuthulich war, indem er den biedern Mann spielte. Dem Anschein nach
ein ganz bescheidener und gemüthlicher sächsischer Philister, hatte er
den Schalk im Nacken. Von Anfang an hat er es wohl nicht böse
gemeint; als aber die Religionsspötterei Mode wurde und man sich
damit einen literarischen Namen und gute buchhändlerische Honorare
verschaffen konnte, schrieb er ein gottloses Buch nach dem andern,
worin er unter einer frömmelnden, immer christliche Gesinnungen
affectirenden Sprache den infamsten Hohn auf die geoffenbarte Wahrheit und auf die specifisch christliche Moral ausschüttete. Diese Bücher
machen den Eindruck, wie wenn der Teufel Pastor würde.

Schefer lebte in Muskau unter dem gleichfalls nicht sehr heiligen
Fürsten Pückler. Dieser berühmte Reisende beehrte mich mehrmals
mit lieblosenden Zuschriften und schickte mir sogar einmal aus Aegypten
eine Käfersammlung, weil er gehört hatte, ich sei ein Liebhaber der
Entomologie. Er hätte diese Aufmerksamkeit nicht nöthig gehabt,
denn ich zollte dem Geist und Witz in seinen Schriften ohnehin volle

Anerkennung, genirte mich aber auch nicht, öffentlich das an ihm zu tadeln, was vornehme Ueberhebung und Frivolität war.

Auch Sallet in Breslau schrieb mir einmal und empfahl mir seine Dichtungen, in denen sich aber der Haß gegen das Christenthum noch viel glühender aussprach, als bei Leopold Schefer. Wenn ich mich nicht irre, hatte sich bei ihm, wie bei so manchen Andern, die politische Unzufriedenheit, die sich nicht frei äußern durfte, ins kirchliche Gebiet geflüchtet, um ihren ganzen Haß und Zorn am Altar auszulassen, da sie es nicht am Throne thun durfte. Mein alter Freund Hoffmann von Fallersleben, der damals in Breslau als dritter Bibliothekar mit geringem Gehalt gern heirathen wollte und nicht konnte, saß gewöhnlich Abends mit Sallet zusammen in einer Weinstube und wurde allmählich immer gereizter, so daß er der ursprünglichen Sanftmuth seines Wesens entsagend in seinen sog. unpolitischen Liedern die verbissenste politische Opposition machte.

Es lag etwas Verführerisches in der Mode. Noch gar mancher andere Dichter, der sich bei voller Seelenruhe und Achtung vor dem Heiligen besser befunden haben würde, ließ sich verlocken, in Unzufriedenheit, unbefriedigtem Freiheitsdrang und Weltschmerz mitzumachen. Mancher, der sehr glücklich hätte sein können, legte sich ins Unglück hinein und forcirte sich in Leidenschaften zu glühen, deren Flammen ihn dann wirklich erfaßten. So der arme Lenau.

Dieser Herr Niembsch von Strehlenau lebte viele Jahre lang alle Sommer über in Stuttgart im gastlichen Hause des Hofrath Reinbeck. Die Ruhe und der Frieden, die Unschuld und Ehrbarkeit eines bürgerlichen Hauses in Schwaben wurden ihm zum Bedürfniß, nachdem er sich in den Genüssen der Wiener Gesellschaft überlebt hatte. Dazu that die innige und aufrichtige Anhänglichkeit und Verehrung seiner schwäbischen Freunde und Freundinnen seinem Herzen wohl. Er war aber nicht im Stande, sich den bösen Verlockungen der Zeit zu entwinden. Er hatte nicht sittliche Kraft genug dazu. Ehe er seinen Faust drucken ließ, las er mir das Manuscript vor,

welches einen ganz andern Schluß hatte, als er später gedruckt worden ist. Ich machte Lenau darauf aufmerksam, daß sich sein Faust
nothwendig von dem goethischen unterscheiden müsse, daß er nicht denselben Schwächling und Wollüstling in ihm vergöttern dürfe, wie
Goethe, und daß er wohlthun würde, dem Teufel sein gutes altes
Recht nicht zu verkürzen. Er nahm sich das auch wirklich zu Herzen
und änderte wenigstens den Schluß. Allein die Angst, für conservativ, oder wohl gar für fromm zu gelten und deshalb den Beifall
des jungen Deutschland und der Literaturjuden zu verscherzen, riß
ihn fort, Sachen zu schreiben, die ihm unter andern Umständen wohl
nicht eingefallen wären. Er wagte z. B. nicht, die Albigenser, indem er sie gegenüber dem Papstthum verherrlichen wollte, als begeisterte Christen aufzufassen, die sich gegen die päpstlichen Bann-
bullen mit der Bibel vertheidigten. Wenn er die Bibel für heilig
gehalten hätte, so würde ihm das die damals für Strauß begeisterte
Presse allzu übel genommen haben. Deshalb mußte der Prophet
seiner Albigenser nach einem Faustschen Monologe die Bibel an die
Wand werfen. Man kann sich nicht wohl etwas Unhistorischeres und
Unnatürlicheres denken.

Der Dichter besaß eine reiche Phantasie und war der zartesten
Empfindungen fähig, aber er gab allzuschwach dem Bedürfniß nach,
von den Zeitgenossen gelobt zu werden. Ein gewisser innerer Halt
fehlte ihm so sehr, daß ich ihn frühe schon in Verdacht hatte, es sei
nicht ganz richtig in seinem Kopfe. Ich erlaubte mir sogar, dies in
einer Kritik seiner lyrischen Gedichte entschuldigend anzudeuten, indem ich rügen mußte, daß er mehr als einem Dutzend Frauenzimmern, jeder einzeln ewige Liebe gelobte, durch jede einzeln zum
Sterben unglücklich geworden zu sein versicherte und am Ende sein
doch immer noch unbefriedigtes Herz beklagte, daß es nie befriedigt
werden könne, weil es für eine bestimmt sei, die schon seit Jahrtausenden das Grab decke und dann wieder für eine andere, die erst
nach Jahrtausenden das Licht der Welt erblicken werde. Das schien
mir doch ein wenig verrückt zu sein. Er wollte zuletzt ein bürgerliches

Mädchen in Frankfurt heirathen; eine verheirathete Jüdin in Wien aber, die ihn in ihren Banden hielt, drohte ihm, sich zu vergiften, wenn er sich einer andern widme. Da jagte ihn die Angst nach Wien und wieder zurück nach Frankfurt. Zudem regte er auch noch vollends seine Nerven durch nächtelanges Geigenspiel auf, bei dem er sich von Juden, die ihm überhaupt sehr hofirten, bewundern ließ. Da plötzlich brach die Tollheit bei ihm aus, von der er nicht wieder geheilt worden ist.

Lenau fuhr einmal mit einem andern jungen Cavalier im Eilwagen. Beide unterhielten sich gut mit einem liebenswürdigen jungen Mädchen, als dasselbe zufällig im Gespräch äußerte, sie fürchte sich entsetzlich vor Wahnsinnigen. Das faßte Lenau auf, duckte sich nach einer Weile in die Wagenecke, ließ die Augen rollen und schnitt gräßliche Gesichter, der andere Cavalier, dem er vorher einen Wink gegeben hatte, flüsterte dem erschrockenen Mädchen zu, sein Freund habe zuweilen Anfälle von Tobsucht, sie solle sich um Gotteswillen ganz still verhalten, sonst werde er über sie herfallen. Zum Tode geängstigt verließ das Mädchen auf der nächsten Station den Wagen und klagte bitterlich, wurde aber von den übermüthigen Herren ausgelacht. Der dumme Spaß wurde schrecklich bestraft, denn Lenau endete im Irrenhause.

Unter den jüngern Dichtern, die sich mir vertrauensvoll näherten, zeichnete sich Ferdinand Freiligrath durch eine herzgewinnende Offenheit, Frische und liebenswürdige Jugendlichkeit aus. Nachdem ich, ohne ihn näher zu kennen, schon 1833 in meinem Literaturblatte seine ersten poetischen Versuche gelobt hatte, erhielt ich am 10. März 1834 ein Schreiben von ihm aus Amsterdam, wo er damals noch als Commis lebte. Er dankte mir für die erste Recension, schickte mir ein neues Büchlein und empfahl mir die darin enthaltenen Gedichte, appellirte an mich als an den siegreichen (?) Bekämpfer aller Trivialität und war sich bewußt, von der ungeheuern Mittelmäßigkeit der Zeitgenossen doch wohl eine Ausnahme zu

machen. Seine Gedichte sind, wie bekannt, vortrefflich. Cotta übernahm sie, und sie erlangten schnell großen Ruhm. Der Dichter kam
nach Stuttgart, besuchte mich und erfreute mich nicht weniger durch
seine Persönlichkeit, wie durch seine Verse. Noch im Jahr 1838
schrieb er mir folgenden dankbaren Brief:

Barmen bei Elberfeld, 25. März.

„Schon längst war es mein Bedürfniß, Ihnen einmal meinen
Dank für die mannigfachen Beweise des Wohlwollens und der Theilnahme auszusprechen, deren ich mich seit meinem ersten Auftreten von
Ihnen zu erfreuen hatte. Was ich Ihnen zu verdanken habe, weiß
niemand besser, als ich selbst! Mein Bekanntwerden in einem größeren — für meine Ruhe, meine stille fernere Ausbildung fast zu
großen Kreise ist das wenigste. Dadurch bin ich fast mehr beschämt
als erfreut. Aber Sie haben mir mein Selbstvertrauen wiedergegeben, haben den Einsamen, mit seinen Phantastereien verlassen Da-
stehenden gehoben und gestärkt, zu Zeiten, wo er es nöthig hatte, wo
Ihre, Schwabs und Chamissos Ermunterungen die einzigen Anhalts-
punkte in Hollands trister Niederung für ihn waren. Das Meer
hatte ich freilich auch. Aber das war gerade schuld, daß die Leute
mich einen Träumer schalten. Mein Gott, ich glaubte es zuletzt
selbst und würde an mir verzweifelt sein, wenn Sie mich nicht ermuthigt und meinen Bestrebungen einen neuen Impuls gegeben
hätten. Ich vergesse es Ihnen nie."

Ich erhielt später noch einige Briefe von Freiligrath, worin er
mir seine glückliche Verheirathung 2c. anzeigte. Nachher aber habe
ich nichts mehr von ihm erfahren, als daß er sich, wie die Zeitungen
meldeten, ganz ähnlich, wie der sanfte Hoffmann von Fallersleben
von der demokratischen Bewegung der Zeit hatte mit fortreißen
lassen.

Im Jahre 1846 lernte ich durch Eduard v. Bülow, den
Berliner Novellisten, der sich damals in Stuttgart aufhielt und von
Tieck an mich empfohlen, aber ziemlich frivol und kein eminentes

Dichtertalent war, die Tochter des berühmten und von jedem Patrioten hoch verehrten Generals Graf Bülow von Dennewitz kennen.
Die Gräfin, damals wohl schon dreißig Jahr alt, zart gebaut und
kränklich, hatte etwas überaus Feines und Anziehendes, sanfte und
kluge Augen und sehr schönes dunkles Haar. Sie war Hofdame in
Berlin gewesen und erzählte mir sehr viel davon und mit der größten
Freimüthigkeit Dinge, die sich nicht wohl der Schrift anvertrauen
lassen. Ich weiß nicht, was sie, die liebenswürdige Tochter eines der
größten Feldherrn, hatte bewegen können, die ritterlichen Kreise
ihrer Heimath zu verlassen, um mit jenem verheiratheten Literaten
herumzuziehen, der während der unruhigen Zeiten der Revolution
in die Schweiz übersiedelte, sich dort von seiner Frau scheiden ließ,
die Gräfin heirathete, aber bald darauf starb. Sein Sohn Hans
wurde später berühmt, als musikalischer Adjutant des großen
Richard Wagner.

Die Literatur wimmelte von Schwächlingen. Sie wollten
immer und konnten nicht. Bei einem ungeheuern Drange, Genie
zu sein, waren sie von Haus aus impotent. Die ganze Gattung
wurde am determinirtesten vertreten durch Heinrich S t i e g l i tz, der
um jeden Preis ein großer Dichter sein wollte und auch nicht im
mindesten produciren konnte, so daß er kaum zu den mittelmäßigsten
Nachahmern gehörte. Er plagte mich auf unerträgliche Art, indem
er mich wiederholt und immer wieder um Anerkennung bat, obgleich
ich ihm nur kalt und dann gar nicht mehr antwortete und öffentlich
seine Bilder des Orients als schülerhafte Nachbildung charakterisirte.
Er widersprach seiner schwärmerischen Frau nicht, als sie durchaus
in ihm einen Gott sehen wollte. Da er als Dichter nun keinen Erfolg hatte und darüber verzweifelte, glaubte die Gute, sie sei schuld,
sie ziehe ihn zu sehr zum Irdischen herab, und frei von ihr, werde er
sich sicherer auf seiner Götterhöhe behaupten. Sie erstach sich — und
was that er? Sein Freund Theodor Mundt mußte im Einverständniß mit dem jungen Wittwer die ganze tragische Geschichte dem Publikum auftischen. Hatten ihn seine Gedichte nicht berühmt gemacht,

so mußte es der Dolch seiner Frau thun. Mit diesem Dolch in der
Hand trat Stieglitz bald darauf in München in einem lebenden Bilde
auf, was solchen Scandal erregte, daß seines Bleibens hier nicht
länger war. Er ging nach Venedig und ist nach und nach verkommen.

IV. Meine Kämpfe gegen den Unglauben.

Ich stamme aus einer altlutherischen Familie, habe den frommen
Grundton der Seele mit hinübergenommen in die Studienzeit und
die mit ihrem Unglauben kokettirenden Professoren und Consistorial-
räthe, die ich zuerst in Breslau und nachher in allen protestantischen
Ländern kennen lernte, gründlich verachtet. Sobald ich für die
Oeffentlichkeit zu schreiben anfing, habe ich auch schon die christliche
Wahrheit gegen den flachen Rationalismus und die, mit dem Gottes-
begriff frech spielende Philosophie, vertheidigt.

Bis zur Julirevolution herrschte die religiöse Indifferenz und
kirchenfeindliche Richtung im ganzen gebildeten Europa entschieden
vor. Die religiöse Erhebung des Jahres 1813 war im nachfolgenden
Frieden wieder rasch gesunken. Nur in der Noth hatte man beten
lernen. Als sie vorüber war, fiel man in die alte Frivolität, sowohl
in der evangelischen als in der katholischen Kirche. In Oesterreich
regierte Metternich ganz josephinisch, wenn er auch Rigorianer und
Convertiten begünstigte, um die Protestanten ein wenig zu ärgern.
Die Bischöfe saßen an ihren Fleischtöpfen. In Preußen verließ man
das weise paritätische System der frühern Kurfürsten und Könige,
um eine Union der Lutheraner und Calvinisten zu erzielen, die keine
wahre geworden ist, weil die Lutheraner ihren alten Glauben ver-

theidigten und die Anhänger der Union sich meistens gar nicht um die Bekenntnißunterschiede bekümmerten und einem seichten landläufigen Rationalismus anhingen. Im südwestlichen Deutschland blieb wie unter der frühern Rheinbundzeit die Bureaukratie Meisterin über die Kirchen. Erst allmählich regte sich wieder eine streng kirchliche Opposition, die auf dem katholischen Gebiet zur Zeit der Kölner Wirren zutage trat. Damals zuerst durften sich die Jesuiten der Hoffnung hingeben, Deutschland wieder unterminiren zu können. Indem sie schon von einer „Selbstauflösung des Protestantismus" träumten, erweckten sie das stolze Selbstgefühl katholischer Einheit. Uebrigens kam ihnen die liberale Opposition gegen den Absolutismus der meisten damaligen Regierungen zu statten, denn es bildete sich die Meinung, die sich 1848 zum erstenmal geltend machte und später in dem Satze „die freie Kirche im freien Staate" formulirt wurde. Gleichwohl ahnte man in den dreißiger und vierziger Jahren noch nicht, wie weit es die Jesuiten treiben würden. Vielmehr blieb die öffentliche Meinung noch immer wesentlich indifferent und waren noch irreligiöse, wenig-stens unkirchliche Tendenzen wie die von Hegel, von Strauß die Mode des Tages.

Erst 1830 trat mein Universitätsfreund Hengstenberg, Professor der Theologie an der Berliner Universität, dem in der Unionskirche überhandnehmenden Unglauben muthig entgegen und wurde dabei von einem andern meiner alten Universitätsfreunde, Heinrich Leo, Professor der Geschichte in Halle, und von meinem Landsmann Pro-fessor Tholuck, ebenfalls in Halle, unterstützt. Eine große Stärkung erhielt der neu belebte Glaube durch die s. g. Kreuzzeitungspartei in Berlin. Schade nur, daß dieselbe den religiösen Conservatismus zu sehr mit dynastischer Legitimität vermengte und zuviel mit Rußland kokettirte.

Als sich diese Kreuzzeitungspartei in Berlin aufthat, mußte ich natürlicherweise mit ihr in Bezug auf den kirchlichen Con-servatismus sympathisiren. Ebenso natürlich war es aber, daß mir die Hinneigung dieser Partei zu Rußland unerträglich sein mußte. Es war mir daher nicht möglich, die Bestrebungen der Partei anders als nur bedingungs- und theilweise zu unterstützen, sowie auch ich mich hinwiederum ihrer Zustimmung nur sehr bedingungsweise zu erfreuen hatte. Ich vertheidigte bei jeder Gelegenheit Leo, Hengstenberg, Tholuck auf dem kirchlichen Boden, war aber auf die russenfreund- lichen Artikel der Kreuzzeitung, auf die Stahl'sche Rede ꝛc. übel zu sprechen. Bei einem Besuch in Berlin 1850 fand ich die Spitzen der Partei, Professor Stahl, Präsident v. Gerlach ꝛc. bei Hengstenberg, der mich eingeladen hatte. Wie fest alle diese Herrn auf dem kirch- lichen Boden standen, so schienen sie mir doch im Gebiete der Politik noch wie im Nebel zu wandeln. Herr v. Gerlach wollte nicht be- greifen, daß man politisch liberal sein müsse, eben weil man kirchlich conservativ sei, und Professor Stahl mißkannte die Aufgabe Preußens so weit, daß er es mit Rußland im Bunde dem übrigen Deutschland gegenüberstellen wollte.

Ohne Zweifel hat die politische Stellung der Kreuzzeitung den religiösen Interessen in Preußen geschadet. Was sollte man von der zur Schau getragenen Frömmigkeit von Männern denken, die beständig dem Kaiser von Rußland schmeichelten, während derselbe ihre Glau- bensbrüder in Livland, als ob ihr Glaube nichtswürdig wäre, zur griechischen Kirche überzutreten zwang. Es lag etwas Verhängniß- volles darin, daß die einzige Partei in Preußen, die sich noch der protestantischen Gläubigkeit annahm, so mit sich selbst in Widerspruch gerieth und nur Muth zeigte gegenüber den Radikalen, aber nicht gegenüber dem Czaaren. Sie machte sich dadurch unpopulär und ver- lor das öffentliche Vertrauen. Noch mehr, sie zeigte sich unfähig, denn gescheidte Männer durften niemals das Interesse des heiligen Evangeliums mit dem des unheiligsten Despotismus verwechseln.

Leo hatte sich früher in Berlin zu meinem Bedauern zu viel mit Hegel eingelassen. Das war auch der Grund, weshalb wir, ob- gleich alte Universitätsfreunde und patriotische Gesinnungsgenossen, uns jahrelang entfremdet wurden. Aus dem Fruchtüberhang des Paradieses, in welches scheinbar Hegels Selbstvergötterungslehre

einführte, fielen für Leo nur bittere Früchte ab, gleich den Teufels-
köpfen, die auf dem Baum in Muhameds Hölle wachsen. Scheußlich
grinste die junge Brut Hegels ihn an. Diese bösen Buben benahmen
sich zugleich feig gegenüber der Polizei, und ich konnte sie nur, indem
ich Leo im Literaturblatt von 1838 Nr. 96 gegen sie vertheidigte,
mit der äußersten Verachtung behandeln. Ich schrieb: „Auch Professor
Leo in Halle hat sich also müssen einen Denuncianten schelten lassen
und zwar von derselben Partei, die uns vor einigen Jahren aus derselben Ursache mit demselben Ehrentitel bedachte? Ein Denunciant ist,
wer das, was ihm heimlich anvertraut worden, treulos verräth, oder
unschuldige Reden und Handlungen verdächtigt, nicht aber, wer die in
vielen Druckschriften ruhmredig ausgesprochenen Grundsätze einer
Partei offen bekämpft. Dies springt in die Augen; und die unsinnige
Beschuldigung des Denunciirens erklärt sich nur aus einer Schwäche
der Partei, über die wir uns wie billig lustig machen wollen. Sind
das Reformatoren?! Sie wollen die Welt zu unterst und oberst kehren,
und wenn man ihnen glaubt und ihnen die Ehre anthut, sie als solche
titanenhafte Wesen zu behandeln, so stellen sie sich auf einmal ganz
befremdet, entschuldigen sich, sie seien die loyalsten Leute von der
Welt, und klagen über gehässige Denunciationen. Man traut seinen
Augen nicht, wenn man die Dreistigkeit sieht, mit welcher sie, gleich
dem Popanz im gestiefelten Kater, im ersten Augenblick den grimmigen
Löwen und im nächsten wieder das furchtsame Mäuschen und den
treu ergebenen Pudel vorstellen.“

Die ältern Hegelianer waren nicht besser als die jüngern, nur
scheinheiliger. Ich will als Beispiel nur Marheineke anführen,
der in Berlin mit einem der höchsten Kirchen- und Schulämter betraut,
Günstling des Hofes und ein allgefeierter Mann war. Derselbe
durfte im Vertrauen auf den ungeheuern Anhang von Hegelianern
und Rationalisten, die hinter ihm standen, noch im Jahr 1843 wagen,
für Hegels Selbstvergötterungslehre und für die Hoffnungen der jung-
hegel'schen Schule, die das Christenthum gänzlich ausrotten wollte,
öffentlich aufzutreten, freilich mit etwas verblümten Redensarten, die

aber doch Jeder verstehen konnte. Der schwathafte Förster wurde in Berlin der Hofrepublikaner genannt. Marheinele hätte der Hofatheist heißen sollen. Schelling, welcher selber noch weit genug vom Christenthum entfernt war, verhielt sich doch immer noch conservativ gegenüber dem Radicalismus von Hegel und seiner Schule. Es war daher eine verabredete Hetze der Hegelianer, den armen Schelling nicht mehr aufkommen zu lassen. Marheinele durfte als Parteigenosse nicht zurückbleiben und schrieb 1843 ein Libell „zur Kritik Schelling'scher Offenbarungsphilosophie," welches ich in meinem Literaturblatt Nr. 40 nach seiner ganzen Unwürdigkeit verdientermaßen geißelte. Ich sagte unter anderm: „Es muß die Welt allerdings sehr Wunder nehmen, daß ein hochgestellter Geistlicher als Vertheidiger des Antichristenthums auftritt, daß er Schelling grade deshalb angreift, weil Schelling für das Christenthum streitet, und daß er jubelt, Schelling werde aller seiner Mühe ungeachtet das von Hegel ein für allemal escamotirte Christenthum doch nicht mehr finden. Wenn ein evangelischer Geistlicher auf solche Weise auftritt, so muß die Welt sagen, er tritt auf eine unschickliche Weise auf. Für einen evangelischen Geistlichen, für einen Mann, der auf das Evangelium geschworen hat und dem unter dieser Voraussetzung das wichtigste kirchliche Lehramt anvertraut worden ist, ziemt sich eine solche Sprache nicht. Wenn er die Offenbarung verwirft, muß er als Mann von Ehre und Gewissen auch zuvor das Amt niederlegen, das ihm unumgänglich vorschreibt, an eben diese Offenbarung zu glauben. Die grobe Lüge, daß die Hegel'sche Philosophie das bisher unvernünftige Christenthum erst zur Vernunft gebracht habe und daß man also ein Anhänger Hegels sein könne, ohne einflußreichen Aemtern in der christlichen Kirche zu entsagen, war vielleicht noch fein genug, das Ministerium Altenstein zu täuschen, allein die übrige Welt hat sich nicht dadurch täuschen lassen. Eine Lüge hört dadurch, daß viele und selbst vornehme Leute daran glauben, nicht auf, Lüge zu sein. Welche tolle Dinge auch Ruge, Feuerbach, Bruno Baur ꝛc. geschrieben haben, sie sind wenigstens aufrichtig und verschmähen jene Heuchelei des Berliner

Althegelianismus, der noch immer versucht, Hegel'sche Lehren unter christlicher Maske auszubreiten. Was ist aller ältere Pharisäismus in der Kirche gegen dieses bodenlose Lügensystem von Kirchenlehrern, die mit anscheinend christlicher Salbung die dem Christenthum feind-lichsten Dinge vortragen und der Jugend einen fanatischen Haß gegen dasselbe einpflanzen. — Uebrigens hat der gute Professor Marheinele niemals zu den größten Lichtern weder der Kirche noch der Antikirche gehört. Es ist nicht sein Licht, das bei dieser Gelegenheit zu putzen der Mühe werth wäre, sondern es ist nur seine Stellung als Geist-licher, die uns veranlaßt seine Flugschrift bemerkenswerth zu finden."

Wenige Jahre später zeigten die stürmischen Proteste gegen Hengstenberg, in welchem weiten Umfange der Unglaube unter den unirten Geistlichen Preußens verbreitet war. Marheinele handelte im Complott, denn in demselben Jahre 1843 ließ auch sein Gesin-nungsgenosse, der alte Paulus in Heidelberg, eine Mine gegen Schelling springen. Der Philosoph Schelling war aus München nach Berlin berufen worden, um den Hegelianismus, dessen Gemeinschäd-lichkeit die neue Regierung einsah, dämpfen zu helfen und die einmal ans Philosophiren gewöhnte Jugend in eine conservativere Richtung hinüberzuleiten. Um dem ehrenvollen Rufe zu entsprechen und dem verwöhnten Berliner Auditorium zu imponiren, nahm Schelling eine geheimnißvolle Miene an, wie Sarastro in der Zauberflöte, weckte die Erwartung einer neuen Offenbarung, die durch ihn verkündet werden sollte und ließ durchblicken, er werde die alte Offenbarung mit der Philosophie völlig und für immer versöhnen. Aus seinen hinterlasse-nen Werken geht nicht hervor, daß er die Verheißung jemals erfüllt haben würde. Allein auch nur der Schein, als ob er auf christlicher Seite stünde, machte ihn der großen Partei des Unglaubens verhaßt. Nur deßhalb griff ihn Paulus an wie Marheinele, und zwar hämisch wie immer. Er verschaffte sich nämlich von irgend einem Studenten eine Nachschrift von Schellings letzten Vorlesungen in Berlin und ließ sie eigenmächtig drucken. Auch diese Schrift geißelte ich, wie die von Marheinele, noch in demselben Jahre in meinem Literaturblatt

Nr. 111: „Wie lange ist es schon her, seit wir den standhaften Ritter von la **Mancha** zum letztenmal gesehen und uns an seinem Kampf mit den Windmühlen ergötzt haben? Schon glaubten wir, er sei für immer schlafen gegangen, aber siehe da trabt er auf der alten Rosinante noch eben so ehrlich und bieder einher wie ehedem und immer noch hängt an seiner langen Lanze vorn die Laterne, mit der er am hellen Tage umherleuchtet, um Aufklärung zu verkünden. Wohlan, so laßt uns nun seine neuen Heldenthaten kennen lernen. Der rippendürre Gaul der Denkgläubigkeit hat unsern theologischen Ritter diesmal ganz still und sacht vor die Thore der königlich preußischen Haupt- und Residenzstadt Berlin getragen, um die Schellingische Philosophie, die sich daselbst häuslich niedergelassen, als Rebellin gegen die Aufklärung, als Obscurantin, als Verbrecherin an der Menschheit lebendig oder todt zu bewältigen und in sichern Gewahrsam zu nehmen, damit sie ferner nicht mehr schaden könne. Doch ist alles ohne Kampf, ohne Lärm abgegangen. Der tapfere Ritter hat die Sache so verständig als möglich im Stillen abzumachen gewußt und die unglückliche Philosophie ist ihm von der verrätherischen Besatzung wirklich,. da sie nicht lebendig zu bekommen war, in todtem Zustande überliefert worden, und triumphirend ist er mit der gestohlenen Leiche heimgeflüchtet. Doch im Anblick der schönen Todten hat sein Auge dämonisches Feuer durchglüht, ist der ehrliche langweilige alte Ritter plötzlich zu einem leichenfressenden Gespenst geworden, und ein wahnsinniger Hunger lechzt aus seiner Zunge. So sitzt ein uralter hohlaugiger Geier auf den schönen Marmorgliedern einer antiken Statue, staunend, daß ihm in seinen alten Tagen noch ein so edler Fraß aufbewahrt geblieben, und grimmig vor Wuth, da das harte Gestein seinem triefenden Schnabel widersteht. — Wir wollen zuerst das reine Factum des Raubes in Erwägung ziehen, ehe wir vom Gegenstand und den Motiven desselben reden. Der Geh. Kirchenrath Paulus in Heidelberg hat es mit seiner Moral zu vereinigen gewußt, einen literarischen Diebstahl am Geh. Rath von Schelling in Berlin zu begehen, indem er ohne dessen Wissen und Willen Vor-

lesungen desselben abdrucken und auf eigne Rechnung im Buchhandel
verkaufen ließ. (Alles nur um ihn zu verdächtigen, seinen vermeint-
lichen Obscurantismus an den Pranger zu stellen). Aber Paulus ist
ja ein Doctor der Theologie, ein Kirchenlehrer, dem über ein halbes
Jahrhundert hindurch die Bildung junger evangelischer Geistlichen
anvertraut war. Wie sollte es möglich sein, daß er einen christlichen
Philosophen anfeinden könnte? — Fragt ihn selbst, fragt ihn, ob er
je ein mißbilligendes Wort verloren hat über die zahlreichen Feinde,
die der christlichen Religion erwachsen sind? Fragt ihn, ob er je das
Christenthum gegen Hegel vertheidigt hat? Fragt ihn, ob er je dem
christlichen Sittengesetz das Wort geredet hat gegenüber der verdorbenen Jugend, oder ob er es nicht vielmehr vorgezogen hat, sich, (gegen
mich) zum Advocaten eines Menschen aufzuwerfen, der Christum einen
Judenjungen genannt und die offenste Unzucht gepredigt hat? Es giebt
aber mehr als einen Doctor der Theologie und kirchlichen Würden-
träger, der diese feindliche Stellung gegen das Christenthum eingenommen hat. Auch Marheineke warf sich zum Advocaten eines Menschen auf, der in frechster Gotteslästerung alles überboten, was je in
Deutschland von dieser Art geschrieben worden. Sein Botum für
Bruno Baur bleibt ein ewiger Schandfleck der evangelischen Kirchengeschichte. Aber solche Männer befinden sich nun einmal an der Spitze
der evangelischen Kirche und haben einen Anhang, der zu ihrer langen
akademischen Wirksamkeit im Verhältniß steht. Nur der kann sich darüber wundern, der die Geschichte der deutschen Theologie nicht kennt.
Man glaubt sich allerdings in der verkehrten Welt zu befinden, wenn
man sieht, wie grade in der Priesterschaft der irreligiöse Geist um sich
greift, während die Laien frommer werden."

Die Philosophie Hegels war auch in Tübingen durch die Baur-
sche Schule zur Herrschaft gelangt und fand hier an Strauß, Zeller,
Schwegler talentvolle und energische Vorkämpfer. Am meisten Ruhm
erlangte S t r a u ß, von dem ich heute noch kaum zu begreifen vermag, wie er sich mit so viel Freiheit des Geistes, als ihm eigen war,
zu einer Sünde gegen den h. Geist erniedrigen und in dem, was edlen

21 *

Geistern geziemt, so sehr täuschen konnte. Denn edlere Geister lassen sich nicht vom Ruhm des Augenblickes täuschen, sondern blicken in die Zukunft ihres Ruhms und in die Ewigkeit. Ich schrieb gegen das „Leben Jesu" von Strauß in meinem Literaturblatt. Er war schwach genug zu wähnen, das blinde Zujauchzen seiner damaligen zahlreichen Anhänger werde hinreichen, seiner absprechenden Antwort das Gewicht einer Orakelstimme zu verleihen. Ich habe ihn jedenfalls richtiger ge- würdigt als er mich. Der Zufall wollte, daß wir uns im Jahr 1848 in der württembergischen Kammer persönlich begrüßen und für die- selbe Sache gemeinschaftlich kämpfen mußten, was beiderseits auf die gentilste Art geschah. Strauß wurde, als er in die Kammer trat, von den Demokraten mit Jubel begrüßt, ärgerte sie aber gleich in seinen ersten Reden, indem er sich der conservativ-constitutionellen Mehrheit anschloß. Sie konnten nicht begreifen, wie ein so großer Revolutionär im kirchlichen Gebiet es nicht auch im politischen sein sollte.

In einem grade umgekehrten Verhältniß ging der bisherige preu- ßische Frömmler Bunsen zu den Liberalen über. Als ich im Jahr 1835 nach Rom kam, wo er Gesandter war, kannte ich ihn noch nicht, war an ihn empfohlen und ging zu ihm in seine schöne Wohnung auf dem Capitol, traf ihn aber nicht an. Nachher fuhr er bei mir vor und traf auch mich nicht an. Unterdeß erfuhr ich von meinen vielen neuen Freunden unter den römischen Künstlern, er sei nichts weniger als be- liebt. Stolz und zurückhaltend gegen arme Künstler protegire er nur die, die ihm für seine Privatzwecke dienten, oder deren er sich mit Eifer annehme, um hohen Gönnern in Berlin zu gefallen. Sein Sinnen und Trachten sei nur dahin gerichtet, immer gut mit dem König von Preußen und seiner Camarilla zu stehen. Da der alte König die Schwachheit hatte, für religionseifrig, ja sogar für einen Wiederhersteller der evangelischen Kirche gelten zu wollen, spielte auch Bunsen in Rom eine kleine Apostelrolle, wovon man artige Anekdoten erzählte. Wenn ein hoher Herr, Günstling ꝛc., der dem König davon Nachricht geben konnte, nach Rom kam und den preußischen Gesandten

besuchte, war daselbst schon alles vorbereitet, waren in der Geschwin-
digkeit die von der Gesandtschaft abhängigen Männer und Frauen
zusammengetrommelt und erwarteten in der Gesandtschaftskapelle den
hohen Gast. Indem dieser nun die große Treppe zum Capitol hinauf
stieg, tönte ihm der fromme Gesang eines schnell improvisirten evangelischen Gottesdienstes entgegen und durch die offene Thür konnte
er die kleine andächtige Gemeine übersehen. Bunsen verfehlte nie,
seine Frömmigkeit in Berlin rühmen zu lassen, bediente sich aber, um
vollends das Herz des Königs zu gewinnen, einer kleinen frommen
List, wovon man mir, grade als ich in Rom war, ein neuestes Beispiel erzählte. Seit der Reformation hat sich in Italien und namentlich in Rom eine Rotte spitzbübischer Bettler fortgepflanzt, die, um
nicht arbeiten zu müssen, ein Gewerbe daraus machen, sich bekehren
zu lassen. Man hat schon vor 300 Jahren darüber gespottet. Die
Jesuiten in Rom nehmen jeden Convertiten drei Vierteljahr gast-
freundlich bei sich auf und versehen ihn mit allem. Das lockt faule
Handwerksburschen und sonstige Vagabunden, sich zum Schein bekehren zu lassen. Nun fing Bunsen an, mit den Jesuiten zu concurriren,
und hatte eben erst einen von den Jesuiten verlassenen Convertiten
wieder zur protestantischen Kirche zurückconvertirt. Daß er nun in
Rom unter den Augen des Papstes nicht nur mit seiner neuen preußischen Liturgie glänzte, sondern sogar Proselyten machte, setzte ihn
bei seinem König in immer höhere Gunst.

So wurde mir Bunsen in Rom von den deutschen Künstlern geschildert. Ich suchte ihn daher nicht mehr auf, obgleich er noch einmal bei mir vorfuhr und mich zur Osterfeier einlud. Ich nahm am
Ostersonntag vielmehr das Diner von Cornelius an. Gleichwohl
setzte sich Bunsen, als ich nach Deutschland zurückgekehrt war, mit
mir in Correspondenz und schickte mir 1836 auch den neuesten Band
seiner Beschreibung Roms mit einem schmeichelhaften Briefe zu und
besuchte mich bald darauf in Stuttgart, da er in Folge der Kölner
Wirren Rom verlassen mußte. Er hatte sich selbst und den König in
Bezug auf den Papst getäuscht und nicht ohne Selbstüberhebung im-

mer gemeint und berichtet, der Papst werde den preußischen Forderungen nachgeben. Gleichwohl fiel er nicht in Ungnade und erhielt
den Gesandtschaftsposten in London.

Ich muß hier eines witzigen Wortes von Görres gedenken. Bunsen hatte grade damals über die Heiligsprechung eines frommen Mannes gespottet, der durch sein Gebet bewirkt haben soll, daß ein bereits
gerupfter und gebratener Vogel lebendig wieder aus der Schüssel flog.
Görres sagte nun, darüber habe Herr Bunsen am wenigsten Ursache
sich zu verwundern, da er dasselbe an sich erlebe, was jenem Vogel
widerfahren sei, denn obgleich ihm in Rom alle Federn ausgerupft
seien und er in Angstschweiß gebraten habe, fliege er nun doch wieder
ganz lustig auf.

Ich habe noch einen sehr umfangreichen Brief von Bunsen, den
er mir am 6. April 1840 aus Hubel bei Bern geschrieben hat und
worin er mir durch seine Gelehrsamkeit zu imponiren suchte, die ich
jedoch ungeordnet fand. Ich antwortete ihm nicht mehr, um mich
ein für allemal der Zumuthung zu entziehen, mich von ihm als
Werkzeug brauchen zu lassen. Ich kümmerte mich lange nicht mehr
um ihn, bis er den Posten in London verlor. Er hatte dort Indiscretionen begangen und ein wenig Politik auf eigene Hand getrieben,
wurde also für den Staatsdienst unmöglich und ging nun ins Lager
der Freikirchler über, um sich von den Liberalen mit einer neuen
Glorie umgeben zu lassen. Er verkündete eine Kirche der Zukunft,
noch radikaler, als die der Deutsch-Katholiken. Er vindicirte jeder
Gemeinde das Recht, durch bloßen Mehrheitsbeschluß sich ihr Dogma
und ihren Ritus festzustellen, oder wieder abzuändern, wenn es der
Mehrheit beliebte. Ein solches Auftreten war eines Mannes nicht
würdig, der sich früher immer so fromm und königstreu angestellt
hatte. Ich griff ihn daher ziemlich scharf in meinem Literaturblatt an.

In einem Aufsatz der deutschen Vierteljahrschrift, der auch unter
dem Titel „In Sachen der Kirche" 1845 als Flugschrift besonders
gedruckt wurde, regte ich den Gedanken an, die sämmtlichen protestantischen Staatskirchen sollten zu einem Concile zusammentreten,

um das Interesse des Glaubens gegen den mächtig anwogenden Unglauben und das Interesse der evangelischen Kirche gegen die großen
Nachbarkirchen zu vertreten. In der That war es jämmerlich um die
Kirchen der Reformation bestellt. Während die katholische Kirche
neue Kraft gewann und ihrer starken Einheit sich erfreute und die
russische Kirche neue Eroberungen machte, war die protestantische
innerlich zerrissen und durch Unglauben unterwühlt. Kaiser Nicolaus
durfte viele tausend Lutheraner in Livland zur russischen Kirche hin-
überziehen, ohne daß eine protestantische Stimme in Deutschland sich
dagegen erhoben hätte. Den Katholiken in Polen ging es freilich
nicht besser, aber von allen Seiten, in Deutschland, Italien und
Frankreich bezeigte man ihnen die verdiente Theilnahme der katholischen Welt. Mein Vorschlag, die Protestanten sollten sich zum
Schutz ihres Glaubens ermannen, fruchtete gar nichts. Das Sonderinteresse der Staaten ließ keine Vereinigung, der vorherrschende
Unglaube keine Stärkung des Glaubens zu. Die gebildete Welt,
die gedankenlose Menge, die nur ihrem Gewerbe und Vergnügen
nachging, kümmerte sich nicht darum.

Jn Heidelberg hatte ich immer noch viele Feinde; schrieb ich
etwas Tadelndes über ein Buch eines dortigen Meisters vom Stuhl
in meinem Literaturblatt, so verschwand im Museum die betreffende
Nummer augenblicklich. Die alten Herrn, Bähr zc. klagten mir
öfters darüber und baten mich, ihnen die fehlende Nummer nachzu-
schicken.

Am 28. Januar 1853 schrieb mir Bähr: „Sie haben in einer
der neuesten Nummern Jhres Literaturblatts eine Recension von
Proudhon und Gervinus' neuester Schrift geliefert, die so treffend
und schlagend, so ergötzlich in jeder Hinsicht und für uns hier im
gegenwärtigen Moment so wichtig ist, daß ich Sie dringend noch um
einen Abdruck der Nummer bitte." Er motivirte diese Bitte in einem
zweiten Schreiben vom 3. Februar noch genauer. „Wenn Sie bedenken, daß jedes Blatt, das irgend etwas gegen Gervinus enthält,
auf dem hiesigen Museum sogleich weggerissen wird, damit es nie-

mand zu lesen bekomme, wenn Sie weiter bedenken, daß hier jedes
Verfahren oder Einschreiten auf disciplinarischem Wege erst nach der
gerichtlichen Entscheidung erfolgt und überhaupt gegen Leute dieses
Schlages schon darum nicht vollzogen wird, weil man mit ihnen noch
immer liebäugelt und trotz der Erfahrungen von 1848 und 49 nicht
ohne den Beistand dieser Leute das Regiment führen zu können
glaubt, während sie es eigentlich sind, die uns in alles Unglück gestürzt haben; wollte man doch im Jahre 1848 den Herrn Gervinus
alles Ernstes zum Curator der Universität machen; — wenn Sie
alles das erwägen, so werden Sie auch den Dank bemessen können,
den wir Ihnen schulden, daß Sie so offen und mit so wahrem Frei-
muth dieses Schandgetriebe aufgedeckt haben, ohne Furcht vor dem
Terrorismus, den diese Partei noch immer ausübt und gegen die wir
hier einen harten und schweren Kampf haben, um vor neuen Rück-
fällen in die Zeiten von 1848 und 49 uns sicher zu stellen. Ein
kurz nach Unterdrückung der Revolution, wo doch ein Einlenken in
bessere Wege zur Pflicht geworden war, aufgenommener Privatdocent der Philosophie lehrt in seinen Vorlesungen den schamlosesten
Atheismus, wie ihn die äußerste Richtung der junghegelschen Partei
predigt. Auf Klagen der Kirchenbehörde frägt die Regierung bei uns
an, ob sie die jederzeit revocable venia legendi dem atheistischen
Lehrer entziehen solle. Die philosophische Facultät soll ein Gutachten geben und nach vierzehntägigem Streite ist noch nicht einmal die Frage entschieden, ob überhaupt ein Gutachten gegeben
werden soll oder nicht. Der alte Schlosser geberdet sich am misera-
belsten und droht uns mit Denunciationen jeder Art, wenn wir den
Lehren eines so frechen Buben nicht vollen Lauf lassen. Und derselbe
Mann dedicirt sein neuestes Buch der Tante des Empereur. Wir
lassen uns natürlich dadurch nicht irre machen. Ich schreibe es Ihnen
nur, damit Sie einen Begriff von unsern Zuständen bekommen."

Obgleich ich meine Tendenz niemals verleugnet oder geändert
habe, wurde ich doch immer von Männern ganz entgegengesetzter
Parteien in Anspruch genommen, die mir ihre Bücher schickten, da-

mit ich sie womöglich lobe. So finde ich unter meinen alten Briefen solche von dem Juden Jakoby, Nork, Nowak, neben solchen von Ammon in Dresden, von Wessenberg in Constanz, Wichern in Berlin, Tischendorf, Delitzsch. Besuche empfing ich von den Theologen Ullmann in Heidelberg, vom Domprediger Strauß (Verfasser der Glockentöne), von Karl Hase, H. Thiersch, Tholuck aus Halle. Nathusius, der Herausgeber des Halleschen Volksblattes, bekannte mir in einem Briefe voll liebenswürdiger Reue, er habe mich früher angegriffen (wovon ich nichts wußte), begrüßte mich als Mitkämpfer gegen den Unglauben der Zeit und veranlaßte einen langjährigen Austausch unserer Blätter.

Es versteht sich von selbst, daß ich auch in Stuttgart und Württemberg überhaupt in freundliche Beziehungen zu den gläubigen Geistlichen trat. Einer meiner ältesten geistlichen Freunde war der Dichter Albert Knapp, Stadtpfarrer zu St. Leonhard in Stuttgart. Ich verkehrte mit diesem gemüthlichen und edlen Manne in frühern Jahren viel, bis er empfindlich darüber wurde, daß ich seine Ausgabe der Zinzendorf'schen Gedichte nicht anzeigen und empfehlen wollte. Er hatte nämlich den Text der alten Lieder Zinzendorfs auf die willkürlichste Weise verändert, um sie des vielfach Veralteten und selbst Unanständigen zu entkleiden. Das war wohl zweckmäßig für ein Gesangbuch, aus dem man in der Kirche singen soll. Ein literarhistorisches Werk aber mußte den alten Text mit diplomatischer Treue wiedergeben, oder wenigstens neben den veränderten Text zur Vergleichung den echten setzen. Ich hätte daher seine Ausgabe nur mißbilligen können, wollte ihn aber schonen und sagte also lieber gar nichts.

Zu meinen frühesten Bekannten in Stuttgart gehörten die beiden eifrigen Anhänger Swedenborgs, der Bibliothekar Emanuel Tafel in Tübingen und L. Hofacker, der Bruder meiner Freundin, der geistvollen Frau Prokurator Schott. Beide wetteiferten in der Herausgabe und Uebersetzung Swedenborgischer Schriften, fanden jedoch nur wenig Anhang, und nach ihrem Tode verschwand auch Swedenborgs Andenken wieder aus der schwäbischen Presse. Da ich mich für ihre Leistungen interessirte, glaubten sie anfangs, mich für ihre kleine Secte gewinnen zu können, worin sie sich natürlich irrten. Hofacker war ein kindliches Gemüth und so naiv, daß er mir einmal beide Hände auf die Schulter legte, mich seelenvoll ansah und sagte: „Sie sind ein Engel!" und er versicherte mich, daß es sein voller Ernst sei, denn unter den theosophischen alten Büchern, die ich ihm geliehen hatte, befand sich eins, welches ihm für seine Swedenborgischen Studien von ganz besonderm Interesse war und welches ihm natürlicherweise der liebe Gott nur durch einen Engel habe schicken können. Ich bekam das Buch niemals wieder, denn Hofacker hatte es zerschnitten und die Blätter, die er zum Wiederabdruck brauchte in die Druckerei geschickt, um sich die Mühe des Abschreibens zu ersparen.

Eigentlich hätte sich kein theologisches System besser für den modernen Liberalismus geeignet, als das Swedenborgische, weil es dem Menschen mehr Freiheit zuerkennt, als jedes andere, und ihm sogar noch nach dem Tode die Wahl läßt, beliebig den Weg nach dem Himmel oder nach der Hölle einzuschlagen, in welch letzterer er sich noch jenseits gerade so wohl befinden soll, wie ein gemeiner Kerl auf Erden unter Spielen, Fluchen und Saufen im Wirthshause.

Mein und meines Hauses Beichtvater war Wilhelm Hofacker, der frömmste und natürlichste, darum auch beliebteste Prediger in Stuttgart, eine anima candida, wie ich kaum je wieder eine gefunden habe, und dabei von tiefem Geiste. Er starb wie sein berühmter Bruder Ludwig (nicht zu verwechseln mit dem Obengenannten) noch in jungen Jahren. Sein letzter Vicar war Karl Auberlen, der meine älteste Tochter Clara kennen und lieben lernte und dieselbe im Jahr 1851 geheirathet hat, als er Professor der Theologie in Basel wurde. Er war mir bekannt und lieb geworden durch sein treffliches Buch über den christlichen Philosophen Oetinger. Als wir die Hochzeit feierten, lebte Hofacker schon nicht mehr, nur seine schönäugige Wittwe saß neben mir an der Tafel, aber in kurzer Zeit sank auch sie ins Grab. Auberlen führte dreizehn Jahre lang in Basel mit meiner Tochter die glücklichste Ehe, starb aber auch dahin, bevor er noch das vierzigste Jahr erreicht hatte. Da er große Gelehrsamkeit mit der Gabe, die studirende Jugend zu begeistern, mit einer sanften Gemüths- art und großer persönlicher Liebenswürdigkeit verband, würde er eine Zierde der protestantischen Theologie geworden sein, wenn er länger gelebt hätte.

Nach Hofacker wurde sein Freund Dettinger, dann Prälat K a p f f unser Beichtvater. Mit den energischen Zügen Napoleons verband dieser würdige Mann die Demuth eines Apostels und eine unermüd- liche Amtsthätigkeit als Prediger und Lehrer, beim Besuch von Kran- ken, beim Empfang von Rathsuchenden; denn ihm vertraute Jeder. Ueberaus oft empfing er von reuigen Sündern gestohlenes oder verun- treutes Geld, um es den Eigenthümern zurückzuerstatten. In seinen Predigten ließ er sich zuweilen in einer allzu großen Natürlichkeit des Conversationstones gehen, während sie sonst sehr gediegen waren und das Herz trafen.

Ich lernte auch den berühmten Missionsvater B a r t h in Calw kennen, wurde von ihm besucht und besuchte ihn. Er verfehlte nicht, mir köstlichen Wein vom Libanon vorzusetzen und mir die reiche ethno- graphische Sammlung zu zeigen, die in Calw nach und nach von Missionären aus allen Welttheilen zusammengebracht worden war. Auch ließ er mir für den württembergischen Alterthumsverein mehr- mals interessante Alterthümer zukommen. In seinem Hause fand man auch eine reiche und seltene Sammlung von Bildnissen berühmter Pietisten, Sectirer und Missionäre, deren Gesichts- und Schädelbil- dung zu vergleichen viel Interesse darbot, indem fast durch alle ein Zug hindurchging, wie man ihn bei gewöhnlichen Menschen nicht an- trifft. Barth selbst glich ihnen nicht, sondern hatte ein mehr einneh- mendes Gesicht und kokettirte ein wenig mit einer Perücke, die das lange und schlicht gescheitelte Haar eines Johanneskopfs nachahmte.

Der liebenswürdigste Missionär, den ich kennen lernte, war un- streitig K r o n e, der von Geburt ein Norddeutscher war, aber eine ebenso liebenswürdige Württembergerin, die Freundin meiner Tochter, geheirathet hatte. Sie war nach China zu ihm gereist, um ihn zu heirathen, ohne ihn vorher gesehen zu haben. Das ist so Sitte bei den Missionären, die von ihren Posten in fremden Welttheilen nicht so leicht zurückkehren können. Man schickt ihnen Bräute aus Europa nach. Krones Ehe war eine sehr glückliche. Sie kamen zurück. Krone sprach fertig chinesisch und hat auch über China geschrieben. Er stand wie mit England, so mit Rußland in Verbindung und sollte durch Sibirien nach China zurückreisen. Er kehrte jedoch von Petersburg zurück und ging über Odessa und Suez, um China zum zweitenmal zur See zu erreichen, erkrankte aber auf dem rothen Meere und starb in Aden, von wo seine betrübte Frau zu uns zurückkehrte. — Auch eine Schwester meines Schwiegersohns Auberlen reiste nach Indien als Braut eines Missionärs, den sie vorher nie gesehen hatte. Ich gedenke hier noch des geistreichen Fabri, des Missionsinspektors in Barmen, eines intimen Freundes meines seligen Schwiegersohnes, der uns mehrmals in Stuttgart besuchte.

Der ehrwürdige Karl v. Raumer, dem ich einst in Breslau vorgeturnt hatte, machte mir die Freude, mich noch als Greis einmal mit seinem geistreichen Sohne Rudolf zu besuchen. Ich bemerke dabei, daß alles was er sowohl als Harnisch in ihrem Lebensabriß von der Breslauer Turnlehre gesagt haben, vollkommen der Wahrheit gemäß ist.

Auch Vilmar setzte sich mit mir in Correspondenz; ich mißbilligte jedoch sein ebenso der christlichen wie der deutschen Sache unwürdiges Einverständniß mit Hassenpflug.

Einen überaus interessanten Mann lernte ich in dem berühmten Pfarrer Blumhardt kennen. Derselbe war Pfarrer in Möttlingen nicht weit von Calw und übte wunderbare Heilungen durch Handauflegen und Gebet. Mein sechster Sohn, geboren 1839, ein hübscher Knabe, fing an zu kränkeln und wurde im achten Jahre so zart und bleich, träumerisch und schmachtend, und seine Kräfte schwanden so sichtlich hin, daß wir ihn beinahe schon aufgaben. Auf den Rath des

Arztes nahm ihn meine Frau in das Bad Liebenzell im Schwarzwald mit. Von dort aus kamen sie einmal nach Möttlingen, um den Pfarrer zu besuchen. Da nahm derselbe, während er sich mit meiner Frau unterhielt, meinen Otto vor sich, legte ihm beide Hände auf den Kopf und ließ sie lange darauf ruhen. Auffallend bleibt, daß von dieser Zeit an sich mein Sohn erholte und zusehends wieder kräftiger wurde. Er ist einer der stärksten, feurigsten und trotzigsten von meinen Söhnen geworden.

Ich lernte den Pfarrer Blumhardt bald darauf selbst kennen. Er hatte eine dämonisirte Magd von wahrhaft entsetzlichen Heimsuchungen aus der Hölle befreit, wagte diese merkwürdige Begebenheit nicht drucken zu lassen, vervielfältigte aber seine Beschreibung durch Lithographie. General v. Radowitz bat mich dringend, ihm ein Exemplar davon zu verschaffen, welches mir auch Blumhardt gab, sowie ein zweites Exemplar für mich. Blumhardt war ein überaus freundlicher und ansprechender Mann, in dessen Atmosphäre man sich unwillkürlich wohl fühlte. Er kaufte das Bad Boll in der Rauhen Alb unfern von Göppingen und errichtete hier eine große Heilanstalt für Kranke und Ruhebedürftige. Dort heirathete ein reicher Holländer die oben genannte Magd, die nach ihrer Heilung bei dem Pfarrer geblieben war. Blumhardts Wirken in Boll blieb segensreich. In seinem Hause herrschte trotz der vielen Bewohner und Gäste ein seliger Frieden und unermüdlich wußte Blumhardt die Kranken zu pflegen und zu trösten, Fremden Rede zu stehen und zahlreichen Armen Gutes zu thun.

Ich befand mich in einer etwas eigenthümlichen Stellung, indem ich zwar einerseits die Gottesfurcht, die tiefste Ehrfurcht des Geschöpfes vor dem Schöpfer und die von Christo uns angesonnene Erhebung des nach Gottes Ebenbild geschaffenen Menschen über alles Schlechte und Gemeine stets feurig vertheidigte, mich aber nicht in die confessionelle Schablone fügen konnte, weil jeder etwas anklebte, was eben nicht wahrhaft christlich war. Der Katholicismus hatte ja mit seiner Werkheiligkeit das Christenthum fast ganz wieder in Heidenthum um-

gewandelt, statt christlicher Freiheit nur Knechtschaft, statt christlicher
Liebe Glaubenszwang und Glaubenshaß gebracht, die Religion weltlichen Zwecken dienstbar gemacht und Ablaß für die Sünden sogar
verkauft. Auch die lutherische Rechtfertigung durch den Glauben allein
ersparte Jedem, wenn er den Glauben nur heuchelte, die Erfüllung
seiner christlichen Pflichten und erstickte, kaum anders als die katholischen Ketzergerichte, die christliche Liebe in unduldsamer Rechtgläubig-
keit. Viele Rationalisten waren mir mit ihrer Moral und Humanität
höchst achtungswürdig; doch fehlte ihnen etwas, was die Religion von
der bloßen Moral, ohne sich von derselben zu trennen, immerhin unterscheidet. Ihr Verstandesurtheil und ihr natürlicher Rechtssinn war
ihnen genug. Gott blieb ihnen eigentlich fremd, das Mysterium des
Göttlichen in der Seelenschönheit der Kinder Gottes und in der
Tapferkeit der Streiter Gottes fachte nie ein heiliges Feuer in ihnen an.

In mir glühte etwas von diesem Feuer für Gott und für das
Vaterland. Ich blieb dem christlich deutschen Programm der 1818,
wobei ich selbst zugegen war, in Jena gegründeten allgemeinen deutschen Burschenschaft unverbrüchlich treu, und wie ich das Deutschthum
nicht in Preußenthum, Oesterreicherthum, Bayerthum, Sachsen-
thum ic. zu erkennen vermochte, so auch nicht das Christenthum in
Katholicismus, Lutherthum, Calvinismus ic. In einer solchen neu-
tralen Stellung über den Parteien mußte ich natürlich auf die spe-
cielle Gunst jeder dieser Parteien und auf die Reclame verzichten,
durch die sie mich hätten heben können. Am meisten schadete ich mir
dadurch, daß ich vom natürlichen Rechtsgefühl geleitet gewöhnlich das
Unrecht rügte, das einer Partei widerfuhr, auch wenn ich selbst nicht
zu ihr gehörte. Ich vertheidigte den süddeutschen Liberalismus in
seinem Kampfe mit dem Bundestage gegen die ungerechten Schmähungen der Kreuzzeitungspartei, und ich vertheidigte auch wieder den
Schweizer Sonderbund gegen den Uebermuth der Radikalen. Und
das war nicht inconsequent und jedes recht zu seiner Zeit. Ich bin
heute noch überzeugt, daß die Berliner Kreuzzeitungspartei durch ihre
reaktionäre Unduldsamkeit viel dazu beigetragen hat, den Widerstand

zu provociren, die liberale Partei zu kräftigen und bis zu dem Uebermuth zu steigern, der sich später in der unvernünftigen Opposition gegen Bismarck kundgab. Und ebenso bin ich überzeugt, daß der schonungslose Uebermuth, mit dem die Radikalen in der Schweiz die alten Cantone im Sonderbundskriege behandelten, viel dazu beigetragen hat, die damals noch ohnmächtige Jesuitenpartei stärker und immer stärker zu machen. Ein Extrem mußte das andere hervorrufen.

Ich habe die katholischen Altschweizer damals wiederholt in meinem Literaturblatt gegen den unerhörten Uebermuth der Radikalen vertheidigt, weil ihnen offenbar Unrecht geschehen ist. Auf eine charakteristische Weise fing der ganze Spectakel mit Essen und Trinken und mit Befriedigung der Eitelkeit bei Sänger-, Schützenfesten 2c. an. Damit kam man dem echten Philister am besten bei. In allen diesen Dummheiten war Methode und die radikalen Führer bewiesen viele Schlauigkeit, indem sie die große Masse unschuldiger und ehrlicher, aber genußsüchtiger und eitler Spießbürger durch die Aussicht auf lustig zu verlebende Tage, auf gute Mahlzeiten, fröhliche Gelage, auf allerlei Rührungen durch Gesänge und Reden, auf Erweckung von allerlei Begeisterung durch bunte Bänder und Fahnen in ihr Netz zu locken suchten. Das Mittel zum Zweck war ganz geeignet. Der besoffene Philister wurde selig, und wenn er irgend ein Rednertalent in sich selbst entdeckte, so konnte er es auch gleich befriedigen und sich für einen großen Mann halten. Die Verführung breitete sich weit über die Schweiz aus. Die Schweizer Radikalen durften sich rühmen, daß man ihre Methode bald auch in Paris nachahmte, wo der Abfall der Nationalgarde vom Bürgerkönigthum sicher nicht so schnell erfolgt wäre, wenn man die französischen Epiciers nicht durch die Reformbankette, wie die Fliegen durch süßen Brei angezogen hätte. In Deutschland culminirte die Zweckesserei, so daß sie sich am Ende selber Zweck wurde und man nicht mehr zusammentrat, um eine politische That vorzubereiten, sondern selbst das geringfügigste politische Tagesereigniß benutzte, um die Philister bei einem Bachanale zu versammeln. Endlich erwarb sich Classen-Kappelmann in Köln das große

Verdienst, die ganze Morethorheit des liberalen Philisteriums mit einem unvergänglichen Fluche der Lächerlichkeit zu belasten.

Die Frechheit der Radikalen in der Schweiz, die so weit ging, daß sie den Friedensbrecher Ochsenbein zum Präsidenten der Tagsatzung machten, wurde noch übertroffen von der Feigheit der sog. Gemäßigten, ohne deren Zustimmung die Radikalen gar nicht so weit hätten vorgehen können. Ich schonte weder die einen, noch die andern, zog mir dadurch viele Feinde zu und empfing mehrfache Drohbriefe nicht nur aus der Schweiz, sondern sogar auch einen aus Paris, woraus ich das Einverständniß der Wühler in Paris mit denen in der Schweiz deutlich erkannte. Mit Genossen des Sonderbundes kam ich niemals in persönliche Berührung, noch auch in Briefwechsel. Erst im Jahre 1858 erhielt ich einmal einen Besuch Bernhard v. Meyers, der damals schon ganz nach Oesterreich gezogen war und die Regierungspresse daselbst leiten half. Noch viel später, erst im Jahr 1867 schickte mir der greise Sigwart-Müller, einst das berühmte und schwer verfolgte Haupt des Sonderbundes, sein großes aktenmäßiges Werk über den Sonderbundskrieg mit einem Schreiben zu, worin er mir die Vertheidigung einer gerechten, aber verkannten Sache warm ans Herz legte. Ich hatte sie schon zwanzig Jahre früher übernommen.

Auch der treffliche Schweizer Oberst v. Wurstenberger aus Bern, besuchte mich, da er einige Zeit in Stuttgart lebte. Mit einem der geistreichsten Conservativen in Luzern, v. Segesser, correspondirte ich. Die reformirte Kirche litt nicht weniger im Waadtlande, als die katholische im Aargau.

Druey, der damalige Tyrann des Waadtlandes, ahmte den Fanatismus eines Conventdeputirten von 1793 nach. Man nannte ihn den Leiterprediger, weil er von einer Leiter herab den Pöbel zu haranguiren pflegte. Er predigte die reinste Demokratie und sagte einmal, er erkenne keinen als echten Republikaner an, der einen bessern Rock habe, als der andere, und auch keinen, der studirt habe und mehr wisse als der andere. Die Kirche war in seinen Augen nur eine Verknechtungs- und Verdummungsanstalt. Als es ihm nicht ge-

lang, die reformirten Geistlichen zu seinen Polizeischergen zu erniedrigen, und sie sich auf seinen Befehl nicht selbst entehren wollten, setzte
er über hundert derselben ab. Noch während seines Schreckenssystems
kam er einmal auf wenige Tage nach Schwaben, und ich staunte nicht
wenig, als er zu mir kam, mir seinen Namen nannte und mir einen
Empfehlungsbrief überreichte. Im ersten Augenblick war ich nicht übel
geneigt, ihn zur Thür hinauszuwerfen, weil aber sein Empfehlungsbrief von meinem alten Freunde, dem Professor Troxler geschrieben war
und es mich interessirte zu wissen, was Druey von mir wolle, empfing
ich ihn mit allem Anstand. Mit seiner wohlgenährten Figur sah er
ganz wie ein lustiger Lebemann aus und trug einen so höchst eleganten
Frack, daß ich ihn mit unwillkürlicher Ironie frug, ob er der Leiterprediger sei? Als er es lachend bejahte, holte ich das Zeitungsblatt
herbei, welches seine donnernde Rede gegen die bessern Kleider enthielt. Er ließ sich dadurch aber gar nicht aus der Fassung bringen,
sondern sprach mit unendlicher Verachtung vom radikalen Pöbel, den
man nur beherrschen könne, wenn man es mache wie er. Das merkwürdigste an diesem Manne war mir seine ungeheure Redefertigkeit,
da er mit einer großen Halsgeschwulst behaftet war und stark schnaufte.
Er kam mir wie ein lustiger Teufel vor, und seiner originellen Persönlichkeit durfte ich die Dreistigkeit verzeihen, mit der er in mein
Zimmer gedrungen war. Er wollte übrigens nichts von mir als mich
kennen lernen und im Namen Troxlers begrüßen. Ich dagegen bat
ihn als Historiker, mir alle gedruckten Aktenstücke betreffend die Kir-
chenhändel im Waadtland, zu schicken, und er hat sie mir alle geschickt.

Der alte Zürcher Bürgermeister und eidgenössische Landammann von Muralt, der im Sommer öfter nach Cannstadt kam,
hatte die Güte, mich über die laufenden Schweizer Angelegenheiten
zu belehren und mir auch einmal ein Exemplar einer confiscirten und
zur Vernichtung verurtheilten atheistischen Brandschrift zukommen zu
lassen. Präsident Kern vom Thurgau, dessen Frau die meinige kannte,
besuchte mich einmal, um bei mir Notizen über solche Männer einzu-
ziehen, die an das neue eidgenössische Polytechnikum in Zürich beru-

feu werden sollten, und correspondirte deßhalb nachher noch mit mir, huldigte aber zu sehr der radikalen Partei, als daß er grade die Männer berufen hätte, die ich ihm vorzugsweise empfehlen zu müssen glaubte. Für den Kanton Basellandschaft mußte ich zweimal den Bibliothekar machen, indem der Präsident Banga mehr Vertrauen zu mir als zu den Schweizer Historikern hatte, und mich bat, da der neue Kanton eine eigene Staatsbibliothek gründen wollte, ihm vorerst ein Verzeichniß der besten Geschichtswerke anzufertigen, die man für 800 Franken anschaffen wollte. Ich machte das Verzeichniß mit Hinzufügung des Laden- und Antiquariatspreises und Anweisung der nächsten soliden Buch- und Antiquariatshandlung, an die sich der Präsident am besten wenden könnte. Nach zwei Jahren bekam ich den Auftrag, ein Verzeichniß der besten Dichterwerke zu machen, wieder im Werth von 800 Franken. Einen Dank verlangte und erhielt ich nicht, doch wurde nach einigen Jahren auf meine Empfehlung hin ein talentvoller, aber vom Schicksal verfolgter junger Mann in Liestal als Lehrer angestellt.

V. Verkehr mit Geschichtsforschern.

Natürlicherweise kam ich durch mein Literaturblatt mit einer großen Menge von Gelehrten in Verbindung, deren Correspondenzen mir noch vorliegen. Ich erhielt unzählige Zuschriften mit Büchern, die ich anzeigen sollte, und viele Besuche, besonders im Herbst in der Ferienzeit der Universitäten und Gymnasien, in der das Professorenthum ein wenig Luft schöpft und auf Reisen geht.

Ich rede hier vorzugsweise von den Geschichtsforschern. Aus der ältern Generation machten mir Zusendungen der alte Wachler in Breslau, den ich auch persönlich kannte, Böttiger in Dresden, den ich 1817 daselbst in der Antikensammlung kennen lernte und der sehr freundlich gegen mich war, Hüllmann in Bonn, Docen in München, Friedrich von Raumer in Berlin, ein lustiger alter Herr mit sehr freier Redeweise, der mich in Stuttgart und den ich in Berlin mehrmals besuchte, Barth, der fleißige und begeisterte, aber etwas confuse Verfasser der deutschen Urgeschichte, der alte Leipziger Pölitz, der gemüthliche Kortüm in Heidelberg, der alte Pfarrer Kirchhofer von Stein am Rhein, Sammler von Sprüchwörtern und Schaffhauser Geschichten. Der französische Geschichtschreiber Capefigue, der mich einmal in Stuttgart besuchte und mit dem ich bald Streit bekam, weil ich seine Grundansicht der französischen Geschichte nicht billigte. Thiersch in München, mit dem ich lange befreundet war und viel correspondirte, wovon ich an einem andern Orte berichtet habe. Ebenso der alte Creuzer in Heidelberg, dem ich ein kleines Buch widmete und mit dem ich bis an seinen Tod befreundet blieb.

Fern von Preußen und mit der Richtung nicht einverstanden, in welche dort die Universitäten hineingetrieben und der alte ehrliche deutsche Patriotismus ausgetrieben wurde, kam ich auch nicht viel mit preußischen Geschichtschreibern in Berührung. Mit Leo, meinem schon erwähnten alten Universitätsfreund, plänkelte ich ein paarmal, da er eine Zeitlang der damaligen Berliner Strömung folgte. Als er aber den ritterlichen Kampf wider die Hegelianer begann, stand ich ihm sogleich zur Seite. Auch mit meinem ehemaligen Lehrer Karl Adolf Menzel befreundete mich bald die gleiche Gesinnung, und er besuchte mich in Stuttgart. Dagegen war mir die Ranke'sche Schule in Berlin mit ihren vornehm thuenden Glacéhandschuhen eklig; und die Heidelberger Schule von Gervinus und Häusser gefiel mir nicht, weil sie der ehrwürdigen Muse der Geschichte so recht knabenhaft ein Schnurrbärtchen anmalte, um damit vor dem liberalen Plebs zu kokettiren.

Professor Barthold in Greifswald hatte einmal etwas Schnippisches über eine Stelle in meiner Geschichte der Deutschen gesagt. Da er aber fand, daß mich das im geringsten nicht abhielt, mich seiner theilnehmend anzunehmen, machte er mich zu seinem Vertrauten in seinen vielfachen Nöthen und Verlegenheiten. Denn er konnte für seine historischen Werke nur schwer Verleger finden, die nur einigermaßen honorirten. Ich stand ihm hierin nun, wenn es mir auch manche Mühe machte, eifrig bei, und er blieb mir bis an seinen Tod dafür dankbar. Ich überschlage die große Menge von Briefen, die er mir in diesen seinen Privatangelegenheiten schrieb und wähle nur einen aus, der einen Blick in die damalige Lage eines bei der Regierung mißliebigen Professors in einer kleinen Stadt Pommerns wirft.

„Greifswalde, 23. Februar 1846. Hochgeehrter Herr und Freund! Die gute Meinung, welche Sie seit zwanzig Jahren in Betreff meiner Gesinnung und meiner literarischen Leistungen hegen, die Anerkennung, welche Sie mir mehrmals in schmeichelhafter Weise öffentlich zu Theil werden ließen, der Einfluß, welchen Sie dadurch, ohne es zu wissen, auf die Gestaltung meines äußern Lebens ausübten, und die Hochachtung 2c. entschuldigen gewiß, daß ich Sie meinen Freund nenne, ungeachtet wir uns nie persönlich begegnet sind. Mich drängt es jetzt aus verschiedenen Gründen, aus weiter Ferne Sie zu suchen, wenn es auch nur sein sollte, um Ihnen meinen Dank zu zollen. — Im Jahre 1830 hatte ich mein Buch über Heinrich VII. beendet und harrte mit Sorge der Aufnahme desselben. Die rühmende Anerkennung durch Sie wirkte wesentlich auf die Umgestaltung meiner Verhältnisse. Aber ich bin jetzt wieder eines literarischen Freundes bedürftiger als je. Ihr jüngstes Urtheil über meine Casanoviana, ein anstößig gewordenes und durch seinen ersten Eindruck, durch den Titel, mir schädliches Buch, mußte mich umsomehr erfreuen, als ich gerade die übeln Folgen meiner Schriftstellerei verspürte. Ich bin nämlich durch dieses

gewiß in guter Absicht geschriebne Buch um einen guten Theil meines
Credits, namentlich beim Ministerium, gekommen und sehe die Hoffnung vereitelt, welche ich nach Beendigung der mühsamen und un-
dankbaren Geschichte von Pommern hegen durfte. Zu dem Eindruck
dieser mißliebigen Arbeit, der man so leicht eine gehässige Tendenz
unterlegen konnte und in öffentlichen Organen untergelegt hat, kam
der Anstoß, welchen in einer erkünstelten Periode protestantischen
Eifers meine Ansicht über Gustav Adolf und den 30jährigen Krieg
erregt hat. Mußte es mich nicht tief verletzen, wenn ich von mehr
als einer Seite als halber Jesuit und Kryptokatholik verlästert wurde,
ich, der fern von jedem Verkehr mit dergleichen Bestrebungen, nur
aus deutschpatriotischem Zorn rückwärts in unsere Geschichte hinwies,
um vor den Folgen kirchlicher Aufgeregtheit und Unduldsamkeit zu
warnen. Da meine Gegner, namentlich aus Rankes Schule, dessen
Eitelkeit ich vor Jahren einmal in den Jahrbüchern für wissenschaftliche Kritik verletzte und dessen höflingsartige Historiographie mir nicht
zusagt, sich vielfach verzweigen und mehr als ein Organ der Oeffentlichkeit inne haben, daß sogar meine wenigen alten Freunde irre werden und ich zur Zeit entschiedner Ungunst beim Minister einem Bankerote
meines literarischen Rufes nahe stehe, — theils nun aus innerstem
Produktionsdrange, theils um das gelehrte Deutschland zu versöhnen,
ohne meine Ueberzeugung aufzuopfern, endlich des leidigen Brot-
erwerbs wegen, der meiner Stellung unerläßlich ist, habe ich seit dem
vorigen Jahre einen Plan wieder aufgefaßt, nämlich die Geschichte
des Antheils der deutschen Fürsten und Völker an den Hugenotten-
kriegen in Frankreich zu schreiben."

Barthold verbreitet sich nun weiter über seinen Plan und über
die reichhaltigen Quellen, die er benutzt hat. Schließlich bittet er
mich, ihm einen Verleger zu verschaffen. Ich muß nun zu diesem
Briefe bemerken, erstens, daß Barthold in seinem Werk über Casa-
nova den Werth, welche dessen Memoiren für die Geschichte der deutschen Höfe im vorigen Jahrhundert haben, mit wahrhaft historischem
Geiste und unter Benutzung reicher Quellen nachgewiesen hat und

dabei von jeder Frivolität fern geblieben ist. Ihn um dieses ver-
dienstlichen Buches willen anzugreifen, war im höchsten Grade ungerecht. Was ferner seine Ansicht von Gustav Adolf und dem 30jäh-
rigen Kriege betrifft, so ist dieselbe die einzig richtige. Daß sie gegen
die bisherigen protestantischen Vorurtheile anstößt, durfte den uner-
schrockenen Forscher nicht abhalten, die Wahrheit zu sagen. Jene Vorurtheile gingen aus einer älteren conventionellen Partei-Geschichts-
schreibung hervor, welche jetzt, nachdem die echten Quellen aus
allen europäischen Archiven zugänglich geworden sind, für immer gerichtet ist. Ich nahm mich daher des armen Barthold eifrig an und
verschaffte ihm einen Verleger, wie ich auch bis an seinen Tod seine
Werke empfohlen habe.

Unter den preußischen Historikern widmete mir A. v. Reumont,
Geschäftsträger in Florenz, eine liebenswürdige Aufmerksamkeit, indem
er mir seine Werke schickte und mich ein paarmal in Stuttgart besuchte.
Auch Herr v. Stillfried beehrte mich mit einer Zuschrift, ich kam
mit ihm auf dem Hohenzollern zusammen. Eduard Gerhard,
der seine Kenner des classischen Alterthums, bewahrte mir lange Jahre
hindurch die Anhänglichkeit des speciellen Landsmanns.

Unter den sächsischen Historikern erwies mir die freundlichste
Güte Geheimrath von Langenn, Präsident des höchsten Gerichts-
hofes, den ich durch seine trefflichen Werke und Briefe kennen lernte,
ehe ich ihn in Dresden besuchte. Nächst ihm war ich mit dem blinden
Klemm am besten befreundet.

Im Badischen waren mir außer Creuzer und Kortüm besonders noch Mone, Bähr, Zell befreundet. Desgleichen der seine Al-
terthumskenner Bock in Freiburg, der besonders die Alexandriner
und Byzantiner trefflich kannte und mit dem ich in Stuttgart, so lange
er hier war, viel verkehrte.

In der Schweiz der Züricher Meier von Knonau, Henne
von Sargans, Gerlach in Basel, der geistvolle Bachofen, dessen
Werke die Urgeschichte der Menschheit beleuchten, gleichfalls in Basel.

Württemberg ist verhältnißmäßig reicher an Theologen und

Philosophen, als an Historikern. Den meisten Ruf erlangte zu meiner Zeit Gfrörer, von dem ich an einem andern Orte rede. Verdiente Ehre als treuer, wenn auch etwas trockner Forscher erwarb Stälin mit seiner württembergischen Geschichte. Auch Oechslins Beitrag zur Geschichte des Bauernkriegs war sehr zu schätzen.

Der älteste Mann in Stuttgart war, als ich dorthin kam, ein gewisser Oberst Rösch, der schon bei der Gründung der hohen Karlsschule als Lehrer an derselben angestellt wurde und noch die meisten Schüler derselben überlebt hat. Er war ein großer Sonderling und unverheirathet. Gewöhnlich pflegte er nach Tisch spazieren zu gehen und in Gaisburg in der Traube Kaffee zu trinken. Dort bediente ihn der Kellner Wilhelm einigemal nicht zu seiner Zufriedenheit, worüber er sich ärgerte und wegblieb. Schon waren vierzig Jahre vergangen, als er an einem schönen Nachmittage wieder einmal an der Traube in Gaisburg vorbeikam und bei sich dachte, du willst doch versuchen, ob heute der Kaffee nicht besser ist. Er ging hinein und fand den Kaffee ganz gut, lobte ihn daher und sagte, er sei jetzt besser. Aber, fuhr er fort, wo ist denn der Schlingel, der Wilhelm? — Der alte Rösch beschäftigte sich viel mit geschichtlichen Studien, ging aber dabei von der fixen Idee aus, daß ein großer Theil der nachsündfluthlichen Weltgeschichte in die Zeit vor der Sündfluth gehöre. In seinen „Erläuterungen und Zusätzen zu Rotteck's Weltgeschichte", gedruckt 1832, behandelte er die sämmtlichen neuen Geschichtschreiber, vor allem aber Rotteck, wie Schulknaben, die von der Geschichte nichts verstünden, und schrieb: „Rotteck weiß nicht, daß die Erzväter vor der Sündfluth schon mächtige Monarchen waren, daß der trojanische Krieg in dieses Zeitalter gehört, wovon die Kunde nach Birgil die entferntesten Länder erreicht hat. Die Mexikaner wissen schon von diesem Kriege zu erzählen ꝛc. Rotteck ist auch der Meinung, daß von Adam alle Menschen stammen; dies beweist seine Unkunde in der Geschichte. Adams Großvater und Vater waren schon Volksbeherrscher und Adam kam zu drei Nationen, bei denen er Regent wurde, die alle älter waren als er." Man schickte mir das kleine Buch zu, und ich zeigte es in meinem Literaturblatt an, indem ich, um den Greis zu schonen, nicht den leisesten Tadel noch Spott anbrachte, sondern einfach referirte und einige besonders charakteristische Stellen abdrucken ließ. Kaum war die Recension erschienen, so klappte es die Treppe zu mir herauf, wie der Geist im Don Juan, und herein trat der kleine alte Oberst, die Stiefeln über die Hosen, in einer alten blauen Uniform, aber mit rundem, etwas abgeschabtem Civilhut. Unter dem Arme trug er ein halbes Dutzend kleiner neu eingebundener Bücher, alles, was er jemals hatte drucken lassen. „Sie sind, redete er mich feierlich an, der erste Recensent, der mich nicht getadelt hat, weshalb ich mir die Ehre gebe, ihnen ein Exemplar meiner sämmtlichen Werke zu überreichen." Diese Büchlein sind seltene Curiosa. Den Verfasser behandelte ich mit so zuvorkommender Artigkeit, daß er mich nachher öfter wieder besuchte und viele Bücher von mir entlehnte. Als er im 97. Lebensjahre starb, hatte er noch unmittelbar vorher Kleukers Ueberseßung des Zendavesta von mir geliehen und darin studirt.

Die Schriften, in denen Rösch seinen Wahn auskramte, waren: Taschenbuch der Vorzeit 1805, Beiträge zur Geographie und Geschichte der Vorzeit 1819, Erläuterungen und Zusäße zu Rotted's Weltgeschichte 1832, alle in Stuttgart gedruckt. Auch hat er ein kleines Buch über Baukunst geschrieben.

Der Wahn ist übrigens nicht neu. Pater Harduin von der Gesellschaft Jesu behauptete, die sämmtlichen griechischen und römischen Classiker seien verfälscht und eine bloße Erfindung, ausgegangen von den Anhängern der Reformation, um die Geschichte zu verfälschen und die Menschen von der Kirche abzuführen. Der Franzose La Croze widmete ihm eine Widerlegung.

Noch in unserem Jahrhundert gab ein Herr Peter Franz Joseph Müller ein Buch heraus „meine Ansicht der Geschichte, Düsseldorf 1814", worin er ungefähr dasselbe zu beweisen suchte, wie Harduin, jedoch zu einem anderen Zweck. Er wollte nämlich beweisen, es habe von jeher nur ein heiliges und gerechtes Urvolk unter dem Hause Habsburg gegeben, aber eine rebellische Partei, die sich gegen dasselbe

erhob, und hauptsächlich in Frankreich ihren Sitz hatte, habe nicht
nur die ganze Weltgeschichte, wie man sie sich jetzt gewöhnlich denkt,
sondern auch sogar die vielen alten und neuen Sprachen erfunden,
nachdem vorher nur eine Ursprache herrschte, alles nur um dem Hause
Habsburg seine legitime Gewalt zu bestreiten. Wie es scheint und
auch aus der Jahreszahl 1814 hervorgeht, war der Verfasser ein guter
Patriot, der aber in der Franzosenzeit ein wenig den Verstand verloren hatte.

Näher befreundet war ich lange Jahre mit G f r ö r e r. Ich lernte
ihn kennen, als er als Stadtvikar nach Stuttgart kam und bald darauf die dritte Bibliothekarstelle an der k. öffentlichen Bibliothek erhielt. Es war ein schöner, rothwangiger, saft- und kraftvoller junger
Mann von großer Lebendigkeit der Rede. Ich gewann ihn bald lieb,
und er besuchte mich sehr häufig. Plötzlich aber vermied er mich, ohne
daß ich ihm die geringste Ursache dazu gegeben hätte, denn ich wollte
ihm immer wohl. Ich erfuhr, jene von Kottencamp 1835 gegen mich
geschleuderte schon erwähnte Flugschrift, Anti-Menzel betitelt, sei von
Gfrörer inspirirt worden. Ich nahm davon gar keine Notiz, und nach
einigen Jahren näherte sich mir Gfrörer wieder. Er gehörte zu den
Menschen, denen ich niemals übel wollen kann, wenn sie mich auch
beleidigt haben, denen man in mancher Beziehung gerechte Vorwürfe
machen und die man nicht so achten kann, wie man gern möchte, die
aber doch einen geheimen Zauber auf uns ausüben. Es ist mir mit
mehreren Personen so gegangen. Zudem hatten wir als Geschichts-
schreiber viele Berührungspunkte und manches gemeinschaftliche Interesse. Ich benutzte in sehr ausgedehnter Weise die k. öffentliche Bibliothek, und er lieh nicht selten von mir Bücher, die sich nicht auf der
öffentlichen Bibliothek befanden. Unsere Gespräche blieben nicht unfruchtbar, denn wir kamen dabei auf den Gedanken des Stuttgarter
literarischen Vereins und führten ihn aus.

Gfrörer erweckte mir oft ein tiefes Mitgefühl, denn er befand
sich in einer ungünstigen Stellung und brach darüber oft in die bittersten Klagen und Verwünschungen aus. Er bekam nach und nach acht

Kinder, war ohne Vermögen und genoß als dritter Bibliothekar nur eine geringe Besoldung. Auch von seinen ersten gelehrten Arbeiten bezog er noch keine hohen Honorare. Der Minister Schlayer, den er um Aufbesserung seines Gehaltes bat, machte ihn zum Censor, wofür er jährlich hundert Gulden bekommen sollte, im zweiten Jahre aber nur fünfzig, im dritten nur fünf und zwanzig bekam. Schlayer drohte, ihn an das Gymnasium in Ellwangen zu versetzen, wenn er sich nicht zufrieden gebe und noch ferner raisonnire. Gfrörer wollte daher um jeden Preis fort, aber wohin? Er dachte an eine Professur in Bonn, allein er konnte sie nicht bekommen, weil Nitzsch dagegen protestirte. Und zwar nicht mit Unrecht, denn Gfrörer hatte in seinen ersten Werken über Philo und das Urchristenthum sich in eine Hyperkritik eingelassen, die mehr oder weniger derjenigen der Tübinger Schule verwandt war, mit Strauß und Schwegler concurrirte und die Autorität der Evangelien vielfach bestritt. Anstößig war darin vor allem die wieder aufgewärmte Hypothese vom Scheintode Christi.

In die Periode der vereitelten Hoffnungen auf Bonn fiel die Bekanntschaft Gfrörers mit dem General von Radowitz, dessen Gespräche aus der Gegenwart er herauszugeben unternahm. Der natürliche Anknüpfungspunkt war die Geschichte Gustav Adolfs, welche Gfrörer unlängst geschrieben hatte und worin er neue und überraschende Wahrheiten gesagt hatte, welche der bisher gewöhnlichen einseitig protestantischen Auffassung widersprachen und mithin den katholischen Gefühlen schmeichelten. Radowitz, der romantische Freund des romantischen Königs von Preußen, dessen Gesandter in Karlsruhe, eine großartige und liebenswürdige, seine ganze Umgebung bezaubernde Persönlichkeit, übte auch Einfluß auf den Großherzog Leopold und empfahl Gfrörer für eine Professur in Freiburg im Breisgau, die derselbe 1846 erhielt. Gfrörers ökonomische Lage war nun eine günstigere. Auch konnte er sich ganz seinen historischen Forschungen widmen. Er kam 1848 ins Frankfurter Parlament, wo er sich an Radowitz hielt und, namentlich am Schluß des Parlaments kräftige und vernünftige Worte sprach. Nicht lange nachher brach der kirchliche

Conflict in Baden aus. Die Katholiken in der Erzdiöcese Freiburg, die das ganze südwestliche Deutschland umfaßt, waren seit dem Untergange des deutschen Reichs unverantwortlich vernachläffigt und beeinträchtigt worden. Zahlreicher als die Protestanten, welche drei Universitäten hatten, besaßen sie nur eine in Freiburg, aber auch hier herrschten protestantische und s. g. aufgeklärt katholische Lehrer vor. Das Kirchengut war längst vom Staate eingezogen, die bischöfliche Gewalt einem weltlichen Kirchenrath untergeordnet. Im Jahre 1848 hatten die deutschen Bischöfe in Würzburg getagt und, Gebrauch machend von den deutschen Grundrechten, die Freiheit ihrer Kirche reclamirt. Sie waren damit in ihrem vollen Rechte und hatten nicht nur die Sympathien der katholischen Bevölkerungen für sich, sondern fanden auch einen Rückhalt an der kirchenfreundlichen Politik des Fürsten Felix v. Schwarzenberg in Oesterreich und an den Sympathien des französischen Episcopats. Es ist bekannt, wie tapfer sich der greise Erzbischof von Freiburg gegen die Maßregelungen des badischen Ministeriums wehrte. In dieser Periode des heißen Kampfes hielt sich Gfrörer nicht nur auf der Seite des Erzbischofs, sondern trat auch zur katholischen Kirche über. Das machte ihn nun aber so unliebsam bei der Regierung und erweckte ihm so viele Feindschaften und Plackereien, daß er sich von Freiburg wieder wegsehnte.

Eines Tages kam er zu mir und sagte mir, er reise nach Wien, wo er Hoffnung habe, einen guten Platz zu bekommen. Ich schüttelte den Kopf und warnte ihn, er solle ja diese Hoffnung nicht zu laut werden lassen, um sich nicht zu compromittiren. Ein Mann wie er, ein echter Schwabe, der seit Jahrzehnten gewohnt sei, beim Glase Wein gemüthlich und unvorsichtig seiner Zunge den Lauf zu lassen und sein Herz auszuschütten, der tauge nicht nach Wien. Dort brauche man zugeknöpfte und klug verschwiegene Leute. Er stutzte wohl ein wenig, hegte aber das größte Vertrauen zu seinen Empfehlungen und vornehmen Verbindungen. Sie haben ihn getäuscht und ich behielt Recht. Als er in Wien in einem hohen Hause mit mehreren Ministern speiste, brach er nach seiner Art in sarkastische Verwünschungen der

Advokaten aus, von denen das ganze Uebel der Zeit herkomme, und vergaß, daß der Minister v. Bach am Tische faß, der sich erst in der Revolution als liberaler Advokat in die höheren Regionen empor-geschwungen hatte. Genug, Gfrörer kam zurück und mußte in Frei-burg bleiben. Was er sonst noch für Hoffnungen hegte, sie sind mit ihm begraben worden.

In Oesterreich fand ich viele gute Freunde. Mit dem be-rühmten Wiener Orientalisten, Freiherrn Joseph von Hammer-Purgstall kam ich schon von Heidelberg aus durch Creuzer in Ver-bindung und correspondirte mit ihm schon ehe ich ihn im Jahr 1831 in Wien besuchte. Sein Wohlwollen ist mir bis an seinen Tod ge-blieben, und ich bewahre noch einen großen Stoß von Briefen von ihm auf, von denen die meisten freilich so unleserlich geschrieben sind, daß es mir nicht immer möglich war, ihren Inhalt ganz zu entziffern. Sie sind überaus reich an interessanten literarischen Notizen und Mittheilungen aus der morgenländischen Literatur.

Ich kannte Hammer noch nicht persönlich, als er mir bereits die freundschaftlichsten Briefe schrieb. Schon im Jahr 1829 versprach er mir, er wolle in Constantinopel einen Siegelring für mich stechen lassen, mit einem berühmten Koranspruche, der meinen Namen ent-halte. Der Ring kam lange nicht. Endlich kam er am 29. Januar 1830 mit folgendem Briefe von Hammer: „Hochgeehrtester Herr und Freund! Soeben bringt mir die Post vom 10. Jänner das Ihnen versprochene Siegel, an dessen Verspätung ich keine Schuld trage. Der erste nach Constantinopel hinuntergesandte Carneol war in dem großen Feuer Peras mit mehreren mir werthen Effekten zu Grunde gegangen, namentlich mit einem zum Ergänzen gesandten persischen Manuscripte ꝛc. Glücklicher war der zweite, sehr schön gestochene Stein, der mit diesem Blatte, wie ich hoffe, glücklich in Ihre Hände kommen wird. Die auf dem Siegel gestochenen Worte sind die des Koran, Sure 6, Vers. 114: ,Denn er ist herabgesandt vom Herrn mit Wahrheit,' oder Ipse ʿAlcoranus demissus a domino suo cum veritate. Das Wort demissus kann sowohl munezel als menzel gelefen werden. Demissus a domino cum veritate ift der fchönfte Wahlfpruch für einen Richter deutfcher Literatur. Unten ift die Jahrzahl 1247 = 1831 oder 32 als das Jahr der Hidfchrat ange= bracht und daneben im Eck ungemein klein Jenni, der Name des Stechers. Ich folge mit Freuden Ihrem das Gefammtgebiet deut= fcher Literatur umfaffenden Geifte, der diefelbe wie Mithras die Räume des Himmels durchfchreitet. Ihr aufrichtigft ergebener Diener und Freund Hammer."

Der Carneol in einen dicken Goldring gefaßt ift in der That fehr fchön geftochen. Während ich im Winter von 1833 ganz in die landftändifchen Gefchäfte vertieft war, glitt er mir einmal auf der Straße unbemerkt vom Finger, weil die große Kälte das Fleifch der Finger ein wenig zufammenzog. Zwei Tage lang vermißte ich den Ring nicht einmal, weil ich zuviel an andere Dinge zu denken hatte. Endlich als ich am dritten Tage fpät nach Haufe kam, fiel mir auf, daß ich beim Oeffnen der Gartenthür meinen Fingerring nicht wie gewöhnlich an das Metall des Thürgriffs anklingen hörte. Jetzt erft vermißte ich den Ring, glaubte ihn eben erft auf der Straße ver= loren zu haben, und wir fuchten ihn eine Weile mit Laternen im Schnee, ohne ihn finden zu können. Als ich mich aber zu Bette legte und wie gewöhnlich noch eine Zeitung las, fand ich darin die An= zeige, vor ein paar Tagen fei ein goldner Siegelring gefunden wor= den und zwar ganz in der Nähe meines Haufes. Ich fchickte gleich am andern Morgen hin und bekam den Ring unverfehrt wieder. Er war von Kindern einer armen Familie gefunden worden, die nicht in gutem Rufe ftand. Ich ließ mich daher unter der Hand erkundigen, warum die Leute fo ehrlich gewefen feien, mir den Ring zurückzu= geben? und erfuhr nun, die abergläubifchen Leute feien an der In= fchrift des Ringes ftutzig geworden. Sie hätten den Ring einem Juden gebracht und ihn gefragt, ob etwa die Infchrift hebräifch wäre. In diefem Falle hätten fie ihm den Ring ohne weiteres verkauft. Da aber auch der Jude die geheimnißvollen Zeichen nicht kannte, glaubten fie, es ftecke ein Zauber darin, und aus Furcht, der Teufel

wolle sie versuchen, hätten sie den Fund zur öffentlichen Anzeige
gebracht.

Im Jahre 1831 reiste ich nach Wien und war sehr oft bei
Hammer, sowohl in der Stadt unter seinen massenhaft aufgehäuften
orientalischen Manuscripten als auf seinem Landhause im Schooße
seiner liebenswürdigen Familie. Als ich zum erstenmal bei ihm
speiste, setzte er mir nichts als morgenländische Gerichte vor, die mir
aber nicht alle mundeten. Er setzte indeß eine Ehre drein mich zu
befriedigen und bei seinem nächsten orientalischen Gastmahl fand ich
alle Speisen vortrefflich. Er war ein kleiner, magerer, aber ein
äußerst lebendiger und unermüdlich thätiger Mann. Seinen ersten
Ruhm hatten die „Fundgruben des Orients" begründet, deren
Kosten sein Freund, der gelehrte polnische Graf Rzewuski bestritten
hatte. Die Gemahlin dieses Grafen, eine geborne Fürstin Lubo-
mirska, lebte damals in Wien und war eben beschäftigt, mein Buch
über deutsche Literatur ins Französische zu übersetzen, wobei ihr Graf
Montbel half, der seit der Julirevolution aus Frankreich verbannte
Minister Karls X. Beide empfingen mich mit der größten Herzlichkeit, und ich brachte manche vergnügte Stunde bei ihnen zu. Die
Gräfin war außerordentlich groß und hatte eine ebenso hochgewachsene
Tochter. Ihre Söhne fochten damals mit den Polen gegen die Russen,
wovon aber nicht die Rede sein durfte, denn Vater und Mutter
galten als conservativ.

Mit dem Exminister Montbel hatte ich einmal eine kleine Scene.
Wir besuchten zusammen die reiche Schatzkammer der Wiener Burg.
Unter den hier befindlichen Kronen sieht man auch die Afterkrone von
Italien, die sich Napoleon I. machen ließ, um in Mailand damit ge-
krönt zu werden, weil die echte s. g. eiserne Krone der Lombardei
von den Oesterreichern entfernt worden war. Montbel spottete über
die falsche und wirklich lächerlich dünne Theaterkrone, ich konnte mich
aber nicht enthalten ihm zu sagen, er würde wohl nicht spotten, wenn
statt jener Krone hier das einfache Hütchen Napoleons läge, vor dem
die ganze Welt Respect gehabt habe.

Dem berühmten Geschichtschreiber Freiherrn v. Hormayr war ich niemals hold. Sein dem Johannes Müller nachgeahmter Styl erschien mir unausstehlich affectirt und sein Benehmen im Tiroler Kriege von 1809, so wie sein späteres Ueberfiedeln aus Oesterreich nach Bayern zeigte seinen Charakter nicht im reinsten Lichte. Die Tiroler beklagten sich, er habe ihre kriegerische Thätigkeit eher gehemmt als gefördert und hinterdrein ihren edlen Hofer noch verkleinert und verleumdet. Oesterreich beklagte sich, von Hormayr auf die undankbarste Weise geschmäht worden zu sein, sobald derselbe in den bayrischen Dienst eingetreten war. Aber Hormayr gehörte damals zur liberalen Opposition gegen das Metternichsche System und machte dem Publikum allerlei interessante Enthüllungen über die seit den Freiheitskriegen von Oesterreich innegehaltene Politik. Damit kaufte er sich eine gewisse Popularität bei den jüngern Liberalen, wie auch bei der Scandal liebenden ältern Generation ein. Was mich betrifft, so lag ihm daran, in meinem viel gelesenen Literaturblatt gelobt zu werden. Er benutzte daher die Gelegenheit, als ich einmal in diesem Blatte mich über den schändlichen Verrath, den die deutschen Diplomaten beim zweiten Pariser Frieden und auf dem Wiener Congreß an unserm großen Vaterlande begangen hatten, in tiefer Entrüstung und mit bitterm Sarkasmus ausgesprochen hatte, in einem Neujahrsgruß einen patriotischen Händedruck bei mir anzubringen.

Er schrieb mir: „Bremen, Neujahrstag 1844. Euer Hochwohlgeboren — und ich, haben schon seit einer schönen Reihe von Jahren mit der historischen Literatur zu schaffen, ohne daß wir einander nahe gekommen wären. — Das bewirkte auf einmal Ihr ganz unvergleichliches Wort über des bettelstolzen Lakeien Dorow Erlebtes — und insonderheit über den Minister von Stein. — Diese Ironie ist durch und durch meisterhaft, — wer aber zwölf Jahre theils als Minister in Hannover, theils bei den Hansestädten, an der Handelseinheit und Freiheit gezimmert und genietet und gelöthet hat und das durch Braunschweigs Beitritt, endlich, wie es schien durch die jämmerlichsten Künste vergeblich verzögerte Werk, dennoch durch dieselben Künste zerbröckeln und umschlagen sah, der fühlt die ganze Wahrheit dessen, was Sie gesagt haben, — namentlich wie ganz anders die Lage des Zollvereins wäre, wenn der Bösewicht Stein an der Spitze gestanden hätte?? Wie alsdann kein Däne mehr in Altona, kein Russe in Kalisch sein würde?? hat doch Hardenberg nicht nur die ungeheuern Schnitzer auf sich, Lauenburg nicht erworben, — Ostfriesland abgetreten, die Nordsee und den wichtigsten Theil der Elbe aufgegeben zu haben. In Chaumont gab er, laut seiner Correspondenz mit dem Grafen Münster sogar preußisch Minden preis, hiemit die Weser, Werra und Fulda, diese Hauptschlüssel ins Gebiet des Main, in Deutschlands innerstes Herz! — Wo stände jetzt der Zollverein? — Wie herrlich hat Ihr großartiger Spott mit Riesenhieben die germanische Sache vertreten! (Hier folgt im Briefe eine Explosion des furchtbarsten Hasses gegen eine hochgestellte Familie, die besser unterdrückt bleibt). Ich vergönne mir als Huldigung Euer Hochwohlgeboren zwei Werklein von mir zu verehren: — Die alten geschichtlichen Fresken in den Arkaden des Hofgartens zu München — und das Weihegeschenk zur Vermählung meines einzigen Schülers in der Geschichte und in den schönen Wissenschaften, des Kronprinzen Maximilian von Bayern, — die goldene Chronik von Hohenschwangau, bei welcher zu gutem Glück eine Ankündigung und ein Register ist, um sich etwas zurecht zu finden in diesem Hexenwald von Namen und Zahlen und vielfach noch unbekannten Thatsachen. — Nehmen Sie die geringe Gabe freundlich auf, so wie den oft in der Ferne an Tag gelegten Ausdruck jener ungemeinen Hochachtung, womit ich die Ehre habe zu verharren etc."

Am h. Weihnachtsabend 1844 schrieb mir Hormayr abermals aus Bremen, wo er als k. bayrischer Gesandter bei den Hansestädten residirte: „Euer Hochwohlgeboren genehmigen, daß ich Ihnen nebst den aufrichtigsten Weihnachts- und Neujahrswünschen zugleich die zweite Auflage der Lebensbilder unterlege. Das Jahr 1843 entriß mir drei Freunde, die es seit 40 Jahren gewesen. Caroline Pichler,

— Franz Kurtz und Carl Ruß. Ich band an Kurtz die Geschichte des Quellenstudiums und der historischen Kritik in Oesterreich, — an Caroline Pichler jene der schönen Wissenschaften und ihrer Freunde, — an Carl Ruß jene der Historienmalerei. — Die geistvolle, wohlwollende und überreiche Anzeige des dritten Theils der Lebensbilder verpflichtet mich ungemein. Jene treffliche Anzeige fordert mich zugleich auf, über zwei mich berührende Dinge das wahre Sachverhältniß herzustellen. Ein Lobredner Napoleons war ich nie und nirgend. Mein Haß äußerte sich nicht allein, er wirkte auch zu meinem Schaden. Ein Lobredner der Bonaparteschen Heirath 1810 bin ich noch. Ohne sie sank Oesterreich finanziell, politisch und strategisch tiefer als Preußen, zumal wenn Napoleon die jetzige Königin von Holland bekam, was an einem Haare hing, was Alexander schon zugegeben hatte und nur die Kaiserin Mutter verhinderte. — Seit dem August 1807 war ich durch Johannes Müller dem Kronprinzen Ludwig von Bayern bekannt, welche Verbindung durch nichts umgestoßen wurde, selbst nicht durch den Tyroleraufstand von 1809. Was ich persönlich im verhängnißvollen März 1813 erfuhr, dieses jämmerliche Kunststück der Roschmanniade (Lebensbilder am Schlusse des Urkundenbuchs) ist das Geheimniß der Sperlinge auf den Dächern. — Daß man Tyrol die alte, noch 1797 vom Kaiser Franz beschworene Verfassung nicht wiedergab, daß man ihm nichts von alledem hielt, was man ihm 1809 so feierlich zugeschworen, daß die Blut- und Feuertaufe des tapfern Bergvolks es nur weit ärger belastet hat, als es unter Bayern gewesen, wogegen Kaiser Franz selbst 18. April 1809 aus Scharding als gegen einen Friedensbruch zur Insurrection aufforderte, ist offenkundig. Das war mein zweiter Grund zum Uebertritt (nach Bayern), den ich im November 1825, wo er geschah, zwanzig Jahr nach 1809, also nicht aus voreiliger Ungeduld, ohne mindesten Vortheil in utili oder honorifico that und fortan behaupte. Dazu kamen endlose Censurpladereien. — Die ganze Geschichte Oesterreichs seit der Reformation ist eine magere jesuitische Hauschronik, eine Fiction, eine fable convenue im Sinne der seit 1740 neuen Dynastie. Wer durfte schreiben? Wer konnte schreiben? Die Sprachen, die Nationalitäten, die Geschichten der Ungarn und Slaven, glimmten ja kaum mehr unter dem Aschen= berg. Der jetzige Umschwung bringt natürlich viel Wunderliches an den Tag und die servile Tretmühle ist erstaunt, daß die Sachen an= ders klingen, als da man nicht (schreiben) konnte, nicht durfte. — In Leipzig, in Hamburg, in Bremen und am Rhein spuckt überall Joel Jacobi, der Vidocq der Herrn von Rochow, Kampz, Wittgenstein, Tschoppe faux frère und agent provocateur unter den Schweizer= flüchtlingen, unter den unglückseligen Polen, in Belgien ꝛc. — Doch fata viam invenient. Meine tiefgefühlte, dankverpflichtete Hochach= tung erneuert ꝛc."

Am 12. März 1845 schrieb mir Hormayr über die Verfäl= schungen der Wahrheit in der Geschichtschreibung der neueren Zeit unter anderm: „Viel schlimmere Bewandtniß hat es mit dem wegen Amtsmißbrauch, Betrug und Kassendiebstahls im Betrage von 886,000 Gulden als Regierungspräsident in Kempten entflohenen, mit Steckbriefen verfolgten und im Hauptquartier zu Kalisch von dem betrogenen Stein, (der über diesen seinen Irrthum später in Wuth gerieth) als Martyrer der deutschen Freiheit aufgenommenen Grafen Reisach. Montgelas ließ schon 1815 die Akten darüber drucken, aber Hardenbergs Bastard Dorow breitete seinen Mantel über ihn. Ueber Hardenbergs Römergröße haben Schaumann und Gagern abermal ein in der Halleschen und in der Berliner Literarischen wohl fortge= pflanztes Licht angezündet. Prima historiae lex est, ne quid falsi dicere audeat, deinde ne quid veri non audeat! — Beständig in welschen, ungarischen, slavischen, früher auch in spanischen, belgischen, polnischen, türkischen Verwicklungen, wie wäre es der 1740 erlosche= nen Dynastie möglich gewesen, deutsch zu sein? Deutschland als etwas anderes zu betrachten, denn als Werkzeug? Diese Politik wurde nur conservativ, als sie, auf dem Gipfel angekommen, conser= viren wollte, was sie in destructiven Wegen des Absolutismus, im unaufhörlichen blutigen Niederhalten alles urkundlichen Rechtes, aller Nationalitäten, Sprachen, Sitten durch kaum mittelmäßige Menschen erlangt hatte. Doch ist dreihundertjähriger Druck und Falschmünzerei so mächtig, daß die biedern Oesterreicher über jeden Tadel, ja über minderes Lob als über unerhörten Frevel erstaunen. Selbst erfahrenen deutschen Geschichtsmännern blieben die österreichischen Zustände zu zwei Drittel eine terra incognita."

Unter dem 16. August 1845 schrieb mir Hormayr aus München: „Mein vieljähriger theurer Freund, Anastasius Grün, Graf Anton Alexander Auersperg, bringt mir diesen Augenblick aus Stuttgart ungemein werthe Grüße von Euer Hochwohlgeboren und eine Kunde, für die ich Ihnen zum lebendigen Danke verpflichtet bin, da sie eben so sehr von Ihrem Scharfblick, als von Ihrem Wohlwollen zeugt, nämlich daß Sie gesinnt sind, über die Anemonen vor der Hand gar nichts zu sagen. Dieses ist für den Augenblick das einzig Wünschenswerthe, denn grade das Interessanteste zu markiren, setzt in unmittelbaren Conflict mit der Censur und könnte Maßregeln gegen das Buch veranlassen."

Auch mit dem Fürsten Lichnowski, der eine große Geschichte des Hauses Habsburg geschrieben hat, kam ich in Berührung, indem er in den Vorreden seines Werkes gegen mich polemisirte. Vergl. mein Literaturblatt 1840 Nr. 125. Sein berühmter Sohn, der 1848 in Frankfurt ermordet wurde, kam einmal nach Stuttgart, wo ich ihn beim preußischen Gesandten von Rochow kennen lernte. Man kann sich von der Lebhaftigkeit und dem Uebersprudeln dieses sehr schlanken Jünglings kaum einen Begriff machen, wenn man ihn nicht gesehen hat.

Den besten neuern Geschichtschreiber Ungarns Grafen Mailath lernte ich 1831 in Wien kennen und liebgewinnen. Wir machten zusammen eine kleine Landpartie hinaus zum lustigen alten Castelli. Graf Mailath besaß ein außerordentliches Gedächtniß und auch als Geschichtschreiber schöne Gaben. Allein er hatte kein Glück. Er war wohl zu sehr gerechter Historiker, um als Parteimann, sei es für die Regierung, sei es für die ungarische Nationalpartei in einer einseitigen, aber festen Stellung sein Glück machen zu können. Wir blieben in Verbindung und ich besitze noch eine Menge Briefe von ihm aus Wien, zuletzt aus München. Dort gab er den Prinzessinnen Unterricht, und ich hatte keine Ahnung davon, daß er im Vermögen zerrüttet sei, als plötzlich die Nachricht kam, er habe sich Arm in Arm mit seiner Tochter und von deren Shawl umwickelt, in den Starnberger See gestürzt.

Unter den Oesterreichern, die mich in Stuttgart besuchten, zeichnete sich außer Palacky, von dem ich später reden werde, der liebenswürdige Custos der Ambraser Sammlung, Bergmann, und der berühmte Chmel aus.

Einer der gründlichsten und zugleich liebenswürdigsten Gelehrten Deutschlands war der Münchener Bibliothekar Schmeller, den man in München selbst nicht nach Verdienst würdigte, dem daher allemal wohl war, wenn er nach Stuttgart kam, weil er hier nur treue Freunde und Verehrer fand. Ich erinnere mich noch, wie froh er einmal in unserm Kreise war, als wir in Wangen im Neckarthal mit ihm seinen Geburtstag (6. August 1843) feierten. Außer den Stuttgartern Archivrath Kausler, Oberbibliothekar Stälin, Bibliothekar Gfrörer, Geh. Legationsrath v. Kölle ɛc. befand sich auch der badische Minister Nebenius dabei, der das Bad Cannstatt brauchte. Das heitere Fest wurde nur durch einen leicht vorüberfliegenden Schatten getrübt. Wir saßen nämlich unserer dreizehn am Tisch, und der letzte der sich setzte, war der von Cannstatt zu spät ankommende badische Ministerialrath Lamey, ein noch junger Mann, der wenige Wochen nachher plötzlich todt im Bette gefunden wurde.

Schmeller nahm thätigen Antheil an dem von uns gestifteten „literarischen Verein," wir hatten daher oft über die Druckangelegenheiten und Correcturen zu correspondiren. Ich will aus seinen Briefen hier nur Einiges mittheilen: „München, 29. August 1843. Verehrter! Unter den Erinnerungen an die angenehmen Stunden, die mir auf meinem Ausflug, namentlich in Ihrem Stuttgart, geworden sind, ist auch die an die Fragen, über welche ich Ihnen nach meiner Heimkunft Aufschluß zu geben hoffte. Die über die hiesige Handschrift

von Charlotte d'Orléans wünſchten Sie möglichſt bald beantwortet und ſo ſei Ihnen denn kund und zu wiſſen gethan, daß dieſe Handſchrift nur eine Copie iſt von Briefen, die ſich in Ihrer Sammlung
bereits vorfinden. Titel: (274) Lettres de Madame la Duchesse
d'Orléans fille de Charles Louis Electeur Palatin écrites à Mr.
de Polier son conseiller et confident et copiées sur les originaux
que Mr. de Polier de Bottens Doyen de Lausanne a communi-
qués à S. A. S. Elect. Palatine en 1770. Die Briefe ſind von
1675 bis 1711 geſchrieben und nur der erſte iſt im Original beige-
heftet. — Was des Conrad v. Megenberg Buch der Natur betriffi,
ſo kommen auf hieſiger Bibliothek nicht weniger als vierzehn Hand-
ſchriften deſſelben vor, wovon eine vom Jahre 1377, eine andere
gleichfalls noch aus dem 14. Jahrhundert und eine dritte (niederdeutſche)
vom Jahr 1406. In Heidelberg iſt Cod. Pal. 311 (niederdeutſche)
vom Jahr 1447. Den Druck von 1478 beſitze ich ſelbſt; außerdem
finden ſich auf der hieſigen Bibliothek Ausgaben von 1475, 1481,
1482 und 1499. — Vom Bruder Basilius Valentinus beſitzt dieſelbe Bibliothek dreiundzwanzig verſchiedene Ausgaben verſchiedener
Schriften deſſelben, deren Titel ich, wenn Sie es nöthig finden, nach-
tragen will — außerdem eine Handſchrift: »V letzte Bücher vom
grossen Stein der uralten weisen, aus dem Original so in dem
hohen altar zu Erdtfurth unter dem marmorsteinenen täfelein
gefunden worden nachgeschrieben anno 1621« und eine zweite,
»V gehulme bücher von dem grossen stein der alten weisen und
andern verborgenen gehaimnussen der natur« in der Einleitung
als ſein letztes Wort oder Teſtament erklärt, aus dem Ende des
16. Jahrhundert. — Ich habe alle Urſache, mit der eben vollbrachten
Reiſe zufrieden zu ſein. Nach achttägigem Aufenthalt in Heidelberg
beſah ich mir Schwetzingen, Mannheim, wo eben die Antigone des
Sophokles in antiker Weiſe aufgeführt wurde, Karlsruhe, das Bade-
leben in Baden, ſodann Straßburg und Colmar, wo ich den Aſſiſen
beiwohnte, mich ärgernd, daß dieſe Form der Gerechtigkeitspflege,
die ſo urdeutſch, doch ſo ſtarre Gegner an unſern deutſchen Acten-

männern hat, und mich freuend, daß sich nicht blos unter den Zeugen, sondern selbst unter den Geschworenen einige befanden, die noch so sehr Deutsche waren, daß der »Président de la Cour royale« den beeidigten »Interprète« aufbieten mußte. Den Freiburgern half ich ihr 25jähriges Verfassungsjubiläum feiern, und dann gings über den Bodensee der Heimath zu, wo dieses Jubiläum vor kurzem viel stiller vorübergegangen war. Grüßen Sie gelegentlich alle jene gegen mich so gütigen Stuttgarter und bleiben Sie gut Ihrem dankbaren Schmeller."

Ich bemerke hierzu, daß ich damals für den literarischen Verein die sehr interessanten Briefe der Herzogin von Orleans an ihre Schwester, die Raugräfin Louise, aus dem gräflich Degenfeld'schen Archive herausgab, mich auch für Megenberg, aber noch mehr für Basilius Valentinus interessirte, den ersten deutschen Chemiker, dessen mittelalterliche Prosa ich außerordentlich schön, naiv und kunstvoll fand.

Am 11. October 1847 schrieb mir Schmeller aus Sterzing in Tirol. „Verehrter Freund!

Quid quisque vitet nunquam homini satis
Cautum est in horas . . .

Den 14. oder 15. vorigen Monats, ehe ich (wie ich glaube, Ihnen voraus gemeldet zu haben) von München aufbrach, um meinen kranken Stiefsohn nach Meran zu begleiten, hatte ich Ihnen die Correctur ꝛc. durch die Post zugesendet. Am 28. verließ ich Meran, um auf dem kürzesten Wege, d. h. über den Jaufen wiederum nach München zu kommen. Auf der Höhe, dem Joche dieses Berges, hatte ich das Unglück, durch einen bedenklichen Fall mein linkes Bein dermaßen zu verletzen, daß ich von da die drei langen Stunden Gebirgspfades, nach dem nächsten Orte, wo Hülfe möglich war (Sterzing) getragen werden mußte. Seit jenem Unglückstage liege ich hier, fern von den Meinigen, unter der Pflege des Wundarztes, der zwar keinen Knochen gebrochen, einige Sehnen aber luxirt findet und zur völligen Transportirbarkeit noch Wochen für nöthig hält. Zu großem Troste ist auf meinen Bericht nach Hause gestern meine Tochter hier eingetroffen und hat unter andern die zu revidirenden Bogen mitgebracht. In der Hoffnung im dreiundsechzigsten Lebensjahre noch nicht zum Claudus oder Claudius geworden zu sein, Ihr Verehrer Schmeller."

Der treffliche Mann lebte jedoch nicht lange mehr. Er hatte immer nur eine spärliche Besoldung bezogen und die Ergebnisse seiner ausgezeichneten Sprachforschungen nicht einmal vollständig dem Publikum vorlegen können. Sein Meisterwerk, das bayrische Wörterbuch war nur auf sehr schlechtem Papiere und mit Weglassung vieles Materials gedruckt worden. Eine Gesammtausgabe der Werke Schmellers, namentlich auch seiner noch ungedruckten Sachen in würdiger Ausstattung wäre nun eine Pflicht der Münchener Akademie und Universität gewesen. Da aber von dieser Seite nichts erfolgte, erinnerte ich daran in der Recension einer Rede von Ringseis Literaturblatt von 1856 Nr. 5), worin ich den damaligen „Nordlichtern" ihre Mißachtung der Altbayern zum schweren Vorwurf machte: „Wie manche leicht, ja sehr leicht wiegende Geister, die man von außen her bestellt hat, um die Partei zu verstärken, werden dort überschätzt und wird ihnen, ohne daß sie irgend ein Verdienst besäßen, in immer wiederholten bestellten oder selbstverfertigten Zeitungsartikeln ein ungemessenes, ja unverschämtes Lob gespendet. Und wie manche Altbayern dagegen bleiben zurückgesetzt in kümmerlicher Existenz und lebenslanger Verkennung. Schmeller z. B. blieb in München in einer sehr untergeordneten Stellung und kaum beachtet. Erst nach seinem Tode sollte ihn eine akademische Lobrede für die lange Verachtung gleichsam wie mit einem Almosen, das man dem Todten in die Hand drückt, entschädigen. Sein unsterbliches Werk, das bayrische Wörterbuch, mußte außerhalb Bayern in einer verkürzten Ausgabe auf schlechtem Papier erscheinen. Auch jetzt noch denkt die herrschende Partei nicht daran, Schmellers ungedruckt gebliebene Beiträge zum Wörterbuch zu Handen der Akademie zu nehmen, und jenes treffliche Buch endlich einmal in einer vollständigen und seiner würdigen Ausgabe erscheinen zu lassen, eine Pflicht, die Bayern dem bescheidensten

und größten seiner Sprach- und Alterthumsforscher unter allen Umständen schuldig wäre."

Mit dem Münchener Neumann, dem Chinesen, stand ich
schon vor seiner Reise nach China in freundschaftlicher Verbindung.
Ich erfreute mich später an der schönen reichen Sammlung von Bildern, die er von dort mitgebracht hat. Unter den bayrischen Historikern
und Naturforschern, die mit mir correspondirten, finde ich noch Docen,
von Defele, von Hefner, Söltl, den Rottenburger Bensen. Den um
Ausforschung und Ausbeutung der Archive hoch verdienten Höfler, der
später nach Prag kam, lernte ich schon 1835 in Rom kennen und
blieb immer mit ihm in freundschaftlicher Beziehung. Ebenso mit
Riehl, der zwar nicht eigentlich unter die Historiker gehört, dessen ich
aber hier gedenke, da niemand volkskundiger war als er. Er besuchte
mich in Stuttgart und ich habe ihn immer ungemein hoch geschätzt,
weil er wie ich die angeborene gute Natur des deutschen Volks gegen
das angeschulte Fremde und Schlechte möglichst zu schützen bemüht
war. Nur in einem Punkte war ich nicht seiner Meinung. Er vertheidigte nämlich einmal die norddeutschen Familienthees gegen die
süddeutschen Bier- und Weinhäuser und fand es schöner, daß der
Mann Abends unter den Damen, als daß er nur zu Männern ins
Wirthshaus sitze. Ich machte dagegen geltend, daß es doch natürlicher sei, wenn die Männer mit einander verkehrten und ihren
Geist und Charakter aneinander stählten, und ich berief mich auf
Tacitus, nach dessen Bericht die alten Deutschen schon vor achtzehn
Jahrhunderten Abends grade so zu zechen pflegten, wie die neuen,
und auf die Edda, nach welcher auch die alten Helden Scandinaviens
kein höheres Glück und keine höhere Würde kannten, als zu kämpfen
und dann in der Walhalla mit Freund und Feind zu zechen.

Von Bayern besitze ich noch viele an mich geschriebene Briefe.
Darunter von Döderlein, Uschold, Falke. Auch von Dittmar in
Hessen. Noch fallen mir in die Augen Briefe von Soldan, dem zu
frühe verstorbenen Clausen, Behse, Sugenheim, Vogel in Nassau,
Wuttke, der die Sache der Deutschböhmen würdig vertrat. Mit

Bilmar stimmte ich in seinen religiösen Richtungen, wie in seinem literargeschichtlichen Urtheil in der Hauptsache überein, konnte aber nicht begreifen, wie er sich Hassenpflug befreunden und die schlechte Sache des hessischen Kurfürsten so eifervoll vertheidigen mochte. Er begriff eben so wenig, warum ich, der ihm in so vielen andern Dingen zustimmte, in dieser kurhessischen Frage anderer Meinung sei, er muthete mir zu, in meiner Geschichte der neuern Zeit mein Urtheil über Kurhessen umzuändern; als ich aber altenmäßige Beweise forderte, blieb er sie mir schuldig, d. h. er verwies mich auf eine Unzahl Zeitungsartikel und Verordnungen, die mir theils nicht zugänglich waren, theils die Wahrheit nur bestätigten, daß es wahrhaft thöricht, ja sündhaft sei, daß edle Männer — und Bilmar war einer — sich abquälten, den Particularismus in seiner widrigsten Gestalt zu vertheidigen.

Noch muß ich des achtungswürdigen Roth von Schrecken- stein gedenken, der seine Stellung als württembergischer Reiter- offizier aufgab, um sich ganz den historischen Studien widmen zu können. Er gab mir mehrmals Aufsätze in mein Literaturblatt, wurde in Nürnberg beim germanischen Museum und später beim Fürsten von Fürstenberg in Donaueschingen, wo reiche Sammlungen für Geschichte und Alterthum bestehen, angestellt.

Im Jahr 1837 brachte mir Herr Bugge, ein Schulmann aus Drontheim in Norwegen, wo eine societas scientiarum gebildet ist, ein Diplom als Mitglied derselben, um mir die Theilnahme und Achtung seiner Landsleute auszudrücken. Denn wie ich im südlichen Deutschland das germanische Princip gegen das romanische verthei- dige, so seien sie in Norwegen gegenwärtig im Fall, sich gegen die französische Mode und Tendenz verwahren zu müssen, welche seit Bernadottes Regierung in Stockholm die herrschende geworden sei. Beinahe gleichzeitig besuchte mich Reuterdahl, damals Professor in Lund, ein frommer und biederer Schwede, der meinem Kampf gegen die unsittlichen Tendenzen in der deutschen Literatur seinen vollen Beifall zollte. Er ist später Bischof von Upsala, d. h. der erste Geistliche in Schweden geworden. Ein schwedischer Schulmann Swedbom, orientirte sich einige Jahre später im deutschen Schulwesen und hielt sich auch eine Zeitlang in Stuttgart auf. Wir wurden befreundet und ich widmete seiner jungen Gattin die Huldigung, welche ihre wunderbar elfenartige Erscheinung herausforderte; sie war nämlich klein wie ein Kind und doch vollkommen proportionirt, die reizendste Blondine, die man sehen konnte, so daß ich sie im Scherz nur meine Elfenkönigin nannte.

In den Jahren 1840 und 1841 feierten wir in Stuttgart hintereinander drei große Volksfeste. Das erste war die Enthüllung der von Thorwaldsen verfertigten bronzenen Schillerstatue, die wir mit so vieler Ausdauer endlich zu Stande gebracht hatten und wobei sich eine große Volksmenge betheiligte. In demselben Jahre 1840 feierten wir das vierhundertjährige Jubiläum der Buchdruckerkunst mit Gottesdienst und großem Festzuge, worauf ich auf dem Marktplatz von einer Tribüne herab die Festrede hielt. Regen drohte und ein kalter Wind wehte mir entgegen, so daß mir trotz der Stärke meiner Stimme bange war, ich werde nicht weit genug gehört werden. Da gruppirte sich rings um meine Tribüne her ein Kreis der schönsten mit Blumen geschmückten Mädchen, worauf ich nicht vorbereitet war, und das gefiel mir so, daß ich den Wind vergaß und frisch und kräftig meine Rede hielt. Die Zahl der Buchhandlungen und Buchdruckereien in Stuttgart war damals schon sehr groß.

Im darauffolgenden Jahr 1841 wurde das Jubiläum der fünf und zwanzigjährigen Regierung des Königs von Württemberg in Stuttgart mit außerordentlicher Pracht gefeiert. Das ganze Volk nahm daran Antheil. Aus allen Theilen des Landes wurden Natur- und Kunstproducte, geschmackvoll gruppirt, in langer Procession auf Wagen herumgeführt. Der Festzug wurde von wenigstens 20,000 Menschen gebildet, den festlich gekleideten Vertretern aller Stände. Am schönsten waren die Volkstrachten, die stattlichen Bauern zu Pferde und die Landmädchen in den mannigfaltigsten Trachten. Der

Zug dauerte vier Stunden lang, bis er am König, der zu Pferde vor dem Schloß hielt, vorüberkam.

In jener achtzehnjährigen Friedenszeit, die zwischen der Juli- und Februarrevolution lag, war der Druck des Metternich'schen Systems lange nicht mehr so empfindlich wie früher. Die geistige Entwicklung war freier und regte sich in den verschiedensten Gebieten des Wissens und Glaubens. Auf die kirchlichen Entwicklungen will ich später zurückkommen. An dem regeren literarischen Leben in Stuttgart konnte ich natürlicherweise nicht ohne Antheil bleiben.

Schon in den dreißiger Jahren veranlaßten Kölle und ich die Cotta'sche Buchhandlung zur Herausgabe der Deutschen Vierteljahrsschrift, die jetzt noch nach unserm Programme besteht. Sie sollte zeitgemäße Abhandlungen aufnehmen, die für gewöhnliche Tagesblätter zu umfangreich wären, und diese Abhandlungen sollten, wenn auch wissenschaftlich, doch zugleich praktisch sein, Zeitfragen beurtheilen und überhaupt Front gegen das Leben machen. Meinem Rathe gemäß wurde keine Redaction genannt, überhaupt keine eigentliche Redaction aufgestellt, sondern die Garantie der in ganz Deutschland geachteten Verlagshandlung überlassen. So vermied man am besten jedes Mißtrauen der Mitarbeiter.

VI. Politische Thätigkeit.

Seit den Karlsbader Beschlüssen war alles politische Leben in Deutschland erstorben. Die Patrioten von 1513 galten nichts mehr. Nur die liberale Partei, die erst im Entstehen war, hatte einige Aussicht auf Erfolg. Es ist beschämend für uns Deutsche, daß die heilige

Begeisterung, mit der man kurz vorher das Joch der Fremdherrschaft zerbrochen hatte, wie ein Traum vergessen war, und daß man
schon wieder bei denselben Franzosen in die Schule ging und ihnen
nachäffte, die man zehn Jahre vorher als die Schänder unsres Vaterlandes mit Kolben todtgeschlagen hatte.

Man muß indeß billig sein. Nur wer jene häßliche Zeit der
Restauration in den zwanziger Jahren mit erlebt hat, weiß, welcher
Alp auf dem Volke lag und mit welcher Begierde man alles ergriff,
was dazu dienen konnte, ein wenig Luft zu bekommen. Dazu eigne-
ten sich nun wirklich die modernen Verfassungen am besten, obgleich
sie nur von Frankreich hergeholt waren und abermals französische
Denkart und Mode in Deutschland einführten.

Die politische Opposition im Königreich Württemberg begann
im Jahre 1815 in echt nationaler Weise mit Verwerfung der einseitig
vom König octroyirten Verfassung nach dem französischen Muster und
forderte „das alte Recht". Das alte Herzogthum Württemberg hatte
aber neue Erwerbungen gemacht und war zum Königreich vergrößert
worden, das alte Recht mußte daher wenigstens Zusätze erhalten,
und man vereinigte sich auf friedliche Weise im Jahre 1819 unter
dem neuen König Wilhelm I. zu einem seltsamen Mittelding von
deutscher und französischer, altständischer und modern repräsentativer
Verfassung. Die mediatisirten Reichsfürsten und Reichsgrafen saßen
mit den königlichen Prinzen und sechs vom König auf Lebenszeit ernannten Herren in der ersten Kammer. Dreizehn von der Ritterschaft
gewählte Grafen oder Freiherrn, sechs protestantische Prälaten, der
katholische Landesbischof, der Generalvicar und der älteste katholische
Dekan, der Kanzler der Universität Tübingen, je ein gewählter Abgeordneter der sieben „guten Städte" Stuttgart, Tübingen, Ludwigsburg, Ulm, Heilbronn, Reutlingen und Ellwangen, sodann noch je
ein gewählter Abgeordneter der 64 Oberämter saßen in der zweiten
Kammer.

In den zwanziger Jahren hatte sich der Sturm der Opposition
von 1815 und 1819 in Württemberg völlig gelegt. Man genoß mehr

Freiheit hier, als in anderen Ländern, besonders Preßfreiheit, wodurch der Buchhandel ausnehmend in Aufschwung kam. Aus allen deutschen Provinzen wurden zum Theil von den bedeutendsten Männern der Literatur die Manuscripte nach Stuttgart geschickt, um sie im hiesigen Verlag erscheinen zu lassen. Von Jahr zu Jahr entstanden neue Verlagshandlungen und Druckereien. Viele Verleger gelangten schnell zu großem Reichthum. Nicht lange, so wurde Stuttgart nächst Leipzig der zweite Brennpunkt des buchhändlerischen Verkehrs und zählte mehr Pressen als selbst die Metropole der Intelligenz an der Spree. Der König von Württemberg galt in ganz Deutschland als der liberalste, und in einem gewissen Sinne war er es auch. Daß er den sehr liberalen Minister von Wangenheim abdankte und List, Liesching und einige Studenten auf die Festung schicken mußte, dazu nöthigte ihn Metternich und der Bundestag.

Da übrigens Oesterreich und Preußen ihrerseits den 13. Artikel der Bundesakte nicht erfüllten und keine Verfassung einführten, fristete der Constitutionalismus in den Mittel- und Kleinstaaten nur ein kümmerliches Dasein fort, denn durch das Organ des Bundestags konnten die Großmächte jeden Augenblick auch den kleinsten Erfolg des Liberalismus vereiteln. Daher die unnatürliche Erscheinung, daß die Männer, die es mit dem deutschen Gesammtvaterlande am aufrichtigsten wohlmeinten und dem Partikularismus am wenigsten anhingen, doch gerade in der höchsten Behörde Deutschlands, dem Bundestage, nur den Feind Deutschlands erkannten und ihre Hoffnung nur noch auf eine neue Erhebung in Frankreich setzten. Mit der lebhaftesten Theilnahme und Spannung verfolgte man diesseits des Rheins Schritt vor Schritt die steigende Bewegung in den Kammerdebatten, in den Emeuten und in der Presse Frankreichs.

Daher der unermeßliche Jubel, mit dem die Julirevolution in den constitutionellen Staaten Deutschlands begrüßt wurde und die liberalen Demonstrationen, die hier fast überall in wenn auch nur schwächeren Schwingungen die Pariser Bewegung fortpflanzten.

Ich hatte schon anderthalb Jahre vorher eine Ahnung, daß große

politische Ereignisse bevorstehen, und unternahm daher eine Erneue-
rung des älteren, längst eingegangenen historischen Taschen-
buches, in welchem Posselt die Begebenheiten je des vergangenen
Jahres zusammengestellt hatte. Zunächst sollte die Geschichte des
Jahres 1829 erscheinen und ist erschienen. Die Geschichte des Jahres
1830 bot mir aber so reiches Material dar, daß ich den Jahrgang in
zwei Bändchen theilen mußte. Diese Arbeit machte mir großes Vergnügen, da sie mich in Bezug auf die damaligen Zustände auf unserm
ganzen Planeten orientirte.

Wenige Tage nach der Julirevolution besuchte mich der junge
Graf Auersperg von Wien, mit dem ich zunächst nach Baden fuhr,
wohin mich Ludwig Tieck eingeladen hatte, der hier wieder seine Kur
gebrauchte. Wir brachten einige vergnügte Tage bei ihm zu. Auch
der badische Oberfinanzrath Heß gesellte sich damals zu uns, ein
kleiner freundlicher Mann von dichterischer Begabung, der namentlich
das schöne badische Land in reizenden Versen besungen hat. Mit ihm
fuhren wir bis nach Kehl, und durch seine Vermittlung gelang es uns,
ohne Paß und ungefragt nach Straßburg hinüberzukommen, wo
wir gerade zur rechten Zeit eintrafen, um den Feierlichkeiten zu Ehren
der Thronbesteigung Ludwig Philipps zuzusehen. Ein Buchhändler
hatte die Güte gehabt, uns zu dem Festmahl in seinem Hause einzu-
laden, bei dem wir beiden Gäste allein in Civil erschienen, die Herrn
Straßburger aber alle in der Uniform der Nationalgarde. Auch
mehrere nationalfranzösische Offiziere befanden sich dabei, die kein
Wort deutsch sprachen. Die Conversation war durchaus französisch,
bis jene Offiziere eine gute Schüssel vorbeigehen ließen. Da sagte
die treffliche Hausfrau ganz laut: „Die verfluchte Welsche wissen auch
gar nit was gut is." — Straßburg war damals ganz bedeckt mit dreifarbigen Fahnen und voller Lust und Jubel. General Albrayer hielt
eine große Parade ab und wohnte einer Messe im Münster bei. Im
Hintergrunde plauderten die Offiziere mit einander und kritzelten mit
ihren Degen in die Kirchenwand. Auch wirbelten die Trommeln eines
ganzen Regiments mitten in der Kirche, daß man glaubte, die Hölle

fei los. Wir stiegen auf den Münsterthurm, begleitet vom Bibliothekar Jung, und da das Wetter außerordentlich schön war und wir
auf dem nicht ausgebauten Nebenthurme eine nette kleine Restauration
fanden, blieben wir den ganzen Tag oben, genossen die schöne Aussicht und hörten von unten her das Gelärm und die obligate, nie
endenwollende Marseillaise.

Da unterdeß die belgische Revolution ausbrach, der bald die
polnische folgte, es auch in Deutschland Unruhen gab und die Stimmung äußerst erregt war, kam im Herbst der König von Württemberg
auf den Gedanken, der alten Hofzeitung ein neues Kleid anzuziehen
und dieselbe zu einem Organ seiner Regierungspolitik zu machen.
Er war so vorsichtig die Stände nicht einzuberufen, bis die Heftigkeit
der politischen Bewegungen sich mit der Zeit etwas gelegt haben
würde. Nun fiel der König auf den unglücklichen Gedanken, mir die
Redaction der projectirten Zeitung anzutragen, was ich natürlich ablehnte, da ich in der Presse nie eine fremde, sondern immer nur meine
eigene Meinung und Ueberzeugung vertreten wollte

Im folgenden Frühjahre kam der damals hochgefeierte Rotteck
nach Stuttgart. Da sich gleichzeitig der preußische General Rühle
von Lilienstern hier aufhielt, lud Cotta unbedacht diese beiden Herren
zum Souper, zum Glück aber noch seinen Schwager, General von
Hügel und mich dazu. Denn der hochzugeknöpfte Preuße war in-
dignirt, daß man ihm einen Demagogen vorstelle. Dennoch machten
wir zu dem bösen Spiel eine lachende Miene. Hügel übernahm den
Preußen, ich den Demagogen, Cotta in der Mitte, wandte sich bald
zu dieser, bald zu jener Gruppe und so vermieden wir jeden weiteren
Mißton. Rotteck's Persönlichkeit entsprach seinem großen Rufe nicht,
denn er war ein kleines Männchen mit schwacher Stimme und seine
berühmten Reden flossen in einer fast unausstehlichen Monotonie dahin. Ich hatte ihm in seine „Annalen" eine ziemliche Zahl Aphorismen unter dem Namen „politische Grillen" gegeben. Auch den damals
namhaften deutschen Reformer Wilhelm Schulz von Darmstadt lernte
ich in jener Zeit kennen. Auch er war nicht groß von Gestalt, seine

Mienen zeugten aber von einer festen Ueberzeugung. Von ihm ist der erste Gedanke an ein deutsches Parlament ausgegangen.

Ich hatte länger keine größeren Reisen mehr gemacht und immer viel gearbeitet, wollte mich einmal erholen und hielt die Gelegenheit für günstig, mich etwas in W i e n umzusehen. Die Polen hatten sich gegen Rußland erhoben, die Ungarn sprachen in einer berühmten Adresse ihre lebhaften Sympathien für die Polen aus. Fürst Metternich schien zu schwanken. Es mußte im Interesse Oesterreichs liegen, Rußland zu schwächen. Mit einem Wort, nach der langen Stagnation wehte damals wieder eine frische Luft in Oesterreich. Ich begab mich also dorthin und verweilte sechs Wochen in Wien. Von den Dichtern, die ich in Wien kennen lernte, habe ich schon geredet. Fast alle diese Leute waren heimliche Liberale und haßten das Metternich'sche System. Trotz der Censur konnte man in Wien alle möglichen verbotenen Schriften lesen. Der dramatische Dichter Deinhardstein, der sich mir viel widmete, war zugleich Censor, und als wir einmal auf der Straße von einem verbotenen Buche redeten, lief er in die erste beste Buchhandlung und holte es, ohne daß man nöthig gefunden hätte, es vor ihm zu verhehlen.

Es wurde mir insinuirt, ich möchte mich dem Fürsten Metternich vorstellen lassen, da ich indeß nichts davon wissen wollte als von einer lächerlichen Zudringlichkeit, die mir nicht gezieme, empfing ich eine Einladung des Herrn v. Gentz. Ich hatte jedoch grade vor diesem Herrn einen moralischen Ekel, den ich nicht hätte überwinden können, und was konnte er auch von mir wollen? Ich entschuldigte mich also, ging nicht hin und entzog mich jeder weitern Zumuthung durch eine um so schnellere Abreise, als grade damals die Cholera plötzlich ausbrach. Während meines damaligen Aufenthaltes in Wien sah ich noch den alten Kaiser, den alten Erzherzog Karl und den jungen Herzog von Reichsstadt. Der letztere, ein wohlgewachsener Jüngling, hatte ganz das österreichische lange Gesicht und nur die energischen Kinnbacken Napoleons. Ein für ihn begeisterter Maler erzählte mir viel von seinem Privatleben und setzte große Hoffnungen auf ihn, die aber vereitelt wurden, da der Prinz bald darauf starb. Der alte Erzherzog Karl hatte nichts Imponirendes. Das lange Gesicht machte ihn seinem Bruder Franz gar zu ähnlich. Sein Adjutant, Herr v. Kleyle, hatte einige Jahre später die Güte, meiner Bitte zu entsprechen und mir geschichtliche Fragen, die ich ihm in Bezug auf den Erzherzog stellte, schriftlich und ausführlich zu beantworten. Beiläufig will ich bemerken, daß er, wenn er gleich selbst freimüthig urtheilte, doch viele Aussagen Hormayrs als ungenau und verleumderisch zurückwies.

Bevor ich Wien verlasse, muß ich noch ein paar Anekdoten erzählen, welche beweisen, wie viel Mutterwitz man in Wien hat und wie sich reisende Gelehrte, welche dort ihre Eitelkeit befriedigen wollen, in Acht zu nehmen haben. Der Berliner Professor Gans, ein Jude und affectirtester Hegelianer, weil er nur durch Hegels Gunst emporkommen konnte, wurde von der Hegelschen Schule und von den Literaturjuden als ein ungeheures Genie ausposaunt. Er kam auch einmal nach Stuttgart, wo ich in ihm einen der aufdringlichsten Maulhelden kennen lernte, die mir je vorgekommen sind. Dieses Berliner Genie reiste auch einmal nach Wien, um sich dort bewundern zu lassen. Da man ihn nun dort reden ließ, wie er wollte, radotirte er einmal in einem Gasthofe an der Tafel, wie sehr er sich in Wien getäuscht habe, man sei ja hier viel liberaler als in Berlin ic. und hielt eine politische Vorlesung. Unterdeß verlor sich ein Gast nach dem andern und endlich blieb nur ein ältlicher Mann bei ihm sitzen. Als Gans nun höchst befremdet diesen frug, warum denn die Leute fortgingen? stand auch sein Nachbar auf und nahm Hut und Stock, zog aber zuvor einen Zettel heraus und las: „Sie sind Professor Gans aus Berlin, kamen an dem und dem Tage hier an, stiegen in dem und dem Gasthofe ab, besuchten die und die Leute, waren hier, waren dort, sprachen dies, sprachen das. In Summa harmloser Schwätzer!" Damit steckte der Alte seinen Zettel wieder ein, verbeugte sich und ging. Es war ein Agent der geheimen Polizei gewesen, ein sog. Naderer oder Spitzl.

Schlimmer noch ging es dem berühmten Rotteck. Als dieser

einmal nach Wien kam (noch in den dreißiger Jahren), ließ ihm Fürst Metternich auf eine verbindliche Weise sagen, er wünsche ihn kennen zu lernen. Als sich nun Rotteck bei ihm meldete, empfing ihn der Fürst auf das zuvorkommendste, lobte ihn, bewunderte ihn, frug ihn um Rath, bat ihn um Aufschluß, ließ ihn aber nicht zu Worte kommen, sondern plauderte immerfort allein, bis er nach einer Viertelstunde plötzlich abbrach, sich mit dringenden Geschäften entschuldigte und verschwand. Da stand nun der arme Rotteck und hatte kein Wort hervorbringen können.

Im Herbst 1831 kamen viele Polen, die nach Beendigung der Revolution vor den Russen flohen und größtentheils nach Frankreich gingen, durch Württemberg, wo sie sehr gut aufgenommen wurden, wie sie denn von hier aus auch schon während ihres unglücklichen Kampfes auf mannigfache Art waren unterstützt worden. Jetzt versorgte man die Flüchtlinge mit Reisegeld. Dem General Ramorino und seinem Adjutanten wurde ein großes Gastmahl im Königsbade veranstaltet. Der gedachte General hatte etwas Falsches in seinem blonden Gesicht, was mir nicht gefiel. Der alte General Sznayde sah ganz so aus, als sei er ein deutscher Abenteurer und heiße eigentlich Schneider. Ramorino hatte eine erbärmliche Rolle schon in Polen gespielt, dann abermals in der Schweiz und zuletzt in Italien, wo er als Verräther kriegsrechtlich erschossen wurde. Der Ausgang Sznaydes war womöglich noch erbärmlicher, denn als Feldherr der pfälzischen Revolutionsarmee im Jahre 1849 that er rein gar nichts und ließ nicht einen einzigen Schuß abfeuern, bis seine eigenen Leute ihn durchprügelten und fortjagten. Bei jenem Polenfest im Königsbade fanden sich ganz unerwartet Heinrich Elsner, ein mißrathener Theologe, der zur Zeitungsschreiberei griff, und Ernst Münch ein. Eine Keckheit ohne gleichen, da sie nur kommen konnten, um die armen Polen und ihre deutschen Freunde zu verhöhnen. Nur die geniale Lüderlichkeit und der nie versiegende Humor des jungen Elsner, dem jede Scham fremd war, erklärte sein Erscheinen. Was Münch betrifft, so war dieser nur in der Besoffenheit von Elsner mitgenommen worden. Während alles noch staunte, stieß Elsner mit Münch an und schrie mit höhnischem Blick auf die Polen: Es leben die Sieger! Da brach allgemeine Wuth aus und die Bürger legten schon Hand an, um die beiden ungebetenen Gäste durchzuprügeln und zur Thür hinauszuwerfen, als der kleine Bierbrauer Denninger, ein äußerst gescheidter und praktischer Mann, auf den Tisch sprang und den Zornmüthigen zurief: Prügelt die Kerle morgen, entweiht aber heute das schöne Fest nicht! So kamen die Beiden mit heiler Haut davon. Es ist möglich, daß sie sich hinterdrein ihrer Heldenthat gerühmt haben.

Ein anderes Fest wurde dem berühmten Lerochowski gegeben, der zuerst die Absetzung des Kaisers Nikolaus verlangt hatte. Ein gewisser Zaliwsky begleitete ihn, ein junger Republikaner, der denselben Lerochowski kurz vorher in Warschau als Aristokraten hatte ermorden wollen.

Obgleich ich für die Polen nicht schwärmte, theilte ich doch ihre Antipathie gegen die Russen und konnte dem Unglück derer, die sich heldenmüthig vertheidigt hatten, mein Mitgefühl nicht versagen. Ich wurde daher von den namhaftesten Flüchtlingen geliebkost, ich empfing die Besuche des polnischen Finanzminister Biernacki, eines feinen Mannes aus der alten Schule, des bildschönen, feurigen Nacwasky, des Grafen Beza, der sich nachher in Paris kümmerlich mit Schreibereien durchbrachte, und des kühnen Volhyniers Godepsky, der sich in den Reichstag des Königreichs Polen eingedrängt und zuerst den Anschluß sämmtlicher altpolnischen Provinzen an das Königreich beantragt hatte. Er kam einmal um neun Uhr Morgens zu mir und ging erst um elf Uhr Abends wieder.

Großes Aufsehen erregte damals ein Mensch, der wie der gemeinste Reitknecht aussah, sich aber Graf Gonzaga-Mantua-Murzinowsky nannte, mit Paß und Geld versehen war und um so räthselhafter erschien, als er weder Bildung noch Geist verrieth und nicht einmal polnisch verstand. Schott warf ihn zur Thüre hinaus. Man glaubte er sei ein Bedienter, der sich Namen und Papiere seines Herrn angeeignet habe.

Im Dezember 1831 sollten, nachdem die sechsjährige Wahl-periode beendet war, neue Abgeordnete zum württembergischen Land-tag gewählt werden. Da ich, obgleich erst seit fünf Jahren eingebür-gert, doch ziemlich populär im Lande geworden war, wurde ich auf-gefordert, eine Wahl anzunehmen, und ich glaubte, mich derselben nicht entziehen zu dürfen. Die liberale Partei war die einzige, der in der Kammer ein gesetzlicher Weg offen stand, um an dem verhaß-ten Systeme des damaligen deutschen Bundestags zu rütteln. Die Opposition in der württembergischen zweiten Kammer hat in den zu-nächst folgenden Sessionen bewiesen, daß sie noch mit der alten patrio-tischen Partei zusammenhing, indem sie zunächst die allgemeine deutsche Frage ins Auge faßte. Auch konnte man der Partei damals noch nicht die Fehler anrechnen, in welche sie später gefallen ist, sofern sie zu meinem Bedauern in die Schablone des französischen Liberalismus einging. Damals war die liberale Partei gleichsam noch jungfräulich von einer heiligen Begeisterung für das Wohl und die Ehre des deut-schen Gesammtvaterlandes ergriffen und noch nicht in die Doctrin verrannt. Ich konnte also gar keinen Anstand nehmen, mich ihr freu-dig anzuschließen. Da wollte mir nun aber der alte Paulus wieder einen bösen Streich spielen, und schickte wieder wie vor fünf Jahren einige hundert Abdrücke einer Nummer der Speierer Zeitung ins Land, in der er den Württembergern rieth, mich doch ja nicht zum Abgeordneten zu wählen. Wie er ihnen früher abgerathen hatte, mich ins Bürgerrecht aufzunehmen, weil ich aus der Schweiz komme und ein gefährlicher Demagoge sei, so warnte er sie jetzt vor meiner Wahl zum Abgeordneten, weil ich eben erst aus Oesterreich gekommen und der Reaction verkauft sei. Dieser Schmähartikel wurde wirklich in einigen Oberamtsbezirken, wo man mich zur Wahl vorgeschlagen hatte, ausgetheilt, aber ohne alle Wirkung. Ich wurde im Schwarz-waldkreise im Oberamtsbezirk Balingen mit großer Stimmenmehrheit gewählt, nachdem ich mich dort persönlich vorgestellt und zu Lautlingen mitten in dem schönen Felsenthal zwischen Balingen und Ebingen, am 21. Dezember, einem schönen hellen und schneelosen Wintertage vor den zahlreich versammelten Bauern meine erste Volksrede frisch und fröhlich gehalten hatte.

Ich habe später noch gar oft mit den schwäbischen Bauern verkehrt und gegen die Voraussetzung meiner städtischen Freunde stets warmen Anklang bei ihnen gefunden. Trotz meiner norddeutschen Mundart sprach ich so deutlich, daß sie mich alle wohl verstanden. Sie wußten, daß ich ein vollkommen unabhängiger Mann sei und mit der Regierung nichts zu schaffen habe. Sie erkannten, daß ich selbst einmal auf dem Lande gelebt hatte und mich auf die bäuerlichen Interessen, Sorgen, Vortheile, Sympathien und Antipathien ganz gut verstand. Endlich setzte ich ihnen in der Hauptsache kurz und klar auseinander, was etwa auf dem Landtage vorkommen und wie ich mich dazu verhalten würde. Das alles gefiel ihrem natürlichen Verstande.

Auf dem Rückwege frühstückte ich in der Post in Tübingen, als ein eleganter Reisewagen vorfuhr, aus dem ein alter und ein junger Herr mit einem etwa 15 jährigen Knaben ausstiegen. Sie setzten sich zu mir, um ebenfalls zu frühstücken. Ich hatte meinen damals fünfjährigen Sohn Rudolf auf dieser Reise mitgenommen, einen hübschen blondlockigen Knaben, mit dem der ältere fremde Knabe sich bald zu necken und endlich zu balgen anfing. Unterdeß hatte sich der alte Herr wieder entfernt, und der junge Herr ließ sich mit mir in ein ernstes Gespräch ein, in dem er mich mit einem sehr edlen Anstand über die Universität Tübingen und die württembergischen Verhältnisse frug. Die Knaben lärmten so laut, daß wir ihnen Ruhe gebieten mußten. Dann kam der alte Herr wieder, und alle drei fuhren rasch davon. Jetzt erst erfuhr ich von der Posthalterin, es seien die Prinzen August und Maximilian von Leuchtenberg gewesen, die zu ihrer Schwester nach Hechingen fuhren, um bei ihr die Weihnachten zuzubringen. Prinz August, schön gewachsen und blond, hatte ganz die Wittelsbachsche Physiognomie und kam mir so liebenswürdig vor, daß ich nur mit Wehmuth wenige Jahre später seinen frühen Tod erfuhr. Er hatte nämlich kaum die Königin von Portugal, Maria da Gloria geheirathet als er plötzlich starb. Sein jüngerer Bruder Maximilian war damals ein schöner wohlgebildeter Knabe, schwarzhaarig und mit mehr französischer Physiognomie. Er heirathete später die Großfürstin Marie von Rußland und ist gleichfalls jung gestorben.

Am Neujahrstage 1832 empfing ich die Wahlurkunde.

Inzwischen blieb der König immer noch seinem System treu, die Eröffnung des Landtags zu verschieben, bis die Wellen der Zeitbewegung sich immer mehr würden gelegt haben. Die belgische, die polnische Revolution waren beendigt. Ludwig Philipp lenkte ganz sanft wieder in das alte Geleis der Restauration ein. Man mußte auch von Seite Metternichs und des Bundestags neue Repressivmaßregeln erwarten. Es war also hohe Zeit für die württembergische Kammer, wenn sie noch einen Rest des günstigen Windes benutzen wollte, der seit dem Juli 1830 die liberalen Segel in Deutschland geschwellt hatte. Wir wollten hauptsächlich dem Bundestage durch eine Erklärung zuvorkommen, von der wir erwarten durften, sie werde nicht ohne Eindruck bleiben, weil die württembergischen Stände sich 1815 und 1819 den Ruf erworben und verdient hatten, durch Takt und Energie allen andern deutschen Ständeversammlungen als Muster dienen zu können. Im Uebrigen waren unter uns Neugewählten viele noch junge und feurige Männer, welche wie ungeduldige Rosse aus den Nüstern dampften und mit den Füßen scharrten, weil sie sich noch nicht in den Kampf stürzen durften. Da nun keine Hoffnung vorhanden war, daß der König aus eigenem Antriebe die Stände bald eröffnen würde, glaubten wir in unserm Rechte zu sein und einen allgemeinen Wunsch unserer Wähler auszusprechen, wenn wir den König erinnerten, es sei zur Kammereröffnung Zeit.

Wir veranlaßten daher von Stuttgart aus eine Zusammenkunft aller in die zweite Kammer gewählten Abgeordneten des Landes in dem reizend gelegenen Badeort Boll gegenüber dem Hohenstaufen am 30. April. Die Mehrzahl derselben fand sich ein. Meine alten Freunde Schott und Uhland vertraten die ältere Opposition, denn sie hatten schon bei Gründung der Verfassung für das alte Recht gekämpft. Unter den jüngern nahm den ersten Rang Paul Pfizer ein, dessen Briefwechsel zweier Deutschen kurz vorher das größte Aufsehen erregt und ihm wegen seines hohen und reinen Patriotismus die allgemeinste Achtung gewonnen hatte. Ueberdies war seine edle und bescheidene Persönlichkeit nur geeignet, diese Achtung zu erhöhen. Der praktischste von allen, Kriegsrath Römer, machte sich damals noch weniger bemerklich und entwickelte sein siegreiches Talent erst später in der Kammer. Ebenso der sanfte Doctrinär Duvernoy. Außer ihnen waren damals in Boll noch eine gute Zahl der biedersten Männer versammelt, der immer glühende Doctor Walz (der ein Bruder des ausgezeichneten Directors der landwirthschaftlichen Akademie in Hohenheim war), Rechtsconsulent Murschel, Procurator Wiest von Ulm, Zais von Cannstatt, Deffner von Eßlingen, Dörtenbach von Calw, Raidt von Niedernau rc. Von der Ritterschaft hatten sich Graf Maldeghem, Graf Degenfeld und Freiherr von Ow eingefunden. Der letztere, ein liebenswürdiger Lebemann, wollte Abends beim vollen Becher alle Feudallasten zum fünfzehnfachen Betrage ablösen, am nüchternen Morgen jedoch nur zum achtzehnfachen Betrage, der später in der Kammer noch zum 22¼fachen gesteigert wurde. Es ging an jenem Abend in Boll überhaupt außerordentlich lebhaft zu. Man beschloß, am andern Morgen eine Adresse an den König zu berathen, hatte aber noch gar keine vorbereitet. Sie sollte also schnell noch in der Nacht durch ein kleines Comité, in das auch ich gewählt wurde, entworfen werden. Meine Collegen waren aber so weinselig oder schläfrig, daß sie mir das Geschäft allein überließen. Ich schrieb nun die Adresse, die am andern Morgen mit wenigen Amendements angenommen und dem König überschickt wurde.

Derselbe hielt aber die blos gewählten und noch nicht einberufenen und beeidigten Abgeordneten nicht für berechtigt, mit ihm durch Adressen zu sprechen. Ernst Münch ließ eine angebliche Correspon-

denz aus Paris abdrucken, worin nichts Geringeres gesagt war, als
daß wir in Voll auf Kosten Frankreichs ein Bachanal gefeiert hätten,
denn der Champagner, in dem wir geschwommen, sei mit französischem
Gelde bezahlt worden, welches durch die Hände eines Advocaten und
eines Literaten gegangen sei, und unter diesen konnten nach der
Fassung nur Schott und ich verstanden sein. Wir reclamirten natürlich, und Mebold bewies aus dem Datum, daß jene Correspondenz gar nicht aus Paris angelangt sein konnte, sondern in Stuttgart geschmiedet war. Die Absicht des Correspondenten mißlang
völlig. Der Verleumder wurde mit allgemeiner Verachtung bestraft.

Zum Beweise, wie wenig sich der König durch die Abgeordne-
tenkammer drängen lassen wolle, wartete er beinahe noch ein Jahr
und ließ die Stände erst am 15. Januar 1833 durch den Minister
des Innern von Schlayer eröffnen. Das war der ehemalige Regierungsrath, den ich zuerst in Stuttgart kennen gelernt, an den
mich List empfohlen hatte und dessen Tischnachbar ich über ein Jahr-
lang im Waldhorn gewesen war. Ein ausgezeichneter Jurist und
Regiminalbeamter, war er der allezeit streitbarste Kämpfer für die
Staatsomnipotenz, sowohl gegenüber der Kirche und Aristokratie, als
gegenüber der bürgerlichen Opposition (von einer demokratischen
Partei wußte man damals noch nichts).

Die Opposition brachte nur etliche und dreißig Stimmen auf,
blieb also in den wichtigsten Fragen in der Minderheit. Ich hing
mich deswegen an die äußerste Linke, um durch Zähigkeit und Muth
ersetzen zu helfen, was unserer Partei an Stimmen fehlte. Die
Sitzung dauerte nur zwei Monate, denn die von Paul Pfizer einge-
brachte Motion gegen das bundesrechtswidrige und volksfeindliche
Verhalten des damaligen Bundestags führte eine so starke Sprache,
daß es nothwendig schien, dieselbe frischweg durch Auflösung der
Kammer zum Schweigen zu bringen. Dieselbe erfolgte am 22. März
und die Session erhielt den Namen des vergeblichen Landtags.
Die Häupter der Opposition hatten indeß doch Gelegenheit gehabt,
ihren guten Willen und ihr Talent zu zeigen, und so wurden sie alle,

auch ich, wieder in die neue Kammer gewählt, die am 30. Mai zusammentreten mußte, um das Budget zu erledigen. Meine geringen Verdienste wurden im folgenden Jahre von meinen Wählern mit einem großen silbernen Ehrenbecher belohnt, der mir in Balingen, dessen Straßen dabei illuminirt waren, am 9. Februar feierlich überreicht wurde. Wir hatten dann noch in den Jahren 1835, 1836 und 1838 längere ständische Sitzungen, worin mehrere wichtige Gesetze verabschiedet wurden, vor allen ein Strafgesetzbuch. Auch wurde damals der Zollverein bestätigt. Da aber der Opposition nicht möglich war, eine Reform des deutschen Bundes herbeizuführen und sie sich meist auch in Fragen der innern Gesetzgebung überstimmt sah, trat sie 1838 gemeinschaftlich aus und ließ sich das nächstemal nicht wieder wählen.

Ein geschichtliches Interesse konnten diese Landtage eines kleinen Staates in jener Periode nicht darbieten. Ich beschränke mich daher nur auf einige Erinnerungen, die jene Zeit charakterisiren und woraus man erkennen mag, wie sehr sich seitdem die Dinge geändert haben.*) Der Bischof von Rottenburg Doctor Keller, entbehrte nicht nur aller persönlichen Würde, so daß die unsaubersten Anecdoten von ihm herumgetragen wurden, sondern diente der Regierung auch als blindes Werkzeug. Unendlich viel mehr Verstand besaß sein Generalvicar Jaumann, war aber ebenso ganz dem Interesse der Staatsgewalt hingegeben. Daher kamen unglaubliche Dinge vor. Im Regierungsentwurfe des neuen Strafgesetzbuchs waren demjenigen Geistlichen, dem ein Verbrechen in der Beichte vertraut wurde und der dasselbe nicht sofort bei der weltlichen Behörde zur Anzeige brachte, zwei Jahr Arbeitshausstrafe angedroht. Gegen dieses Attentat auf die Heiligkeit des Beichtgeheimnisses erhob sich kein Geistlicher, weder von der katholischen, noch von der lutherischen Seite. Von jener war es der Freiherr von Hornstein, ein alter Kürassieroffizier, und von dieser

---

*) Um des geringen Interesses willen, das dieser Theil für das allgemeine Publikum hat, sind viele Stellen des Manuscripts gestrichen worden.

Anm. des Herausg.

ich allein, die wir uns für die Kirche wehrten. Obgleich es sich von
selbst verstand, daß katholischen Priestern der Bruch des Beichtgeheimnisses nicht angesonnen werden durfte, hatte sich der Minister
doch gar nicht genirt, es auch diesen anzusinnen. Der lutherische
Geistliche sollte der Sache nach nicht hinter dem katholischen zurück-
stehen, wenigstens wäre es eine Schande für ihn, wenn er eine
Beichte ausplaudern dürfte. Doch waren mir die örtlichen Kirchen-
gesetze nicht bekannt. Ich frug daher die sechs Prälaten, wie der
Gegenstand in den schon zurecht bestehenden württembergischen Kirchen-
gesetzen aufgefaßt sei. Sie erhoben sich alle und erklärten, es bestehe
kein Gesetz, welches der Regierung in dieser Frage hindernd in den
Weg trete. „Nun wohl, rief ich, wenn kein lutherisches Kirchengesetz
darüber besteht, so gilt auch für uns noch das katholische. Denn wir
Protestanten sind alle noch Katholiken, ausgenommen in Bezug auf
die Punkte, in Betreff deren wir ausdrücklich protestirt haben. Wenn
dieser Paragraph durchgeht, will ich lieber meinen Deputirtenmantel
zerreißen und mein Mandat niederlegen." Dennoch wäre der Paragraph in das neue Gesetzbuch gekommen, wenn ihn nicht das Botum
der ersten Kammer glücklich beseitigt hätte.

Man berieth unter anderm ein neues Skortationsgesetz. Dabei
ließ sich mein alter Freund Schott durch die Doctrin so weit verführen,
daß er behauptete, jeder Mensch habe das Recht, mit seinem Körper
anzufangen, was er immer wollte, wenn es nur die Rechte eines
andern nicht verletze. Mit vieler Ruhe und Geistesgegenwart erwiderte
ihm der Justizminister Schwab, Bruder des Dichters: „dann werden
Sie auch den Incest zugeben und entschuldigen." Schott verwahrte
sich feierlich. „Aber Ihr Princip, sagte Schwab, würde dahin führen."

Im Juni 1833 hatten die Mitglieder der württembergischen
Kammeroppposition eine Zusammenkunft mit denen der badischen
in Pforzheim. Rotteck kannte ich schon von früher, Welcker aber
war mir neu. Ich will die vielen andern alle nicht aufzählen. Genug
wir waren sehr vergnügt und machten alle Brüderschaft. Gefährlich
war diese Versammlung dem Metternich'schen Systeme vorläufig frei-

lich nicht, denn die Oppositionen hatten damals erst nur fromme
Wünsche. Rotteck mußte ein tüchtiges Feuer von württembergischer
Seite aushalten, denn wir warfen ihm mit Recht vor, warum er noch
immer mit Ernst Münch correspondire, ihn zu seinem Biographen
mache ꝛc.? Rotteck entschuldigte sich mit der absoluten Nothwendigkeit,
schonend mit diesem Münch verfahren zu müssen, weil er ihm früher
zu viel Vertrauen geschenkt habe und zu sehr durch ihn compromittirt
werden könnte, wenn er feindlich wie wir gegen ihn auftrete. Welcker
hatte ein auffallend rothes Gesicht und glühte immer wie unser Freund
Walz. Seine Rede war laut, eindringlich, unermüdlich, aber immer
zuweit ausgedehnt. Die Grunddehrlichkeit seiner Natur ließ sich nirgends verkennen. Er hatte trotz der französischen Doctrin, in der er
festgerannt war, und trotz des Katheders doch noch viel von der
alten Energie und Ungenirtheit der Burschen- und Turnerzeit beibehalten. Auch blieb ihm immer etwas Jugendliches, daher er sich leicht
hinreißen ließ. Die badische Regierung gab in ihrer Schwäche und
nicht ohne eine kleine Hinterlist zuweilen der zweiten Kammer nach
und kokettirte mit dem Liberalismus, um sich populär zu machen,
indem sie wohl wußte, wenn die Kammer zuviel verlange, werde sie
der Bundestag schon auf die Finger schlagen. So hatte in jener Zeit
einmal sowohl die erste Kammer, als die Regierung in Baden dem
heißen Verlangen der zweiten Kammer nach Preßfreiheit nachgegeben
und die Censur war aufgehoben worden. Damals rief Welcker in
der Kammer mit Donnerstimme dreimal Triumph! und glaubte wirklich, nun sei der Anfang mit der Preßfreiheit gemacht. Aber schon
am nächsten Tage kam Gegenbefehl von Frankfurt. Der allmächtige
Bundestag verbat sich solche Dummheiten. Welcker war außer sich;
aber das Ministerium zuckte die Achseln, bedauerte sehr ꝛc., item es
blieb bei der Censur.

Ich schloß mich der liberalen Opposition nur in soweit an, als
sie dazu diente, das mir in tiefster Seele verhaßte Metternich'sche
System im Bundestage zu bekämpfen, während ich mich nicht entschließen konnte, derselben Opposition in die französische Doctrin

hineinzufolgen. Besonders in kirchlichen und sittlichen Fragen pflegte ich mich von der Opposition zu trennen, was mir inzwischen von meinen damaligen Parteigenossen nicht allzu übel genommen wurde, wenn ich nur in der Hauptsache, dem Anstürmen gegen den Bundes-tag, mit ihnen ging.

Im Allgemeinen fiel es mir in dieser doch ziemlich lange dauern-den Zeit oft schwer auf das Herz, daß die Opposition der dreißiger Jahre doch so gar nichts mehr von der Begeisterung der Freiheitskriege an sich hatte, daß die Strömung der Zeit sogar gegen die eigentlich nationalen Interessen gerichtet war. An das große Vaterland dachten die Wenigsten; nur Freiheit verlangte man nach der französischen Doctrin und schwärmte für Polen, Italiener und Griechen mehr als für Deutschland. Da sich die Opposition überdies in der Minderheit befand und durch Ludwig Philipp in Frankreich selbst sehr gezähmt wurde, verlor sie auch ihre Gefährlichkeit in Deutschland, wurde all-mählich zu einem bloßen Maulheldenthum, und es waren nur wenige Jahre nach der aufregenden Julirevolution vergangen, als das gebil-dete Philisterthum auch schon zu seinen alten Bequemlichkeiten zurück-kehrte.

Den bittern Empfindungen, die mich damals beschlichen, gab ich Ausdruck in einem Gedicht, welches im Morgenblatt von 1836 Nr. 264 abgedruckt wurde und sich auf das Nordlicht bezog, welches am 18. October desselben Jahres in seltener Schönheit am mitternächt-lichen Himmel aufging.

Das Nordlicht am 18. October 1836.

Ein Tag, dem alle Tage gleichen,
Und eine ganz gemeine Nacht;
Langweilige Philister schleichen
Bereits nach Hause mit Bedacht.

Der hat die alten Witze heute,
Und jener Gottes angebracht,
Der hat auf Kosten andrer Leute,
Sie haben über ihn gelacht.

Und Mancher grollt den andern allen,
Weiß nicht, was ihn verdrießlich macht,
Und kalte, feuchte Nebel wallen
Und schleichen giftig durch die Nacht.

Da plötzlich wird es licht, es spaltet
Ein heller Schein die schwarze Nacht,
Ein Nordlicht wunderbar entfaltet
Die glühendrothe Strahlenpracht.

Der Himmel, der dem Volk in Nöthen
Verlieh die heil'ge Gottesmacht,
Will nun für uns vor Scham erröthen,
Daß keiner mehr daran gedacht.

Das Blut, das einst für uns geflossen
In Leipzigs großer Völkerschlacht,
Hat seinen Widerschein ergossen
Am Firmament um Mitternacht.

Verhängnißvolle Siegesfeier
In nie zuvor gesehner Pracht,
Von Berg zu Berge heil'ges Feuer,
Von Geisterhänden angefacht!

Sprecht, welcherlei Geschickes Boten
Seid aus den Gräbern ihr erwacht,
Daß man euch Todten nicht verboten
Zu feiern die Oktobernacht?

Ich hatte in den folgenden Jahren öfter Gelegenheit in das badische Treiben hineinzublicken. Der damalige Minister Nebenius, brachte mehrere Jahre hintereinander im Sommer einige Wochen im Bade Cannstadt zu, wo wir viel miteinander verkehrten. Nebenius war der größte Verehrer Karl Friedrichs und des von ihm eingeführten Systems. Er selbst rühmte sich, fast alle Gesetze, die in Baden galten, zuerst entworfen zu haben. Doch war er eine sanfte Natur und konnte Widerspruch ertragen, woran es von meiner Seite nicht fehlte, da er sogar die Spielhölle in Baden-Baden, als eine Geldquelle für den Staat, eifrig vertheidigte.

Nebenbei will ich hier bemerken, daß ich am Ende der zwanziger und Anfang der dreißiger Jahre, wenn ich nach Baden-Baden hinüber kam, mehrmals den damals regierenden Kurfürsten von Hessen am Roulette sitzen sah. Er hatte einen schönen Bart und sah in der That fürstlich aus, doch entstellte ihn ein eigenthümlicher Zug von Gemeinheit, dem auch die Kameradschaftlichkeit entsprach, mit der er sich zu den confiscirten Gesichtern der Croupiers an den grünen Tisch setzte und vom Morgen bis in die Nacht daran sitzen blieb. Gewöhnlich lagen Haufen und Rollen von Gold vor ihm, die er abwechselnd verlor und gewann. Als ich ihn einmal so beobachtete, murrte etwas hinter mir und machte heftige Bewegungen. Als ich mich etwas unwillig umdrehte, war es ein Herr, der sich höflich entschuldigte und mir zuflüsterte, er sei ein Kurhesse und könne nicht ohne Zorn zusehen, wie der Kurfürst das Geld des armen Hessenvolks verspiele.

Außer Nebenius besuchte das Bad Cannstadt auch der Präsident der zweiten badischen Kammer, nachmaliger Minister Bekf, der ihm sehr befreundet war und ebenfalls von dort viele kleine Partien mit uns machte. Von Karlsruhe kam auch gewöhnlich Hofrath Kühlenthal, Professor am Polytechnikum, später Geheimer Hofrath, ein blonder, sehr blutreicher und rosenfarbener alter Herr, nach Canustadt. Er hatte so außerordentliche Aehnlichkeit mit dem berühmten Welcker, daß ich sie mehreremale miteinander verwechselte, war aber eine viel sanftere Natur, ungemein bieder und von der liebenswürdigsten Geselligkeit. Er reiste einmal mit Mittermayer nach Italien und bat mich um eine Empfehlung dahin, weil ich kurz vorher selbst in Italien gewesen war. Herr von Czörnig, Vertrauter des Grafen Palffy, des Gouverneurs der Lombardei, hatte mich gleich bei meiner Ankunft in Mailand aufgesucht und mir insinuirt, er sei beauftragt, mich in alle öffentlichen Institute einzuführen, wenn ich je etwas über die Lombardei schreiben wollte. Ich hatte ihm auf das verbindlichste gedankt, weil ich mich damals nicht in Mailand aufhalten wollte, sondern nach Rom und Neapel eilte, behielt mir aber vor, ein andermal von seiner Güte Gebrauch zu machen. An ihn nun empfahl ich Mittermayer als einen der berühmtesten deutschen Juristen. Dies hatte zur Folge, daß Mittermayer und Kühlenthal auf das zuvorkommendste in Mailand empfangen wurden. Mittermayer wurde beim Gouverneur zur Tafel gezogen und war so befriedigt durch die in der That musterhaften Wohlthätigkeitsanstalten in Italien, daß er ein besonderes Werk darüber geschrieben hat.

Meinem alten poetischen Freunde, dem badischen Oberfinanzrath Heß, gewann ich eine Wette ab. Wir saßen zusammen in Baden-Baden beim köstlichen Deidesheimer und sprachen vom Zollverein, gegen den sich damals Baden noch sträubte. Ich behauptete, bis zu einem gewissen Tage werde Baden dennoch in den Zollverein eingetreten sein. Er sagte dagegen, er müsse besser als ich wissen, wie die badische Regierung gesinnt sei, und wettete, er wolle mir ein Faß Deidesheimer ins Haus schicken, wenn ich Recht habe. Ich dachte gar nicht mehr daran, als der Zollanschluß Badens wirklich noch vor dem von mir bezeichneten Termine stattfand, und wurde angenehm überrascht, als mir das Faß mit dem köstlichen Weine ins Haus gebracht wurde.

Ich empfing damals auch den Besuch einer der interessantesten Berühmtheiten Badens, nämlich den des Major von Hennenhofer, von dem bekanntlich das Gerücht ging, er habe das ganze Unglück des Caspar Hauser verschuldet. Gewiß ist, daß er der Günstling und die rechte Hand des Großherzog Ludwig war. Hennenhofer hatte allerdings in dieser Stellung so vieles Schlimme, was jenem Ludwig zur Last fällt, wenn nicht gefördert, doch auch nicht gehindert. Man hat ihn aber nie zur Rechenschaft gezogen, angeblich weil er zuviel wußte und man durch den ehrenvollen Ruhestand, in welchem er in Freiburg leben durfte, seine Verschwiegenheit erkaufte. Er war eben so häßlich, als liebenswürdig. Man konnte erschrecken, wenn man ihn sah, aber sich nicht zehn Minuten mit ihm unterhalten, ohne ihn liebzugewinnen. Sein Geist, sein vieles Wissen, seine Munterkeit bezauberten jede Gesellschaft. Er hatte einmal in strenger Winterzeit als unscheinbarer Reisender in einem Gasthof zu Ebingen den Rechen-

schaftsbericht mit angehört, den ich in Bezug auf meine ständische
Thätigkeit in einer Volksrede vor meinen Wählern ablegte und erinnerte mich an diese Scene. Ich benutzte seinen Besuch sogleich, um
ihm einige Fragen von geschichtlichem Interesse vorzulegen, und ich
verdankte nicht nur seiner Kenntniß der Dinge manche mir wichtige
Aufklärung, sondern er theilte mir auch Actenstücke mit, namentlich
aus dem Rastatter Archive vom Jahr 1798. Er kam mehreremale
nach Stuttgart. Der damalige preußische Gesandte, von Rochow,
utilisirte ihn ebenfalls und auch der sehr intelligente württembergische
Exminister Kapff war gut mit ihm bekannt. Wir brachten einmal bei
Rochow einen sehr vergnügten Mittag mit ihm zu und ich besuchte
ihn später in Freiburg.

Der Ruf der Unabhängigkeit, den sich mein Literaturblatt erworben hatte, veranlaßte viele jüngere und ältere Männer, die damals schon oder erst später einen politischen Ruf erlangten, sich an
mich zu wenden und mir ihre Schriften zu schicken. So die Sieben-
pfeiffer und Savoie, Hansemann, der später preußischer Minister
wurde, sogar der Jude Jakoby von Königsberg, der in Celle gefangene Doktor König. Merkwürdige Gegensätze begegneten sich oft
an meiner Schwelle. Der Major, später General von Prittwitz,
der die Bundesfestung Ulm ausbaute, ein Freund meines Bruders
in Berlin, besuchte mich von Ulm aus öfter, wie auch sein liebenswürdiger Hilfsarbeiter, damals Hauptmann, jetzt General Völker,
der eine Württembergerin heirathete. Prittwitz war ein höchst lebhafter und genialer Mann, mit dem ich schon in der ersten Viertelstunde Streit bekam, was uns jedoch nicht von einander trennte. Er
war nämlich politischer Optimist und schwärmte in seinen Schriften
für das communistische Ideal einer gleichmäßigen Ausbeutung aller
Erdengüter und deren gleiche Vertheilung an alle Menschen. Der
Westphale Marcard, der mit mir correspondirte, faßte dagegen das
Elend des Volks als Wirkung der modernen Gesetzgebung und des
Fortschritts auf. Eine der originellsten Bekanntschaften war mir die
von Hofrath Perner, dem Gründer der Thierschutzvereine, der mir

einmal in München ein glänzendes Diner gab und mir regelmäßig
alle seine Veröffentlichungen zuschickte.

Mehrmals erhielt ich Besuche vom alten Ueberall und Nirgends,
Oberjustizrath Reigebaur aus Bromberg, der immerfort reiste,
immerfort Reisehandbücher schrieb, überall Orden davon zu tragen
verstand und seine Brust schon ganz damit bedeckt hatte, während er
anonym die verbissensten Schmähschriften gegen den Adel ausgehen
ließ. Ein merkwürdiges Kind seiner Zeit war auch der Breslauer
Buchhändler Pelz, eine mephistophelische Natur, der 1846 in Stuttgart zubrachte und hier den bisher sehr loyalen Oekonomierath Mög-
ling verführte, sich im folgenden Jahre in den Strudel der badischen
Revolution zu stürzen, in der er eine Heldenrolle gespielt hat. Pelz
zog sich nach Nordamerika zurück, von wo aus er mir noch mehrmals
Zusendungen gemacht hat. Das Witzigste, was er je geschrieben hat,
ist das anonym erschienene Buch Hephatha, eine meisterhafte Satire
auf die Breslauer Freimaurerlogen. *)

Einer der merkwürdigsten Geschichtschreiber Oesterreichs war
Palacky in Prag. Nachdem ich öfter gegen ihn polemisirt hatte,
besuchte er mich in Stuttgart.. Man kann sich keine intelligentere
und zugleich schlauere Physiognomie von althussitischem Zuschnitt
denken, wie die seinige. Er gab sich viele Mühe, mich zu umwickeln,
als ob er eine Spinne, ich aber nur eine große dumme Brummfliege
gewesen wäre. Indem er nur protestantische, specifisch preußische
Gewohnheitsideen und Sympathien und bestimmte Antipathien gegen
Oesterreich bei mir voraussetzte, suchte er mir darzuthun, wir befänden uns eigentlich auf dem gleichen Standpunkt, ich sollte ihn daher
nicht immer anfeinden, sondern mit ihm gemeinschaftlich agiren. Was
er gegen die Deutschen schreibe, sei ja gar nicht gegen die Deutschen,
sondern nur gegen die Oesterreicher geschrieben. Gegen das herrschende Metternich'sche System müßten wir alle gemeinschaftlich
kämpfen, und wenn am Ende das große Reich auch in Stücke ginge,

---

*) Pelz vegetirte laut mir gemachter Mittheilung auch eine Zeitlang in Leipzig,
wo er sich den Ehrennamen „Schweinepelz" erwarb. Anm. des Herausg.

was würde das schaden? Dann würde sich Böhmen einfach an
Preußen anschließen, würden in Böhmen altes Hussitenthum und
neuer Deutschkatholicismus verschmolzen werden, würde die Versöhnung mit dem protestantischen Deutschland, vorzugsweise Preußen,
auch durch das constitutionelle System befördert werden, welches dann
freilich überall in Deutschland eine Wahrheit werden müßte ꝛc. Das
alles war gut ausgedacht, bestach mich aber nicht, denn ich wußte
wohl, wie tief dem schlauen Czechen der Panslavismus im Herzen
saß. Ich lobte, daß er für seine Nation so viel Eifer zeige, erklärte
ihm aber, daß mir der Eifer für die meinige nicht erlaube, das zu
glauben, was er mir sage, denn er werde die nichtösterreichischen
Deutschen wohl benutzen wollen gegen Oesterreich, aber nur um beide
zum Vortheil des Slavismus zu schwächen. Das bewährte sich auch
bald, denn in der Revolution von 1848 stellte Palacky in Prag ein
ganz anderes politisches Programm auf als das, was er mir in Stuttgart vorzuspiegeln versucht hatte. Er schloß sich, als Oesterreich in
Noth und Verfall kam, nicht an Preußen, nicht an das protestantische
Deutschland, nicht an das Frankfurter Parlament an, sondern betrieb
einen allgemeinen Slavencongreß und trat als ein offener Feind
nicht etwa Oesterreichs, sondern der ganzen deutschen Nation auf.
Als Windischgrätz den Slavencongreß gesprengt hatte, kam Palacky
nicht nur ganz ungekränkt davon, sondern war auch nahe daran, in
Wien Minister zu werden, blos weil er durch seinen großen Einfluß
auf die Czechen deren ganzes Gewicht wieder in die Waagschale der
kaiserlichen Partei warf. Das war nämlich das beste Mittel, sofern
einmal das panslavistische Ideal noch nicht verwirklicht werden konnte,
den Böhmen wenigstens innerhalb des österreichischen Kaiserthums
das größte Ansehen zu verschaffen.

Im Jahr 1837 besuchte mich ein ungarischer junger Edelmann,
der nachher nur zu berühmt gewordene Pulski. Er kam aus England, hatte ein Buch über dieses Land geschrieben und bat mich, ihm
einen Verleger dafür zu verschaffen, was ich auch sogleich that. Er
war ein schöner feuriger Jüngling. Ihn begleitete sein reicher Onkel

Fejerwar, welcher Weinberge in der Hegyala, auch eine Opalgrube besaß und mir nachher fünfzig Flaschen edlen Tokayer schickte. Pulski korrespondirte mit mir, allein ich konnte seinen anfangs nur leise sich ankündigenden, bald aber immer gewaltiger aufbrausenden Magyarismus nicht vertragen. Einmal wandte er sich wieder der deutschen Seite zu, fiel aber nochmals ab und wurde im Jahre 1849 der fanatische Anhänger Kossuths, als dessen Agent er, mit dem niederträchtigsten Judengesindel im Bunde, dem Pöbel Geld spendete und am Morde des edlen Minister Latour keineswegs unschuldig war.

Nicht lange vor der Märzrevolution hielt sich Matthias Koch, der Oesterreicher, eine Zeitlang bei uns in Stuttgart auf, ein kleiner, magerer, immer mißtrauisch um sich blickender, aber sehr regsamer Mann. Als Beamter des letzten Fürsten von Dietrichstein war er in Geldansprüchen verkürzt worden und hatte in dem Kaiserstaat mit so viel Corruptionen zu kämpfen gehabt, daß sich daraus sein Mißtrauen gegen die Menschen wohl erklären ließ. Es quälte ihn auch hier, denn er bildete sich ein, man halte ihn hier für einen österreichischen Spion. Ich hatte viele Mühe, es ihm auszureden. Es gelang mir aber doch, da auf meine Bitte der damalige Vorstand des Stuttgarter Museums, der allgemein geachtete Obersteuerrath Lempp, persönlich zu ihm ging und ihm sagte, er selbst habe ihn zum Mitglied der Museumsgesellschaft vorgeschlagen, woraus er ersehen werde, daß man kein Vorurtheil und nicht den mindesten Verdacht gegen ihn hege. Das freute nun den guten Koch sehr und er verlängerte seinen Aufenthalt in Stuttgart. Koch war ein edler Mensch und ein warmer deutscher Patriot, wie es in ganz Oesterreich keinen zweiten gab. Er war einer der ersten, der es wagte, den Zorn Metternichs und seiner Creaturen gegen sich herauszufordern, sofern er die systematische Vernachlässigung des deutschen Elements in Oesterreich scharf tadelte. Unter anderm trat er dem Wahn entgegen, demzufolge die Tiroler von den alten Etruskern abstammen sollten. Ein Wahn, der verbreitet wurde, um den Anspruch der Italiener auf das deutsche Land bis zum Brenner scheinbar historisch zu begründen.

25*

In den Sturmtagen Wiens 1846 wagte Koch mitten in der fanati-
sirten Hauptstadt Vernunft zu predigen, und setzte sich dabei der
größten Gefahr muthig aus. Auch erkannte er sehr richtig, welches
Unheil die süd- und westdeutsche Demokratie in der Paulskirche zu
Frankfurt anrichte. Ich besitze noch ein Schreiben von ihm, worin
er mir seine besonnenen Ansichten mittheilte. Ein sehr gutes Werk
schrieb er auch über Philipp II. und die Niederländer, wofür ihm
reiche Quellen im Dietrichstein'schen Archive zu Gebote standen; denn
ein Dietrichstein war als kaiserlicher Gesandter am Hofe zu Madrid
gewesen und hatte alles scharf beobachtet. Matthias Koch war einer
der tüchtigsten Männer in Oesterreich, eben deshalb aber verkannt
und zurückgesetzt.

Den Professor Constantin Höfler, der später nach Prag
und dort als guter Deutscher in Conflict mit den Czechen kam, lernte
ich 1835 in Rom kennen und zwar an der Tafel des berühmten
Maler Cornelius. Er war damals noch ein junger Mann. Später
kam ich wieder mit ihm in Verbindung durch unseren Stuttgarter
literarischen Verein, für dessen Bibliothek er interessante Handschriften
in der vaticanischen Bibliothek in Rom zum Druck bearbeitete. Er
theilte mir seitdem immer die historischen Werke mit, die er herausgab und durch die er sich großes Verdienst erwarb. Er besaß eine
große Umsicht in archivalischen Forschungen und legte deren Ergebniß
in sehr interessanten Monographien den Deutschen vor Augen. Sein
Nachweis, daß Johannes Huß mehr von czechischem Deutschenhaß,
als von reiner Gottbegeisterung und Wahrheitsliebe getrieben war,
hätte größere Beachtung in Deutschland verdient, als er gefunden hat.

Zu den seltensten Ausgeburten der Zeit, in denen oft die
heterogensten Eigenschaften sich verschmolzen, gehörte Friedrich
Rohmer aus München, ein geistvoller junger Mann, der in seinen
politischen Schriften besonnenes Urtheil und einen scharfen Verstand
kundthat, in seinem Privatleben aber als ein Prophet gelten wollte,
seinen nächsten Freunden Pflichten wie Jüngern und Aposteln auf-

legte und sogar eine mysteriöse kaiserliche Abstammung seiner gewandten kleinen Person fingirte. Er starb frühe. Eine Zeitlang
hatte er in Zürich gelebt, in sehr intimer Freundschaft mit Bluntschli,
den er gern seinen Schüler nannte und der mit ihm in Zürich noch
die Radicalen bekämpfte, später aber in Heidelberg ins Lager der
Fortschrittsmänner überging.

In Stuttgart war Rohmers treuester Anhänger der Regiments-
arzt Duttenhofer, in demselben Hause geboren, welches ich 1833 gekauft hatte. Sein Vater, ein Kupferstecher, hatte sich entleibt. Er
selbst überwarf sich als junger Thierarzt mit seinen Vorgesetzten und
wanderte nach Surinam aus, kehrte erst mit grauen Haaren in die
Heimath zurück, trat bei der großen Ausrüstung 1859 in die Armee
ein, starb aber bald nachher. Er war ein trotziger Mensch, aber guter
Kopf. Seine Uebersetzung des Cid ist viel männlicher und echter spa-
nisch als die von Herder. Auch was er über die menschliche Stimme
und über die Negerrace geschrieben hat, ist sehr belehrend.

Ich hatte mich, so lange Friedrich Wilhelm III. lebte, nach
Preußen kaum mehr umgesehen. Jede Carriere war mir dort verdorben worden. Nun gab sich aber seit dem Ende der dreißiger Jahre
der preußische Gesandte, Herr v. Rochow, viele Mühe, sich mir zu
nähern, und auf so feine Weise, daß es nur lächerlich oder grob gewesen wäre, wenn ich ihn hätte vermeiden wollen. Ich lernte einen
klugen Mann an ihm kennen, der auf das delikateste meinen Stolz
schonte, so daß er sich öfter zu mir bemühte, als ich mich zu ihm. Als
wir erst näher mit einander bekannt waren, bestach er mich durch die
Offenherzigkeit, mit der er mir Mittheilungen über die Politik des
Berliner Hofes machte und mich endlich Jahrelang eine Menge De-
peschen lesen ließ, die er bekam. Darunter gehörten auch die Protokolle der Berliner Ministerberathungen, die Protokolle der Militär-
bundescommission in Frankfurt, des Bundestags selbst, Mittheilungen aus Oesterreich rc. Ich nahm natürlicherweise als Geschichtschreiber lebhaftes Interesse daran, machte mir meine Notizen und bewahrte übrigens das Geheimniß in discretester Weise. Herr v. Ro-

chow säumte jedoch nicht, für seine Gefälligkeit Gegenleistungen zu
verlangen, frug mich hie und da um Rath und bat sich Bemerkungen,
ja ganze Auseinandersetzungen von mir aus, die dann in seine amt-
lichen Berichterstattungen übergingen. Da sein Bruder Minister des
Innern in Preußen war, suchte er mich durch diesen nach Berlin
selbst zu ziehen und brachte mir einmal in einem rothen Saffiankäst-
chen eine Auszeichnung, die ich aber nicht sehen wollte und die er
wieder einstecken mußte, indem ich ihm energisch erklärte, ich verachte
die ganze Spielerei mit Ordensbändern, und wenn ich auch den guten
Willen meines ehemaligen Königs ehren müsse, so werde er doch begreifen, daß es meiner literarischen Stellung unangemessen und mit
meinem Unabhängigkeitssinn unverträglich sei, mir eine moralische
Verpflichtung auflegen zu lassen. Rochow hatte Verstand genug, das
zu begreifen, und wußte die Sache so zu behandeln, daß sie als unge-
schehen betrachtet wurde. Sein Bruder aber ließ noch nicht von mir
ab, sondern machte mir den förmlichen Vorschlag, nach Berlin überzusiedeln und unter sehr annehmlichen pecuniären Bedingungen die
Hauptredaction der preußischen Staatszeitung zu übernehmen. Auch
das lehnte ich höflich ab. Die Berliner ärgerten mich aufs neue, indem die Nachricht, ich sei nach Berlin berufen, von dort aus schon in
alle Zeitungen überging, ehe mir selbst die Einladung vom Ministerium zukam. Die Verbreiter der Nachricht bildeten sich also wohl
ein, es sei gar nicht möglich, daß ein armer Teufel in einem Klein-
staate eine so große Ehre ausschlagen könne.

Als der alte König von Preußen im Jahr 1840 starb, machte
der neue König Vieles wieder gut, was früher gesündigt worden war,
stellte den alten Arndt wieder an, befreite den alten Jahn von der
Polizeiaufsicht, entließ die politischen Gefangenen wie auch die gefangenen Lutheraner in Schlesien, wurde auch den Katholiken gerecht
und kehrte somit in vieler Beziehung zu dem christlich deutschen Programme zurück, gegen welches sein Vorfahr so blind gewüthet hatte.
Dennoch war Friedrich Wilhelm IV. eine zu weiche, zu wenig energische Natur, um jenes Programm durchzuführen. Majestätisch ge-

nug klang die Rede, mit der er den Fortbau des Kölner Domes ein-
leitete und worin einzig die beiden großen Gedanken „Deutsche Nation
und christliche Kirche" vorleuchteten. Allein er besaß nicht Entschlossen-
heit genug, die Buben davon zu jagen, die noch immer in den höchsten
Verwaltungs- und Unterrichtsämtern, ihm zum Trotz und Hohne,
das alte System fortsetzten. Er schützte nicht einmal seinen neuen
Cultminister Eichhorn gegen sie. Er duldete bei der Jubelfeier der
Universität Königsberg, daß Eichhorn unter seinen Augen mit einem
pereat beschimpft wurde unter Jubelrufen auf Diesterweg und Din-
ter, deren ganze Lebensaufgabe gewesen war, das Christenthum in
den preußischen Volksschulen auszurotten. Der wohlmeinende König
war so schwach, nicht zu merken, wie Alexander von Humboldt, dem
er die höchsten Ehren anthat, die einem Unterthanen irgend erwiesen
werden können, ihn doch nur verspottete. Unglaublich, aber dennoch
wahr und wirklich war die Huld, mit welcher sich der König den jämmerlichen Dichter Herwegh persönlich vorstellen ließ und ihm die Hand
drückte, obgleich dieser noch nicht hinter den Ohren trockene Jüngling
in seinen Liedern das Volk aufgerufen hatte: „Reißt die Kreuze aus
der Erden". Das war derselbe junge Held der Zeit, der ein paar
Jahre später unter das Spritzleder des Wagens kroch, auf dem ihn
seine muthigere Frau nicht erst nach, sondern vor der Schlacht ent-
führte. Solche Schwachheiten des trefflichen Königs und das Fort-
regieren und Dociren so vieler Unwürdigen in den preußischen Aemtern hielten mich zur Genüge ab, irgend eine Hoffnung auf den Re-
gierungswechsel in Preußen zu bauen, weder für das große Vaterland,
noch für mich.

Inzwischen neigte sich der König von Preußen allmählich denen
zu, welche die vom verstorbenen König feierlich versprochene, aber
niemals eingeführte Verfassung herbei wünschten. Seinem guten
deutschen Naturell widerstrebte die französische Schablone. Er fing
daher nur mit Einberufung von Provinzialständen an. Da ich praktisch und theoretisch hinreichend in das Verfassungswesen eingeweiht
war und die preußischen Gesandten in den constitutionellen Staaten

angewiesen wurden, ihre Erfahrungen nutzbar zu machen und der Regierung in Berlin in Bezug auf eine weitere Ausdehnung des Verfassungswesens im preußischen Staate Gutachten zu übermitteln und Rathschläge zu ertheilen, so nahm mich Herr v. Rochow mehr als je in Anspruch. Ich weiß nicht mehr, wie viele Schriftstücke ich ihm nach einander geliefert habe, denn Abschriften nahm ich nie. Den Gedankengang, den ich darin verfolgte, findet man aber deutlich wieder in einem Aufsatz über Provinzialstände, den ich in der „Deutschen Vierteljahrschrift" abdrucken ließ. Ich stellte mich darin auf den deutschen Standpunkt und verlangte eine Vertretung, wie nach Provinzen und Volksstämmen, so nach Ständen und Corporationen, mit Abweisung der französischen Schablone, die nur eine Vertretung nach dem Census und nach Köpfen kennt. Ich verwarf darin die Anwendung, welche die liberale Partei von demselben Centralismus machte, den bisher nur der Despotismus für seine Zwecke dienlich erachtet hatte. Ich hatte zwar wenig Hoffnung, daß meine Ideen der Zeitströmung Halt gebieten würden, denn der Liberalismus war ja grade nur wegen seiner Bornirtheit und französischen Färbung so populär geworden. Aber ich glaubte, wenigstens der König von Preußen und einige Männer von Einfluß, die es treu mit ihm meinten, würden einen Mittelweg einschlagen und Vorkehrungen treffen, um das preußische Verfassungswesen wenigstens nicht ganz nach dem französischen modeln zu lassen. Namentlich hoffte ich eine neue Kräftigung des Adels durch Einführung der Primogenitur wie in England. Aber meine Erwartung täuschte mich. Anstatt einen neuen ständischen Organismus zu schaffen, begnügte man sich in Berlin mit einer mechanischen Zusammensetzung aller Provinziallandtage zu einer Versammlung. Im preußischen Februarpatent von 1847 waren zwar mehrere Paragraphen meines Herrn v. Rochow übergebenen Gutachtens wörtlich aufgenommen, aber das hatte jetzt keine Bedeutung mehr. Ich habe immer sehr bedauert, daß ich damals in Preußen nicht mehr erreichen konnte. Dem deutschen Großstaat kam es zu, auf volksthümlicher und geschichtlicher Grundlage ein echt deutsches Verfassungswesen zu schaffen. Den mittelstaatlichen, durchgängig nur von den Rheinbundkönigen octrovirten Verfassungen konnte man die französische Schablone eher verzeihen.

Denselben Gedanken, den ich damals anregte, hat zwanzig Jahre später Odilon Barrot in einer interessanten Schrift ausgesprochen, in der er den Bankerot der liberalen Partei in Frankreich aus dem Centralisationssystem erklärte, dem man thörichterweise gehuldigt habe, was aber immer nur dem Despotismus zu gute kommt.

VII. Die Revolutionsjahre 1848 und 1849.[*]

Das politische Uebergewicht Frankreichs über Deutschland sollte sich, wie zur Zeit der Julirevolution, so auch wieder nach der Februarrevolution kundgeben. Deutschland hatte wie ein unselbständiger und passiver Kloß einen Stoß von Frankreich her empfangen, war davon erschüttert worden, hatte ein wenig getaumelt und fiel dann wieder in die alte Lethargie zurück, gleich unfähig, weder einem Stoße von Außen zu widerstehen, noch eine Kraft in sich selbst zu entwickeln. Wie vor der Julirevolution, so ging auch nach derselben die deutsche Opposition in den Schuhen der französischen, ohne irgend selbständig handeln zu können, oder auch nur selbständig zu denken.

Ludwig Philipp hatte die Krone arglistig erschlichen und suchte

---

sie durch dieselbe Arglist zu behaupten, ohne eine wahre Thatkraft zu besitzen, oder sich auch nur von einer hohen Idee leiten zu lassen. Seine Arglist bewirkte hauptsächlich die Corruption der Kammer, die sich von ihm bestechen und zu seinem Werkzeug brauchen ließ. Dadurch wurde das moralische Ansehen, welches die constitutionelle Partei bisher genossen hatte, tief erschüttert und der Liberalismus in der öffentlichen Meinung discreditirt. Daher kam von unten her eine neue demokratische Partei auf, welche abgesehen von ihren communistischen Ausschweifungen, ein volles Recht hatte, sich gegen das wucherische Juste milieu und die schlechte Kammerwirthschaft zu empören. Wie nun in Frankreich der Liberalismus ins Sinken, die Demokratie aber ins Steigen kam, begann dieselbe Erscheinung sich alsbald auch in Deutschland zu zeigen. Dazu kam der mit dem Alter zunehmende Stumpfsinn sowohl Ludwig Philipps, als Metternichs. Beide duldeten, daß der Radicalismus in der Schweiz im Sonderbundskriege die brutalsten Siege feierte. Die armen Urcantone waren sogar von Metternich durch geheime Zusagen ermuntert worden, sahen sich aber nachher im Stich gelassen. Das feuerte auch den Muth der destructiven Presse in Deutschland an. Man denke an die Ruge'schen Jahrbücher.

Württemberg wurde zwar von diesen Bewegungen unmittelbar nur wenig berührt, man spürte aber doch auch hier die Gewitterschwüle der Zeit. Unter dem energischen Minister Schlayer war die Staatsomnipotenz der Kammeropposition Meister geworden, in ihrer kirchenfeindlichen Richtung aber sympathisirte sie eigentlich, ohne sich dessen recht bewußt zu sein, mit dem Radicalismus. Schlayer umgab sich mit einem merkwürdigen Generalstabe von jungen Oberregierungsräthen, welche 1848 beinahe alle zur Demokratie übergingen und in deren Mitte er einige Jahre später in der Kammer selbst auf der äußersten Linken saß. Ich habe die Beobachtung gemacht, daß im Jahr 1847 die allgemeine Stimmung unheimlicher und drohender war und noch etwas Schlimmeres erwarten ließ, als der Ausbruch der Revolution im folgenden Jahre zu Tage förderte. Allerrings kam eine Theurung des Brotes hinzu, was die Unzufriedenheit und Ungeduld in den niedern Volksklassen steigerte. Man bemerkte häufig rohe Aeußerungen auf der Straße, an öffentlichen Orten. Am 3. Mai 1847 stürmte das Volk in der Hauptstätterstraße das Haus des Bäcker Meier wegen angeblichen Kornwuchers. Der König selbst ritt auf den Platz, um das Volk zu beruhigen, wurde aber mit lauten Schmähungen und sogar mit Steinwürfen begrüßt, so daß er sich zurückziehen und das Militär einschreiten mußte.

Als die Februarrevolution 1848 in Paris ausgebrochen war, wurde sie gleich durch die Märzrevolution in Deutschland nachgemacht. Baden gab das Signal, Württemberg folgte bald nach. Die Bewegung war so stark, daß sich das Ministerium Schlayer unmöglich halten konnte. Der König wählte, wie das damals auch andere deutsche Fürsten thaten, ein neues Ministerium aus der bisherigen Kammeropposition, und zwar deren im Volke am meisten geachtete Mitglieder, um im Einverständniß mit denselben Reformen vorzunehmen, das Volk zu beruhigen und wenigstens die wilde Demokratie abzuhalten. Man war damals ziemlich besorgt, denn man wußte nicht, wie weit es die neue Republik in Frankreich treiben, ob sie nicht die Revolutionirung der Nachbarländer durch Truppen unterstützen und das alte Eroberungssystem erneuern würde. Das ganze südwestliche Deutschland war von der Revolution im Innern so bedroht, die Regierungsgewalt überall so geschwächt, daß eine Demonstration von Frankreich her gewiß Erfolg gehabt haben würde, wenn die Absicht dazu in Paris vorhanden gewesen wäre. Daß sie nicht vorhanden war, konnte man damals noch nicht wissen. Daher kam alles darauf an, daß sich die süddeutschen Regierungen mit Preußen verständigten und gemeinschaftlich handelten, zu dem doppelten Zwecke, erstens durch consequente und gemeinsame Durchführung constitutioneller Maximen und Reformen die Bevölkerungen zu beruhigen und der Revolution jeden Vorwand zu nehmen, zweitens aber sich zu gemeinsamen Militärmaßregeln zu vereinigen, um das zunächst gefährdete Süddeutschland gegen jeden Angriff Frankreichs wirkfam zu fchützen. Das einzige Bedenken war, ob das damalige preußifche Minifterium die liberalen Namen der neuen füddeutfchen Minifter nicht perhorresciren, die verlangten Reformen nicht ver= weigern, oder wenigftens verzögern würde, denn damals ftand das preußifche Minifterium noch feft. Ich fprach darüber mit dem foeben erft (am 9. März) ernannten Minifter Römer und erbot mich, fo= gleich nach Berlin zu reifen, wo ich Verbindungen genug habe, um alle Thüren auffftoßen zu können. Ich wollte es übernehmen, den König von Preußen für die beiden genannten Zwecke zu gewinnen. Römer ging fogleich darauf ein, der König ftimmte ihnen zu, und am elften war ich fchon unterwegs.

Ich konnte damals noch nicht ganz auf Eifenbahnen fahren, fondern bis Nördlingen nur mit der Poft. In Culmbach endete die Eifenbahn fchon wieder. Ich kam dort in der Nacht an und fand alles in furchtbarer Aufregung, denn die Bauern hatten in der Nähe ein adeliges Schloß angezündet und die Empörung ftand in der fchönften Blüte. Der Eilwagen, deffen einziger Paffagier ich war, hatte Mühe fortzukommen und fich aus dem Volksgedränge heraus= zuwinden. Ich fuhr das Fichtelgebirge hinauf, wo noch viel Schnee lag. Es war abfcheulich kalt. Erft in Reichenbach kam ich wieder auf die Eifenbahn, die ich von nun an ununterbrochen benutzen konnte. In Leipzig fand ich wieder große Aufregung, weil ein preu= ßifches Armeecorps fich in der Gegend von Halle fammelte, dazu be= ftimmt, wie man glaubte, die Bewegungspartei in Sachfen einzu= fchüchtern.

Ich kam am 14. März früh in Berlin an, ftieg in einem Gaft= hof ab und fchrieb noch in meinen Reifekleidern einen Brief an den König von Preußen. Noch war keine Stunde vergangen und ich hatte eben erft meine Toilette gemacht, als mir der König fchon feinen Generaladjutanten, General von Below, zufchickte, denfelben der fpäter den Malmöer Waffenftillftand abgefchloffen hat. Er fagte mir, der König fühle das ganze Gewicht meiner Anträge, wolle aber nichts ohne feine Minifter befchließen, ich müßte alfo zuerft mit diesen, vor allen mit dem Minister der auswärtigen Angelegenheiten, Grafen von Canitz, reden. Ich erwiderte dem General, daß mir das leid thäte, denn es verstünde sich eigentlich von selbst, daß die Durchführung meiner Anträge vom gegenwärtigen preußischen Ministerium nicht zu erwarten sei, die Annahme meiner Anträge von Seiten des Königs vielmehr einen Ministerwechsel voraussetze. Jede Unterhandlung von meiner Seite mit Herrn von Canitz sei daher unpraktisch und überflüssig. Der General von Below war ein einsichtsvoller Mann und gab mir völlig Recht, bat mich aber, dennoch mit den Ministern zu reden, da ich, um nachher mit dem König selbst reden zu können, doch zuvor seiner Weisung nachkommen müsse. Er orientirte mich rasch in Betreff der ministeriellen Persönlichkeiten und empfahl mir, wenn mich die Minister hinhalten wollten, mir durch den Prinzen von Preußen, oder durch Humboldt eine Audienz beim König zu erwirken. Ich verabredete mich mit ihm und erst, nachdem diese Einleitung getroffen war, verließ ich den Gasthof, um meine Wohnung im Hause meines Bruders Oswald, Wirkl. Geheimen Kriegsraths, zu nehmen. Noch an demselben Abend begab ich mich ins auswärtige Ministerium, wo mich Canitz, ein langer schlanker, ältlicher Herr, mit ziemlich vornehmer Steifigkeit empfing. In seinem Zimmer, nicht weit von der Thüre, hing in Goldrahmen ein großer Kupferstich, der den Fürsten Metternich in ganzer Figur darstellte. Diesem Fürsten strebte der preußische Minister nach, denn die staatsmännische Glorie Metternichs hatte damals noch ihren vollen Glanz. Hätte Canitz gewußt, daß an demselben Tage, an dem er Abends meinen Besuch empfing, die Revolution in Wien ausgebrochen war, sein Gesicht würde wahrscheinlich andere Falten angenommen haben. Allein man wußte das in Berlin noch nicht. Metternich stand in der Meinung des preußischen Ministers noch so fest, wie dieser selbst sein Portefeuille noch keineswegs gefährdet dachte. Obgleich der vom König nach Wien entsandte Radowitz schon dahin instruirt war, dem Fürsten Metternich Concessionen an die Völker vorzuschlagen, um dieselben zu beruhigen, so machte doch Canitz gegen mich Bemerkungen über den Liberalismus der neuen süddeutschen Ministerien, die es sehr in Zweifel ließen, ob Preußen im Vertrauen auf Oesterreich und aus Rücksicht auf Oesterreich nicht zu stolz sein würde, die März-ministerien als ebenbürtig anzuerkennen. Ich sagte ihm gradezu, er scheine weder die Bedeutung Süddeutschlands, noch den Werth, den die von mir gemachten Anträge für Preußen selbst haben müßten, gründlich genug zu würdigen, oder würdigen zu wollen, stellte ihm eine mögliche Ueberflügelung Süddeutschlands von Frankreich her mit Hülfe der Revolution in Aussicht, nahm meinen Hut und empfahl mich. Canitz aber lief mir nach und hielt mich am Arme zurück, ich solle nicht böse werden, auch er meine es nicht bös. Er bediente sich dabei des Ausdrucks: „Der Teufel ist nicht so schwarz, wie er aus-sieht," und bat mich, noch ein paar Tage in Berlin zu bleiben, er werde dann weiter mit mir reden. Er wartete Nachrichten von Rado-witz ab, allein am andern Tage erfuhr man bereits den Umsturz der Dinge in Wien, die Vertreibung und Flucht Metternichs. In diesem Augenblick wäre es angemessen gewesen, mich wieder rufen zu lassen, aber weder Canitz noch der König thaten es.

Ich füllte die Zwischenzeit mit Besuchen bei den andern Mini-stern, Bodelschwingh, Rohr, Thile aus, nur weil es der König ver-langt hatte. Bodelschwingh saß todtmatt auf dem Sopha und sagte, er könne gar keine Meinung mehr abgeben, da er in ein paar Tagen nicht mehr Minister sein werde. Der alte Thile mit seinen klugen Augen mußte schon allerlei von mir gelesen haben, denn er meinte, ich könne doch eigentlich kein gemeiner Liberaler sein. Aber ich sagte ihm sehr ernsthaft, ich sei wohl conservativ, aber auch liberal wie es nöthig sei. Was übrigens dieses Hin- und Herreden nutzen solle, da es sich jetzt darum handle, rasch einen Entschluß zu fassen. Ich erzürnte mich so, daß ich zu den übrigen Ministern gar nicht mehr ging, sondern nach Belows Rath Humboldt und den Prinzen von Preußen aufsuchte. Zu dem erstern führte mich mein alter Freund Maßmann. Humboldt empfing mich mit offenen Armen, sprang an mir hinauf und küßte mich. Sie, rief er, kommen grade recht, Sie dürfen dem König alles sagen, was nicht einmal ich ihm sagen darf. Sie müssen uns helfen, das Ministerium stürzen. Sie sind dem König neu und nicht sein Unterthan. — Eben deswegen komme ich, erwiderte ich ihm, Ew. Excellenz müssen mir Zutritt beim König verschaffen, denn er läßt mich ja immer noch nicht vor sich. Humboldt versprach mir, das Mögliche zu thun. Ich eilte nun auch zum Prinzen von Preußen, traf ihn nicht zu Hause und schrieb mich im Vorzimmer ein. Indem ich am Thiergarten entlang ging, kam mir der leere Wagen des Prinzen nachgefahren. Der intelligente Kutscher erkannte mich aus der kurzen Beschreibung, die ihm der Portier von mir gemacht hatte, und bat mich einzusteigen, denn der Prinz wünschte mich sogleich zu sprechen. Ich fuhr nun zurück und hatte eine lange Unterredung mit dem Prinzen, die mir unvergeßlich bleiben wird, weil sie in einer Zeit der höchsten politischen Aufregung stattfand und der Prinz mich in seinem lebhaften Gespräch tief in seine Seele blicken ließ. Er stimmte übrigens ganz mit meinen Anträgen überein und versprach mir, sie seinem königlichen Bruder dringend zu empfehlen. Und zwar that er das noch im vollen Machtbewußtsein der preußischen Dynastie, denn der Tag der Schmach war noch nicht gekommen.

Erst am Abend des 17. März wurde ich auf das Schloß zum König beschieden. Kaum konnte ich meinen Ueberrock ablegen, denn, sagten mir die Diener, der König habe schon ein paarmal nach mir gerufen. Obgleich das Vorzimmer ganz voll war von Deputationen, Generalen ꝛc., mußte ich sogleich mitten durchgehen. Der König stand schon an der Thüre, faßte mich bei beiden Händen und begrüßte mich auf das wärmste, indem er mich in sein Zimmer führte. Ich mußte mich ihm gegenüber setzen und wiederholte ihm meinen Antrag, wie ich schon schriftlich gethan hatte, kurz und präcis. Er wendete mir auch nicht das geringste dagegen ein und wollte die Sache nur etwas verzögert wissen, bis er die Stände einberufen haben würde, was am 2. April geschehen sollte. Ich erlaubte mir, ihm zu erwidern, daß kein Augenblick zu verlieren sei. Die Ereignisse folgen sich so rasch, daß vierzehn Tage Aufschub alles ändern können. Wenn er die Initiative erst der preußischen Ständeversammlung in Berlin oder dem bereits von den vereinigten Koryphäen des Liberalismus in Süddeutschland in Vorschlag gebrachten Parlamente in Frankfurt a. M. überlasse, so gebe er die Stellung auf, die ihm gezieme. Alsdann böte er weder uns in Süddeutschland die Bürgschaften dar, die wir von ihm verlangten, noch bleibe er Herr der Situation, was er jetzt noch sei, nachdem ihm das gänzlich desorganisirte Oesterreich kein Hinderniß mehr in den Weg legen könne. Ich verlangte von ihm eine bestimmte, bindende Erklärung, sei es eine vertrauliche, die ich dem König von Württemberg mitbringen könne und die gleichzeitig an die andern süddeutschen Höfe abgehen müsse, sei es eine öffentliche, etwa ein Manifest an die deutschen Bevölkerungen. Er sagte, er werde mit seinen Ministern darüber sprechen. Ich bat ihn nochmals, ja nicht zu verkennen, wie ruhmvoll Preußen dastehen werde, wenn es, im Innern stark und ungebrochen, wie es sei, den zeitgemäßen Concessionen, zu denen er ja selbst schon entschlossen sei, und die auch im südlichen Deutschland theils schon gemacht, theils eingeleitet seien, den nöthigen Halt und die nöthige Uebereinstimmung gebe, und wenn es denselben Halt nach außen gewähre und dieselbe Uebereinstimmung in die etwa nöthig werdende Vertheidigung Deutschlands gegen Frankreich bringe. Es sei ein Augenblick für Preußen gekommen, so günstig, wie er vielleicht niemals wiederkehre. Aber Seine Majestät müßten handeln und zwar schnell und bestimmt, und sich die Initiative ja nicht entrinnen lassen. Dazu sei absolut nöthig, daß er einerseits den bedrängten Fürsten Schutz und Trost zusichere, andererseits sich von der Parlamentspartei nicht erst nachziehen, oder gar anfechten lasse, sondern daß er selbst die Parlamentswahlen anordne.

Es war mir jedoch nicht möglich, den König zu einer bestimmten Erklärung zu veranlassen. Er stimmte mir immer bei, behielt sich aber die Berathung mit seinen Ministern vor. Ich erlaubte mir, ihm noch zu sagen, daß ich die Verhältnisse in Süddeutschland ohne Zweifel genauer kenne, als irgend einer seiner Räthe. Wenn er je sich noch entschlösse, eine auf Süddeutschland berechnete öffentliche Erklärung ausgehen zu lassen, würde es sehr darauf ankommen, den rechten Ton zu treffen, Vertrauen einzuflößen und Mißdeutungen zu verhüten. Ich würde im Stande sein, der Redaction in dieser Beziehung einen guten Dienst zu leisten. Der König versprach mir nun sogleich, es solle nichts der Art gedruckt werden, bevor ich Einsicht davon genommen hätte. Nun glaubte ich, der König werde mich entlassen, er gab mir aber kein Zeichen der Entlassung, sondern fing an erst recht lebendig zu werden, redete immerfort, schweifte von der Sache, wegen der ich gekommen war, ganz ab und sprach vom Kölner Dom soviel, daß ich endlich aufstand, ihn unterbrach und um meine Entlassung bat, da ich ihm die kostbare Zeit nicht länger rauben dürfe. Er nahm mir das nicht übel, achtete aber nicht darauf und frug mich plötzlich: „Kennen sie Radowitz?" Ich bejahte es. Nun ergoß er sich in das lebhafteste Lob dieses seines Freundes und fing mir an dessen Lebensgeschichte zu erzählen, so daß ich ihn noch einmal unterbrach. Jetzt erst gab er meinen dringenden Bitten, Andere vorzulassen, mit einem gnädigen Lächeln nach und entließ mich so liebevoll, wie er mich empfangen hatte.

Seine Figur war majestätisch, aber seine allzu lebhaften Gestikulationen thaten dem würdevollen Eindruck derselben Abbruch. In seinen Augen lag eine bezaubernde Güte und sein feiner Mund war voll Grazie. Man glaubte in seinen Zügen seine schöne Mutter wiederzuerkennen. Seine Rede war außerordentlich fließend und gewandt und häufig blitzten Geist und Witz hervor. Aber die Kraft des Willens, der feste Entschluß und das Beharren dabei fehlten ihm.

Nachdem ich von ihm gegangen war, konnte ich kaum noch hoffen, daß meine Mission irgend einen Erfolg haben würde, auch wenn die Revolution in Berlin selbst nicht ausgebrochen wäre. Sie brach aber schon am folgenden Tage aus. Die damaligen Ereignisse traurigen Andenkens sind bekannt. Am Tag darauf gegen neun Uhr (es war ein Sonntag) hörte das Schießen auf und ich drückte mich sogleich durch die Volksmenge bis zum Schlosse hindurch und besah mir die

Straßen, in denen am hartnäckigſten gekämpft worden war. Erſt
ſpäter las ich in einem auswärtigen Blatte einen Correſpondenzartikel
aus Berlin, der mit den Worten begann: Berlin ſchwimmt in Blut.
Damals aber ſah ich kein Blut. Ich lief mich den ganzen Tag müde
und ſah wohl viele ſchlechte Barrikaden, die Spuren von Kartätſchen-
und Flintenkugeln und ſehr vieles Ziegelmehl auf dem Pflaſter, weil
man von den Dächern Ziegel herabgeworfen hatte, aber Blutlachen
ſah ich nirgends. Es war überhaupt keine rechte Revolution. Es
kam zu gar keinem offenen Kampf Mann gegen Mann. Die Tumultuanten ſchoſſen nur aus den Häuſern und haben nicht einmal eine
Barrikade mit den Waffen in der Hand vertheidigt, ſondern nur dahinter verſteckt geſchoſſen, um davonzulaufen, wenn die Soldaten einen
Bajonnetangriff machten. Es kamen ungefähr zweihundert Tumultuanten um, meiſt in den Häuſern, aus denen ſie geſchoſſen hatten
und in welche die erzürnten Soldaten eindrangen. Von den letztern
ſind nur achtzehn und drei Offiziere gefallen. Dies iſt für eine Stadt
mit einer halben Million Einwohner ſehr wenig. Man ſagte damals,
ein pommerſches Regiment habe ſich erboten, allein mit dem ganzen
Berliner Pöbel fertig zu werden, und dieſes Regiment würde es auch
geleiſtet haben. Der Aufſtand war am Sonntag Morgen ſchon be-
ſiegt, auf einen ganz kleinen Raum der Stadt beſchränkt und es hätte
keiner Stunde mehr bedurft, um ihn völlig niederzuſchlagen. Dann
wäre der König Herr und Meiſter geblieben. Dann hätte er nach
allen Seiten hin Reſpect eingeflößt und dann erſt hätten ſeine freiwilligen Conceſſionen Vertrauen erweckt. Aber er ſelbſt war es, der
den treuen Truppen nicht erlaubte, ihren Sieg zu vollenden. Er
befahl ohne Noth, das Schießen einzuſtellen, gab gegen alle Erwartung dem revolutionären Pöbel Recht und ſchickte alle Truppen aus
Berlin fort. Es iſt kein Zweifel, daß er dazu von einigen Männern
verleitet worden iſt, die er zu ſeinen Miniſtern machte, und daß dieſe
in ihrer Thorheit vorausſetzten, der König werde ſich populärer
machen, wenn er dem Volke nachgebe, als wenn er auf das Volk
ſchießen laſſe. Das Richtige wäre geweſen, erſt den offenen Aufruhr

des von elenden Juden gehetzten Stadtpöbels zu dämpfen und dann großherzig zu thun, was dem preußischen und deutschen Volke frommte.

Ich sah am Sonntag die Truppen abziehen, ein Regiment nach dem andern, alle mit verhüllten Fahnen, stumm und unzufrieden, aber treu. Unter allen Schauspielen, die ich damals in Berlin mit ansah, war dieses allein nobel, jedes andere war gemein und ekelhaft. Sogar bei der großartigen Todtenfeier der gefallenen Tumultuanten wurde der Ernst des Todes in den Hintergrund gedrängt durch die Affectation und den Parteiprunk.

Die Stadt bedeckte sich mit dreifarbigen Fahnen, deren schönste und größte von der Kuppel des königlichen Schlosses wehte. Im Grunde war es nur eine Consequenz des schon am Sonntag früh angenommenen Systems, wenn sich der König durch seine neuen Minister überreden ließ, am Dienstag Morgen seine eigene Person mit den drei Farben zu schmücken und, die Studenten mit dem deutschen Doppeladler in der Fahne voran, als neuer König der Deutschen durch die Straßen zu reiten. Minister Graf Schwerin schloß seine Anrede an die Studenten: Es lebe der deutsche König! Unter den Linden war an allen Baumstämmen ein Manifest angeklebt, wovon ich mir ein Exemplar verschaffte. Es lautete: „An die deutsche Nation! Eine neue glorreiche Geschichte hebt mit dem heutigen Tage für euch an. Ihr seid fortan wieder eine einige große Nation, stark, frei und mächtig im Herzen von Europa. Preußen, Friedrich Wilhelm IV. hat sich im Vertrauen auf euern heldenmüthigen Beistand und eure geistige Wiedergeburt zur Rettung Deutschlands an die Spitze des Gesammtvaterlandes gestellt. Ihr werdet ihn mit dem alten ehrwürdigen Farben deutscher Nation noch heute zu Pferde in Eurer Mitte erblicken. Heil und Segen dem constitutionellen Fürsten, dem Führer des gesammten deutschen Volks, dem neuen König der freien wiedergeborenen deutschen Nation!"

Dieser kolossale Unsinn erfüllte mich mit um so tieferer Indignation, als der König mir kaum zugesagt hatte, er würde nichts, was an die deutsche Nation gerichtet wäre, drucken lassen, ohne es mich vorher wissen zu lassen. Die neuen Minister hatten grade das gethan, was zu vermeiden ich den König am dringendsten gebeten hatte. Das ministerielle Manifest, welches den neuen König der Deutschen proclamirte, war die Usurpation in der gröbsten Form und mußte alle Nichtpreußen vor den Kopf stoßen. Das hätte vielleicht weniger zu sagen gehabt, wenn der Usurpator im Siegesglanz und Vollbewußtsein der Macht aufgetreten wäre und Furcht eingeflößt hätte. Aber nach einer jämmerlichen Niederlage, nach demüthiger Beugung der Krone unter die Zeitungshalle und unter den Pöbel konnte die Usurpation nur noch lächerlich erscheinen. Ich war ein wenig wüthend, denn die Sache war doch zu arg. Als mich daher der neue Minister des auswärtigen Amtes, den man zum Unterschied von andern Staatsmännern seines Namens den Pariser oder den rothen Arnim nannte (weil er eben noch Gesandter in Paris gewesen war und rothe Haare hatte) zu sich einladen ließ, antwortete ich, ich hätte keinen Auftrag für ihn und wolle ihm seine kostbare Zeit nicht stehlen. Da er mich aber wiederholt und dringend bitten ließ, zu ihm auf das Ministerium zu kommen, ging ich einzig aus Rücksicht auf meinen Bruder endlich hin. Arnim war Feuer und Flamme, bildete sich, wie es schien, wirklich ein, der Mann des Tages zu sein und eine ungeheuer große welthistorische That vollbracht zu haben. Ich war indeß nicht in der Laune, ihn im geringsten zu schonen. Ich sagte ihm, man hätte im Namen des Königs von Preußen nicht ungeschickter und taktloser zu Deutschland sprechen können. Bei dieser meiner ruhigen Erklärung wurde er noch viel röther, als er schon war. Doch drückte er die Ueberzeugung aus, von der er durchdrungen sei, der Entschluß des Königs werde ganz Deutschland freudig electrisiren. Ich erwiderte ihm, da kenne er die Schwaben und die Bayern schlecht. Mit umgehender Post werden von allen Seiten Proteste gegen die neue preußische Politik und offene Verhöhnungen des unglücklichen Königs in Berlin anlangen. Da übrigens, wie ich wüßte, von sämmtlichen süddeutschen Höfen außerordentliche Commißäre nach Berlin abgehen würden oder schon abgegangen seien, um irgend etwas Gemeinschaftliches zu verabreden, so möge er sich mit diesen benehmen. Die Sympathien aber zwischen dem südwestlichen Deutschland und Preußen, die zu nähren und zu befestigen ich vor acht Tagen hierher gekommen sei, bestünden jetzt nicht mehr und seien durch das usurpatorische Gebahren Preußens auf lange hin zerrissen. Damit empfahl ich mich.

Unter den gedachten Commissären befand sich auch Herr v. Porbeck, badischer Gesandter in Stuttgart, dem ich am 23. März zufällig unter den Linden begegnete, als er eben angekommen war. Er freute sich sehr, mich zu finden, denn wir waren von Stuttgart her befreundet, und ich konnte ihn schnell über alles orientiren, was eben in Berlin vorgegangen war und vorging. Natürlicherweise beschränkten sich jetzt die Verabredungen zwischen den süddeutschen Höfen und dem in Berlin auf eine gewisse Uebereinstimmung in den Concessionen und in der Zulassung des Frankfurter Parlaments. Mein letztes Gutachten gegen Arnim ging dahin, er möge schon das Vorparlament von soviel Preußen als möglich besuchen lassen, um die radicalen und antipreußischen Elemente, die darin nothwendig aufkommen würden, zu neutralisiren. Aber er hatte wohl kein Mittel, grade die rechten Leute zu schicken, und tröstete sich, wie der König selbst, mit dem 2. April, an welchem die preußischen Stände zusammentreten sollten.

Ich sah damals in Berlin nur wenige meiner alten Freunde, Tieck, Raumer, Maßmann, Waagen und reiste mit Herrn v. Porbeck wieder heim. Unsere Rückreise war sehr angenehm. Wir hatten gutes Wetter. Von Reichenbach an, wo die Eisenbahn aufhörte, fuhren wir mit Extrapost in warmer Nacht durch das Voigtland und über das Fichtelgebirge. Mein hochgebildeter, aber etwas melancholischer Reisegefährte erzählte mir in dieser Nacht seine Lebensschicksale und schloß mir sein Herz auf, das von trüben Ahnungen erfüllt war. Auch ist Herr v. Porbeck nach wenigen Jahren noch im schönsten Mannesalter gestorben. Wie viele edle und zartfühlende Seelen habe ich so vor mir verschwinden sehen! Wie viele Frühlinge sah ich dahinsterben!

In Schwaben war der Franzosenlärm und Bauernaufruhr vorüber, doch war die Aufregung noch sehr groß. Ich erstattete dem

König von Württemberg Bericht von allem, was ich in Berlin erlebt hatte. Er grämte sich grade nicht darüber, daß der König von Preußen aus dem 18. März nicht glänzender hervorgegangen war, denn er scheute die bloße Möglichkeit einer preußischen Hegemonie. Auch war er jetzt schon in Bezug auf Frankreich beruhigter. Nur die deutsche Revolution machte ihm Sorge.

Die Demokraten waren sehr rührig und erlaubten sich große Ausgelassenheit. Was ich Herrn v. Arnim in Berlin sagte, war bereits eingetroffen. Die Demokraten in Stuttgart hatten eine Puppe, die den König von Preußen vorstellen sollte, erst mit Kugeln beschossen und dann in den Feuersee geworfen. Aehnliche Demonstrationen hatte man in München gemacht. Das war nun freilich nicht aus irgend einem Haß gegen den König von Preußen geschehen, sondern hatte nur den Zweck, die Hoffnungen, welche die Märzminister und die Altliberalen, mit einem Wort die gemäßigt Constitutionellen auf Preußen gesetzt hatten, zu vereiteln. Der Gedanke, den man später den kleindeutschen genannt hat, war ursprünglich aus den politischen Schriften Paul Pfizers hervorgegangen, sofern derselbe früher schon vom Eintritt Preußens in die Reihe der constitutionellen deutschen Bundesstaaten und von der engeren Vereinigung dieser Staaten unter Preußen, mit Ausschluß Oesterreichs, allein Deutschlands Heil erwartet hatte. Dieser Gedanke wäre ohne Zweifel schon im März verwirklicht worden, wenn der König von Preußen mehr Charakterstärke gezeigt und am 18. März gesiegt hätte. Der Gedanke wurde zwar nicht aufgegeben, seine Durchführung mußte aber vertagt werden, bis man dem König von Preußen wieder mehr Popularität gegeben hatte. Das aber wollten nun die Demokraten um jeden Preis verhindern, denn ihre Absicht war, weit über das constitutionelle System hinauszugehen, die revolutionäre Gährung zu unterhalten und eine neue constitutionelle Ordnung nicht aufkommen zu lassen. Daher die erkünstelte Wuth gegen den König von Preußen.

Aus demselben Grunde hielten die Demokraten eine Volksversammlung nach der andern und reizten die Menge durch wilde Reden

auf, hielten die Soldaten in den Wein- und Bierhäusern frei und
suchten sie zu verführen. Schon im April wagten sie, die Haupt-
wache in Stuttgart zu stürmen, um einen Unteroffizier, den sie bereits verführt hatten und der verhaftet worden war, zu befreien.
Natürlicherweise wollte die Regierung nicht gern von den Waffen
Gebrauch machen, damit es nicht heiße, sie habe Bürgerblut vergossen.
Nun fand sich aber ein ganz geeignetes Mittel die Demokraten auch
ohne Blutvergießen zu zähmen. Ein großer Theil der Bürger Stuttgarts besteht nämlich aus Weingärtnern, welche die rings um die
Stadt liegenden Weinberge bebauen und sich nöthigenfalls noch durch
5 bis 6000 Weingärtner des nahen Neckarthals verstärken können.
Diese kräftige Race war den Handwerksgesellen und Fabrikarbeitern,
aus denen hauptsächlich die Demokraten sich rekrutirten, nicht hold
und machte sich daher ein Vergnügen daraus, die Herren Demokraten
ein wenig zu demüthigen. Als nun diese zum zweitenmal die Haupt-
wache stürmten, operirte man gegen sie in drei Reihen. In der ersten
standen nur 60 Weingärtner mit Stöcken, in der zweiten Bürgerwehr, in der dritten Militär. Die beiden letzten Reihen aber kamen
gar nicht zum Gefecht, denn obgleich die Demokraten an tausend
Mann stark waren, stoben sie doch vor den sechzig starken Männern
auseinander, die mit ihren Stöcken dreinschlugen. Von diesem Tage
an wagten die Demokraten in Stuttgart keinen Aufruhr mehr.

Bekanntlich fügte sich der Bundestag dem Vorparlament, und
sämmtliche deutsche Regierungen genehmigten die Eröffnung eines
allgemeinen Parlaments in Frankfurt a. M. und schrieben die Wahlen
dazu aus. Ich sehnte mich nicht gerade nach der Ehre, Mitglied
dieses Parlamentes zu werden, weil ich aus den mir bekannten Prä-
missen keinen guten Schluß ziehen konnte. Indessen wollte ich mich
doch auch nicht ganz theilnahmlos zurückziehen und ließ es darauf ankommen, ob ich nicht doch vielleicht durch Annahme einer Wahl, wenn
auch nur in schwachem Maße, Gutes fördern und Böses verhindern
könne. Ein großer Theil der Einwohner im Oberamtsbezirk Tuttlingen hatte aus Neugier den Ausgrabungen zugesehen, welche mein

Freund Dürrich und ich fünf Wochen lang am Berge Lupfen vorge-
nommen hatten. Aus diesem Anlaß war ich ihnen bekannt und bei
ihnen beliebt worden. Sie wollten mich ins Parlament wählen und
gaben mir auch ihre Stimme, allein drei Oberämter hatten gemeinschaftlich nur einen Abgeordneten für Frankfurt zu wählen. In den
beiden andern Bezirken war ich weniger bekannt, und ein namenloser
Advokat von der demokratischen Partei erhielt mehr Stimmen als ich,
nachdem man einer Versammlung von 800 katholischen Bauern vorge-
logen hatte, ich sei der Vorsteher der Deutschkatholiken in Stuttgart.
Dieser nämlich hieß Wölsel und durch Verdrehung meines Vornamens
wurden die Bauern überredet, ich sei derselbe und ein Todfeind ihrer
katholischen Kirche. Ich saß gerade bei einem schönen Mädchen, als
die Kanonen vom Dreifaltigkeitsberge bei Spaichingen den demokratischen Wahlsieg verkündeten, und meine liebenswürdige Nachbarin
kann mir noch bezeugen, wie heiter ich den Vorfall aufnahm. Ich
hatte die Wahl von vorn herein fatalistisch aufgefaßt und habe nachher Gott oft genug gedankt, daß ich in den Frankfurter Strudel nicht
bin hineingerissen worden. Die Wahlen in Württemberg fielen meist
auf Demokraten. Aus andern deutschen Ländern wurde sogar eine
ziemliche Anzahl Juden gewählt. Dazu die vielen Professoren. Es
that mir aufrichtig leid, daß ich von dieser Versammlung nicht hoffen
konnte, sie werde Deutschland eine größere Zukunft bereiten.

Gleichsam zur Entschädigung wählte mich der Oberamtsbezirk
Tuttlingen zum Abgeordneten in den württembergischen Landtag, der
am 20. September 1848 eröffnet wurde.

Ich hatte unterdeß die weitere Entwickelung der Dinge in
Deutschland mit aufmerksamen Augen verfolgt und meine unmaßgeb-
lichen Gedanken darüber im Literaturblatt Nr. 50*) im Juni und

*) Ich stellte damals den Parteien in der Paulskirche die Forderung, „mit Auf-
opferung aller Nebenrücksichten ausschließlich und mit zähester Kraft auf die Einheit zu
dringen." Ich verwarf „die Thorheit der Republikaner, die es nicht verstanden, die
Idee der Einheit und die ganze Fülle des Nationalstolzes sich anzueignen, die vielmehr
im Wahn einer allgemeinen Völkerverbrüderung auf Kosten der deutschen Interessen und

in einem Aufsatze in der deutschen Vierteljahrschrift, der auch als Flugschrift besonders ausgegeben wurde (im September), ausgesprochen. Ich sagte damals schon öffentlich den Bankerot des Parlaments und das Mißlingen der ganzen deutschen Revolution voraus, indem ich an die zum Theil in ihrer Leidenschaftlichkeit sinnlosen Bestrebungen des Parlaments einen höheren staatsmännischen Maßstab anlegte. Ich beging sogar die ungeheure Ketzerei, den dänischen Krieg zu mißbilligen und muß mich glücklich schätzen, daß man mich deshalb nicht gesteinigt hat.

Der Hauptgedanke, den ich in meiner Flugschrift durchführte, war: Die Deutschen haben den Patriotismus von 1813 noch nicht wiedergefunden, sondern träumen nur im französischen Liberalismus von 1830 fort. Alles komme auf die äußere Machtfrage an, Deutschland müsse seine alten Grenzen wieder haben, als eine einige große Kriegsmacht in der Mitte Europas wieder allen Nachbarn Respect einflößen, müsse wieder eine Marine und Colonien gewinnen, gegen jeden fremden Angriff und Einfluß wieder unzugänglich werden. Statt dessen vertiefen sich die Deutschen in die innere Reformfrage, in ein unendliches Detail von Nebensachen, über die man erst dann recht werde entscheiden können, wenn man erst ein großes und nach außen starkes Reich habe.

Die Summe meiner Kritik war: „Es steht schlecht, sehr schlecht. Anstatt die scandinavischen Sympathien für uns auszubeuten, haben wir sie in Antipathien verwandelt und unsere natürlichen Bundesgenossen zu unseren Feinden und mehr als je von Rußland abhängig gemacht. Anstatt in preußisch Polen entweder das Princip der Germanisirung mit unerbittlicher Strenge festzuhalten, oder in kühner

der deutschen Ehre mit Franzosen, Italienern, Polen und Czechen gebuhlt und sogar den Retter der deutschen Sache in Prag mit Schmähungen überhäuft haben."

Es war am 15. Juli als ich dieses schrieb, und der Jubel über den Erzherzog Reichsverweser noch neu. Ich schrieb von diesem Jubel: „Hinter ihm lauern tödtliche Feindschaften. Wie will die neue Centralgewalt den gordischen Knoten der Gegenwart lösen? Auf friedlichem Wege kann dieser Knoten nicht gelöst werden. Man soll sich also auf das Zerhauen desselben gefaßt machen, nicht auf Reden, sondern auf Thaten."

Offensive das Protektorat Polens gegenüber von Rußland zu übernehmen, haben wir uns die Polen ebenso zu Feinden gemacht, wie
die Russen. Anstatt uns der romanischen Wallachen, die uns darum
angefleht, gegen die russische Usurpation anzunehmen, haben wir die
Russen in die Moldau einrücken lassen. Anstatt der Pforte unsern
Beistand gegen Rußland zuzusichern, haben wir diese Ehre den Eng-
ländern allein überlassen. Anstatt den deutschen Doppeladler zwischen
Pesth und Agram aufzuschlagen, um mit seinen beiden drohenden
Köpfen rechts und links den dort gegen einander tobenden Parteien
Frieden zu gebieten, haben wir die Zukunft des deutschen Oesterreich
vom Siege zweier nichtdeutschen Stämme abhängig werden lassen.
Anstatt daß irgend etwas geschehen wäre, um die uns stammverwandte
Schweiz für uns zu gewinnen, oder ihr wenigstens zu imponiren,
mußten wir erleben, daß Radetzky in Mailand den Empfang russischer
Orden festlich beging, während auf dem schweizerischen Liederfest das
französische Volkslied drohend gegen Deutschland angestimmt wurde.
Anstatt Frankreich durch die Abberufung der Gesandten unserer Einzel-
staaten von der Einheit Deutschlands thatsächlich überzeugen zu können, gaben wir uns die Blöße, Herrn von Raumer dort vergeblich
antichambriren zu lassen. Anstatt mit Holland die Eventualitäten
eines neuen französischen Krieges zu berathen, ärgerten wir uns bloß
über die Limburger Scandale (höhnisches Herabreißen der deutschen
Fahne). Das alles ist das nothwendige Resultat der falschen Stellung,
in welcher sich die Centralgewalt und die Nationalversammlung in
Frankfurt befinden. Sie beruhen auf der Fiction einer allgemeinen
Erhebung deutscher Nation zur Einheit. Diese aber hat nicht wirklich stattgefunden; die Sondermächte bestehen alle noch. Vor einer
wahren Centralgewalt müssen alle jene Sonderregierungen verschwinden. In einer bloßen Nebenordnung neben ihnen kann eine Central-
gewalt nicht bestehen."

Da mich damals der König von Württemberg öfters zu sich be-
schied, gereichte ihm meine Ansicht, die ganze Revolution werde das
Ende einer Seifenblase haben, sehr zum Troste.

In der Ueberzeugung, alles sei nur Schaum und in der Paulskirche werde kein gesunder, kraftvoller und reiner Wein gekeltert, und
bei der leidigen Erfahrung, daß unser württembergischer Landtag von
der Paulskirche aus regiert werde, habe ich es nicht für der Mühe
werth gehalten, mich auf diesem Landtage, wie auf den frühern bemerklich zu machen, sondern hielt sehr zurück. Es wäre vergeblich gewesen, gegen den Strom zu schwimmen. Dagegen widmete ich mich
einer wichtigeren Aufgabe außerhalb der Kammer in einem Terrain,
dessen man noch Herr war. In unserm Stuttgart galt es vor allem,
den demokratischen Schwindel fernzuhalten, der in Baden und der Pfalz
immer größere Dimensionen annahm. Der demokratische Pöbel, der
die Soldaten zu verführen trachtete, mußte mit gehöriger Klugheit
und Energie im Zaume gehalten werden. Zu diesem Zweck wurde
von den angesehensten Bürgern Stuttgarts damals der sog. vaterländische Verein gegründet, bei dem ich als Vicepräsident nicht wenig
thätig war. Das Präsidium führte zuerst Obertribunalrath Bocks-
hammer, später Procurator Seeger. Die Demokraten feindeten uns
wüthend an und ein damals in Stuttgart verbreitetes Witzblatt
„Eulenspiegel" überbot sich in Carrikaturen auf uns. Allein durch
fliegende Blätter und Maueranschläge parirten wir Schlag auf Schlag
jedes kecke Vorgehen der Demokraten und ihres sog. Landesausschus-
ses und machten den friedlichen Bürgern Muth. So haben wir in
der That das Feld behauptet. unterstützt von der Bürgerwehr und
von den conservativen Bauern der Nachbardörfer. Nur die Hofpartei
und der Adel wurden uns zuweilen lästig, indem sie sich unter unsere
Flügel flüchteten. Namentlich dienten eine Anzahl königliche Köche,
die sich als Mitglieder des Vereins hatten einschreiben lassen, den
Demokraten lange zur Zielscheibe guter und schlechter Witze. Auch
einige Herrn vom Adel ließen in der Angst großen Unverstand blicken.
Die erste Kammer war selbstflüchtig geworden, und kam gar nicht zusammen, da es doch ihre Pflicht gewesen wäre, die conservativen
Stimmen der zweiten Kammer und die ihrigen zu unterstützen. Einige
vornehme Herrn lagen mir dringend an, ein conservatives Blatt zu

organifiren, und es koftete mir viele Mühe, ihnen darzulegen, daß sie damit nur ein sehr unliebsames Auffehen erregen und sich nur selber schaden würden.

Wir Conservativen und Gemäßigten hatten unsern Club täglich im obern Museum, die Demokraten im Caffe Rober. Beide Parteien kamen überein, in einzelnen wichtigen Fällen sich vorher in einer gemeinschaftlichen Abendversammlung über die gewissen Punkte zu vereinbaren, welche wir in der nächsten öffentlichen Kammersitzung zum Beschluß erheben wollten, um die Debatte abzukürzen und die Abstimmung zu beschleunigen. Das erstemal luden wir die Demokraten zu uns ins Museum ein und wählten einen aus ihrer Mitte, den jungen Advokaten Becher, zum Präsidenten. Das nächstemal wurden wir von ihnen zu Rober eingeladen und diesmal wählten sie mich zum Präsidenten der gemeinschaftlichen Versammlung. Es war im November 1848 bald nach der Hinrichtung Robert Blums in Wien, und die Gemüther waren furchtbar erregt. Es drängten sich eine Menge Demokraten ein, die gar nicht Kammermitglieder waren und mitreden wollten, denen ich aber mit Donnerstimme das Wort entzog. Man konnte nicht einig werden, es wurde spät, und vom Tumult der Demokraten geärgert verließen fast alle Gemäßigten den Saal und ließen mich bis nach Mitternacht unter den tollen Gesellen fast allein. Ich hielt aber das Präsidium bis zum Schluß der Sitzung mit eiserner Ruhe und großer innerer Befriedigung fest, denn es machte mir Vergnügen, den bösen Kerls einmal befehlen zu können.

Einer der eifrigsten unter den damaligen Demokraten war der junge Johannes Scherr, ein Mann von feinem Geist und Geschmack, der aber zuweilen geflissentlich in seinen Kammerreden den Groben spielte. Er gab eine sog. Weltliteratur heraus, eine Sammlung von Proben der besten Dichtungen aller Zeiten und Völker und bat mich um eine Menge Bücher aus meiner reichen Bibliothek, die ich ihm auch gern gewährte. Als er flüchten mußte, schickte er mir sie alle mit einem dankbaren Briefe zurück.

Die ganze Gesetzgeberei lief wie ein Uhrwerk ab, in einer deut-

schen Kammer wie in der andern. Alles unter Oberleitung des
Frankfurter Parlaments, welches aber die Hauptsache versäumte.
Denn indem es den deutschen Michel bis über die Ohren mit neuen
Rechten überschüttete, vergaß es die Machtfrage. Oder wenn es sie
nicht vergaß, so täuschte es sich doch über dieselbe. Von Gagerns
sog. kühnem Griff an, den man besser einen furchtsamen Mißgriff
genannt hätte, mußte in Beziehung auf die Machtfrage alles mißlingen. Der Reichsverweser war von Anfang an nichts anderes, als
eine in Frankfurt gegen Preußen aufgestellte österreichische Schild-
wacht. Den König von Preußen schon 1848 zum Reichsoberhaupt
wählen zu können, ging nicht wohl an, weil er sich in den Märztagen
doch zu schwach gezeigt hatte. Einen andern aber hatte man nicht,
an einen andern dachte man nicht, der König von Preußen selber
wollte nicht. Was konnte dabei herauskommen?

Die Demokraten begriffen das und trugen den Kopf sehr hoch.
Allein sie waren nicht stark genug und benahmen sich der wirklichen
Gefahr gegenüber sogar sehr feig. Anstatt den ruhigen Bürger und
Bauer für die große Sache des Vaterlandes zu gewinnen, schreckten sie
dieselben oder ekelten sie an durch freche Renommisterei, Verhöhnung,
Drohungen mit Raub und Anarchie, und hielten immer nur die rothe
Fahne empor, anstatt sich um die dreifarbige Nationalfahne zu schaa-
ren. Der patriotische Gedanke war den damaligen Demokraten gänz-
lich abhanden gekommen. Sie sympathisirten laut mit Italienern,
Polen, Czechen und Ungarn, während diese alle die Waffen gegen
Deutschland ergriffen unter dem Wuthgeschrei: Tod allen Deutschen!

Wir in der württembergischen Kammer wurden damals von der
Paulskirche täglich wie an Drähten gezogen, was denn doch manchem
unerträglich wurde. Der sog. rothe Seeger war der Leithammel.
Als wir den Compromiß Gagerns mit den Demokraten, durch welchen
er ihre Stimmen zur Kaiserwahl erkauft hatte, auch unsererseits zu
sanctioniren aufgefordert wurden, konnte ich mich nicht mehr zurückhalten, sondern nannte die Allianz der preußischen Rechten mit der
demokratischen Linken in Frankfurt eine Mißgeburt, und daß die

Sache vor unsere Kammer gebracht werde, eine Intrigue. Seeger nannte es eine Beleidigung, der Nationalversammlung eine Intrigue vorzuwerfen. Ich erklärte, die Nationalversammlung intriguire nicht, wohl aber die Parteien in derselben. Es ist eine Beleidigung, wandte Seeger wieder ein, oder eine Binsenwahrheit. Ja wohl, — Binsen- wahrheit, rief ich aus. Die Kammermehrheit stimmte indessen dem Frankfurter Parlamente zu.

Die natürliche Folge der in der Paulskirche begangenen Miß- griffe war erstens die Zurückweisung der ihm angebotenen Kaiserkrone von Seiten Friedrich Wilhelms IV. und sodann die neue bewaffnete Erhebung der Demokratie in Sachsen, der Pfalz und Baden. Die Demokraten waren aber eben so blind, wie die Gagernsche Partei, denn wie diese ein Kaiserreich hatten gründen wollen, ohne einen Kaiser zu finden, so wollten diese Krieg führen ohne Soldaten, und ihre Freischaaren waren schlecht bewaffnet und wenn sie auch die badensche Armee verführten, so sanken diese debandirten Truppen doch bald auf die niedrigste Stufe von Freischaaren herab.

Es unterliegt keinem Zweifel, daß die demokratische Partei in Württemberg die Oberhand erhalten haben würde, wenn damals mit überraschender Schnelligkeit ein wohlgerüstetes badisch-pfälzisches Armeecorps über den Schwarzwald gekommen wäre, denn auch unter den württembergischen Truppen, die nicht einmal beisammen waren, hatten sich viele schon von den Demokraten verführen lassen, und eine große Volksversammlung in Reutlingen ging darauf aus, den ganzen bewaffneten Schwarzwald gegen Stuttgart zu führen, während die Demokraten in Heilbronn auch bereits eine sog. Ostarmee zu organi- siren anfingen, welche zunächst mit den Reutlingern gemeinsam die Regierung in Stuttgart bedrohen, dann aber Franken insurgiren sollte. Stuttgart lag wie eine kleine conservative Insel in einem re- volutionären Meere und wäre wohl nicht stark genug gewesen, sich gegen eine badisch-pfälzische Armee zu halten, wenn diese schnell ein- gefallen wäre. Das geschah nun aber nicht. Die provisorische Regie- rung in Baden schickte statt der Armee nur eins ihrer Mitglieder, den

Demagogen Fickler, mit Geld nach Stuttgart, um hier die Garnison zu bestechen. Eine wirklich koloffale Naivetät, denn man nahm ihm gleich das Geld ab und setzte ihn auf den Asperg. Die Reutlinger standen nun auch von ihrem bewaffneten Zuzug ab, und die 60 Deputirten, die sie nach Stuttgart schickten, um der Regierung Gefetze vorzuschreiben, wurden von unserer Bürgerwehr mit Hohnlachen empfangen und von der Regierung abgewiesen.

Unterdeß rüstete Preußen, um den badischen Aufstand niederzuschlagen, und sowie sich Baden nur noch gegen die Reichsarmee unter Peuker und gegen das zweite Armeecorps unter dem Prinzen von Preußen in der Defensive befand, hatte auch alle Gefahr für Württemberg aufgehört. Eine neue Sorge schien der Hauptstadt die Ankunft des Rumpfparlaments zu machen, das von Frankfurt hierher geflüchtet kam. Allein diese armen Leute hatten nicht mehr viel zu bedeuten. Man wollte sie zwar schonen und sie wurden dadurch kühn gemacht. Es war doch aber allzu lächerlich, daß sie eine Reichsregentschaft ernannten aus ein paar Advokaten, einem Profeffor, einem Cigarrenhändler, denen der Kaiser von Oesterreich und der König von Preußen gehorchen sollten. Als sie von der württembergischen Regierung Geld und Truppen verlangten und diese es ihnen abschlug, wandten sie sich mit einem Manifest an das Volk, welches ihnen, als der obersten Reichsbehörde und nicht der ihr untergeordneten und ungehorsamen württembergischen Regierung Folge zu leisten habe. Dieses Manifest hätte wenigstens Unruhen im Lande hervorrufen können, wenn man dem nicht vorgebeugt hätte. Unfer Club war am 7. Juni Abends wie gewöhnlich im Museum versammelt, als mir der damalige Museumssekretär Herklofer das Manifest der Reichsregentschaft noch naß aus der Druckerei brachte. Ich eilte sogleich mit drei anderen Abgeordneten zu den Ministern, die meist schon im Bette lagen, denn es war spät. Sie verfammelten sich und stimmten mit uns überein, es müffe sogleich ein Gegenmanifest erlaffen und schon am nächsten Morgen überall hin verfandt werden. Finanzminister Goppelt verfaßte das Manifest. Ich fand es nicht kurz und schlagend genug. Er sagte: Nun so machen Sie es! und ich that es sogleich. Ich theile es hier mit. *) Der Kriegsminister fuhr noch mitten in der Nacht mit einem Extrazuge nach Ludwigsburg zum König, der sogleich seine Zustimmung gab. Als wir am 8. früh im Ständehause die Sitzung begannen, war unser Manifest schon in

---

*) Das Württembergische Gesammtministerium an das Württembergische Volk. Die bisherige deutsche National-Versammlung in Frankfurt hat in Folge Beschlusses vom 30. Mai d. J. ihren Wohnsitz nach Stuttgart verlegt. Zurückgeführt auf den sechsten Theil ihres vollen Bestandes und fast ausschließlich nur noch eine einzige der im Volke enthaltenen Parteien darstellend, hat die übergesiedelte Versammlung in ihrer ersten Sitzung in wenigen Stunden, ohne Debatte, die wichtigsten Beschlüsse gefaßt, unter Anderem den Beschluß, die seitherige Central-Gewalt in Frankfurt ab- und eine aus fünf Mitgliedern bestehende Regentschaft einzusetzen. Diese selbst aber beginnt ihre Wirksamkeit damit, sich den Befehl über die Heere aller deutschen Staaten zuzuerkennen, und läßt, während sie versichert, Alles aufbieten zu wollen, den Bürgerkrieg abzuwenden, bei Keinem, der die Verhältnisse kennt, einen Zweifel übrig, daß ihr Beginnen nur dazu führen kann, das Gut und Blut Württembergs in einem brudermörderischen und gegenüber den größeren deutschen Staaten ganz ungleichen Kampfe zu vergeuden, und durch die Geldopfer, welche die in Stuttgart neu gewählte Reichs-Regentschaft zunächst nur von unserem Staate fordern könnte, unseren ohnehin schon tief gesunkenen Wohlstand vollends zu zerrütten.

Wir haben, alle Zweifel an dem rechtmäßigen Fortbestande der National-Versammlung unerörtert lassend, in ihr nur den einer besseren Zukunft noch fähigen Rest jener politischen Schöpfung sehen wollen, an welche die deutsche Nation ihre schönsten Hoffnungen, ihr wohlberechtigtes Streben nach Einigung und Selbstbestimmung geknüpft hat; nicht verhehlen aber können wir uns, welche gewichtige Bedenken sich der behaupteten Befugniß der Versammlung entgegenstellen, die durch das Reichsgesetz vom 28. Juni 1848 eingesetzte Central-Gewalt mit einer andern zu vertauschen, und außer allem Zweifel endlich ist es uns, daß wir dieser neuen Regentschaft nicht die Schicksale Württembergs preisgeben dürfen.

Wir erklären daher, daß wir der aufgestellten provisorischen Regentschaft das Recht nicht zugestehen, ohne Zustimmung der württembergischen Regierung für Württemberg gültige Beschlüsse zu fassen, namentlich nicht das Recht, über württembergische Streit- und Geldkräfte zu verfügen, und wir vertrauen dem im württembergischen Heere und in der Bürgerwehr lebenden Geiste der Ehre und des Pflichtgefühle. Das Heer wird sich nicht verführen lassen, es wird das schmähliche Beispiel des Treubruchs nicht nachahmen. Das Heer und die Bürgerwehr, sie werden ihrer Verpflichtung eingedenk sein, die Verfassung zu beschützen, dem Gesetze Achtung zu verschaffen und die öffentliche Ordnung und Ruhe aufrecht zu erhalten.

Der deutschen Reichsverfassung und Allem, was das deutsche Volk von ihr hofft, auf gesetzlichem Wege durch ausführbare Mittel Geltung zu verschaffen, wird unser vereintes Streben bleiben. Stuttgart, den 8. Juni 1849. Die Departements-Vorstände: Römer. Roser. Duvernoy. Schmidlin. Kübrlin. Goppelt.

Tausenden von Exemplaren verbreitet, zum größten Aerger der Demokraten. Das Regentschaftsmanifest machte nun gar keinen Eindruck
mehr. Wären wir nicht so verfahren, hätten wir uns in jene einfältige badische Revolution fortreißen lassen, so würden unsere demora-
lisirten Truppen und demokratischen Freischaaren ebenso wenig, wie
die pfälzisch badische Armee, im Stande gewesen sein, die Reichsexeku-
tion aufzuhalten, und wir wären in Unkosten, Schimpf und Schande
hineingerissen worden, wie die Badener und Pfälzer. Um eine große
Revolution durchzuführen und eines großen Reiches Einheit herzustellen, dazu gehören andere Männer und eine ganz andere Begeisterung im Volk. Bescheidene Helden wie 1813 und nicht feige Schwätzer,
Fresser und Säufer.

Unser Ministerium ersuchte das Rumpfparlament, sich zu entfernen. Schoder erklärte früh am 18. Juni in unserer Kammer, das
Parlament werde sich gleichwohl heute Nachmittag um drei Uhr in
seinem gewöhnlichen Lokale, dem Fritzischen Reithause, versammeln.
Dieses Reithaus lag meinem Haus und Garten schräg gegenüber.
Wenn die Demokraten noch Macht und Mittel genug gehabt hätten,
das Rumpfparlament zu schützen, so wäre es zu einem Kampf gekommen, der meine häusliche Ruhe sehr hätte stören können. Aber
es war schon hinreichend Militär aufgestellt, das Reithaus besetzt,
Präsidentenstuhl, Tribüne und Bänke waren entfernt. Nachdem ich
nur auf einen Augenblick aus der Kammer hinweggeeilt war, um nach
meiner Familie zu sehen, ging ich beruhigt in die Kammer zurück. Um
drei Uhr bewegten sich die Mitglieder des Rumpfparlaments unter
Vortritt des Präsidenten Löwe, dem unsere ehrwürdigen Veteranen
Schott und Uhland zur Seite gingen, in feierlichem Zuge zum Reithause hin, fanden aber eine dicht geschlossene Reihe Kavallerie vor
sich, wurden von einem Regierungscommissär höflich ersucht, zurückzugehen und durch die langsam vorgeschobene Reiterei nach einem kurzen
Protest Löwes zur Umkehr genöthigt. Meine Frau und Tochter
schauten, mit dem Strickstrumpf in der Hand, durch das Gitter meines Gartens zu. Es war nicht die mindeste Gefahr vorhanden und

wurde nicht ein Tropfen Blut vergossen. Was man von vorgekommenen Excessen gegen Parlamentsglieder erzählte, war alles erlogen.

Die Mitglieder des Parlaments konnten bleiben oder gehen, niemand legte ihnen etwas in den Weg. Unter denen, die noch einige Zeit in Stuttgart blieben — denn die meisten flohen aus Angst vor den Preußen in die Schweiz, befand sich Benedey, der mich jetzt nachträglich besuchte, um mir für die Freundlichkeit zu danken, mit der ich hin und wieder eine seiner Schriften angezeigt hatte. Er schien mir ein sehr guter Mensch zu sein, doch ein wenig zu empfindsam für einen Mann der Politik.

Während Regentschaft und Rumpfparlament zu einem Thore Stuttgarts hinausflohen, um die Schweiz zu erreichen, fuhren gar viele Stuttgarter Herren, besonders aus der Beamtenwelt, zum andern Thore hinaus, zunächst nach Heidelberg, um sich am Anblick der Preußen zu laben, die sie damals gern als Befreier begrüßten und ohne deren Kanonen und Bajonnette sie wahrscheinlich auch noch länger vom Alp der Revolution gedrückt geblieben wären. Einer erzählte mir, unterwegs in Sinsheim sei der Boden des Wirthshauses ganz mit Demokratenbärten gepolstert und mehrere Barbiere noch eifrig beschäftigt gewesen, den vor den Preußen fliehenden Demokraten die Bärte abzunehmen. Als die neugierigen Herrn nach Stuttgart zurückkehrten, waren sie ganz entzückt von der kriegerischen Haltung der preußischen Truppen.

Nach der Unterdrückung des Badischen Aufstandes mußte natürlicherweise die ganze Revolution ein Ende nehmen. Sie war ein todtgebornes Kind, eine bloße Nachahmung französischer Vorgänge und gereichte daher der großen deutschen Nation zur Schande. Nicht als ob nicht vieles in Deutschland faul gewesen wäre, wogegen zu revolutioniren man berechtigt war; wenn aber einmal die Deutschen revolutioniren, so müssen sie nicht die Affen der Franzosen sein, sich nicht von den Franzosen erst dazu anstoßen lassen, auch nicht nach fremdem Recepte Reformen vornehmen, sondern alles aus sich selbst schöpfen und nur mit der Kraft der eigenen Natur dem wahren Bedürfniß dieser Natur aus eigenen Mitteln abhelfen. — Ich hatte die Erhebung des preußischen Volks im Jahr 1813 gesehen. Das war eine Revolution, dort und damals sah ich ein Volk im Zorn, da schwatzte man nicht, da soff man nicht, lief aber auch nicht vor der ersten Gefahr davon, sondern griff in stummer Wuth zu den Waffen und ließ nicht mehr vom Feinde los, bis man ihn gänzlich niedergeworfen hatte. Ich sagte daher in den Jahren 1848 und 49 oft zu meinen Freunden: das ist keine rechte Revolution, denn das Volk ist nicht im Zorn.

Der württembergische Landtag wurde im August geschlossen und bald darauf das Märzministerium entlassen. Keiner dieser würdigen Männer nahm weder einen Orden, noch auch nur eine Pension an. Sie wollten ganz uneigennützig dem Vaterlande gedient haben. Ohne sie würde der König während der Revolution eine viel schlimmere Stellung gehabt haben. Sie deckten ihn mit Muth und Klugheit, wobei sich der praktische Römer das Hauptverdienst erwarb. Sie zogen sich dadurch die bitterste Feindschaft der Demokratie zu und ernteten auch von oben wenig Dank.

Wir hatten nun wieder den alten Bundestag. Deutschland hatte eine starke Arznei eingenommen und war doch nicht kurirt worden. Ich gab meine Meinung über die mißlungene Revolution, über die Dresdener Conferenzen und über die Unmöglichkeit, mit den bisherigen Mitteln und ohne eine durchgreifende Gewalt etwas Neues und Besseres zu Stande zu bringen, in einem Aufsatz der deutschen Vierteljahrschrift Nr. 53 von 1851 S. 324 f. ab.

Unmittelbar nach dem Ausbruch der Revolution in Baden im Frühjahr 1849 trat eines Morgens ganz verstört der alte Minister Nebenius zu mir herein, der in Eile aus Karlsruhe geflüchtet war. Er war ganz außer sich, denn ein solches Ende seiner langen gesetzgeberischen und ministeriellen, stets liberalen Wirksamkeit hätte er sich vorher nicht träumen lassen. Seine Angst war noch durch den Umstand vergrößert, daß er eine große Geldsumme ohne Quittung in der Eile der Flucht einem niedern Postbeamten anvertraut hatte, der sie

27*

ihm nachschicken sollte. Der Mann war zum Glück ehrlich und Nebenius erhielt das Geld noch an demselben Tage. Ihn aber in Stuttgart zurückzuhalten, war mir nicht möglich; denn wie klar ich es ihm
auch machte, daß er hier nicht das Geringste zu besorgen habe, wollte
er es doch nicht glauben, sah überall revolutionäre Schreckgespenster
und eilte nach München, um sich erst von da auf einem Umwege mit
seinem Großherzog Leopold in Frankfurt a. M. wieder zu vereinigen.

Fast ein Jahr später kam auch der badische Minister Bekk zu
mir, den ein gleiches Mißgeschick verfolgt hatte. Im Vertrauen auf
meine geschichtliche Unparteilichkeit und auf unsern früheren freundschaftlichen Umgang im Neckarthal brachte er mir die Flugschrift, in
der er sich als schimpflich davongejagter Minister gegen seine vielen
Ankläger vertheidigt hatte, und bat mich dringend, ihn in Schutz zu
nehmen. Ich kannte ihn kaum wieder, so blaß und mager war der
einst so kräftige und rothwangige Mann geworden und so ganz hatte
ihn die Sicherheit und Festigkeit verlassen, mit welcher er sonst aufzutreten pflegte. Er erweckte mir tiefstes Mitleid und umsomehr, als
ich nicht im Stande war, seinem Wunsche genügend zu entsprechen,
da er ohne Zweifel zu den maßgebenden badischen Beamten gehört
hatte, die, um immer populär zu bleiben und immer von der Kammer
beschmeichelt zu werden, die Pflicht dem Recht, die Zucht der Freiheit
aufgeopfert und der Opposition den Zügel hatte schießen lassen, bis
der Fürst, das Ministerium und die Kammer der Revolution den
Platz räumen mußten. Bekk war zu ehrgeizig, um seine Demüthigung
lange zu ertragen. Er starb bald.

Ich habe meine Ansicht über das Großherzogthum Baden wiederholt dahin ausgesprochen, daß dieser Staat eigentlich regierungs-
unfähig sei und von Rechtswegen gar nicht existiren sollte. Er war
eine Schöpfung Napoleons, unseres Erbfeindes, zusammengeraubt
aus kleinen geistlichen und weltlichen Nachbarstaaten, welche zusammen
die ursprüngliche Markgraffschaft Baden an Flächenraum und Ein-
wohnerzahl weit überboten. Dazu lag der neugebackene Staat als
ein schmaler und langer Grenzstrich an der französischen und Schwei-

zergrenze, ohne eine compacte Mitte, unfähig, sich gegen die stärkern Nachbarn irgend zu vertheidigen und vor allen Dingen unfähig, den deutschen Bund gegen Frankreich irgendwie zu decken. Seine durchaus heterogenen Bestandtheile, auch confessionell scharf getrennt, ließen sich durch keine moralische Macht in Einklang bringen, da die Aufgabe des deutschen Bundes von Anfang an gewesen war, das Aufgehen des Particularismus in die nationale Einheit zu verhindern. Hätte der Wiener Congreß die alten Reichsländer Holland und Belgien einem neuen deutschen Reiche einverleibt, so würden beide ihren Gegensatz in der größern Gesammtheit ausgeglichen haben, wie die Gegensätze der altfranzösischen Provinzen in der Einheit des französischen Reichs befriedigend ausgeglichen worden sind. Hätte man bei der Neugestaltung Deutschlands auf dem Wiener Congreß ein großes deutsches Reich wiederhergestellt und mit den reichsfeindlichen Rheinbundfürsten aufgeräumt, so würden sämmtliche heterogene Bestandtheile Badens ihren Gegensatz in der Reichseinheit ausgeglichen haben. Aber der von Napoleon zum Hohn und Schaden des deutschen Reichs geschaffene badische Staat erhielt seine Sanction auf dem Wiener Congreß, und das einzige Band der Einheit unter seinen heterogenen Bestandtheilen blieb die Dynastie, welche damals auf zwei Augen stand.

Als das gräfliche Haus Hochberg zum Erbe des Großherzogthums Baden berechtigt wurde, darf man sich nicht wundern, daß es sich populär zu machen suchte, um sich durch die Volksgunst mehr als durch den Bundestag zu legitimiren, und um den bayrischen Nachbar weniger fürchten zu müssen. Aus dieser Nützlichkeitspolitik der neuen badischen Regierung erklärt sich der badische Liberalismus und die lächerliche Prahlerei mit dem Musterstaate viel natürlicher, als aus dem Vorgehen zweier eitlen Professoren in Freiburg. Der Minister Winter spielte die Hauptrolle in Karlsruhe am Hofe, nicht das Professorenthum, weder in Heidelberg noch in Freiburg. In seiner antikirchlichen Richtung war der Liberalismus in Baden nicht einmal etwas Neues. Dieser Liberalismus war schon napoleonisch gewesen und

schon Karl Friedrich von Baden hatte ihn eifrig gepflegt. Die Anhänglichkeit an die alte Kirche fiel mit der an das alte Reich zusammen.
Deshalb unterstützte Napoleon I. überall auf deutschem Boden den
Liberalismus, soweit er antikirchlich war, und schrieb sich eine civili-
satorische, freimaurerische Mission zu, durch die er Deutschland be-
glücken wolle. Dieser Gedanke wurde dem ganzen Rheinbund eingeimpft, und seine Propheten waren Johannes Müller, Zschokke,
Posselt, Aretin, Murhardt, Crome, speciell in Heidelberg Johann
Heinrich Voß und Paulus.

Ich will hier noch einige Anekdoten aus der schwäbischen Revolutionszeit erzählen:

Bei H. wurde 1848 ein Revierförster von einem bekannten
Wilderer in den Unterleib geschossen und kam kaum mit dem Leben
davon, mußte aber nachher die Gegend, in der er zufrieden gelebt hatte,
verlassen, weil derselbe Wilderer, der den Mordanfall zu leugnen
gewußt hatte, von der Gemeinde als Jäger angestellt worden war,
so daß er mit diesem bösen Kerl noch handthieren sollte. Das hielt
er natürlich nicht aus und ließ sich versetzen.

Im Walde hinter der Solitüde wurde Lieutenant von Gaisberg
von zwei Wilderern aus Gerlingen erschossen. Die Mörder kamen
auf acht Jahre ins Zuchthaus und hatten diese Strafe gerade überstanden, als in Folge der Revolution die Jagdgesetze gänzlich waren
umgeändert worden. Sofort pachteten sie die Jagd in demselben
Revier, in welchem sie den Lieutenant erschossen hatten. — Dasselbe
geschah bei K. wo ein Forstwart grausam ermordet, der Mörder aber
der nachherige Jagdpächter wurde.

Durch die neue Gesetzgebung der Revolution verloren die adligen
Grundherrn ihre Gerechtsame gegen nur schwache Entschädigung,
mußten Gemeindeglieder werden und pro rata zu den Gemeindelasten
beitragen. Einer der ersten Standesherrn verlegte sofort sein Rentamt N. nach R. Die Gemeinde N. schickte ihm nun eine Deputation
nach R., um ihn zu bewegen das Rentamt bei ihnen zu belassen.
Die Deputation blieb drei Tage in R. lebte auf Gemeindekosten

herrlich und in Freuden und verzehrte 300 fl., an denen nachher der Standesherr selbst, als das vermöglichste Mitglied der Gemeinde R. neun Zehntel bezahlen mußte. Vergebens klagte er bei den Gerichten. Die Gemeinde war in ihrem Recht, sowohl eine Deputation abzusenden, als die Kosten auf die Gemeindeglieder zu vertheilen.

Ein reicher Kaufmann in Stuttgart schwebte während der Revolution immer in der größten Angst. In einer schlaflosen Nacht im Sommer 1849 sah er zum Fenster hinaus, der Mond schien hell, und die tiefste Stille herrschte in der ganzen Stadt. Da erreichte seine Angst den höchsten Grad. Er kleidete sich an, verließ das Haus und schellte heftig am Hause Duvernoys, der damals Minister des Innern war. Aufgeschreckt ließ dieser öffnen, empfing den Kaufmann und frug ihn staunend, was er denn mitten in der Nacht von ihm wolle. Da sagte der Kaufmann in größter Aufregung, er komme ihn zu warnen, es herrsche eine so bedenkliche Stille in der Stadt.

Ein abenteuerliches Original aus jener Zeit war Heinrich Loose, ein Schwabe, der bereits ein Pfarramt verwaltete, als er, von Geniesucht verblendet, sich der Literatur zu widmen anfing. Ich warnte ihn vergebens. Er lungerte eine Zeitlang ohne bestimmte Beschäftigung herum, wurde Deutsch-Katholik, fand dadurch als Prediger doch wieder einen Beruf und hatte nichts geringeres im Sinn, als den Ruhm eines großen Reformators zu erlangen. Um diese Zeit starb seine Mutter, der er vielen Kummer gemacht hatte. Bei ihrer Beerdigung aber trat er, als ihr Sarg versenkt war, auf den Grabhügel, nahm eine heroische Stellung an und schien eine Rede halten zu wollen, rief aber nur das einzige Wort: Monika! aus. Diesen Namen trug bekanntlich die Mutter des h. Augustinus und er benutzte den Tod der seinigen, um sich prahlerisch als den zweiten Augustinus zu verkündigen. Da er sich bei der badischen Revolution betheiligte, wurde ihm das Pflaster zu heiß und er wanderte nach Amerika aus. Im Jahr 1856 enthielt die Mannheimer Zeitung Ende Januar folgende Notiz: „Aus Nordamerika schreibt man uns, daß in Milwaukee der bekannte Prediger Heinrich Loose in Folge von Nahrungsforgen und zerrütteter Gesundheit in Wahnsinn verfallen ist. Die Familie Looses soll sich in größter Noth befinden, und seine Frau genöthigt sein, zwei Guitarrestunden für einen Schilling zu geben, dabei mitunter Lieder heiteren Inhalts zu singen, während in der Nebenstube der unglückliche geistesirre Gatte weilt."

VIII. Mein Verkehr mit König Wilhelm I. von Württemberg.

Ich habe schon erzählt, daß ich, um meine Aufnahme ins württembergische Staatsbürgerrecht durchzusetzen, dem Könige persönlich zu schreiben genöthigt war und daß ich es auf eine humoristische Weise that, wodurch ich meinen Zweck vollkommen erreichte. Ich habe auch schon erwähnt, daß mir der König im Jahr 1830 die Redaktion seiner Hofzeitung antrug, die ich jedoch ablehnte. Der König nahm mir das, wie ich wohl bemerken konnte, übel, da er mich persönlich deshalb hatte zu sich kommen lassen und mir allerlei Artigkeiten gesagt hatte. Sein Publicist war bisher der Livländer Lindner gewesen, der ihm das „Manuscript aus Süddeutschland" geschrieben hatte und der in der That eine äußerst gewandte Feder führte, dessen er sich aber kaum mehr bedienen konnte, weil Lindner als Fremder gar zu unpopulär und schon zu alt war. Ich habe ihn kennen gelernt und gern gehabt, da er außerordentlich gutmüthig war und Mitleid einflößte, weil er unter einem grimmigen Pantoffel stand. Im folgenden Jahre fand der König endlich, wie ich oben schon kurz erzählt habe, einen Redakteur seiner Hofzeitung in Ernst Münch.

Der König war ungehalten, daß ich, nachdem ich 1830 seinen Vorschlag nicht angenommen hatte, in die landständische Opposition eingetreten war. Ich befand mich in der Deputation, die ihm 1833 die antibundestägliche Adresse überreichte und die nicht sehr gnädig aufgenommen wurde. Seitdem kam ich in keine Berührung mehr mit ihm. In den vierziger Jahren übergab mir der preußische Gesandte, Herr von Rochow, das Schreiben seines Bruders, der damals in Berlin Minister des Innern war, worin er mich aufforderte, die Redaction der preußischen Staatszeitung zu übernehmen. Obgleich ich, wie oben erwähnt, diese ungesuchte Ehre höflich ablehnte, lief die Nachricht von meiner Berufung nach Berlin doch durch alle Zeitungen, und meine Kinder hörten sie in der Schule. Da begegnete mir der König von Württemberg zufällig auf der Straße, stellte mich und sagte: „Nun, Menzel, Sie werden uns verlassen?" — Ich antwortete: „Nein, Ew. Majestät! ich werde bleiben, wenn Sie es mir erlauben, denn ich befinde mich nirgends wohler, als unter Ihrer Regierung." Ich mußte ihm nun den Irrthum aufklären. Er lachte und sagte: „Nun das freut mich, daß Sie lieber hier bleiben, als fortgehen." Von dieser Stunde an zeigte mir der König bei jedem Anlaß wieder viele Gewogenheit und unterhielt sich mit mir, wenn wir uns in der Stadt oder in den Anlagen begegneten, gewöhnlich längere Zeit über Politik. Seine Gedanken waren immer klar, seine Sprache fließend. Auch liebte er den Scherz und machte oft sehr witzige Bemerkungen.

Es war mir oft rührend, in den Unterredungen mit dem alten König von Zeit zu Zeit immer noch einen Rest seines Patriotismus, einen Sonnenblick aus längst verschwundener Jugendzeit hervorblitzen zu sehen. Er hatte sich im Jahr 1814 mit Feuer den deutschen Patrioten angeschlossen und eine nicht unrühmliche Rolle unter ihnen gespielt, sowohl im Felde, als nachher im Rathe. Die Rheinbundpolitik hatte ihn nicht lange vorher zu einer Ehe gezwungen, die ihm zuwider war, die er daher auch nur dem Scheine nach vollzog, um sich bald wieder scheiden zu lassen. Von Napoleon selbst war er im russischen Feldzug persönlich auf das empfindlichste beleidigt und heimgeschickt worden. Sein eigner Vater war ein Tyrann, im ganzen

Württemberger Lande gefürchtet und gehaßt. Kronprinz Wilhelm fühlte die Leiden des gedrückten Volkes mit. Mußte er doch selbst vor seinem Vater flüchten. Schon als sein Vater die alte württembergische Verfassung willkürlich aufhob, protestirte der Kronprinz in einem Schreiben an den Geheimen Rath und machte denselben für den Frevel verantwortlich, der an den Rechten des Landes begangen werde. Als der Kronprinz zur Regierung kam, stellte er alle die Willkürlichkeiten und Bedrückungen, deren sich sein Vater schuldig gemacht hatte, namentlich die Verschwendung, den Jagdunfug, die Rechtslosigkeit der Unterthanen, das schonungslose Dreinfahren der Kabinetsbefehle und den Muthwillen der Günstlinge, augenblicklich ab und führte nicht nur wieder Sparsamkeit und strenges Recht ein, sondern ließ sich auch gefallen, das alte Recht der württembergischen Stände anzuerkennen, so daß die neue Verfassung, welche die Vergrößerung des Staates und die neuen Verhältnisse unvermeidlich gemacht hatten, durch die gewählten Vertreter des Volks, gemeinschaftlich mit den Vertretern der Krone verabschiedet und nicht, wie alle andern neuen Verfassungen, blos octroyirt wurde.

Der Kronprinz hatte sich im Feldzug 1814 Kriegsruhm erworben, persönlich zur Befreiung Deutschlands mitgewirkt und genoß hohe Achtung, nicht blos in seinem engern kleinen Vaterlande. Er war damals sehr populär und zugleich von den größten Monarchen Europas respectirt, so daß es sich die Schwester des russischen Kaisers, die edle Katharina, zur Ehre schätzte und für ein hohes Glück erachtete, seine Gattin zu werden. Beim ersten Pariser Frieden, zum Theil auch noch beim zweiten, hörte man im Rath der alliirten Mächte noch patriotische Stimmen, die erst auf dem Wiener Congreß verstummten. Es wurden für das deutsche Gesammtvaterland noch große Hoffnungen gehegt. Der Kronprinz theilte damals die Ansicht, die vom preußischen Lager ausging, welche diplomatisch hauptsächlich durch Wilhelm von Humboldt vertreten wurde und der mit dem alten Blücher das preußische Heer und Volk und die begeisterte Jugend anhing. Das Versprechen von Kalisch war noch nicht offiziell zurückgenommen. Der Kronprinz von Württemberg war einer der wenigen, welcher dem dringenden Verlangen und dem guten Recht der Deutschen auf Elsaß und Lothringen mitten aus den Rheinbundstaaten heraus Worte lieh, indem er sich hier ganz Preußen an die Seite, Oesterreich und den Rheinbundstaaten aber gegenüberstellte. Man darf nicht zweifeln, daß ein echt deutsches Gefühl in ihm überwallte und daß er es um so weniger verhehlen wollte, als ihm daran gelegen sein mußte, dem von seinem Vater unter der Franzosenherrschaft so schnöde mißhandelten Volk in Schwaben Bürgschaften der Zukunft zu geben. Er war sogar zu dem edlen Ehrgeiz berechtigt, zu einem der Hauptwächter Deutschlands am Oberrhein ausersehen zu werden und sein kleines Königreich bis an die künftige französische Grenze ausgedehnt zu sehen. Die Gelegenheit konnte nicht günstiger sein. Elsaß war von den Deutschen erobert und speciell von den Württembergern besetzt worden. Jedermann erwartete, Elsaß werde wieder mit Deutschland vereinigt und Straßburg wie ehedem unser Bollwerk gegen Frankreich werden. Es schien unglaublich, daß es anders kommen könnte, die deutschen Fürsten waren dem deutschen Volke zu großem Dank verpflichtet. Nur die unvergleichliche Tapferkeit und Hingebung des Volks hatte sie gerettet, ihnen ihre unabhängigen Throne zurückgegeben. In dem Bewußtsein, daß sie, die Fürsten, allein an der Zerrüttung des deutschen Reichs, an der Fremdherrschaft, an der jahrelangen Plünderung und Mißhandlung des deutschen Volks Schuld gewesen, hätten sie dem Volk eine Genugthuung und Befriedigung gewähren sollen. Ja in ihrem eigenem Interesse hätten sie Elsaß und Lothringen, die wichtigen Festungen Straßburg und Metz zum deutschen Bunde ziehen sollen, um künftig vor Frankreich besser geschützt zu sein. Wem aber hätte man das Elsaß schicklicher anvertrauen können, als dem patriotischen und tapfern Kronprinzen von Württemberg? Auch das Großherzogthum Baden stand ihm in Aussicht. Die hier regierende Familie war im Aussterben und die, welche ihr seitdem nachgefolgt ist, war damals noch nicht legitimirt. Die deutsche Bundesgewalt hätte mithin, ohne Rechte eines Dritten zu verletzen, über Baden verfügen können, zu Gunsten eines Prinzen, welcher sich tüchtiger als jeder andere bewährt hatte, die Marken Deutschlands am Oberrhein zu schützen.

Alle diese Hoffnungen des Vaterlands und des Kronprinzen wurden vereitelt durch die Politik Talleyrand's und des russischen Kaisers Alexander, welche Elsaß und Lothringen wie auch die Niederlande mit Frankreich vereinigt lassen wollten, damit Deutschland nicht zu sehr erstarke. England hatte das gleiche Interesse, ein einiges und großes Deutschland nicht zu Stande kommen zu lassen, weil es Hannover mitten in Deutschland nicht nur als englische Provinz behalten, sondern auch noch auf Kosten Deutschlands vergrößern wollte. Endlich war Oesterreich eifrig darauf bedacht, Preußen zu schwächen, damit es nicht länger die deutschen Einheitsbestrebungen unterstützen könne, und die Rheinbundstaaten eng an das österreichische Interesse zu fesseln. Oesterreich dachte also an nichts weniger, als an die Begünstigung des Kronprinzen von Württemberg, welcher sich im Alleinbesitz eines großen süddeutschen Reiches sicher nicht einer undeutschen Politik hingegeben und zu einem Sklaven Metternichs hätte machen lassen. Somit behielt Frankreich das Elsaß und mußte Baden, wie Württemberg ein Kleinstaat bleiben, beide in Verbindung mit dem noch kleinern Hessen-Darmstadt gänzlich ohnmächtig und jedem neuen Angriff der Franzosen wehrlos bloßgestellt, wie vorher.

Man kann sich nun leicht denken, daß dieser abscheuliche, von den deutschen Fürsten am deutschen Volk verübte Undank und Verrath, welchen der Wiener Congreß sanctionirte, eine eben so tiefe Entrüstung im Gemüth des Kronprinzen von Württemberg hervorrufen mußte, wie bei allen Patrioten in Preußen. Auf sein kleines Württemberg beschränkt, suchte er wenigstens, hierin von seiner trefflichen Gemahlin Katharina unterstützt, die Wunden, welche die schändliche Rheinbundpolitik und der verrufene Despotismus seines Vaters dem Lande geschlagen hatten, zu heilen und dessen Zukunft durch einen neu begründeten Rechtszustand, Hand in Hand mit der Volksvertretung zu sichern. Aber auch das wurde ihm von Metternich und dem Bundestage verdacht. Unter dem Druck der auswärtigen Diplomatie und Metternichs mußte er seine deutschgesinnten und freisinnigen Minister von Winzigerode und von Wangenheim entlassen und war genöthigt, sich vor noch weitern Gewaltthätigkeiten dieses Metternich vorbeugend durch eine Bestechung desselben zu schützen, indem er ihm die Herrschaft Ochsenhausen um schweres Geld ablaufte. Welche Popularität der junge König Wilhelm damals bei der deutsch gesinnten Jugend genoß, beweist die Thatsache, daß die seit den Karlsbader Beschlüssen verfolgte Burschenschaft davon träumte, ihn, wenn die Dinge sich änderten, einmal als deutschen Kaiser begrüßen zu können. Aber unter dem Druck des Metternich'schen Systems glich König Wilhelm von Württemberg einem ursprünglich harmonisch gestimmten Instrumente, welches durch Wind und Wetter verstimmt, nur noch zerrissene Saiten hängen läßt. Als ein noch junger, rüstiger und verständiger Mann unterdrückte er seinen Schmerz oder machte ihm nur noch in oft sehr geistreichen und beißenden Sarkasmen Luft. Er schickte sich in die Zeit, regierte sein Land gut, blieb in der Welt geachtet, konnte aber seine erste feurige Jugendliebe zum deutschen Vaterlande durch keine neue politische Vorliebe wieder ersetzen. Die Welt ekelte ihn in vieler Beziehung an, und seine kluge Resignation war nicht ohne Bitterkeit. Unter allen Fürsten seiner Zeit liebte er, wie er mir wiederholt sagte, keinen einzigen, den Markgrafen Wilhelm von Baden, seinen Schwager, ausgenommen. Er sah alle diese Fürsten wie an Verstand so an Herz tief unter sich und drückte mir mehrmals den Ingrimm aus, den er darüber empfand, daß solche Dummköpfe mächtig genug seien, Deutschlands Geschicke zu lenken und ihm selber vorzuschreiben, was er zu thun und zu lassen habe, ihm, der sie doch alle übersehe und auch einen bessern Willen habe.

Er schloß sich dem Zollverein an und ließ die unvermeidliche Censur, welche mißliebige Aeußerungen in keinem Bundesstaate duldete, wenigstens in seinem Württemberg in schonender Weise üben. Allein der faule Frieden und die Herrschaft des Metternich'schen

Systems dauerten zu lange. König Wilhelm fand keine Gelegenheit, Deutschland noch in einer Weise nützlich zu werden, wie es früher sein Wunsch gewesen war. Er zerstreute sich in Liebhabereien für die edle Pferdezucht, für die Hebung des Landbaus, wovon die Stiftung der berühmten und viel besuchten Akademie Hohenheim Zeugniß gibt, und für das Theater. Er wurde älter, bequemer und immer mehr Pessimist. Im Jahr 1848 hätte sich vielleicht noch eine Gelegenheit für ihn dargeboten, thatkräftig in die Tagesereignisse einzugreifen, aber er hielt sich nur noch in der Defensive. Er war damals schon 70 Jahre alt.

Nachdem ich im Jahr 1846 die großen Ausgrabungen am Berge Lupfen unternommen hatte, wollte der König die Funde sehen, Der Ausschuß des Alterthumsvereins empfing ihn im Vereinslokal, der alten Legionskaserne. Ich mußte dem König zum Führer dienen und ihm alles erklären. Als er die breiten Eisenschwerter sah, die mein Freund Dürrich und ich aus den alemannischen Gräbern mitgebracht hatten, griff er darnach und sagte: Aha, das sind Römerschwerter! Ja wohl, Ew. Majestät, rief ein Herr, der dem Hofe angehörte, und zupfte mich leise, daß ich nicht widersprechen sollte. Der König aber hatte schon bemerkt, daß ich nicht seiner Meinung sei, und frug mich. Ich holte ihm nun ein echtes Römerschwert herbei und zeigte ihm, wie sehr sich dasselbe, kurz, dick und von Erz, vom deutschen Schwert unterscheide, welches lang, dünn, aber breit, zweischneidig und von Eisen war, weßhalb man ein so breites Schwert Spaten nannte, da noch jetzt das Schwert in Italien und Spanien spada, in Frankreich épée heißt. Diese Belehrung nahm der König sehr gut auf, besah sich alles genau, frug nach allem, blieb 1½ Stunden und dankte mir zum Abschied aufs freundlichste, indem er einen scharfen Blick auf den gewissen vornehmen Herrn warf und sagte: Wenn ich solche Sammlungen ansehe, lerne ich gern etwas Neues und will durchaus nicht, daß man mir schmeichle, ich müßte von vorn herein schon alles wissen. Wenige Wochen nachher ließ mich der König abermals in das Lokal des Alterthumsvereins bescheiden, um meine Funde auch seiner Tochter Sophie, Königin der Niederlande zu zeigen. Er begleitete dieselbe. Die Königin interessirte sich besonders für die Todtenköpfe und Gerippe, die wir von Oberflacht mitgebracht und die ich alle eigenhändig vom Schlamm gereinigt und wieder zusammengesetzt hatte, wie sie denn in Schädel- und Knochenlehre viele Kenntnisse besaß und sich davor nicht ekelte. Sie war sehr liebenswürdig, obgleich damals mager. Ich hatte sie noch in ihren jungen Jahren gekannt, als eine der reizendsten Prinzessinen, die man sehen konnte, schön, feurig, ein Bild der frischesten Gesundheit und Fülle und strahlend von Lust und Glück, als Liebling des Vaters. Jetzt war es anders.

Bald darauf kam die Revolution von 1848 heran und gleich im Beginn derselben hielt ich die Mission nach Berlin für rathsam, von der ich bereits ausführlich gesprochen habe und die, obgleich sie mißlang, doch dem König von Württemberg Veranlassung gab, mir sein Vertrauen zu bewahren und mich während der großen politischen Krise öfter zu sich zu rufen. Die Gespräche mit ihm werden mir unvergeßlich bleiben, denn er besaß einen außerordentlich klaren Verstand und schickte sich in die böse Zeit wenigstens bis zum Beginn des Jahres 1849 mit gutem Humor. Wenn er sich noch hätte aufs Roß schwingen können, so würde er an der Spitze seiner, wenn auch nur kleinen württembergischen Armee, die für ihn gern ins Feuer gegangen wäre, in wenigen Tagen den badischen Aufstand bewältigt haben, ehe noch Preußen und Bayern gekommen wären. Die württembergischen Soldaten waren nur deßhalb unbotmäßig, weil man sie unthätig bleiben ließ. Sie hätten sich gern geschlagen, gleichviel für wen, hätte man sie losgelassen wie die Hessen, sie würden gleich diesen mit Feuereifer über die Demokraten hergefallen sein. Aber der alte König hatte dazu keinen Trieb mehr. Keine der Großmächte flößte ihm Vertrauen ein. Am meisten spottete er über die Mittelstaaten; über die Erbärmlichkeit ihrer Politik und über die Unmöglichkeit, sie zu irgend einem ersprießlichen Zwecke unter einen Hut zu bringen, sprach er sich wiederholt und gern aus. Früher habe er, wie er mich versicherte, keinem einzigen Fürsten in den Mittel- und Kleinstaaten irgend einen, ihren gemeinschaftlichen Nutzen bezweckenden Gedanken mittheilen können, ohne daß es sogleich dem Fürsten Metternich verrathen worden sei. Als die Feigheit vor diesem aufgehört habe, sei die Feigheit vor dem Liberalismus an die Stelle getreten. Wenn ich, fuhr er fort, es für noch so dringend geboten halte, diese Fürsten zu irgend einem energischen und gemeinschaftlichen Zwecke aufzufordern, ist es, als griffe ich in eine Schüssel voll Sand, wollte darin nach einem Eisen greifen, und griffe immer nur Sand, der mir zwischen den Fingern durchläuft.

Unter seinen neuen sog. Märzministern lobte mir der König immer nur einen, nämlich Römer, der allein praktisch durchgriff und kein Doktrinär war. Dagegen konnte er einen kleinen Aerger über Duvernoy und Pfizer nicht verhehlen, die ihm als Ideologen und Principienmenschen viel zu wenig praktisch schienen. Denken Sie, empfing er mich einmal des Abends, heute haben sich in diesem Zimmer meine Minister eine halbe Stunde lang um Schulfragen herumgestritten, und ich alter praktischer Mann mußte achselzuckend zuhören. Deshalb war dem König von Württemberg auch das Frankfurter Parlament unausstehlich, und er sah in dem Auskramen der doctrinären Professoreneitelkeit in der Paulskirche nur insofern etwas Nutzbares, als dadurch wenigstens die wildeste Demokratie gezügelt wurde. Als er im August von Köln zurückkam, wo er mit dem König von Preußen und dem Erzherzog Johann verkehrt hatte, frug er mich: Was halten Sie von Gagern? und war sichtlich erquickt, als ich ihm rasch antwortete, der kühne Griff sei ein, wenn nicht feiger, doch verstandloser Mißgriff. Wer den König von Preußen zum Kaiser haben wolle, dürfe keinen Erzherzog zum Reichsverweser machen, und wer mit der Mehrheit in der Paulskirche Fürsten und Feldherrn imponiren wolle, dürfe diese arme Mehrheit nicht von den Galerien in der Paulskirche selbst tyrannisiren lassen Der König stimmte dem ganz bei, war aber doch beunruhigt, sofern er fürchtete, Gagern werde seinen preußischen Kaiserplan mit Hülfe preußischer Siege in Dänemarl und bei der Bedrohung Oesterreichs durch Ungarn doch am Ende durchsetzen, oder die Demokratie werde allen über den Kopf wachsen.

Ich gab um dieselbe Zeit, im August 1848 noch vor dem Waffenstillstand von Malmoe eine Flugschrift heraus, „Deutschlands auswärtige Politik", worin ich im Voraus darzulegen suchte, daß die deutsche Revolution schon jetzt als mißlungen zu betrachten sei, daß sie auch nicht entfernt die Kraft entwickelt habe, die von einer großen in Revolution begriffenen Nation erwartet werden müsse, daß eben deshalb die Nachbarstaaten nur über uns lachen und unsern Reichs-gesandten ihre Verachtung zu erkennen geben. Vieles von dem, was ich in dieser Schrift sagte, diente auch dem König von Württemberg zur Beruhigung.

Allein im folgenden Frühjahr verlor er wieder den Muth und sogar auf Augenblicke das besonnene Urtheil. Die badische Militär-revolution bedrohte ihn allerdings bei der unsichern Haltung seiner eigenen Truppen mit großer Gefahr ganz in der Nähe. Nun hätte er sich wenigstens den Conflict mit seinem eigenen Ministerium und mit der ihm sehr ergebenen Kammermehrheit ersparen können, wenn er sich passiv und gleichgültig wie bisher verhalten und alles seinen verantwortlichen Ministern überlassen hätte. Er wußte, der König von Preußen wolle und werde nie Kaiser werden, er hätte ihm also getrost seine Stimme geben können. Das stolze Wort: „einem Hohen-zollern unterwerfe ich mich nicht," war in der That überflüssig und hätte ihn in große Gefahr bringen können, wenn er sich nicht noch zur rechten Zeit dem Ansinnen des Ministeriums und der Kammer ge-fügt hätte. Es handelte sich ja nur um eine illusorische Concession in einer illusorischen Sache. Der König war so niedergeschlagen, daß ich ihn, als er mich noch spät in der Nacht rufen ließ, am Tische sitzend fand, den Kopf auf den Arm gestützt und schwer seufzend. Nun, Menzel, sagte er, was soll ich jetzt thun? Es gelang mir, durch meine ganz unbefangene Auffassung der Sachlage ihn aufzuheitern und ihn von einer extremen Entschließung zurückzubringen; denn ein Mann, den er später zu seinem Minister machte, suchte ihn damals zu überreden, sich durch eine schnelle und heimliche Abreise wenigstens in der nächsten Zeit allen Verlegenheiten und widerwärtigen Anforderungen zu entziehen. Ich blieb diesmal lange beim König und brachte es soweit, daß wir die so tragisch begonnene Scene mit lautem Lachen endigten, woran er sich später noch ein paarmal erinnerte. Ein Kammerdiener hatte gehorcht und schon am andern Morgen kam der mir sehr befreundete Herr von Porbeck zu mir, um es mir zu sagen, denn der wesentliche Inhalt meines Gesprächs mit dem König war ihm schon zu Ohren gekommen. Es lag mir aber gar nichts daran, denn was ich dem König gesagt hatte, entsprach dem Wohl des Landes und der Meinung der Kammermehrheit, der ich angehörte.

Die Preußen rückten in Baden ein, die Revolution ging zu Ende. Allzurasch, wie mir schien, warf sich der König von Württemberg dem durch seine Siege erstarkten Oesterreich in die Arme. Die Märzminister wurden ohne Dank fortgeschickt. Wie ich gleich im Anfang der Revolution eine Verbindung Süddeutschlands mit Preußen anzuknüpfen versucht hatte, so suchte ich auch noch am Ende der Revolution diese Verbindung wenigstens in soweit zu erhalten, daß wir nicht blind und dumm uns der Zuchtruthe Schwarzenbergs auslieferten, der gar nichts anderes als das erbärmlichste Metternichsche System zurückführen sollte. Der König von Württemberg verrechnete sich sehr in diesem Fürsten Schwarzenberg, der sich die Dienste Württembergs nur gefallen ließ, ohne dafür zu danken. Wenn er in dem bekannten Briefe an den Fürsten noch ein deutsches Parlament forderte, um sich die Popularität in Süddeutschland zu wahren, so stand damit sein Erscheinen in österreichischer Husarenuniform an der Tafel des jungen Kaisers in Bregenz in Widerspruch. Das veranlaßte eine Mißachtung des Königs von Seiten des Fürsten, die für den Stolz des erstern höchst empfindlich war. Als mir einige Zeit später der gütige König erlaubte, als Geschichtschreiber der neuern Zeit Aufklärung über manche mir dunkle Partie der Politik zu erbitten, und ich ihn unter anderem frug, ob die durch die Zeitungen verbreitete Antwort des Fürsten Schwarzenberg auf seinen Brief vom 18. Februar 1851 echt gewesen sei, stand er unwillig auf, ging ein paarmal schweigend im Zimmer auf und ab und rief dann mit finstrer Miene: „Der Kerl hat mir gar nicht geantwortet!"

Während also der König seit dem Herbst 1849 der österreichischen Fahne zulief, was sich aus seinen im Frühjahr gesprochenen Zornworten gegen das Haus Hohenzollern leicht erklären ließ, verkehrte ich nicht mehr mit ihm, sondern hielt mit den conservativ constitutionellen Mitgliedern der aufgelösten Kammer an der Hoffnung fest, mit Preußen zusammenwirken zu können gegen Schwarzenbergs einseitigen Reactionsplan. In diesem Sinne verfaßte ich im Januar 1850 gemeinschaftlich mit dem Exminister Duvernoy und mit dem Dichter Gustav Pfizer die preußenfreundliche Adresse, welche die Volksversammlung in Plochingen annahm. Das war nicht nach dem Geschmack des Königs. Gleichwohl veranlaßte ihn der Undank, den er von Seiten Oesterreichs erfuhr, zu dem Wunsche, sich Preußen zu nähern und zu diesem Zweck mich abermals in sein Vertrauen zu ziehen.

Er war zu weit gegen Preußen vorgegangen, hatte am 15. März 1850 bei Wiedereröffnung des Landtags eine Rede gehalten, worin er Preußen schwer verdächtigte, so daß der preußische Gesandte, Herr von Syrow, augenblicklich abberufen wurde und auch der württembergische Gesandte Berlin verlassen mußte. Syrow war eben erst in Stuttgart angekommen und hatte sich mir als Freund des General von Radowitz vorgestellt, ich widmete mich also seiner Gemahlin, die noch Wochenlang in Stuttgart zurückbleiben mußte und mit lächerlicher Aengstlichkeit von den Damen des Hofes gemieden wurde.

Den König suchte ich damals nicht auf, aber er begegnete mir zuweilen in den Anlagen, unterhielt sich mit mir über Politik und sagte mir einmal, als ich auf seine Hingebung an Oesterreich anspielte: „Soll ich mich denn nicht ärgern, daß mir die verfluchten Pickelhauben auf meinen Hohenzollern hinsitzen?" Daß preußische Truppen immer noch im Badischen blieben und der König von Preußen die Fürstenthümer Hohenzollern kaufte, überzeugte den König von Württemberg

Preußen wolle in Süddeutschland festen Fuß fassen, obgleich ich ihm wiederholt sagte, Hohenzollern sei wie Neuchatel für Preußen ja doch nur ein verlorner Posten. Ich bekam einen Wink von Berlin, dem König von Württemberg unter der Hand Versöhnung anzubieten; als der beleidigte Theil forderte Preußen aber eine genugthuende Erklärung, die jener verweigerte.

Ich besuchte Herrn und Frau v. Sydow im folgenden Winter in Baden-Baden, wo sie sich einstweilen niedergelassen hatten, und lernte hier den ihnen befreundeten russischen Dichter Joukowski und dessen liebenswürdige Gemahlin kennen. Wir machten eine sehr angenehme Partie zusammen über die Berge nach dem Schlosse Neu-Eberstein an einem hellen und schneelosen Februartage. Joukowski war schon hoch bejahrt, aber immer noch lebhaft und höchst gemüthlich. Er gehörte zu den wenigen eigentlichen Romantikern Rußlands und ging auf die altrussische Märchenwelt zurück. Ich verwendete mich bei ihm gelegentlich für eine Dame. Der frühere preußische Gesandte in Stuttgart, General von Thun und dessen Gemahlin hatten ihren zwei vortrefflichen Töchtern die beste Erziehung gegeben; nachdem dieselben aber herangewachsen waren, gründete ihre bisherige Gouvernante, Fräulein Groschopf, eine noch junge und schöne, hochgebildete und als Lehrerin musterhafte Dame, ein Mädcheninstitut in Bevey am Genfersee. Grade damals hatte sie mich gebeten, ihr durch meine Verbindungen Pensionärinnen aus Rußland zu verschaffen, und mir gedruckte Programme ihrer Anstalt in deutscher und französischer Sprache geschickt. Joukowski, dem ich die Dame sehr empfahl, las das Programm und corrigirte es mit einem einzigen Bleistiftstriche. In dem Programm waren nämlich für die erste oder vornehmste Klasse der Pensionärinnen jährlich hundert Louisdors angesetzt. Joukowski setzte zweihundert, indem er sagte, wenn eine vornehme Russin jährlich nicht wenigstens zweihundert Louisdors zahlen müsse, halte sie die Anstalt nicht für nobel genug. Das Fräulein folgte auf meine Veranlassung dem Rath des greisen Dichters und setzte in das für Rußland bestimmte Programm zweihundert Louisdors. Joukowski schickte es nach St. Petersburg und empfahl das Institut. Bald darauf hörte ich, es seien Russinnen in Bevey angekommen.

Ich lernte auch den Vater der Frau von Joukowski kennen, den noch rüstigen Oberst v. Reutern, der in der Schlacht bei Leipzig einen Arm verloren hatte, aber mit dem andern noch jetzt im Alter große Landschafts- und Genrebilder in Oel malte, die er, wie ich hörte, alle seinem gnädigen Kaiser sandte.

Inzwischen war der König von Württemberg mit der Art, wie er von Oesterreich behandelt wurde, nicht mehr zufrieden und war geneigter als vorher, sich Preußen wieder zu nähern. Das hielt aber einigermaßen schwer, weil er den ersten gutgemeinten Antrag Preußens zurückgewiesen hatte. Ich hütete mich, ihn anzugehen, indem ich den richtigen Moment abwartete. Dieser kam bald, denn der unendlich gutmüthige König von Preußen kam ihm abermals einen Schritt entgegen.

Als er nämlich im August 1851 in die hohenzollern'schen Fürstenthümer kam, um sich daselbst huldigen zu lassen, ließ er mich durch den damaligen Ministerpräsidenten von Manteuffel zu sich einladen und benutzte die Rede, die er auf der Burg Hohenzollern nach der Huldigung hielt, um die frühere Rede des Königs von Württemberg offen zu beantworten, indem er mit gen Himmel gehobenen Armen feierlich schwur, er habe nie in Süddeutschland erobern wollen und überhaupt nie nach unrechtem Gute gestrebt. Da ich als Gast des Königs im Schlosse zu Hechingen wohnte und bei der ganzen Huldigungsfeier zugegen war, will ich sie hier beschreiben.

Sie fand statt im Burghof der damals noch nicht ganz wieder hergestellten Burg Hohenzollern. Der Thron war unter einer schönen alten Linde aufgeschlagen. Gegenüber befanden sich die Sitze sämmtlicher Ortsvorsteher in den Fürstenthümern, zur Seite die Sitze der Minister und der beiden Standesherren, welche gleichfalls huldigten, des alten Fürsten von Fürstenberg und des jungen Fürsten von Thurn und Taxis. Rings umher waren amphitheatralische Sitze für die Zuschauer errichtet und die oberste Reihe bildeten lauter Landmädchen

in ihrer malerischen Tracht, alle mit Brautkronen von Goldflitter
geschmückt, was nicht wenig dazu beitrug, der ganzen Scene einen
romantischen Charakter zu geben. Der König hielt die oben erwähnte
Rede. Dann folgte der Huldigungseid. Darauf umarmte er die
beiden Fürsten, reichte allen Schultheißen die Hand und strahlte unter
seinem malerischen Helme von Zufriedenheit und Vergnügen. Es
war ein schönes, heiteres, ungestörtes Fest. Das Wetter war herrlich und der hohe alte Berg nahm sich mit seinen reichen Staffagen
sehr hübsch aus.

Nachher wurde unten bei Hechingen unter einem kolossalen Zelte
getafelt, wozu der König sämmtliche Schultheißen eingeladen hatte.
Ein Herr aus Frankfurt, der mitgekommen war und gleichfalls mit
tafeln sollte, frug mich ängstlich, wie man sich denn wohl an einer
königlichen Tafel zu benehmen habe? Ich sagte lachend: „Anständig!"
Nun das, meinte er, verstünde sich von selbst. Gewiß, sagte ich,
mehr ist nicht nöthig. Sie müssen z. B. wenn eine Flasche rother
Wein vor Ihnen steht, sich in Acht nehmen, daß sie nicht umfällt und
das weiße Tischtuch befleckt. Er blieb dennoch sehr ängstlich, bis ich
ihm sagte, er solle sich nur an mich halten. Ich werde schon sorgen,
daß er neben mich zu sitzen komme. Der Herr Hofmarschall placirte
mich an der Tafel neben den General v. der Gröben und erlaubte
mir, den Frankfurter Herrn an meine andere Seite zu nehmen. Als
man sich nun setzte, passirte es einem etwas plumpen Schultheißen
nicht weit von uns, daß er mit einer ungeschickten Bewegung des
Armes die Flasche rothen Wein umstieß, die vor ihm stand. Sehen
Sie! sagte ich zu meinem Nachbar, dem himmelangst war, bis die Bedienten den befleckten Tisch schnell mit Servietten wieder zugedeckt
hatten. General v. d. Gröben war sehr artig, kam mir aber für
einen General etwas zu timide vor.

Der König unterhielt sich mit mir sehr gnädig. Ein noch längeres
Gespräch hatte ich mit dem Herrn v. Manteuffel, der mir schriftliche
Vorschläge für den König von Württemberg mitgab.

Als ich nach Stuttgart zurückkam, ließ mich dieser gleich zu sich

rufen, um mich wegen der Vorgänge in Hohenzollern, denen ich ange-
wohnt hatte, zu befragen; denn er hatte erfahren, daß mich der König
von Preußen zur Huldigungsfeier eingeladen habe. Er äußerte sich
über die Rede des Königs von Preußen nicht unzufrieden und frug
mich lächelnd: Hat man Ihnen nichts aufgetragen? Ich berichtete ihm
nun, was mir aufgetragen war, als er mich plötzlich unterbrach und
mich frug, ob ich auch etwas Schriftliches mitbringe? Ich zog nun
mein Papier hervor, er las es aufmerksam, wurde sehr freundlich, gab
mir die beruhigendsten Versicherungen, die ich zurückmelden sollte,
glaubte aber, die förmliche Wiederanknüpfung des diplomatischen
Verkehrs noch eine kurze Zeitlang verschieben zu müssen, weil ihn
Fürst Metternich kürzlich auf der Durchreise besucht und mit ihm Verhandlungen angeknüpft habe, die erst erledigt oder beseitigt werden
müßten. Er machte bei dieser Gelegenheit starke Ausfälle gegen
Oesterreich, von dem er immer nur Widerwärtigkeiten und Undank
geerntet habe. Die Versöhnung mit Preußen kam bald darauf wirklich
zustande.

Ich besuchte vom Hohenzollern aus noch geschwind meine kürzlich
nach Basel verheirathete Tochter, meine Freunde in Freiburg und
Herrn v. Sydow in Baden-Baden. An letzterm Orte traf ich wieder
mit dem Prinzen von Preußen zusammen und hatte mit ihm wieder,
wie im Jahr 1848 eine interessante Unterredung, die wir am Nachmittage noch weiter fortsetzten, als ich ihn zufällig in der großen Allee
antraf und er mich aufforderte, ihn zu begleiten. Auch Herr v. Sydow
befand sich dabei. Der Prinz war eine große heroische Gestalt und
von schönen, männlichen und doch milden Gesichtszügen. Er hatte
wie sein königlicher Bruder in Augen und Mund viel von seiner
schönen Mutter Louise geerbt. Sein Bruder, der König, war ebenfalls von imposanter Größe, doch nicht so schlank und von weniger
stramm militärischer Haltung. Ich hatte damals einen nicht geringen
Aerger über die Abhängigkeit von Oesterreich, in die man sich in
Stuttgart versetzt hatte. Es mißfiel mir sehr, daß der alte König
von Württemberg heimlich Oesterreich grollte und Oesterreich schalt,

während er doch öffentlich noch immer seine Devotion vor ihm machte, wie er es im vorigen Jahr zu Bregenz in der auffallendsten Weise gethan hatte. Ebenso widrig war mir das Verhalten der Augsburger Allgemeinen Zeitung, welche Preußen im österreichischen Interesse auf alle Art bemäkelte und in der öffentlichen Meinung Deutschlands heruntersetzte. Herr v. Cotta, der Eigenthümer dieser weitverbreiteten Zeitung, antwortete auf die Vorwürfe, die man ihm deshalb machte, gewöhnlich mit der Entschuldigung, er müsse mit dem Strome schwimmen, und da Dreiviertel des Absatzes seiner Zeitung auf die österreichischen Staaten fielen, so könne er der Wiener Politik keine Opposition machen. Unmittelbar vor der Huldigungsfeier auf der Burg Hohenzollern war ein Beamter des Berliner Preßbüreaus zu Herrn v. Cotta geschickt worden und hatte ihn mit förmlichen Drohungen erschreckt, Tags darauf aber wurde derselbe Cotta vom König von Preußen in Hechingen zum Diner eingeladen. Ich konnte nun nicht umhin, dem Prinzen von Preußen zu sagen, daß das nicht die rechte Manier sei. Einem so einflußreichen Blatte, wie die Allgemeine Zeitung, dürfe man nicht drohen, wenn man doch die Mittel nicht besitze, es zu unterdrücken. Wer aber drohe, dürfe noch viel weniger zugleich schmeicheln. Ich führte dem Prinzen noch einige andere Berliner Taktlosigkeiten an, die so sehr dazu beigetragen hatten, die preußische Regierung um allen Credit, weil um allen Respect zu bringen. Ich sagte dem Prinzen: Wenn Fürst Schwarzenberg in Wien nur ein Schnippchen schlägt, so hört es ganz Süddeutschland und gehorcht seinem Winke. In Berlin können Sie hundert Kanonen loßschießen und wir hören es nicht. Man hat eben keinen Respect mehr vor Preußen. Machen Sie, daß man wieder Respect bekomme! Der Prinz sagte, indem er mit dem Fuße stampfte: Sie haben Recht, Menzel!

Ich pflückte diese Blümchen auf dem Felde der innern Politik Deutschlands ganz harmlos. Es waren keine irgend wichtigen Fragen, das Schaukelsystem der Mittelstaaten zwischen Oesterreich und Preußen ein gegebenes, herkömmliches. Ungleich mehr interessirten mich fort-

während die auswärtigen Angelegenheiten, aber die deutschen Cabinete waren in der wichtigsten aller Fragen ebenso uneinig, wie es die
Parteien im Parlamente gewesen waren. Im Jahre 1853 trat ein
unerwartet günstiger, vielleicht nie wiederkehrender Moment ein, in
welchem es Preußen und Oesterreich möglich wurde, Rußland zu
schwächen, Polen, die Donaufürstenthümer, weiterhin vielleicht sogar
den damals noch energisch sich vertheidigenden Kaukasus der russischen
Machtsphäre zu entziehen und die Grenzen der deutschen Nationalität
nach Osten hin auf Jahrhunderte zu sichern. Es hätte dazu nichts
weiter bedurft, als daß Preußen sich mit Oesterreich und dem gesammten deutschen Bunde fest an die Westmächte und an die Türkei
angeschlossen und dazu Scandinavien und Persien in die Allianz
hineingezogen hätte. Dann wäre Rußland für seine gegen Europa
geübte barbarische Gewalt und Arglist endlich einmal bestraft und
wäre Europa und zunächst Deutschland von dem drückenden Alp dieses
Russenthums befreit worden. Ich rieth in einer Flugschrift, die im
Frühjahr 1854 unter dem Titel „die Aufgabe Preußens" erschien,
aufs Dringendste zum Anschluß Preußens an Oesterreich gegen Rußland. Ich erhielt auch Zustimmungen aus Berlin, selbst aus dem
Schooße des Ministeriums. Man wird sich des berühmten Wortes
„Vatermord" erinnern. Das königliche Kabinet aber blieb russen-
freundlich. Somit war Oesterreich und noch mehr Schweden gelähmt,
und Rußland konnte nur ein wenig gedemüthigt werden, blieb aber
fest in seiner imponirenden Stellung an den deutschen Grenzen. Ich
betrachtete mit Wehmuth das gnädige Schreiben, worin mir der Mi-
nisterpräsident von Manteuffel für meinen Antheil an der Wieder-
versöhnung der Kabinete von Berlin und Stuttgart gedankt hatte.
Was kann man dem Vaterlande nutzen, wenn der beste Rath nicht
gehört werden will, da wo er allein helfen könnte? Ein Berliner
Gardelieutenant schrieb eine hochnasig russische Entgegnung auf meine
Flugschrift. Nur der wackere Kriegsminister von Bonin ließ mir durch
meinen Bruder herzlich dafür danken.

Ich komme auf König Wilhelm von Württemberg zurück. Derselbe bewahrte mir sein Wohlwollen und erlaubte mir, zu ihm zu kommen, so oft ich ihm irgend etwas zu sagen oder zu bitten haben würde. Ich machte davon den bescheidensten Gebrauch und zwar niemals für mich, sondern nur für Andere, hatte daher auch die Freude, daß mir der alte König niemals etwas abschlug.

Mein Freund, der katholische Dekan Dursch in Wurmlingen bei Tuttlingen, hatte eine beträchtliche Anzahl Schnitzwerke aus alten Kirchen des Oberlandes gesammelt von bedeutendem, wenn nicht immer ästhetischem, doch kunstgeschichtlichem Werth. Vor der Revolution von 1848 hatte dieser würdige Geistliche, wie viele seiner Collegen, ein jährliches Einkommen von 4000 fl. gehabt, welches während der Revolution durch die Ablösungsgesetze auf 1500 verkleinert wurde. Er konnte nun die gewohnte außerordentliche Wohlthätigkeit nicht mehr üben, mußte sich an eine andere Stelle versetzen lassen und auch seine Sammlungen verkaufen. Herr von Quast, Conservator der preußischen Alterthümer, und König Ludwig I. von Bayern boten für die Schnitzwerke beträchtliche Summen, Dursch aber wünschte, sie der schwäbischen Heimath zu erhalten, und verkaufte sie der Stadt Rottweil um 2000 Gulden, höchstens die Hälfte von dem, was ihm von außen geboten war. Eine alte Kapelle in Rottweil eignete sich trefflich zur Aufnahme der Bilder. Nun mischte sich aber die Kreisregierung ein und annullirte den Kauf, weil Gemeindegeld an so unnütze Bilder nicht verschwendet werden solle. Dursch wandte sich an unsern Alterthumsverein, dem es aber an Geldmitteln und an einem Lokal für die Bilder fehlte. Es ist eine schwäbische Ehrensache, sagte ich, wir müssen uns an den König wenden. Graf Wilhelm von Württemberg, Vorstand des Vereins, war beim König nicht so gut angeschrieben, daß er ihm die Sache vorzustellen gewagt hätte. Also übernahm ich es, und der König erklärte sich auch gleich bereit, die zweitausend Gulden zu zahlen und die Bilder der Stadt Rottweil zu schenken. Als ich ihm dankte und nicht unbemerkt ließ, er handle um so großmüthiger, als die Rottweiler ihm stark opponirten und eben erst einen Demokraten zum Ortsvorstande gewählt hatten, entgegnete er mit liebenswürdiger Milde: Er wisse es wohl, aber er sehe über die heutige Generation hinweg, die Rottweiler hätten früher immer für die interessanten Alterthümer ihrer Stadt gesorgt, gesammelt und mehr gethan, als irgend eine andere Stadt für dieselben Zwecke. Eine Sammlung mehr, werde der Stadt wohl anstehen. Ueberdieß wolle er den Demokraten zeigen, daß er sich nicht durch sie ärgern lasse. Auch erkundigte er sich theilnehmend nach Dursch, ließ ihn zu sich rufen und gab ihm den Titel Kirchenrath.

Bei einer andern Veranlassung fand ich den König ebenso gnädig. Ein alter Kanzlist, Gutermann, hatte hübsche Kenntnisse im Archivfach und weil man ihn benutzt hatte, um mehrere Archive zu ordnen, nannte er sich Archivcommissär. Er ließ auch kleine Sachen drucken, unter andern über die älteste Papierfabrikation der berühmten Familie Holbein in Ravensburg. Er war aber nur Kanzlist oder eigentlich nur Tagschreiber, da ihm die Staatsdienerrechte fehlten, und hatte nur 500 Gulden Gehalt. Das entsprach seinem Talent nicht, und dieses Talent gereichte ihm gleichwohl bei den Alltagschreibern zum Vorwurf. Er wurde also oft geärgert und von seinem Kanzleidirektor als Tagschreiber, den zu behalten man nicht verpflichtet sei, fortgejagt. Jammernd kam er zu mir und bat mich um Hülfe. Er hatte noch andere Gönner, den Grafen Wilhelm, den Freiherrn vom Holtz, Oberstkammerherrn der Königin, aber keiner wollte sich an den König wagen. Ich hatte am allerwenigsten Lust dazu, weil es mir nicht zukam, mich in Sachen der Bureaukratie zu mischen. Als aber alles in mich drang, ich sei der einzige unabhängige Mann, dem der König glauben werde, schrieb ich an den Präsidenten von Maucler, Chef des Geheimen Cabinets, der Fall liege mir vor, und ich erlaube mir, bei ihm anzufragen, ob es mir nicht als Anmaßung ausgelegt werden würde, wenn ich den Wunsch des unglücklichen Gutermann erfülle? Gleich am andern Tage antwortete mir der stets wohlwollende Freiherr von Maucler, er habe dem König meinen Brief vorgelesen und dieser habe gesagt: „Wenn sich Menzel des Mannes annimmt, ist ihm gewiß Unrecht geschehen." Dieses königliche Wort, welches nur wenige Menschen gehört hatten, war mir doch mehr werth, als alles, was mir der König je hätte gewähren können. Er forderte Bericht vom Finanzminister und war so rücksichtsvoll, mir die Akten zur Einsicht zu schicken. Ich fand darin ein kleines Falsum und hätte es geltend gemacht, wenn der König nicht sofort die weiseste Entschließung getroffen hätte. Herr von Maucler schrieb mir nämlich, der König wolle aus Rücksicht für den hochverdienten Finanzminister von Knapp die Sache auf sich beruhen lassen und habe meinen Clienten Gutermann mit den Rechten eines Staatsdieners in eine Kanzlei ins Departement des Innern versetzt. Acht Tage später traf ich mit dem Finanzminister im Waggon zusammen, als ich nach Bietigheim fuhr, um den dort im Bau begriffenen Viadukt zu sehen, und der Minister war so äußerst gütig und höflich gegen mich, daß er mir nicht nur den ihm Ehre machenden Bau in allen Theilen zeigte, sondern auch im Wirthschaftsgarten den ganzen Abend mit mir zubrachte und nach einem Waldspaziergang erst im letzten Zug mit mir heimfuhr.

Die letzte Gunst erwies mir der König noch einige Jahre vor seinem Tode. Ich bearbeitete eine neue Auflage meiner Geschichte der letzten vierzig Jahre. Als davon einmal auf dem Museum die Rede war, machte ein Herr die weise Bemerkung, ich könne doch nicht alles wissen und viele Geheimnisse der Cabinete würden erst viel später zu Tage kommen. Ich erwiderte, das sei im Allgemeinen eine Binsenwahrheit, heut zu Tage aber sorgen die diplomatischen Indiscretionen und die Blaubücher dafür, daß weit mehr ins Publikum dringe, als das früher der Fall gewesen sei. Wenn ich übrigens so viel wüßte, als der König von Württemberg, der so viel Gelegenheit gehabt habe, in die Geheimnisse der europäischen Cabinete hineinzusehen und dem dabei ein so gesundes Urtheil zur Seite stehe, so würde ich meine Arbeit allerdings haben verbessern können. Ohne daß ich es ahnte, wurden meine Worte dem König hinterbracht, und er ließ mir sagen, er sei bereit, mir auf Fragen, die Geschichte des laufenden Jahrhunderts betreffend, nach seinem besten Wissen zu antworten. Es versteht sich von selbst, daß ich von so vieler Güte den dankbarsten und so viel als möglich ausgiebigen Gebrauch machte. Ich hatte mir die Fragen auf einen großen Bogen notirt, mußte dem König gegenüber sitzen und notirte mir mit geschwindem Bleistift seine Antworten. Es dauerte ungefähr zwei Stunden. Der König war sehr aufgeräumt und schien ein besonderes Vergnügen daran zu finden, mich darüber zu belehren, daß er trotz der Verwandtschaft den Kaiser Alexander von Rußland ebensowenig habe leiden können, wie dieser ihn, und daß die Urtheile über ihn gerade in Beziehung auf jenen für liberal gehaltenen Kaiser die irrigsten von der Welt seien. Auch mit Kaiser Nikolaus stand er nicht gut und beide mieden sich persönlich. Auch über Oesterreich ließ sich der König nichts weniger als liebreich aus und flammte sogar einen Augenblick in Zorn auf, als ich, wie ich oben schon erwähnt habe, unschuldigerweise die böse Erinnerung an Schwarzenberg in ihm weckte.

Der König wurde immer älter und ging seltener mehr aus. Doch begegnete ich ihm noch einigemal in den Straßen und er stellte mich dann immer und unterhielt sich mit mir über die Politik des Tages mit so viel Munterkeit, Verstand und Witz, wie in jüngern Tagen.

Drittes Buch.

Drittes Buch.
In alten Tagen.

---

1. Mein Verkehr mit Katholiken. *)

Im Anfang des Jahrhunderts war alles tolerant. Der Papst war gefangen, die katholische Kirche in Frankreich abgeschafft. Hatte schon der Josephinismus mit den römischen Ansprüchen aufgeräumt, so ging der Napoleonismus, den in Deutschland die Rheinbundfürsten nachahmten, noch viel schonungsloser mit den s. g. Pfaffen oder Schwarzen um. Sie durften damals, wie man zu sagen pflegt, nicht mucksen. Aber auch im protestantischen Norden war der Glaubenseifer durch Aufklärung und Rationalismus abgeschwächt. Katholische und protestantische Familien, ja auch katholische und protestantische Geistliche waren befreundet. Im großen Kriege, der das Joch Napoleons zerbrach, kämpften Katholiken und Protestanten brüderlich vereint.

Zur Zeit des Wiener Congresses hätte man bei der damaligen brüderlichen Stimmung der deutschen Völkerstämme nicht nur die Einheit des Reichs herstellen, sondern auch die Einheit der deutschen Kirche wenigstens vorbereiten können. Der Papst war ohnmächtig,

---

*) Dieses Kapitel enthält Manches, was ich als protestantischer Theologe nicht unterschreiben könnte. Ich fand mich aber dadurch nicht veranlaßt, die betreffenden Stellen zu streichen, weil die darin ausgesprochenen Ansichten immerhin interessant zu lesen und ganz mit der deutschen Gesinnung des Verfassers verwachsen sind.
Anm. des Herausg.

der deutsche Klerus nichts weniger als fanatisch. Wessenberg trug auf eine katholische Nationalkirche an, die sich früher oder später mit der protestantischen Hälfte Deutschlands würde haben vereinigen können. Ein Theil des jungen katholischen Klerus drang auf Abschaffung des Cölibats. Die deutschen Fürsten würden wohlgethan haben, solchen zeitgemäßen Wünschen nachzugeben. Allein sie thaten es nicht. Fürst Metternich wollte, da er doch die Unabhängigkeit Preußens und der Mittelstaaten gelten lassen mußte, wenigstens mit der politischen Zerrissenheit Deutschlands auch die confessionelle verewigen; denn jemehr Deutschland durch seine Theilung geschwächt blieb, desto besser konnte sich das internationale Oesterreich mit seinen vielen Nationen, die es mit eiserner Gewalt zusammengepreßt hielt und zugleich mittelst des römischen Aberglaubens chloroformirte, nach allen Seiten abrunden. Preußen und die protestantischen Mittel- und Kleinstaaten, die alle ihre Kraft nur aus der deutschen Nationalität schöpfen können, hätten dagegen alle Ursache gehabt, dieser Nationalität zu ihrem Rechte zu verhelfen und zugleich dem mit Oesterreich verbündeten und Deutschland stets feindlichen römischen Papstthum entgegenzuwirken, also den wessenbergischen Plan zu begünstigen. Aber sie thaten es nicht. Preußen verließ sich mehr auf Rußland als auf Deutschland und die Rheinbundfürsten zugleich auf Rußland und Frankreich.

Somit konnte sich die römische Kirche unter dem Schutze Oesterreichs und der in Frankreich, Spanien und Neapel wiederhergestellten bourbonischen Höfe von ihrer Niederlage erholen und sogar der Jesuitenorden erneuert werden.

Dieser katholischen Reaction kam es nicht wenig zu statten, daß sich damals auch ein Theil der norddeutschen Protestanten für die alte Kirche lebhaft interessirte. Diese Richtung kam in der s. g. romantischen Schule und bei denjenigen Patrioten von 1813 auf, welche wieder einen Kaiser haben, den alten Barbarossa aus dem Kyffhäuserberge aufwecken wollten und sich daher mit Liebe in die Erinnerung der alten Kaiserzeit des Mittelalters vertieften.

Die romantische Schule war sich selber nicht klar. Sie entlehnte ihren Namen von Rom, da sie doch eigentlich nur eine Reaction des germanischen Geistes und Geschmacks gegen den romanischen war. Sie schwärmte für die Gothik, nicht für die Renaissance. Die ihr verwandten Maler, die s. g. Nazarener, gingen über Raphael bis auf Perugino und Fiesole zurück. Die ihnen verwandten deutschen Gelehrten aber vertieften sich nicht in romanische Alterthümer, sondern in die ältere deutsche Dichtkunst, in die alten deutschen Lieder, Märchen und Sagen. Das nationale, germanische Element war es also hauptsächlich, was die romantische Schule kennzeichnete, nicht etwas spezifisch Katholisches und am wenigsten etwas Neukatholisches. Insofern nun konnte auch die romantische Schule der römischen Curie und den Jesuiten nicht zusagen und fanden sich mehrere deutsche Romantiker, welche convertirten, in der katholischen Welt nicht wenig getäuscht, denn Rom haßte und verspottete alles Gothische und pflegte nur den Jesuitenzopf gleichsam als abendländischer Chinese.

Als Jüngling in die patriotische Begeisterung des Jahres 1813 fortgerissen, hing ich natürlicherweise auch mit Vorliebe der romantischen Schule an, aber nur soweit sie das gothische Element pflegte und in Verbindung mit den altdeutschen Studien. Der neurömische Cultus imponirte mir nicht. Ich fand in meiner schlesischen Heimath die Nepomuks auf den Brücken nicht schön, die hohen Holzkreuze mit den in flachem Blech ausgeschnittenen und mit hochrother Fleischfarbe übertünchten Heilanden an den Landstraßen sogar abschreckend. Im Innern der Kirchen würden mich die Wachskerzen und Blumen mehr gerührt und gefreut haben, wenn nicht die geschnörkelten Altäre im Roccocostyl, die pausbackigen Engel und hölzernen Sonnenstrahlen dabei gewesen wären. Im Gottesdienst vermißte ich die Ruhe. Die Messe wurde gewöhnlich sehr schnell gelesen; man pflegte zu sagen „geplärrt". Die Chorknaben waren zu bubenhaft, lachten mitunter und entbehrten durchaus der h. Kindlichkeit. Dazu kam noch im Dome zu Breslau das geputzte Sonntagspublikum, das in dem h. Raume der Kirche ein Stelldichein suchte oder einem Concert zuhörte,

was mir später in Wien und Rom noch mehr aufgefallen ist. Auch
die katholischen Geistlichen, die ich kennen lernte, waren meist trockene
Gesellen oder Lebemenschen, fern von jeder romantischen Schwärmerei.
Als ich mehr und mehr die reiche Symbolik der mittelalterlichen Kirche
kennen lernte, ist mir oft aufgefallen, daß katholische Pfarrer, wenn
ich die Bilder in ihren Kirchen besah, weniger davon verstanden und
weniger Sinn dafür hatten als ich.

Meine geschichtlichen Studien führten mich dahin, bald einzusehen, daß die arme deutsche Nation heillos von Rom aus mißhandelt
worden sei. Was ich täglich sah und erlebte, überzeugte mich, daß
die Deutschen jeden Volksstamms im Norden und Süden in ihrer
weit überwiegenden Mehrheit dieselbe ehrliche und gutmüthige Nation
sind und sich in den Grundzügen ihres Nationalcharakters von allen
anderen Nationen unterscheiden, daß es also gar nicht nöthig gewesen
wäre, sie confessionell so schroff zu trennen. Wenn irgend etwas unnatürlich in der Welt ist, so ist es der Gegensatz und Haß zwischen
Katholiken und Protestanten in Deutschland. Thatsache ist, daß an
der Glaubensspaltung nur die bösen Feinde Deutschlands schuld gewesen sind, daß die Nation selbst sie gar nicht gewollt hat, daß sie,
unnatürlich an sich, auch nur ein provisorischer Zustand und wenn
auch ein großes Uebel, doch kein unheilbares ist. Denn wenn einmal
das deutsche Volk so weit gebildet ist, um die eigentlich richtigen Ursachen seiner Glaubensspaltung zu erkennen, so wird es sie auch von
selber aufgeben. Die große deutsche Nation hat ein nie verjährendes
Recht, den Prozeß der Reformation zu revidiren und, wenn sie erst
zur Einsicht der Ursachen gekommen ist, auch die Wirkungen verschwinden zu machen. Kommt es einmal dazu, so wird sie auch wohl
zu der Einsicht gelangen, daß es ihr auf eine allgemeine Reform der
Kirche auf dem ganzen Erdenrunde nicht ankommen darf, daß sie in
confessioneller Beziehung weder einer andern Nation einen Zwang
anthun, noch sich selbst von einer andern einen Zwang gefallen lassen
soll. Uniformität des Glaubens ist noch niemals erreicht worden,
weil die großen Racen der Menschen und innerhalb derselben auch

wieder die Hauptnationen jede eine andere angeborene und zum Theil auch durch das Klima bedingte constante Volksart behalten, welche sich zum reinen Licht der christlichen Offenbarung wie gefärbte Gläser verhalten. Den Thatsachen der Geschichte gegenüber ist der Anspruch sowohl der römischen wie der griechischen Kirche, die einzig echte und alleinseligmachende zu sein, nur lächerlich, weil sie einander gegenseitig ausschließen, und weil es noch andere Kirchen neben ihnen gibt.

Je weiter ich in meinem langen Leben über die religiösen Dinge geforscht habe, um so mehr ist mir klar geworden, daß die kirchlichen Parteien in unserem geliebten Vaterlande allesammt Unrecht gethan haben, den geschichtlichen Faden christlich germanischer Entwicklung abzureißen. Die Katholiken haben ihn abgerissen, sofern sie den germanischen Geist und sogar die germanischen Formen unseres kaiserlichen Mittelalters vergaßen und im romanischen Neukatholicismus vertilgten, daher auch die gothischen Kirchen niederrissen und durch neurömische ersetzten, oder unausgebaut ließen. Auch die Lutheraner und Calvinisten rissen den historischen Faden ab, indem sie fünfzehn Jahrhunderte übersprangen und einzig mit der Bibel in der Hand die Weltgeschichte erst wieder anfangen wollten. Es wäre natürlicher gewesen, wenn sie sich des mittelalterlichen Germanismus in dem Maaße angenommen hätten, als die Romanen denselben vergessen machten. Es war darin noch viel Schönes und echt Volksthümliches zu retten.

Die Deutschen sind von Anfang an dem wahren evangelischen Christenthum treuer geblieben als Griechen und Römer, aber sie waren unter sich gespalten und so behielten jene die Oberhand und konnten die christliche Lehre ungestraft verfälschen. Der Arianismus, d. h. der einfache und natürliche Glaube an Einen Gott war auch der Glaube des Heilandes selbst, der älteste christliche Glaube, wogegen die Trinitätslehre nur eine neue aus dem Heidenthum geschöpfte Vielgötterei einführte. Dieser bessern ältern Lehre von Einem Gott hingen nun alle deutschen Völkerschaften an, die Ost- und Westgothen,

Vandalen und Alanen, Burgunder und Longobarden mit einziger
Ausnahme der Franken. Auch die Lehre des Engländers Pelagius
stand dem wahren evangelischen Christenthum viel näher, als die erst
später von der römischen Kirche erfundene Lehre von der Erbsünde
und Gnadenwahl und entsprach auch ungleich mehr dem germanischen
Charakter, denn sie anerkannte die Freiheit des menschlichen Willens
und die eigene Verantwortlichkeit im Handeln. Christus selbst hatte
nie commandirt, als ob er dumme Sclaven vor sich hätte, sondern
gepredigt, gelehrt, überzeugt. Er hatte den Menschen als ein actives
Wesen genommen, welches mit Vernunft begabt selber überlegen und
sich frei zum Guten oder Bösen wenden könne, welches nicht gezwungen, sondern nur mit freier Ueberzeugung ihm glauben dürfe. Er
hat den Menschen nicht als ein passives Wesen genommen, welches
die Priester nach altägyptischer Art mit unzähligen Geboten und Verboten einschnüren und einschachteln sollten, als ein Wesen, das von
sich aus gar nichts sei und sein könne, dem erst die Priester seinen Inhalt eintrichtern müßten. Christus wandte sich an das göttliche Element im Menschen, an seinen freien Willen, an seine Vernunft, an
sein Gewissen, an das, wodurch er ein Ebenbild Gottes ist. Er
sprach zu den Herzen und weckte den Glauben und den Entschluß zum
Guten im Innersten des Menschen, weit davon entfernt, daß er gemeint hätte, es genüge zu einem Christen, wenn nur sein äußerer
Leib wie ein Klotz manipulirt werde, wenn des Priesters Hand ihn
äußerlich berühre, oder bespritze und beschmiere, oder ihm etwas in
den Mund stecke.

Die ungeheuerliche Fälschung des alten wahren Christenthums
wäre nie von den frommen Deutschen ausgegangen und auch die
Romanen hätten sie nicht durchzuführen vermocht, wenn die Deutschen
unter sich einiger gewesen wären und praktischer zusammengehalten
hätten, um römischer Arglist und Lüge zu widerstehen. Um die hier-
archischen Zwecke des Papstthums zu erreichen und der romanischen
Race ein neues Uebergewicht über die den Romanen des Südens so
tief verhaßte germanische Race zu geben, mußte der natürliche Faden

in der Entwicklung des Christenthums gewaltsam abgerissen und mußten neue Fäden angeflickt werden, von denen dann Rom mit eiserner Stirn behauptete, sie enthielten die echte alte Lehre, der Arianismus und Pelagianismus dagegen, welche wirklich altevangelisch und apostolisch waren, seien ganz neue und verdammliche Ketzereien. Wer da weiß, welche politischen nicht nur, sondern auch Raceneinflüsse in der Kirchengeschichte mitgewirkt und namentlich auf die Bildung neuer Dogmen eingewirkt haben, der wird nicht verkennen, daß bei der Unterdrückung des Arianismus und Pelagianismus der romanische Racenhaß gegen die Deutschen mehr mitwirkte, als blos theologische Rechthaberei. Die römische Hierarchie verstand es schon vor der deutschen Reformation sehr gut, einer solchen vorzubeugen, und eine solche wäre auch schon längst erfolgt, wenn die Lehren des Arius und Pelagius hätten durchdringen können.

In der abendländischen Kirche machte sich der romanische Racenzug auf Kosten des germanischen schon seit Gregor VII. und mehr noch nach dem Sturz der Hohenstaufen immer breiter und führte endlich zur Renaissance. Das Papstthum tauchte ganz in heidnischer Classicität unter und mischte die alten Götter des Olymp mit den göttlichen Personen und Heiligen der Christenheit.

Die Wiederherstellung einer nationalen Kirche Deutschlands wird so lange ein Bedürfniß bleiben, als wir noch von Rom drangsalirt sind. Wessenberg konnte nicht durchdringen, und wir vermissen bei ihm auch die gothische Erinnerung. Diese ließ sich bei weitem mehr in den patriotischen Worten wiedererkennen, welche König Friedrich Wilhelm IV., nachdem er den Ausbau des Kölner Domes befohlen hatte, bei der Grundsteinlegung sprach.

Görres goß noch während der großen Befreiungskriege das glühende Metall seiner Rede im Rheinischen Merkur aus und die Gluth sollte alles wegtilgen, was seit Jahrhunderten an der christlichen Kirche und an dem deutschen Volk und Kaiserthum gefrevelt worden war. So träumten es sich die guten Patrioten, die von den großen Siegen und Opfern in der Niederwerfung Napoleons einen dauernden Erfolg erwarteten. So träumten es sich auch die s. g. Romantiker, Dichter, Künstler und Alterthumsforscher, welche die altdeutschen Sprachdenkmäler, die Gothik und alle alte Herrlichkeit unserer Kaiserzeit wieder ins Leben riefen. Man hätte glauben sollen, daß es nicht bei schönen Träumen bleiben würde, sondern daß wirklich etwas für die Wiedergeburt unserer großen Nation geschehen würde. Man hatte auf den Schlachtfeldern gemeinsam und siegreich gekämpft, warum hätte sich der alte confessionelle Hader nicht sollen beilegen lassen? Der Sturm der Revolution, des Josephinismus und Napoleonismus hatte mit den Jesuiten auch eine so große Menge anderer hierarchischer und superstitiöser Auswüchse der römischen Kirche weggerissen, der Papst selbst dankte seine Wiederherstellung weniger dem katholischen Oesterreich und Spanien, als den protestantischen Großmächten und Rußland. Er hätte sich also durch Concessionen an die Protestanten nur dankbar bezeugen und der Kirche einen langen Frieden sichern können.

Aber der romanische Neid wollte Deutschland nicht einig werden lassen und benutzte unsere confessionellen Gegensätze, um dieselben aufs Neue künstlich zu verschärfen. Zugleich wurden der Irreligiosität wie der französischen Mode wieder Thür und Thor geöffnet, und andererseits durften auch die wiederhergestellten Jesuiten das arme Deutschland langsam wieder im römischen Interesse unterminiren. Nicht ohne Staunen mußte man erleben, wie das kaum so verhaßte und endlich glücklich überwundene Frankreich uns nicht nur mit seinen Moden, sondern auch mit seiner Literatur und mit seinen politischen Doctrinen beherrschen durfte. Französische Memoiren wurden massenhaft übersetzt und Lieblingslectüre des gebildeten deutschen Publikums. Desgleichen eine Sündfluth französischer Romane voll scheußlicher Sittenverwilderung. Dazu durften Juden (Börne und Heine) unter rauschendem Beifall des deutschen Publikums deutsche Art und Sitte, deutschen Glauben und deutsche Treue verhöhnen und uns die Franzosen zu unseren einzigen Lehrern und Meistern empfehlen. Preußen selbst war nach einem Jahrzehnt der Restauration seines kriegerischen, macedonischen Charakters beraubt, an dessen Stelle ein athenensischer oder alexandrinischer Charakter trat. Statt des Schwertes, Helms und Waffenrocks verehrte man nur noch Goethes Schlafrock, Hegels göttlichen Frack und Humboldts französtsche Feder. Daneben trieb man Rahelcultus. Die verpönte religiöse und patriotische Begeisterung sollte gänzlich niedergeschwatzt werden durch die Sophisten der Selbstvergötterung, durch die Ruhmredigkeit der Metropole der Intelligenz.

Gegen dieses ebenso undeutsche als unchristliche Berlinerthum, wie gegen die grenzenlose Frivolität des Metternich'schen Regimes in Wien wagten sich nach und nach zwei Oppositionen hervor, seit der Julirevolution die liberale, seit den Kölner Wirren die klerikale. Beide aber entsprachen dem wahren Bedürfniß unseres mißhandelten Volkes nicht, denn die eine Opposition wie die andere war undeutsch und antideutsch, beide romanisch, die liberale durch und durch französtsch, die klerikale durch und durch römisch-jesuitisch.

König Friedrich Wilhelm IV. machte den Katholiken seines Reichs die wichtigsten Concessionen, aber die Jesuiten sahen undankbar in seiner Güte nur eine Schwäche und beuteten sie aus. Seitdem war an keinen confessionellen Frieden mehr zu denken. Görres selbst wandte sich noch in seinen alten Tagen ganz auf die römische Seite, während zugleich das junge Israel die norddeutschen Romantiker verhöhnte und diese, welche Görres einst seine wärmsten Freunde genannt hatte, jetzt auch von den Katholiken selbst verleugnet wurden. Ich drückte mein Bedauern darüber aus in einer Recension des Buchs, welches Herr von Eichendorff über Romantik geschrieben hatte in meinem Literaturblatt, Jahrgang 1847 Nr. 97. Eichendorff nannte die romantische Poeste ein Heimweh nach der alten Kirche, aber er sagte nicht, daß darunter nur die Gothik oder der germanische Charakter der Kirche gemeint war, nicht die neukatholische Jesuitenkirche, und daß die s. g. Romantik gar nichts Romanisches, sondern etwas Altdeutsches wollte. Eichendorff verkannte den Charakter der romantischen Poeste, indem er es erstens verleugnete, daß sie von

Protestanten ausgegangen war, und es zweitens für möglich hielt,
aus dem modernen durchaus antideutschen Jesuitismus könne eine
neue Blüthe jener Romantik hervorgehen.

Ich schrieb: „Herr v. Eichendorff hätte nicht verfehlen sollen,
zur Ehre der Protestanten und Norddeutschen hervorzuheben, daß
sich dieser blumenreiche Vorfrühling bei ihnen entfaltet hat, ohne daß
sie durch irgendwelche namhafte Sympathie von Seiten der katholischen Welt unterstützt worden sind. Ja trotz des Aufschwungs katholischer Gesinnung in unsern Tagen gibt es immer noch keinen romantischen Dichter unter den Katholiken. Die alte Kirche hat treffliche
Apologeten, Dogmatiker, Moralisten, Geschichtschreiber wiedergefunden, aber noch keinen Dichter. Deßhalb darf man allerdings die
Frage aufwerfen: war die romantische Poesie bloß Heimweh nach der
alten Kirche, war sie in nicht noch höherem Grade Heimweh nach
anderen Gütern, welche der Zopfzeit abhanden gekommen waren,
z. B. nach frischer und gesunder Volksthümlichkeit, nach nationalem
Heroismus, nach dem alten Märchenzauber ꝛc.? und war dabei die
katholische Erinnerung nicht bloß Nebensache? Und die noch wichti-
gere und bedenklichere Frage: liegt im Geiste des Katholicismus, wie
er sich nach der Reformation ausgebildet hat, irgend eine Gewähr,
daß er jemals die romantische Poesie wieder erwecken werde? Warum
sind die romantischen Dichter auf dem protestantischen Gebiet aufge-
standen und keiner auf dem katholischen? Warum sind zwar einige
namhafte protestantische Dichter katholisch geworden, haben aber
keinen Einfluß auf die Katholiken selbst erlangen können und keinen
Nachahmer bei ihnen gefunden? Warum sind die Wiener Poeten,
trotz Friedrich Schlegel und Werner dem radikalsten Leipziger Lerchen-
strich gefolgt? Warum giebt es trotz des großen Trierer Festes keine
katholischen Sänger am Rhein, welche das radikale Rohrspatzenge-
pfeif im Schilfe seiner schönen Ufer übertönen könnten? Warum ist
in Bayern die poetische Bildung der Katholiken noch so weit zurück,
daß unlängst ein Würzburger die Klopstockische Messiade noch in einer
Mariade nachahmen konnte? Warum — und das ist wohl die Haupt-

frage — warum hat die katholische Reaktion in Frankreich noch keinen
Dichter hervorgebracht, der zu nennen wäre? Die f. g. Romantiker
Frankreichs folgen alle einer kirchenfeindlichen Richtung. Erwies
sich nun die katholische Gesinnung trotz ihrer gewaltigen Wiederer-
starkung seit der Revolution so unfruchtbar im Geschmacksgebiete, so
wäre man fast versucht zu befürchten, den nach der Jesuitenzeit, nach
Beseitigung des gothischen Styls aufgekommenen katholischen Formen
sei der eigentliche poetische Zauber ganz ebenso entfremdet worden,
wie den protestantischen. Der von Herrn v. Eichendorff voraus verkündete künftige Frühling der romantischen, d. h. katholischen Poesie
wird also wohl noch lange auf sich warten lassen, und um so mehr,
scheint es, müssen wir jene protestantischen Dichter in Ehren halten,
die allein für sich, wie durch Inspiration die Wundergebilde der romantischen Poesie geschaffen haben, als gar keine katholische Poesie,
noch auch das geringste Bedürfniß darnach in der katholischen Welt
selbst vorhanden war. Das Alleinstehen, sonst ein Unglück für die
Dichter, macht unsere Romantiker gerade am interessantesten, und
zwar kommt ihre poetische Größe weniger in ihrem Gegensatz gegen
ihre protestantischen Feinde, als in dem Gegensatz zu Tage, in welchem sich ihre warme Lebendigkeit der katholischen Apathie gegenüber
befand."

Ich bewunderte Görres schon, ehe ich ihn noch persönlich kennen
lernte, wegen seines feurigen Patriotismus im Rheinischen Merkur.
Im Jahr 1819 fand ich ihn in Coblenz und lebte, wie ich schon erzählt habe, später mit ihm ein Jahr in Aarau zusammen. Man kann
sich denken, wie es mich ärgerte und betrübte, als er in München
ganz ins ultramontane Lager überging. Merkwürdig genug, daß er
die letzte patriotische Schrift, die aus seiner Feder floß, grade mir
anvertraute. Er schickte mir nämlich von München aus für mein
Literaturblatt seinen schönen großen Aufsatz über Ludwig Achim von
Arnim zu, den ich mit Vergnügen abdruckte. Görres war in Heidelberg zu Anfang des Jahrhunderts mit Arnim innig befreundet gewesen und hatte ihn bis an seinen Tod geliebt. Diese Liebe des

feurigſten Katholiken zu einem ſtockpreußiſchen Baron und Proteſtan-
ten würde man heute für unmöglich halten, aber ſie wurzelte auf die
natürlichſte Weiſe in den patriotiſchen Gefühlen, die nach den
Schlachten von Auſterlitz und Jena alle echten deutſchen Herzen ver-
ſöhnten und eins machten. Doch ſchon in jenem Aufſatz, den Görres
nach Arnims Tode ſchrieb, konnte er den Widerwillen nicht unterdrücken, den ihm das damalige Preußen in den letzten Regierungs-
jahren Friedrich Wilhelms III. einflößte. Görres litt überdies per-
ſönlich unter der preußiſchen Verfolgung. Aber das hätte ihn nicht
abhalten ſollen, das preußiſche Volk und Heer zu achten, welches
1813 den Ausſchlag gab und von dem allein die große deutſche Begeiſterung ausgegangen war. Ein ſo guter Deutſcher, wie er war,
hätte ſich niemals den Römlingen, den Erbfeinden der deutſchen
Sache, hingeben ſollen. Ich war auch mit dem damaligen Preußen
unzufrieden, kehrte ihm den Rücken und entſagte jedem Glück, das
mir dort hätte blühen können. Aber ich blieb trotz dem Unfug der
damaligen Berliner Miniſter und Profeſſoren dem großen nationalen
Gedanken und ſeinen bewährteſten Trägern, den Nordbeutſchen, treu.

Mit dem katholiſchen Klerus in Schwaben kam ich verhältnißmäßig in wenig Berührung. Die meiſten Geiſtlichen waren in den
zwanziger Jahren überaus liberal und tolerant, wie ihr Biſchof
Keller eine Kreatur des alten rheinbündiſchen, halb joſephiniſchen,
halb napoleoniſtiſchen Staatskirchenthums. Ziemlich großes Anſehen
genoß der Pfarrer Pflanz, der neben mir in der Kammer ſaß, ein
braver und ehrlicher Mann der Weſſenbergſchen Richtung, der gern
eine deutſche Kirche gehabt hätte ſtatt der römiſchen, der aber dem
proteſtantiſchen Rationalismus viel näher ſtand als der Gothik. Doch
ging Pflanz mit ſeinen Freunden nicht ſo weit, wie die Stürmer und
Dränger, welche damals im Badiſchen den Cölibat abſchaffen wollten.
Er ſtarb bald. Den Tübinger Profeſſor, nachherigen Biſchof Hefele
ſah ich öfter, wenn er in den Ferien von Tübingen nach Stuttgart
kam, im dortigen Muſeum, und fand an ihm einen ebenſo gelehrten
als liebenswürdigen Mann. Mit ſeinem Freunde Profeſſor Kuhn,

mit dem ich in den Revolutionsjahren 1848 und 49 in der Kammer saß, war ich näher bekannt. Er war sehr verständig, und es hätte nicht viel gefehlt, so hätte ihn der Papst auf den Index setzen lassen. Ueberhaupt war die Facultät der katholischen Theologie in Tübingen bei den Jesuiten übel angeschrieben. Indessen hatte man in Schwaben, wie man dort zu sagen pflegt, einen gesunden Bauernverstand, sowohl von Seite der Regierung, als von Seite des Domkapitels in Rottenburg. Man echauffirte sich nicht wie im benachbarten Baden und später in Bayern. Man gab sich gegenseitig nach, machte alles möglichst in der Stille ab und vermied Extreme und öffentlichen Scandal. Dadurch wurde der confessionelle Frieden im Königreich Württemberg viele Jahrzehnte hindurch glücklich gewahrt.

Zu nähern Freunden zählte ich den früher genannten katholischen Dekan Dursch in Wurmlingen, später in Rottweil, der mich während meiner Wahlreise im Oberamt Tuttlingen im Jahr 1848 gastlich bei sich aufnahm, ein hochgebildeter, toleranter und liebenswürdiger Mann. Ferner den katholischen Pfarrer Werfer, auf den ich später noch einmal zurückkomme.

Schwaben ist noch reich an uralten Geschlechtern, die mit dem Volke seit Jahrhunderten verwachsen, dennoch in neuerer Zeit theils durch den Despotismus von oben, theils durch die demokratische Gesetzgebung von unten gleichsam in die Luft gestellt worden sind. Es wäre wohl besser und auch natürlicher, wenn sie, wie die Aristokratie in England, noch ein lebendiges Mittelglied zwischen der Krone und dem Volke wären. Der Zusammenhang fehlte hier. Die mediatisirten Fürsten und Grafen hielten sich meist an Oesterreich. Der württembergische Hofadel stammte meist aus Mecklenburg, Sachsen und Preußen und war wenig begütert.

Ich wurde nur mit wenigen der mediatisirten Herren als Mitgliedern der ersten württembergischen Kammer bekannt. So mit dem Fürsten von Waldburg-Wolfeck-Wurzach, der mir aus seinem Archive sehr interessante Acten, den dreißigjährigen Krieg betreffend, mittheilte. Sein Vetter, der Fürst von Waldburg-Zeil, vergaß im

Revolutionsjahr 1848, was er seinem Stande schuldig sei, und spielte den Demagogen. Einen merkwürdigen Gegensatz stellte sein jüngerer Bruder G e o r g dar, den ich zufällig kennen lernte, der mich dann besuchte und mir noch von Belgien aus schrieb. Er war damals noch sehr jung und überaus liebenswürdig. Er kam nämlich aus Rom, um sich im Vaterlande zu erholen, denn er hatte eine schwere Krankheit überstanden. Als Novize des Jesuitenordens hatte er sich den schwersten Prüfungen und Uebungen unterzogen, wochenlang bei Gefangenen im Kerker zubringen, auch zu Fuß wandern müssen und war dabei ganz elend geworden. Dennoch hing er mit Begeisterung an seinem Stande und wurde bald darauf bei den Missionen verwendet und predigte dem Volk im Freien. Er ließ auch Gedichte drucken, aus denen eine schöne Seele spricht. Rührend ist darin besonders die Erinnerung an seinen Ahnherrn Georg Truchseß von Waldburg, der so viele tausend Bauern in blutigen Schlachten niederhauen ließ. Der Urenkel freut sich, daß er zu dem Landvolke in derselben Gegend jetzt mit dem Kreuze komme, mit dem Worte Gottes und mit der Liebe Gottes.

Eins der ältesten Geschlechter des Landes sind die Rechberge. Graf R e c h b e r g, der Majoratsherr, Präsident der ersten Kammer und Bruder des berühmten Ministers in Oesterreich, war mir schon lange als einer der ehrenwerthesten Männer des Landes bekannt. Als er mich daher im Jahre 1861 einlud, seinen Töchtern eine Orientirung in der neueren Geschichte zu geben, ging ich mit Vergnügen darauf ein, hatte aber nicht blos die liebenswürdigen jungen Gräfinnen, sondern auch ihre treffliche Mutter, dazu auch die Gräfin Degenfeld mit ihren zwei Töchtern zu meinem Auditorium. Ich befand mich überaus wohl in diesem vornehmen Kreise, in dem auch gar nichts von den Affectationen, an denen so oft die höhern Zirkel leiden, zu bemerken war, sondern die edelste Einfachheit und Natürlichkeit vorherrschte. Der patriarchalische Adel hatte etwas außerordentlich Herzgewinnendes. Daher auch die Treue der alten Diener zu ihren wohlwollenden Herren.

Ich mußte im nächsten Winter meine historischen Vorlesungen fortsetzen, da die reiche Fürstin von Arenberg und ihre geistvolle Tochter Eleonore mich hören wollten. Die junge Prinzessin zeichnete sich, während ich frei und rasch redete, alle wichtigen Thatsachen und Urtheile so richtig auf, daß mancher Student sie darum hätte beneiden können. Das von ihr Niedergeschriebene hatte völlig den Werth eines Compendiums der neuesten Geschichte, so klar und übersichtlich hatte sie alles zusammengestellt. Ich bat sie oft, ihren Wissensdrang zu mäßigen, um ihre zarte Gesundheit zu schonen. Meine Seele hing an ihr. Sie weinte, als wir schieden.

Auch mit dem alten Rittergeschlecht der Berlichingen kam ich in Berührung. Der sog. Fritz Berlichingen, ein direkter Nachkomme des alten Götz, war eine Zeitlang ritterschaftlicher Abgeordneter beim Landtage und wohnte nicht weit von mir am Spitalplatz. Etwas dick und podagrisch, war er doch lebhaft und witzig, genirte sich sehr wenig und machte oft ausgezeichnete Bonmots, welche gewöhnlich die Lächerlichkeiten der Bureaukratie betrafen, zuweilen aber auch höher hinaufstiegen. Er war sehr reich und hatte in seiner Jugend zu wenig gelernt, sonst hätte mehr aus ihm werden können. Seine Gemahlin, von jüdischer Abstammung aus Hamburg, gehörte dem Damenkreise an, der einst in Frankfurt a. M. durch den General v. Radowitz bezaubert worden war. Sie wurde daher auch katholisch und lebte als die frömmste Katholikin, die mir vorgekommen ist. Sie war sehr leidend und konnte jahrelang das Ruhebett nicht verlassen, aber ich fand sie immer gleich heiter. Als ich einst mit ihrer Freundin, der Marquise v. Ferrières, Gemahlin des französischen Gesandten, von ihr sprach und mir das Wort „unglücklich" auf die Zunge kam, protestirte die Marquise auf das lebhafteste und sagte vielmehr, Frau von Berlichingen sei innerlich glücklicher als irgend wer auf Erden. Ich glaube dies selbst, denn ich habe sie in langen Jahren und unter schweren Leiden immer gleich fröhlich gefunden.

Sie hatte eine Tochter und zwei Söhne, auf welche sie ungleich mehr moralischen Einfluß übte als der Vater. Ihre zärtlichste Sorge war, daß ihre Knaben nicht in die gewöhnlichen Laster reicher Adeligen fallen sollten. Ehe ich noch ihre Bekanntschaft gemacht hatte, geschah es, daß sie täglich zwei blonde Knaben mit schwarzen Käppchen brüderlich miteinander über den Spitalplatz gehen sah. Sie fand in den Mienen und dem Benehmen dieser Kinder etwas so Unschuldvolles und Nobles, daß der Wunsch in ihr aufstieg, diese Knaben möchten mit den ihrigen befreundet werden. Ihr Wunsch ging bald in Erfüllung. Jene blonden Knaben waren meine jüngsten Söhne, und Otto, der ältere von beiden, kam mit Adolf, dem älteren Sohne der Frau von Berlichingen, in das sog. christliche Gymnasium, welches damals in Stuttgart gegründet wurde. Sie schlossen sich in solcher Freundschaft aneinander, daß sie auch noch viele Jahre später correspondirt haben und Adolf sowohl als seine Mutter meinen Sohn noch in Köln besuchten. Die Schwester Mathilde blühte wie eine Rose auf, frisch und gesund, heiter und liebenswürdig, ein schönes, reiches Mädchen — wie begehrungswürdig für so manchen jungen Edelmann! Aber sie wollte nichts von den Freuden der Welt, sondern wie die Mutter katholisch werden und dann ins Kloster gehen. Ihr protestantischer Vater wollte das nicht gleich zugeben, sondern schickte die Tochter in ein weibliches Erziehungsinstitut in Heidelberg. Bald darauf aber schrieb die Vorsteherin jenes Instituts an Freiherrn von Berlichingen, sie müsse ihn dringend bitten, die Tochter zurückzunehmen, weil sie so eifrig unter ihren Mitschülerinnen Propaganda mache, daß sie fürchten müsse, sie würde sie alle katholisch machen. Nun kam die Tochter zurück, ging nach Frankreich, ist in Paris Nonne geworden und lebt in einem Kloster bei Bregenz am Bodensee. Als ihr Bruder Adolf das von frommen Protestanten gegründete christliche Gymnasium in Stuttgart verließ, erlaubte ihm sein Vater, seine Studien bei den Jesuiten in Feldkirch fortzusetzen, berief ihn aber von dort wieder zurück und ließ ihn ein Jahr in Tübingen studiren, wo er unter so vielen protestantischen Lehrern und Studenten Gelegenheit hatte zu überlegen, ob er dem Katholicismus, für welchen ihn seine Mutter begeistert hatte, nicht lieber wieder entsagen und als Erbe eines berühmten Namens und bedeutender Güter die Lust und Ehren der Welt genießen sollte. Allein er verließ diese Universität nur, um unmittelbar nachher in den Jesuitenorden einzutreten. Auch sein jüngerer Bruder Joseph, ein schöner Knabe, wurde in Feldkirch erzogen.

Nach einigen Jahren reiste Frau v. Berlichingen nach Rom, verweilte dort vor dem Concil und während desselben und diente, wie öffentliche Blätter sie beschuldigten, dem Ultramontanismus, namentlich auch in der Rottenburger Denunciationsangelegenheit, die den alten guten Bischof Lipp so bekümmerte, daß er bald darauf starb. Die Denunciation regte die Katholiken in Württemberg sehr auf, verfehlte jedoch ihren Zweck, denn der neu gewählte Bischof Hefele schloß sich beim Concil der deutschen Opposition im Sinne Döllingers an. Daß er sich nachher doch zu einer freilich stark verklausulirten Verkündigung des neuen Dogma entschloß, war eigentlich nur eine Conzession, die er der weltlichen Regierung machte und zwar ganz im bisherigen System des sich biegenden und wieder aufrichtenden Schilfes, wodurch Streit und Eclat vermieden wurde.

Joseph Berlichingen trat, als er kaum herangewachsen war, in die Armee des Papstes ein und, nachdem diese 1870 aufgelöst werden war, kehrte er heim, folgte der württembergischen Armee ins Feld und fiel noch an demselben Tage, an welchem er im Lager angekommen war, in einem Gefecht. Schade um den trefflichen Jungen! Schon als Knabe war er einmal ganz allein auf einem kleinen Kahn von Bregenz nach Friedrichshafen über den Bodensee hin und zurück gerudert. Ich verweilte länger bei dem Hause Berlichingen theils in liebevoller Erinnerung an die Zeit, wo es darin noch nicht so bigott aussah, theils weil man an diesem Falle die erstaunliche Gewalt kennen lernt, welche Jesuiten über Frauenherzen zu gewinnen vermögen.

Auch im Großherzogthum Baden hatte ich manchen guten Bekannten und Freund. Mein ältester katholischer Freund daselbst, mit dem ich schon in Heidelberg im Anfang der zwanziger Jahre angenehm verkehrte, war der Alterthumsforscher Mone, früher Professor in Heidelberg, nachher Archivdirektor in Carlsruhe. Ferner der Sagensaumter Baader. Den edlen Herrn v. Wessenberg in Constanz lernte ich leider nicht persönlich kennen, doch schrieb er mir, und auch sein alter Bruder, vormals österreichischer Minister, schrieb mir einmal mit Zusendung einer von ihm verfaßten politischen Flugschrift. Ich habe immer lebhaft bedauert, daß Wessenberg, welcher ganz geeignet gewesen wäre, der katholischen Kirche Deutschlands ein mehr germanisches Kleid zu geben, von den Regierungen im Stiche gelassen wurde. Wie viel Sorgen und Widerwärtigkeiten hätten sich die Regierungen ersparen können, wenn sie damals das noch warme Eisen geschmiedet hätten. In jetzt kaum begreiflicher Fahrlässigkeit wiesen sie ihre besten Freunde im katholischen Klerus zurück, maßregelten die jungen Priester und schreckten sie unter das Joch Roms und der Jesuiten zurück, welche jetzt erst Terrain gewannen.

Die Schuld lag übrigens ganz allein am Fürsten Metternich, dem die süddeutschen Höfe und Ministerien als dem Protector ihrer Viel- und Kleinstaaterei in allem, was er befahl, blind und sogar gegen ihre bessere Ueberzeugung folgten. Auf die Gefahr hin, dem Fürsten Metternich mißfällig zu sein, hätte es die badische Regierung im Vertrauen auf die öffentliche Meinung und die damalige Stimmung, wie sie in ganz Deutschland, auch im katholischen vorherrschte, wohl wagen dürfen, für den edlen Wessenberg einzutreten. Es hätte ihr ewigen Ruhm erworben und die Schande von 1849 erspart. Eine Zeitlang half sich die badische Regierung mit schüchternen und schwachen Erzbischöfen in Freiburg und mit der Anstellung liberaler Professoren daselbst, reizte aber gerade dadurch die nur zu oft berechtigte Indignation der Katholiken. Ich erinnere nur an den Scandal nach dem Hintritt des guten Großherzog Leopold. Dem Erzbischof wurden damals in allen liberalen Blättern die schwersten Vorwürfe gemacht, daß er für den hochseligen Herrn eine Todtenfeier ohne Hochamt veranstaltet habe. So grob war die liberale Unwissenheit, daß ihr entging, der noch im Großherzogthum gebräuchliche Heidelberger Katechismus erkläre die katholische Messe für ein verfluchtes Teufelswerk. Wie wollte man nun einem Erzbischof ein solches

Teufelswerk zumuthen? Und was hätte es dem verstorbenen Großherzog nützen sollen?

Ich hatte zu Freiburg im Breisgau Bekannte. Wenn ich nach
Basel zu meiner dort verheiratheten Tochter reiste, hielt ich unterwegs
gern im schönen Freiburg ein wenig an und verfehlte nie, den herrlichen Münster zu besuchen. Mein ältester Freund in Freiburg war
der Dichter Spindler mit seiner kunstliebenden, mit frommer Malerei
beschäftigten, interessanten und liebenswürdigen, aber nicht glücklichen
Tochter. Ich fand hier auch den Professor Heinrich Schreiber
mit seiner musterhaften Sammlung keltischer Alterthümer. Er hatte,
weil er zu den Deutsch-Katholiken übergegangen war, sein Amt niederlegen müssen. Die gemäßigten Theologen der Universität waren
sehr freundlich gegen mich. Staudenmaier bewirthete mich einmal, und mehrmals saß ich am Krankenbette des ehrwürdigen Dom-
herrn Hirscher, des großen Kunstfreundes und zugleich eines der
biedersten und einsichtsvollsten Geistlichen, die ich kennen gelernt habe.
Auch mit dem geistreichen Alban Stolz machte ich einmal einen
sehr gemüthlichen Abendspaziergang. Ich liebte ihn als den Verfasser
des Kalenders für Zeit und Ewigkeit, aber ich mußte an ihm wie an
Görres erleben, daß er sein deutsches Herz schließlich ganz in die Gefangenschaft Roms ergab. Er war wohl durch die Bewunderung,
mit der die Ultramontanen ihn überschütteten, allmählich etwas ver-
wöhnt worden. Der unvernünftige süddeutsche Haß gegen die Norddeutschen nahm zuletzt bei ihm eine Heftigkeit an, daß man ihn für
ein wenig übergeschnappt halten konnte, denn wie kann ein wirklich
vernünftiger Mensch einen ganzen Volksstamm deutscher Brüder, und
noch dazu einen der edelsten; so häßlich hassen.

Ich gehe nun zu meinen katholischen Freunden in Bayern über.
Ich hatte mir dort Gunst erworben, weil ich einigemal in meinem
Literaturblatt gegen die Ungerechtigkeit auftrat, mit der man in München verdiente Bayern gegen die s. g. Nordlichter zurücksetzte, d. h.
gegen die dort angestellten Norddeutschen und Protestanten, die sich

dann auf ihre Bevorzugung allzuviel einbildeten und arrogant auf die Vernachlässigten heruntersahen. Ich kam hier wieder in den Fall, in dem ich mich öfter befunden habe, den anklagen zu müssen, den ich an einem andern Orte warm vertheidigte, weil er hier Unrecht that und ihm dort Unrecht widerfuhr. So habe ich z. B. den Philosophen Schelling in Berlin gegen die boshafte Hegel'sche Clique vertheidigt, die ihm Unrecht that, ihn vorher aber in München getadelt, als er dort vergöttert wurde und sich auch wirklich wie ein Allwissender und Unfehlbarer geberdete. Ihm allein wurde alle Gunst von oben und aller Ruhm zu Theil, während der geniale und Schelling an Tiefsinn übertreffende Philosoph Baader als ein geborner Bayer im Schatten stehen mußte. Und welche Ehren und Auszeichnungen widerfuhren Thiersch, während der treffliche Schmeller als ein geborener Bayer nur 600 Gulden Gehalt bezog und die Akademie nach seinem Tode lange, lange wartete, bis sie endlich (ich war der erste, der dazu mahnte, den Beschluß faßte, Schmellers werthvollen noch ungedruckten Nachlaß zum Drucke zu befördern.

Görres und Oken fand ich nicht mehr in München, dagegen kam ich mit dem Neffen des Erstern, dem Professor Lasaulx in freundlichen Verkehr. Ein braver Mann. In seinen langen Haaren sah er ganz wie ein alter Turner aus und verrieth nichts von seiner großen classischen Gelehrsamkeit. Ein tiefer Zug von Schwermuth geht durch seine Schriften. Als mich in einer derselben ein gewisser Pessimismus frappirt hatte, kam Lasaulx zufällig auf einer Reise zu seinen Frankfurter Verwandten zu mir, und wir sprachen lange mit einander über die künftigen Jahrhunderte. Er bewies mir, daß ich selbst im Jahr 1834 in einem kleinen Buch „Geist der Geschichte" der Menschheit ihr apokalyptisches Ende vorhergesagt habe. Ich meinte indessen, der letzte Act des großen Trauerspiels stehe noch nicht so nahe bevor und wir seien auf Kampf, nicht auf Verzagen angewiesen. Man müsse den ehrenvollen Kampf auf Erden bestehen, wenn man auch recht wohl wisse, daß uns der Lohn erst in einer andern Welt erwarte. Der Muth war ihm aber gänzlich gesunken. Er hatte damals wohl schon Todesahnungen; schnell hintereinander starben ihm vier geliebte Kinder, denen er selber bald ins Grab nachfolgte. Seine Schwester Amalie, Oberin der barmherzigen Schwestern am Niederrhein, erwarb sich einen nicht geringen Ruhm, indem sie das neue Unfehlbarkeitsdogma nicht anerkannte und deßhalb gezwungen wurde, ihr segensreiches Wirken zu unterbrechen. Die römischen Pfaffen verdammten sie und jagten sie fort, und sie endete bald darauf im Beginn des Jahres 1872 ihr schönes Leben. Ihre Leiche wurde ohne Sang und Klang bestattet, von keinem Priester begleitet, aber von unzähligen Segenswünschen und einem großen Zuge von Leidtragenden. Sie rettete die Ehre der Familie Görres, der sie angehörte, während Jörg, der die historisch-politischen Blätter in München immer noch im Namen dieser Familie herausgab, den glühenden deutschen Patriotismus des alten Görres gänzlich verleugnete und von einer freieren Auffassung der Dinge, namentlich auch der österreichischen, zum stupidesten Ultramontanismus überging und offener Feind der deutschen Nation, ihres Interesses und ihrer Ehre wurde.

Ich kannte Jörg nicht persönlich. Als ich aber im Frühjahr 1866 einige Tage in München verweilte, suchte er mich im Gasthof auf. In seinem Wesen lag gar nichts Pfäffisches, ich wunderte mich daher, durch welche Mittel es den Jesuiten gelungen sein mochte, in ihren Sclavendienst einen Mann zu ziehen, der vermöge seiner Gaben eine viel ehrenvollere Stellung zum deutschen Vaterlande hätte einnehmen können. Nicht lange nach unserer Begegnung in München erschien in seinen historisch-politischen Blättern eine von Onno Klopp verfaßte giftige Recension eines meiner historischen Werke, die keinen anderen Zweck hatte, als sich an mir zu rächen, weil ich Friedrichs des Großen Andenken durch den kleinen Parteigänger des Welfenkönigs nicht hatte wollen beschimpfen lassen.

Ich gedenke noch des alten aber sehr munteren Professors von Ringseis in München, der mich einmal mit Frau und Tochter in Stuttgart besuchte. Seine noch in schneeweißen Haaren blühende und schöne Frau war eine Erscheinung von seltener Liebenswürdigfeit, die mir unvergeßlich bleibt. Weniger schön war ihre Tochter Emilie, aber höchst interessant als Dichterin christlicher Schauspiele, deren geistige Schönheit hoch über allen ähnlichen Produkten der Neuzeit steht, von derselben Heiligkeit wie die Autos des Calderon und wie die geistliche Lyrik der unvergeßlichen Annette von Droste-Hülshoff. Wunderbar, daß kein Mann unter den Neuern diese Annette und diese Emilie im Zauber der Andacht und Gottesminne erreichte.

Ein sehr liebenswürdiger Katholik war auch der geheime Re=gierungsrath Voll in Erfurt, der sich als Schriftsteller Ludwig Clarus nannte. Er stand mit mir in langjähriger Verbindung und besuchte mich. Wir hatten im Bade Cannstatt einmal ein langes Ge=spräch, in welchem er mir die Gründe entwickelte, aus denen er ka=tholisch werden wollte (was er auch geworden ist), ich ihm aber die Gründe entgegenhielt, aus denen ich nicht das Gleiche thun wollte. Er hat sehr gute Bücher geschrieben über Schweden, Spanien, Wil=helm v. Aquitanien, über das Oberammergauer Passionsspiel. Auch der treffliche Lorinser pflegte mir aus Schlesien seine neuen Bücher zu schicken.

Unter dem katholischen Adel Westphalens gewann ich mehrere Freunde, Graf Bocholz, Freiherrn v. Brencken, deren ich schon ge=dacht habe. Auch Freiherr August von Haxthausen besuchte mich zu mehreren Malen und correspondirte mit mir. Dieser geistvolle Westphale lebte einige Jahre in Rußland und hat ein vortreffliches Werk über die inneren Verhältnisse dieses Landes geschrieben. Auch gab derselbe das Paderborner Liederbuch, meist uralte Marien= und Wallfahrtslieder mit den alten schönen Melodien heraus, die ich in meiner Recension und in einem Aufsatz in der Allg. Zeitung aus der altvlämischen Musikschule herleiten zu müssen glaubte, welche der alt=italienischen noch vorherging. Herr v. Haxthausen beschäftigte sich viel mit den christlichen Kirchen des Ostens. Er war unter andern in Armenien gewesen und hatte die Zwitterstellung der armenischen Kirche zwischen der russischen und römischen genau kennen gelernt.

Obgleich ein sehr eifriger und treuer Katholik, oder vielleicht grade weil er es war, bemühte er sich, gleich dem russischen Fürsten Gagarin, der in den Jesuitenorden eintrat, um eine Aussöhnung der griechisch-russischen mit der römischen Kirche, wofür sich auch seine hohe Gönnerin, die Großfürstin Helene zu interessiren schien.

Wenn ich gleich selbst so irenisch bin, als man nur sein kann, so mußte ich doch die Möglichkeit einer solchen Aussöhnung der morgenländischen mit der abendländischen Kirche bestreiten. Es würde zwar Rom sehr schmeicheln, den Namen seiner Kirche bis über den Ural hinüber ausbreiten zu können, allein der Czaar selbst würde das zähe Russenthum nicht dahin bringen können, sich Rom zu unterwerfen. Auf der andern Seite würde es dem panslavistischen Gedanken entsprechen, das Kaiserthum des Mittelalters auf den Czaaren, als den mächtigsten Herrscher der Jetztzeit, überzutragen. Allein der Czaar kann sich niemals des Vortheils begeben, Papst und Kaiser zugleich zu sein, wie es Peters des Großen Erben nun einmal sind. Er könnte also am h. Vater in Rom auch nicht einmal den Schein der Unabhängigkeit anerkennen, deren Wesenheit irenisch ist mit dem Wesen der römischen Kirche.

Eine Aussöhnung dieser Kirche mit den Protestanten wäre eher denkbar, da die letzteren nur in der katholischen Kirche wurzeln oder ein Ast desselben Baumes sind. Allein die Ursachen, welche die Trennung veranlaßt haben, sind noch nicht überwunden. Im Jahr 1860 lud mich der geistvolle Professor Michelis in Westphalen zu einer irenischen Besprechung ein, die bald darauf in Erfurt stattfinden sollte und auch wirklich stattgefunden hat. Ich antwortete ihm, ich könne der freundlichen Einladung nicht Folge leisten, weil die Vorbedingungen noch nicht vorhanden seien, die eine Aussöhnung zwischen Katholiken und Protestanten möglich machen könnten. Jeder Versuch dazu müsse jetzt noch mißlingen, und die, welche ihn machten, würden sich nur Vorwürfen aussetzen und die beiden Parteien würden ihnen jede Competenz bestreiten. Mein alter Freund Leo begab sich damals nach Erfurt, um seinen guten Willen zu zeigen. Die braven Männer, die dort zusammen kamen, konnten aber lediglich nichts ausrichten.

Ich habe der Marquise von Ferrières gedacht. Diese Dame war von hoher Liebenswürdigkeit, überaus fromm und bei den feinsten Formen ihres Standes doch so zutraulich, daß man ihr gern glaubte, wenn sie erzählte, ihre Eltern stammten aus Deutschland. Ihr Gemahl war ein großer und schöner Mann, der nicht nur eine Reise um die Welt gemacht, sondern sie auch beschrieben hatte. Er war überhaupt sehr gebildet und wißbegierig, weshalb er mich aufsuchte und viel mit mir über Welt und Literatur verkehrte. Als er einmal Abends bis 9 Uhr bei mir geblieben war, fiel ihm plötzlich ein, er hätte schon um 6 Uhr daheim sein sollen, wo er mehrere Herrn zum Diner eingeladen habe. Doch tröstete er sich, seine Frau habe die Honneurs gemacht und er habe sich gewiß besser mit mir unterhalten, als mit den eingeladenen Herrn.

Ein anderer, einer der berühmtesten Franzosen, der Graf v. Montalembert besuchte mich schon in den zwanziger Jahren, als er noch ein Jüngling war, und das letztemal im Sommer 1861. Wir wechselten hin und wieder Briefe, und er tauschte seinen Correspondant gegen mein Literaturblatt aus. Ich schätzte diesen liebenswürdigen Franzosen überaus hoch, obgleich ich fast immer mit ihm in einen kleinen Streit gerieth. Ich erinnere mich, daß ich ihm vor 30 Jahren einmal eine Aeußerung sehr übel nahm, indem er am deutschen Volke den Vorzug der Geistigkeit und Wissenschaftlichkeit rühmte, der ihm den Mangel an praktischen Tugenden und Fähigkeiten reichlich ersetze. Das habe ich niemals gelten lassen. Das große Volk Odins war das praktischste in der Welt und wurde auch durch das Christenthum keineswegs abgeschwächt oder dem praktischen Leben entfremdet, sondern entfaltete grade erst im christlichen Mittelalter seine ganze nationale Kraft als das herrschende Volk in Europa. Erst in neuerer Zeit hat uns die Bureaukratie und die Schule abgestumpft. Wenn wir wieder einmal einig wären, würden wir auch bald so praktisch, gebieterisch und unbarmherzig gegen andere Völker sein, wie wir es früher waren, und am meisten sollen sich die Franzosen in Acht nehmen, wenn sie sich einbilden, wir seien nur noch ein Schreibervolk.

Im Uebrigen bewunderte ich stets an dem Grafen von Montalembert nicht nur den feurigen Muth, mit dem er die Kirche vertheidigte, sondern auch das tiefe Verständniß des Mittelalters und der innigen Durchdringung des christlichen und germanischen Geistes. Es ist sehr merkwürdig, daß die Franzosen für die germanische Auffassung des Kirchlichen im Mittelalter sich mehr Sinn erhalten oder wieder gewonnen haben, als die Katholiken in Deutschland selbst, die ihrer Gothik nur zu lange und zu gänzlich entfremdet wurden. Ich darf wohl bei diesem Anlaß daran erinnern, daß der Haß zwischen Deutschen und Franzosen nicht im tiefsten Gemüth beider Nationen begründet ist. Es besteht vielmehr zwischen beiden eine uralte Wahlverwandtschaft. Unser großes deutsches Reich wurde in Frankreich gegründet. Das Christenthum empfingen wir aus Frankreich. Das christliche Ritterthum entfaltete seine Blüte zuerst in Frankreich. Die Kreuzzüge gingen von Frankreich aus. Die gothische Baukunst begann an den französisch-niederländischen Grenzen. Das Christenthum hat ein enges Band um die deutsche und französische Nation geschlungen, und nur in dem Maße, wie dieses Band sich lockerte und die christlichen Gefühle sich in beiden Nationen abschwächten, sind sie einander feindlich gegenüber getreten.

Im Jahr 1854 gab ich meine christliche Symbolik heraus, freilich nur eine fleißige Compilation, aber doch geeignet, auf die Gemüthstiefe aufmerksam zu machen, die sich in der poetischen Auffassung des Christenthums hauptsächlich im germanischen Mittelalter kund gab.

II. Geschichtsstudien.

Die an geschichtlichen Werken ziemlich reiche Bibliothek meines seligen Vaters nährte von früher Jugend auf meine Neigung zu geschichtlichen Studien. Ich las, ich verschlang alles, was in dieses Gebiet gehörte, und erfreute mich eines guten Gedächtnisses. Es war reiner Wissensdrang, die Lust, wie im Raume durch Naturkunde und Geographie, so in der Zeit durch Geschichtskunde soviel als möglich orientirt zu sein. Einen bestimmten Zweck, irgend etwas Einzelnes vorzugsweise festzuhalten und mich um das andere nicht zu bekümmern, hatte ich nie vor Augen. Es war mir immer nur um das Ganze zu thun, und wenn ich auch später vorzugsweise die deutsche und die neuere Geschichte bearbeitete, so beschäftigte ich mich doch immer zugleich, wie es meine Zeit erlaubte und neue Lectüre sich mir darbot, mit der Geschichte und Literatur aller andern Völker und Zeiten, woraus am Ende meine zwölfbändige Weltgeschichte erwachsen ist. Ich dachte nur immer, wenn man nun doch einmal auf diesem Planeten sitzt und siebenzigmal mit ihm die Sonne umläuft, sollte man sich auch so viel als möglich auf ihm umsehen, so viel als möglich von ihm wissen.

Die populären Werke über deutsche Geschichte, die man früher hatte, erschienen mir ungenügend. Ich fing daher schon 1823 in der Schweiz an eine dergleichen zu schreiben. Ein gut gemeintes, in einigen Grundgedanken auch correctes, doch in der Ausführung noch sehr schwaches Werk, weil ich trotz vielen Lesens doch damals zumal in der Schweiz zu beschränkte Mittel hatte. Erst seit jenen zwanziger Jahren sind nach und nach theils die bisher verschlossenen Archive geöffnet worden, wodurch der Geschichtforschung ein vorher unbekanntes, überaus reiches und solides Material dargeboten wurde, theils ist auf dem Gebiet der Literatur- und Culturgeschichte unendlich viel ans Licht gefördert worden, was uns über die Vergangenheit Aufschluß giebt. Man braucht, um dies klar zu sehen, nur Schillers 30 jährigen Krieg, der schön geschrieben, aber nur oberflächlich aus den trüglichsten Quellen geschöpft ist, mit den gediegenen Werken zu vergleichen, welche die aus echten Urkunden geschöpfte Wahrheit enthalten, von der Schiller keine Ahnung hatte, noch haben konnte.

Auch meine Vorträge über Weltgeschichte in Aarau veranlaßten mich, von meiner Lust, mich in allen Gebieten der Geschichte zu orientiren, nicht abzulassen. Meine Geschichte der Deutschen erschien 1824 bei Geßner in Zürich und wurde später von Cotta in Stuttgart übernommen, indem Geßner durch Abtretung des Verlagsrechtes mit meiner Zustimmung eine Cotta'sche Schuldforderung tilgte. Im Cotta'schen Verlag erschienen noch vier neue und verbesserte Auflagen des Werks, die letzte (fünfte) in fünf kleinen Bänden 1855. Da keine weitere Auflage mehr erschien, vereinigte ich mich mit der Cotta'schen Buchhandlung, das Verlagsrecht auf den Buchhändler Adolf Kröner überzutragen, und so erschien 1872 die sechste verbesserte Auflage, deren Widmung der deutsche Kaiser von mir anzunehmen die Gnade hatte.

Im Jahre 1829 unternahm ich, wie schon erwähnt, eine zeitgemäße Fortsetzung des ältern von Posselt herausgegebenen historischen Taschenbuchs, hörte aber mit dem Jahrgang 1833 auf, weil mir derselbe in Preußen verboten wurde. Ich hatte nämlich die russische Reaction in Polen ohne Gehässigkeit, nur der Wahrheit gemäß geschildert. Die preußische Regierung befand sich aber damals dermaßen unter russischer Bevormundung, daß man die Wahrheit über Rußland nicht sagen durfte.

Im Jahre 1834 gab ich ein kleines Buch „Geist der Geschichte" heraus und sprach darin einige neue Gedanken aus; den einen derselben auf Seite 17 will ich hier kurz wiedergeben. „Obgleich die Erde gezwungen ist, sich um die Sonne zu bewegen, bleibt sie doch mit ihrem Nordpole stets unverrückt dem Nordpol am Himmel zugekehrt. Um den Nordpol der Erde her lagert sich das meiste Festland, wie um den Nordpol am Himmel die größte Menge der

Sterne. Also erkennen wir ein Gesetz der Erde, das mit dem Gesetz
der ganzen uns sichtbaren Sternenwelt übereinstimmt und älter sein
muß als das Gesetz, das uns an die Sonne bindet, weil die Sonne
mit ihrer oſtweſtlichen Aequatorialthätigkeit nur eine Contraſtirung
des Oſtens und Weſtens, nicht aber ein Uebergewicht des Nordpols
über den Südpol hervorbringen konnte, welche beide Pole in Bezug
auf die Sonne gleich ſind und ihren Unterſchied nur aus einer höheren
Urſache herleiten. Daß dieſe Urſache aber dieſelbe iſt, welche auf der
Nordſeite des Himmels die Sterne in größerer Zahl gehäuft hat, iſt
klar, und wir dürfen mithin den Schwerpunkt der uns ſichtbaren
Welt in der Richtung des Nordpols ſuchen.

Indeß iſt außer dieſer Richtung unſerer Erdachſe und der ihr
entſprechenden Anhäufung des Continents auf der Nordſeite wenig
Eigenthümliches auf der Erde übrig, was nicht in den Bereich der
Sonnenwirkſamkeit gezogen, als eine Folge oder wenigſtens als eine
Wechſelwirkung mit derſelben erſchiene. Ueberall tritt ein ſiegreicher
Sonnengott hervor, der die alten Erdeugötter entweder als ergrimmte
Titanen bändigt, oder die weibliche Erde als ſtarker Mann beherrſcht
und als Eros die mütterliche Urnacht eine ſchönere Lichtwelt gebären läßt.

Alles Leben auf der Erde iſt daher an die Sonne gebunden und
ihr Werk; ſchon die Metalle, die Embryonenwelt im tiefen Mutter-
ſchooß der Erde trägt den Stempel des goldenen Vaters; denn nicht
der Erdachſe, ſondern dem Aequator parallel laufen die Metallgänge,
und die edelſten werden in Menge nur unter dem Aequator ſelbſt gefunden. Ebenſo iſt es mit der Pflanzen- und Thierwelt, deren vollen-
detſte Formen nur unter dem Aequator ſich häufen. Und wie das
Räumliche, ſo gehorcht auch das Zeitliche dem Sonnenzuge, das
Wachsthum alles Organiſchen, die Lebenszeit.

Auf überraſchende Weiſe jedoch macht der Menſch, der Geſchöpfe
höchſtes, von dieſem Sonnendienſt eine Ausnahme, und kehrt zurück
zu jenem urälteſten Erden- oder vielmehr Sternendienſt, der älter iſt
als die Sonne. Ungleich den Metallen, Pflanzen und Thieren, folgt
das menſchliche Geſchlecht nicht dem bunten Thierkreis, den die

Sonne um die Erde gezogen; es folgt vielmehr dem Zuge des Pols, und die edelsten Menschenracen leben auf der Nordseite der Erde — das Haupt nicht der Sonne, sondern jenem geheimnißvoll im Dunkel der Urnacht verborgenen Polarstern zugewendet; und wer von ihnen in jenen Thierkreis des Aequators tritt, wird selbst thierähnlich, wie die Neger, Malaien und West-Indianer. Eben so wenig ist der Mensch in der Zeit an die Sonne gebunden. In seinen vornehmsten geistigen wie körperlichen Functionen hängt er nicht, wie das Thier, von dem Stande der Sonne ab.

Dies alles beweist, daß der Mensch als die Quintessenz der Erde auch jene urälteste den Sternen verwandte Erdkraft, die von der Sonne unabhängig ist, angenommen hat. Und damit ist von der Naturseite aus der wunderbare Zwiespalt im Menschen und seiner Geschichte schon vorher bestimmt."

Ein anderer Grundgedanke jenes kleinen Buchs betrifft die letzte Entartung des Menschengeschlechts. „Das Alterthum hatte mit einer mächtigen Naturgewalt zu kämpfen, die sich in offner Wildheit als Barbarei aussprach; die neue Zeit hat einen noch gefährlicheren Feind im Schooße der gebildeten Gesellschaft großgezogen. Das ist die Gemeinheit, die letztgeborene Tochter der Hölle, deren Macht unwiderstehlich ist. Den Wilden kann man civilisiren, den Zornigen besänftigen, aber die Gemeinheit der Gebildeten, die umgeben von allem Edlen und Schönen, es dennoch hassen, diese verstockte kalte Böswilligkeit, ist unüberwindlich. Sie mehrt sich aber mit der Bildung selbst. Ihr falscher Blick lauert aus allen Erscheinungen des öffentlichen und Privatlebens hervor und am frechsten, wo die Emancipation am weitesten gediehen ist, in der politischen Bildung Nordamerikas, wie in der gelehrten Bildung Deutschlands. Vor dieser Gemeinheit schützt keine Erhebung schöner Geister, keiner Thaten Erhabenheit, keines Gesetzes fruchtbare Aussaat. Nie wird sie hingerissen durch eine Begeisterung, nie durch Erziehung ausgetilgt. Sie findet sich bei den Kindern der edelsten Eltern, bei den Schülern der weisesten Meister. Ist sie nicht ein schon ursprünglich im Erdprincip und historischen Schicksal bedingtes Uebel, eine furchtbare Ergänzung der alten bösen Naturgewalt im Gebiete der Cultur, um diese zu über= winden, wie einst die Cultur jene alte Barbarei überwand?"

In der That ist das Endergebniß der welthistorischen Betrach= tung nicht erquicklich. Das Göttliche kam auf Erden nie zur Erschei= nung, ohne bald wieder entweiht zu werden. Nichts Gutes, Schönes, Großes gelangte je zur Anerkennung und Herrschaft, es wurde wieder herabgewürdigt und abgeschätzt. Einem großen und weisen Könige folgten erbärmliche Enkel, einem großen Denker geistlose Scholastiker, einem großen Dichter und Künstler stümperhafte Schüler und lang= weilige Epigonen nach. Die heilige Kirche selbst wurde entweiht durch unwürdige Pfaffen. Heldenvölker sanken zu Krämervölkern herab. Die edelsten Republikaner wurden zuletzt immer von einem Gerber Kleon, die wohlwollendsten Schwärmer für das Menschenwohl durch gemeine Sansculotten überholt. Bricht eine veraltete Form und meint man, eine bessere gefunden zu haben, so hängt sich bald auch an sie die Last der Gemeinheit und bricht auch sie wieder in Stücke.

Im Jahre 1842 kam ich einmal zufällig mit Gfrörer zusammen, und indem wir davon sprachen, wie schwierig es für den Forscher sei, sich seltene alte Drucke oder noch ungedruckte Quellen der Geschichte und Sprachdenkmale zu verschaffen, kamen wir auf den Gedanken, auf der Stelle einen Verein zu gründen, der sich die Herausgabe solcher alten Schriftwerke zur Aufgabe machen sollte. Derselbe kam auch alsbald unter dem einfachen Namen des Literarischen Ver= eins in Stuttgart zu Stande. Zum Präsidenten wählten wir, weil der König das Protectorat übernahm, dessen Privatbibliothekar, den guten alten Hofrath von Lehr. Von Stuttgarter Gelehrten traten bei: Archivrath Kausler, Archivrath Oechslin, die Bibliothekare Staelin und Pfeiffer, Legationsrath von Kölle. An der Herausgabe der alten Werke betheiligten sich außerdem die namhaftesten Gelehrten in Deutschland, wie die lange Reihe von Bänden beweist, die unter dem Namen des Literarischen Vereins erschienen sind. Ich gab nur die Briefe der Herzogin Elisabeth Charlotte an ihre Stiefschwester,

die Raugräfin Louise aus dem Gräflich Degenfeld'schen Archive heraus, ein höchst interessantes Werk, das auch mit großem Beifall aufgenommen wurde. Es war mir damals nicht möglich, wenn ich auch
große Lust dazu gehabt hätte, zu dem in Hannover aufbewahrten
Briefwechsel der Herzogin mit der Kurfürstin Sophie zu gelangen. Er
ist noch immer ungedruckt. Nur Auszüge daraus hat Ranke mitgetheilt.

Durch Nachlässigkeit des Cassiers kam der Literarische Verein
dem Bankerott nahe und das Deficit hätte durch die Ausschußmit-
glieder gedeckt werden müssen. Das jagte einigen Mitgliedern, und
zwar nicht den ärmsten, großen Schrecken ein. Da die Rechnungen
seit Jahren in Verwirrung waren, wußte man sich nicht zu helfen.
Es kamen noch Verwandtschaftsrücksichten mit ins Spiel, aus denen
man die Sache nicht gern vor die Gerichte bringen wollte. Ich ließ
mich nun vom Ausschuß bevollmächtigen, die ganze Sache ins Reine
zu bringen, und war auch bald damit fertig. Ich schrieb nämlich an
sämmtliche Geschäftsfreunde, beziehungsweise Gläubiger des Vereins,
bat jeden um eine kurze Uebersicht dessen, was er seit dem Beginn
des Vereins für denselben geleistet und von ihm empfangen habe, erhielt alle diese Uebersichten und erkannte daraus, wie falsch die bisherigen Jahresrechnungen unsers Cassiers abgefaßt und wie viele
Forderungen der Drucker und Papierfabrikanten als schon getilgt
eingetragen waren. Ich ließ mir hierauf den Cassier kommen und
erklärte ihm, wenn er mir nicht binnen 24 Stunden die ganze fehlende
Summe baar einhändige, so säße er übermorgen im Kriminalgefäng-
niß. Jede Gegenrede abschneidend wies ich ihm die Thür und am
andern Morgen brachte er mir das Geld und ich konnte nun die öko-
nomischen Angelegenheiten des Vereins auf die befriedigendste Weise
ordnen. Der Cassier hatte das Geld in der Eile aufnehmen müssen
und konnte es, da er früher schon mehr verzehrt als verdient hatte,
nicht wieder bezahlen, brachte sich daher ums Leben.

Dieser Vorfall und der Austritt mehrerer Mitglieder des Ver-
einsausschusses durch den Tod (Oechslin, Kölle) oder durch Entfernung von Stuttgart (Gfrörer, Pfeiffer), wie auch die Sorge, man

könne in ähnliche ökonomische Verdrießlichkeiten gerathen, wie die zum erstenmal glücklich überwundenen, veranlaßten die meisten der noch übrigen Mitglieder den Sitz des Vereins nach Tübingen zu verlegen, wo jüngere Kräfte sich desselben annahmen und Professor Keller das Präsidium führte.

Ich hätte gern in den Schriften des Vereins noch einiges von historischem Werth abdrucken lassen, es wurde jedoch von der Mehrheit des Ausschusses abgelehnt in einer Periode, in der man mehr für altdeutsche und altromanische Poesie, als für geschichtliche Dokumente schwärmte. Ich hatte nämlich aus Tyrol eine Kiste mit sehr werthvollen Beiträgen zur Geschichte des Jahres 1809 erhalten, deren Eigenthümer ich heute noch nicht zu nennen befugt bin. Ich mußte sie dem Besitzer zurücksenden. Sie bestanden in einer nicht geringen Anzahl von Originalbriefen des Andreas Hofer, die meisten von der Hand seines Sekretärs und nur von ihm unterschrieben, viele aber noch ganz von seiner eigenen Hand und einige noch von Staub verunreinigt, weil er sie mitten im Kriegsgetümmel geschrieben hatte. Drei derselben, die mir für die Kriegsgeschichte und zur Charakteristik seiner Person vorzüglich interessant schienen, ließ ich in einer Recension des Rapp'schen Werkes „Tyrol i. J. 1809" in meinem Literaturblatt abdrucken, und da sie dort vergessen liegen, will ich sie noch einmal in diesem Werke mittheilen. Die Kiste enthielt ferner die Abschrift einer etwas weitläufigen Selbstbiographie des Pater Donay, den man lange fälschlich für den Verräther Hofers gehalten hat. Ferner eine Relation des Gastwirth Straub, leider voll unbehaglicher Polemik. Dazu viele protocollarische Aussagen von Theilnehmern am Kriege und eine Menge von gedruckten Plakaten und fliegenden Blättern aus jener bewegten Zeit.

Ich lasse nun die betreffende Stelle aus meinem Literaturblatt folgen: „Weder der wildernde, genial ausschlagende Speckbacher, noch der fanatische und gern das Maaß überschreitende Kapuziner Haspinger, noch weniger der schon längst landfremde und vornehm gewordene Teimer konnten dem Tyroler Volk zum Mittelpunkte dienen, das ver-

mochte nur ein so frommer, in seiner Kraft so milder, in seiner
Tapferkeit so besonnener Hausvater, wie Hofer, dem in dieser Beziehung der Unterinnthaler Wirth Straub am nächsten stand und auch
beim Volk das meiste Ansehen genoß. Herr Rapp hebt Straub sehr
hervor und läßt dagegen den von andern Geschichtschreibern vielbe-
sprochenen Speckbacher etwas mehr zurücktreten. Diese beiden Volks-
helden, von denen jeder Unglaubliches leistete, waren beide aus dem
untern Innthal und wegen der Verschiedenheit ihres Charakters oft
nicht einig. Eine Mißstimmung gegen Speckbacher tritt in der noch
ungedruckten Lebensbeschreibung Straubs zu Tage. Andreas Hofer
war bemüht, überall zu versöhnen und auszugleichen. Sowohl das
patriarchalische Uebergewicht seiner Stellung, als die Klarheit seines
Geistes und die Fülle seines patriotischen Gemüthes leuchtet uns in
einem noch nie (auch nicht bei Rapp) gedruckten Briefe auf eine herzerfreuende Art entgegen. Er schrieb: ‚Lieber Straub gehe auch du
dießmahl nach unter Innthall und Vinzgau mit dem Rablander wirth
und untersuch alles genau, und bleib du bey diesem dermahlen vor-
habenden feindlichen angrif und leite alles nach deinen ansichten alles
das ganze comando ist dir von mir übergeben. Pulfer und Bley und
Brod & Wein & Brandtwein wird nachgeschickt werden: richte auch
die Winterstellerische Streit affaire wegen mit Speckbacher und Firler
in die brüderliche Ordnung und Ruhe. Gott mit uns. Innsbruck,
den 18ten September 1809. Andere Hoffer, Obercomandant in
Tyroll. Extra dem Pater wegen seinen hitzigen unternehmungen zu
predigen bitte.‘ Unter dem Pater ist der allzufeurige Hafpinger gemeint. Aus diesem einzigen kurzen Briefe kann man ersehen, mit
welcher Umsicht Hofer die Dinge in Tyrol leitete, wie richtig er die
Unterbefehlshaber beurtheilte und wie scharf er sie im Auge behielt.

Nach den bisherigen Darstellungen erscheint Hofer am Ausgang
des Krieges nicht mehr in der Glorie des Obercommandanten, dem
das Land von Seiten des Kaisers anvertraut worden war. Wir vermissen die Auseinandersetzung des Betrauten mit seinem Herrn, dem
Kaiser. Eine solche hat stattgefunden, wenn ihrer auch in den ge-

druckten Werken noch nicht gedacht ist. Hofer hat zwei Briefe unmittelbar an den Kaiser und einen an den Erzherzog Johann geschrieben, die ihm zur höchsten Ehre gereichen und deren Originale sich noch in Wien vorfinden werden. Wir theilen sie hier nach einer von sicherer Hand beglaubigten und besiegelten Abschrift mit. Daß sie, wenn auch von ihm direkt, doch nicht unmittelbar von ihm in seinem bäuerlichen Styl geschrieben sind, erklärt sich aus der Ehrfurcht vor dem Kaiser, dem er natürlicherweise etwas besser Stylisirtes und reiner Geschriebenes darbieten mußte.

,An Se. Majestät den Kaiser von Oesterreich. Nun kommt es leider so weit, daß ich mir bald nicht mehr zu helfen weiß. Gestern mußte ich Innsbruck verlassen — und der Feind wird ohne Zweifel heute dort eintreffen — Schrecklich ist unsere Lage! — Ich sehe mich und mein liebes Vaterland bereits von allen Seiten verlassen, ohne Hülfstruppen, ohne Geld. Man hört nichts als von Feinden. Alle ausländischen Blätter zeigen bestimmt den Frieden an und überdies fällt uns der Feind mit einer Macht, die beiläufig etwa 20,000 Mann stark seyn soll, ins Land. — Der Gedanke, daß uns Ihro Majestät bei Abschließung des Friedens vergessen haben sollte, kann und läßt sich nicht denken auf der einen Seite. Aber auf der andern Seite läßt sich die bange Stille, die immer nur halb offiziellen und unbestimmten Nachrichten der von Ihro Majestät ankommenden Couriere, die äußerst saumselige Unterstützung an Geld und besonders die so eben durch einen Courier eingelangte Abberufung des erst jüngst angekommenen Oberlandes-Commissairs und Armee-Intendanten v. Roschmann — nicht erklären. Nehmen Ihro Majestät die Lage Tyrols, das namenlose Elend, in welches sich dasselbe durch diesen Krieg versetzt hat, in Erwägung. Hat eine Nation das gethan, was Tyrol gethan hat? Man kann mit Recht sagen, Tyrol hat sein Aeußerstes gethan, und für wen? Für Gott, für Religion und für seinen allgeliebten, rechtmäßigen und allgerechten Kaiser von Oesterreich. — Daher nehme ich das Wort im Namen des ganzen Landes, Ihro Majestät nochmals um schleunige Hülfe durch alles zu bitten. — Retten

Sie uns — Tyrol ist bereit, für Ihro Majestät seinen letzten Tropfen
Blut auf dem Schlachtfelde zu verspritzen — Ich bin Bürge dafür.
Aber ohne Hülfe, ohne Unterstützung können wir's ja nicht länger
aushalten und müssen daher einem unbeschreiblichen, grenzenlosen
Elende und allgemeiner Verwüstung entgegensehen. Ich bitte nochmals fußfällig um Unterstützung und Hülfe. Ich und das ganze Land
werfen uns in Ihro Majestät Arme und hoffen auch sicher auf Aller-
höchst Dero Hülfe. In deren zuversichtlichen Erwartung und tiefster
Ehrfurcht erstirbt Ihro Majestät allerunterthänigster treugehorsamster
Andere Hofer, Obercommandant in Tyrol. Steinach den 22. October 1809.

An Se. K. K. Hoheit, den allgeliebten Erzherzog Johann. Ihre
Kaiserliche Hoheit werden durch alles, was Höchstdieselben zum Mitleid bewegen kann, um schleunigste Hülfe und Unterstützung jeder Art
gebeten, sonst ist Tyrol für immer verloren. — Auch werden Ihre
K. H. dringend gebeten, gegenwärtiges Schreiben Sr. Majestät dem
Kaiser und Sr. Excellenz dem Fürsten von Lichtenstein eiligst zu überbringen und für das arme und getreue Tyrol alles Mögliche zu thun,
damit wir doch nicht verlassen werden. Genehmigen Ihro rc. Steinach
22. October 1809.'

In den nächsten Tagen langte der ersehnte Courier mit sicheren
und offiziellen Nachrichten vom Kaiser an, die aber nur den Friedens-
abschluß und die Thatsache, daß Tyrol aufgegeben sei, bestätigten.
Tyrol war aufgegeben, weil Oesterreich in der That völlig außer
Stande war, es zu halten. Jedoch sicherte der zehnte Artikel des
Wiener Friedens allen Tyrolern eine unbedingte Amnestie zu, wenn
sie die Waffen niederlegen und sich unterwerfen würden, wozu auch
Erzherzog Johann in einem eigenen Schreiben dringend rieth. Das
war bei der einmal eingetretenen Lage der Dinge auch der weiseste
Rath. Die Tyroler hatten sich nur darüber zu beschweren, daß man
sie so lange in Ungewißheit gelassen hatte und daß beim Friedensschluß nicht noch bestimmte Fragen in Bezug auf Tyrol erledigt worden seien. Der zehnte Friedensartikel war in der That eben so sum-

marisch, wie die Verzögerung seiner Bekanntmachung eine große Vernachlässigung der treuen Tyroler. Indem nun Andreas Hofer, als der die ganze schwere Verantwortung des Oberbefehls im Namen des Kaisers übernommen hatte, sich in das Nothwendige fügte, ließ es doch seine Gewissenhaftigkeit nicht zu, sich der Verantwortung für alles zu entschlagen und kurzweg zu verabschieden, sondern er schrieb in treuer Sorge für das ihm anvertraute Land und für die Personen, über deren Schicksal im Wiener Frieden nicht entschieden war (die nicht geborenen Tyroler, die gleichwohl in ihren Reihen gefochten, und die Patrioten, welche Geld geliehen hatten), noch einmal einen ernsten, edeln Brief, der allein beweisen würde, wie werth Hofer eines Regiments gewesen war, das er mit so klarem Bewußtsein seiner Verantwortlichkeit niederlegte.

‚An Se. Majestät den Kaiser von Oesterreich. Nachdem der Unterzeichnete durch den Courier B. von Lichtenthurm den für mein Vaterland so äußerst traurigen Frieden vernommen, so nimmt sich der Unterzeichnete die Freiheit, über nachstehende Punkte anzufragen, als: 1) was mit den hier befindlichen k. k. österreichischen Ranzionirten zu thun sei, welche der Unterzeichnete sowohl der Cavallerie, Artillerie als Infanterie mobil gemacht und der Cavallerie mit sehr großen starken Pferden angeschafft hat? und 2) was es mit den unendlich großen Schulden, in welche das arme Land durch diesen traurigen Krieg versetzt worden, und die theils durch die Vertheidigung, theils durch andere daher rührende unglückliche Fälle entstanden sind, für eine Beschaffenheit habe und wie solche bezahlt werden? Denn diese ungeheuren Schulden ist das Land ein für allemal unmöglich im Stande zu bestreiten, und wenn Ihro Majestät diese traurige Lage nicht in Erwägung und zu Herzen nehmen, in welche Allerhöchstdieselben durch diesen traurigen Krieg dasselbe versetzt, so ist unser armes verwüstetes Vaterland auf immer und für allezeit unglücklich. — Der Unterzeichnete bittet daher allerunterthänigst im Namen des ganzen Landes, und wirft sich Ihro Majestät in aller Unterthänigkeit zu Füßen — Ihro Majestät möchten doch dasselbe beherzigen und dem

Lande jene Gerechtigkeit angedeihen lassen, auf die es vermöge seiner
Anhänglichkeit an das allerhöchste Kaiserhaus, welche es werkthätig
an den Tag gelegt hat, vor Gott und der Welt Anspruch zu haben
glaubt. — Vertrauensvollst auf die bekannte Güte und Gerechtigkeit, welche Ihro Majestät jeder Zeit eigen war, hoffet der Unterzeichnete, Ihro Majestät werden das arme Land Tyrol in diesem
schrecklichen Ruin nicht liegen, sondern alle nur mögliche Unterstützung
jeder Art angedeihen lassen. In welch getroster Hoffnung der Unterzeichnete in tiefster Ehrfurcht erstirbt Ihro Majestät allerunterthänigst
treu gehorsamster Andere Hofer, Obercommandant in Tyrol. Steinach,
den 2. November 1809.'"

Auch Freiherr von Auffeß in Nürnberg setzte sich mit mir in
Verbindung und besuchte mich mehrmals. Ich mußte sein Germanisches Museum unterstützen und in den Gelehrtenausschuß desselben eintreten. Die Befürchtung aber, die ich gleich anfangs gehegt
hatte, ging in Erfüllung. Das Museum konnte nämlich den weiten
Rahmen nicht ausfüllen, den Freiherr von Auffeß ihm vorgeschrieben
hatte. Es war von vornherein ganz unmöglich, in der kleinen Stadt
Nürnberg zu vereinigen, was in den großen Residenz- und Univer-
sitätsstädten an Alterthümern zerstreut und bereits in fester Hand
war. Nur schwache Reste oder Copien konnten in Nürnberg zusammengebracht werden. Nun hätten dafür allein die anfangs zahlreich
einlaufenden Geldbeiträge verwendet werden sollen. Sie wurden
aber großentheils 1. für Besoldungen von zahlreichen Beamten und
Dienern des Museums, deren es so viele gar nicht bedurfte, und
2. für Annoncen, für eine Mehrheit von Zeitschriften, für den Druck
von Catalogen ꝛc. ausgegeben. Das war zu viel Schein und zu
wenig Wesen. Ich sagte daher schon in den ersten Jahren des Museums voraus, ein großes Nationalmuseum für ganz Deutschland
werde es niemals werden, sondern ein kleines Particularmuseum in
Nürnberg bleiben.

Auch mit dem Maler und Alterthumsforscher Lindenschmit
in Mainz kam ich in Verbindung. Er lag in ziemlich erbittertem

Streite mit den Keltomanen, weil diese alle alten Gräber und Grab-
funde für keltisch erklärten und das Keltische selber mißverstanden.
Ich bat Lindenschmidt, dessen Ansicht ich völlig theilte, sich doch ja
nicht zu ereifern, denn das öffentliche Hadern unter Gelehrten reizte
das Publikum nur zum Lachen und schade der ernsten Sache, die man
vertrete. In einem so dunklen Gebiete übertrieß, wie es noch unsere
Gräberkunde sei, müsse man erst mehr erfahren und verglichen haben,
ehe man die alten Völkerschaften, deren Genossen in deutscher Erde
ruhen, genau unterscheiden und nachweisen könne. Lindenschmidt
nahm diese Mahnung sehr gut auf.

Ich äußerte Holtzmanns Meinung über die Kelten schon ehe er
sie aussprach, in meinen früher erschienenen geschichtlichen Werken.
Es ist die alte Ansicht von Pelloutier. Die Kelten waren ein den
Deutschen nahe verwandtes Volk und gänzlich verschieden von den
Britten und Iren, die vor ihnen den Nordwesten Europas bewohnten
und stets in enge Grenzen eingeschlossen blieben.

Professor Klein in Mainz erfreute mich durch seinen Besuch
und durch seine Briefe. Dieser wackere Patriot trat dem schändlichen
Unfug der rheinischen Liberalen entgegen, die nach dem Vorgang des
unbesonnenen Gervinus es wagten, Georg Forster zu loben und zu
preisen. Moleschott ging gar so weit und schlug vor, diesem Vaterlandsverräther in Mainz ein Denkmal zu setzen. Georg Forster, vom
damaligen Kurfürsten von Mainz als Professor angestellt, half nicht
nur die Festung Mainz an die Franzosen verrathen, sondern gründete
auch einen Jakobinerclub in Mainz und ließ sich von seiner Partei
beauftragen, nach Paris zu gehen und im Namen des Volks die Einverleibung des Kurfürstenthums Mainz in Frankreich zu verlangen.
Und diesem Elenden wollten die deutschen Fortschrittsmänner ein
Denkmal setzen. Dagegen nun erhob sich Klein in gerechtem Zorn,
und es versteht sich von selbst, daß ich ihn unterstützte und in meinem
Literaturblatt die alte Unart der Deutschen, sich selber die Ehre abzuschneiden, gehörig rügte. Wie nobel sind doch die Franzosen, die
einem Manne, der ihre Festungen und Provinzen dem Feind ausge-

liefert hätte, gewiß nie mehr ein gutes Wort schenken, viel weniger Denkmäler würden setzen wollen.

Sehr unangenehm war mir der lange fortgesetzte Hader zwischen den klein- und großdeutschen Geschichtsbaumeistern. Hier schnitten sich die protestantischen, preußischen und liberalen, dort die katholischen, österreichischen und conservativen Professoren die Geschichte nach ihren Parteizwecken zu. Die einen lobten alles, was die andern tadelten. Jeder Theil verschwieg möglichst oder entstellte, was seinem Parteiinteresse nicht entsprach. Es war mir unmöglich, hier eine andere Partei zu ergreifen, als die der beiderseits verkannten, in der Mitte liegenden Wahrheit. Das trug mir nun keinen Dank ein, vielmehr wurden beide Parteien mit mir unzufrieden. Ich kümmerte mich indessen nicht darum, in der Ueberzeugung, die Wahrheit müsse immer zuletzt Recht behalten. Aber es schmerzte mich, daß grade die Geschichtschreiber, welche die Parteileidenschaften zügeln sollten, Oel in deren Flammen gossen, und grade in einem Zeitpunkt, in welchem ohnehin so viele Unvernunft wetteiferte, Nord- und Süddeutschland gegen einander zu erhitzen.

Ich fing seit 1853 wieder an, mich vorzugsweise der neuern Geschichte zu widmen und gab eine Geschichte Europas von 1789—1815, dann als Fortsetzung die Geschichte der letzten vierzig Jahre von 1816—1856 heraus. Beide erlebten mehrere Auflagen, obgleich ich darin von der Schablone der Parteien stark abwich, also auch auf keine Parteiunterstützung rechnen konnte. Da diese Bücher dennoch so viele Leser gefunden hatten, griff ich weiter in die Geschichte zurück, um die Tendenzen und Ereignisse des 19. Jahrhunderts aus der vorangegangenen Zeit zu motiviren, und gab eine Geschichte der letzten 120 Jahre von 1740—1860 heraus.

Nun war ich endlich alt genug geworden und hatte mich in der politischen, Cultur- und Literaturgeschichte aller Zeiten und Völker ausreichend orientirt, um auch eine Allgemeine Weltgeschichte schreiben zu können. Eine solche zu schreiben, war ich schon wiederholt von Verlagshändlern gebeten werden, namentlich seitdem die von Rotteck trotz ihres Liberalismus wegen ihrer Oberflächlichkeit nicht mehr anzog. Ich hatte es jedoch stets abgelehnt, solange ich noch nicht alt genug war, solange ich noch nicht genug Erfahrung, meine welthistorische Orientirung noch zu viele Lücken hatte. Erst nach Vollendung meines 60. Lebensjahres wagte ich, die Feder anzusetzen und habe das schwierige Werk glücklich vollendet. [*]

Ich hatte übrigens Gelegenheit, in 45 Jahrgängen meines Literaturblatts nach und nach eine Menge sehr interessanter Geschichtswerke zu recensiren und daran hin und wieder kritische Bemerkungen zu knüpfen, die vielleicht aus dem Meere der Vergessenheit herausgeschöpft werden könnten.

Da ich im Zuge war, die neuere und neueste Geschichte zur Uebersicht zu bringen, gab ich noch ein Supplement zur Geschichte der letzten vierzig Jahre heraus und füllte die in meinen Darstellungen der neuern Geschichte noch offen gebliebene Lücke zwischen 1860 und 1866 durch „die wichtigsten Weltbegebenheiten vom Ende des lombardischen Krieges" aus. Voll des lebhaftesten Interesses für die weitere Entwicklung der deutschen Angelegenheiten setzte ich die schon so weit geführte Arbeit auch noch weiter fort.

Als ich im Spätherbst 1868 zum erstenmal in meinem Leben ernstlich erkrankte und ein Herzleiden mir keine lange Lebensdauer mehr zu versprechen schien, schrieb ich in den dunklen Wintertagen eine „Kritik des modernen Zeitbewußtseins," worin einige Grundgedanken meiner frühern kleinen Schrift „Geist der Geschichte" klarer und weiter ausgeführt waren. Ein etwas melancholisches Buch, in das aber nicht blos mein Krankheitszustand und Alter, sondern auch lange Lebenserfahrung und Menschenkenntniß und ein langes Studium der Weltgeschichte Schatten warfen. [**]

---

[*] Die Allgemeine Weltgeschichte erschien 1862 und 1863 im Verlag von Adolph Krabbe in Stuttgart.   Anm. des Herausg.

[**] Daß es dem genannten Buche neben dem Schatten nicht an Lichtstrahlen fehlt, die gewaltig gezündet haben, beweist die nach wenigen Jahren nothwendig gewordene zweite Auflage.   Anm. des Herausg.

In Nebenstunden schrieb ich „Einige Bemerkungen über die schöne Literatur der Franzosen," eine Abhandlung, die etwa zehn Druckbogen füllen wird und worin ich zum erstenmal einen Grundzug in der französischen schönen Literatur vom Beginn derselben bis auf die neueste Zeit nachwies, nämlich den galloromanischen, heidnischen und unsittlichen Grundzug, der sich von den Artusromanen an bis auf Victor Hugo und Eugen Sue immer treu geblieben ist. Diese Schrift, die ich nicht in Druck gegeben habe, gehört mit zu den Schriften, die ich im patriotischen Sinn zu Ehren Deutschlands und zur Abwehr fremden und verderblichen Einflusses verfaßt habe.

Eins meiner ausführlichsten Geschichtswerke, das mir sehr viele Zeit kostete, war die 1858 erschienene „Deutsche Dichtung von der ältesten bis auf die neueste Zeit" in drei Bänden. Obgleich sie viel fleißiger ausgearbeitet war, als die gangbarsten damaligen Handbücher der deutschen Nationalliteratur, sofern sie nicht nur die Dichter charakterisirte, sondern auch von jedem irgend erheblichen Werke den Hauptinhalt in kurzer Uebersicht angab, erwarb sie sich doch weniger Freunde als Feinde, weil sie den damaligen politischen und literarischen Cliquen nicht huldigte. Hier stieß ich bei den alten Vergötterern Goethes, dort bei dem jungen Israel an. Ich beging ohne Zweifel einen Fehler, indem ich zu viele, namentlich neuere Dichter einregistrirte, von denen es kaum der Mühe werth gewesen wäre zu sprechen. Auch passirte mir eine fatale Verwechslung. Im dritten Bande S. 217 nämlich legte ich eine Aeußerung Werners irrthümlich dem alten Goethe in den Mund, was einen jungen Literaten veranlaßte, in einer Flugschrift über mich herzufallen, als hätte ich es absichtlich gethan.

Ich bestrebte mich, in meinem Buch überall den Zusammenhang der Dichtkunst mit dem Leben und mit den Schicksalen der Nation nachzuweisen und legte mehr Werth auf den Geist und Inhalt, als auf die Form der Werke. Auch nahm ich zum erstenmal, was vor mir noch nie ein Literarhistoriker gethan hatte, die lateinischen Dichter des 16. und 17. Jahrhunderts, sofern sie Deutsche waren, obgleich sie nur lateinisch schrieben, in die Zahl der deutschen Dichter auf und entdeckte in ihnen neben viel Nachäfferei doch auch manches Geistreiche und viel guten deutschen Humor. So nahm ich auch unbedenklich Friedrich den Großen unter die deutschen Dichter auf, obgleich er nur in französischer Sprache gedichtet hat, und machte auch in dieser Beziehung auf die großen Vorzüge seines Geistes aufmerksam.

III. Deutsche Alterthumskunde.

Schon in Breslau hatte ich mit großer Vorliebe altdeutsche Studien getrieben, die Nibelungen, die Minnesänger, den Parcival 2c. gelesen, was mir später, als ich nach der Schweiz kam, das Verständniß der alemannischen Mundart sehr erleichterte. Ich erprobte an mir selbst die patriotische Wirkung jener altdeutschen Studien. Unter den romantischen Dichtern in der Zeit vor und während der Freiheitskriege machte Tieck, obgleich er viel geistreicher war, doch weniger Eindruck auf die Jugend als Fouqué, welcher trotz seiner Koketterie und Affectation doch im Ganzen anmuthige Bilder aus der altdeutschen und nordischen Vorzeit und besonders viel ritterliche Heldengestalten in die erbärmlichste Zeit Deutschlands und in die feige Philisterei unter der Franzosenherrschaft hineingezaubert hatte.

Wenn man auch heute jene wunderlichen, ein wenig phantastischen und in der Form gezierten Romane nicht mehr liest, so verdienen sie doch eine ungleich größere Anerkennung, als die gelehrten Arbeiten, mittelst welcher Lachmann in Berlin nach den Befreiungskriegen die schöne Begeisterung der Jugend für die altdeutschen Studien durch seine Mißhandlung des Nibelungenliedes und durch seine philologische Silbenstecherei auszutilgen bemüht war. Die leidige Vornehmthuerei exalter Professorenweisheit, hinter der doch nur erbärmliche Kleinigkeitskrämerei und sogar gänzliches dummes Mißverständniß der großen Vorzeit versteckt war, hatte sich damals in Berlin mit dem Hegelthum und der Vergötterung Goethes und Humboldts verbunden, die patriotische Begeisterung von 1813 vergessen zu machen, wozu dann die Literaturjuden schadenfroh ihre Piccoloflötchen bliesen.

Als ich nach der Schweiz und Schwaben kam, fand ich dort nur wenige, die an den Einheitsbestrebungen in Norddeutschland und an der romantischen Poesie Freude und Theil gehabt hätten. Hier herrschte noch in den Schulen der classische Zopf, ein vorzugsweise particularistischer Sinn und französische Sympathien, welche durch den neuen Liberalismus wieder aufgefrischt wurden. Sogar Uhland war mehr Württemberger und Liberaler als deutscher Patriot. In der Heimath der alten Minnesänger begegnete mir nur eine einzige Persönlichkeit, in welcher ihr Geist noch fortlebte. Das war der alte Freiherr von Laßberg, der sich mit seinen altdeutschen Bücherschätzen in das schön gelegene Mersburg am Bodensee zurückgezogen hatte, und mit dem ich in freundliche Beziehung kam. Im Jahr 1843 vertheidigte ich (in meinem Literaturblatt Nr. 126) seine Nibelungenhandschrift als die offenbar ältere, ursprünglichere und poetischere gegen das anmaßende und geschmacklose Urtheil Lachmanns (elf Jahre vor Holzmann). Mir fehlten die vier Bände des Laßberg'schen Liedersaals, und sie waren im Buchhandel nicht zu bekommen. Ich wandte mich daher an Laßberg selbst nach Mersburg. Er schickte mir sogleich das gewünschte Buch und schrieb mir dazu: „Mersburg den 11. Juli 1844. Ich danke Euer Wohlgeboren recht herzlich, daß Sie mir anlaß gegeben haben, etwas zu tun, was Inen angenem sein kann. Wenn ich auch nur noch diesen einzigen abdruck des Liedersaales hätte, so müßten Sie ihn haben. In den händen des teutschen mannes, der seit jaren eben so mutig als beharrlich für teutsche sitte, recht und warheit kämpfet, kann der Liedersaal nur zum guten wirken. Können Sie mich sonst wo irgend zu einem erenhaften dienste brauchen, so bitte ich meiner bereitwilligkeit versichert zu sein, so wie der eben so herzlichen als aufrichtigen hochachtung Ires warhaft ergebenen Joseph von Laßberg."

Ich kam nicht mehr in den Fall, von seinem freundschaftlichen Anerbieten Gebrauch zu machen. Inzwischen setzte ich meine Forschungen über die Vorzeit unseres Volkes fort und überzeugte mich immer mehr von der ungeheuern Verblendung, in welcher sich die deutsche Lesewelt sammt ihren Geschichtschreibern bisher befunden hatte, seitdem der ganzen deutschen Nation die Brille der classischen Schule auf der Nase saß. Schon die Mönche, die in lateinischen Chroniken Abrisse der Weltgeschichte und gelegentlich auch der deutschen Vorzeit schrieben, thaten es nur in der lateinischen Kirchensprache und legten nur die jüdische und römische Geschichte zu Grunde. Als vollends seit dem 15. Jahrhundert die Renaissance zur Herrschaft gelangte und man sogar die Familiennamen in Deutschland latinisirte und auch auf protestantischen Universitäten, wie auf den katholischen, nur lateinisch gesprochen und geschrieben wurde, bildete sich eine Vorstellung von den alten Germanen aus, wie wir sie auch noch in Kupferstichen vielfach verewigt finden, die unsere Urväter als nackte Wilde, ähnlich den Irokesen und Huronen darstellen und höchstens ihre rohe Tapferkeit als barbarische Tugend gelten lassen. Auch vom katholischen Mittelalter haben die deutschen Gelehrten zur Zeit der Renaissance und zwar nicht blos die protestantischen, sondern auch die jesuitisch zugeschulten Katholiken sehr ungenügende und zum Theil ganz falsche Vorstellungen gehabt, und diese Täuschung hat im vorigen Jahrhundert der Aufklärung noch zugenommen. Man verstand den germanischen Charakter des mittelalterlichen Reichs nicht mehr, noch auch den germanischen Charakter der abendländischen Kirche, ehe die Anmaßungen des Papstthums und die Renaissance ihn zurückgedrängt hatten. Die Aufklärung zeigte sich so unwissend, daß sie unter dem allgemeinen Namen des finstern und barbarischen Mittelalters den kolossalen Aberglauben der Hexenprocesse und die Grausamkeit der Carolina, die erst mit dem römischen Recht und den classischen Studien am Ende des 15. und am Anfang des 16. Jahrhunderts unter dem Einfluß des Romanismus aufgekommen sind, dem ältern germanischen Mittelalter aufbürdete, welches daran gar nicht schuld war.

In unserm Jahrhundert sind die meisten dieser Vorurtheile beibehalten worden und haben sich neue daran angeschlossen, z. B. die Keltomanie, von der auch meine trefflichen Freunde Mone und Leo angesteckt wurden. Da sollte ganz Deutschland ursprünglich keltisch gewesen sein und wurden auch noch Völkerstämme nach Christi Geburt und als schon die Römer mit den Germanen im Kampfe lagen, trotz ihres echt germanischen Charakters für keltisch ausgegeben, und sogar in den offenbar deutschen Sprachüberresten und Namen wollte man nur Keltisches sehen. Und man wußte nicht einmal, was keltisch sei. Denn man verstand darunter nur das britische Idiom, was in der Bretagne und Wales sich erhalten hat, aber über diese engen Grenzen diesseits und jenseits des Canals niemals hinausgekommen ist. Was außerhalb dieser engen Grenzen in Frankreich und Deutschland Keltisches existirte, stand dem Deutschen viel näher als jenem Britenthum, wie das im vorigen Jahrhundert schon Pelloutier, in unserem Barth und zuletzt Holzmann überzeugend nachgewiesen haben.

Mit dem Streit über Keltenthum und Germanenthum hing eine neue Vorliebe für Ausgrabungen uralter Gräber in Deutschland zusammen. Er wurde aber dadurch nicht geschlichtet, denn man stritt nun erst wieder über die Nationalität der Begrabenen, von denen man Reste auffand. Zum Behuf der Ausgrabungen, wie auch der Sammlung mittelalterlicher Denkmäler, Bilder, Waffen, Schmuck rc. kamen an verschiedenen Orten Deutschlands Alterthumsvereine zustande, und wir Gelehrten in Stuttgart gründeten im Beginn der vierziger Jahre auch den schon genannten württembergischen Alterthumsverein.

Der König übernahm das Protectorat des Vereins und räumte demselben ein Lokal in der alten Legionskaserne ein. Auch mußten die Minister des Innern und der Finanzen an alle ihre Beamten ins Land ausschreiben, daß künftig nichts Alterthümliches zerstört oder veräußert werden sollte, bevor der Verein sein Gutachten darüber abgegeben habe. Das half aber nichts. Nach wenigen Wochen lasen wir z. B., die Ruine auf dem Bussen sei mit Pulver zersprengt worden, was den Umwohnenden zu einer Art von Volksfest gedient habe. Wir aber hatten nichts davon erfahren. Auch sollten alle Alterthümer, welche bei Anlage der neuen Eisenbahnen ausgegraben würden, uns zugestellt werden. Wir bekamen aber nichts. In der Nähe von Besigheim war Vieles gefunden worden, aber niemand hatte es uns angezeigt. Als mich der König einmal frug, ob uns die Eisenbahnbauten keine Ausbeute geliefert hätten, sagte ich ihm scherzend, seine Beamten schienen gegen uns nicht so gnädig zu sein wie er selbst. Wie ungehalten er über diesen Fall war, erfuhr ich schon am andern Tage durch den Finanzminister von Gärtner, den er heftig zur Rede gestellt hatte. Ich versichere Sie, sagte mir Gärtner, ich habe die bestimmtesten Befehle an die Eisenbahndirection erlassen. Ich ging zum Eisenbahndirector, dem nachmaligen Minister von Knapp. Ich versichere Sie, sagte dieser, ich habe den Bauinspectoren die bestimmtesten Befehle gegeben. Wir erkundigten uns nun beim Bauinspector in Besigheim und erhielten von demselben zur Antwort, er habe den Bau zu leiten, könne aber nicht überall sein. Ob hinter seinem Rücken die Arbeiter etwas gefunden hätten oder nicht, wisse er nicht. Ich bat einen Finanzbeamten, der Sache doch noch ein wenig nachzuforschen, und erfuhr, es seien eine Menge römische Alterthümer gefunden worden, von denen ein Mitglied unseres Vereins (ohne dem Verein das Geringste davon zu sagen) das beste für eine andere (auch dem Staat gehörige) Sammlung behalten habe; doch seien noch unbedeutendere Gegenstände, namentlich zerbrochene Gefäße vorhanden, wovon man dem Verein Anzeige machen würde. Sechs Wochen vergingen, da sagte ein Knecht zum Aufwärter unseres Vereins: Du,

jetzt kannst du die Scherben holen. In unserm Verein war darüber
große Aufregung, und ich wollte dem König in Bezug auf dieses
Verfahren eine weitere Meldung machen. Ich wurde aber um Gotteswillen gebeten, es nicht zu thun, denn der König werde sich nur darüber ärgern und der Verein werde ihm verleidet, die Schreiber aber
würden nachher wie vorher nur thun, was ihnen beliebte. Das schien
auch mir so vollkommen richtig, daß ich dem König nichts sagte. Unser
Aufwärter ging demüthig hin und brachte alte unbrauchbare Scherben
zurück.

Das Beste, was die Vereinssammlung geziert hat, gruben wir
selber aus. Das Land wimmelt von Heidengräbern der verschiedensten Art. Hauptmann v. Dürrich, der mehr als zwanzig Jahre lang
als Ingenieuroffizier bei der Landesvermessung mitwirkte und dem
kein Berg und Thal unbekannt geblieben ist, hatte überall die Gegenden bezeichnet, die noch viel Hügelgräber haben und solche, wo unter
der Erde verborgene Gräber entdeckt worden sind. Unter allen Ausgrabungen, die damals von Vereinsgliedern und anderen gemacht
wurden, waren zwei die merkwürdigsten, die Hauptman v. Dürrich
und ich gemeinsam unternahmen. Wir haben darüber in zwei illu-
strirten Heften des württembergischen Alterthumsvereins ausführlich
Bericht erstattet und die Funde abbilden lassen.

Meine Alterthumsstudien brachten mich auch mit Jakob Grimm
in Berührung. Ich hatte ihn schon früher einmal in Stuttgart kennen
gelernt und gab ihm einen ganzen Stoß Notizen zu seiner deutschen
Mythologie, die ich im Verlauf der Jahre gesammelt hatte. Da ich
es für eine meiner wichtigsten Lebensaufgaben hielt, die deutsche Geschichte zu erforschen, so mußten mich natürlicherweise die ältesten
Zeiten umsomehr interessiren, als sie noch so wenig aufgehellt waren.
Ich hatte schon in den zwanziger Jahren eine große Masse Excerpte
zur ältesten deutschen Sitten- und Rechtsgeschichte gemacht, an die
sich nach und nach immermehr andere auch über unsere älteste Heidenreligion, Volksaberglauben und Volkssagen anschlossen. Ich sammelte

dafür immerfort, konnte aber erst in den fünfziger Jahren Zeit gewinnen, um wenigstens einiges davon auszuarbeiten.

Im Jahr 1847 unternahm ich mit meinem Freunde Dürrich
größere Ausgrabungen in einem Bergwald oberhalb der Stadt Heidenheim an der Brenz. Es waren Hügelgräber von 50—100 Fuß im
Durchmesser, größtentheils mit Bäumen überwachsen. Die Arbeit an
diesen Hügeln war mühsam. Ganz unten auf dem gewachsenen Boden
war alles schwarz von der Asche des Scheiterhaufens, auf dem man die
Todten verbrannt hatte. Genau in der Mitte befanden sich größere
und kleinere Urnen von Thon, größtentheils sehr zerbröckelt. Diese
sind zuerst mit Erde ganz zugedeckt worden, und erst in der zweiten
Schicht darüber lagen hauptsächlich Halsringe, Armringe, Gürtel und
Beinringe von Bronze, auch der Rest eines Gürtel- und Schürzen-
beschlags von Bronze. Desgleichen der Beschlag eines längst vermo-
derten Trinkhorns. Von Waffen fand sich nur eine Lanzenspitze, von
edlem Schmuck ein einziger goldner Ohrring, der sich in der Erde wie
neu erhalten hatte, weil er vom reinsten Golde war. Man konnte
nichts Geschmackvolleres in dieser Art sehen. Zwanzig Jahre später
saß ich einmal bei der Tafel neben der schönen Frau v. Rosenberg,
Gemahlin des preußischen Gesandten in Stuttgart, als ich bemerkte,
sie trage Ohrringe, welche dem von mir in jenem Hügelgrab gefun-
denen vollkommen glichen. Ich machte sie darauf aufmerksam und sie
sagte mir, sie habe diese Ohrringe aus Stockholm mitgebracht, wo
ihr Gemahl früher Gesandter war. Man habe dort in alten schwedischen Heidengräbern solche Ohrringe, wie auch Armringe von gleicher
Schönheit, die sie mir zeigte, aufgefunden und wegen ihrer geschmack-
vollen Form hätten sich die Damen ganz ähnlichen Schmuck machen
lassen. Es ist für die Culturgeschichte nicht ohne Interesse, daß dieselbe Schmuckart in Schweden und an einem Nebenflüßchen der Donau
in alten Gräbern gefunden wurde.

Unter dem Waldberge, auf welchem wir die Hügelgräber öffneten,
liegt das Dorf Mergelstetten mit einer ansehnlichen Fabrik der Ge-
brüder Zöppritz, in deren Familienkreise wir die gastlichste Aufnahme

fanden. Auch besuchte uns im Walde der dicke Herzog Paul Wilhelm von Württemberg, der in der Umgegend ein Jagdrevier besaß. Trotz seines Körperumfangs war er außerordentlich munter und rasch, wie er denn auch weite Reisen in zwei fernen Welttheilen am obern Nil und am obern Missouri gemacht hat. Er hat mir auch in Stuttgart, wo er sich jedoch nie lange aufhielt, immer viel Vertrauen und Liebe bewiesen. Da wir uns fast den ganzen Tag im Walde aufhielten, genossen wir ein seltenes Schauspiel. Der Wald wimmelte nämlich in diesem Sommer von großen Hirschkäfern, die zu tausenden auf dem Boden herumliefen, da sie doch in andern Jahren nur viel seltener vorkommen. Zwei Jahre vorher beobachtete ich eine ähnliche Naturseltenheit in der Nähe von Stuttgart in den Wäldern auf der Feuerbacher Haide und der Solitüde. In diesem Jahr nämlich wimmelte der Wald von unzähligen Molchen, den großen schwarzen und prachtvoll goldgelb gefleckten Thieren, die in andern Jahren nur selten gesehen werden. Mehrere dieser Thiere kamen damals auch in meinen Keller in Stuttgart, verschwanden aber bald wieder.

Während ich noch in Heidenheim war, ereignete sich dort ein Vorfall, der beim Volk einen tiefen Eindruck machte. Im Jahre vorher war Mißwachs eingetreten, dem große Theurung folgte. Daher der sog. Maikrawall in Stuttgart, ein kleiner Volksaufstand gegen die vermeinten Kornwucherer. Indem man im laufenden Jahre einer ergiebigen Ernte immer näher kam, sanken die hohen Kornpreise allmählich herab. Auf dem Markt in Heidenheim wurde viel Getreide verkauft. Ein einziger reicher Bauer wollte den Preis nicht ermäßigen, behielt also seine vollen Dinkelsäcke drei Wochen nach einander, immer in der Hoffnung, Unwetter werde die Aussicht auf eine gute Ernte noch vereiteln. Als aber das Wetter lange heiter blieb und das Getreide jeden Markttag wohlfeiler wurde, gerieth er in Grimm und Verzweiflung und stürzte sich von der Brücke in die Brenz hinunter.

Ich komme auf mein Studium deutscher Alterthümer zurück, dessen Ergebnisse ich acht Jahre später in meinem „Odin," der 1855 gedruckt wurde, und in mehreren Abhandlungen über die altdeutsche

Feier der Sonnenwende, über die Sonnenlehen, die Heimchen, Thors Mütter ꝛc. in der Germania meines Freundes Pfeiffer und in einem Abriß der Riesen-, Nixen- und Elbenmärchen im ersten Bande meiner „deutschen Dichtung" niederlegte. Schon einige Jahre früher hatte ich in einem Bändchen unter dem Titel „Mythologische Forschungen und Sammlungen" vier dem mythologischen Gebiet angehörige Monographien Adams, Amors, des Regenbogens und der Bienen zusammengetragen. Ich hatte solcher Monographien noch viel mehr angelegt, unterließ es aber, mit ihrer Herausgabe fortzufahren, weil es doch nur Material war, nur von sehr relativem Werthe, wenn es nicht in einem größern Ganzen verarbeitet wurde.

Neu war in meinem Werke über die deutsche Dichtung das umfassende Herbeiziehen der noch im Volksmunde lebenden Märchen und Sagen, denen ich eine größere Aufmerksamkeit widmen zu müssen glaubte, als alle bisherigen Sammler, da ich ihren bisher zu wenig erkannten Werth theils als zum nationalen Schatz deutscher Dichtung gehörig, theils als Schlüssel zum Verständniß sehr alter Mythen der europäischen Heidenzeit, bei fortgesetztem Studium immer deutlicher begriff.

Diese Studien brachten mich mit vielen Männern in Berührung, die auf demselben Felde arbeiteten. Ich stand in lebhaftem Verkehr mit dem bayrischen Oberbaurath Panzer, dessen frühen Tod ich tief beklagte. Dem gleichfalls um die bayrische Sagenforschung hochverdienten Ministerialrath Schönwerth schrieb ich die Vorrede zu seinen Sitten und Sagen aus der Oberpfalz. Dem geistreichen Sammler der Schweizer Sagen, Professor Rochholz, hatte ich Gelegenheit, zur Veröffentlichung seiner Arbeiten behülflich zu sein. Von dem liebenswürdigen Tiroler Sagensammler, Professor Zingerle in Innsbruck, wurde ich besucht und besuchte ihn wieder, bei welchem Anlaß ich mich auch der Gastfreundschaft des Ritter von Alpenburg erfreute, des unermüdlich thätigen und wohlthätigen Mannes, dessen von Bechstein eingeleitete Sagensammlungen zu den besten gehören. Auch J. W. Wolf machte mir die Freude seines Besuchs, war aber damals schon leidend und endete sein für die Wissenschaft so nützliches Leben nur allzu frühe. Auch Mannhardt, der nach ihm die Zeitschrift für deutsche Mythologie redigirte, kam von Tübingen aus einigemal zu mir, ein sehr lebhafter Geist in kleinem Körper. Zweimal besuchte mich Rußwurm, der im hohen Norden zu Hapsal für Sagenforschung wirkt, Verfasser des reichhaltigen Werkes Eibofolke. Firmenich, den Sammler der Völkerstimmen Germaniens, lernte ich in Rom kennen. Fast alle Sagen- und Liedersammler schickten mir ihre Bücher zu, sogar noch vom alten Breslauer Büsching erhielt ich ein Schreiben. Desgleichen von Kretschmer, von Erlach, Preußer, Eiselein, Montanus, Sommer, Gräve, Pröhle, Kaufmann, Wenzig, Rank, Hocker, v. Leoprechting, E. Meier, Simrock, Cassel ꝛc. Auch von Ettmüller, Diez in Bonn, Genthe, Bergmann in Wien, Holland in München ꝛc.

Ueber meinen Odin schrieb mir Jakob Grimm aus Berlin am 21. August 1855: Verehrter Herr und Freund! Ich bin Ihnen schon lange Dank zu sagen schuldig für die gütige Zusendung Ihres Odin. Sie wissen mich aber in einem Strudel von Arbeiten, die nicht nachlassen und statt deren, wenn ich ihnen Einhalt thue, andere auf mich eindringen. Dann ist es aber auch schwer, ein Urtheil zu fassen und zu fällen über ein Buch wie das Ihrige. Sie haben darin eine Fülle von sinnigen Combinationen verflochten, deren viele ansprechen, viele auch Zweifel hinterlassen. Wie sollte es auf einem solchen Felde, wenn man es beherrschen will, anders ergehen? Was Sie über den Trotz und die Unbußfertigkeit des deutschen Heidenthums sagen, ist sehr treffend; ich bekenne mich noch heute zu dem menschlichen Muth und gegen die weinerliche kirchliche Empfindung die sich jetzt unnatürlich in die Höhe drängt. Sie werden von mir nicht erwarten, daß ich im engen Raume eines Briefes auf Einzelnes eingehe und es lobe oder bestreite. Ich hoffe, daß Ihre Schrift dazu beitragen wird, unsere Mythologie zu erweitern und zu verfeinern. Meiner etwas strengeren Methode wäre dies nicht gelungen, weil sie den Leser weniger anzuziehen vermag. Es freut mich, daß durch Wolfs Tod die von ihm begründete Zeitschrift nicht untergehen wird, denn sie liefert einen reichen Zuwachs an Stoff, wonach wir alle, wie wir auch sonst verschieden verfahren, begierig sind. Ich wünsche Ihnen zur Fortsetzung Ihres Werks alle Freude und Lust und verbleibe mit wahrer Hochachtung Ihr ergebenster Jacob Grimm. — Dieser Tage erfreuten mich Haltrichs Sammlungen zur deutschen Thiersage (Kronstadt 1855). Sie bezeugen, daß man auch im fernen Siebenbürgen mit Erfolg auf unsere Mythologie und Sage achtet."

Ich habe jedoch nicht gefunden, daß der eigentliche Kern meiner Forschungen über das altdeutsche Heidenthum recht begriffen worden wäre. Grimm deutet nur an, daß er meine Auffassung des Odinismus theilt, obgleich dies in seiner deutschen Mythologie nicht ausgesprochen ist. Von andern, die sich mit deutscher Mythologie abgeben, muß ich immer noch lesen, daß sie Odin für einen guten Gott, noch dazu für einen Naturgott und am Ende gar für den Sonnengott halten. Sie haben also nicht begriffen oder nicht gelesen, was ich darüber geschrieben und klar genug bewiesen habe. Es würde nicht viel daran liegen, wenn es sich hier um eine gelehrte Meinungsverschiedenheit in Bezug auf unbedeutende Dinge handelte. Es handelt sich aber um das Wesentlichste, was den altdeutschen Heidenglauben charakterisirt, und wodurch sich derselbe von den Heidenreligionen aller andern Völker unterscheidet. Ohne den Odinismus richtig zu verstehen, kennt man unsre heidnischen Vorfahren so gut wie gar nicht oder macht sich von ihnen allzu geringe Begriffe.

Die unbändige Heldenkraft der alten Deutschen war etwas ganz anderes, als die Tapferkeit der amerikanischen Wilden. Es war ein Geist und ein Bewußtsein darin, wie es bei keinem andern Volke vorkommt, und grade davon gibt die Odinslehre Zeugniß. In Odin ist der innerste Geist des deutschen Volks, jene treibende Kraft personificirt, welche das Volk zum herrschenden in der Weltgeschichte machte, jener furor teutonicus, den schon die Römer anstaunten. Bei diesem Volke war die Kraft und der durch sie erzielte Erfolg alles, und die Moral stand ganz im Hintergrunde. Deswegen ist Odin ein schrecklicher und böser Gott, wie alle deutschen Stämme der Völker-

wanderung schreckliche und böse Völker waren, ehe sie zum Christen-
thum bekehrt wurden. Bei den Normannen hat sich die alte odinische
Härte am längsten erhalten, weil sie am spätesten bekehrt wurden.
Wer den echt odinischen Geist kennen lernen will, wie er noch tief in
die christliche Zeit hineinragte, der lese Shakespeares historische
Trauerspiele. Auch heute noch ist der alte heidnische Trotz von der
christlichen Milde nicht überall in der germanischen Race überwunden.
Man stelle sich nur die Yankees vor.

Indem die alten Deutschen zu ihrem höchsten Gotte die Praxis
erhoben, die Thatkraft und ihren Erfolg, löste sich von vorn herein
ihre ganze heidnische Theologie von derjenigen der südlichen Heiden-
völker ab. In den Naturreligionen dieser südlichen Völker wurden
immer nur Götter des Raumes verehrt, Sonne, Mond und Sterne,
Himmel, Erde und Meer, Wald und Quellen, Gewitter, Morgenröthe, Regenbogen ꝛc. Um die Zeit kümmerten sie sich fast gar nicht.
In ewig gleichem Kreislauf wiederholten sich ihnen jährlich dieselben
Erscheinungen der räumlichen Natur. Im Heidenglauben der alten
Deutschen war dagegen alles Räumliche Nebensache und herrschten
die Begriffe der Zeit und Ewigkeit vor. Die Zeit wurde als eine
große, rastlos fortstürmende Bewegung echt dramatisch aufgefaßt,
voll von Kraftäußerung und Handlung, aber von einem bösen Geist
regiert, daher trotz allem Großen und Herrlichen doch dem verdienten Untergange zueilend. Der treibende Geist der Zeit war Odin,
die Kraft ohne sittliche Schranke mißbrauchend, daher auch der
Glaube, daß er mit allen Göttern, die er beherrscht, und mit allem,
was er geschaffen, im großen Weltbrande untergehen müsse. Dieser
vergänglichen Zeit gegenüber dachten sich die alten Deutschen einen
höheren Gott, thronend in der ruhigen Ewigkeit, genannt Allvater,
der nach dem Ende Odins und seiner Zeitlichkeit eine neue Welt des
Friedens, des Rechts und der Liebe schaffen sollte.

Innerhalb der Zeitlichkeit und der Herrschaft Odins erkannten
die alten Deutschen wohl eine sittliche Macht, ein heiliges Recht, eine

erle Opferfähigkeit, eine mütterliche Liebe und eine reine Unschuld an, aber nicht als herrschende, sondern als unterdrückte Mächte. Das Recht des gemeinen Volkes vertrat Thor der Donnergott, das Recht der Weiber die gute Mutter Frigg, den Adel der Gesinnung Sigurd. Die ganze Lehre aber culminirt in dem Satze: Ueber allen Göttern und Menschen hoch erhaben steht die Göttin des reinen jungfräulichen Lichts, aus der Ewigkeit stammend, die zwar als Sonne in die Zeit- lichkeit gebannt ist, dieselbe aber überdauern wird und innerhalb der Zeit solche Menschen, die sich durch ihren sittlichen Werth über die Götter der vergänglichen Zeit erheben, beschützt und zu sich in ihre Ewigkeit nimmt. Diesen germanischen Grundgedanken theilte auch die altgriechische Mysterienlehre, wie ich in meiner „Vorchristlichen Unsterblichkeitslehre" ausführlich nachgewiesen habe. Man muß dar- aus endlich erkennen, daß unsern heidnischen Vorfahren viel mehr Geist innegewohnt hat, als die in der classischen Schule verzogenen Gelehrten bisher begriffen oder nur geahnt haben.

Innerhalb des classischen Gebiets bekämpften sich zunächst vor- nehmlich die Euhemeristen und Pantheisten. Dann kamen noch an- dere Lieblingsmeinungen auf. In dem Maaße, wie der classische Horizont sich durch das Bekanntwerden unleugbarer orientalischer Einflüsse auf die griechische Mythologie auszudehnen anfing, beeiferte sich der berühmte Otfried Müller, im Widerspruch mit jener Tendenz alle griechischen Mythen so viel als immer möglich zu lokalisiren und jeder eine bestimmte örtliche Entstehung zuzuerkennen, gewissermaßen alle Mythen zu Autochthonen zu machen. Andere Gelehrte, wie z. B. Creuzer, hingen mit der zu Anfang des Jahrhunderts Mode gewordenen Naturphilosophie zusammen und legten daher etwas zu viel Werth auf die Vergötterung der Natur und etwas zu wenig auf die Abspiegelung der Volksthümlichkeit, der Sitten, Rechtsanschau- ungen ꝛc. in der nationalen Götterwelt. Leider ist diese Einseitigkeit in jüngster Zeit bis zur Absurdität vorgeschritten. Wir haben jetzt eine förmliche Schule, welche die ganze Mythenwelt einzig aus me- teorologischen Erscheinungen, aus Nebel, Wolken und Gewittern erklären will. Eine Methode, die in der That noch armseliger ist, als die sabäische, die überall nur Sonne- und Mondbilder sieht.

Seitdem so viele Gelehrte in den orientalischen Sprachen und Literaturen forschen, ist ein Rückschlag gegen das griechisch-römische Studium erfolgt. Der so eigensinnig zurückgewiesene Einfluß orientalischer Ideen auf die alten Hellenen wird jetzt schon in ganz übertriebener Weise geltend und bei jeder mythologischen Forschung zur Hauptsache gemacht. Sogar in germanischen Mythen und Volkssagen will man brahmanische Spuren auffinden, und einer unserer Gelehrten leitet sogar alle Mythenbildung vom Buddhismus her. So viele Einseitigkeiten widersprechen sich gegenseitig und kommt daher auch keine zu allgemeiner Geltung. Sie verwirren indeß das ohnehin verwirrte Terrain noch viel mehr und schrecken gewiß manchen aufstrebenden Jüngling, wie auch den wissensdurstigen Theil des Publikums von der Mythologie zurück.

Gleichwohl ist die Mythenforschung durch ausgezeichnete Monographien und insbesondere durch Publikation immer neu entdeckter schriftlicher und Kunstdenkmäler der heidnischen Vorzeit ausnehmend gefördert worden. In den zahlreichen Vasenbildern, Terrakotten, etruskischen Spiegeln, in den immer noch neu entdeckten Wandbildern von Pompeji 2c. sind den Mythologen ganz neue Seiten der altgriechischen Mythenwelt enthüllt worden. In Eduard Braun hat die Neuzeit einen Forscher erlebt, der mit dem Schönheitssinn Winckelmanns zugleich die klarste Orientirung in den bisher verwickeltsten Gruppirungen z. B. des neptunischen und bacchischen Gebietes verbindet. In Bezug auf die antiken Grabbilder haben Stephani in Petersburg und Bachofen in Basel den feinsten Sinn für das Verständniß griechischer Symbole und Mythen bewährt. Auf der andern Seite ist uns in wenigen Jahrzehnten ein überreiches Mythenmaterial aus dem Orient und aus dem Norden zugeflossen. Englische, französische und deutsche Gelehrte haben gewetteifert, das wichtigste der brahmanischen und buddhistischen Literatur, den Avesta der Perser 2c., sogar altägyptische Hieroglyphen und assyrische Keilschriften durch Uebersetzungen in Europa bekannt zu machen. In Kopenhagen hat man fortgefahren, die Schätze altisländischer Literatur drucken zu lassen. Nicht weniger ist in England für die altgälische Literatur geschehen. Auch aus der slavischen Vorzeit ist von Petersburg und Prag aus vieles bekannt geworden. Endlich hat man durch Reisende schon so viel vom Heidenthum und von den Mythen sogar Amerikas und Afrikas erfahren, daß die betreffenden Forschungen schon in ganzen Lehrbüchern zur Uebersicht gebracht worden sind.

Es ist auffallend, liegt aber ganz in der deutschen Art, daß in Deutschland selbst grade das Verständniß des altdeutschen Heiden=thums noch am wenigsten weit gediehen ist. Man täuscht sich in Deutschland über den Brahma und Buddha weniger, als über unsern einheimischen Odin oder Wodan.

Am wenigsten ist bisher für die vergleichende Mythologie ge=leistet worden, und doch kann ohne sie keine richtige und umfassende Einsicht in die heidnische Vorzeit erlangt werden. Nur an der Hand der vergleichenden Mythologie kann die Entwicklung des menschlichen Geistes in der vorchristlichen Zeit erforscht werden. Denn in den Mythen spiegeln sich die feststehenden Charaktere der Nationen in beinahe regelmäßigen Gegensätzen ab und zugleich auch die durch die gegenseitige Berührung bedingte Fortbildung, theils zur Versöhnung des Gegensatzes in etwas Neuem und Höherem, theils zur noch größern Verschärfung des Gegensatzes. Es ist gewiß vom höchsten Interesse, diese ursprünglich schon im Raceunterschied bedingten Gegensätze kennen zu lernen und überhaupt zu wissen, wie sich die in den Götterlehren, Mythen und Mysterien concentrirten Geister der Hauptnationen in der alten Welt mit ihrer eignen Weisheit be=holfen haben, ehe ihnen durch das Christenthum die göttliche Offen=barung zu theil wurde. Es ist wohl etwas Wahres daran und in der christlichen Tradition durch die Bedeutung der Propheten und Sibyllen anerkannt, daß dem christlichen Morgenlicht eine Dämmerung voraus=ging, eine im Heidenthum selbst unwiderstehliche Sehnsucht nach dem Licht und Ahnung desselben erwacht war. Dazu aber bedurfte es eben der ganzen schwarzen Nacht des Heidenthums, und der tiefe Unterschied des Christenthums vom Heidenthum wird dadurch grade bestätigt und keineswegs, wie Einige geglaubt haben, ausgeglichen.

Die Mysterienlehre aller alten Völker ist ausschließlich Unsterb-lichkeitslehre, Vertröstung der Eingeweihten auf das ewige Leben. Auch die eleusinischen Geheimnisse, die dem cerealischen Cultus ange-hören, enthielten keinen andern Gedanken, als daß der Mensch sich verhalte wie das Saatkorn, welches in die Nacht der Erde vergraben, doch nicht todt bleibe, sondern im Frühling in der sprossenden Saat seine Auferstehung zum Lichte feiere. Weil aber die Unsterblichkeits-lehre fast aller Völker voraussetzte, der Mensch sei ein gefallener Geist, ein wegen irgend einer Schuld aus der Ewigkeit in die Zeit-lichkeit verbanntes Wesen und kehre nach dem Tode in die Ewigkeit zurück, mußten sich die Mysterien zunächst mit der Grenze zwischen der Ewigkeit und Zeitlichkeit und mit den Eingangs- und Ausgangs-pforten aus der einen in die andere beschäftigen.

Die Alten kamen zu der Erkenntniß, jene Pforten, die aus der Ewigkeit in die Zeitlichkeit und umgekehrt hinüber führten, seien aus-schließlich die Knotenpunkte des Sonnenlaufs, die Solstitien und Aequinoctien. Mithin wurde das Sonnenjahr, seine Symbolik und sein Cultus die Unterlage der Mysterienlehre. Da nun die astro-nomischen Berechnungen des Sonnenjahrs, des Laufes der Sonne durch die zwölf Sternbilder oder s. g. Thierzeichen und der Zusam-menhang der Planeten mit der Sonne wahrscheinlich den Magiern im alten Babylon zu verdanken ist, so liegt die Vermuthung nahe, daß auch schon die älteste Mysterienlehre von dieser berühmten Ge-nossenschaft der Magier ausgegangen ist. Mit dem Kalender und dem Festcyklus des Sonnenjahres haben sich auch Symbolik und Mythologie der Sonnen- und Planetengötter und der in den ver-schiedenen Jahreszeiten vorwaltenden Naturkräfte in alle Länder ver-breitet, nach Judien und China, nach Aegypten, Griechenland und weithin nach dem Norden und Westen Europas. Der Einfluß, den der Kalender übte, ist überall wiederzuerkennen, wenn auch Klima, geographische Lage, die große Verschiedenheit der Racen und der Zeiten mannigfaltige Modificationen in der Symbolik, im Mythus und Cultus bedingten. Auch die christliche Religion konnte am Kalender nichts ändern und dem Sonnenjahr, wie dem unabänderlichen Festcyklus desselben nur eine höhere Weihe geben. Aus diesem Grunde fiel die Geburt Christi genau in dasselbe Solstitium, in welchem schon die Mysterienlehre der Heiden die Pforte erkannt hatte, durch welche die Herrlichkeit des Ewigen in die Niedrigkeit des Zeitlichen hinabsteigt.

Ich beschäftigte mich sehr viel mit dieser Frage, die das älteste Bewußtsein der Menschheit betraf, in dessen Dunkelheiten einzudringen und einige Klarheit zu verbreiten, einen hohen Reiz hat. Ohne mich damit zu übereilen, ja ohne die Absicht, etwas darüber zu schreiben, verfolgte ich dieses Studium nur in Nebenstunden nahe an vierzig Jahre lang. Dabei merkte ich immer deutlicher, wie viele Lücken das Wissen meiner Vorgänger übrig gelassen hatte und wie wenig noch zwischen den Forschungen des einen und andern verglichen und combinirt worden sei. Der Heidenglaube unserer deutschen und nordischen Vorfahren war noch immer gröblich mißverstanden, was freilich nicht Wunder nehmen darf, da das Studium desselben eigentlich erst mit Jakob Grimm in einigen Aufschwung gekommen ist. Ungleich mehr überraschte mich die allmähliche Entdeckung, daß auch die Symbolik, die Mythen und Mysterien des classischen Alterthums, obgleich sich seit mehreren Jahrhunderten schon Tausende von Gelehrten damit beschäftigt haben, noch nie klar verstanden worden sind, die Begriffe davon noch immer in chaotischer Verwirrung liegen. Ich forschte immer ruhig fort und erst, nachdem ich 71 Jahre alt geworden war, erachtete ich es für räthlich, die Hauptergebnisse meiner diesfälligen langen Forschung in den Druck zu geben, ehe mich der Tod ereilen würde. Bücher dieser Art haben immer nur ein kleines auserlesenes Publikum, ich war also Herrn Reisland, Inhaber der Fues'schen Verlagshandlung in Leipzig dankbar, daß er den Verlag

meines Werks unter dem Titel „die vorchristliche Unsterblichkeitslehre" 1869 übernahm.

Dasselbe enthält die Hauptsache, doch dient ihr eine zweite Arbeit „Symbolik und Mythologie des Sonnenjahrs," die ich noch
druckfertig im Manuscript zurückbehalten habe, zur nothwendigen
Ergänzung oder eigentlich zur Einleitung.

IV. Naturstudien.

Ich war von Jugend auf ein warmer Freund der Natur.
Schon meine Kindheit brachte ich in einer schönen und waldreichen
Gebirgsgegend unter reichen Erzeugnissen des Bergwerks und Petre-
fakten zu, wunderbaren Resten einer untergegangenen Pflanzen- und
Thierwelt, prachtvollen tropischen Farrnkräutern und verweltlichen
Fischen, in Schiefer abgedruckt. Ich liebte, auf die Berge zu schweifen
und im Wald an jenen reizenden lichten Stellen zu verweilen, wo
um bunte nur seltene Waldblumen Schmetterlinge schwebten, oder
ich suchte die geheimnißvolle Orchis im tiefen Schatten. Die Groß-
mama unterhielt, wie früher erwähnt, in ihrem geräumigen Hofe
grüne und weiße Pfauen, einen Storch, einen Kranich, Perlhühner ꝛc.
Die ganze Thierwelt wurde mir aufgeschlossen durch die Bilder in den
zahlreichen Bänden Buffons. Ich hatte die Vaterstadt noch nicht verlassen, als ich schon mancherlei naturgeschichtliche Beobachtungen gemacht
hatte, die man ihrer Seltenheit wegen nie wieder vergißt, z. B. einen
stundenlangen Kampf kleiner gelber Ameisen gegen große dunkel-
braune, wobei gegen alle Erwartung die letzteren unterlagen und zu
tausenden umgebracht wurden.

Später auf dem Lande brachte ich Winter und Sommer die meiste Zeit im Freien zu, beaufsichtigte die Arbeiter im Felde und auf den Wiesen, oder war im Walde, jagte, legte Dohnen, suchte seltne Blumen, sammelte Beeren und eßbare Pilze, wovon es in jenen Gegenden wimmelte und die ich in Süddeutschland nur selten wiedergefunden habe. Der Wald wurde meine eigentliche Heimat. Ganz neue Naturwunder gingen mir aber im polnischen Urwald auf, wovon ich schon im zweiten Kapitel des ersten Buches ausführlicher gehandelt habe.

In Breslau war ich entfernt von der Natur, begann aber mehr über sie zu lesen und wurde durch den geistreichen Naturphilosophen Steffens lebhaft dazu angeregt. Deshalb wurde ich auch in Jena einer der eifrigsten Schüler des Naturphilosophen Oken. Ich habe schon erwähnt, daß ich auf meiner Fußreise von Berlin nach Jena Betrachtungen über die Eichenanpflanzung anstellte und einen Aufsatz darüber herausgab, das erste, was von mir gedruckt wurde; ebenso, daß ich Oken, dessen Vorträgen ich mit Begeisterung folgte, doch schon als Student an den Donnerstagabenden, die seine Vertrauten bei ihm zubrachten, opponirte, sofern mir sein Schematismus der Wirklichkeit Gewalt anzuthun schien. Er blieb mir sein ganzes Leben hindurch gewogen, besuchte mich, als er aus Jena vertrieben war, in der Schweiz und empfing später, nachdem er eine Anstellung in München gefunden hatte, dort meinen Gegenbesuch. Später kam er nach Zürich und noch kurz vor seinem Tode stand ich ihm in einer literarischen Fehde bei.

In der Schweiz war ich auf meinen vielen Alpenreisen durch die schönen Schmetterlinge angereizt, mir eine Sammlung derselben einzufangen, welche, gut conservirt, heute noch eine Zierde meiner Zimmer ist und mich an manchen schönen Tag einer nie wiederkehrenden Jugend in der erhabenen Nähe der Jungfrau, des Schreckhorns und Finsteraarhorns erinnert. Auch in Stuttgart setzte ich noch einige Jahre auf Spaziergängen zu Thal und Berg meine entomologischen Studien fort, bis meine Kinder heranwuchsen, die ich auf meinen Ausflügen mitnahm, denen ich aber mit dem Einfangen und Tödten unschuldiger Thierchen kein böses Beispiel geben wollte. Ich muß noch bemerken, daß ich in Zürich im Hause des Naturforscher Schinz wohlgelitten war, der sich besonders mit Vögeln und Insecten beschäftigte und dem ich noch, als er mich einmal in Stuttgart besuchte, einige seltene Schmetterlinge mitgab. Der treffliche kleine Mann hatte manches Sonderbare. So setzte er z. B. seinem naturgeschichtlichen Bilderbuche die Bildnisse des Fürsten Poniatowsky und der berühmten Schauspielerin Mdlle. Georges in der Reihe der Säugethiere voran.

Als ich mich in Stuttgart ansiedelte, war der berühmteste Gelehrte daselbst der alte Professor Kielmayer, in welchem die ersten naturwissenschaftlichen Größen der Zeit, z. B. Cuvier, ihren ehemaligen Lehrer verehrten und der eigentlich auch der deutschen Naturphilosophie ihren ersten Anstoß gegeben hatte. Er trug noch immer, wie im vorigen Jahrhundert, einen kleinen Zopf, war aber von bezaubernder Freundlichkeit. Ein Fremder kam einmal mit einem riesenhaften Hufeisenmagneten in Stuttgart an und machte auf dem Museum großartige electro-magnetische Experimente. Die ausströmenden Flammen hatten etwas Imposantes und mancher Zuschauer erschrak davor. Als der Fremde zwei Drähte brachte und einen der Anwesenden ersuchte, sich einen auf die Zunge, den andern ins Auge legen zu lassen und die Wirkung des electro-magnetischen Stromes darin zu spüren, hatte keiner Lust. Ich werde nie vergessen, mit welchen hellen Augen der greise Kielmayer mich ansah und zu mir sagte: Nun Sie werden doch Muth genug haben? Ich ließ mir sogleich die Drähte anlegen und hatte keinen Schaden davon, wie sich von selbst verstand.

Ich hatte auch das besondere Glück, das Wohlgefallen des alten, als mathematischer Rechner berühmten Professor Wurm auf mich zu ziehen, der mich mehrmals zu sich einlud. Auch mit seinem Sohn wurde ich gut bekannt, er verließ aber Stuttgart, wurde Professor in Hamburg und hat sich später an die Gothaer angeschlossen.

Der alte Naturphilosoph, Professor Eschenmeyer, begrüßte mich bald nach meiner Verheirathung als Verwandter meiner Frau; da er aber seine Ruhetage in Kirchheim verlebte, sahen wir uns selten, und er nahm mir auch wohl ein wenig übel, daß ich den Weinsberger Geisterspuk, für den er Partei ergriff, so wenig schonte. Er war ein geistreicher und feiner Mann, aber er hatte sich wie Schelling, Oken, Steffens, Troxler, Wagner und eine Zeitlang sogar Görres viel zu sehr von der unglücklichen Systematik einfangen lassen, die von vorn herein eine Schablone aufstellt und darnach die ganze Natur construiren, ihr tiefsinniges Räthsel lösen will. Allerdings ist es geistlos, immer nur die Natur in ihren einzelnen Details zu studiren, allerdings muß man vergleichend verfahren, sich großartige Ueberblicke zu verschaffen suchen und von den Theilen auf das Ganze und von den Wirkungen auf die Ursache Schlüsse ziehen dürfen. Die Naturphilosophie hat durch dieses Zusammenfassen der Natur im Ganzen nicht nur der geistlosen Empirie, sondern auch der Willkür entgegengewirkt, mit der gerade die trockensten Empiriker phantastische Hypothesen ersinnen, um etwas zu erklären, was sich nur aus einer Uebersicht des Ganzen erklären läßt, die ihnen eben fehlt. Damit ist aber nicht gemeint, daß die Naturphilosophen ein Recht haben sollten, mit dem Kreise ihrer unvollkommenen Erfahrung den Kreis der wirklichen Natur decken und eine der Wirklichkeit adäquate Construction der Natur aufstellen zu wollen. Das können sie nicht. Ihre Schablone bleibt immer ungenügend, und deshalb stellt jeder wieder eine andere auf. Jede neue Entdeckung in der Wirklichkeit stößt ein altes System um, weil es dessen Voraussetzungen widerlegt.

Der intelligente Mechanikus Kinzelbach in Stuttgart, der sich eine eigene Sternwarte erbaute, verschaffte mir ein ausgezeichnetes Fraunhofersches Fernglas, mit dem ich den ganzen Nachthimmel durchmusterte. Auch ein Plößl'sches Mikroskop und ein Sonnenmikroskop, Magnet, Prisma ꝛc. schaffte ich mir an und machte damit zahlreiche Versuche. Unter dem Mikroskop untersuchte ich eine Zeitlang mit besonderer Vorliebe die Pollen von hundert verschiedenen

Blütenarten und controllirte damit einigermaßen, was Hugo von Mohl darüber geschrieben. Mit dem jungen Apotheker Berg, einem geschickten Chemiker, untersuchte ich unter demselben Mikroskop die Crystallisation der mannigfachsten chemischen Stoffe. Berg lebte nicht lange. Er war Mitglied des Aristokratentisches, von dem ich schon gesprochen habe, im Museum in Stuttgart. Hier saßen wir eines Abends wie gewöhnlich beisammen, und Berg hielt, während er sprach, wie er das oft zu thun pflegte, sein halb mit Wein gefülltes Glas in die Höhe, ohne es, weil er noch nicht ausgeredet hatte, an die Lippen zu setzen. Da plötzlich zersprang ihm das Glas in der Hand mit einem hellen Klange und war mitten durch gerissen. Berg selbst erklärte das Phänomen aus der Wärme seiner Hand, die auf das Glas gewirkt habe, doch trat in der heitern Gesellschaft eine bedenkliche Stille ein, weil nach einem alten Aberglauben ein Glas, welches von selbst zerspringt, dem, der es hält, den Tod bedeutet, und wirklich fiel Berg schon in den nächsten Tagen, vom Schlage getroffen, auf der Straße um und war augenblicklich todt.

Ich machte auch manchen interessanten Versuch mit dem Sonnenmikroskop, aber diese Studien strengten mir das Auge zu sehr an, welches ich zu anderen, nöthigeren Studien brauchte, weshalb ich mein Mikroskop zuschloß. Länger brauchte ich das Teleskop, weil mir die astronomischen Studien wichtiger waren. Mit dem älteren Littrow wurde ich 1831 in Wien bekannt und besuchte ihn öfters auf der Sternwarte. Als wir Sonnenflecken beobachteten, bemerkte ich, daß er sich noch eines dunkelgelben Glases bediente. Ich hatte aber kurz vorher durch Kinzelbach aus London bereits die Zusammenstellung violetten und grünen Glases erhalten, wodurch man die Sonne schneeweiß und klarer als durch jede Färbung sieht. Littrow kannte die Erfindung noch nicht und bestellte die Gläser sogleich. Der ausgezeichnetste aller deutschen Astronomen jener Zeit, Mädler in Dorpat, machte mir die Freude, mir mehrmals Recensionen für mein Literaturblatt zu schicken.

Im Jahr 1834 wurde die jährliche große Naturforscherversammlung in Stuttgart abgehalten, und zwar unter den günstigsten Umständen, denn es geschah im September und in einem der besten Weinjahre. Die auf's gastfreundlichste empfangenen Gäste schwelgten beim herrlichsten Wetter im Genuß der süßen Trauben. Man sah da viele Größen der Wissenschaft, aber auch viele Mittelmäßigkeiten und Leute, denen es eigentlich nur um das Zweckessen und um die Befriedigung der Eitelkeit in Reden und Trinksprüchen zu thun war. Humboldt fehlte, ich lernte ihn erst später in Berlin persönlich kennen.

Mit dem geistreichen Anthropologen Autenrieth, Kanzler in Tübingen, wurde ich in der Ständeversammlung näher bekannt und unterhielt mich oft mit ihm, wenn grade eine langweilige Rede gehalten wurde, sehr angenehm hinter den Coulissen. Helfen Sie mir! rief er mir einmal entgegen, als ich in die Kammer eintrat. Die Universität Tübingen brauchte Leichen zur Unterweisung in der Anatomie und sprach außer den Leichen der Verbrecher auch die von Armen an, die auf Staatskosten unterhalten würden. Dagegen erhob sich nun die Prälatenbank und die conservative Partei aus Gründen der Frömmigkeit und Pietät für die Verstorbenen und in gleicher Weise die liberale Partei, welche den Reichen kein Privilegium vor den Armen gönnen wollte. Beiden Parteien zu widerstehen war dem Kanzler nicht möglich gewesen, er rief mich also zu Hülfe, und es gelang mir, solche Gründe für das Recht der Anatomie geltend zu machen, daß die Sache noch einmal an eine Commission gewiesen und der Kanzler Berichterstatter, ich sein Correferent wurde. Wir trugen nun einen vollständigen Sieg davon, indem wir sowohl die Frommen, als die Liberalen überzeugten, das steuerpflichtige Volk habe ein Recht auf gute Wundärzte im Frieden wie im Kriege, Regierung und Kammern hätten also auch die Pflicht, für gute Wundärzte zu sorgen, und die könne man nur haben, wenn sie gründlich Anatomie studirt und an Leichen operiren gelernt hätten.

Auch G. H. Schubert lernte ich kennen, da er mich von München aus mehreremale besuchte. Er war etwas corpulent und unent-

lich sanft und fromm, aber voll Geist und einem gewissen Schönheitssinn, den nicht alle Naturforscher mit ihm theilen. Seine naturwissenschaftlichen Lehrbücher gefielen mir viel besser, als seine frommen
Schriften, denn die letzteren schienen mir doch nur mehr für Frauenzimmer bestimmt zu sein.

In Basel lernte ich den Professor Schönbein kennen, den
seiner Zeit berühmten Erfinder der Schießbaumwolle. In meinen
ältern Correspondenzen finde ich noch Briefe, welche mir der Berliner
Astronom Ideler, der ältere Froriep in Weimar, der alte Brandes,
v. Martius in München, Heer in Glarus ꝛc. geschrieben haben.

Mit dem berühmten Chemiker Liebig, damals noch in Gießen,
kam ich im Jahr 1840 in eine interessante Berührung. Er schrieb
mir unter dem 25. August: „Ew. Wohlgeboren habe ich die Ehre in
dem Beifolgenden ein kleines Werk zu übersenden worin ich versucht
habe dem Ackerbau und der Physiologie eine auf wissenschaftliche Prin-
cipien gebaute Grundlage zu geben und eine von der Empirie unabhängige Theorie zu entwickeln. Die Ansichten über die Bedingungen
des Lebens der Vegetabilien, der Wirkung des Düngers und der Ursache der Vortheilhaftigkeit des Fruchtwechsels, zu denen ich gelangt
bin, sind aus einer Reihe von Untersuchungen hervorgegangen, deren
erstes Resultat in der Beweisführung besteht, daß gleiche Flächen cul-
tursähiges Land (mittlerer Boden) gleiche Quantitäten Kohlenstoff in
der Form von Holz, Heu, Stroh, Früchten oder Wurzeln produciren.
Es ergab sich hieraus mit Zuverlässigkeit die eigentliche und wahre
Quelle des Kohlenstoffs aller Vegetabilien, sie konnte nicht im Dünger oder sog. Humus gesucht werden, denn Wälder und Wiesen erhalten keinen kohlenstoffhaltigen Dünger und produciren demunge-
achtet eine Kohlenstoffmenge welche vollkommen gleich ist derjenigen
welche Getreideland hervorbringt. Ich habe zu zeigen versucht, daß
die Atmosphäre den Kohlenstoff in der Form von Kohlensäure enthält, nur daß ihre Fähigkeit den Kohlenstoff derselben sich anzueignen
die wesentliche Bedingung des Lebens der Thiere in sich schließe.

Durch den Respirationsproceß der Thiere und zahllose Ver-

33

brennungsprocesse wird der Luft in jedem Zeitmomente eine gewisse Menge Sauerstoffgas entzogen, es läßt sich mit annähernder Genauigkeit berechnen, bis zu welcher Zeitperiode die Luft durch Entziehung alles Sauerstoffs absolut untauglich werden würde, das Leben der Thiere zu unterhalten, wenn nicht eine Quelle existirte, durch welche der Sauerstoff wieder ersetzt würde. — Eine unergründliche Weisheit hat das Leben der Thiere abhängig gemacht von der Pflanzenwelt, ein jeder Morgen Ackerland sendet jährlich in die Luft 58,000 Cubikfuß des reinsten Sauerstoffgases, alles was durch Verbrennungs- und Athmungsprocesse verzehrt wurde, es wird im Lebensprozeß der Vegetabilien wieder ersetzt und erneuert. — Zur Ausbildung gewisser Organe und zur Verrichtung besonderer Functionen bedürfen die Pflanzen einer Anzahl organischer Stoffe, die ihnen der Boden liefert. Für gewisse Gattungen von Pflanzen ist ein Boden fruchtbar, wenn er diese zu ihrem Leben unentbehrlichen Bestandtheile enthält, er ist unfähig zu ihrer Entwicklung wenn sie ihm fehlen. — In jeder Art von Kraut, Frucht, Wurzeln nehmen wir dem Boden nicht nur die Elemente, welche die Pflanze von der Atmosphäre empfing, sondern auch die anorganischen Stoffe, die sie dem Boden entzog; geben wir ihm die letztern wieder, so bleibt sich seine Fruchtbarkeit gleich, durch unvollständigen Ersatz nimmt sie ab, sie steigert sich, wenn wir mehr davon zuführen als wir hinwegnehmen. Ich habe die Substanzen nachgewiesen die wir dem Acker nehmen und gezeigt, daß aller Dünger nur insofern einen günstigen Einfluß auf die Vegetation ausübt als er reich ist an diesen Körpern. Ich habe ferner die bisher unbekannte Quelle des Stickstoffes in den Pflanzen, von welcher die Entstehung des Klebers und der wichtigsten Nahrungsmittel der Thiere abhängig ist, in dem Regenwasser nachgewiesen und gezeigt, daß sie identisch ist mit der stickstoffhaltigen Substanz im faulenden Urine und thierischen Excrementen. Die Wirkung des Gypses auf die Vegetation, des gebrannten Thons erklärt sich dann auf eine höchst einfache Weise. Die Reihe, in welcher die Gewächse auf einem und demselben Boden, ohne sich gegenseitig in ihrer Entwicklung zu schaden, folgen dürfen, der Einfluß des Bodens auf die Cultur der Holzpflanzen, die besten und zweckmäßigsten Düngemittel, sie sind durch sorgfältige Analysen festgestellt worden. Die Processe der Gäh= rung, Fäulniß und Verwesung sind auf Ursachen von denen sie ab= hängig sind, zurückgeführt worden, eine rationelle Theorie der Wein=, Bier=, Branntweinbereitung, der Essig= und Salpeterbildung, der Entstehung der Braunkohle, der Steinkohle ergeben sich damit von selbst. Der Begriff von Gift, von Contagien und Miasmen und ihrer Wirkungsweise konnte mit Bestimmtheit festgestellt werden. Ohne Kenntniß der Materien, welche die Vegetabilien zu ihrer Ent= wicklung nicht entbehren können, der Nahrungsmittel die sie aus der Luft und aus dem Boden ziehen, der Substanzen die wir in der Ernte dem Boden nehmen und in dem Dünger wiedergeben müssen, d. h. ohne Kenntniß der chemischen Bedingungen ihres Lebens, kann an irgend eine rationelle Cultur nicht gedacht werden. Bei neuen For= men, welche die Nahrungsmittel der Pflanzen und Thiere in dem Or= ganismus annehmen, der Assimilationsproceß und Respirationspro= ceß, die zahllosen anomalen Bildungen und Veränderungen, durch welche ein Heer von Krankheitserscheinungen charakterisirt wird, sie müssen so lange völlig unerforschlich bleiben, als wir die Zusammen= setzung der Körper nicht kennen, die zur Nahrung gedient und die Metamorphosen, die sie erlitten haben. Diese chemischen Beziehungen sind es vorzüglich, auf welche ich die Aufmerksamkeit der Naturforscher und Aerzte in diesem Werke habe lenken wollen.

Ich würde Ihnen sehr dankbar sein, wenn Sie die Güte haben wollten, in dem Morgenblatte eine Analyse dieses Werkes geben zu wol= len, es ist nicht blos für Oekonomen und Physiologen, sondern für Ge= bildete überhaupt geschrieben, so daß ich einen Werth darauf lege, wenn das größere Publikum Kenntniß von seiner Existenz erhält. Sie finden vielleicht in diesem Buche den Schlüssel zu meinem Aufsatze über den Zustand der Chemie in Preußen insofern darin der Beweis niederge= legt ist, daß ohne gründliche Kenntniß in Chemie und Physik keine

33*

reellen Fortschritte in der Agricultur und Physiologie erwartet werden
können. Mit der aufrichtigsten Verehrung ꝛc. Dr. Justus Liebig."

In demselben Jahre schickte mir Liebig jenen Aufsatz aus seinen
Annalen der Chemie „Ueber den Zustand der Chemie in Preußen"
und bat mich, zur größern Verbreitung desselben durch mein Literaturblatt beizutragen, wenn ich auch nur einen Auszug des Inhalts
mittheilen und die Bedeutung der Sache hervorheben könne. Er
fügte hinzu, „Grade jetzt, wo durch Altensteins Tod die Hegel'sche
Schule ihre Hauptstütze verloren hat, dürfte eine Aenderung in den
Ansichten der Regierung in Preußen zu erwarten sein. Es bedarf für
sie nur eigentlich des Bewußtwerdens der Mängel, um sie zu beseitigen. Ich würde Ihnen sehr dankbar sein, wenn Sie mich mit einer
Antwort beehren wollten. Wenn auch mein Aufsatz seiner Form wegen
keine Aufnahme in Ihrer Zeitschrift finden kann, so schätze ich mich
dennoch glücklich, hiedurch Gelegenheit zu haben, Ihnen die hohe Achtung und Bewunderung auszudrücken, die Sie mir durch Ihre Aufsätze im Literaturblatte und Ihre historischen Schriften eingeflößt
haben, so wie die aufrichtige Anerkennung der großen Verdienste, die
Sie sich um die wahrhaft bessere Geistesrichtung in Deutschland erworben haben."

In dem gedachten Aufsatze war nachgewiesen, daß in Berlin
Rose zwar ein Laboratorium habe, aber nur ein gemiethetes, und daß
die Regierung nur einen Theil der Miethe trage, sonst nichts; daß
Rammelsberg auch ein Laboratorium eröffnet habe, aber ohne alle
Unterstützung der Regierung, und daß nur Mitscherlich jährlich aus
dem Fond der Akademie 4 bis 500 Thaler erhalte; daß es ferner
weder in Königsberg, noch in Halle, weder in Greifswald noch in
Bonn ein Laboratorium gebe. Ich machte nun in meinem Literaturblatt die entsprechende Anzeige und theilte sie dem k. preußischen Gesandten in Stuttgart mit, zu Handen des Ministeriums in Berlin.
Minister Eichhorn bestellte sogleich fünfzig Exemplare der Nummer
meines Blattes, vertheilte sie an die preußischen Universitäten und
forderte Gutachten ein. Sämmtliche Chemiker und Physiker bestätig-

ten Liebigs Aussage und benutzten die Gelegenheit, um Abhülfe zu verlangen. Bald darauf besuchte mich Liebig in Stuttgart und sagte mir, das ganze Ergebniß sei gewesen, daß der Minister 3000 Thaler an die verschiedenen Universitäten vertheilt habe, was viel zu wenig sei, um auch nur ein genügendes Laboratorium herzustellen. Warum hat Humboldt in dieser Angelegenheit nichts gethan?

Alexander von Humboldt konnte nicht leiden, wenn irgend ein Naturforscher eine seiner Meinungen bestritt. So konnte es der treffliche Meyen trotz seiner reichen Kenntnisse und Erfahrungen in Preußen zu nichts Rechtem bringen, weil er einmal als ausgezeichneter Botaniker dem allmächtigen Humboldt zu widersprechen gewagt hatte. Aus gleichem Grunde blieb Przistanowski zurückgesetzt, denn er hatte als Geologe einmal den Frevel begangen, nicht an alles zu glauben, was Humboldt orakelte. Przistanowski besuchte mich in den ersten Jahren meiner Ehe zum öftern. Ein schöner, noch junger Mann, aber schon mit weißen Haaren, verband er die liebenswürdige Ritterlichkeit des Polen mit deutschem Geist und Wissen.

Im Anfang der vierziger Jahre gründeten wir in Stuttgart auch einen Verein für vaterländische Naturkunde, wobei ich mich in der Art betheiligte, daß ich in die Redactionscommission der vom Verein herausgegebenen Jahreshefte gewählt wurde, ein paarmal einen Vortrag hielt, in einem ärgerlichen Streite die heiklige Correspondenz für den Verein führte und am Montag Abend mit den vornehmsten Mitgliedern des Vereins im Museum zusammenkam. In Stuttgart lebten damals Männer, die einzelne Fächer der Naturwissenschaft so gründlich trieben und sich deßfalls einen so geachteten Namen gemacht hatten, daß die Professoren in Tübingen sich ihnen ohne Eifersucht anschlossen. Unsere Montagsgesellschaft vereinigte merkwürdige Gegensätze. Das älteste Mitglied war Obermedicinalrath Jäger, besonders bekannt als Petrefactologe, eine ehrwürdige Erscheinung mit langen weißen Haaren. Der älteste nach ihm war Staatsrath Roser im Departement der auswärtigen Angelegenheiten, einer der ersten Entomologen in Deutschland, dem Insecten

aller Art zur Bestimmung übersendet wurden. Ein korpulenter und
freundlicher Herr war er zugleich sehr witzig. — Ein Graf v. Secken =
dorf, k. Ceremonienmeister, war als ausgezeichneter Concheologe
Mitglied unsers Vereins. Berühmt als Botaniker war der Kanzleirath v. Martens. Sein Vater war dänischer Geschäftsträger in
Venedig gewesen, hatte aber eine Württembergerin geheirathet. So
kamen die in Venedig geborenen Kinder nach Schwaben. Herr
v. Martens hat ein Werk über Venedig geschrieben, welches namentlich über die Natur der Lagune und ihre Flora und Fauna den reichsten
Aufschluß giebt und auch in jeder andern Beziehung den hochgebil-
deten und gemüthlichen Verfasser zu erkennen giebt. Gleiche Natürlichkeit und Liebenswürdigkeit zeichnet die Tagebücher seines Bruders,
des Oberstlieutenant von Martens aus.

Zu den älteren Mitgliedern des Vereins gehörte noch der treffliche Professor Kurr, der eine Zeitlang der polytechnischen Schule
vorstand; ausgezeichneter Botaniker und Mineraloge und von herz-
gewinnender Freundlichkeit. Ich erinnere mich, daß wir uns einst
von wunderbaren Vorkommnissen in der Natur unterhielten und er
mir folgenden merkwürdigen Fall erzählte. Er hatte von früher
Jugend an Neigung zur Botanik und pflanzte als Knabe ein eigenes
kleines Gärtchen an. In demselben wuchs einmal eine häßliche
klebrige Pflanze, ganz fremdartig, die er selbst erst später als Bilsenkraut erkannt hat. An demselben Tage, an dem er das Kraut zum
erstenmal sah, wurde seine Großmutter krank und starb bald. Viele
Jahre blieb dann das Bilsenkraut weg. Da auf einmal kam es wieder
zum Vorschein, und wenige Tage darauf starb Kurrs Bruder.

Medicinalrath Hering, Vorstand der Veterinärschule, war einer
der wichtigsten Mitglieder unseres Vereins, von einem trockenen und
immer umsomehr überraschenden Humor. In den kritischen Tagen
der Revolution von 1849, als der König schon Stuttgart verlassen
hatte und nur noch in Ludwigsburg verweilte, im Begriff, sich auch
von dort und überhaupt aus dem Lande zu entfernen, wenn die Dinge
schlimmer gegangen wären, — in dieser gefährlichen Zeit verließ ich

nur auf einige Augenblicke am Montag Abend den Club der Abgeordneten, um in die Montagsgesellschaft der Naturforscher zu gehen.
Da zeigte Hering eine von ihm neu entdeckte Species der Laus, und
im lauten Gelächter vergaßen wir den Ernst der Zeit.

Jüngere Mitglieder des Vereins waren der Zoologe, Professor
Krauß, der sehr interessante Reisen in Afrika und Norwegen gemacht
hatte, der treffliche Petrefactologe, Professor Fraas, der Botaniker
Lechler, der später nach Chile ging, beim Botanisiren auf der Land-
enge von Panama das gelbe Fieber bekam und auf dem Meere starb.

Vorstand des Vereins war Graf Wilhelm von Württemberg, für den gewöhnlich der verdiente Petrefactologe und Meteoro-
loge Professor, später Oberstudienrath Plieninger präsidirte. Leider
kam der Verein in Dissidien mit diesen Herren, so daß sie zurück-
traten.

Einmal besuchte uns der berühmte Leopold von Buch und
wohnte einer unserer Sitzungen bei. Schon über siebzig Jahre alt,
war er immer noch frisch und rüstig und sprach sehr schnell. Seine
Zunge schnitt wie ein scharfes Messer die Argumente eines Herrn
entzwei, der die Anmaßung gehabt hatte, dem geehrten Gast, dessen
Meinung wir hören wollten, vorzugreifen, zuerst in breiter Rede
seine eigene Meinung vorzutragen und ihm dann erst das Wort zu
geben.

Der ehrwürdige Geheimrath und Professor Tiedemann in
Heidelberg, Vater des unglücklichen Commandanten der Festung
Rastatt, der 1849 der Revolution zum Opfer fiel, schickte mir seine
Monographie des Tabaks zu und sagte im Begleitschreiben aus Frankfurt 8. October 1853: „Ich nehme mir die Freiheit, beifolgend eine
aus den Quellen geschöpfte Geschichte des Tabaks zu übersenden,
welche schon der berühmte Historiograph Schlözer ungern vermißte.
Das Kraut, von den Indianern Amerikas für heilig gehalten und dem
in der Sonne wohnenden großen Geiste als etwas wohlgefälliges zum
Opfer gebracht, hat sich in dem Zeitraum von drei Jahrhunderten
über die ganze Erde verbreitet und alle Völker, die rohesten wie die

cultivirtesten, haben es lieb gewonnen. Millionen Menschen aller Alter und Stände, hin und wieder selbst Frauen, lassen es täglich gedankenlos in Rauch aufgehen, ohne den Ursprung des seltsamen Gebrauchs zu kennen und dabei des großen Geistes und des Herrn des Lebens zu gedenken. Auch übt der Tabak einen mächtigen Einfluß auf Landbau, Handel, Industrie und sociale Verhältnisse aus und trägt nicht wenig zur Vertheuerung der brodgebenden Cerealien bei. Es würde mich freuen, wenn Sie die Schrift für werth hielten, von derselben in Ihrem hochgeschätzten und vielgelesenen Literaturblatte Notiz zu nehmen."

Es versteht sich, daß ich seinem Verlangen entsprach. Ich muß aber hier eine Bemerkung hinzufügen. Der Gebrauch des Tabaks ist weder der Gesundheit schädlich, noch irgendwie unmoralisch, ja er hat sogar viel Angenehmes und empfiehlt sich in gewissen Situationen des Lebens, wenn man friert, wenn es übel riecht, wenn man Langeweile hat ꝛc. Aber er ist und bleibt doch unästhetisch. Man kann sich den deutschen Helden Siegfried so wenig wie den Homerischen Achilleus, und einen Propheten oder Apostel so wenig als einen Engel mit der Pfeife oder Cigarre im Munde denken. Es ist überhaupt charakteristisch, daß die Colonialwaaren sich so wenig mit Poesie vertragen. Zucker, Kaffee, Thee, Baumwolle sind dem poetischen Bewußtsein des Europäers fremd geblieben, während sich an die einheimischen Producte, das Brod, den Wein, den Honig, die Linnen so viel romantischer Zauber knüpft.

Beachtenswerth erschien mir in Tiedemanns Briefe, daß er über die Andacht der Indianer bei ihrem der Sonne dargebrachten Tabaks-opfer nicht spottet, sondern das schöne Dankgefühl, welches darin liegt, anerkennt. Unser Geschlecht, welches sich christlich nennt und über Heiden hoch erhaben fühlt, steht doch in Gottesfurcht und Gottesliebe hinter denselben zurück. Thierisch verschlingt es die Gaben Gottes und schwelgt in Genüssen, ohne daran zu denken, woher sie stammen und wie väterlich Gott für seine Kinder gesorgt hat.

Von merkwürdigen Reisenden machte mir den ernstesten und

würdigsten Eindruck der abessinische Reisende Rüppell, dem man die Strapazen der Reisen in heißem Klima, aber auch den wissenschaftlichen Eifer, der ihn beseelte, ansah. Er klagte, daß von seinem schönen Reisewerke, welches er auf eigene Kosten herausgab, nur 54 Exemplare abgesetzt worden seien, und auch meist nur in England, weil die reichen deutschen Fürsten, Grafen, Bankiers und Fabrikanten sich um die Wissenschaft nicht kümmern. Von Rengger, dem Paraguay-Reisenden, habe ich schon gesprochen.

Ich lernte in Stuttgart auch Moritz Wagner und Schneidawind kennen. Einen freundlichen Besuch empfing ich von dem liebenswürdigen und gewandten Kohl, der meine Bücherkenntniß ausbeutete und sich von mir die Titel vieler Werke bezeichnen ließ, die er lesen wollte, bevor er die deutsche Alpenwelt bereiste und beschrieb. Auch Gerstäcker kam einmal zu mir. Ich muß gestehen, ich hatte von diesem Vielschreiber nicht die beste Meinung und empfing ihn ein wenig kalt, allein es währte keine Viertelstunde, so hatte ich den muntern und lebhaften jungen Mann liebgewonnen und widmete ihm den halben Tag.

In meiner alten Correspondenz finde ich noch das Schreiben eines gewissen Jahn aus Mainz, der nach Jerusalem pilgerte und eine sehr interessante Fußreise durch Kleinasien machte. Es war während des Krieges zwischen Mehemed Ali und dem Sultan. Als Jahn zu Fuß durch Syrien wanderte, traf er mit der türkischen Armee zusammen, die eben nach geschlossenem Frieden durch Kleinasien nach Constantinopel zurückkehren sollte. Da er ganz wie ein deutscher Handwerksbursche oder Student mit dem Tornister auf dem Rücken einherschritt, hätte man glauben sollen, die rohe Soldateska, die verwilderten Baschibozugs würden ihn insultiren, doch geschah das Gegentheil. Sobald die türkischen Soldaten hörten, er sei kein Russe, kein Engländer, kein Franzose, sondern ein Deutscher, bewillkommten sie ihn herzlich und luden ihn ein, bei ihnen zu bleiben und unter ihrem Schutze die weite Reise zu machen, wie auch geschah.

Ich weiß kaum, wie ich es entschuldigen soll, daß ich auch einmal über Natur geschrieben habe, da ich immer nur Dilettant war und gern eingestehe, daß mein Buch über „Naturkunde" an vielen kleinen Flüchtigkeiten leidet. Ich hätte darin keine umfassende Orientirung versuchen, sondern nur gewisse Hauptpunkte hervorheben sollen, die den Zeitgenossen wohl eingeschärft werden durften. Die Männer von Fach gingen, wenn auch in noch so stolzer Haltung, doch oft auf einem Irrwege. Ihnen das zu sagen, war mein gutes Recht. — Meine „Naturkunde im christlichen Geiste aufgefaßt," die ich im Jahr 1856 herausgab, entstand auf eine ähnliche Art wie meine christliche Symbolik, nämlich aus einer unendlichen Menge von Notizen und Ercerpten, die ich mir nach und nach gesammelt hatte.

Humboldts Kosmos war damals das gefeiertste Buch in dem bezeichneten Gebiete und diente in der That, das damalige Stadium der naturwissenschaftlichen Studien zu bezeichnen. Hier sind vor allem zwei Punkte hervorzuheben. Einmal die Selbstüberhebung und sodann die Decentralisirung der Wissenschaft.

Die Naturstudien wurden durchgängig (außer in England) in einem antichristlichen Sinne getrieben, so zwar, daß es lächerlich erschienen wäre, wenn man bei der Betrachtung der Natur noch an die Weisheit ihres Schöpfers hätte denken wollen. Die Wissenschaft ließ keine andere Weisheit gelten als die der Naturforscher, der berühmten Entdecker oder Erklärer neuer Naturwesen und Naturkräfte. Wie Humboldt in seinem Kosmos unausgesetzt nach rechts und links seine gelehrten Collegen becomplimentirt und nicht aufhört den menschlichen Scharfsinn zu preisen, nie aber ein Wort für Gott übrig hat, der die Natur erschuf, so ist auch unsere ganze naturwissenschaftliche Literatur (mit wenigen Ausnahmen) auf die menschliche Hoffahrt gestellt. Jeder trachtet nur, in die Annalen der Wissenschaft sein mihi einzutragen, wenn er nur ein neues Pflänzchen oder eine neue versteinerte Muschel entdeckt hat, und vergißt den allmächtigen Gott, der alles gemacht hat. Nun hat zwar schon der witzige Lichtenberg gesagt, mancher (der älteren) Naturforscher preise die Größe Gottes, um damit die Kleinheit seiner Erkenntnisse zu maskiren, und es gibt

langweilige Bücher, worin wie die Milchstraßen, so das Infusions-
thierchen declamatorisch zu Zeugen der Größe Gottes aufgerufen
werden. Es versteht sich von selbst, daß ich solcher Geistlosigkeit nicht
das Wort reden will. Aber durch solche Salbadereien wird das andere Extrem, das hoffährtige Ignoriren Gottes, keineswegs entschuldigt. In der Natur bezieht sich jedes Einzelne auf das Ganze,
und man vermag ihre Bedeutung nicht zu erkennen, wenn man nicht
dieses große Ganze, seinen Zweck und seinen Urheber ins Auge faßt.
Wer einen Bau studirt, darf sich nicht mit Einzelheiten seiner Gliederung begnügen, sondern muß das Ganze zusammenfassen, seinen
Zweck und seinen Meister kennen. Die moderne Naturwissenschaft
sieht nun vom Meister der Natur mit einem geflissentlichen Trotze ab,
und dieser Trotz hat in der materialistischen Philosophie sogar eine
systematische Form angenommen und das ungeheuerliche Sophisma
ausgeheckt, das Werk zeuge gegen seinen Meister, oder in der Natur
liege der Beweis, daß es keinen Gott gebe.

Die Decentralisirung der Wissenschaften hängt genau damit zusammen. Man vergißt den Meister des Ganzen, weil man an das
Ganze selbst nicht denkt, sondern sich nur mit den Theilen beschäftigt.
Ich bin weit entfernt, die Empirie zu tadeln, die sich in hunderte und
tausende von Augen vertheilen muß, wenn sie alles in der Natur
erspähen will. Es ist im Entwickelungsgange der Wissenschaft sogar
natürlich, daß einmal vorübergehend die Wahrnehmung sich mit Vorliebe nur dem Einzelnen zuwendet. Indeß muß immer vorausgesetzt werden, daß die zahllosen einzelnen Funde endlich wieder combinirt und für die bessere Erkenntniß des Ganzen verwerthet werden.

Wenn die Naturphilosophen im Anfang des Jahrhunderts nur
phantasirt haben und die Basis ihrer Systeme durch spätere Entdeckungen umgeworfen ist, so sind doch auch die Empiriker, selbst der
große Humboldt, von Voraussetzungen ausgegangen, die purer Aber-
glaube und eigentlich kindisch sind. Das ist z. B. die Voraussetzung
eines unendlichen Raums, einer unendlichen Zeit, einer Urmaterie,
die Existenz von Atomen, eines feuerflüssigen Erdinnern rc. Ich

bin überzeugt, die Wissenschaft wird dahin gelangen, dereinst alle meine Behauptungen in dieser Beziehung zu rechtfertigen.

Hier noch ein kurzer Ueberblick über die Grundgedanken meines Buchs. 1. Die Natur ist nichts Selbständiges, sondern nur Mittel zum Zweck ihres Schöpfers. Der Zweck der uns zunächst bekannten irdischen Natur ist, den auf der Erde lebenden Vernunftwesen oder Menschen als den Kindern Gottes eine Stätte zu bereiten, damit innerhalb des dazu erforderlichen Raumes und der dazu erforderlichen Zeit wie der Einzelne so die ganze Menschheit ihr Leben vollenden könne. Nach der Analogie unserer Erde sind wahrscheinlich auch alle übrigen Himmelskörper oder Sterne nur für die auf ihnen wohnenden Vernunftwesen geschaffen, unter denen sich vielleicht Wesen höheren Ranges befinden, sofern sie Sterne bewohnen, welche viel größer und wahrscheinlich auch reicher organisirt sind als unsere Erde.

2. Wie die Vernunftwesen selbst, so sind auch die Himmelskörper und ist alles, was auf denselben die Existenz jener Vernunftwesen ermöglicht, ihnen dient und nur um ihretwillen da ist, von Gott frei geschaffen oder aus der Tiefe seiner Allmacht hervorgezaubert und die Natur reicht nirgends weiter, als es zu diesem Zwecke nöthig ist.

3. Es gibt mithin keine allgemeine oder ewige Materie, die einen unendlichen Raum ausfüllte und ewig dauern müßte oder eine von Gott unabhängige Existenz ansprechen oder gar eine Bedingung seines eigenen Wesens sein könnte. Es giebt keine Urmaterie, keine s. g. Atome, aus denen alles entstünde und in die alles wieder zerflöße müßte. Eine Materie kommt nirgends vor, als sofern sie den Zwecken Gottes dient, ist also immer nur etwas Relatives, durch den besonderen Zweck zu einer elementaren oder organischen Bildung bestimmt.

4. Es gibt auch keine allgemeinen, absoluten und ewigen Naturkräfte, sondern die sog. Naturkräfte wirken in der sog. Materie zu dem bezeichneten Zwecke nur soweit und so lange es Gottes Absicht ist.

5. Ebensowenig gibt es einen unendlichen Raum und eine un=
endliche Zeit, sondern nur einen durch den Zweck des Schöpfers um=
schriebenen Raum und eine durch denselben Zweck beschränkte Zeit.

6. Die Natur steht und fällt mit den Vernunftwesen, für die
allein sie geschaffen ist, denn sie hat für sich selbst keinen Zweck.

7. Eben deshalb ist die Natur auch nichts Todtes, noch voll=
bringt sie ein vollständiges Leben für sich, sondern sie hängt von dem
höheren Leben der Menschheit oder der Gesammtheit aller geschaffenen
Vernunftwesen ab. Darum bietet die Natur uns nicht blos Raum,
Wohnung und Nahrung, sondern sie ist auch von Geist durchdrungen;
sie dient uns nicht blos leiblich, sondern sie steht auch in wunderbarer
Correspondenz mit unserm Seelenleben und dient demselben zu einem
symbolischen und weissagenden Spiegel.

Seit die moderne Naturwissenschaft blüht, ist mit ihren schätz=
baren Fortschritten und Entdeckungen eine einseitige Vorliebe für das
Seciren ihres Leichnams Hand in Hand gegangen. Es ist gewiß,
daß man die wichtigsten Entdeckungen nicht hätte machen können ohne
dieses Seciren und Analysiren. Allein daraus folgt noch nicht, daß
man die ganze Natur nur für ein anatomisches Präparat oder als ein
chemisches Laboratorium ansehen soll, wie viele Naturforscher vorzugs=
weise verlangen. Die Natur wollte nicht den Leichnam, wollte auch
nicht die Gesetzmäßigkeit der innern Construction als ihren Zweck.
Diese galt ihr nur als Mittel, ihr Zweck war der lebendige Leib,
aber auch dieser war wieder nur das Mittel für die Zwecke der Seele.

Die Naturwissenschaft hat sehr Unrecht, sich nur auf die Ana=
lyse der einzelnen Körper, Kräfte und Wirkungen zu beschränken, und
das Verständniß des wirklich Fertigen in der Natur und des Ganzen,
zu welchem alles in ihr zusammenwirkt, der Landschaft und ihrer
großartigen Wechsel, nur dem Aesthetiker und Künstler zu überlassen.
Der Naturwissenschaft muß es nicht allein um die Theile, sondern
auch um das Ganze, nicht nur um die Mittel, sondern auch um den
Zweck zu thun sein. Wie die Palme im botanischen Systeme da steht,
so hat sie Gott nicht in die Natur gesetzt, nicht vereinzelt, sondern in

Verbindung mit andern Pflanzen in einer bestimmten Zone, der sie ihren landschaftlichen Charakter verleihen muß. Ist das geheime Gesetz der Landschaftsbildung etwa von geringerem wissenschaftlichen Werthe, als das Gesetz der Zellenbildung, der Saftbereitung ꝛc. in der einzelnen Pflanze? Oder soll die Wissenschaft keine Notiz davon nehmen, daß die Landschaft und die sie vorzugsweise charakterisirenden Pflanzen in geheimer Wahlverwandtschaft mit der menschlichen Seele stehen und in ihrer körperlichen Erscheinung zum Symbol von etwas Geistigem werden? Die Palme steht in Wahlverwandtschaft mit der Empfindung des Heiligen, man darf sagen mit der Paradiesesahnung oder -Erinnerung in der menschlichen Seele. Wäre es anders, so hätte es der schönen und heiligen Palmenform gar nicht bedurft, so hätten sich der gemeinen Eßlust auch andere als Palmfrüchte und der botanischen Betrachtung ein anderes Zellengewebe und eine andere Saftbildung darbieten können. Einzig ihre Schönheit und Heiligkeit war der Zweck, zu dem Gott die Palme schuf.

Es ist mit allem, was in der Landschaft vorkommt, derselbe Fall. Der mineralische Bestandtheil allein macht nicht das Gebirge. Er ist nur das Mittel für einen höheren Zweck. Es kommt nicht darauf an, daß dies Gebirge aus Granit, ein anderes aus Kalkstein besteht, die Größe und Physiognomie der Berge bestimmt den Charakter der Landschaft und steht dadurch in Wahlverwandtschaft mit des Menschen Seele. Oder sollte man die Majestät der Gebirge für nichts Bedeutenderes halten als für eine bloße Anwendung mineralogischer Gesetze? Man kennt den elektrischen Prozeß im Gewitter; hört aber mit dieser prosaischen Auffassung dessen poetische Erhabenheit und dessen Macht der Seelenerschütterung auf? Hat die Finsterniß nur die Bedeutung der Lichtabwesenheit und nicht vielmehr eine viel tiefere, die in die Seele greift? Man kennt die Bestandtheile des Meerwassers; genügt es aber wohl, aus ihrer Mischung allein die Größe, das Schöne, Erhabene und Schreckliche des Meeres, den tiefen Eindruck, den es auf die Seele macht, und seine Bedeutung für die Schicksale der Menschen zu erklären? Man weiß, wie aus schmutzi-

gem und stinkendem Erdreich der Saft in den Blumenstengel emporsteigt; aber genügt das wohl, um die Schönheit und den Duft der
Lilie zu erklären? Man hat in der Materie des blonden Haares eine
Mischung von Schwefel und Wasserstoff gefunden; gewinnt man aus
dieser Entdeckung aber irgend ein Verständniß von der Bedeutung der
blonden Race in der Weltgeschichte, von der malerischen Schönheit
und dem Liebreiz der Blondinen?

Der allgemeine Grundsatz, daß es weder einen absoluten Raum,
angefüllt mit einer Urmaterie, noch eine absolute Zeit, welche ausgefüllt werden müßte, geben kann, sondern daß es nur einen relativen
Raum für die Körper, die ihn ausfüllen, und nur eine relative Zeit
für die geschaffenen Wesen von ihrem Entstehen bis zu ihrem Ende
giebt, findet auch seine Anwendung auf die ganze uns bekannte Natur.
Neuere Gelehrte haben eine absolute Organisationsreihe vorausgesetzt, die allerdings im Menschen culminirt, in der aber die Menschheit doch nur ein einzelnes Glied sein soll. Insofern hat man den
Menschen vom Affen abstammen lassen, diesen wieder von niedern
Thieren und die Thiere von den Pflanzen, so daß der höhere Organismus dem niedern an Werth ganz gleich steht, weil er ohne denselben gar nicht existiren würde und nur allen Organismen zusammen
ein Werth zukommt. Eine solche Behauptung folgt freilich aus der
Voraussetzung, nur die absolute Materie sei ewig, sei das Absolute
schlechthin. Nun ist aber die Materie nur ein Mittel für die Zwecke
des Geistes, die Leiblichkeit nur ein Kleid des Geistes, und weil die
zur Unsterblichkeit bestimmten Geister in keiner andern Leiblichkeit
vorkommen, als in der menschlichen, ist die ganze materielle Natur
auch nur Mittel für den Zweck der Menschheit und stehen alle organischen Wesen im Dienst der Menschheit und sind einzig zu diesem
Zweck auf so mannigfaltige Art organisirt. Jede Pflanze, jedes Thier
existirt nur zu diesem Behuf, und nur seine geheime Wahlverwandtschaft mit der Seele des Menschen spiegelt sich in seiner Leiblichkeit.
Pflanzen und Thiere existiren nicht für sich. Es hätte niemals Pflanzen und Thiere gegeben, wenn der Mensch nicht da wäre.

Ich bilde mir ein, daß diese Lehre, obgleich die heutigen Schulen nichts von ihr wissen wollen, dereinst die herrschende werden wird, weil sie die allein wahre Naturansicht enthält. Zunächst machte aber meine Naturkunde kein Glück. Das auf meine Kosten gedruckte Buch fand keinen entsprechenden Absatz. Es fehlte mir an Raum, die vielen Exemplare unterzubringen, ich entschloß mich daher, den ganzen Rest der Auflage der Calwer Vereinsbuchhandlung (G. Weitbrecht) zu dem Zwecke zu überlassen, die Exemplare nach Gelegenheit in den Missionen und zum Zweck derselben gratis vertheilen zu lassen. Im Frühjahr 1873 empfing ich nun aus Calw ein Dankschreiben, von Privatschreiben von Missionären begleitet, worin sie die Freude meldeten, mit welcher sie in der hohen Polarzone mein Geschenk erhalten hätten. „Wir fühlen uns für alle diese sehr willkommenen Bücher gegen Dich und den verehrten Verein zum herzlichen Dank verpflichtet. Ihr spendet freilich durch die vielen herrlichen und köstlichen Schriften viel an uns in Grönland, und in Labrador wird es wohl dasselbe sein. Der Herr segne Euch reichlich dafür, was ich dann auch gewiß bin."

Ich zweiten Privatbriefe heißt es noch: „Ich habe in Menzels Naturkunde mit wahrer Erbauung gelesen und mich herzlich gefreut, diesen Mann so kennen zu lernen, daß er unserer heutigen ungläubigen Gelehrtenwelt, oder auch gelehrtem Unglauben kühn die Stirne bietet. Wie freut man sich doch da und dankt dem Herrn, daß er uns solche Männer zum Gegengewicht schenkt der Finsterniß gegenüber!"

Außer dem, was ich in meiner Naturkunde zusammentrug, häuften sich mir auch zahlreiche Collectaneen von Naturmerkwürdigkeiten an, geschöpft aus Erfahrung und Lektüre, besonders aus einer Menge von Reisewerken. Der Reisende hat Gelegenheit, viel zu beobachten, wovon in den Lehrbüchern der Naturkunde wenig oder nichts zu finden ist, denn die Natur selbst ist unendlich reicher als die Wissenschaft, die sie mit irgend einer Theorie schon ganz eingefangen und übermeistert zu haben glaubt. Ich zweigte von den Naturmerkwürdigkeiten eine besondere Sammlung ab, in der ich nur die eigentlichen

Naturschönheiten verzeichnete, wie sie mir eine mannigfache Belesenheit darbot. Eine dritte Sammlung, welche die poetische Auffassung der Natur im heidnischen Volksglauben in Mythen und Sagen umfaßt, ging in mein größeres Mythenwerk über.

V. Nachlese aus dem Privatleben.

Mit zunehmendem Alter sagte ich mich mehr und mehr von den vielen Vereinen los, an denen ich theilgenommen hatte, mitunter auch in Folge der Erfahrungen, die ich wenigstens in einigen Vereinen gemacht hatte. Es lag im Charakter der ganzen Zeit, daß sich in fast alle gemeinnützigen Vereine ganz ebenso wie in die ständischen Vertretungen, unberufene Leute eindrängten, Juristen, die aus allem eine Rechtsfrage machen wollten und in den Verhandlungen eine unleidliche Statutenreiterei trieben, Techniker voll Eitelkeit, die mit einander concurrirten und gegen einander intriguirten, Magistratspersonen, große Geldmänner, die ehrenhalber in die Ausschüsse gewählt wurden, aber von der Sache nichts verstanden und doch für Orakel gehalten sein wollten; junge Gelbschnäbel, die mit schrecklicher Anmaßung das vomirten, was sie kurz vorher auf der Universität verschluckt, aber nicht verdaut hatten; endlich der Troß von Halbgebildeten und Dilettanten, die überall dabei sein mußten, und denen es hauptsächlich um Zweckessen und Redenhalten zu thun war. Bei der großen Schillerfeier in Stuttgart im Jahr 1859 wollte Wilhelm Wackernagel, der neben mir saß, einen gemüthlichen Gruß aus der

Schweiz anbringen, aber er konnte nicht zu Worte kommen, weil Legionen von inländischen Schulmeistern sich ihm verdrängten, um banale Phrasen bis zur Unausstehlichkeit zu wiederholen.

Seb: ergötzlich war in dieser Beziehung auch die Enthüllung des Listdenkmals in Reutlingen am 6. August 1863. Ich mußte als List's alter Freund dabei sein, man hatte mich auch ins Comité gewählt. Die Enthüllungsfeier war recht hübsch, aber beim Gastmahl drängten sich schon nach dem Rindfleisch fünfzig Redner herbei. Ich konnte es nicht aushalten, und als ein Professor gar anfing, im Catheterton über das Verhältniß Friedrich Lists (der die ganze deutsche Philosophie verachtete) zur Philosophie zu peroriren und den armen List zu einem Philosophen zu machen, ging ich fort, stillte meinen Hunger in Metzingen und traf noch an demselben Abend mit meinen kriegerischen Söhnen in Urach zusammen, wo die württembergischen Truppen abwechselnd ein Sommerlager bezogen. Hier in den frischen grünen Wäldern vergaß ich einige vergnügte Tage hindurch die Thorheit der Menschen.

Ich füge hier ein paar Bemerkungen über meine Söhne an. Ich hatte deren sieben. Einer starb früh. Als die ältesten die mittleren Klassen des Gymnasiums besuchten, herrschte auf demselben das System der Fusion. Drei Jahrhunderte lang hatte der Humanismus in Württemberg die Herrschaft behauptet. Nun drängte der Gewerbestand und wollte Realschulen haben. Als Mitglied der Schulcommission war ich einmal in der Kammer Zeuge eines heftigen Streits zwischen den ersten Vertretern des Humanismus und des Realismus in Württemberg. Der greise Prälat Flatt wollte die Realschulen durchaus zurückweisen. Autenrieth, Kanzler der Universität Tübingen, einer der geistvollsten Physiologen, vertheidigte sie. Flatt wurde so ärgerlich, daß er des Kanzlers Worte „dummes Geschwätz" nannte. Ich mußte versöhnend dazwischentreten und konnte es, da ich beide hochschätzte und mich beide gern hatten. Flatt war schon sehr alt, aber seine Augen glänzten noch merkwürdig. Er sagte mir einmal, daß ihm zuweilen alles in der Welt gleichgültig, ja zuwider werde, sogar seine Familie und seine Freunde, und daß er von solchen trüben Stimmungen nur dadurch geheilt werde, wenn es an seine Thür klopfe und ein ganz fremder Mensch hereintrete. Autenrieth war einer der berühmtesten Aerzte und sagte mir, als ich ihn einmal nur zum Scherz consultirte, im Jahr 1833 voraus, ich werde in Stuttgart alt werden. Der einzige Rath, den er mir lachend gab, war: Nehmen sie niemals Medicin ein! Ich bevorwortete in der Schulcommission den Realismus, verfaßte darüber einen Bericht und las ihn dem alten Flatt vor, der am Ende sagte: Ich sehe wohl, ich bin alt und es geht eben in der Welt wie es geht! Der Realismus brach sich wirklich, jedoch nur langsam, Bahn. Man legte ihm immer noch Hemmnisse in den Weg und es fehlte anfangs an Lehrern. Man piquirte sich, vor der ersten Realschule zu warnen und das Gymnasium allein zu preisen. Man versuchte, den Wünschen der höher gebildeten Industriellen im Gymnasium dadurch zu genügen, daß man darin neben dem humanistischen auch realistischen Unterricht aufnahm. Durch dieses Mittel der sog. Fusion oder Cumulation des Unterrichts hoffte der Humanismus sich die Alleingewalt zu sichern.

Nun wurden aber die armen Knaben im Gymnasium mit Stunden überhäuft. Sie mußten an mehreren Tagen in der Woche sieben Stunden lang in der Schule hocken und dazu noch Ausarbeitungen für die Schule daheim machen. Ich befolgte den Grundsatz, keinen meiner Söhne aus dem Hause zu entlassen, er habe denn alle ritterlichen Uebungen gelernt: Turnen, Fechten, Reiten, Tanzen, Schwimmen, Singen und ein Instrument spielen, das letztere natürlich nur, wenn er dazu Talent zeigte. Zudem verlangte ich, die Jungen sollten so oft als möglich frische Luft genießen und sich im Wald und auf den Bergen tummeln. Das ging nun bei sieben Schulstunden nicht an. Ich vereinigte mich daher mit einer Anzahl von Vätern, die ebenso dachten wie ich, namentlich mit dem damaligen Stadtschultheiß Gutbrod, einem Biedermanne, mit dem Obersten, später General und Kriegsminister von Baur, Herrn von Luck und andern zu einem sog. Elternverein, der in wenigen Tagen über hundert Mitglieder zählte.

Wir erklärten in einer Eingabe an den k. Studienrath, wir verlangten Abkürzung der Lernzeit, widrigenfalls wir alle unsere Söhne vom Gymnasium zurückziehen würden. Natürlicherweise gab man uns nach. Der König selbst scheint bis dahin gar nicht gewußt zu haben, wie weit die Unvernunft seiner Schulmeister gegangen war. Unserer Beschwerde wurde augenblicklich abgeholfen. Zwei Lehrstunden fielen weg und wurden durch Uebungen im Turnen und Exerciren ersetzt. Man nahm tüchtige Unteroffiziere, die jungen Leute stellten sich sehr gut an (wie später die Jugendwehr). Man exercirte schon im Feuer, und mein zweiter Sohn Ludwig lernte den Dienst so gut, daß er, als er später im Frühjahre 1848 als Freiwilliger beim 6. württembergischen Infanterieregiment eintrat, sofort das Exercitium auf dem großen Wasen bei Cannstadt mit Ober- und Untergewehr als Flügelmann seiner Compagnie (denn er war der größte) mitmachte, zum nicht geringen Erstaunen des Hauptmanns, der ihn noch nicht kannte. Aber sein Feldwebel war derselbe, der ihn als Knaben einexercirt hatte.

Im Jahr 1850 wurde ich vom k. württembergischen Oberstudienrath eingeladen, Mitglied der neu eingesetzten Maturitäts-Prüfungs-Commission zu werden. Man hatte nämlich wahrgenommen, daß nach und nach die jungen Leute etwas zu früh vom Gymnasium entlassen wurden und zu jung auf die Universität kamen. Die ein Brodstudium trieben, wollten eben recht früh fertig werden. Man hatte ferner bemerkt, daß zuweilen auch Jünglinge ohne hinreichende Kenntnisse auf die Universität entlassen wurden, bald aus Rücksicht auf vornehme und reiche Eltern, bald in Folge der Rivalität unter den verschiedenen Lehranstalten, von denen jede gute Schüler liefern wollte. Die katholischen Gymnasien glaubten sich zuweilen hintangesetzt, auch die protestantischen bildeten sich ein, das Stuttgarter Gymnasium werde bevorzugt. Genug, der Oberstudienrath griff einmal durch und setzte eine Commission nieder, von der alle Abiturienten von allen Gymnasien und Lyceen des Landes geprüft werden sollten, ehe sie auf die Universität entlassen wurden. Auch sollte, außerordentliche Ausnahmen abgerechnet, keiner vor dem achtzehnten Jahre zugelassen werden. Die Commission sollte aus den Rectoren der Gymnasien in Stuttgart, Ulm und Ellwangen und aus drei unabhängigen, nicht im Staatsdienste stehenden Gelehrten zusammengesetzt sein. Von der letztern Kategorie fand man aber keinen außer mir, so daß man doch noch zwei Gymnasialprofessoren zuziehen mußte. Einer dieser Professoren und ein Rector waren Katholiken. Ich konnte die ganze Einrichtung nur billigen, trat also bei. Wir wirkten in der That wohlthätig. Die Prüfungen fanden zweimal im Jahre statt, im Frühling und Herbst, und in den ersten Jahren ließen wir eine bedeutende Anzahl Candidaten durchfallen, ohne Rücksicht auf die Verwandtschaft oder die Anstalt, aus der sie kamen. Wer das nöthige Maß von Kenntnissen nicht besaß, wurde ohne Gnade abgewiesen. Darnach richteten sich nun die Eltern, die Anstalten und die jungen Leute selbst, und binnen wenigen Jahren hatten wir durchgängig fähigere Abiturienten.

Das Haupt der Commission war der gelehrte Rector Roth, ein musterhafter Schulmann, aber fanatischer Philologe, während der damalige Director des Oberstudienrathes, Knapp, ein ebenso strenger Bureaukrat, mehr den Forderungen des praktischen Lebens Rechnung tragen sollte. Der letztere hatte die Oberleitung, der erstere betrachtete ihn aber nur als einen Eindringling und sich selbst als Sachverständigen und eigentlichen Herrn der Schule. Jeder von beiden hatte ein gewisses Recht auf seiner Seite und war achtungswürdig in der Vertheidigung des Princips, aber jeder war herrschsüchtig, es gab daher heftige Scenen, wobei mir zuweilen die Vermittlung gelang. Roth beleidigte den ganzen Oberstudienrath dermaßen, daß er aus demselben austreten mußte, wollte auch das Rectorat niederlegen, behielt es nach dem Wunsche des Königs bei, legte es aber doch nach einigen Jahren nieder und zog nach Tübingen, wo seine gründlich gelehrten Vorlesungen, wie er es verdiente, auf das fleißigste besucht wurden. Knapp starb. Ich blieb zwölf Jahre lang in der Commission und dankte erst ab, als ein neuer modus examinandi beliebt wurde, der mir nicht mehr zusagte.

Ich will beiläufig bemerken, daß der Oberstudienrath nach dem Beispiel derselben Behörde in einigen andern deutschen Staaten allen Lehranstalten des Landes eine bestimmte Orthographie vorschrieb. Ich wurde auch zu einem Gutachten darüber aufgefordert und fand die Forderungen des württembergischen Schemas vorsichtig und gemäßigt, erklärte mich aber doch in einem ausführlichen Aufsatz in der Allgemeinen Zeitung gegen jedes einseitige Vorgehen in dieser Richtung. Weder die Behörde eines Staates, noch auch die aller deutschen Bundesstaaten, wenn sie sich je (was undenkbar) dazu vereinigen könnten, besäßen das Recht und die Macht, die freie Entwicklung im Sprachgebrauch zu hemmen. Die Presse werde sich in dieser Beziehung niemals einem Schulzwang unterwerfen. Ich führte zugleich aus, der Reichthum der deutschen Sprachbildung dulde und erfordere sogar eine Mannigfaltigkeit in der Rechtschreibung.

Ich behielt auf meiner literarischen Hochwarte die Augen immer offen, um zu erspähen, was sich in der Nation etwa für ursprüngliche und gesunde Kräfte regten, um der alten Volksnatur unter der dreihundertjährigen Sündfluth und Ueberschüttung mit dem ganzen fremdartigen Wuste der Renaissance, f. g. Bildung und Aufklärung wieder Luft zu machen. Der erste Versuch dazu im Aufkommen der f. g. romantischen Poesie im Anfang des Jahrhunderts war nicht gelungen. Da führte die Zersetzung der abgestorbenen Poesie in die beiden Extreme einerseits gottlosester Verruchtheit, andrerseits der langweiligsten Convenienzen unwillkürlich zum Natürlichen zurück. Man wollte nicht immer angespannt und überspannt und mit vornehmer Anmaßung zum Gähnen verdammt werden. Das Streben zum Natürlichen machte sich nun in zwei Formen geltend, in der Form der f. g. Volksstücke auf den rasch zunehmenden Volks- und Sommertheatern und in der Form der f. g. Dorfgeschichten. Man wollte das verstiegene und verzwickte gelehrte Zeug nicht mehr haben.

Was die Volksstücke betrifft, so gab es in der That unter ihnen

solche, die man als Anfänge eines neuen, wieder volksthümlichen
Schauspiels betrachten konnte. Sie brachten Menschen aus dem gemeinen Volke und treue Scenen nach dem Leben auf die Bühne.
Sie stellten das Volk in seiner harmlosen Lust, in seinem tiefen Elend
und namentlich im Kampfe mit alle den unnatürlichen Verkehrtheiten
dar, die das moderne Staatsleben und die Corruption der höheren
Stände mit sich bringen und unter denen es leiden mußte. Der Inhalt solcher Stücke ist oft rührend und tief ergreifend, wobei es gar
nicht darauf ankommt, ob auch der schönen dichterischen Form genügt
wird. Ein Theil dieser Volksstücke stammt freilich aus Paris, wo der
vierte Stand sich seit der Restauration seine besondere Poesie geschaffen hatte. So kamen einige verrufene Pariser Verbrecherdramen
und zur Zeit unserer Revolution auch einige Stücke mit communistischen Tendenzen auf unsere Volksbühne. Allein im Ganzen vertrug
man in Deutschland das Gift nicht, in dem so gern der Pariser Pöbel
sich berauscht, und eine bessere Moral und eine harmlosere Rührung,
ein harmloserer Witz behielten die Oberhand. Das Verderben der
Volksbühnen kam von einer ganz anderen Seite. Weder die Di-
rectionen der Volksbühne, noch das Publikum wurde sich des Gegensatzes bewußt, in welchen das junge, natürliche, gesunde Volksschau-
spiel zu dem verdorbenen Geschmack, oder eigentlich der vornehmen
Abgeschmacktheit der Hoftheater stehen soll. Die Volksbühnen nehmen
demnach nur noch allzuviel von den Hofbühnen an, ziehen deren ab-
getragene Kleider an und wollen vornehm thun, was ganz ihrem
Principe, wie ihren Mitteln widerspricht. Außerdem üben die kleinen
Theater der Hauptstädte allzuvielen Einfluß auf die kleinen Theater
in den Provinzen. Nun paßt aber der Wiener oder Berliner Stadt-
ton gewiß nicht in die Provinzen und kann dort nur schädlich wirken
zur Unterdrückung des wahren Volksthümlichen.

Mit ebenso vielem Vergnügen wie die Volksstücke begrüßte ich
die Dorfgeschichten. Allein auch sie haben nicht so viel gewirkt und
erreicht, als man hätte wünschen sollen. Sie fielen zu sehr in den
Fehler der niederländischen Malerschule, indem sie mit der Natur-

treue kokettirten, auch wo diese häßlich war. Dann fiel unzähliges schreibseliges Volk darüber her und fabricirte Dorfgeschichten nach der Schablone, so daß man Mühe hatte, unter dem Wust einige Gold= körner von Poesie herauszufinden. Viele maßten sich an, das Leben, ja die Seele des Volkes abzuspiegeln, und kannten das Volk gar nicht.

Der Urheber der ganzen neuen Manier war Pfarrer Bitzius im Canton Bern, der unter dem Namen Jeremias Gotthelf schrieb. Indem ich seine Bücher empfahl, mißbilligte ich doch die allzu grelle Ausmalung der Habgier, des Geizes, des Eigensinns und der Roheit im Bauernstande. Es ist wahr, daß alle diese Eigenschaften im Volke vorhanden sind, aber das Volksleben bietet auch noch viele schöne und edle Seiten dar, und es heißt das Volk karikiren, wenn man vorzugs= weise jene und nicht diese ausmalt. Als ich mich in diesem Sinne theils öffentlich, theils in Gesprächen mit Schweizer Freunden ge= äußert hatte, schrieb mir Bitzius am 19. August 1844 mit Uebersen= dung seiner Anne Bäbi: „Ihre mündlichen Mahnungen durch Thur= gau und Ihre gedruckten Fingerzeige habe ich soviel möglich mir zu Gemüthe geführt. Aber wenn eine Person spricht, so muß ich sie reden lassen nach ihrer Art, ich mag wollen oder nicht. Ich muß den bezeichnendsten Ausdruck wählen, wie grob er sein mag. Das Ding ist stärker als ich. Freilich geschieht es, daß nach einigen Jahren mir dies und das auch häßlich scheint, weil ich es nun besser zu bezeichnen wüßte. Ich dachte nicht daran, Schriftsteller zu werden, wurde 38 Jahre alt, ehe ich etwas drucken ließ. Die Noth des Volkes und der radicale Unsinn, der eine schön aufgehende Zeit verdarb, zwangen mich dazu, glätteten mir aber meine Ungeschliffenheit nicht. Wenn mir recht ist, so turnten wir im Jahr 1820 auf dem heitern Platz zu Zofingen mit einander. — Gegenwärtig habe ich unsere politische Kopf= und Rathlosigkeit auf dem Korn. Ich sollte mich eigentlich hier hinein nicht mengen, aber wer zieht dem, der aufrichtig das Volk liebt, die Grenzen, was im Volksleben ihn angehe und nicht angehe? Ist ein Volksleben eben kein Cadaver, wo kein Glied mehr was weiß vom andern, sondern ein Ganzes, in allen Gliedern das gleiche, so daß man in keinem das Leben verletzen kann, ohne daß es das gesammte Leben fühlt."

Ich selbst schrieb einige Dorfgeschichten, indem ich überhaupt in Mußestunden kleine poetische Motive zu Novellen verarbeitete, die sich jedoch nur zum Theil in der ländlichen Sphäre bewegten.

Seit 1857 nahm mich das von Franzmüller gut geleitete Sommertheater in Cannstatt, wo vom Mai bis September täglich gespielt wurde, je nachdem gute Schauspieler da waren, mehr oder weniger in Anspruch. Ich vertheidigte einmal die Volkstheater gegen einen abschätzenden Artikel der Augsb. Allg. Zeitung. Ich vermochte jedoch nicht, das kleine Theater auf eine höhere Stufe zu bringen. Der Direktor glaubte, dem gemeinen Geschmack des Publikums nachgeben zu müssen, um eine gute Einnahme zu haben, verstand aber unter dem Publikum die Pflastertreter der Hauptstadt und einige aus Cannstatt. Das eigentliche Publikum würde wohl auch an würdigern, ernstern und rührendern Stücken Geschmack finden; solche nahmen aber im Verlauf der Jahre immer mehr ab, und es wurden immer mehr nur Possen aufgeführt.

Ich wäre gern viel gereist, aber meine Mittel reichten nicht, da ich schon ziemlich früh eine zahlreiche Familie zu versorgen bekam und das Reisen, ehe die Eisenbahnen aufkamen, zeitraubender und theurer war als jetzt. Ich reiste einmal nach Wien, ein paarmal nach Berlin und brachte ein Vierteljahr in Italien zu. Sonst machte ich keine größern Reisen, destomehr in der guten Jahreszeit aber von Stuttgart aus theils in dessen schöne Umgebung, theils in die rauhe Alb, den Schwarzwald, an den Bodensee und in dessen alpine Umgebung. Diese kleinen Ausflüge störten mich weniger in meiner rastlosen literarischen Thätigkeit, kosteten mich weniger und waren doch durch die Bewegung in freier Luft meiner Gesundheit zuträglich und stets für mich ein poetischer Genuß. Stuttgart selbst ist ein angenehmer Aufenthaltsort. In meinem kleinen mit Reben umkränzten Hause, das ein hübscher Garten von der Straße trennte, wohnte ich mitten in der

Stadt doch halb wie auf dem Lande. Auf der Ostseite genießt die Stadt den dunkelgrünen Schatten hoher und dichter Kastanienalleen und von allen Seiten blicken die Weinberge in die Straßen hinein. Nach allen Richtungen im Thal zum Neckar hin und gegen die Berge im Norden, Westen und Süden bewegt man sich in einer schönen Landschaft, in schönem Buchen- und Tannenwald, und die Berge bieten wechselnde Fernsichten in Menge dar. Mein Lieblingsweg war viele Jahrzehnte lang über den Bopferwald hinab nach Wangen oder Rohracker. Wenn ich da einige Stunden Berg- oder Waldluft genossen hatte, ruhte ich in Eßlingen, Ober- oder Untertürkheim am Neckar bei einem guten Glase Wein aus, der auf den nächsten Bergen wächst und als der beste unter den Neckarweinen berühmt ist. Als in Eßlingen der Lärm der großen Maschinenfabrik zu laut wurde, blieb ich seitdem lieber in Obertürkheim, wo ich seit den siebenziger Jahren meines Lebens an dem Musiklehrer Bender und seiner wackern Frau, einer ehemaligen Gouvernante, sehr liebenswürdige Gesellschafter fand. Sie hatten sich in jüngern Jahren in Rußland geheirathet. In Obertürkheim, im Garten der „Mühle", trank ich gewöhnlich den sog. grünen Wein, der rein von Sylvanertrauben herrührt.

Das Neckarthal war früher noch schöner. Als ich das erstemal 1820 nach Stuttgart kam, ragte noch der Kahlenstein, ein schöner Felsen bei Cannstadt gegen den Neckar hin. Bald darauf hat ihn König Wilhelm I. mit großen Kosten wegrasiren lassen, um auf den planirten Berg seine Villa Rosenstein zu bauen. Auch das alte Stammschloß Württemberg über Untertürkheim war eine romantische und historisch denkwürdige Ruine, eine Zierde der Gegend. Auch sie ließ König Wilhelm wegrasiren und statt ihrer auf den kahlen Berg eine griechische Rotunde setzen mit dem Grabe der Königin Katharina.

Eine lange Reihe von Jahren machte ich im Sommer wöchentlich oft mehrere Ausflüge nach den schönen Eßlinger Filialen, die ich kannte, wie meine Tasche. Die Luft ist dort sehr gut, die zerstreuten Häuser liegen in einem Obstwalde. Auch in den kleinen Wirthshäusern trinkt man dort überall guten Wein. Wenn man, wie ich pflegte,

von der auf dem Berge liegenden Kelter von Sulzgries aus nach Eßlingen heruntergeht, hat man in der Abendsonne die herrlichste Aussicht, im Vordergrunde über das Neckarthal und die Stadt Eßlingen,
im Hintergrunde das schöne Panorama der schwäbischen Alb. In
das Remsthal kam ich seltener, häufig aber nach Fellbach unter dem
Rothenberge, auf dem das Stammschloß Württemberg stand. Hier
lebte der Vater meines Schwiegersohns Auberlen als Schulmeister,
dessen Vater und Großvater ebendaselbst Schulmeister gewesen waren,
in einem wahrhaft patriarchalischen rebenumkränzten Hause, neben
der alterthümlichen, festungsartig ummauerten und mit einem Wall-
graben umringten Kirche. Hinter solche befestigte Kirchhöfe pflegten
sich im Mittelalter vom Feind gefährdete Gemeinden zu retten und
sich zu vertheidigen. Nicht weit davon liegt das uralte Waiblingen,
von dem der größte Kriegsruf im Mittelalter ausgegangen ist: Hie
Welf, hie Waiblingen! Im Remsthal ziehen uns viele berühmte
Weinorte, besonders aber Groß-Heppach an, wo ich öfters in dem
Zimmer saß, in welchem einst Prinz Eugenius mit Marlborough und
dem Markgrafen von Baden den Plan zur siegreichen Schlacht bei
Höchstädt entwarf.

Natürlicherweise bestieg ich auch während meines langen Aufenthalts in Schwaben öfter den Hohenstaufen. Man kann von gewissen
Punkten der Berge in der Nähe von Stuttgart aus den Hohenstaufen
und den Hohenzollern, die zwei Hauptburgen, zwischen denen die
rauhe Alb sich in ihrer ganzen Schönheit ausbreitet, zugleich sehen.
Es bleibt immer ein schöner Gedanke, daß von diesen Burgen aus
die edelsten Kaisergeschlechter Deutschlands ausgegangen sind. Das
tragische Schicksal der Hohenstaufen, an das ich nie ohne tiefe Rührung
denken konnte, mußte in jedem guten Deutschen die Sehnsucht nach
irgend einer Genugthuung erwecken. Ich schrieb schon vor vierzig
Jahren, die Hohenstaufen warten noch auf ihren Rächer. Ist es nun
nicht wunderbar, daß ihnen dieser Rächer endlich erstanden ist und
zwar aus der Burg Hohenzollern, die dem Hohenstaufen an demselben
Gebirge gegenübersteht, die größte Kaiserwiege gegenüber dem größten

Kaisergrabe! In Schwaben existirte ein sog. Hohenstaufenverein, an dessen Spitze der verstorbene Graf Wilhelm von Württemberg, Herzog von Urach, stand. Es wurde oft darüber gestritten, was man auf die kahle Staffel des Hohenstaufen bauen solle, und ich war sehr zufrieden, daß man nicht damit zustandekam, da zu etwas Großartigem die Mittel fehlten und etwas Aermliches des großen Namens, der großen Erinnerung unwürdig gewesen wäre. Ich sträubte mich namentlich gegen den fatalen Gedanken, den Hohenstaufen mit einer Pyramide oder einem kleinen Thürmchen zu schmücken.

Zu den angenehmsten Spaziergängen in der rauhen Alb gehört das Rockenthal, so benannt von den vielen Rockensteinen, den rockenartig aus dem Wald aufsteigenden weißen Kalkfelsen. Das mehrere Stunden lange, ganz unbewohnte Thal bleibt mit seinem Bächlein eng durch die einander nahestehenden Waldgebirge, und ist besonders für den Botaniker interessant durch die Menge seltener Waldpflanzen. Die beiden Endpunkte des Thals sind die berühmtesten Bierorte Württembergs, Weißenstein und Eybach. Die Besitzer beider waren mir befreundet, Graf Rechberg und Graf Degenfeld. Ehe ich noch den Grafen Rechberg kennen lernte, ging ich einmal nach Weißenstein, um dort die spanischen Bilder zu sehen, die der Vater des Grafen, ein College des Minister Montgelas in Bayern, von dort mitgebracht und in Weißenstein aufbewahrt haben sollte. Ich hoffte darunter zwei Murillos zu entdecken, welche die Königin von Spanien einst ihrem Beichtvater, einem Kapuziner aus Tirol geschenkt hatte, als derselbe in sein heimisches Kloster zu Clausen zurückkehrte. Die Dame war ihm sehr gnädig gewesen und hatte ihm eine größere Anzahl Bilder der berühmtesten spanischen Maler verehrt, womit er sein Kloster schmückte. Als aber in der napoleonischen Zeit Tirol an Bayern abgetreten werden mußte und das kirchenfeindliche System des Minister Montgelas auch unbarmherzig in Tirol eindrang, wurden jene Bilder aus dem Kloster Clausen geraubt. Vier Murillos waren vorhanden gewesen, davon kamen jedoch nur zwei nach München in die königliche Galerie, wo sie sich noch jetzt befinden. Die andern zwei sind spurlos verschwunden, und es ist oft vergebens nach ihnen geforscht worden. Da ich nun erfuhr, in Weißenstein befänden sich ausgezeichnete spanische Bilder aus dem Nachlaß des Minister Grafen Rechberg, Vater des gegenwärtigen Besitzers von Weißenstein, und dieser bayrische Minister ein College Montgelas' gewesen war, hielt ich für möglich, die beiden verschwundenen Murillos in Weißenstein zu finden. Ich fand nun hier ein paar wundervolle Bilder von Velasquez, aber keinen Murillo und erfuhr später vom Grafen Rechberg selbst, die gesuchten Bilder seien nie in seinem Besitze gewesen.

Ich hatte eine Vorliebe für die grünen Buchenwälder der rauhen Alb, aus denen überall in charakteristischer Weise der weißschimmernde Juralalk durchbricht. Ich habe nach und nach mit nur wenigen Ausnahmen alle Thäler dieses Gebirges vom Brenzthal an bis zum obern Donauthal besucht. Die rauhe Alb ist eine Erhebung der Erdrinde dem rechten Neckarufer entlang. Nur von dieser Seite stellt sie sich als ein Gebirge dar. Ostwärts senkt sie sich nur langsam in einer schiefen Ebene zum linken Ufer der Donau hinab, weßhalb auch das atmosphärische Wasser, was auf diese schiefe Fläche fällt, sich gegen die Donau hin konzentrirt und in zwei überaus reichen Quellen zu Tage tritt, in dem berühmten Blautopf bei Blaubeuren und zu Königsbronn im Brenzthal. Merkwürdig ist das ganz farblose Wasser im Bassin zu Königsbronn, während der Blautopf in seiner Färbung dem schönsten Alpensee gleicht.

Wenn ich, was fast alljährlich geschah, in der guten Jahreszeit die Alb aufsuchte, kam ich am häufigsten ins Lenningerthal, ins Neidlingerthal, ins obere Filsthal, ins Uracher Thal, ins Pfullingerthal mit dem Lichtenstein. Urach und seine Umgebung gehört unstreitig zu den schönsten Partien, die man von Stuttgart aus machen kann.

Im April des Jahres 1857 wollte ich einmal wie gewöhnlich früh morgens an mein Pult treten und schreiben, als die Sonne so schön zum Fenster hereinschien, daß mich auf einmal ein unwiderstehlicher Trieb hinauszulaufen ergriff. Ohne alle Vorbereitung setzte ich mich auf die Eisenbahn und fuhr nach Plochingen, von wo aus ich zu Fuß durch Kirchheim und bis Owen lief, hier ein Mittagessen bestellte und noch geschwind auf der steilsten Seite zur Teck hinauf= kletterte. Von dieser berühmten Burgruine aus hat man insofern eine der schönsten Aussichten, die es im ganzen Schwabenlande giebt, weil sich die rauhe Alb selbst, namentlich der Neuffen, hier in den großartigsten Profilen darstellt. Wenn man diese Burgen sieht, zu denen auch der etwas ferner liegende Hohenstaufen gehört, begreift man, woher die Ritter kamen, die einst der Spanier los fieros Alla= manos nannte. Als ich vom Berge wieder herabkam und im Wirths= haus ein paar köstliche Forellen verzehrte, machte ich die Bekanntschaft eines jungen Herrn, der nach Tübingen gehen wollte und sich mir später als einen Privatdocenten daselbst zu erkennen gab. Der Wirth in Owen hatte eine interessante Sammlung ausgestopfter und leben= der Thiere, unter denen sich einige seltene und schöne Vögel der rauhen Alb auszeichneten. Wir betrachteten diese Thiere während eines hef= tigen Gewitters. Dann schien die Sonne wieder, und wir waren so ins Gespräch vertieft, daß mein junger Gesellschafter sich entschloß, ehe er nach Tübingen ging, mir ins Lenningerthal bis Guttenberg zu folgen. Der lothigen Straße wegen fuhren wir dahin. Von Guttenberg an ging ich wieder zu Fuß, und mein junger Freund be= gleitete mich noch bis zur Hälfte der Schopflocher Steige. Hier nah= men wir Abschied, und ich eilte, noch ehe es dunkel wurde, die schöne Ruine Reißenstein zu erreichen, die ins Neidlingerthal hinabsieht und von keiner Seite einen so malerischen Anblick darbietet, als von der, von wo ich damals kam. Ich hatte fünf Jahre früher dieselbe Ruine von Neidlingen aus bestiegen. Von hier aus kam ich noch bei guter Tageszeit auf der noch neuen Chaussee nach Wiesensteig hinunter. Man behält hier zur Rechten das obere Filsthal unter langgestreckten Waldgebirgen, bei deren Anblick man kaum zweifelt, daß der Name des Ortes vom Wiesent herkommt, der Kuh des Auerstiers. Denn in diese Waldgebirge ist die Cultur noch nicht tief eingedrungen, die engen Wiesenthäler werden von dichtem Wald eingeschlossen, aus dessen Dickicht einst die wilden Rinderheerden ab= und aufstiegen. —

Im Gasthof zu Wiesensteig war eine Hochzeit, deren Jubel mich eine zeitlang nicht schlafen ließ, bis meine Nerven sich endlich doch noch stärker bewiesen, als aller Lärm, der sie zu irritiren suchte. Am andern Morgen lachte die Sonne wieder sehr schön, doch waren in dem obern Filsthal, wie überhaupt auf der Höhe des Gebirgszuges schon am Reißenstein alle Bäume noch kahl, während sie gestern im Lenningerthale, so wie am Neckar, schon in voller Blüthe standen. Ich kehrte durch das schöne Albthal zurück, welches sich von Wiesensteig bis Geislingen fünf Stunden lang hinzieht und wo ich immer gern verweilte. Nur wenige Stunden von einander liegen hier zwei Badeorte, Ditzenbach mit einem lieblichen Säuerling und Ueberkingen mit einem merkwürdigen sehr alten Gasthofe.

Im Sommer desselben Jahres 1857 wollte ich einmal meinen zu Winterbach im Remsthal als Vikar angestellten Sohn Konrad besuchen. Ich ging von Reichenbach aus über den Schurwald und genoß die schöne Aussicht über das Neckar- und Remsthal und auf den Hohenstaufen. Man wird dort oben im Walde auch noch durch eine höchst elegante Forstkultur, besonders durch eine malerische Anlage eines hohen Lärchenwaldes überrascht. Als ich nach Winterbach hinabgestiegen war, empfing mich der Pfarrer, ein jüngerer Bruder des berühmten Prälaten Kapff, mit der Nachricht, er habe soeben eine Anfrage vom Consistorium erhalten, ob mein Sohn nicht geneigt wäre, nach Bremen zu gehen, um dort ein paar Sommermonate hindurch als Hülfsprediger einen auf der Badereise abwesenden Bremer Pastor auf der Kanzel zu ersetzen. Die Bremer Herrn pflegten sich gewöhnlich und schon von längerer Zeit her dergleichen Hülfleistungen aus Württemberg zu erbitten, wie andrerseits die jungen Bremer Theologen auch vorzugsweise gern in Tübingen studirten. Mein Sohn, damals noch sehr jung, kam zu der Ehre, vom Consistorium nach Bremen geschickt zu werden, nur zufällig, weil ein paar ältere es abgelehnt hatten. Er ging mit mir zu Fuß durch das Remsthal zurück, um sogleich nach Bremen abzureisen, und war auffallend freudig erregt.

Ich ahnte nichts davon, daß hier mehr als Zufall im Spiel war. Mein Sohn war schon einmal in Bremen gewesen aus einem sehr eigenthümlichen Anlasse. Ein gewisser Heinrich Kohlmann aus Bremen studirte Theologie in Tübingen und wurde der intimste Freund meines Sohnes. An einem sehr kalten Wintertage im Januar 1855 erfror er sich auf einer nächtlichen Schlittenfahrt beide Hände, wurde zwar durch die Kunst der Aerzte so weit hergestellt, daß er nur die beiden Zeigefinger einbüßte, blieb aber einer langen Kur unterworfen und kehrte, da er die Hände noch nicht brauchen konnte, in Gesellschaft und unter der Pflege meines Sohnes zu seinen Eltern zurück. Sein Vater war Pastor in Horn unfern von Bremen. Während seines vierzehntägigen Aufenthalts im Horner Pfarrhause faßte mein Sohn eine zärtliche Neigung zu Heinrichs Schwester Amalie, die von ihr erwidert wurde. Beide wagten indeß nicht zu hoffen, daß diese Neigung jemals zu einem dauernden Band führen könnte. Im folgenden Sommer kehrte der wieder genesene Heinrich in Begleitung seines Vaters und seiner Schwester nach Tübingen zurück, und hier sahen sich die Liebenden wieder, nur auf kurze Zeit und ohne irgend eine Aussicht, jemals wieder zusammenzukommen. Nun auf einmal kam die Anfrage vom Consistorium, und man kann sich denken, daß mein Sohn nicht anders glaubte, als Gott selbst befehle ihm nach Bremen zu gehen, wohin er sich so lange schon und bisher ohne Hoffnung gesehnt hatte. Ich wußte und ahnte von alledem nichts. Er kam nach Horn und ging am Garten des Pfarrhauses vorüber. Amalie saß mit ihrer Mutter und dem jüngsten Bruder im Garten. Letzterer sagte, der vorbei gehende junge Mann sei Konrad so ähnlich. Da trat er herein, er war es selbst. Nicht nur das Mädchen, sondern auch ihre vortreffliche Mutter gingen nun bald in Konrads Glauben ein, daß hier eine höhere Hand im Spiele sei. Genug, die Herzen hatten sich schon längst gefunden, die Mutter gab zuerst den Segen dazu. Vor uns beiden strengen Vätern wurde die Sache noch geheim gehalten, weil mein Sohn damals sein zweites Examen noch nicht gemacht hatte. Nachdem er dasselbe aber mit Ehren bestanden und einen annehmbaren Platz in der Schweiz gefunden hatte, gaben wir in Gottes Namen das junge Paar im Frühjahr 1862 zusammen.

Im Spätsommer 1857 machte ich noch eine sehr behagliche Reise zum damaligen Oberpräsidenten in Sigmaringen, meinem vieljährigen Freunde und Gönner, Herrn von Sydow, der mich schon öfter nach seinem schönen Thale eingeladen hatte. In der That gibt es in ganz Schwaben nichts so Malerisches, wie das Donauthal von Tuttlingen nach Sigmaringen. Im Ganzen hat das Gebirge noch ganz den Charakter der rauhen Alb und des Jura. Es ist ein verwittertes Kalkgebirge unter lichtgrünem Buchenwald, nicht wie der Schwarzwald Granit unter dunklen Tannen. Aber die Mannigfaltigkeit der Felsenprofile, Höhlen und Burgruinen im Donauthal ist überraschender, als in jedem andern Thale des schwäbischen Jura. Wir fuhren in zwei Wagen auf der damals noch neuen Chaussee und dinirten in dem reizend gelegenen Beuron, wo seitdem wieder Mönche angesiedelt sind. In unserer Gesellschaft befand sich eine Schwester des Herrn von Sydow aus Berlin, ein geistlicher Herr und zwei reizende Mädchen, die muntere Elise von Bernard aus München, welche später die Gemahlin des Herrn von Mallincrodt wurde, und die zarte schöne Herwig, Tochter des Lippeschen Geheimraths und bekannten christlichen Dichters Victor von Strauß. Herr von Sydow hatte in seiner bedächtigen Art die Fahrt so eingerichtet, daß wir unterwegs dreimal darum loosen mußten, welche Mitglieder der Gesellschaft beisammen in dem einen oder andern Wagen sitzen sollten. Nun warf mich aber das Loos jedesmal und immer wieder allein mit den beiden Mädchen zusammen, woran wir uns außerordentlich ergötzten.

Ich lernte bei Frau von Sydow auch mehrere jesuitische Väter aus dem nahen Gorheim kennen. Nachher fuhr ich nach dem Heiligenberge, den ich später noch einmal mit meiner Nichte Emma besucht habe, weil mir kein Punkt in Schwaben bekannt ist, von wo aus man eine so wundervolle Aussicht über das Rheinthal, den

Bodensee und die ganze nördliche Alpenkette genösse. Das Schloß selbst ist, vorzüglich wegen des schönen Rittersaales im frühesten, noch halb romantischen Renaissancestyl merkwürdig. Von da fuhr ich hinab nach Salmannsweiler, um die schöne gothische Kirche daselbst zu sehen, und dann nach Friedrichshafen. Hier traf ich mit meinem Sohn Otto zusammen und machte mit ihm noch ein paar hübsche Ausflüge über Immenstadt nach Oberstdorf im Oberillerthale und nach Bregenz und Feldkirch im Vorarlberg. In Feldkirch besuchte ich das Jesuitenhaus, wo ich sehr freundlich empfangen wurde. Noch an demselben Abend aber ergötzte mich beim Nachtessen in Bregenz ein Heuerlein aus Oberschwaben, welcher zufällig neben mir sitzend mit einigen andern Schwarzröcken eine scurrile Unterhaltung pfleg und dabei, weil ich ihm ein Norddeutscher zu sein schien, beständig auf die Norddeutschen, ihre Aussprache ꝛc. stichelte und sein Müthchen dabei kühlte. Ich sagte nichts dazu und gab nur Acht, wie weit der junge geistliche Tölpel seine dumme Unverschämtheit treiben würde. Aber wie erschraken die Herrn, als sie meinen Namen im Fremdenbuch fanden. Einer der Geistlichen war aus Bayern und hatte mir wenige Wochen vorher mit einem demüthigen Briefe ein Buch zur Recension geschickt. Er kam noch am andern Morgen in früher Stunde an meinen Wagen, um sich höflich von mir zu verabschieden.

Dergleichen Scenen habe ich oft und zwar im Schooße der verschiedensten Parteien erlebt. Da erfreut sich die unerfahrene Jugend und das blödsinnige Alter, über die Gegenpartei zu spotten und das Herz vor Lachen auszuschütten, hier der Katholik über den Protestanten, der Süddeutsche über den Norddeutschen, dort umgekehrt das Münchner Nordlicht über den Stockbayern, der Lichtfreund über die welche den h. Rock in Trier küssen. In diesem pöbelhaften Benehmen der Parteien gegen einander liegt ein Hauptgrund ihrer Unversöhnlichkeit.

Ich hatte immer eine große Liebe zu kleinen Kindern, und diese Neigung wuchs mit den Jahren. Als ich 1833 mein Haus in Stuttgart aufte, war mein nächstes Nachbarhaus die s. g. Paulinenpflege,

worin 50—60 Kinder beiderlei Geschlechts als Waisen oder ver-
wahrloste Kinder verpflegt und erzogen werden. Diese Kinder lud
ich alle Weihnachten zu mir ein und schenkte jedem einen neuen
Sechser, meine Frau fügte eine s. g. Seele, ein überzuckertes Gebäck
dazu. Im Jahr 1867, in welchem ich dieses schreibe, hatte ich sie
das 34ste mal beschenkt.

Wenn mir in der Stadt auf der Straße oder auf dem Lande
ein hübsches Kind begegnete, liebkoste ich es, und in der Regel wurde
meine Zuneigung von den Kindern erwidert. Es geschah zuweilen,
daß ich Kinder schnell beruhigte, wenn sie selbst auf dem Arm der
Mutter weinten oder zornig waren. Ich glaube fast, die Kinder
spüren, ob man sie lieb hat. Mehrmals wurde ich in der Straße
von kleinen Kindern, die eben Ringelreihen machten, in die Mitte
genommen und nicht losgelassen, bis ich eins nach dem andern aufhob und küßte. Manche Frau sah ich als Mutter, eine sogar als
Großmutter, die ich als kleines Kind kennen gelernt und immer auf
der Straße gestellt und begrüßt hatte. Die guten Kinder vergaßen
mich nie und lächelten mich noch nach dreißig, vierzig Jahren an.

Als ich einmal am Ende der vierziger Jahre in der Allee am
Turnplatz vorüberging, strahlten mir die Augen eines kleinen Kindes
entgegen, das auf der Mutter Schooß saß. Ich blieb bei ihm stehen
und liebkoste es. Das Kind sah mich lachend an, aber eine fast über-
irdische Gluth brach aus seinen schwarzen tiefen Augen. Dieses Kind
war Anna Mehlig, die Tochter eines Chorsängers beim Stuttgarter Hoftheater. Sie kam später häufig zu uns, ich lud sie oft zu
meinem Geburtstag und zu Weihnachten ein. Meine Tochter Anna
gab ihr Unterricht in der englischen Sprache. Sie wurde eine berühmte Klaviervirtuosin und machte Kunstreisen. Seit 1860 die
Töchter meines verstorbenen Bruders Rudolf in mein Haus gekommen waren, wurden Anna's Beziehungen zu uns immer intimer,
denn meine jüngste Nichte Hannchen wurde ihre Freundin. Wir
machten viele Spaziergänge zusammen, auch über die Berge. Anna
35*

war nicht nur ein ausgezeichnetes Kunsttalent und eine schöne Erscheinung, sondern auch eine unendlich gutmüthige Seele.

Ich machte einmal eine kleine Herbstpartie ins Remsthal und sah im Dorfe Korb im Vorbeigehen ein kleines kaum dreijähriges Mädchen von wunderbarer Schönheit und blond wie ein Engel. Ich rief es zu mir, aber es verbarg sich voll Schüchternheit. Endlich kam es auf mich zugelaufen, küßte meine Hand lange, daß die schönen blonden Locken sie ganz bedeckten und ich auf einmal Thränen auf der Hand fühlte. Das Kind weinte wirklich, riß sich aber schnell empor und verschwand in ihrem kleinen Hause.

Ich pflegte im Frühjahr oder Herbst lange Jahre hinter einander eine Reise an den Bodensee zu machen, zumal seitdem man auf der Eisenbahn von Stuttgart aus binnen fünf Stunden zu seinen Ufern gelangen konnte. Hier öffnet sich dem Schwabenlande die ehemals im Herzogthum Alemannien innig mit ihm verbundene Schweiz, welche jetzt unnatürlich von ihm getrennt ist. Das s. g. schwäbische Meer, der schöne große See, hinter dem das ganze herrliche Amphitheater der Schneeberge sich aufthürmt, war einst der Mittelpunkt des großen alemannischen Volksstammes, welcher von Augsburg bis zu den Vogesen und von Schwäbisch Hall bis Worms (Bormio) und Cleve (Chiavenna) jenseits der Alpen reichte. An diesem See wurden den höchsten Göttern der Alemannen dieselben großen Pferdeopfer dargebracht, die man in Schweden denselben Göttern schlachtete. Auf den Bodensee, als den Mittelpunkt des nationalen Cultus, weisen eine Menge Volkssagen und Traditionen hin. In Lucä Grafensaal werden aus den berühmten zwölf Welfen, die nach der alten Welfensage als neugeborene Kinder im See hätten ertränkt werden sollen, die zwölf edelsten Geschlechter Alemanniens, die Stammväter der Welfen von Altdorf und Ravensburg, der Grafen vom Heiligenberg, von Tübingen, von Calw, von Rechberg, von Helfenstein ꝛc. Auch spielt in frommen Stiftungen der genannten Grafengeschlechter der Name Bertha eine Rolle und läßt sich hier, wie anderswo auf die mütterliche Göttin Bertha zurückführen. Ich habe viel Sagenstoff

gesammelt und verglichen, wodurch diese Andeutungen bestätigt werden. Doch gehört ihre nähere Erörterung nicht an diesen Ort.

Hier am Bodensee war ehemals der Mittelpunkt der alemannischen Welt. Die mehr nordwärts wohnenden Alemannen am Neckar
waren schon unter Chlodwig nach der Schlacht bei Zülpich dem
großen Frankenreich unterworfen worden, die im Oberland bewahrten
aber noch ihre Unabhängigkeit unter dem Schutz des großen Gothen-
königs Theodorich in Italien. Man hat über die Umgestaltungen
Süddeutschlands in jenen merkwürdigen Jahrhunderten noch viel zu
wenig nachgedacht. Als die Ostgothen in Italien von den Longobarden verdrängt wurden und die letzteren sich dem fränkischen Reiche
feindselig gegenüberstellten, hatte bereits der große deutsche Mönch
Winfried (h. Bonifacius) den welthistorischen Plan gefaßt, alle deutschen Völker in einer Kirche zu vereinigen und dadurch den genialen
Karlingern die Vereinigung derselben Stämme auch in einem weltlichen Reiche zu ermöglichen. Wie heute noch jeder vernünftige
Deutsche die Einheit unserer großen Nation wünschen und fördern
muß, so war es auch damals schon die Pflicht und das dringende Interesse aller Deutschen, zusammenzuhalten gegen die furchtbare Macht
der Muhammedaner im Süden und der Slaven im Osten. Das
nationale Interesse der Deutschen fiel hier ganz mit dem christlichen
zusammen. Die griechischen und romanischen Völker waren zu ver-
derbt und ohnmächtig, um ferner das Christenthum retten und erhalten zu können. Nur das starke deutsche Volk vermochte das, wenn
es einig war. Karl der Große führte bekanntlich den Gedanken des
h. Winfried aus und gründete das große deutsche Kaiserthum, welches
alle germanischen Stämme umfassen sollte, zugleich in einer Kirche
vereint. Bei der alten Eifersucht unter den deutschen Stämmen, war
diese Vereinigung zu Stande zu bringen ein nicht minder schwieriges
Werk, als es heute die Vereinigung aller Deutschen unter der einzig
dazu befähigten Fahne des schwarzen Adlers ist. Gegenüber den hart-
köpfigen Particularisten, die lieber die ganze deutsche Nation zu
Grunde gehen ließen, ehe sie ihr Sonderthum opferten, brauchte

Karl der Große einsichtsvolle Patrioten und Staatsmänner, treue Freunde und Helfer, die das große Ziel der deutschen Einheit fest im Auge behielten und an dem heiligen Werke der Vereinigung aller Deutschen bauen halfen mit nie ermüdender Thatkraft.

Einen solchen Freund nun fand Karl der Große in Oberschwaben. Hier auf dem Berge Bussen, der von weiter Ferne her das Auge des Reisenden auf sich zieht, hauste Graf Gerold, der einflußreichste Mann im Lande der Alemannen. Eben hatten die Alemannen im Unterlande sich gegen das Frankenreich empört und Karls des Großen Bruder Karlmann hatte bei Cannstadt am Neckar ihre Häuptlinge, mehr als 20 an der Zahl, köpfen lassen. Einen so unvernünftigen Widerstand gegen die Unterländer leisteten damals die Oberländer dem, der die Einheit aller Deutschen wollte, nicht. Gerold trat vielmehr Karl dem Großen an die Seite, führte ihm den ganzen Heerbann der riesenhaften Allgäuer, Schwarzwälder und Schweizer Alemannen zu, erfocht an ihrer Spitze in Karls des Großen Kriegen reiche Siege, erwarb den Schwaben das Recht, in allen Schlachten des Reiches Banner voranzutragen und vermählte seine Schwester Hildegart mit seinem kaiserlichen Herrn und Freund, dem er die Treue bis in den Tod bewährte, denn er fiel ruhmvoll in einer Schlacht.

Man ersieht hieraus, welchen großen Antheil die Oberschwaben am Zustandekommen der Einheit des Reichs unter Karl dem Großen gehabt haben. Während Karl noch mit den Longobarden in Italien und den Niederländern an der Nordsee zu kämpfen hatte und ihn Slaven und Avaren von Osten her bedrohten, trat Gerold mit den Alemannen in die Mitte und wurde das wichtige Bindeglied, welches das cisrhenanische Frankenreich mit dem transrhenanischen verband. Nur auf solche Weise konnte die große Reichseinheit und Stiftung des Kaiserreichs möglich werden. Zum Lohn für diese Hingebung an die große nationale Sache erhielten die Alemannen in Karls des Großen Heere bald den ersten Rang und erlangten im neuen Reiche der Deutschen ein solches Ansehen, daß aus ihnen die Geschlechter hervorgingen, welche die größten Throne bestiegen und zum Theil heute noch innehaben, das kaiserliche Geschlecht der Hohenstaufen, das kaiserliche Geschlecht der Habsburger, die königlichen Geschlechter der Zollern und der Welfen, deren ersteres nunmehr auch ein kaiserliches geworden ist.

Man kann sich denken, mit welchen Empfindungen ich seit der Mitte der sechziger Jahre, wenn mich die Eisenbahn zum Bodensee trug, unterwegs den schönen Berg Bussen betrachtete, in jenen Tagen, wo die oberländischen Katholiken mit den Demokraten und der Stuttgarter Regierung im Bunde zum ersten deutschen Zollparlament nur Leute wählten, die sich gegen die deutschen Einheitsbestrebungen verschworen hatten, nichts sehnlicher wünschten, als die französische Intervention, und den Franzosen gern das linke Rheinufer preisgegeben hätten, nur um den Nordbund unterdrückt und die Einigung der großen deutschen Nation vereitelt zu sehen. Und wenn ich weiter hinab zum See gelangte, an welchem einst aller Geist und alle Macht des großen alemannischen Volksstammes concentrirt gewesen war, sah ich jetzt den schönen See und seine Ufer zertheilt an sechs verschiedene Souveräne und seine Dampfschiffe unter sechs verschiedenen Flaggen, und welches Band der Einheit hält noch Badener, Württemberger, Baiern, Oesterreicher, St. Galler und Thurgauer zusammen?

Ich pflegte, wenn ich zum Bodensee reiste, unterwegs in Ulm bei meinem Sohn Ludwig zu verweilen, der seit 1853 hier in der Bundesfestung als Offizier lebte. Er wohnte hoch oben auf der Wilhelmsburg mit der schönen Aussicht bis in die Schweizerberge. Ich hatte noch viele Bekannte in Ulm, unter denen mir Professor Osterdinger, mein College vom Landtage her, der Buchhändler Adam, gleichfalls mein Landtagscollege, Professor Mauch und der gleich seinem Stuttgarter Vater liebenswürdige Postmeister Kübler, die angenehmsten und auch anhänglichsten waren. Ueber die Restauration des Ulmer Münsters wurde, so oft ich dort war, viel raisonnirt, im ganzen sah ich sie aber doch alle Jahre rüstig fortschreiten. Zu meiner großen Freude, denn ich erkannte in der seit 300 Jahren wieder aufgenommenen Arbeit am Bau unserer großen echt deutschen Kirche, einen Sieg des nationalen Princips, dem ich alle Kraft meines Lebens gewidmet hatte.

Oberhalb Ulm führt die Eisenbahn an dem schönen Schlosse Erbach vorbei. Mit dem Besitzer desselben, Freiherrn von Ulm wurde ich 1855 durch Ostertinger bekannt und auf seine alte Burg eingeladen, die imposant vom Berge auf die weite Ebene hinabschaut und damals noch ganz so erhalten war, wie sie im Mittelalter gebaut wurde. Man trat durch das große Thor in eine weite Halle, welche ringsum mit den prachtvollsten Hirschgeweihen verziert war. Nachdem ich die breite Treppe emporgestiegen war, fand ich im Innern die alterthümlichsten Säle und Zimmer alle reich und geschmackvoll modern meublirt. Einer der wohnlichsten Landsitze die ich kennen gelernt habe. Aber der alte Freiherr starb und das Schloß kam in andere Hände.

Ist man auf der Eisenbahn über Biberach hinausgefahren, so sieht man links das Dorf Essendorf. Hier wohnte Pfarrer Werfer, Neffe des allbeliebten Verfassers von Jugendschriften, Christoph von Schmid. Von ebenso liebenswürdiger Humanität wie sein Oheim gab Werfer dessen Schriften und Lebensgeschichte heraus, wie auch mehrere eigene erbauliche und poetische Schriften. Er beschäftigte sich auch mit Malerei und beschenkte meine Tochter mit einem hübschen Oelbild vom Bodensee. Als ich einmal in Essendorf bei ihm übernachtete und ohne mich viel umzusehen müde zu Bette ging, erwachte ich am andern Morgen unter einer großen Menge von Crucifixen, Heiligenstatuen und Gemälden, die ich jetzt erst beim Licht der Morgensonne erkannte.

Die Umgebungen des Bodensees sind auf der Nordseite deshalb anziehender, weil man über dem See den schönen Anblick der Alpen hat, während die Nordseite selbst niedriger und weniger interessant ist. Den ganzen See überblickt man am besten von den Höhen über Friedrichshafen aus, insbesondere auf dem Kirchhof von Berg. Von hier aus sah ich einmal nach einem Gewitter auf eine Entfernung von wenigstens drei Stunden einen fabelhaft breiten Regenbogen mitten auf dem See stehen und durch seine prächtigen Farben ein Segelschiff hindurchfahren.

Oefter brachte ich im Frühjahr und Herbst einige Tage in Ueberlingen am untern See zu. Diese kleine Reichsstadt hat noch sehr viel Alterthümliches, und die Aussicht von den verschiedenen Höhen über der Stadt ist sehr empfehlenswerth. Ich sah einmal von hier aus, ebenfalls nach einem Gewitter, die Tiroler Gebirge trotz ihrer großen Entfernung in ihren übereinanderliegenden Reihen in den schärfsten und klarsten Conturen. Ueber der Stadt liegt ein Kirchhof mit hübschen Bäumen. Ehe ich ihn bemerkte, sah ich einmal reizende Kinder ein paar noch kleinere in einem Wägelchen fahren, liebkoste sie und frug sie, wohin sie außerhalb der Stadt führen. „In Gottesacker ini" antwortete das älteste Mädchen mit holdseligem Lächeln. Hier ist der Kirchhof Spielplatz der Kinder.

Nach Constanz kam ich weniger oft, das letztemal im Jahr 1868 mit meinem schlesischen Neffen Sikora, um mit ihm, der aus Böhmen stammt, den Hussenstein zu sehen, wenige Tage früher, als die Czechen dort anlangten, um ihren Hus zu feiern. Dieser Hus hatte immer etwas Fatales für mich und obgleich ich ihn, als einen Vorläufer Luthers nach der einmal auf protestantischen Schulen und Universitäten herkömmlichen Ansicht respectiren sollte, konnte ich doch in dem wahnsinnigen Gebahren der Hussiten nicht die Frucht eines gesunden Baumes erkennen. Durch die genauern Forschungen späterer österreichischer Gelehrten, namentlich Höflers in Prag, wurde ich belehrt, daß mein Instinkt mich nicht getäuscht hatte.

Eine hübsche Partie vom Bodensee aus bietet die Fahrt auf der Eisenbahn nach St. Gallen dar. Von dort ist mir noch erinnerlich, daß ich vom Freudenberg aus, der nahe bei der Stadt liegt, eine reizende Aussicht theils auf den Säntis, theils auf den See genoß. Unterhalb des Wirthshauses und etwas seitwärts lag ein Nonnenkloster, dessen fromme Bewohnerinnen am heißen Sommernachmittage eben beschäftigt waren, hoch aufgeschürzt und mit großem Fleiße in ihrem großen Garten Heu zu machen.

Auch nach Bregenz kam ich öfter. Einmal zur Pfingstzeit, als ich mit meinem militärischen Sohne Ludwig zum See reiste, entfloh ich dem großen schwäbischen Sängerfest in Ravensburg, wo es mir zu voll war, nach Bregenz und lud dahin auch meinen ältesten Sohn Rudolf ein, der damals zu Frauenfeld im Thurgau Professor war. Am Pfingstmorgen erstiegen wir die Höhen über Bregenz und lagen ausruhend im Grase, um uns an der Aussicht über die Stadt und den See zu freuen, als ringsum die Pfingstglocken erklangen. Ein schöner, heiliger Morgen. Wie erstaunt war ich, als die Glocken des zunächst am Berge liegenden Nonnenklosters am längsten aushielten und intermittirend in so wunderbaren Tönen erklangen, wie sie der geniale Componist der „Klosterglocken" wirklichen Glocken abgelauscht zu haben schien. In dieses Nonnenkloster bei Bregenz kam später das schöne Fräulein von Berlichingen, die ich als Kind gekannt hatte.

Meine letzte Bergreise in der Schweiz machte ich im Jahr 1861 zu Fuß mit meiner Nichte Emma auf den Uetliberg bei Zürich an einem heißen Tage und zu Mittag, so daß ich diesmal mein Alter spürte und, zwar immer muthig, doch erschöpft oben ankam. Oben auf dem Berge war eine heimelige und billige Wirthschaft, in der wir über Nacht blieben. Mein Herz war sehr bewegt von Erinnerungen. Ich sah grade hinunter auf das große Kloster Muri, wo ich so oft von Aarau aus eingekehrt war, wenn ich über Luzern in die Alpen reiste. Ich sah das Aargau, die Kette des Jura, an dessen Fuß ich meine schönsten Jugendjahre verlebt hatte.

Auch in den Schwarzwald kam ich oft. Ich wurde, wie früher erwähnt, dreimal zum Abgeordneten für den württembergischen Landtag gewählt, zweimal in Balingen, einmal in Tuttlingen. Von Balingen aus hatte ich stets die alte Ruine von Hohenzollern vor mir, was mich im Jahr 1831, als ich hier zum erstenmale gewählt war, schmerzlich an Preußen erinnerte. Wer hätte damals geglaubt, daß vierzig Jahre später das alte Nest der schwarzen Adler sich wie

das des Phönix verjüngen und als neuerbaute prächtige Burg seine
schönen Mauern und Thürme gegen den Himmel erheben würde, und
daß Schwaben, damals noch stark mit Rheinbundsgeist erfüllt, wieder
einen deutschen Kaiser und zwar aus schwäbischem Geschlecht erleben
würde? Eine der nächsten und schönsten Partien nach dem Schwarzwald, die man von Stuttgart aus macht, ist die ins Thal der Nagold
über Calw nach Kloster Hirsau und nach den Bädern Liebenzell und
Teinach. In erstgedachtem Bade, welches 1844 meine Frau benutzen
mußte, brachte ich im Sommer vergnügte Tage zu. Damals hielt
sich dort auch das schwäbische Fräulein v. Gemmingen auf, welches
kurz vorher meinen frommen Landsmann, Professor Tholuck in Halle,
geheirathet hatte, ein munteres und liebenswürdiges Wesen. Zwei
Jahre später weilte ich über einen Monat lang bei den Ausgrabungen
alemannischer Gräber in Oberflacht im Thale zwischen den beiden
merkwürdigen Bergen Lupfen und Karpfen. Im folgenden Jahre
machte ich einen Ausflug nach Rottweil, um das hier aufgefundene
große und außerordentlich schöne altrömische Mosaikbild (Orpheus
unter den Thieren) durchzeichnen zu lassen, wie wir es nachher in den
Jahresheften des württembergischen Alterthumsvereins haben abbilden lassen. Auf der Rückreise führte mich der Weg durch den Schön-
buch, den großen Wald, der damals in noch nie gesehener Pracht
blühte, denn nicht nur die Buchen, sondern auch die Fichten und
Tannen, standen gleichzeitig in voller Blüthe und streckten wunderschön, besonders alle Nadelholzbäume ihre gelben und rothen Blüthen-
zapfen wie Kerzen an Weihnachtsbäumen gen Himmel. Ich habe nie
wieder einen gewöhnlichen Wald in so ungewöhnlicher Pracht gesehen.

Im eigentlichen Schwarzwald, wo er am höchsten wird und ins
Rheinthal hinabsieht, erscheinen als die größte Schönheit der Wälder
die hohen Weißtannen, die jährlich in Flöße verbunden den Neckar
und Rhein hinabgehen, um in Holland als Schiffsmasten verwendet
zu werden. Von Baden-Baden aus machte ich früher mit Ludwig
Tieck, später mit Herrn v. Sydow sehr vergnügte Ausflüge ins schöne
Murgthal. Auch von Basel aus mit meinem Schwiegersohn Auberlen

nach dem reizend gelegenen Badenweiler und den Rhein entlang nach dem alten Johanniterschloß Beuggen, wo der fromme Zeller ein Schullehrerseminar und eine Rettungsanstalt für Kinder leitete.

Die beiden Kriegsjahre 1870 und 71 waren für mich noch die schöne Abendröthe, welche der schönen Morgenröthe von 1813 entsprach und worin mein langer Lebenstag auf herzerfreuende Weise sich abschloß. Die Hoffnungen meiner Jugend für unser großes Vaterland waren in Erfüllung gegangen, und ich folgte den Ereignissen des Krieges mit dem doppelten Interesse des alten Patrioten und des Geschichtschreibers.

Zwei meiner Söhne haben an dem Kriege theilgenommen. Ludwig, der Hauptmann, machte gleich im Beginn des Krieges die Expedition in den Schwarzwald unter Oberst v. Seubert mit. Schon am Mittag des 1. August rückte er mit seiner Kompagnie durch das Höllenthal bis Freiburg vor und streifte am 2. und 3. August rheinaufwärts zwischen Breisach und Neuenburg. Zu gleicher Zeit rückte Oberst v. Seubert mit zwei Kompagnien durch das Wiesenthal gegen Basel und Hüningen, und zwei weitere Kompagnien unter Major Sonntag zogen über den Kniebis durch das Renchthal nach Kehl. Durch eingehende Rekognoszirungen der vorhandenen Rheinübergangsstellen, durch häufige Abgabe von Signalen, Anzünden von nächtlichen Lagerfeuern, sowie durch unaufhörlichen raschen Ortswechsel suchte dieses kleine Detachement jenseits des Rheins glauben zu machen, es handle sich hier um einen projektirten Uebergang größerer Truppenmassen.

Wie sehr diese Demonstrationen ihren Zweck erfüllten, geht aus den Berichten der französischen Zeitungen jener Zeit hervor. Auch auf den Gang der Schlacht bei Wörth waren dieselben nicht ohne Einfluß, indem dem Marschall Mac Mahon von Seiten des VII. französischen Armeekorps (General Felix Douai) nicht diejenige Unterstützung zu Theil wurde, die ohne die genannten Vorgänge im Schwarzwald hätte geleistet werden müssen.

Anfangs wurden diese württembergischen Truppen im Badischen

mit Jubel empfangen und gereichten der geängsteten Bevölkerung zu großem Troste. Als aber Schlag auf Schlag die großen Siege der Deutschen im Elsaß aufeinander folgten, und die Franzosen über die Vogesen zurückgeworfen waren, änderte sich die Haltung wenigstens der badischen Beamten auffallend, und als Oberst v. Seubert den Rhein überschreiten wollte, um die Verbindung zwischen Straßburg und Südfrankreich zu unterbrechen, wurde das Detachement nach Stuttgart zurückbeordert. Wie man sich damals zuflüsterte, war der alte badische Neid wieder einmal ins Spiel gekommen, und sollen die Badener besorgt haben, württembergische Truppen möchten sich an der Eroberung des Elsaß betheiligen, die sie sich gerne allein vorbehalten hätten.

Das 6. württembergische Infanterieregiment, bei welchem mein Sohn stand, wurde zwar am 8. September nach Frankreich nachgeschickt, es wurde aber nur im Rücken der siegreichen Armeen im Etappendienst verwendet.

So hatte dieser Sohn zwar manche Mühe und Plage, besonders auf den Streifzügen gegen die Franctireurs, konnte aber in diesem ganzen herrlichen Kriege keinem einzigen Gefechte anwohnen. Indessen war ihm der Aufenthalt in Frankreich doch vielfach interessant, und fand derselbe besonders unter dem Landvolke noch ganz gesunde Ansichten.

Mein jüngster Sohn Adolf, Oberlieutenant und Regiments-adjutant im 1. Infanterieregiment, hatte mehr Glück, indem er einer Feldbrigade zugetheilt war und während der Belagerung von Paris den blutigen Doppelkampf bei Champigny und Villiers mitmachte, in welchem 4000 Württemberger, nur von den Sachsen und zuletzt noch von den Pommern unterstützt, die ihnen mehr als zehnfach an Zahl überlegenen Franzosen, die unter General Ducrot einen großen Ausfall machten, aufs heldenmüthigste, aber auch mit schweren Verlusten zurückschlugen. Meinem Sohne wurde das Pferd unter dem Leibe von mehreren Chassepotkugeln tödlich getroffen, er selbst kam mit einem unbedeutenden Prellschuß davon. Sein Oberst, der liebenswürdige Berger, wurde schwer verwundet und starb bald darauf. An den Rest des tapfern Regimentes wurden viele eiserne Kreuze vertheilt, und auch mein Sohn trug das seinige auf der Brust, als er heimkehrte.

Er war auch mit bei der Schlacht von Sedan und schrieb mir damals, sein Regiment habe neun Tage lang bei den Gewaltmärschen und mangelhafter Nahrung in Feindesland und in schlechtem Wetter große Strapazen ausgestanden, aber die Hoffnung auf einen großen Sieg und schließlich die wirkliche Gefangennehmung eines Kaisers mit 80,000 Mann habe alle Mühe vergessen gemacht.

Mit den Einwohnern kamen unsere Krieger in Frankreich ziemlich gut aus. Die Franctireurs wagten sich nicht recht heran. Widerspenstige Magistrate gaben gehörigen Drohungen immer bald nach. Hin und wieder äußerten gebildete Franzosen und selbst Bauern im Vertrauen, sie verwünschten den Krieg und hätten die Deutschen achten lernen. Häufig betonten sie den Contrast zwischen der gesunden, kräftigen und strammen deutschen Race, und dem saloppen Wesen, der kleineren Figur, schwächlichen Gestalt und leidigen Corruption ihrer Landsleute. Wir sind nicht so liederlich als eure Leute, sagte einmal mein Sohn zu einem guten alten Mütterchen, das seine Leute bewundert hatte. Da nickte das Mütterchen mit dem Kopf und sagte: Ja freilich, freilich, daran liegts!

VI. Letzte politische Thätigkeit.

Nach Beendigung der Stürme von 1849 und dem kläglichen Tage von Olmütz kehrte mit dem Bundestage auch der alte faule Frieden wieder, und man mußte wieder für lange Zeit alle Hoffnungen für Deutschland aufgeben. Man hätte von den jüngsten Erfahrungen, die man gemacht hatte, etwas lernen können, aber man lernte nichts. Preußen hatte sich zu Olmütz selbst entwaffnet und das deutsche Nationalinteresse auch gegenüber von Dänemark der österreichischen und russischen Politik zum Opfer gebracht. Oesterreich glaubte das Rad der Zeit nun ganz gemächlich wieder rückwärts drehen und die Völker wieder mit Absolutismus und Concordat knechten zu können. In den Mittelstaaten war der Particularismus zum zweitenmal, wie 1813, so jetzt wieder 1850 von Oesterreich beschützt worden und mußte sich demselben dankbar und anhänglich bezeigen, damit jeder etwa wiederholte Versuch, ihnen ihre kleinen Souveränetäten zu beschneiden und Deutschland unter der Hegemonie Preußens zu vereinigen, vereitelt werde.

Oesterreich erhielt dadurch in Deutschland ein bedeutendes Uebergewicht und machte sich trotz Absolutismus und Concordat doch populär durch sein Auftreten gegen Rußland, während Preußen sich immer noch von Rußland ins Schlepptau nehmen ließ. Ich konnte mich umsoweniger mit der österreichischen Politik versöhnen, als sie schon während der Kriege gegen den großen Napoleon und auf dem Wiener Congreß im österreichischen Sonderinteresse das große deutsche Nationalinteresse mißachtet und verrathen, jetzt durch Herstellung des elenden Bundestags diesen Verrath wiederholt und es sogar ganz ernstlich darauf angelegt hatte, einfach zum alten habsburgischen System der Völkerverdummung und Völkerknechtung mittelst despotischer Regierung im Bunde mit dem Papstthum zurückzukehren, zu jener für Deutschland so unglückseligen Politik, die das deutsche Reich schon seit einem halben Jahrtausend dem romanischen Einfluß preisgegeben hat. Allein ich konnte doch nicht billigen, daß man im Sinne der einst in der Paulskirche herrschenden Partei Oesterreich von Deutschland ganz ausschließen wollte. Hier durfte der Bibelspruch: „Wenn dich ein Glied ärgert, so schneide es ab" keine Anwendung finden, denn eine große Nation darf keines ihrer Glieder aufgeben. Wenn sich auch ein Glied feindlich gegen die andern stellt, so bleiben sie doch alle Glieder desselben Leibes, und man muß eben abwarten, bis sie sich wieder in den natürlichen und gesunden Organismus des Ganzen schicken werden. Ich liebte das deutsche Oberland und die kerndeutschen Stämme in den Alpen von Tirol, Salzburg, Steiermark. Ich hielt es im Interesse Gesammtdeutschlands für unerläßlich, den Hafen von Triest am Mittelmeer zu haben, und hielt die deutsche Race für vollkommen berechtigt, unter den barbarischen Völkern an der untern Donau zu germanisiren. Ich hielt die Donau unbedenklich für einen deutschen Strom, der bis an seine Mündung deutsch werden müsse, und zwar nicht blos im deutschen, sondern überhaupt im Interesse der Humanität und Civilisation, welches die barbarischen Völkerschaften im Osten niemals allein haben fördern können, wozu sie vielmehr stets einen starken germanischen Zusatz gebrauchten. Auch kann den barbarischen Russen nicht wohl die Civilisirung Asiens anheimgestellt werden, denn sie haben das Zeug, den Geist, die Gewissenhaftigkeit nicht dazu, sie können andere Völker nur unterdrücken, aber nicht civilisiren und veredeln. Dieses unser Recht ist mir nie zweifelhaft gewesen. Ich finde in meinen Papieren noch ein Lied, das ich schon vor vierzig Jahren dichtete und hier mittheilen will:

Auf der Donau.

O wogiger Donaustrom
Wallend ins schwarze Meer,
Was du einst werden sollst,
Ich künd' es lang vorher.

Frei sollst du werden, frei
Und brechen jedes Band,
Was deinen Lauf hielt ein
Und sperrte Land von Land.

Europas Lebenspuls,
Der unterbunden lag,
Du brichst dich endlich durch
Mit starkem Herzensschlag.

Du brichst das Eisenthor
Der hohen Pforte ein,
Dein Wasser will nicht mehr
Des Halbmonds Spiegel sein.

Du brichst am schwarzen Meer
Der Russen Schanzen ein,
Deine Welle will nicht mehr
Vom Czaar geknutet sein.

Kein andres Ziel gibt's hier,
Als vorwärts stolz und keck.
Du öffnest uns und wir —
Wir öffnen dir den Weg.

Von deiner Quelle steigt
Das deutsche Volk herab
Und mißt sein heilig Reich
An deiner Strömung ab.

Indem ich nur immer das deutsche Gesammtwohl ins Auge faßte, mußte ich die Politik Oesterreichs im Krimkriege billigen und schrieb in diesem Sinne 1854 eine Flugschrift „die Aufgabe Preußens" worin ich Preußen dringend ermahnte, die Gelegenheit nicht zu versäumen, sondern sich an Oesterreich und die Westmächte anzuschließen, um Rußland so weit zu schwächen und zurückzudrängen, daß es Deutschland nicht so leicht mehr gefährden könne. Rußlands Macht war ungeheuer angewachsen und uns furchtbar nahe gerückt. Schon hatte es uns die deutschen Ostseeprovinzen entrissen und sich Polens bemeistert, von wo aus sein Festungsvierect an der Weichsel Berlin und Wien zugleich nahe bedrohte. Grade damals wollte die russische Intrigue uns auch der deutschen Elbherzogthümer berauben und im dänischen Gesammtstaat aufgehen lassen, wodurch es sich, da Dänemark sein Vasall war, vollends der Ostsee bemeistern wollte. Es war die höchste Zeit, dem Vorrücken Rußlands eine Schranke zu ziehen, und die große Allianz gegen Rußland im Krimkriege bot dazu die günstigste Gelegenheit. Aber Preußen blieb neutral, denn es mißtraute, allerdings mit Recht, der österreichischen und französischen Freundschaft. Aber wenn Preußen mit voller Energie in den Kampf eingetreten wäre, hätte es damals schon eine unwiderstehliche Macht entfalten können, wie nachher 1866 und 1870.

Meine Flugschrift fand kein Gehör. Man darf wohl annehmen, wenn Preußen mit Oesterreich am Krimkriege theilgenommen hätte, so würde nicht nur Rußland gründlicher besiegt, sondern auch Frankreich abgehalten worden sein, fünf Jahre später über Oesterreich herzufallen. In beiden Fällen litt das Gesammtinteresse Deutschlands Schaden.

Nachdem 1852 die guten Beziehungen zwischen den Höfen von Berlin und Stuttgart wiederhergestellt waren, kam als neuer preußischer Gesandter Graf v. S e c k e n d o r f nach Stuttgart, ein so ehrenwerther Mann, daß man von ihm sagte, es sei noch nie ein unreines Wort über seine Lippen gekommen. Obgleich ich nun in meiner Flugschrift „die Aufgabe Preußens" der Berliner Politik Vorwürfe gemacht hatte, und die Kreuzzeitungspartei, die es mit Rußland hielt, mich deshalb angriff, auch die preußische Regierung selbst den mit mir gleich denkenden Kriegsminister v. Bonin entließ und Rußland Vorschub leistete, ohne sich eine Gegenleistung auszubitten, und ich mich demnach als eine persona ingrata in Berlin betrachten mußte, bewies mir doch Graf v. Seckendorf die ungenirteste Freundschaft und Aufmerksamkeit.

Auch sein Gesandtschaftssekretär, Herr v. M a g n u s, kam mit mir in freundschaftliche Berührung und hinterließ mir, als er nach Brüssel versetzt wurde, die fernere Sorge für einen armen Goldarbeiter, den er auf seine Kosten ins Wildbad geschickt hatte, ob er dort vom Beinfraß geheilt werden könne. Mit dem Gelde, welches mir Herr v. Magnus hinterließ, und welches ich in Gemeinschaft mit der Gräfin v. Zeplin, geb. Maucler bei andern Menschenfreunden sammelte, konnte ich den armen Leidenden noch den folgenden Sommer im Wildbad und zwei Winter in Stuttgart unterhalten. Magnus heirathete in Stuttgart die liebenswürdige Tochter des russischen Gesandten in London, ein Fräulein von Brunnow, hat sie jedoch bald durch den Tod verloren. Ich correspondirte noch einige Zeit mit ihm, um ihm über unsern gemeinschaftlichen Pflegling zu berichten. Dann hörte ich lange nichts mehr von ihm, bis die Zeitungen meldeten, mit welcher Treue und Aufopferung er als preußischer Gesandter in Mexiko den Kaiser Maximilian zu retten gesucht hatte. Ich kannte von früher her seinen Edelmuth und freute mich daher sehr über die würdevolle, großmüthige und herzliche Art, wie er Preußen in der neuen Welt vertrat. Er fiel in Folge seiner Anstrengungen in Queretaro in eine schwere Krankheit, kehrte im folgenden Jahr 1868 nach Europa zurück und besuchte mich mit seinem holden Töchterchen in Stuttgart. Aus seinem Munde erfuhr ich nun gar Vieles über die Vorgänge in Mexiko, was mir von historischem Interesse war. Am meisten überraschte mich eine Notiz in Betreff der unglücklichen Kaiserin Charlotte. Die schwärmerische Liebe nämlich, welche diese junge Dame für ihren Gemahl hegte, soll von demselben nicht erwidert worden sein.

Wenige Monate nach dem Besuch des Herrn von Magnus erhielt ich im Sommer 1868 mehrmals Besuche von dem sogenannten Pater oder Abbé Fischer, der eine so bedeutende Rolle in Mexiko gespielt hatte. Als Protestant in Württemberg geboren, war er nach allerlei Schicksalswechseln und Abenteuern nach Mexiko gekommen, dort katholisch und Pfarrer geworden. Die Zeitungen wußten viel von der Wirksamkeit Fischers in der klerikalen Partei auf einer Sendung nach Rom und am Hofe Maximilians zu reden, meist in einem für ihn sehr ungünstigen Sinne. Ich war jedoch geneigt, ihn zu

entschuldigen, weil doch Alles, was man ihm vorwarf, sich darauf
beschränkte, daß er von Anfang bis zu Ende im Interesse der Kirche
gehandelt hatte. Das war nun freilich in den Augen der liberalen
Presse schon an und für sich ein Verbrechen. Allein die klerikale Partei in Mexiko war die gewesen, die allein dem französischen Kaiser
Muth gemacht hatte, in Mexiko zu interveniren, die allein den Erzherzog Maximilian zum Kaiser ausgerufen hatte, auf die allein sowohl die französische Expedition als Maximilian sich stützen und verlassen konnte. Also ist nicht Fischer anzuklagen, der das Band, welches
die aus Europa herbeigerufenen Franzosen, Oesterreicher und Belgier
mit der klerikalen Partei in Mexiko verknüpfte, als ein natürliches
ansah und nicht gelöst wissen wollte, sondern nur die verdienten Vorwürfe, welche Maximilian riethen, sich von seinen einzigen Freunden
zu trennen und mit der liberalen Partei zu experimentiren. Fischers
Persönlichkeit war ansprechend. Ein großer, stattlicher Mann, verband er Ruhe und Würde mit einem scharfen Verstande, so daß ich
gleich begriff, warum er so viel Einfluß auf Maximilian hatte gewinnen können.

Beiläufig sei bemerkt, daß mir auch in Bezug auf Portugal,
durch Herrn Saraiva, einen in England sich aufhaltenden Portugiesen,
eine große Menge in verschiedenen englischen Blättern niedergelegte
Berichterstattungen über die innern Zustände Portugals seit dreißig
Jahren zugeschickt wurden, in denen die groben Verunstaltungen der
Wahrheit, welche sich die englisch-französische Presse hatte zu Schulden
kommen lassen, nachgewiesen waren. Was man auch über das Zu-
rückgebliebensein der Portugiesen in der Cultur sagen mag, so ist doch
gewiß, daß Dom Miguel dort die nationale Sache vertrat, während
sein Bruder Dom Pedro nur das Werkzeug englischer und französischer
Intriguen war und die liberale Presse von fast ganz Europa ohne
alle Kritik diesen Intriguen zur Verfügung stand.

Graf Seckendorf wurde auf den Gesandtschaftsposten nach München versetzt, wo er bald darauf gestorben ist. In die Zeit seines
Aufenthalts in Stuttgart fiel auch der des französischen Gesandten

Marquis von Ferrières, mit dem ich sehr bekannt wurde, und seiner frommen Gemahlin, von der ich an einem andern Orte gesprochen habe. Auch der russische Gesandte v. Titoff suchte mich damals eine Zeitlang auf, aus keinem andern Grunde, als weil er überhaupt sehr wißbegierig war und mich um vieles zu fragen hatte. Er war ein sehr angenehmer und gebildeter Mann, und seine damals noch unverheirathete Tochter, die ich mehrmals zur Tafel führte, sehr liebenswürdig. Allein mit gegenseitigem Einverständniß lösten wir unsere Verbindung leise wieder auf, denn ich konnte als ein so offner Gegner der russischen Politik, wie ich es war, gegen einen russischen Gesandten die Artigkeit nicht übertreiben.

An die Stelle des Herrn von Magnus als Gesandtschaftssekretär war Herr von Zschock getreten, den der verstorbene General von Radowitz in die Diplomatie eingeführt hatte, eine redliche, treue Seele, eine tüchtige Arbeitskraft, aber von heftigem Temperament und leicht mißtrauisch, so daß ich oft seinen Unwillen mäßigen mußte. Er sah dann immer ein, daß ich Recht hatte und es wohl mit ihm meinte, wie denn auch sein Unwille immer nur edle, männliche und patriotische Motive hatte.

Der folgende preußische Gesandte am Stuttgarter Hofe war ein Herr v. d. Schulenburg, der mir viele Liebe bewies. Er erzog seine Kinder sehr gut, indem er sie nicht verweichlichen ließ, wie es in so vielen andern adeligen Häusern geschieht. Sein zweiter Sohn Richard, ein fünfjähriger Knabe, das schönste Kind, das man sehen konnte und von eben so gutem Herzen, war mein Liebling, und ich bewahre noch die Photographie auf, in der Buchner seine kindliche Schönheit verewigt hat. Die Familie verließ Stuttgart nach wenigen Jahren wieder, um nach Dresden überzusiedeln. Hier fand ich Herrn v. d. Schulenburg 1866 auf dem preußischen Gesandtschaftsposten wieder. Vier Jahre früher war Herr von Savigny, der Sohn des berühmten Juristen und Ministers, preußischer Gesandter in Dresden gewesen und hatte mich, als ich zur Hochzeit meines ältesten Sohnes dorthin reiste, zu sich eingeladen. Hier fand ich auch den sächsischen Präsidenten von Langenn, einen gelehrten und sehr liebenswürdigen Greis, mit dem ich schon öfters Briefe gewechselt hatte. Im Familienkreise des Herrn v. Savigny lebte noch seine geistreiche und trotz ihres Alters ungemein lebendige Mutter. Seine Gemahlin aber war die sanfte und gütevolle Schwester der damals noch unvermählten Gräfin Freda, die ich im Hause Schulenburg in Stuttgart kennen gelernt und die viele Aufmerksamkeit für mich gehabt hatte. Beide Schwestern waren Töchter des reichen Grafen von Arnim-Boitzenburg, Minister im Jahr 1848, mit dem ich im Schlosse zu Berlin eine interessante Unterredung hatte. Die hochgewachsene feurige Freda glich einer Amazone, welcher kein Mann würdig genug zu sein schien. Eine kühne Reiterin und Jägerin war sie zugleich geistvoll und in der Literatur bewandert.

Der nächstfolgende preußische Gesandte in Stuttgart war ein Herr von Canitz, von sehr ruhigem Temperamente. Seine Gemahlin, eine Holländerin von imponirender Größe und doch lieblichen Zügen, stritt zuweilen mit mir, wenn ich den Holländern nicht genug Anerkennung zollte. Auch die Gemahlin seines Nachfolgers, des Herrn von Rosenberg, war eine große Gestalt, mit offenem Blick großer blauer Augen, lebhaft und angenehm. Ich machte überhaupt die Wahrnehmung, daß sämmtliche Damen der preußischen Gesandten, die ich nach und nach kennen lernte, sehr liebenswürdig waren. Unter allen aber widmete mir die Gräfin Seckendorf, welche nach dem Tode ihres Gemahls in Potsdam lebte, die zuvorkommendste Güte, eine etwas corpulente Dame, von deren Zügen aber der Ausdruck jugendlicher Schönheit nicht weichen zu wollen schien.

Im Sommer 1858 lernte ich den Doctor Fischer, resiguirten Statthalter von Oberösterreich, kennen. Er suchte mich auf, und wir wurden bald näher befreundet. Er brachte den Sommer über mit seiner Familie im Bade Cannstadt zu. Ein geborener Tiroler, ausgezeichneter und wohlhabender Advocat, war er durch das Vertrauen des Volks 1848 in die Reichsversammlung gewählt worden, wurde bald auch eine Vertrauensperson des Ministeriums und der kaiserlichen Familie und erhielt in jenen schwierigen Zeiten das Amt des Statthalters in Oberösterreich, welches er erst unter dem Ministerium Schwarzenberg wieder aufgab. Ein echter und schöner Tiroler vereinigte er mit der Biederkeit und Frömmigkeit dieses Volksstammes reiche Kenntnisse, einen scharfen Verstand, große Lebenserfahrung und feine Formen. Er war über die Dinge und Personen in Oesterreich genau unterrichtet und beurtheilte sie ohne Vorurtheil und ohne Gehässigkeit, indem er maßvoll und besonnen immer das Ganze und die Zukunft im Auge behielt, fern von Leidenschaft und auch fern von Illusionen. Er hatte gehandelt, wo er etwas nützen konnte, sich aber zurückgezogen, als er es nicht mehr konnte, sich indeß ein freies Urtheil vorbehalten, immer bereit, sich dem Dienst des Vaterlandes wieder zu widmen, wenn es seiner bedurfte. Ich gewann ihn sehr lieb, wir sahen uns fast täglich und machten zusammen viele kleine Partien. Er zog im Winter nach Freiburg im Breisgau.

Im Laufe jenes Winters wurde mir ein Prozeß angehängt. Ich hatte nämlich in meinem Literaturblatt aus Anlaß eines übertriebenen Lobes, welches dem damals längst verstorbenen Heinrich Zschokke gespendet war, an die schlechte Rolle erinnert, die derselbe zur Zeit Napoleons und des Rheinbunds gespielt hat. Es ist allbekannt, daß er damals von Montgelas in Bayern bezahlt war und daß er in Flugschriften und Zeitungsartikeln das Interesse Napoleons und des Rheinbundes gegenüber allen patriotischen Regungen verfocht, wie er denn auch ein eigenes Buch für Napoleon gegen die Spanier schrieb, um den Eindruck abzuschwächen, den die spanische Volkserhebung gegen die Franzosenherrschaft bei den gegen dieselbe Herrschaft tief erbitterten Deutschen zu machen anfing. Zschokke pries Napoleon als den großen Reformator und Befreier Deutschlands mit kriechender Schmeichelei. Die Erinnerung an diese seine Wirksamkeit hielt ich nun der oben erwähnten Lobpreisung entgegen und wies namentlich darauf hin, daß sein notorischer Vaterlandsverrath kein uneigennütziger gewesen sei. Nun hat aber der Scharfsinn des berühmten Rechtslehrers Wächter, als derselbe noch Kanzler in Tübingen und Mitglied der württembergischen Ständeverfammlung war, in das neue württembergische Strafgefetzbuch einen Paragraphen hin= eingeklügelt, wonach Ehrenkränkungen Verstorbener so gut wie Le= bender straffällig sein sollen. Ich scherzte mit meinem Freunde, dem witzigen Freiherrn Fritz von Berlichingen, er solle mich verklagen, weil ich seinen directen Ahnherrn, den berühmten Götz von Berli= chingen, einen gemeinen Raubritter genannt habe. Wenn auch Götz schon 300 Jahre im Grabe liege, so werden die württembergischen Gerichte dennoch die Klage annehmen.

Die Familie Zschokke in Aarau hatte Wind von diesem Ge= fetzesparagraphen bekommen und Advocat Hölder in Stuttgart gab sich dazu her, in ihrem Namen eine Klage gegen mich anzubringen. Da ich gesagt hatte, Zschokke habe sich bestechen lassen, diese Behaup= tung aber natürlich durch die Vorlage seiner Quittungen nicht be= weisen kounte, mußte mich das Gericht verurtheilen. Eine Ehren= kränkung hatte wirklich stattgefunden, und das Gesetz erlaubte, wenn sie sich auch auf eine längst vergangene Zeit und auf einen längst verstorbenen Mann bezog, dieselbe zur Untersuchung und Strafe zu ziehen. Ich hätte mich daher nur über das Gesetz beschweren können, nicht über die Richter, die darnach verfahren mußten. Ich wurde zu acht Tagen Festungsstrafe auf dem Hohenasperg verurtheilt, ver= schmähte, wie sich von selbst versteht, eine Begnadigung nachzusuchen und brachte im Anfang März 1859 acht Tage auf dem Asperg zu. Indem ich die Festungsfreiheit genoß, dictirte ich des Morgens einem Schulmeister die Novelle, mit der ich mich damals grade beschäftigte, und bekam Mittags und Nachmittags täglich Besuche, oft ganze Ka= rawanen von Freunden und Bekannten. Viele setzten eine Ehre dar= ein, mir die Anwendung eines unvernünftigen Gesetzes zu versüßen und zu beweisen, daß es keine Rheinbundgelüste in Schwaben gäbe, wenn ich auch noch nach fünfzig Jahren dafür bestraft wurde, daß ich einen Vorkämpfer der Rheinbundpolitik mit der Verachtung behandelt hatte, die er verdiente. Mehrere Demokraten, unter anderm der talentvolle Dichter Ludwig Seeger, sagten mir, sie hätten Hölder

Vorwürfe gemacht, daß er sich zum Vertheidiger des elenden Zschokke aufgeworfen habe, und ich erlebte neun Jahre später die Genugthuung, daß Hölder der nationalgesinnten Partei beitrat.

Im Allgemeinen war dieser Prozeß eine Schande für Württemberg. Einem nichtswürdigen Vaterlandsverräther wurde nach sechzig Jahren die Ehre erwiesen, einen ehrlichen Patrioten gleichsam vor seinen Laren opfern zu lassen. Das hieß mit Hamlet zu reden: Die Tugend sollte Verzeihung flehen vom Laster.

Der deutsche Patriotismus war damals im südlichen Deutschland noch sehr schwach entwickelt und durch den Particularismus, durch die noch immer liebsamen Erinnerungen an die Rheinbundzeit, hauptsächlich aber durch den Liberalismus unterdrückt, dessen ganze Tendenz eine französische war. So durfte bei der Jubelfeier Schillers in Mainz der förmliche Antrag gestellt werden, in dieser Stadt, die er aufs schändlichste an die Franzosen verrathen und verkauft hatte, dem von Schiller selber verachteten Georg Forster ein Denkmal zu setzen, was nur mein verewigter Freund, Professor Klein in Mainz, unter vielfacher Anfechtung verhinderte. Damals hatte sich auch der in Heidelberg hoch gefeierte Gervinus für jenen angeblich vortrefflichen Forster erklärt und vornehmthuend bemerkt, große Männer brauchten auf ihr Vaterland keine Rücksicht zu nehmen, welches sich nur glücklich schätzen müsse, große Männer hervorgebracht zu haben.

Nur ein Tag auf dem Asperg war trübe und nur eine Nacht furchtbar stürmisch. An diesem Tage waren weniger Stuttgarter gekommen, am Abend aber traf Statthalter Fischer von Freiburg ein, der es sich nicht hatte wollen nehmen lassen, mich auf dem Asperg zu besuchen.

Er hatte das Unglück in Freiburg seine Frau durch den Tod zu verlieren und siedelte nach Innsbruck über, wo ich ihm zur Pfingstzeit 1860 mit meinem Sohn Ludwig den Besuch erwiderte. Ich fand hier auch andere Tiroler Bekannte wieder, den sanften und liebenswürdigen Professor Zingerle, der sich soviel Verdienst um die Sammlung alter Sagen und Gebräuche erworben hat, den Professor

und Schützenhauptmann **Adolf Pichler**, der in Italien mitge-
fochten hatte; und ich machte eine neue anmuthige Bekanntschaft an
Herrn **Malzscheel**, Ritter von **Alpenburg**, der gleichfalls schöne
Tiroler Sagen gesammelt hat, zugleich aber für das öffentliche Wohl
unermüdet thätig ist. Insbesondere wurde seine aufopfernde Thätigkeit bei der Pflege und Versorgung der 18,000 verwundeten Oesterreicher gerühmt, die nach der Schlacht von Solferino nach Tirol gebracht wurden und, Dank der elenden Armeeverwaltung, in der hülf-
losesten Lage waren. Ich fand in Tirol noch denselben biedern Men-
schenschlag wie früher, nur hatten sich die schönen Volkstrachten stark
vermindert, und Innsbruck hatte viele Neubauten und elegante Hotels
erhalten. Die Stimmung war damals sehr gedrückt. Der unglückliche Krieg hatte in dem tapfern Bergvolk die bittersten Empfindungen zurückgelassen. Von der Armeeverwaltung hörte ich die größten
Abscheulichkeiten im Detail von Augenzeugen. Doch knüpften sich
einige Hoffnungen an den vermehrten Reichsrath, der demnächst in
Wien eröffnet werden sollte. Mein Freund Fischer nahm noch eine
zuwartende Stellung ein und ist erst später in den Reichsrath gewählt worden.

Im Ferdinandeum zu Innsbruck fand ich Vieles, was mir neu
war. Eine schöne Gemäldesammlung, von einem Tiroler gestiftet,
der lange in den Niederlanden gelebt hatte. In dem von Professor
Pichler conservirten und vermehrten Naturaliencabinet ein höchst
merkwürdiges Stück Porphyr, in welchem Muscheln eingeschlossen
sind, viele Erinnerungen an Andreas Hofer, das große Radetzky-
album ꝛc. Am auffallendsten war mir ein Bild, welches einen Kampf
der von Pichler angeführten Tiroler Schützen in Italien darstellte.
Sämmtliche Tiroler trugen auf diesem Bilde feuerrothe Kittel und
eine rothe Fahne. Als ich mich darüber verwunderte, sagte man mir,
die Fahne sei schwarzrothgold, die Kittel seien grün gewesen, ein Erzherzog aber habe die drei deutschen Farben mißfällig bemerkt und dieselben wegzuschaffen befohlen. Da habe der Maler des Bildes die
Farben roth übermalt, um anzudeuten, daß, wenn man das Natio-

nalbewußtsein aller Deutschen nicht aufkommen lassen will, das Ende vom Liede die rothe Republik sein wird.

Die Niederlagen Oesterreichs im lombardischen Kriege schlugen die Hoffnungen und den Uebermuth der Absolutisten und Klerikalen nieder. Nothgedrungen mußte die k. k. Regierung wieder wie 1848 die Unzufriedenheit der Völker durch den Scheinliberalismus zu beschwichtigen suchen, wieder einen Reichstag einberufen und eine Verfassung geben. Um dieselbe Zeit starb der gute König von Preußen, und sein Nachfolger, von ungleich mehr Energie und trefflich berathen von Bismarck, beschloß das tiefgesunkene Ansehen deutscher Nation wieder herzustellen unter Preußens Führung, nachdem es unter österreichischer Führung seit dem Wiener Congreß systematisch verscherzt worden war. Der einfache und natürliche Grundgedanke König Wilhelm I. war, zur deutschen Politik Preußens von 1813 zurückzugreifen, und er brauchte sogleich das einzig richtige Mittel dazu, die Heeresreorganisation unter dem Kriegsminister von Roon.

Diese für Deutschland so nothwendige, von mir, wie von den leider nur zu Wenigen, in denen die Begeisterung von 1813 niemals abgekühlt worden war, lange und heiß ersehnte Wiedergeburt einer gesunden deutschen Nationalpolitik, wurde aber von den theils verblendeten, theils bestochenen Parteien in den Kammern und in der Presse nur mit Mißtrauen und Groll begrüßt. Die Mehrheit der Zeitungsleser, die liberalen Philister, ließen sich von den Fortschrittsmännern in Preußen selbst überreden, der König sei das Werkzeug Rußlands, Bismarck wolle an der Spitze der Junkerpartei die Verfassung vernichten, und die Verstärkung der Armee habe keinen andern Zweck, als die Rechte des Volks zu unterdrücken. Das Berliner Abgeordnetenhaus ließ sich durch seine fortschrittlichen Führer in eine Art Wahnsinn hineinhetzen, daß sie keinem Wort und keiner That des Königs und Bismarcks glaubten, wie klar und folgerichtig dieselben auch die deutsche Politik einhielten. In dieses Gehetze gegen Bismarck stimmten nun auch die Liberalen in den Mittelstaaten ein, die überhaupt immer nur im Fahrwasser der französischen Doctrinäre geplätschert und keinen Begriff von deutscher Geschichte, keinen Sinn für deutsche Nationalität hatten, wie sie denn auch schon in der Pauls- kirche immer nur einem Freiheitsideal in den Grundrechten nach- jagten und über der Freiheitsfrage die Einheits- und Machtfrage vergaßen. Am komischsten nahmen sich die Minister in Dresden, München, Stuttgart, Darmstadt aus, die mit scheinheiligem Augen- drehen den bösen Bismarck in die liberale Schule zu nehmen sich an- stellten, während sie sich doch nur darüber freuten, daß die bornirten Liberalen, indem sie gegen Preußen kämpften, grade dem Particula- rismus und den Rheinbundsouverainetäten dienten. Das Uebrige that der dumme, aber künstlich genährte Haß der Süddeutschen gegen die Norddeutschen. Oesterreich nahm äußerlich keinen Theil, lachte aber schadenfroh dazu, wie alles in Deutschland auf Berlin los- stürmte.

Damals entstand der s. g. Nationalverein und übernahm die Oberleitung der Agitation gegen Preußen. Mich dauerten die vielen Ehrenmänner, die sich von den fortschrittlichen Leithämmeln so schmählich dupiren ließen. Ich hatte öfter Gelegenheit, den Einen oder Andern zur Rede zu stellen. Aber es half nichts. Sie waren noch immer wie die Liberalen von 1830 Schwärmer für den Parla- mentarismus und die grundrechtliche Schablone und glaubten dieses französische Flittergold vor den Raubgriffen Bismarcks schützen zu sollen. Die nationale Frage begriffen sie schlechterdings nicht. Ich sprach mich auch in meinem Literaturblatt, wie in meinen Schriften zur neuern Geschichte unumwunden über die Anmaßung aus, daß sich ein Verein den ausschließlich nationalen nenne, der doch nur Oesterreich und Rußland gegen das einzig von Preußen vertretene deutsche Interesse diene. Als die Wirren mit Dänemark ausbrachen, war es der Nationalverein, der für den Prinzen von Augustenburg gegen Preußen agitirte, als ob er dazu von Oesterreich und Rußland instruirt wäre. Denn nur diese beiden Staaten konnten dabei ge- winnen, wenn der Augustenburger zum Besitz der Elbherzogthümer gelangte; alsdann wäre die Mittelstaatengruppe durch einen neuen

Mittel- oder Kleinstaat gegen Preußen verstärkt und die Entwicklung der deutschen Marine, wie sie Preußen im Sinn hatte, gehemmt worden. Die Elbherzogthümer wären ein Vorposten zugleich für Oesterreich, England und Rußland gegen Preußen und die deutsche Einheit geworden.

Die Dänen selbst waren damals durch die blinde Zuversicht auf russische und englische Hülfe zu einem solchen Trotz gegen Deutschland verleitet worden, daß sogar der deutsche Bundestag endlich Schande halber Ernst gegen sie gebrauchen mußte. Ich war vielleicht der Einzige, der damals (in meiner Flugschrift „Preußen und Oesterreich") den ganzen dänischen Conflict als unvernünftig und für beide Theile schädlich bezeichnete. Da ich immer nur das große Gesammtinteresse Deutschlands im Auge hatte, mußte ich den Dänen zurufen: Ihr seid Thoren, daß ihr euch gegen eure deutschen Stammesgenossen verhetzen laßt, mit denen ihr euch vielmehr aufs freundschaftlichste verbinden solltet, weil sie euer einziger Schutz gegen Rußland sind, was früher oder später Schweden und Dänemark eben so wird verschlingen und russificiren wollen, wie es Finnland schon verschlungen hat. Auch seid ihr Protestanten und gebildet wie wir und solltet dem Slaven- und Popenthum nicht gegen uns dienen wollen. Aus demselben Gesichtspunkt sollten nun aber auch die Deutschen die ganze Verwicklung mit Dänemark ansehen und die Dänen zu belehren suchen, nicht blos immer über sie schimpfen und den gegenseitigen Haß nähren. Meine Meinung fand, soviel ich weiß, nirgends in Deutschland Anklang. Nur ein dänischer Offizier, der mich deshalb einmal besuchte, theilte meine Ansicht und dankte mir.

Oesterreich war so klug, als Dänemark den Krieg provocirte, die Führung desselben nicht Preußen zu überlassen, sondern gemeinsam mit ihm vorzugehen, um es zu überwachen und die Lorbeern mit ihm zu theilen. Die deutschen Liberalen waren nicht so klug, Oesterreichs Absichten einzusehen. Sie wunderten und ärgerten sich, daß Rechberg auf einmal mit Bismarck Hand in Hand ging. Nach dem kurzen Kriege und unvermeidlichen Siege über Dänemark wurden sie erst inne, wie trügerisch die österreichische Freundschaft mit Preußen gewesen war, aber noch ganz von ihrem dummen Haß gegen Bismarck verblendet, dienten sie Oesterreich in der Agitation gegen Preußen.

Oesterreich wollte nicht leiden, daß Preußen den Besitz oder auch nur das ausschließliche Schutzrecht der Elbherzogthümer und der deutschen Marine in der Nord- und Ostsee erlange. Nach der österreichischen Auffassung sollten die Elbherzogthümer unter dem Prinzen von Augustenburg einen Kleinstaat bilden, der von vorn herein feindlich gegen Preußen gesinnt, nur frischweg in die Reihe der übrigen zahlreichen Feinde Preußens eintreten sollte. Alle Feinde Preußens waren aber zugleich die der deutschen Nationaleinheit. Die Agitation gegen Preußen beschränkte sich nicht auf Oesterreich und die Mittelstaaten, sondern war auch sogar im preußischen Abgeordnetenhause bis zum Wahnsinn gegen das Ministerium Bismarck fanatisirt, welches allein und zwar von seinem Anfang an, unentwegt, fest und ehrlich deutsche Politik getrieben, den großen nationalen Gedanken von 1813 wieder ins Leben eingeführt hatte.

Ich sah wieder böse Dinge kommen und wie in früheren kritischen Zeiten, warnte ich auch diesmal wieder meine verirrten deutschen Landsleute in einer Flugschrift, die im Beginn des Jahres 1866 unter dem Titel „Preußen und Oesterreich im Jahre 1866" erschien, doch nicht wieder eine neue Dummheit und ein neues Verbrechen an der eigenen Nation zu begehen. Ich konnte freilich so wenig wie bei früheren Anlässen auf Zustimmung rechnen und war daher ziemlich überrascht, als ich am 3. Februar ein Schreiben vom auswärtigen Ministerium in Berlin erhielt, worin mir für meine Flugschrift ein angelegentlicher und lebhafter Dank ausgesprochen wurde, und mir noch am Abend desselben Tages ein Telegramm aus Innsbruck zukam, worin die grade bei einem Festessen versammelte Mehrheit des Tiroler Landtags mir meldete, sie bringe mir in diesem Augenblick ein herzliches Hoch aus, weil ich mich in meiner Flugschrift der Tiroler so warm angenommen habe. Auch von Prag bezeugten mir die Deutschböhmen ihre Sympathien. In Wien dagegen schäumte ein officiöses Judenblatt seine ganze Wuth gegen mich aus, weil ich Norddeutschland so viel Recht zuerkannt hatte als Süddeutschland, und weil ich bedauert hatte, daß Heinrich der Löwe seine für die deutsche Sache so heilsamen Plane durch die Schuld des Kaisers nicht habe durchsetzen können. Heinrich, bemerkte jenes Blatt, sei als Rebell mit Recht bestraft worden. Deutlich wurde damit gesagt, auch der König von Preußen sei nur ein Rebell gegen den Kaiser und verdiene bestraft zu werden. Der württembergische Staatsanzeiger rechtfertigte mich zwar gegenüber dem Vorwurf, ich sei von der großdeutschen zur kleindeutschen Partei übergegangen, indem er aussprach, ich sei noch ganz der Alte. Doch glaubte er zwischen den Zeilen lesen zu können, ich ziele auf die Mainlinie, oder auf eine Theilung Deutschlands zwischen Preußen und Oesterreich hin, eine ganz verfehlte Deutung, zu der in der That meine Schrift keine Veranlassung gab. Vom particularistischen Gewäsch anderer Blätter will ich nicht reden.

In jeder wichtigen Krise Deutschlands, in der ich meine Warnungsstimme hatte vernehmen lassen, war regelmäßig das Gegentheil von dem erfolgt was ich angedeutet hatte. Diesmal ließ die Entscheidung auf sich warten. Alles war in Spannung. Die Zeitungen logen in den Tag hinein. Die Luft war voll nicht blos von unschuldigen Zeitungsenten, sondern von einem wahrhaft höllischen Geflügel boshafter Verleumdung, falscher Anklagen, absichtlicher Umkehr jeder Wahrheit. Es war mir nicht möglich, den eigentlichen Bestand der Verhandlungen zu ergründen. Ich setzte voraus, Oesterreich müsse in seiner Noth, bei seinen jämmerlichen Finanzzuständen, beim Trotz der Ungarn und Czechen, immer aufs neue von Italien und im Hintergrunde von Frankreich bedroht, und seit der Krisis in Bukarest auch in Gefahr, daß Rußland seinen orientalischen Plan wieder aufnehme, aus allen diesen Gründen müsse Oesterreich am Bündniß mit Preußen festhalten. Wenn es mit Preußen nicht überein käme, liege vielleicht an diesem die Schuld, sofern es Oesterreich zu kurz halte und ihm nicht genug für seine Freundschaft biete. Die Zeitungen ließen darüber ganz und gar im Unklaren.

Ostern nahte heran, und da ich um diese Zeit meiner Nichte Emma, welche den Winter über nach Königshütte zurückgekehrt war, um dort eine kranke Schwester zu pflegen, entgegen reiste, um sie von Dresden abzuholen, setzte ich meine Reise nach Berlin fort, um mich dort ein wenig zu orientiren. Ich wohnte wie früher bei meinem Bruder. Der König gewährte mir am Ostersonnabend, am 31. März, eine gnädige Audienz. Ich fand ihn trotz seiner Jahre noch überaus mannhaft und frisch, eine vollkommen aufrechte und imposante Kriegergestalt, obgleich er mir sagte, er habe ziemlich oft schlaflose Nächte, weil ihn das unglückliche Zerwürfniß mit Oesterreich außerordentlich aufrege. Er wolle den Krieg nicht, aber die Rüstungen Oesterreichs zwängen ihn zu Gegenmaßregeln. Er erinnerte sich noch an unsere frühern Begegnungen und dankte mir freundlich, daß ich mich in Süddeutschland der norddeutschen Interessen mit so vieler Wärme annehme. Allein wie dringend nöthig es auch sei, daß Preußen und Oesterreich einig zusammengingen, und wie sehr er selbst es wünsche, habe doch Oesterreich eine so schroffe Stellung eingenommen, daß er auf alles gefaßt sein müsse. Als ich in meiner Unschuld von Aequivalenten und Compensationsobjecten sprach, die sich gewiß leicht finden ließen, um beide Theile zu befriedigen, sagte der König mit Achselzucken, er habe schon vor zwei Jahren Oesterreich den Besitz Benetiens zu garantiren angeboten. Oesterreich aber habe geantwortet, dazu brauche es Preußen nicht, es werde Benetien schon selber vertheidigen. Ein neues Aequivalent böten jetzt die Donaufürstenthümer dar, und er stimmte dem ganz bei, was ich vorher bemerkt hatte, daß Preußen und Oesterreich, wenn sie einig handelten, mit einer vereinigten Kriegsmacht von mehr als einer Million Bajonetten, denen noch die der übrigen Bundesstaaten sich anschließen würden, sich gegenseitige Vortheile zuschanzen und durchsetzen könnten, was sie wollten, wie sie ja auch Schleswig genommen hätten, ohne daß es Rußland, Frankreich und England zu hindern gewagt hätten. Das sei alles richtig und vernünftig, sagte der König, aber Oesterreich wolle nicht darauf eingehen, denn es wolle Schlesien haben, und Schlesien werde er nimmermehr hergeben und es lieber auf das äußerste ankommen lassen.

Ich war nicht wenig überrascht von dem, was mir der König sagte, und daß grade er es zuerst war, der mir eine Intrigue enthüllte, von der ich bisher keine Ahnung gehabt hatte. Diese Intrigue war jedenfalls in Paris ausgeheckt worden und ohne Zweifel war der zweite Dezember mehr der Verführer als der Verführte, denn er gewann mehr dabei und riskirte viel weniger, als Oesterreich. Oesterreich sollte nämlich Venetien freiwillig gegen eine hohe Geldsumme an Italien abtreten und sollte ihm dafür durch Frankreich der Besitz von ganz Schlesien garantirt werden. Erst vierzehn Tage später meldete die Weserzeitung aus München vom 14. April, ein Mitglied der österreichischen Gesandtschaft daselbst habe sich in diesen Tagen geäußert: „Wir geben Italien Benedig und das Festungsviereck, ein höchst unsicherer Besitz, der uns weit mehr kostet, als er einträgt. Das preußisch-italienische Bündniß wird dadurch eine Todtgeburt, und das dann endlich bis zur Adria freie Italien, das uns schon einmal 600 Millionen geboten, übernimmt mit Vergnügen tausend Millionen von Oesterreichs Schulden, und wenn Oesterreich einen kühnen Griff in das Kirchenvermögen macht, hat es noch weitere tausend Millionen und ist dann in jeder Hinsicht befähigt, Preußen auf den Sand zu setzen." Unter dem 15. April las man in der Wiener „Neuen Presse" ungefähr dasselbe: „Preußen will uns der Macht und des Anhangs berauben, ohne welche unsere Existenz als Großstaat undenkbar ist; Italien will uns nur eine Provinz entwenden, die uns ersetzt werden kann. Die europäische Staatskunst hat schon viel darüber nachgesonnen, uns eine Entschädigung für Venetien auszumitteln. Eine Kriegserklärung von Seiten Preußens würde dieses schwierigste aller europäischen Probleme am leichtesten lösen. Dasselbe Schlesien, welches uns durch einen Eroberungskrieg vor einem Jahrhundert entrissen wurde, könnte als eine vollständige Compensation für Venetien gelten. Es handelte sich hauptsächlich darum, den Imperator an der Seine, der unmöglich mit günstigen Augen die kriegerische Aggression Preußens betrachten kann, für diesen Plan zu gewinnen." Die neue Presse war dasselbe Blatt, das so heftige Wuthausbrüche über meine Flugschrift ergossen hatte.

Ich hatte in meiner Flugschrift so viele und große Vortheile bezeichnet, welche Oesterreich aus dem innigen Anschluß an Preußen erwachsen müßten, daß ich über die Dummheit und Nichtswürdigkeit derjenigen österreichischen Rathgeber, welche sich auf jenen Tauschplan zwischen Venetien und Schlesien einließen, nicht genug staunen konnte, obgleich ich an eine unvernünftige Behandlung unserer großen nationalen Fragen schon lange gewöhnt war. Gelang es jene Intrigue durchzuführen, und wurde Preußen geschwächt, so gingen für Deutschland nicht nur die Rheinprovinzen verloren und fiel der Rest von Preußen gänzlich in russische Vasallenschaft, sondern es mußten auch die Elbherzogthümer unter russisch-englischer Vormundschaft für das deutsche Nationalinteresse verloren gehen. Um aber nicht von Oesterreich verschlungen zu werden, ließ sich voraussehen, daß die Mittelstaaten unter französischem Schutz eine Art Rheinbund erneuern würden.

In einer Unterredung, die ich mit dem Ministerpräsidenten, Grafen Bismarck hatte, gab mir dieser einige Notizen über die damals in Wien obherrschende Partei. Am übelsten war er auf den Grafen Mensdorf zu sprechen, den er den ärgsten Flaneur von ganz Wien nannte, der einzig dem Genuß lebend täglich nur zwei Stunden den Geschäften widme und sich blind von den preußischen Deserteuren leiten lasse, welche, nachdem ihr Ehrgeiz und ihre Eitelkeit in Berlin nicht befriedigt worden war, nach Wien gegangen seien, um sich an Preußen zu rächen, jene Häupter der ehemals preußischen, kleindeutschen oder Gothaer Partei, jetzt aber Convertiten, die Gagern, Biegeleben, Meisenbug, Wydenbrugk. Graf Bismarck drückte sein lebhaftes Bedauern aus, daß es ihm nicht vergönnt gewesen sei, länger mit dem Grafen Rechberg Hand in Hand die Geschicke Deutschlands zu lenken.

Dann würden die preußischen, wie die österreichischen, wie auch die
gesammten deutschen Interessen auf das beste wahrgenommen worden
sein. Ich muß gestehen, daß ich einen geheimen Zweifel hegte, ob
das Verhältniß Bismarcks zu Rechberg ein gegenseitig so vertrauens-
volles gewesen sei. Als ich aber wenige Tage nach meiner Rückkehr
in Stuttgart mit dem Bruder des Grafen Rechberg sprach und ihm
jene Aeußerung Bismarcks mittheilte, versicherte mich der Graf, er
habe keine andere Aeußerung Bismarcks über seinen Bruder erwartet,
denn sein Bruder hege nicht minder große Achtung vor Bismarck, als
dieser vor ihm. Dies nebenbei. Im weitern Verlauf meines Gesprächs mit dem Grafen versicherte mich dieser, völlig übereinstimmend
mit dem König, daß Preußen weit entfernt sei, wie man es ver-
leumde, wegen der Elbherzogthümer einen Krieg in Deutschland anfangen zu wollen. Die Kriegslust gehe lediglich von Wien aus. Sein
vor wenigen Tagen erlassenes Rundschreiben an die Mittelstaaten
vom 21. März stimmte damit überein, denn der preußische Minister
stellte sich darin ganz auf die Defensive und warnte alle Deutschen,
sich zu Werkzeugen der österreichischen Intriguen herzugeben, weil,
wenn Preußen unterdrückt würde, eine selbständige deutsche Macht in
Norddeutschland nicht mehr existiren und Deutschland unrettbar dem
Schicksal Polens verfallen würde. Der tragische Ernst in dieser Mahnung wurde von den Kabinetten der Mittelstaaten ignorirt, vom
Grafen Beust sogar mit höhnischer Ironie erwidert, von der Presse
nirgends verstanden.

Der Minister Graf Eulenburg war derselbe, der uns einmal
als preußischer Generalconsul aus Antwerpen in Stuttgart besucht hatte
und dem ich ein kleines, aber treffliches Diner in Untertürkheim veranstaltet hatte. Seitdem war er an der Spitze einer preußischen Flotille
nach Japan gereist, um dort einen Handelsvertrag abzuschließen, und als
er nach Berlin zurückkam, war er dort Minister des Innern geworden.
Noch ganz der alte heitere Lebemann ließ er mich nicht von Berlin fort,
ohne mir, zur Erwiderung meiner Gastfreundschaft am Neckar, ein
lucullisches Diner gegeben zu haben.

37*

Auch mit dem Kriegsminister von Roon, dem Chef meines Bruders, hatte ich eine längere und sehr einläßliche Unterredung, da es sich herausstellte, daß wir fast in allen politischen und religiösen Fragen der Zeit in merkwürdiger Weise übereinstimmten. In Bezug auf die schwebende Kriegsfrage bestätigte er, was mir der König und Graf Bismarck gesagt hatten, und versicherte mich, auch in der ganzen preußischen Armee rege sich keine Kriegslust, sondern vielmehr Abneigung vor einem Kriege mit Oesterreich. Man habe die Oesterreicher als tapfere Soldaten und gute Kameraden kennen gelernt. Preußen und Oesterreicher seien in Schleswig einander treue Waffenbrüder gewesen. Gegen jeden Feind würden sich die Preußen lieber schlagen, als gegen die Oesterreicher. Ganz das Nämliche sagte mir meines Bruders Sohn, Ingenieurhauptmann Julius Menzel, und sein Schwiegersohn Artilleriehauptmann Herring, und ihre Kameraden dachten alle so.

Als ich nach Stuttgart zurückkam und auch nur bewährten alten Freunden im Vertrauen andeutete, was Oesterreich im Werke habe, wollte mir niemand glauben. Der Preußenhaß war so allgemein und so blind, daß als unumstößliche Wahrheit angenommen wurde, Bismarck allein wolle Krieg anfangen, um die lästige Kammeropposition und womöglich die ganze Verfassung zu beseitigen, die Elbherzogthümer zu annektiren, sich die Mittelstaaten zu unterwerfen und die Hegemonie in Deutschland zu erringen. Der alte König in Berlin sei geistesschwach und lasse sich von Bismarck beherrschen. Dieser selbst aber könne unmöglich so kühn vorschreiten, wenn er nicht der französischen Unterstützung sicher sei. Er wolle also, mit Frankreich im Bunde, an Deutschland Verrath üben. So die allgemeine Stimme, die keine Widerrede aufkommen ließ und wodurch begreiflicherweise ein junger Schwärmer, wie Blind, aufgereizt werden konnte, den bekannten Mordversuch am Grafen Bismarck zu machen.

Der Krieg brach nun wirklich aus, und die Gemüther erhitzten sich immer mehr. Der Preußenhaß wurde immer blinder. Als die Preußen in Böhmen einrückten, verkündeten die süddeutschen Zeitungen gleich Sieg auf Sieg der Oesterreicher, und alles jubelte. Ein junger Hauptmann rief: „In drei Wochen sind wir in Berlin!" Knaben auf der Straße schimpften sich mit dem ärgsten Schimpfwort: Du lumpiger Preuß! Man las, eine Schlacht sei vorgefallen, die Preußen seien geschlagen worden und hätten noch an demselben Abend um einen Waffenstillstand gebettelt, den aber Benedek nicht gewährt habe. Da hörte ich, ein gewisser Hofrath habe im Stuttgarter Museum geschrien: „Da sieht man, was diese Preußen, diese Prahler, für feige Hunde sind. Da lassen sie sich schlagen und schämen sich nicht, einen Waffenstillstand vorzuschlagen, um sicherer davon laufen zu können." Es handelte sich um den ersten Kampf am 26. Juni. Die erste falsche Nachricht von jenem Waffenstillstand wurde im Schwäbischen Merkur vom 4. Juli dahin berichtigt, der Kronprinz von Preußen habe am Abend jenes ersten Kampftages den Oberstlieutenant von Zimietzky ins österreichische Hauptquartier geschickt, um gemäß der Genfer Convention zu unterhandeln. Schon lange bevor die Mächte diese humane Convention geschlossen haben, war es unmittelbar nach blutigen Schlachten Sitte, wenigstens auf ein paar Stunden Waffen=ruhe zu schließen, damit beide Theile für die Verwundeten Sorge tragen könnten. Diesen einfachen Vorgang nun deutete man den Preußen als schamlose Feigheit aus. Tag für Tag folgten Nachrichten, die endlich die entscheidenden Siege der preußischen Armee unzweifel=haft machten. Da wurde der Preußenhaß kleinlauter. Kaum aber hatte der Moniteur am 5. Juli der überraschten Welt bekannt ge=macht, Oesterreich habe Venetien an Frankreich abgetreten und Frank=reich schreibe Preußen vor, es solle die Waffen ruhen lassen, so hörte man auch wieder in allen Wirthshäusern und auf allen Straßen Stuttgarts das exaltirte Philisterium jubeln: „Nun kriegen wir die Preußen doch noch runter, nun bekommen sie Schleswig=Holstein nicht, nun müssen sie Haare lassen, denn die Franzosen und die Russen helfen uns." Noch deutete nichts an, was die Russen zu thun im Sinne hatten, aber die Stuttgarter setzten es voraus. So und nicht anders sprach man sich öffentlich aus; viele, die es anders meinten, kamen nicht zu Worte, oder wollten sich keinen Insulten aussetzen und schwiegen.

In Bayern sah es nicht besser aus als in Schwaben. Freiherr von H., mein alter ständischer Freund, reiste zufällig durch dieses Land, als der Krieg eben ausbrechen sollte, und hörte zu Neuburg an der Donau im Gasthofe einen Offizier renommiren: Gegen die Preußen könne man gar nicht fechten, damit thäte man ihnen zu viele Ehre an; es genüge, einen Stecken zu nehmen, da liefen sie wie Hasen davon.

Die Dummheit im öffentlichen Urtheil verschonte übrigens auch die eigenen Leute nicht. Als das verblüffte Publikum sich endlich überzeugt hatte, die Oesterreicher seien geschlagen worden und auch die Truppen der Mittelstaaten vermöchten nichts auszurichten, bildete es sich ein, oder ließ sich von schadenfrohen Demokraten einreden, die Führer, die Generale und Offiziere des 7. und 8. Bundesarmeecorps, seien Schuld. Die Verdächtigung durchlief alle Dienstgrade. Es war nicht genug, den Oberfeldherrn der Bundesarmee, Prinzen Karl von Bayern, gänzlicher Unfähigkeit und greisenhaften Stumpfsinns anzuklagen. Auch seinen Untergebenen, den Chef des 8. Bundesarmeecorps, Prinzen Alexander von Hessen-Darmstadt klagte man gleicher Unfähigkeit an. Auch die ihnen untergebenen Generale und Generalstabschefs wurden vom Publikum ingrimmig durch die Hechel gezogen. Sogar einige arme Obersten und Majore traf dieses Loos und zuletzt konnte man die Mägde auf allem Straßen Stuttgarts auf sämmtliche Offiziere schimpfen hören, denn die gemeinen Soldaten hätten gesagt, die Offiziere seien an allem Schuld. Daß sogar die Subalternoffiziere in die Schuld verwickelt wurden, bewies deutlich, aus welcher unreinen Quelle die Gerüchte stammten. Die Demokraten benutzten nämlich die Gelegenheit, um das gemeine Volk gegen die Offiziere aufzuhetzen und den soldatischen Gehorsam zu lockern. Aber auch die gebildeten Klassen theilten den Wahn, wenigstens die Obergenerale hätten ihre Schuldigkeit nicht gethan. Somit hatten die Regierungen den Vortheil, daß die böse Laune des Publikums sich gegen die mili-

tärischen Führer entlud und die Herren Minister und Diplomaten
verschonte, deren geheimen Instructionen jene militärischen Führer
hatten Folge leisten müssen. Die Kriegführung des 7. und 8. Bundesarmeecorps wurde lediglich durch die Politik der betreffenden Höfe
gelähmt und nicht durch die Ungeschicklichkeit der Generale, selbst wenn
es einige ungeschickte unter ihnen gab.

Da zwei meiner Söhne in der württembergischen Armee dienten,
mußte ich den Schmerz erleben, sie für den nichtswürdigsten Particularismus, für die schlechte Sache Oesterreichs, für den verhaßten
alten Bundestag ins Feld ziehen zu sehen gegen die einzige Macht,
von der für Deutschland etwas Gutes zu hoffen war. Der ältere
von beiden, Ludwig, welcher schon 1848 und 1849 die Ausmärsche
nach Holstein und Baden mitgemacht hatte und jetzt als Hauptmann
des 6. Infanterieregiments in der Bundesfestung Ulm stand, rückte
mit dem Bataillon aus, welches die zollernschen Fürstenthümer okku-
piren mußte. Seiner Compagnie wurde die Besatzung der kleinen
Hauptstadt Sigmaringen anvertraut, wo auch der Bundescommissär,
der württembergische Obertribunalrath Graf Leutrum, seinen Sitz
aufschlug. Widerstand wurde nicht geleistet, da sich die kleine Besatzung der Burg Hohenzollern und die wenigen Gensd'armen freiwillig zurückgezogen hatten. Nach wenigen Wochen mußten die Bun-
destruppen in Folge der preußischen Siege in Böhmen und Franken
die Fürstenthümer in aller Stille wieder räumen. Ein wunderbarer
Zufall ereignete sich in Sigmaringen in der Nacht des 3. Juli, an
welchem die große Entscheidungsschlacht bei Königgrätz geschlagen
wurde. Ein furchtbarer Sturmwind nämlich riß die am Regierungsgebäude ausgesteckten großen Fahnen mit den drei deutschen Farben
in Fetzen. Wir hatten diese Farben dereinst zuerst in Jena aufgebracht, und ich bewahre noch das Band, welches ich am 18. October
1818 trug, als wir damals die allgemeine deutsche Burschenschaft
gründeten. Diese Farben waren mir theuer, denn sie waren das
Symbol der deutschen Einheit, des alten Reichs. Allerdings konnten
sie nicht ärger entweiht werden, als wenn der Particularismus, der

ewige Feind der deutschen Einheit, sich dieser Fahne bediente. — Mein Sohn lernte in Sigmaringen eine junge Kaufmannstochter kennen und führte sie im nächsten Frühjahr als seine Gattin heim, die einzige Eroberung, welche Württemberger in den Fürstenthümern machten, worüber damals viel gescherzt wurde.

Mein jüngster Sohn Adolf war Lieutenant im 1. Infanterie- regiment Königin Olga und hatte den Mainfeldzug mitzumachen. In dem Gefecht bei Tauberbischofsheim kam er in den Bereich der preußischen Granaten, blieb aber unverletzt.

Herr v. Varnbüler, damals Minister der auswärtigen Ange- legenheiten in Württemberg, der früher mein College beim Landtag gewesen war und den ich sehr genau kannte, hatte unter dem König Wilhelm wenig gegolten und erst die Gunst des König Karl zu ge- winnen gewußt. Als ein äußerst gewandter Mann, der sich nicht ohne chevareleske Grazie in Wider oder Für zu finden wußte, hatte er mit v. Beust in Dresden, v. d. Pfordten in München, v. Edels- heim in Karlsruhe und v. Dalwigk in Darmstadt das Bündniß gegen Preußen geschlossen, ja sogar schon triumphirend das vae victis! über Preußen ausgesprochen. Ich selbst war ihm acht Tage vor Ostern in Nürnberg begegnet, als er mit dem ihm von Dresden aus entgegen- reisenden Herrn v. Beust geheime Verabredungen treffen wollte. Im Anfang des September begrüßte mich derselbe Varnbüler unversehens auf dem Stuttgarter Bahnhofe und erzählte mir ungefragt, was alles er mit dem Grafen Bismarck in Berlin gesprochen habe. „Württem- berg war bisher der Feind Preußens, von nun an wird es sein Freund sein," will Varnbüler gesagt haben. „Und ihr waret mir lieber, als die Bayern, weil ihr ganz unzweideutig unsere Feinde waret und nicht lavirt habt; deswegen sollt ihr auch mehr geschont werden, und ich will mich auf eure Freundschaft verlassen, wie auf eure Feindschaft," soll Bismarck geantwortet haben. Das schloß schon das Schutz- und Trutzbündniß in sich, welches Württemberg am 13. August 1866 mit Preußen abschloß, welchem Beispiel Baden, Bayern und Hessen- Darmstadt bald nachfolgten. Minister Varnbüler bewahrte übrigens

das Geheimniß dieses Schutz- und Trutzbündnisses mit einem schadenfrohen Hintergedanken, denn er gab der ganz von der Regierung abhängigen Partei in der zweiten Kammer auch nicht den leisesten Wink,
Preußen zu schonen, und die guten Ministeriellen arbeiteten sich in
Preußenhaß und schwäbischem Particularismus ab, in der sichern
Ueberzeugung, der Regierung einen guten Dienst zu leisten. Es war
ein ergötzliches Schauspiel, zuzusehen, wie diese guten Schreiber an
einem Arme mit den Ultramontanen, am andern mit den Demokraten
Chorus machten.

Im Jahr 1868 schrieb ich eine Flugschrift „Unsere Grenzen,"
um den Deutschen aufs neue einzuschärfen, daß sie sich durch die Rivalität der einheimischen Dynastien und der politischen und kirchlichen
Parteien nicht gänzlich sollten blind machen lassen gegen die noch von
außen drohenden Gefahren und gegen die nationale Pflicht, dem
wiedererstandenen Deutschland auch seine alten Grenzen zurückzugeben.

Im Februar und März 1868 wiederholte sich in der württembergischen Presse und in den öffentlichen Lokalen derselbe Scandal
wie unmittelbar vor dem Kriege von 1866. Der Particularismus,
Ultramontanismus und die Demokratie hatten wieder frischen Muth
geschöpft, schlossen sich ohne Schamröthe eng an einander an und
trachteten, die Wahlen zum ersten deutschen Zollparlament zu
beherrschen. Die ungeheuersten Lügen wurden gedruckt z. B.: In
Preußen werde das Militär noch geprügelt; für die verhungernden
Ostpreußen habe der König in Berlin blos 2000 Thaler hergegeben
und sie mit Bettelbriefen nach Schwaben geschickt; die Steuern in
Preußen seien unerschwinglich, und wenn man sich an den Norddeutschen Bund anschlösse, würde man sich dieselbe Steuerlast auf-
laden; der Bauer würde müssen Chausseegeld zahlen, wenn er nur
auf seinen Acker würde hinausfahren wollen. Die ärmsten Kinder
würden Steuer zahlen müssen, wenn sie Heidelbeeren im Walde
pflücken wollten; für jede Hopfenstange würde man 15 Kreuzer
steuern müssen rc. Da grade naßkaltes Wetter war und viele Leute
husten mußten, sagte ein Spötter, die Preußen würden auch eine

Katarrhsteuer erheben. Da die Regierung selbst durch ihre Beamten und Schultheißen die Candidaten der Nationalpartei anschwärzen ließ, that der Pöbel seiner Roheit keinen Zügel an. In Degerloch, einem Dorfe unfern von Stuttgart, stellte sich der Kaufmann Gustav Müller den Wählern als nationalen Candidaten vor, aber schon war Pöbel bereit gehalten, ihn mit Beschimpfungen und wüstem Geschrei zu empfangen. Als er dennoch redete und den schlagenden Satz aus-sprach: Drüben über dem Rheine seien 40 Millionen Franzosen in einem Reiche vereinigt und auf der andern Seite, hinter der Oder, 60 Millionen Russen; wenn wir 40 Millionen Deutsche nun nicht auch fest und einig zusammenhielten, wie bisher getheilt blieben und uns anfeindeten, müßten wir zu Grunde gehen! — Als er diese patriotischen Worte sprach, brüllte ihm das Viehvolk entgegen: Leck mich! — Was soll man von Menschen erwarten, in denen die Na-tionalität sich selbst so tief erniedrigt?

Der bayrische Regierungsdirektor a. D. Lust lebte seit einigen Jahren in Cannstatt, rüstete sich aber damals zur Abreise. Er hatte sich in Cannstadt beliebt gemacht, und eine Menge Bekannte frugen ihn, wohin er denn reisen wolle? Er antwortete: „Nach Deutsch-land!" Hier ist ja Deutschland, warf man ihm lachend ein, er aber sagte sehr ernsthaft: „Nein, Ihr seid keine Deutsche!" und zog nach Heidelberg. — Man konnte in der That damals Lust bekommen, das reizende Neckarthal zu verlassen. „Ich zahlte gleich fünfhundert Gulden, sagte mir ein Stuttgarter Werkmeister, wenn die Franzosen schon da wären." Ich rief ihm nur zu, es könnte ihm etwas mehr kosten, wenn sie wirklich kämen.

Inzwischen schrieb ich „den deutschen Krieg von 1866." Es war allerdings etwas verwegen, jetzt schon eine pragmatische Geschichte des Krieges zu schreiben. Allein es kam mir darauf an, die Haupt-sachen in ein klares Licht zu setzen und damit den Entstellungen und Bemäntelungen entgegenzutreten, die in der Presse das Urtheil ver-wirrten. Den Thatsachen zum Trotz pflegte man in Süddeutschland immer noch zu behaupten, Preußen habe den Krieg angefangen, Preußen allein sei der Störenfried gewesen.

Schon im Anfang des Jahres 1870 gab ich die Schrift heraus „Was hat Preußen für Deutschland geleistet?" worin ich dessen Leistungen mit dem verglich, was Oesterreich nicht geleistet hat. Ich wies darin nach, wie lange schon die Hauspolitik der Zollern mit mehr oder weniger klarem Bewußtsein, aber vom ersten Kurfürsten von Brandenburg an fast ununterbrochen dem nationalen Gedanken gedient und sich mit der deutschen Politik identificirt hat. Man hatte das bisher zu wenig beachtet, sowie auch die damit zusammenhängende confessionelle Neutralitätspolitik der Brandenburger, welche so sehr vom einseitigen Fanatismus der andern deutschen Dynastien abwich. Unmittelbar nachdem diese Schrift erschienen war, kamen mir lebhafte Zustimmungen aus Oesterreich und Bayern zu. Ein feuriges Lebehoch wurde mir in Wien ausgebracht. Aus Norddeutschland wurden mir dagegen Hietzinger Artikel zugeschickt. Dort, wo ich am meisten Zustimmung hätte erhalten sollen, schwieg die Presse. Ich wunderte mich freilich darüber nicht, denn ich hatte die Liberalen und sonderlich den ganzen Anhang des Nationalvereins, wie auch die Conservativen von der Partei des Herrn von Gerlach durch meine scharfe Kritik ihrer unvernünftigen Opposition gegen die nationale Politik des Königs von Preußen und Bismarcks mir zu Feinden gemacht. Doch wurde mir die Genugthuung, daß mich der Kronprinz von Preußen, als er vor dem Ausbruch des großen Krieges mit Frankreich, in den letzten Tagen des Juli 1870 die süddeutschen Höfe bereiste und nach Stuttgart kam, zu sich rufen ließ und sehr freundlich begrüßte.

Um diese Zeit erfolgte der merkwürdige Umschwung in der süddeutschen Volksstimmung. Zwei Jahre vorher bei den Zollparlamentswahlen war in Schwaben kein Name verhaßter gewesen als der preußische und hatte das württembergische Volk nicht einen einzigen Nationalgesinnten in den Zollverein gewählt. Die particularistische, ultramontane und demokratische Presse hatte die Schutz- und Trutzbündnisse mit Preußen beanstandet und verdammt, mit mehr oder weniger Offenheit an Frankreich appellirt. Jetzt auf einmal war alles deutsch gesinnt, hatten sich sogar die ultramontanen und demokratischen Blätter zur deutschen Sache bekehrt, wurden patriotische Lieder durch die Straßen gesungen, die Redacteure der früher so antinationalen Blätter verhöhnt. Als die ersten Siegesnachrichten vom Rhein herkamen, steigerte sich die schwäbische Begeisterung zu allgemeinem Volksjubel, der Nächte hindurch dauerte, zu Feuern auf den Bergen ꝛc.

Das war nun sehr erfreulich, forderte aber zum Nachdenken und zu der Frage auf, was für ein Ding denn eigentlich die öffentliche Meinung sei? Ist denn das Volk ein Pappelblatt, das auf einer Seite weiß glänzt, auf der andern dunkel, wie der Wind mit ihm spielt? Das Volk hatte sich früher, man darf wohl sagen, in seiner Dummheit von den nichtswürdigsten Zeitungsschreibern, die zum Theil mit fremdem Gelde bezahlt waren, betrügen und in einen ganz unnatürlichen Haß gegen Preußen hineinlügen lassen. Es hatte sich die Rettung durch die Franzosen und einen neuen Rheinbund annehmlich machen lassen. Seitdem aber hatte sich an den Verhältnissen nichts geändert, sowohl in Berlin als in Paris war das System dasselbe geblieben. Wie kam es nun, daß auf einmal die öffentliche Meinung in Süddeutschland umschlug? Die Sache läßt sich auf zweierlei Art erklären. Einmal aus der Politik der südstaatlichen Regierungen, denn trotz aller liberalen Renommistereien waren die oft geschmähten Regierungen doch immer noch die erste Autorität für die Massen des Volks geblieben. Hätte die württembergische Regierung bei den Wahlen zum Zollparlament der ultramontanen und demokratischen Presse nicht förmlich geschmeichelt, so würden die Wahlen auch damals nicht so antinational ausgefallen sein. Hätte sie sich 1870 mit den übrigen süddeutschen Regierungen nicht offen an Preußen angeschlossen, so würde auch das Zujauchzen der Württemberger zu den preußischen Siegen nicht so laut gewesen sein, als es war. Ein zweiter Erklärungsgrund des raschen Umschwungs liegt darin, daß man im Volke immer eine stumme Tiefe von einer lauten Oberfläche unterscheiden muß. Aus jenem schweigsamen Innern der Natur

bricht zuweilen eine Kraft des Instinkts hervor, die man in gewöhnlichen Zeiten nicht ahnt, weil der Lärm des Tages die innere Empfindung nicht merken läßt. In Preußen selbst bildete sich die lärmende
Oberfläche ein, bei ihr allein sei die Macht. Aber nur ein Viertel
des Volks hatte die Schreier ins Abgeordnetenhaus gewählt. Drei
Viertel hatten sich ruhig verhalten, und aus ihnen ging die große Erhebung des Volks in Waffen hervor, und unter dem Donner der
Schlachten mußte das Froschgequak im parlamentarischen Sumpfe
verstummen.

Zwei meiner Söhne zogen, wie schon erwähnt, als württembergische Offiziere auch diesmal wieder ins Feld, und ich war, wie
sie selbst, hoch erfreut, daß es nicht wieder einen Bruderkampf Deutscher gegen Deutsche galt, sondern daß wir Deutschen vereinigt gegen
den Erbfeind zogen, der uns frech herausgefordet hatte. Ich folgte
den deutschen Heeren mit der gespannteſten Aufmerkſamkeit und ſchrieb
schon im Auguſt eine Flugschrift „Elſaß und Lothringen ſind
und bleiben unſer". Nichts war natürlicher, als daß wir
Deutschen zurücknahmen, was uns die Franzosen geraubt hatten,
deutsches Land mit den alten deutschen Reichsstädten Metz und Straßburg. Und doch that es noth, einem großen Theil des deutschen
Publikums erst noch begreiflich zu machen, daß es kein Unrecht von
deutscher Seite sei, wiederzuholen, was uns die Franzosen gestohlen
hatten. Nicht nur österreichische Blätter, belgische, holländische, dä-
nische schrieen es für ein Unrecht aus, ſondern auch norddeutſche und
süddeutsche stimmten dem zu. Sogar preußische Blätter, hauptsächlich
der Demokraten, die gern mit den französischen Republikanern frater-
nisirt hätten. Desgleichen die demokratischen und ultramontanen
Blätter im südlichen Deutschland. Da hieß es, wenn man Frankreich verkleinere und Deutschland vergrößere, werde das europäische
Gleichgewicht gestört, was die übrigen Großmächte nicht zugeben
könnten. Oder es hieß, die Deutschen hätten höchstens Anspruch auf
ihre Sprachgrenze. Da nun aber in Metz nur französisch gesprochen
werde, müsse es auch französisch bleiben. In Metz wurde aber tau-

sene Jahre lang deutsch gesprochen, ehe die Franzosen ihre Sprache hier einführten, und wie die Bürger von Metz damals französisch lernen mußten, können sie auch jetzt wieder deutsch lernen.

Es war höchlich zu beklagen, daß die herrlichen Siege, welche Nord- und Süddeutsche in treuer Vereinigung auf französischem Boden erkämpften, so viele Deutsche doch nur ärgerten, die lieber den Franzosen den Sieg gewünscht hätten. Man hatte wohl zuviel Rücksicht auf die Abgeordnetenhäuser und auf die noch fortwirkende liberale Mode genommen, um die Preßfreiheit im geringsten anzutasten. Doch war es nicht praktisch und that man dem unmündigen Theil der Nation Unrecht, sofern man immer noch duldete, daß die vaterlands verrätherische, zum Theil vom Ausland bezahlte Presse in Deutschland selbst mit der französischen Presse wetteifern durfte, die deutsche Sache zu verunglimpfen, frech in den Tag hineinzulügen, Bismarck habe den Krieg angefangen und Frankreich sei unschuldig daran ꝛc. In der Verleumdung des deutschen Kaisers und Bismarcks leistete die ultramontane Presse das äußerste, gehoben durch die ultramontane Centrumspartei in Berlin, und wurden zugleich unter geheimer Ober leitung der Jesuiten und mit Zustimmung vieler Bischöfe vom Klerus alle Hebel in Bewegung gesetzt, um auch von der Kanzel und vom Beichtstuhl aus das katholische Volk gegen Preußen aufzuhetzen.

Es war mir nicht entgangen, wie von Anfang an die Kriegs erklärung Frankreichs gegen Deutschland und das in Rom ausgeheckte neue Dogma von der Unfehlbarkeit des Papstes genau zusammen hängen. So begann ich schon 1869 das 1871 erschienene Buch „Roms Unrecht", in welchem ich so scharf als möglich die germa nische Auffassung des Christenthums schon zur arianischen Zeit und im ganz frühen Mittelalter von dem unterschied, was sie unter den Händen der Päpste und der Jesuiten, der Habsburger und Bourbons allmählich erst geworden ist. Dieses Buch ist, trotz aller Vorwürfe, die ich Rom darin mache, doch ebenso wenig absolut antikatholisch, als meine frühere Symbolik kryptokatholisch war. Durch das eine wie das andere läuft der goldene Faden der ehrlichen germanischen

Gothik, welche das frühere Mittelalter so sehr vor dem spätern durchaus verwerflichen Renaissance-Katholicismus auszeichnet. Es kam mir natürlicherweise hauptsächlich darauf an, geschichtlich nachzuweisen, wie furchtbar ungerecht und undankbar die Welschen (Rom und Frankreich) schon seit einem Jahrtausend an uns nur zu gutmüthigen Deutschen gehandelt, wie sie uns bald mit schnöder Arglist verführt und betrogen, bald mit Gewalt bedrängt und beraubt haben. Ich knüpfte indeß an diese politischen Erörterungen auch kulturgeschichtliche an, um nachzuweisen, wie sehr der deutsche Nationalcharakter durch das Lügensystem, die Superstition und die Unsittlichkeit der römischen Kirche und durch die französischen Phrasen und Moden verdorben worden ist.

Jn meinen letzten Lebensjahren war ich noch eifrig beschäftigt mit der Herausgabe der sehr vermehrten und verbesserten 6. Auflage meiner „Geschichte der Deutschen" und mit der Fortsetzung meiner Darstellungen aus der neuesten Zeitgeschichte. So entstanden neben der Geschichte des Krieges von 1866, die Geschichte des französischen Krieges von 1870 und 1871, und die Weltbegebenheiten 1) von 1860—1866, 2) von 1866—1870. Auch von da an sammelte ich weiter zur Fortsetzung der Darstellung, solange ich leben würde.

Da ich mich aber meinem Ende näher fühlte, faßte ich das kostbarste Ergebniß meiner innern und äußern Lebenserfahrungen in einem kleinen Werke zusammen „Mein Glaubensbekenntniß," welches ich dem Volk, unter dem ich mein Leben zugebracht, als mein letztes Angebinde hinterlassen wollte und welches zugleich, wie die geneigten Leser wohl nicht mißkennen werden, mit dem germanischen Grundzuge aller meiner Bücher genau übereinstimmt.

Druck von Breitkopf und Härtel in Leipzig.

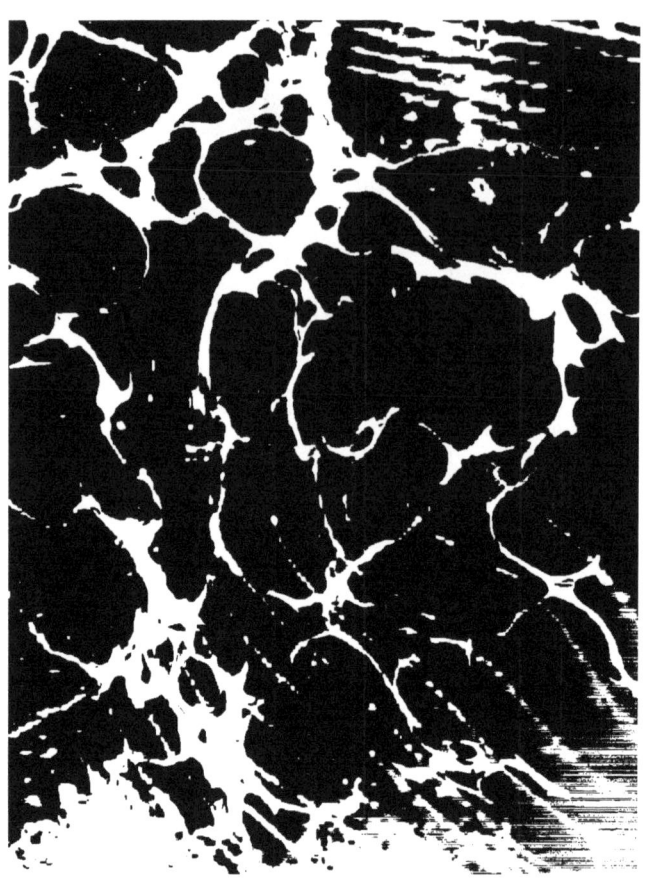